泰州大桥建设安全管理及技术

刘小勇　胡义铭　柴　干　著

东南大学出版社
·南京·

图书在版编目（CIP）数据

泰州大桥建设安全管理及技术 / 刘小勇,胡义铭,
柴干著. —南京:东南大学出版社,2013.12
ISBN 978-7-5641-4516-3

Ⅰ.①泰… Ⅱ.①刘… ②胡… ③柴… Ⅲ.①桥梁工
程-工程施工-安全管理-泰州市②桥梁工程-工程施工
-安全技术-泰州市 Ⅳ.①U445.1②U447

中国版本图书馆 CIP 数据核字(2013)第 221574 号

泰州大桥建设安全管理及技术

出版发行	东南大学出版社
社　　址	南京市四牌楼 2 号　邮编:210096
出 版 人	江建中
责任编辑	史建农
网　　址	http://www.seupress.com
电子邮箱	press@seupress.com
经　　销	全国各地新华书店
印　　刷	南京玉河印刷厂
开　　本	787mm×1092mm　1/16
印　　张	26.75
字　　数	688 千字
版　　次	2013 年 12 月第 1 版
印　　次	2013 年 12 月第 1 次印刷
书　　号	ISBN 978 - 7 - 5641 - 4516 - 3
定　　价	68.00 元

本社图书若有印装质量问题,请直接与营销部联系。电话:025 - 83791830

前　言

近年来,我国桥梁工程建设取得了长足发展。江阴大桥是我国第一座千米跨越的悬索桥,用了仅10年时间,苏通大桥又实现了千米斜拉桥的跨越。苏通大桥的建设成功,是中国桥梁建设由大国向强国跨越过程中一个新的标志性工程。就江苏境内,刚建成通车的特大桥梁工程就包括泰州大桥、长江四桥、崇启大桥等。同时,桥梁工程建设往往投资规模大、建设周期长、参建单位及人员众多,超高处、水上等危险作业贯穿始终,因而安全风险极大,是安全监管的重点对象。

泰州长江大桥创造了五项世界第一,分别是:2×1080米特大跨径三塔两跨悬索桥世界第一;200米高纵向人字形、横向门式框架形钢塔世界第一;中塔水中沉井基础入土深度世界第一;W形主缆架设长度世界第一;两跨悬索桥钢梁箱同步对称吊装世界第一。泰州大桥在上述施工过程中采用了一系列的安全关键技术及创新管理方法。与此同时,泰州大桥努力吸收和借鉴江阴大桥、润扬大桥、苏通大桥等建设项目的成功管理经验,进行了一系列的安全管理创新性实践,主要包括:率先引入专业安全管理机构,派驻安全工程师常驻现场,提供全过程的安全管理及咨询服务;首次将参建各方作为体系的相关方,将职业健康安全管理体系引入到工程建设项目;在实践中探索安全生产费用精细化管理,使安全生产费用真正成为了安全监管的强有力抓手等。泰州大桥安全工作被交通运输部誉为"我国特大桥施工安全管理的典范"。

江苏省安全生产科学研究院为泰州大桥工程建设提供了全过程安全管理及咨询服务。在此基础上,我院凝练出了工程建设"四化"安全顾问模式,并在国内产生了较大的影响力,服务对象包括江苏省长江公路大桥建设指挥部、江苏省交通工程建设局等,服务的工程项目包括泰州大桥、崇启大桥、灌河大桥、353省道海安段等。在工程实践的基础上,项目组同时开展了一系列相关课题研究,包括江苏省自然科学基金项目(BM2011892)、江苏省重大科技计划项目(BM2008385)等,并完成相关厅局级纵向科研、横向科研项目多项。此外,项目组也已经取得了一系列的研究成果,包括在国内外核心刊物上发表相关论文30余篇,并获得国家质量评价协会创新成果奖三等奖一项、江苏省安全生产科技成果二等奖、三等奖各一项。上述课题研究及成果初步形成了"工程建设全过程安全管理及咨询"的系统理论。

本书是泰州大桥工程实践和上述科研项目研究成果的结晶。全书以泰州大桥工程项目为背景,分成两大部分(共12章):第一部分阐述泰州大桥建设中具有高度创新性、实践性的安全管理模式和方法;第二部分阐述泰州大桥施工技术创新点和难点,以及采用的安全关键技术。研究成果对公路、铁路、地铁、港口、机场、码头等大型基础设施建设安全管理等均具有借鉴意义。

在本书的撰写过程中,得到了江苏省安全生产科学研究院刘彦伟教授、李国富教授、沈立教授级高工、孙明义研究员级高工,南京工业大学张礼敬教授,江苏泰州大桥有限公司阚有俊研究员级高工等诸多专家的支持和指导,同时,韩辉、王晓明、张二强、王新、蒋伟、丁闪闪、王攀、高亚齐、汪忠雨等同志参与了本书的撰写,并得到中交二公局曹刚、中交二航局蒋静、中铁大桥局居亚红等同志的帮助和支持,在此一并表示感谢!本书在出版过程中得到了江苏省自然科学基金项目《桥梁工程规划设计与施工安全一体化的基础理论及应用研究》(BM2011892)在出版经费上的大力资助,在此表示衷心感谢。

本书适用于工程建设、监理、施工等参建单位的安全管理人员阅读,可供工程建设监管、科研等相关人员查阅,也可供各院校道路桥梁、建筑工程及安全工程等专业的师生参考。

尽管我们在撰写过程中尽了自己最大的努力,但由于作者水平有限加上时间的仓促,错误和疏漏在所难免,敬请广大读者批评指正!

作　者

2013 年 10 月

目　　录

1 绪 论

1.1 泰州大桥工程概况

1.1.1 工程简介

泰州长江公路大桥(简称"泰州大桥")位于长江两岸的泰州市和镇江、常州市之间,东距江阴长江公路大桥 57 km,西距润扬长江公路大桥 66 km,由北接线、跨江主桥、夹江桥和南接线四部分组成,全长约62 km。起自泰州宣堡镇西,接宁通高速公路,跨越长江北汊主江、扬中、南汊夹江,讫于沪宁高速公路汤庄枢纽。

泰州大桥跨江大桥采用跨径为 2×1080 m 的"三塔两跨"悬索桥桥型方案,系世界第一,且为世界首创,其结构体系为世界桥梁技术前沿的突破性创新。

图 1-1 泰州大桥效果图

1. 地理位置及建设意义

泰州大桥是江苏省"五纵九横五联"高速公路网和国家《长江三角洲地区现代化公路水路交通规划纲要》中的重要组成部分,也是江苏省规划建设的 11 座公路过江通道之一。泰州大桥位于长江江苏江段的中部,直接连接着北京至上海、上海至西安和上海至成都三条国家高速公路,在长江三角洲地区和江苏省的高速公路网络中起着重要的联络和辅助作用。

泰州大桥主要为长江两岸泰州、常州、镇江之间的区域交通服务,并兼有沟通南京、南通之间东西向交通的功能。在五峰山通道建成通车之前,泰州大桥还可以兼顾一定的南北向交通。建设泰州大桥有利于进一步完善长江三角洲地区和江苏省的高速公路网络,加快长江三角洲地区和江苏省的高速公路建设。对完善国、省干线公路网,加强大江南北和泰州、镇江、常州等市的交流,促进长江两岸区域经济的均衡发展和沿江开发的发展,改善长江航运条件具有积极作用,同时对拉动经济增长、促进旅游业发展等也具有重要意义。

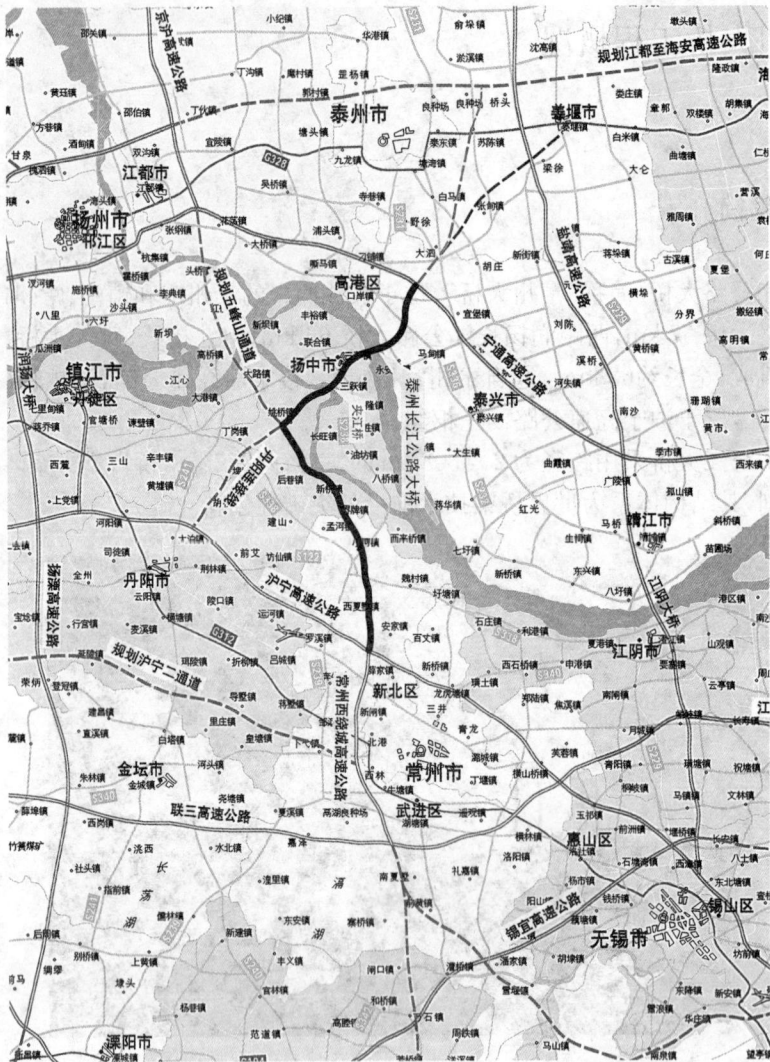

图 1-2　泰州大桥地理位置图

2. 线路走向

泰州大桥工程项目路线起自泰州宣堡镇西,接南通至南京高速公路,向西经高港区口岸镇、永安镇东,在田河东跨宣堡港,在福兴庄东与 S336 交叉,于新堂圩附近与江北沿江高等级公路交叉,在永安洲镇三水厂下游约 1 km 处跨越长江进入扬中市。

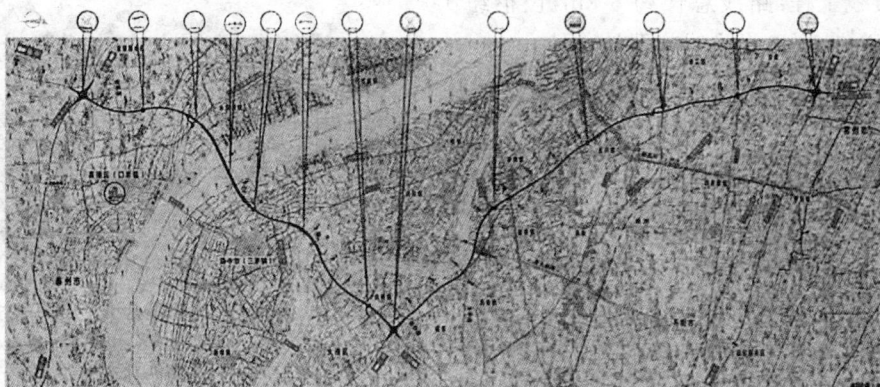

图 1-3　泰州大桥线路走向图

路线在扬中市东穿过,经变电所北,跨 S238 及扬中市西南环相交处,向西于小泡沙西端跨长江夹江,经姚桥镇北,与五峰山通道接线相交于姚桥枢纽。在此处路线折向南,从界牌镇西穿过,跨丹界公路;向南跨越浦河进入常州境内,跨新孟河、S238、S338,经安家镇西,终于沪宁高速公路汤庄枢纽。

3. 工程规模

泰州大桥工程为国家审批项目。该项目由北接线、北汊跨江主桥、扬中接线、南汊夹江桥和南接线五部分组成,起自宁通公路,跨越长江北汊主江、扬中、南汊夹江,讫于沪宁高速公路,全长 62.088 km。其中:

北汊跨江主桥工程:北汊跨江主桥采用 $2 \times 1\,080 = 2\,160$ m 的三塔双跨钢箱梁悬索桥。主桥南北引桥长 4 661 m,北汊跨江主桥(含引桥)总长 6 821 m。

夹江桥工程:夹江桥采用 $85 + 3 \times 125 + 85 = 545$ m 和 $85 + 2 \times 125 + 85 = 420$ m 的预应力混凝土连续梁桥。两座夹江桥及引桥全长 2 905 m。

2007年12月26日,时任江苏省委书记、省长梁保华为泰州大桥奠基

图 1-4　泰州大桥开工典礼

3

北接线工程:路线总长约 8 km,设枢纽 1
处、互通立交 1 处,设主线收费站 1 处。

扬中接线:扬中接线(含扬中互通)长
2.94 km。

南接线工程:路线总长约 40 km,设枢纽
2 处、互通立交 4 处、主线收费站 1 处、服务区
1 处(孟河服务区)。

4. 设计标准

泰州大桥全线采用高速公路标准。其中,
项目起点至大港枢纽段约 27.629 km(含跨江
大桥),设计速度采用 100 km/h,双向六车道,
路基宽度 33.5 m,大桥宽 33.0 m(不含布索

2012年11月25日,泰州大桥建成通车

图 1-5　泰州大桥通车典礼

区);大港枢纽至项目终点段 34.459 km,设计速度采用 120 km/h,路基宽度 34.5 m,预留八
车道建设条件。

主桥桥梁结构设计基准期为 100 年;全线设计车辆荷载等级采用公路——Ⅰ级。
主桥通航净空高不小于 50 m,净宽不小于 760 m,能满足 5 万 t 级巴拿马散装货轮的通
航需要。

5. 投资和建设周期

泰州长江大桥项目批复概算总投资 93.7 亿元。建设工期 5 年,于 2007 年 12 月 26 日
正式开工,于 2012 年 11 月 25 日建成通车。

1.1.2　技术创新

泰州大桥蕴含四大技术创新点,具备八大技术难点,创造了五项世界第一。对上述施工
过程中采用的安全关键技术进行凝练和总结,将对类似工程具有借鉴意义。

1. 四大技术创新点

泰州大桥具有以下技术创新点:

(1)主桥为 2×1080 m 特大跨径三塔两跨悬索桥,系世界第一,且为世界首创,其结构
体系为世界桥梁技术前沿的突破性创新。

(2)中塔采用世界上高度第一的纵向人字形、横向门式框架型钢塔,设计和施工技术含
量高。

(3)中塔基础采用世界上入土最深的水中沉井基础。沉井平面尺寸为长 58 m,宽
44 m,高 76 m,整个沉井基础下沉深度达到−70 m。

(4)上部结构主缆架设、钢箱梁吊装和施工控制等突破了传统单跨悬索桥上部结构施
工的成熟技术,极具挑战性。

2. 八大技术难点

(1)主桥设计标准高,桥型结构体系复杂

由于主桥采用的多塔悬索桥是创新的结构体系,其设计、施工存在大量课题亟待研究解

4

决。基于多塔连跨悬索桥的桥型特点,泰州大桥设计中必须解决三个关键问题:一是桥跨竖向刚度要合适,加载跨的竖向挠度要控制在一定范围内。在最不利的工况下,由活载引起的桥面纵坡变化要控制在合理范围内,确保行车的安全性和舒适性。二是要较好地解决中塔塔顶主缆与鞍座间抗滑移问题,基于主缆钢丝与鞍座间的摩擦力要为抗滑移稳定提供保障。三是中塔本身的强度安全要有充分保证,稳定性能应满足要求,钢塔构件在大桥服务期内不会因疲劳而损坏。

(2) 水中沉井体积大、下沉难度大、精度要求高

中塔基础为圆角矩形沉井,体积庞大。沉井下部 38 m 为双壁钢壳混凝土结构,上部 38 m 为钢筋混凝土结构,平面上分为 12 个隔舱,共需浇筑混凝土约 10 万方,最终沉入 19 m 深水和 55 m 河床覆盖层。

中塔沉井施工过程存在两大风险:一是沉井所处的长江扬中河段为感潮河段,水面宽约 2.2 km,水深约 19 m,水流受长江径流和潮汐双重影响,最大流速约 2.5 m/s,河床的冲淤变化情况非常复杂。同时,沉井所处河段通航船舶多,大吨位船舶占相当大的比例。二是沉井所处河段位于长江冲积平原,沉井处覆盖层厚度约 200 m,主要为粉细砂、中砂、粗砂地层,综合环境复杂。这些因素对沉井精确下沉都将产生较大影响。

水中沉井的定位着床和下沉是沉井施工的主要难点和关键所在,如何保证着床定位的精确性以及沉井姿态调整的可靠性,确保沉井姿态全过程受控,以及在沉井下沉过程中有效防止突沉、倾斜、扭转和超沉,顺利实现沉井封底,都是我们需要解决的难题。

(3) 钢中塔受力性能特殊,制造工艺复杂

泰州大桥中塔因刚柔相济的受力特性而选择了纵向人字形、横向门式框架钢塔结构,钢塔节段几何尺寸和重量大、制作精度要求高。

中塔总重 13 000 t,采用大量高强度厚钢板,其中 69.5% 为 Q420qD 材质高强度钢板,57.8% 以上的厚度达 50~60 mm,最厚的钢板厚度达到 150 mm,焊接质量保证及焊接变形控制非常困难。

钢塔柱为变截面切角矩形结构,最大截面为 5.0 m × 12.69 m,节段最大长度为 15 m。根据受力及线形要求,节段断面横桥向、纵桥向尺寸公差为 ±2 mm,对角线差及扭曲允许误差不大于 3 mm,全断面平面度 ≤ 0.25 mm,塔段横桥向和纵桥向端面垂直度≤1/10 000,塔段间壁板、腹板金属接触率 ≥ 50%,纵肋金属接触率 ≥ 40%,如此高的精度要求,给焊接变形、定位画线、机加工、测量精度控制带来了很大难度。

首节 D0 段为钢塔与混凝土塔座连接段,底板采用 150 mm 厚的钢板,通过 34 根长 10 m、直径为 130 mm 的长锚杆与基础连接。将 150 mm 厚的 Q370qD 钢板进行熔透对接,这在国内桥梁建设史上尚属首次,如何保证厚板对接质量及焊后平面度是我们面临的新课题。同时,D0 段所使用的长锚杆,无论从直径还是长度方面比较,国内外既没有工程实例可供借鉴,也没有相应的规范可以参考,在如何确定大直径锚杆镦粗工艺、热处理工艺,保证长螺杆两端同轴度以及确定合适的质量验收标准等方面,都存在诸多技术难点。

D4 段为下塔柱的合龙节段,要分别与 2 个 D3 段、1 个 D5 段以及下横梁段从 4 个方向进行连接,对于 D3 段以下节段的公差积累和偏位,如何确保 D4 段的制作精度,实现下塔柱

顺利合龙,是钢塔制作的难点和关键之一。

钢塔节段预拼装长度达 30 m,无法在室内进行立式预拼装,施工安全风险极大。在对日本钢塔制造资料进行研究的基础上,参建单位提出了水平预拼装方案。但此方案对预拼精度要求高,采取什么措施和技术来实现预拼目的,需要反复研究和技术攻关。

为了保证桥位吊装重量满足要求,同时兼顾景观效果,上塔段采用了纵向分块方案,对纵向分块节段非封闭箱形结构,其 90% 以上焊缝分布在切角一侧,如何控制开口结构焊接变形及几何尺寸,预防旁弯,确保两个块体顺利拼接,也是我们需要攻克的难题。

(4) 钢中塔节段重量大,吊装难度高

在中塔施工方案论证阶段,我们曾考虑采用大节段吊装方案,但该方案对起重设备要求高,安全风险大,经反复研究,最终采取了下塔柱节段浮吊安装、上塔柱节段纵向分块利用 MD 3600 塔吊进行吊装的方案,上塔柱每个吊装段起重重量控制在 140 t 以内,相应节段高度控制在 7.5~12 m。

D0 节段的正确定位和安装,是整个中塔塔身安装与线性控制的基础,其安装精度将决定塔柱安装的精度。D0 节段共 4 个,具有双向倾斜度,每个节段底部承压板和顶板上各有 34 个直径为 200 mm 和 180 mm 的孔,安装时需将同样数量、直径为 130 mm 的锚杆(两端螺纹部分直径 140 mm)同时穿入钢塔柱底板和顶板对应的圆孔中。钢塔柱在"穿孔"过程中需调整为纵桥向 1∶4、横桥向 3.9∶192 的坡度,且偏移不得超过 20 mm,安装定位精度要求很高。吊装就位后,既要控制好单个节段的精度,还要保证 4 个节段之间的相对精度,需要进行精确的测量和调整。

钢塔 D4 段重 470 t,同时需要保证 4 个方向的连接关系,在浮吊吊装就位后,如何对重量如此之大的塔段进行精确微调,对调位千斤顶的设置和工装设计以及现场测量精度等,都提出了很高要求。

因塔身分为下部斜腿段、曲线过渡段和上部直线段 3 个阶段,线性控制难度极大,加上吊装时受温度、风、沉井不均匀沉降以及塔吊附墙的影响,必须通过精确的测量和科学的监控分析来控制安装精度,保证吊装质量和安全。

(5) 缆索系统施工和控制难度大

与传统的两塔悬索桥相比,三塔悬索桥的缆索系统更为复杂。一是猫道设计施工难度大,要考虑中塔结构行为对猫道结构的影响,且猫道跨越塔顶的预留预埋受到钢塔构造的制约。二是缆索架设工况更为复杂,主缆索股在架设过程中需 3 次跨越塔顶,索股更容易产生断带、鼓丝、扭转和呼啦圈等不良现象,对牵引设备和放索系统提出了更高的要求。由于中塔受温度、风荷载及不平衡荷载影响的敏感性,对主缆线形控制提出了新要求。

(6) 钢箱梁吊装技术难度大,挑战性强

钢箱梁吊装面临着全新的技术问题,三塔悬索桥必须对称中塔进行吊装,是采取由 2 个跨中向桥塔方向对称吊装,还是由 3 个桥塔向跨中方向对称吊装,对合龙段设置以及合龙段施工的难度影响较大。同时,由于中塔主鞍座位置是固定的,故边塔主鞍座预偏量比同跨度的两塔悬索桥加大近 1 倍,因而在确定吊装方案时需要对吊装过程中主缆是否会与塔顶干涉,以及鞍座如何顶推等问题做深入研究。此外,中塔无索区梁段吊装方案,荷载转换对成桥线形的影响以及纵向弹性索的安装控制等关键技术问题,都需要在下一阶段作进一步的深化研究。

(7) 南北锚碇沉井基础工程规模大,施工难度大

因为泰州大桥所处的地区覆盖层厚度达到 200 m,根据当地地质条件,泰州大桥的南北锚碇基础均采用了承载能力较强的矩形沉井基础,沉井长和宽分别为 67.9 m 和 52 m,北锚碇沉井高 57 m,基底标高为 -55.0 m,南锚碇沉井高 41 m,基底标高为 -39 m,在沉井下沉施工中存在诸多难点:

① 沉井基础平面尺寸庞大,沉井的平面尺寸相当于 8.4 个篮球场面积,我国江阴大桥采用过大型沉井基础,以后再无类似规模的沉井基础,由于工程案例少,施工经验极度缺乏。

② 沉井下沉系数难以确定,如果下沉系数过大,容易造成突沉,可能会导致沉井的下沉失控;如果偏保守地采用较小的下沉系数,则会造成后期下沉困难。

③ 沉井处的地质条件以砂层为主,存在丰富的潜水,易出现涌砂等不利状况,对沉井的施工造成不良影响。沉井位置处地质条件复杂,给均匀下沉带来了一定的施工难度。沉井施工控制难度大,浇筑过程中不能产生过大的下沉,下沉过程中也不能产生过大的偏斜,否则一旦出现偏斜,纠偏困难,因此必须采用先进的监控手段和科学的措施指导施工。

④ 长江大堤距离沉井位置不到 200 m,沉井施工必须确保长江大堤和附近建筑物的安全。

⑤ 封底混凝土数量大,达 3 万多方,必须进行合理的分区和有效的组织,确保封底一次成功。

(8) 超长超柔钢桥面结构柔性大,对铺装材料及施工工艺要求高

泰州大桥为三塔连跨悬索桥,由于中间塔两侧均为大跨柔性缆索体系,整体刚度较传统悬索桥低,加剧了桥面系的柔性,导致了复杂的桥道系结构行为特性:

① 超长超柔的钢桥面的结构动力响应、构件和连接处荷载反应与一般大中型桥梁相距甚远。

② 由于对超长超柔钢结构中的典型构件疲劳性能尚缺乏比较充分的认识,其疲劳设计就可能缺乏针对性和有效性;如果使用不符合实际情况的疲劳应力和荷载,可能会使共同承受路面载荷的正交异型桥面板表现出与设计分析的预期结果不同的疲劳性能和疲劳累积响应。

③ 多塔悬索桥的特点要求钢桥面铺装系具有抵抗大变形的能力,这要求铺装结构具有良好的抗弯拉变形能力及层间抗剪能力。

④ 铺装系与桥道系的变形不一致性将在铺装系内部产生内应力。超长超柔桥道系的大变形特点要求铺装系具有良好的变形追从性,这对铺装结构的模量优化提出了更高的要求,对桥面铺装的材料性能和施工工艺提出了新的要求。

3. 五项世界第一

泰州大桥创造了 5 项世界第一,分别是:2×1 080 m 特大跨径三塔两跨悬索桥世界第

一;200 m高纵向人字形、横向门式框架型钢塔世界第一;中塔水中沉井基础入土深度世界第一;W形主缆架设长度世界第一;两跨悬索桥钢箱梁同步对称吊装世界第一。

（1）2×1 080 m三塔两跨悬索桥世界第一

多塔悬索桥的受力特点与传统悬索桥有很大差异。泰州大桥两个主跨为1 080 m,建成后将首次在世界上实现三塔悬索桥跨径由百米向千米的突破。

图1-6　三塔两跨悬索桥

（2）中塔水中沉井基础入土深度世界第一

沉井平面尺寸为长58 m,宽44 m,整个沉井基础将下沉至标高−70 m的深度。

图1-7　中塔水中沉井

（3）200 m高纵向人字形、横向门式框架型钢塔世界第一

钢塔从下到上分为下部斜腿段、交点附近的曲线过渡段及上部直线段3个区段,沿高度方向设置2道横梁,施工难度大,精度要求高。

图 1-8 钢塔

（4）W 形主缆架设长度世界第一

泰州大桥主缆长 3 117 m，2 根主缆总重 1.7 万 t。主缆采用预制平行钢丝索股，每根主缆由 169 根索股组成，单根索股重约 47 t。主缆成型后为 W 形，为世界上首次架设。

图 1-9 W 形主缆

（5）两跨悬索桥钢箱梁同步对称吊装世界第一

泰州大桥共有 136 片钢箱梁，总重约 33 426 t。难点在于：为保证索塔的应力和主缆在鞍槽内抗滑安全系数不超过允许值，需控制两跨允许不对称吊装梁段数量；中塔无索区梁段无法垂直起吊；吊装控制、中塔无索区体系转换以及合龙段安装施工难度大。

图 1-10 钢箱梁吊装

1.1.3 安全管理

桥梁工程常设于濒临河川、海岸,或于道路乃至既有建筑物上方通过,桥梁工程内容包括桩、基础、桥墩、主梁、桥面板及附属设施等。施工建设风险较一般工程为高,具有高度技术性、高能量作业、环境敏感性等特点,是安全事故高发的领域。

近年来,我国桥梁工程建设发展迅速。江阴大桥是我国第一座千米跨越的悬索桥,用了仅 10 年的时间,苏通大桥又实现了千米斜拉桥的跨越。苏通大桥的建设成功,是我国桥梁由大国向强国跨越过程中一个新的标志性工程。目前,世界跨度最大的桥梁,按照跨度排行,10 个悬索桥我国占 5 个,10 个斜拉桥我国占 7 个,10 个拱桥我国占 5 个。在未来 20 年,我国还计划在长江上建造 50 座大桥;就江苏境内,刚建成通车的特大桥梁工程就包括崇启大桥、泰州大桥、长江四桥等。

与此同时,随着建设工程规模的逐步加大,桥梁工程建设领域安全事故起数和伤亡人数一直居高不下,施工现场安全生产情况仍然十分严峻,给广大人民群众的生命和财产带来巨大损失。近年来,桥梁工程安全事故频发,如湖南堤溪沱江塌桥事故,以及近期的昆明新机场引桥工程支架垮塌事故、南京城区钢箱梁倾倒事故、嘉绍大桥架桥机断塌事故等,都造成了巨大的财产损失和群死群伤现象,这无疑给交通工程建设安全工作敲响了警钟。

1. 难点分析

泰州大桥作为特大桥梁工程,施工组织及管理非常复杂,且施工过程中采用大量新技术、新工艺、新材料,给安全管理工作提出了更高的要求,集中表现为:

(1) 参建单位及人员众多,组织管理非常复杂

全线划为 16 个监理标段、54 个施工标段和 11 个制造标段等,参建人员逾万人;施工过程中,各项工序的衔接,不同标段的相互配合,再加之与辖区海事、航道等相关部门的协调等,使得施工组织及管理非常复杂,综合协调难度大。

（2）工程建设气候条件较差,地质水文条件要求高

建设现场易遇洪水、雷电、台风、龙卷风等自然灾害。跨江主桥位于长江扬中河段,属感潮河段,水面宽约 2.2 km,水深约 19 m,水流受长江径流和潮汐双重影响,最大流速约 2.5 m/s,河床的冲淤变化情况非常复杂,中塔沉井所处河段位于长江冲积平原,沉井处覆盖层厚度约 200 m,主要为粉细砂、中砂、粗砂地层,综合环境复杂。

（3）施工过程中大量采用新技术、新工艺、新材料

泰州大桥在施工过程中大量采用新技术、新工艺、新材料。中塔基础施工,自主研发了钢锚墩加锚系的半刚性锚固体系,采用数字化动态监控系统全过程实时监测,消除工程实施过程中各种不安全状态,达到"本质安全"的要求;中塔施工,开发了纵向分块节段制造技术和大断面、高精度钢塔节段端面机加工技术,钢塔室内水平预拼技术;钢箱梁采用风嘴锚箱成块体单独制造、横隔板与桥面衔接构造无过焊孔工艺等多项新工艺;上部结构施工中,猫道先导索架设在国内首次采用了迪尼玛轻质尼龙绳水中过渡法,有效降低了先导索过江风险;主缆架设施工,通过采用大吨位智能化卷扬机、被动放索机构、防扭转鱼雷夹、新型形状保持器等专利技术,这些都给安全工作提出了更新、更高的要求。

（4）高空、水上等危险作业多,建设周期长

泰州大桥悬索桥设计通航净空高度不小于 50 m,南、北锚碇分别采用高 41 m、57 m 的沉井,南、北塔塔顶高程 180 m,中塔采用 76 m 高沉井基础、200 m 高钢塔结构,这些施工都属于特高处作业,而且贯穿工程建设始终。工程实际建设周期长达 5 年,施工单位和人员变化频繁,安全管理难度大。

（5）施工机械众多,水上交通安全压力大

全桥从下部基础到上部结构施工,大量使用大型机械设备,尤其是危险性较大的特种设备和专用设备,如 MD3600 塔吊、跨缆吊机、智能型紧缆机和"S"型钢丝缠丝机等。工程位于长江中游泰州段,船舶日流量达 1 600 余艘次,高峰期达 2 500 多艘次,而且大型船舶、危险品运输船较多,水上交通安全压力大。

2. 组织机构

泰州大桥成立了江苏泰州大桥有限公司,履行项目法人职责,全面负责泰州大桥建设项目的资金筹措、生产经营、债务偿还和资产保值增值。建设期间,江苏省长江公路大桥建设指挥部受项目法人委托,代表项目法人行使业主职权,全权负责泰州大桥建设期间的建设管理事宜。根据工程建设的需要,成立泰州、镇江和常州市大桥建设指挥部,负责所辖地区的接线工程建设管理,江苏省长江公路大桥建设指挥部只负责接线工程的监管工作。

建设单位牵头成立了安全生产委员会,将建设、设计、施工、监理单位,以及上级主管部门的相关人员纳入其中,作为安全管理的领导机构。下设安全生产办公室,作为日常安全事务的管理机构。

建设单位率先委托安全专业机构——"江苏省安全生产科学研究院"成立安全中心,协助现场的安全管理,并提供安全咨询。

泰州大桥建设安全管理组织机构如图 1-11 所示。

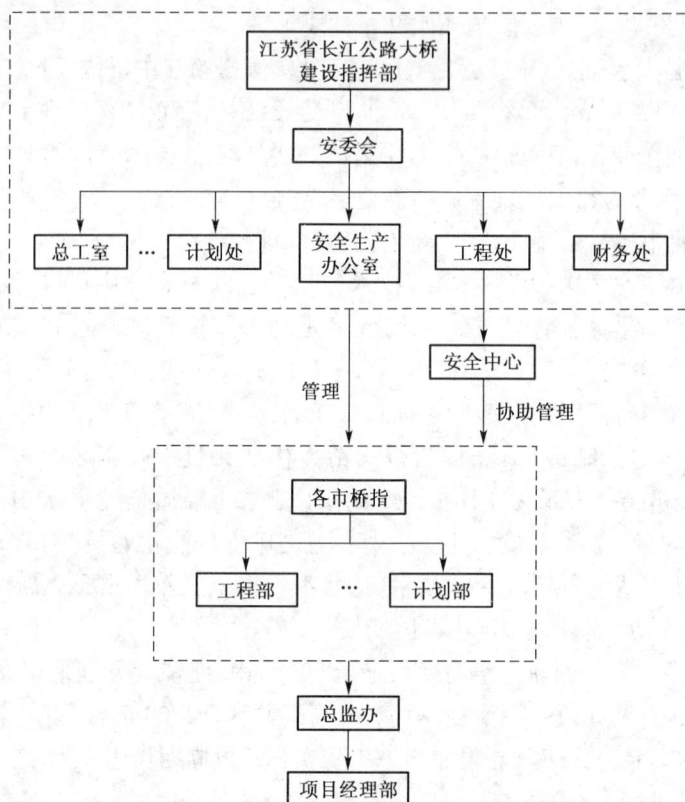

图 1-11　泰州大桥安全管理组织机构图

3. 管理创新

泰州大桥作为国家特大桥梁工程，努力吸收和借鉴江阴大桥、润扬大桥、苏通大桥等建设项目的成功经验，始终将安全技术及管理创新作为工作重点，进行了一系列的安全管理创新性实践，后文将详细阐述。图 1-12 为泰州大桥安全生产管理文件汇编。

1.2　泰州大桥安全管理创新模式

本节简要阐述泰州大桥建设中具有高度创新性、实践性的安全管理模式。

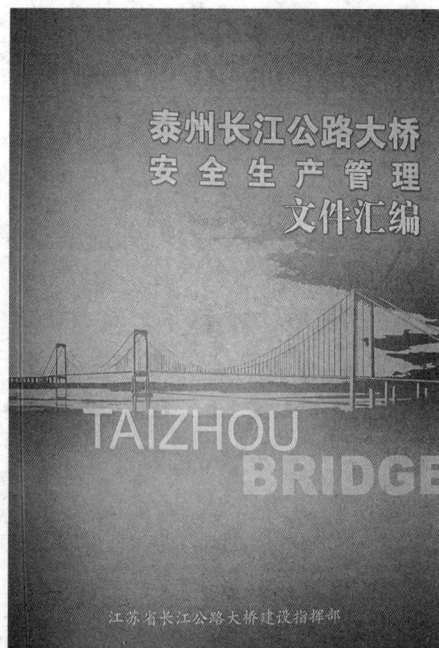

图 1-12　泰州大桥安全生产
管理文件汇编

1.2.1 建设项目职业健康安全管理体系

职业健康安全管理是一种系统化管理模式,强调按系统思想论管理职业健康安全及其相关事务,包括方针、策划、实施和运行、检查和纠正措施、管理评审5个环节。推行职业健康安全管理体系是现代企业管理的发展趋势,在企业内部得到了广泛应用,是加强企业内部管理工作、减少生产事故和劳动疾病的有效途径。

泰州大桥率先将职业健康安全管理体系引入工程建设项目,将各参建方作为体系的相关方建立并运行职业健康安全管理体系。通过体系的推行,重点明确建设单位、施工单位、监理单位等参建单位的职责及运行、管理机制,以实现项目建设系统化、程序化和文件化的安全管理。图1-13为泰州大桥体系文件封面图。

以整个工程项目为对象、以参建单位为相关方来建立安全管理体系,有助于将各参建方的职业健康安全纳入系统化管理,有助于提升建设项目的职业健康安全管理水平,有助于推动职业健康安全法规的贯彻落实,有助于提高工程建设项目的形象和社会效益。该体系重点明确各参建方的安全管理职责,建立各参建方之间的管理控制程序,确定各参建方的信息沟通程序,并做好与施工单位自身内部安全管理体系的衔接。

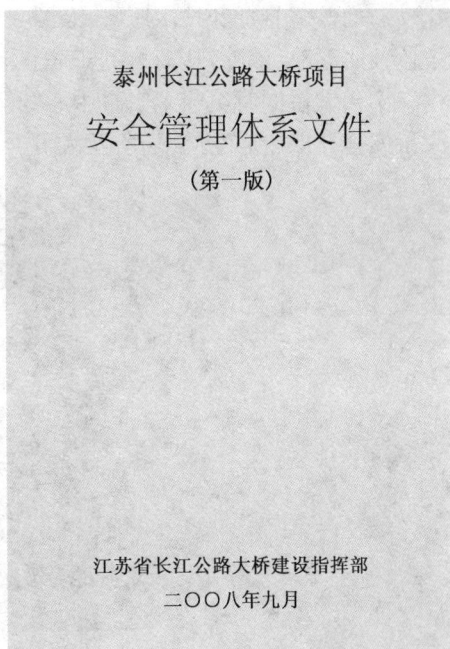

泰州长江公路大桥项目
安全管理体系文件
(第一版)

江苏省长江公路大桥建设指挥部
二〇〇八年九月

图 1-13 泰州大桥安全管理体系文件

1.2.2 工程建设安全顾问

泰州大桥建设单位牵头成立了安全生产委员会,将建设、设计、施工、监理单位,以及上级主管部门的相关人员纳入其中,作为安全管理的领导机构。下设安全生产办公室,作为日常安全事务的管理机构。施工单位按建设单位要求成立安全生产领导小组,监理单位成立总监办,负责标段安全生产管理工作。

建设单位还率先委托国内专业安全管理机构成立安全中心,协助现场的安全管理,并提供安全咨询。专业机构在安全管理方面有着知识和经验上的优势,能进一步提升建设单位安全管理方面的水平。安全中心主要从以下两方面协助建设单位履行安全管理职责:

(1) 对施工现场进行安全管理,主要包括:定期完成对施工现场的安全巡查,以及对标段安全工作的考核评比;协助定期组织、召开安全教育培训以及工作会议;传达上级主管部门对安全工作的指示及要求,并迎接上级主管部门的督查;建立完善的建设单位安全管理工作档案,做到各项安全工作均有记录等。

(2) 对安全管理过程中遇到的问题提供咨询。专业安全管理机构依托知识和经验上的优势,对各阶段安全管理工作计划及重点提供参考性意见,提供相关安全法律法规及标准的指导和培训,协助审核安全管理方案、安全专项方案等。

工程建设安全顾问模式为建设单位在重大工程建设中提供一种全新的安全监管与技术服务新模式,避免了一个工程组建一套班子的做法。作为第三方机构,协助工程建设单位参与对重大工程建设进行安全管理,或独立对重大工程建设安全生产提供全过程监管和技术服务,既专业又高效。

通过安全生产方面的专业人员——国家注册安全工程师,依据国家有关建设工程的法律、法规、标准及经政府主管部门批准的建设工程文件对重大建设工程的安全生产实施专业化动态的监督管理和技术服务,及时发现建设工程实施过程中出现的安全隐患,并要求施工单位及时整改、消除,从而有利于防止和减少建设工程安全事故的发生。

泰州大桥同时组建了安全中心和环保中心,两个中心合在一起办公。图 1-14 为"泰州大桥安全环保中心"办公场所及人员。

图 1-14　泰州大桥安全环保中心

1.2.3　安全生产费用精细化管理

安全生产费用是工程建设安全的基础保障。虽然《企业安全生产费用提取和使用管理办法(财企〔2012〕16 号)》《公路水运工程安全生产监督管理办法》等文件提出了安全生产费用使用的基本内容和要求,但由于过于宏观,且缺乏具体的计量范围和内容,使得安全生产费用使用管理成为工程建设中一个普遍存在的问题。表现在:一是使用不合理,如生产设备费用在安全费用中列支;二是账目不清楚,存在未设立专项账户管理、相关的发票凭证不全、使用金额和票据金额不一致等情况;三是监管不到位,基本上由施工单位自行统计,总监办、建设单位没有进行有效的核算和监督。

泰州大桥核准投资 93.7 亿元,按 1‰ 提取安全生产费用将近亿元。因此,规范安全生产费用的使用,加强对安全生产费用的监管,才能确保安全生产费用真正用于安全生产。

为规范和完善安全生产费用的使用和管理,建设单位率先制定了《泰州大桥安全生产费用管理暂行办法》,细化了安全生产费用可使用的内容和范围,提出了安全生产费用的提取、使用、审核、支付等有关程序及要求,明确了施工、监理、建设等参建单位的管理职责。

办法试行以来,安全生产费用使用得到了有效规范,促进了现场安全状况的明显改善,共核减了不合理的安全生产费用支出 500 余万元,安全生产费用成为建设单位加强现场安全管理的有效抓手。

图 1-15 为下发的《泰州大桥安全生产费用管理暂行办法》文件。

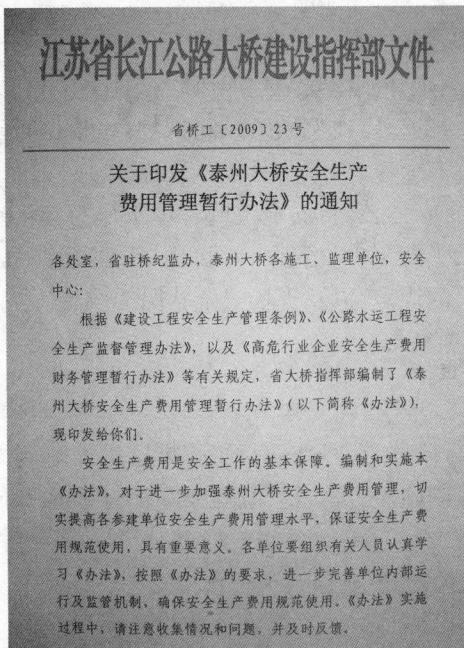

图 1-15　泰州大桥安全生产费用管理暂行办法

1.2.4　建设项目安全生产考核评价

安全生产考核指标体系是安全生产考核要素根据其内在联系而形成的有机整体,它以提高安全生产绩效为目的,以过程控制为重点,是结合众多定性与定量要素构成的系统。一个完善、符合实际情况的安全生产考核指标体系可以客观、全面地反映评价对象的安全生产状况。泰州大桥建设项目采用的安全生产考核评价方法主要包括:

1. 重大交通工程建设安全考核评价方法

本考核指标体系的考核要素分成两大类:一是内业资料情况,主要是对建设单位、总监办、项目部所承担的职责进行细化,对安全生产管理过程进行综合评价,重点是对内业资料、制度文件以及相关记录的检查;二是施工现场情况,主要是对实现安全生产既定目标情况的考核,以及对施工现场在人、设备设施、作业环境和安全管理等方面达到的结果的考核。

本考核指标体系分成单项考核和综合考核两个层次:一是单项考核,包括建设单位内业资料的考核、总监办内业资料的考核、项目部内业资料的考核、施工现场的考核;二是综合评定,将上述 4 个单项考核结果进行加权平均,其结果作为重大交通工程建设项目的综合评定结果。

2. 公路水运工程"平安工地"建设考核评价标准

为加强对全省公路水运工程"平安工地"建设活动的指导,加快全省公路水运工程安全生产管理规范化、标准化步伐,江苏省研究制定了《江苏省公路水运工程"平安工地"建设达标标准》。

本标准适用于江苏省公路水运工程"平安工地"创建达标工作的指导和考核,适用于对工程建设项目参建单位的安全生产工作情况进行检查考核,包括建设、施工、监理单位。在泰州大桥的建设过程中,采用了该标准对工程项目安全生产情况进行了审核。

3. 泰州大桥安全生产风险抵押金考核制度

泰州大桥制定了《工程建设安全生产风险抵押金制度》及《安全生产检查及考核细则》,在江苏省建设项目中首次制定并实施安全生产风险抵押金考核,即要求施工单位及安全管理人员在开工后按照合同价的一定比例缴纳风险抵押金,根据每季度安全生产检查考核的情况进行奖惩。

实施安全生产风险抵押金考核,将安全生产管理工作与施工单位和安全管理人员个人效益直接挂钩,有效地调动了施工单位安全管理的积极性,能够明显提升建设单位安全管理的力度,促进安全内业资料的规范,以及现场安全状况的改善。

1.2.5 施工安全风险评估

无论是在工程初步设计阶段,还是在后续工程推进过程中,泰州大桥一直坚持风险评估先行,根据风险评估结果编制施工方案,优化施工工艺,落实风险防范措施,降低施工风险。应用案例包括:

1. 中塔基础结构形式的选择(世界最大的沉井)

泰州大桥中塔基础采用何种结构形式,在初步设计阶段组织对沉井和钻孔桩技术进行了深入的比选,沉井基础的刚度、抗震及抗船舶撞击能力要明显优于钻孔桩基础,且投资省,但施工风险较大。为此,提前2年就开始进行施工可行性的全方位研究和论证。通过研究,认为在各项措施到位的情况下是可以实现的,因此最终决定采用沉井技术。

在沉井施工过程中,督促施工单位以科研成果为指导,针对各关键工序,细化风险分析评估,制定有针对性的施工方案和安全专项方案并严格执行。同时,通过自主研发一批新技术、新工艺,有效地降低了沉井施工风险。通过努力,在2年多的施工中,没有发生一起安全生产事故,而且还节约投资1亿多元。

图1-16 中塔水上沉井施工图

2. 中塔钢塔吊装方式的选择(世界最高的钢塔)

泰州大桥中塔纵桥向为人字形钢结构塔,中塔高 192.0 m(标高:+8.0~+200.0 m),交点以上塔柱高 120.0 m,交点以下塔柱高 72.0 m。上塔柱最初拟采用大节段吊装,但通过风险评估发现,如果采用这种方式,必须使用大型门吊吊装,设计、制造难度大,现场吊装作业风险很大,而且大节段还需直立运输,运输安全风险也较大,综合考虑最终采用了纵向分块、小节段吊装方案,如图 1-17 所示。

泰州大桥钢箱梁吊装通过风险分析,有针对性地采取防范措施,密切与海事、航道部门的协调,通过优化施工工艺,加强工序衔接,确保吊装作业优质高效推进,从整体上缩短了吊装作业和交通管制时间,在长江上首次实现了"五个零",即零事故、零伤亡、零污染、零等待和零干扰的安全管理目标,受到港航单位的赞誉。

图 1-17 钢塔吊装图

3. 中塔防撞的设计(安全设计创新)

在风险评估结果的基础上,施工时将中塔上下游施工锚墩改造为永久性的防撞墩,并在中塔承台四周设置防撞套箱,降低船舶碰撞中塔墩基础的概率 50%以上,同时对撞击船舶也有保护作用。如图 1-18、图 1-19 所示。

图 1-18 上下游防撞锚墩

图 1-19 防撞套箱示意图

1.3 泰州大桥施工安全关键技术

泰州大桥主桥工程采用主跨 $2 \times 1\,080$ m 的"三塔双跨"新型悬索桥结构,由北锚碇、北塔、中塔、南塔、南锚碇五部分组成。本节简要阐述泰州大桥施工技术难点和创新点,以及采用的安全关键技术。

1.3.1 锚碇及引桥施工安全技术

南北锚锭及引桥结构非常相似。其中:北锚碇沉井长和宽分别为 67.9 m 和 52 m,高度57 m,共分 11 节,入土深度近 59 m;南锚碇沉井基础长 67.9 m,宽 52 m,高 41 m,共分 8 节,下沉入土深度 42 m。南北锚锭底节为钢壳混凝土沉井,其余为混凝土沉井。北锚和北塔之间的北引桥桥跨布置为 $67.5 + 70 + 100 + 70 + 67.5 = 375$ m;引桥上部结构为预应力混凝土连续梁。引桥下部结构采用矩形空心墩身、矩形分离式承台、钻孔灌注桩基础。下面以北锚碇为例进行介绍。

北锚碇基础所处地质条件复杂,锚碇施工过程中沉井下沉存在诸多难点:一是沉井基础的平面尺寸庞大,下沉规模居世界前列;二是沉井位置地质以砂层为主,存在丰富的潜水,易出现涌砂等不利状况;三是沉井重量大,所穿过的地基的承载力相对较小,其下沉过程中的下沉系数较大,施工中难以控制;四是沉井为钢筋混凝土沉井,每次浇筑的混凝土方量巨大,对混凝土浇筑设备及工艺的要求较高,且浇筑过程中不能产生过大的下沉和偏斜。因此,在北锚碇的施工过程中,采取了一系列安全技术和监测措施,对沉井下沉过程进行控制,防止沉井下沉中出现偏斜,并造成地面沉降。

图 1-20 泰州大桥北锚锭及引桥施工现场图

1.3.2 南塔施工安全技术

南塔工程塔身为双肢对称排列,设上下横梁,钢筋混凝土结构,塔柱顶标高为＋180 m,底高程为＋8.3 m。

为加快施工进度并提高混凝土的外观质量,南塔塔柱浇筑施工采用了两套先进的 DOKA 液压自动爬模系统,共设 39 个施工节段,每施工节段高 4.5 m,浇筑强度 30 m³/h,如图 1-21 所示。

液压爬模具备自动爬升、操作简便、作业人员少、施工效率高、外观质量好等优点,在不少大中型工程建设项目中得到广泛应用。但液压爬模结构复杂且体积庞大,其安装、调位和脱模以及模板的收分等操作和使用环节的安全风险很大,是施工中安全控制的重点。

经过半年的施工,泰州大桥南塔工程液压爬模顺利完成了全部 38 次的爬升作业,未发生一起安全事故。液压爬模施工的安全控制措施取得了良好的效果,可供类似工程借鉴。

图 1-21 泰州大桥南塔液压爬模施工现场图

1.3.3 中塔沉井水上施工安全技术

沉井是井筒状的结构物,它是以井内挖土,依靠自身重力克服井壁摩阻力后下沉到设计标高,然后经过混凝土封底并填塞井孔,使其成为桥梁墩台或其他结构物的基础。

泰州大桥中塔基础采用了长 58 m、宽 44 m、高 76 m 的沉井,是世界上入土最深的水中沉井。该沉井分成上下两段:下为钢沉井,由厂内预制后拖运至现场定位;上为混凝土沉井,由水上接高完成。钢沉井水上定位、着床困难,混凝土沉井水上接高难度大。

泰州大桥钢沉井具有体积大、重量大的特点,所以对其浮运、定位、着床困难相当大,泰州大桥对此设计了一套完整的方案,对钢沉井的浮运、定位、着床,混凝土沉井的水上接高、吸泥下沉,以及船舶防撞进行了有效的安全控制。以中塔防撞为例,由上下游独立防撞墩、桥梁自身加强及在基础外围设置的附着式钢套箱防撞设施和桥区通航管理措施共同形成防撞体系保护大桥。

泰州长江大桥中塔沉井基础施工技术工艺创新及其成功实施,开辟了深水超深巨型沉井施工新途径,其安全控制技术也已经相当成熟,它的施工经验必将为大型桥梁等水下基础工程施工提供有益的借鉴。

图 1-22 泰州大桥中塔沉井施工现场图

1.3.4 中塔钢塔施工安全技术

图 1-23 泰州大桥钢塔吊装现场图

泰州大桥中塔为世界最高的纵向为人字形、横向门式框架型钢结构塔,中塔高 192.0 m(标高:＋8.0 ～＋200.0 m),交点以上塔柱高 120.0 m,交点以下塔柱高 72.0 m。中塔吊装施工过程中主要涉及起重作业、电焊工作业、特高空作业、大型浮吊船舶作业、水上作业、临边作业等;施工过程中用到的主要大型设备有大型浮吊、塔吊、MD 3600 塔吊、施工电梯等。施工难度极高,安全风险非常大。

泰州大桥中塔吊装施工具有以下难点:一是中塔高 192.0 m,为世界最高的人字形钢塔;二是中塔中最轻的 D0 节段约 228 t,最重的 D5 节段约 497 t,节段重量大;三是工作面为船舶通航、大型船舶浮吊作业、塔吊作业三者相结合,危险程度高。

最初拟采用大节段吊装,但通过风险评估,发现如果采用这种方式,必须使用大型门吊吊装,其设计、制造难度大,现场吊装作业风险很大,而且大节段还需直立运输,运输安全风险也较大。综合考虑后最终采用了纵向分块、小节段吊装方案,并通过采取一系列的安全控制技术,保障了钢塔吊装施工的顺利完成。

1.3.5 猫道及主缆施工安全技术

猫道是悬索桥上部构造施工最重要的高空工作通道和临时作业场地，平行于主缆线形布置。泰州大桥猫道分左右两条，分别设于左右主缆下方，设计宽度 4.0 m，全长逾 3 km。每条猫道下设 10 根 φ54 镀锌钢丝承重索，竖向设 3 根 φ22 镀锌钢丝扶手索，且每隔 6 m 设置一栏杆立柱。

在整个上部施工期间，猫道作为索股牵引、索股调整、主缆紧固、索夹及吊索安装、钢箱梁吊装、主缆缠丝防护等施工的作业平台，其架设与拆除基本上在高空和水上进行作业，难度大，危险程度高，需要有合理、可靠、安全的工艺作保障。泰州大桥猫道架设采用了长江航运史上首次半幅通航技术。

泰州大桥主缆长 3 117 m，主缆成型后为 W 形，主缆架设长度世界第一。两根主缆总重 1.7 万 t，采用预制平行钢丝索股，每根主缆由 169 根索股组成，单根索股重约 47 t。主缆采用预制平行钢丝索股，每根主缆由 169 根索股组成，每股由 91 根直径为 5.2 mm 的镀锌高强钢丝组成。

图 1-24 泰州大桥猫道及 W 形主缆施工现场图

整个主缆施工过程在高空、水上进行，是一项危险性较高的施工作业。主缆施工涉及先导索过江、主缆架设、紧缆施工、索夹及吊索安装、主缆缠丝等众多施工工序，而且，泰州大桥采用主跨 2×1080 m 的"三塔两跨"新型悬索桥结构，中塔采用世界上高度第一的钢塔，这些都大大增加了主缆施工的安全风险。通过采取一系列的安全控制技术，保障了主缆施工的顺利完成。

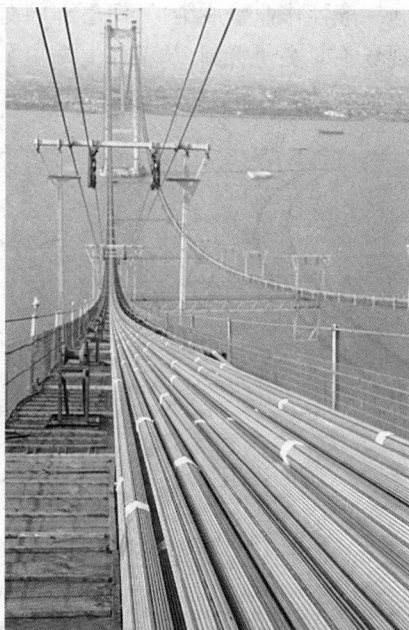

1.3.6 钢箱梁施工安全技术

泰州大桥主跨两根主缆横向间距为 34.8 m，加劲梁为扁平钢箱梁结构。全桥共划分 136 个制造梁段，其中标准梁段 128 个，特殊梁段 8 个，每节梁段约 250 t，全桥钢箱梁总重量有 3 万多吨。钢箱梁吊装采用小节段吊装方案，通过船舶运输至桥下江面定位，垂直起吊至预定的桥面位置。

泰州大桥钢箱梁吊装因跨度大、水面宽、梁段自重大，工作面又是水中定位、陆上支架、空中猫道三者结合，安全风险很大。钢箱梁吊装采用了国内自主研发的 KLD370 型全液压跨缆吊机，吊装过程需占用航道，对过往船舶的通航安全造成影响，这些都是吊装安全控制的重点。

泰州大桥采用南北两侧同步对称吊装，通过对泰州大桥所在航段通航环境、船舶交通流组成形式、桥区通航分道及其两侧可通航宽度、运梁船定位作业安全水域范围、钢箱梁吊装作业组织形式,以及吊装工艺、吊装顺序、吊装作业对通航的限制要求和气象条件以及可能存在的安全风险等多个方面综合分析,决定采用"非作业桥跨单向通航,作业桥跨内的吊装作业船舶一侧通航、另一侧禁航"的管制方式。桥塔跨边吊装作业基本不占用通航分道,实施一般性作业警戒维护,海事部门对其警戒维护工作进行监管。遇有特殊情况,申请海巡艇现场临时交通管制,从整体上缩短了吊装作业和交通管制时间,从而基本上实现了钢箱梁水上吊装的"本质安全"。

图 1-25 泰州大桥钢箱梁吊装现场图

2 工程建设安全顾问

2.1 工程建设安全管理

2.1.1 工程建设安全管理现状

随着我国现代工程建设项目向大型化、规模化、现代化发展,以及农村剩余劳动力的转移,城市化进程加快,从业人员结构变化,就业方式多样化和人员流动性的加剧,建筑业作为国民经济的支柱产业,其重要地位和作用正日益凸显。与此同时,由于施工人员流动性较大,施工时立体交叉、露天作业多,而且施工工艺日益复杂,使得建筑施工依然是一个高危行业。在建设工程领域中,安全事故频发,这和我国建筑业竞争过度激烈,施工企业利润水平较低,安全投入不足,建筑工人文化素质低,安全意识、维权意识较差等原因密切相关。

根据安全事故系统论的观点,发生安全事故的原因可以概括为四类:人的不安全行为,是事故的直接原因;物(设备)的不安全状态,也是事故的直接原因;不良的生产环境,会对人的行为和物的状态产生负面影响;管理的欠缺,是事故发生的重要因素,有时甚至是直接因素,因为管理对人、物和环境都会产生作用和影响。而且,大量理论研究和实践表明,造成安全事故的根本原因在于管理系统的缺陷和失效。根据我国历年伤亡事故抽样分析,管理混乱或管理不善是引起事故的主要原因。可见,安全管理对安全事故的发生具有决定性影响,要降低我国建设领域目前较高的安全事故发生率,必须从管理入手。

尽管随着《建设工程安全生产管理条例》、《公路水运工程安全生产监督管理办法》等法律法规的相继颁布实施,参建单位的安全责任得以进一步明确,工程建设的安全管理工作正逐步走上良性循环的轨道。通过对国内众多工程建设项目实地调查分析,认为仍存在以下几个突出问题:

1. 参建单位之间缺乏系统化管理

工程建设参建单位众多,包括建设、勘察、设计以及施工、监理等,施工过程的组织及管理复杂。从调研情况来看,虽然各参建单位都有一套自身内部的安全管理办法,但它们之间的权责关系不明晰,信息沟通渠道不通畅,管理控制程序不衔接,不能够为建设项目提供高效的管理,不利于加强对工程建设项目总体的安全监督管理。将参建单位的安全工作纳入一个统一有序、扁平化的管理系统中,能为建设项目的顺利建成提供强有力的安全保障。

2. 建设单位和监理单位安全管理力度不足

建设单位和监理单位安全管理力度不足,体现在以下几个方面:一是安全管理力量较薄弱。较多建设单位仅配备一两名专、兼职安全管理人员,未设立专门的安全管理部门,配备人员往往安全知识和专业能力不足。二是安全管理制度落实不到位。多数情况下尽管制定了种类比较齐全的各项管理制度,却往往停留在文件上,缺乏充分的论证,在实际操作中也没有得到有效的贯彻和落实。三是安全管理手段较单一。多以对工地不定期巡查为主要手段,安全考核流于形式,且考核方法主观成分较多,可操作性不强,对施工单位的监督管理停留在表面和形式上。

3. 安全生产考核体系不完善

首先,在主管部门监管层面,对各参建单位缺乏明确的系统考核指标,监管工作缺乏有效的抓手;其次,在建设单位管理层面上,考核指标多为定性考核,主观因素太多,难以在操作中得到有效的落实,不能客观评价各参建单位的安全工作实际情况;此外,在施工单位管理层面,缺乏一个相对统一的衡量标准,各单位的安全考核指标形式多样,水平参差不齐,难以通过比较各单位的管理水平而共同提高。

4. 安全生产费用监管不到位

虽然《企业安全生产费用提取和使用管理办法》(财企〔2012〕16 号)、《公路水运工程安全生产监督管理办法》等文件提出了安全生产费用使用的基本内容和要求,但由于过于宏观,且缺乏具体的计量范围和内容,在工程实践中建设单位与承包商往往很难在计量上形成一致,导致不能及时计量和支付。安全生产费用监管不到位,成为国内交通工程建设中一个普遍存在的问题。主要表现在:一是使用不合理,如生产设备费用在安全费用中列支;二是账目不清楚,存在未设立专项账户管理、相关的发票凭证不全、使用金额和票据金额不一致等情况;三是监管不到位,基本上是由施工单位自行统计,监理和建设单位没有进行有效的核算和监督。总之,上述问题影响了安全生产费用的使用效率。

2.1.2 国内外安全管理模式分析

模式是事物或过程系统化、规范化的体系,它能简洁、明确地反映事物或过程的规律、因素及其关系,是系统科学的重要方法。安全管理模式则是反映系统化、规范化安全管理的一种体系和方式。从不同的角度归纳和总结安全管理的模式,并理解、掌握和运用于实践,对于提升安全管理水平、提高安全保障能力具有重要的作用。

本部分将先阐述安全管理模式的分类,并对一些成功的安全管理模式进行归纳和分析,以供后文提出和建立工程建设安全管理及技术服务新模式借鉴。

1. 安全管理模式的分类

安全管理模式可以划分为两大类,即对象化的安全管理模式和程序化的安全管理模式。

(1) 对象化的安全管理模式

① 以人为中心的安全管理模式

研究科学、合理、有效的安全生产管理模式是安全管理的基础。以人为中心的管理模式,其基本内涵是把管理的核心对象集中于生产作业人员。即安全管理应该建立在研究人的心理、生理素质基础上,以纠正人的不安全行为、控制人的误操作作为安全管理的目标。

这种模式为代表的有马鞍山钢铁公司的"三不伤害"模式(不伤害自己,不伤害他人,不被他人伤害)、上海浦东钢铁公司的"安全人"管理模式、长城特殊钢厂的"人基严"模式(人为中心,基本功、基层工作、基层建设,严字当头、从严治厂)等。

② 以管理为中心的安全管理模式

这种管理模式认为,一切事故的原因皆源于管理缺陷。因此,安全管理模式既要吸收经典安全管理的精华,又要总结本单位安全生产的经验,更要能够运用现代化安全管理的理论。比较著名的有鞍钢"0123"管理模式、扬子石化公司的"0457"管理模式、抚顺西露天矿的"三化五结合"模式、梅山铁矿的"333"管理模式等。

(2) 程序化的安全管理模式

① 事后型的安全管理模式

事后型模式是一种被动的管理模式,即在事故或灾难发生后进行亡羊补牢,以避免同类事故再发生。这种模式遵循如下技术步骤:事故或灾难发生→调查原因→分析主要原因→提出整改对策→实施对策→进行评价→新的对策。

② 预防型的安全管理模式

预防型模式是一种主动的管理模式,即积极地预防事故或灾难的发生。其基本的技术步骤是:提出安全目标→分析存在的问题→找出主要问题→制定实施方案→落实方案→评价→新的目标。现代安全管理模式以此类模式为主。

2. 具有代表性的优秀企业安全管理模式介绍

目前,已经出现了不少比较成熟的优秀企业安全管理模式,这些企业涉及各行各业,其中以通用电气公司(GE)安全管理模式、杜邦安全管理模式、摩托罗拉安全管理模式、神华NOSA 五星安全管理模式最具代表性。这些优秀的企业安全管理模式在国际上得到了认可,成为很多企业竞相效仿的优秀模式。

(1) GE 安全管理模式

通用电气公司是世界上首屈一指的聚能源、航空航天、医疗设备、家电、化工及先进材料、工业产品、金融和影视等行业于一身的超大型跨国企业集团公司。GE 的一个突出贡献来自它对环境保护以及保障员工安全和健康的极大重视和压倒一切的承诺。

GE 一直追求卓越的 EHS 绩效表现,这是所有管理人员和员工的职责之一,并且是可测量的绩效表现。GE 安全管理"四大基石",是 GE 安全管理工作所遵循的四个基础原则,也是 GE 安全文化的核心所在,包括:企业上层管理者的支持,EHS 部门的能力、经验、技巧以及胆识,全员参与安全管理,兼职安全管理人员的设置。

(2) 杜邦安全管理模式

杜邦公司是当今 500 强企业中历史最为悠久的公司之一,杜邦的业务遍及全球 70 多个国家和地区,服务涉及农业、营养、电子、通讯、安全与保护、家居与建筑、交通和服装等众多领域。在美国工业界,"杜邦"与"安全"几乎是同义词。

杜邦公司一直以来都以"零伤害、零疾病、零事故"为安全管理的目标。在整个两百年的发展中,杜邦形成了十大基本理念:①所有的伤害、职业疾病及环境破坏,都是可以防止的;②各级管理层对各自的安全直接负责;③所有危害因素都是可以控制的;④安全工作是雇佣的条件之一;⑤员工必须接受严格的安全培训;⑥各级主管必须进行安全检查;⑦发现安全隐患必须及时更正;⑧工作外安全和工作安全同样重要;⑨良好的安全就是良好的业务;

⑩员工的直接参与是关键。

(3) 摩托罗拉安全管理模式

摩托罗拉公司是提供集成通信解决方案和嵌入式电子解决方案的全球领导者。摩托罗拉是世界公认的 HSE 培训方面的领导者,其 HSE 体系对世界范围内企业的 HSE 管理起到了很大的推动作用。

该公司安全文化的最大特点就是尊重个人,也就是以礼待人,忠贞不渝,提倡人人有权参与,重视集体协作,鼓励创新。该公司的 EHS 管理模式的运行依照 PDCA 原则,强调计划、执行、检查和持续改进。摩托罗拉公司颁布了 9 个 EHS 体系标准:污染防止体系;危险材料管理体系;紧急情况预防与应急体系;职业卫生体系;事故伤害体系;个体防护体系;设备安全体系;培训体系;合同工 HSE 体系。这 9 个标准分别覆盖了环境、健康和安全三大领域,从多角度用明确的体系进行了量化管理,可以说是世界上最严格的标准之一,对 HSE 管理起到了很大的推动作用。

(4) 神华 NOSA 五星安全管理模式

神华集团是集煤矿、电力、铁路、港口、煤化工五位一体,跨地区、跨行业、产运销一体化经营的特大型能源企业。神华集团是国有企业中最注重安全管理的企业之一,于 2001 年开始引进了 NOSA 五星安健环管理体系。

NOSA 五星安健环管理体系以风险管理为基本手段,遵守帕累托法则,实现基于风险、高度透明化的安健环综合预控管理。体系的 5 个单元、72 个元素中体现出了对员工的关心和对环境的关爱,要求每项工作都要顾及安全、健康和环保。神华集团充分吸收各种安健环管理体系的核心思想,完善了神华集团自己的安全管理理念,即:系统管理理念;风险管理理念;文化管理理念;未遂管理理念。

3. 优秀企业安全管理模式的共性分析

下面将对上述知名企业的安全管理模式进行比较分析,归纳和总结出上述成功安全管理模式的共性,为新模式的提出提供借鉴。

(1) 清晰的安全方针与量化的安全目标

GE 一直致力于为员工提供安全健康的环境,并且尽可能消除对环境和人类的不利影响。其方针和目标的制定紧紧围绕行业特点和要求,涉及新材料、新能源的使用,环境保护和法律遵守等等,切合实际并且不断改善。杜邦公司最早提出一切事故皆可预防的理论,制定了预防一切风险的方针和目标,不仅关心员工工作中的安全与健康,同样关心工作时间之外的安全健康问题。其提出的具有特色的 12 个行为安全要素和 14 个工业安全要素,直接量化了企业的 EHS 目标。摩托罗拉的 EHS 标准可以说是世界上最严格的标准之一,管理承诺中结合了行业特点,包含遵守和执行、持续改进、预防污染以及职业健康和安全四大部分。神华集团 NOSA 五星安健环管理体系,制定了一系列的量化标准,由五大部分、72 个要素组成,可见其量化的细致程度。

(2) 风险管理和系统管理理念

首先,上述优秀安全管理模式都是以风险预控管理理念为基础的,都以"一切事故都是可以防止的"为基本安全理念,都以追求零风险为最高的安全目标,这高于只停留在追求"零伤害、零事故"的安全管理理念。比如杜邦十大安全理念、神华集团风险管理、未遂管理理念等。

其次,系统管理理念也是上述优秀安全管理模式的基础理念之一,主要特点有:①以目标为中心,始终强调系统的客观成就和客观效果;②以整个系统为中心,决策时强调整个系统最优化,而不是强调子系统的最优化;③以责任为中心,每个管理人员都被分配一定的任务,能衡量其投入和产出;④以人为中心,每个工作人员都被安排进行有挑战性的工作,并根据其工作成绩付给报酬。神华集团提出的整体性原则、ISSMEC 原则、持续化原则、兼容性原则、闭环管理原则以及持续改善原则都是系统管理理念的体现。

(3) 直线型的组织结构

GE 创立的辐射式的组织结构不仅强化了垂直作用,更加加强了水平作用的影响,也有助于全员参与的安全文化。杜邦安全管理模式采用直线型的组织结构,生产管理层,从总裁到副总裁到厂长到生产部门和服务部门,都要对安全直接负责。

这些优秀的管理模式保证管理的权、责与人员、部门相对应,同时要有很强的水平影响和垂直作用,表现在不同的岗位都有相对应的管理制度和方法,使每项工作标准化、规范化。

(4) 循环的安全管理运行模式

几乎所有和国际接轨的企业的安全管理都遵循 PDCA 原理,上述 4 家企业也不例外,一方面是企业安全生产管理的要求,只有这样的系统,才能够使得企业的管理不断向前推动,另外一个原因就是为了同 ISO 9000、ISO 14000、OHSMS 相一致。具体表现在标准制定时,这些国际标准都是其重要的依据。

(5) 全员参与的安全文化氛围

GE 重视对 EHS 人员能力、经验、技巧以及胆识的培养。杜邦一直以其卓越的企业安全文化著称,将其概括为自然本能反应、依赖严格的监督、独立自主管理和互助团队管理 4 个发展阶段,这是对安全文化理论的模型总结。摩托罗拉和神华集团也都提倡并已形成良好的安全文化氛围,认为员工是企业宝贵的财富,以人为本,关爱员工,用安全文化去塑造每一位员工。这几大企业都已形成卓越的全员参与的安全文化氛围,都非常重视安全培训。文化是企业安全管理发展到一定阶段的必然产物,只有通过全员参与,通过文化的形式,才能培养起员工间的安全意识和情感。

4. 发达国家工程建设安全管理特点分析

上述成功的安全管理模式多为局限于一个集团或企业内部,包括施工企业。但在工程建设领域,由于工程建设流动性大、阶段性强等特点,尚未出现通行的成功模式。尽管如此,对如何完善工程建设安全管理,加强对参加单位尤其是施工单位的管理,国际上还是存在一些普遍认可的管理准则,这些准则是工程建设安全管理的重要基础。

通过对发达国家的建设工程领域安全监管方式和管理方法进行调研,总结凝练出其突出特点如下:

(1) 突出法治管理

从国家的安全管理职能及其实现手段来看,一些发达国家均以法治作为主要的监管手段。以英、美为例,政府主要通过法律法规手段规范建筑市场,职业健康与安全管理体系是建设工程安全管理的一部分,政府把保证每个劳动者的健康和安全作为安全管理的最终目标。

(2) 重视行业自律

除强调法治监管外,一些发达国家还特别重视行业自律,充分发挥行业协会在工程监管中的作用。以德国为例,其建筑业有8个非盈利性行业协会,行业协会的职责是:拟定本行业的发展规划、制定行业标准、开展工伤保险和科研教育、预防和治理职业病、对安全专业人员进行资格认可、进行事故处理。

(3)强调施工前期安全风险

建筑施工的风险不仅存在于施工过程中,在建设工程的规划设计中就可能埋下事故隐患。据欧共体统计分析,63%的事故是因为在前期项目设计策划和施工准备阶段就存在缺陷,37%的事故则发生在施工阶段。业主与承包商安全责任不明确、施工方案中的安全措施不完善、施工交底不清等是造成事故的重要原因。

以德国为例,劳动局颁布的《建筑工地劳动保护条例》规定:建筑师不仅需要对工程本身质量负责,还要对涉及安全的重要施工方案负责。要同协调员一起制定包含安全措施在内的施工方案,报有关部门审查批准。业主委托协调员筹划建设项目的安全措施,参与项目的总体规划和设计,协调施工全过程的安全事宜。

(4)完善工程保险制度

按照美国法律规定,进行工程项目建设前,业主和承包商必须办理有关强制性保险,否则将无法从事相应的业务活动。承包商交纳安全保费的多少,与其安全施工的业绩与信誉密切相关。不仅承包商自己安全意识十分强烈,而且保险公司为自身利益,也对施工安全极为重视,积极参与到施工安全管理之中。

而在我国,建筑施工企业安全投保意识普遍较差,且只强制规定建筑施工企业必须为从事危险作业的职工办理意外伤害保险,而国际普遍通行的建设工程一切险、安装工程一切险、雇主责任险等强制险并没有明确规定要求。此外,目前我国保险市场条块分割,保险业务险种少,保费高,服务不尽如人意。建筑市场没有建立权威的安全统计信息,使得理赔时互相推诿,各自的合法权益无法保护。部分施工企业存在短期意识,抱有侥幸心理,对建筑安全生产和人身意外伤害保险工作重视程度不够。

(5)健全从业人员安全培训机制

在发达国家,建筑行业对从业人员的培训机制相当健全。以德国为例,每个州和大城市都设有由当地政府出资创办的建筑职业学校。若想从事建筑职业,需先通过行业协会组织的考试,然后进入当地的建筑职业学校学习。

在我国,建筑业从业人员的低素质一直是导致建筑施工安全形势严峻的重要原因。大量农民工没有经过相应的专业培训就开始进行施工作业。一方面是这些民工的安全意识不强,掌握安全施工知识的主动性不够;另一方面施工单位对民工的安全培训不重视,不能及时、认真地组织对民工的安全教育培训。

2.1.3　工程建设安全顾问需求及效益分析

建设工程安全管理是一个系统工程,需要运用多种学科的理论和办法,从各个不同学科的侧面,研究工程中造成人体伤害的有害因素,从而保护从业人员的安全与健康。随着建设工程个性化的加强,高层、超高层、地下、桥梁建设工程的涌现,工程结构、施工工艺的复杂化,以及新技术、新材料、新设备等的广泛应用,给建设工程安全管理模式带来了新的挑战。同时,随着我国市场经济的深入发展,传统建设工程安全生产管理模式也将受到挑战。除了政府要加强市场监督管理,同时应充分发挥市场机制,调动社会、企业的力量,加强安全生产管理以及安全技术的研究与运用,多角度、多层次地对建设工程安全生产管理实施监督,从而有利于遏制或减少安全事故的发生。

尽管随着《建设工程安全生产管理条例》、《公路水运工程安全生产监督管理办法》等法律法规的相继颁布实施,建设单位的安全责任得以进一步明确,工程建设的安全管理工作正逐步走上良性循环的轨道。但是,仍存在以下几个突出问题:

(1) 安全责任认识不清,重视程度不够。建设单位一直以来非常重视进度和质量,并也强调安全第一,但在实际工作中往往执行不彻底,经常出现抢工期而忽视安全问题。此外,也存在建设单位对自身的责任认识不清楚,安全工作往往由施工和监理单位自行完成,建设单位的安全管理职责不能真正落实到位。

(2) 管理力量不足,安全管理手段较为单一。目前工程建设力度非常大,一大批工程项目处于建设中,有的建设单位没有设置专门的管理部门或配备专职管理人员,管理手段也以对工地不定期巡查为主,手段较为单一,缺乏对安全管理工作强有力的监督和指导。

(3) 安全检查走过场,考核流于形式。安全检查考核是建设单位安全管理的有效手段,但在实际操作中存在不少问题:①未能制定科学合理的检查考核细则,检查考核办法缺乏可操作性;②检查走过场,考核工作不认真;③考核结果与安全绩效相脱节,未能形成有效激励。以上原因导致建设的安全检查考核工作流于形式,不能有效促进安全措施的及时、有效落实。

随着社会的发展和科技的进步,以往传统的安全模式已经不适应目前建设工程的要求了,必须树立新的安全管理理念,建立一个科学的、合理的、高效的符合建设工程管理规律和项目管理特点的安全管理模式,最大限度地减少或杜绝施工事故。

工程建设安全顾问,是由专业机构为工程建设提供安全咨询,或作为第三方参与工程建设的安全管理,需要解决的主要问题是如何通过安全方面专业人员依据国家有关建设工程的法律、法规、标准及经政府主管部门批准的工程建设文件,对工程建设实施专业化动态的安全监督管理和技术服务,以促进建设、监理、施工等参建单位落实其安全生产责任,保证工程建设的安全。

1. 需求分析

工程建设涉及众多领域,包括土木工程、建筑工程、线路管道和设备安装工程、装修工程等,具体可分为房屋工程、铁路工程、道路工程、机场工程、桥梁工程、隧道及地下工程、特种工程结构、给排水工程、城市供热供燃气工程、交通工程、环境工程、港口工程、水利工程、土木工程等。随着我国现代工程建设项目向大型化、规模化、现代化发展,以及农村剩余劳动力的转移,城市化进程加快,从业人员结构变化,就业方式多样化和人员流动性的加剧,建筑业作为国民经济的支柱产业,其重要地位和作用正日益凸显。与此同时,由于施工人员流动性较大,施工时立体交叉、露天作业多,而且施工工艺日益复杂,使得建筑施工依然是一个高危行业。

长期以来,我国在建筑安全方面进行了广泛的探索,做了大量的工作,形成了许多宝贵的经验,特别是出台了《安全生产法》、《建筑法》、《建筑工程安全生产管理条例》、《建筑安全生产监督管理规定》、《建筑施工企业安全生产许可证管理规定》及许多安全技术标准、规范和规程,并建立和实行了"企业负责、行业管理、国家监察、群众监督"的安全管理体制,大力开展专项治理工作,不断提高监督执法和从业人员素质,有效地控制和预防了安全事故的发生,但每年的建设安全生产形势仍不令人乐观。怎样加强建筑安全监督管理,完善建筑安全管理体制,最大限度地控制工伤事故发生,确保安全生产,保障社会的稳定,是我国建筑业目前最关注的问题。

就国外而言,对工程建设的安全管理都是通过委托管理的方式进行的,也就是全权委托有相应资质的单位对工程项目进行全方位的安全管理。而在我国,对工程建设的安全管理还处在传统的管理模式上,基本上是建设单位组织一班人马对工程建设进行管理,没有专门的安全管理机构或专业的安全管理人员。通过引进专业技术力量为工程建设项目提供安全管理与技术服务,可以利用专业机构在安全管理方面有着知识和经验上的优势,其作用体现在两个方面:一是协助现场安全管理,落实建设单位的安全职责;二是提供安全管理咨询,提升建设单位的管理水平。

从以上分析可以看出,改革现行的工程安全管理模式,引进专业技术力量提供安全管理与技术服务,是当前工程建设安全管理水平严重滞后现状的一种有效手段。而且,在我国工程建设全面铺开的形式下,必然存在广泛的社会需要,以及广阔的应用前景。

2. 效益分析

工程建设安全顾问模式的实施,通过安全专业人员依据国家有关建设工程的法律、法规、标准及经政府主管部门批准的工程建设文件,对工程建设的安全生产实施专业化动态的监督管理和技术服务,能够有效地解决建设单位安全管理工作中出现的诸多问题。工程建设安全顾问模式的实施,既能为建设工程施工的顺利进展提供保障,又有利于建设工程整体进度计划的实现,促进投资的正常回收,实现投资效益的最大化。

(1)经济效益

工程的安全建成,能够迅速转化经济效益,从而促进社会经济的发展。反之,如果工程建设项目发生安全事故,不仅会造成巨大的财产和经济损失,还可能造成人员伤亡,从而影响了建设工程整体进度计划的实现,也不利于投资的正常回收,不利于实现投资效益的最大化。

(2)社会效益

工程的安全建设,能够为工程项目建设树立良好的社会形象,因此能够产生良好的社会效益和影响。反之,如果工程建设项目发生安全事故,不仅会造成巨大的财产和经济损失,而且一旦造成人员伤亡,将产生十分恶劣的社会影响,违背交通工程建设用于造福人民的初衷。

2.2　工程建设"四化"安全顾问模式

国际上对工程建设的安全管理通常是委托有相应资质的专业机构来完成,而我国基本上是由建设单位原班人马自行进行。在泰州大桥工程建设实践中,提出和实践了一种工程建设安全咨询方法,命名为"四化"安全顾问模式。

该模式的服务对象是建设单位,即协助工程建设单位对工程建设进行安全管理,或作为第三方对工程建设安全生产提供全过程的监管。需要解决的主要问题是如何通过安全专业人员依据国家有关建设工程的法律、法规、标准及经政府主管部门批准的工程建设文件,对工程建设实施专业化动态的安全监督管理和技术服务,以促进建设、监理、施工等参建单位落实其安全生产责任,保证工程建设的安全。

本章阐述了“四化”安全顾问模式的“管理体系化、咨询专业化、指导现场化、操作标准化”的基本内涵,及其实施和运行方式。该模式在泰州大桥工程建设中得到了成功运用,泰州大桥安全管理被交通运输部誉为“我国特大桥施工安全管理的典范”。

2.2.1　指导思想

工程建设安全顾问模式是以工程项目建设为核心,依据国家现有法律法规、部门规章、标准规范的要求,按照政府、社会各方和建设单位的安全方针、目标,系统地、完整地阐述工程建设过程中安全管理与技术服务工作的要求,从而实现降低工程事故风险、安全平稳地完成工程建设任务的目的。

结合建设工程安全管理经验,考虑到工程建设的实际需求,咨询机构提出工程建设安全管理及技术服务安全顾问应遵循的基本原则如下:

(1) 工程建设安全顾问模式的实施,是以一个特定的工程项目为对象,以实现工程建设安全生产方针、目标为目的,全过程地管理所有与之有关各参建方的活动、行为,确保建设风险始终控制在可接受的范围之内,从而使之达到或超越国家、政府和社会各方的安全要求。

(2) 工程建设安全顾问模式的实施,应保证满足《中华人民共和国安全生产法》、《中华人民共和国建筑法》和《建设工程安全生产管理条例》等国家、地方的有关规定和要求。

(3) 工程建设安全顾问模式的实施,应在充分理解所面对的工程项目及建设单位需求的基础上,明确提供服务的具体内容和要求,并适时地做好具体服务内容的调整、衔接。

2.2.2　“四化”内涵

服务团队在提供工程建设安全顾问期间,要严格按照“管理体系化、咨询专业化、指导现场化、操作标准化”的要求,履行服务团队的职责,协助建设单位做好工程建设期间的现场安全管理工作,并为建设单位做好职业健康与安全提供技术支持。

基于上述思想,将提出的上述咨询方法命名为“四化”安全顾问模式。“四化”顾问模式的具体内涵如下:

1. 管理体系化

服务团队应按照体系化管理的要求,制定工程建设安全顾问的手册文件,规范服务工作的方法、内容及要求,以及主要工作程序等重要方面,以保证服务工作的质量。

服务团队还应在服务期间通过不断的管理评审,持续改进具体工程建设项目的安全管理与技术服务工作,协助建设单位做好建设期间的职业健康与安全管理工作。

本章附件 2-1《工程建设安全顾问实施手册》是实现“管理体系化”的手册文件。

2. 咨询专业化

组建的服务团队包括专家服务团队和常驻服务团队。其中,专家服务团队应该包括但不限于安全工程、桥梁工程、海洋工程、隧道工程、港航工程、环境工程等专业的具有高级工程师资格以上的专家。

专家服务团队利用知识和经验上的优势，为常驻服务团队成员提供技术支持。遇有问题的决策，常驻服务团队如不能解决，将提交专家服务团队讨论决定。同时，根据服务工作的需要，可以再聘请有关方面的专家共同解决遇到的实际问题。咨询意见将以电话、电子邮件、书面报告或现场解答的形式给出。

"咨询专业化"通过组建的专家服务团队来实现。

3. 指导现场化

组建的服务团队包括专家服务团队和常驻服务团队。其中，常驻安全服务团队成员均应具有注册安全工程师资格，常驻安全服务团队现场负责人还需至少从事相关安全咨询管理工作满 3 年。

常驻服务团队成员驻现场办公，并依托强大的专家服务团队力量，协助建设单位履行安全管理职责，解答工程参建的监理、施工单位遇到的有关问题。

"指导现场化"通过组建的常驻服务团队来实现。

4. 操作标准化

服务团队将结合工程项目实际，制定具体工程项目的安全管理与技术服务的实施手册和规范性操作文件，实现安全管理与技术服务工作的标准化、规范化。

在服务期间，服务团队应严格执行上述标准化管理文件的方法、程序及要求，协助建设单位做好安全管理工作。

本章附件 2-2～附件 2-6 是开展具体工程建设项目安全管理与技术服务时针对某一项具体工作的要求和可操作性文件，是实现"操作标准化"规范性文件。

2.2.3　实施与运行

1. 服务团队的组建

为实施工程建设安全顾问模式，需组建服务团队，包括专家服务团队和常驻服务团队。

专家服务团队应该包括但不限于安全工程、桥梁工程、海洋工程、隧道工程、港航工程、环境工程等专业的具有高级工程师资格以上的专家。专家服务团队利用知识和经验上的优势，为常驻服务团队成员提供技术支持。遇有问题的决策，常驻服务团队如不能解决，将提交专家服务团队讨论决定。同时，根据服务工作的需要，可以再聘请有关方面的专家共同解决遇到的实际问题。

常驻安全服务团队成员均应具有注册安全工程师资格，常驻服务团队现场负责人还需至少从事相关安全咨询管理工作满 3 年。常驻服务团队成员驻现场办公，并依托强大的专家顾问团队力量，协助建设单位履行安全管理职责，解答工程参建的监理、施工单位遇到的有关问题。常驻安全工程师的人数及每月现场工作天数根据合同确定，作息时间与建设单位同步。

此外，在派驻工程建设现场之初，服务团队需派驻 1～2 人集中工作 2～3 个月，以尽快熟悉工程情况，为后面的转入常态工作奠定基础。服务团队需按照"管理体系化、咨询专业化、服务现场化、操作标准化"的要求，为工程建设提供安全管理及技术服务。咨询服务意见以电话、电子邮件、书面报告或现场解答的形式给出。

2. 工作内容及要求

服务团队利用知识和经验上的优势，充实建设单位的安全管理力量，提升建设单位的安全管理水平。其服务工作内容可分为两大块：

一是作为常驻机构，接受建设单位的委派，协助建设单位履行在工程建设期间的职业健康与安全的综合管理职责。包括协助组织检查考核评比，召开安全会议、教育培训，执行有关安全法规标准等。

二是作为专业机构，为建设单位提供安全咨询，协助建设单位进一步提升管理水平。包括提请有关安全注意事项，制定有关管理办法，宣贯安全法规标准，论证安全管理方案等。

具体可划分成以下 10 个方面：

(1) 制度建设

① 提请并协助制定、完善各项安全管理制度。在吸收和借鉴有关工程建设经验的基础上，将安全法规要求与具体工程项目相结合，完善各项安全管理制度，用于规范各参建单位的安全管理行为。

② 协助对安全法律法规和制度的适用性进行评价。提请建设单位补充完善有关职业健康与安全的法律法规清单，执行最新的法律法规及适用的技术标准。

(2) 工作策划

① 按期完成阶段性的咨询服务工作计划。每月 25 日前提交下月主要工作安排；每年 6 月份提交下半年工作计划；每年 12 月份提交下年度工作计划。

② 协助制定建设单位的职业健康及安全管理的工作计划和方案。根据工程进展，协助建设单位安全管理部门制定阶段性的安全工作方案，并进行安全目标的分解和细化。

(3) 技术咨询

① 协助对承包人有关的安全专项方案和安全技术措施进行审核和指导。

② 对工程建设中遇到的安全相关法律法规、技术标准等问题提供咨询服务。

(4) 教育培训

① 协助审查承包人的安全培训计划。

② 协助检查承包人安全培训计划的落实情况。

(5) 检查考核

① 协助对施工现场的日常安全巡查。发现问题提请建设单位下发整改通知，并进行复查，每月至少到施工作业现场 1 次。

② 协助对承包人阶段性（如每季度）的考核评比。对承包人的安全管理机构运作、安全管理制度运行、安全会议、作业许可、隐患治理、监督检查与整改、事故管理等方面进行综合考评。

(6) 提请注意

① 针对高危作业形式提请建设单位应注意的事项。如大型起重吊装、超高处作业以及恶劣天气等应注意的安全事项。

② 提请针对复杂工程应注意的事项。如大跨度桥梁工程、大型基坑开挖工程、大型水上作业工程、特长隧道开挖工程等。

③ 提请妥善应对突发事件应注意的事项。

（7）效果评价

① 完成对建设单位的职业健康与安全工作的效果评价。对建设单位所做的职业健康与安全工作从"理念、思路、工作方法、达到效果等方面"作出客观合理评价，提出持续改进意见。

② 结合职业健康安全管理体系内部审核的要求，充分发挥专业优势，运用先进的安全文化理念和系统的工程建设安全管理理论，协助建设单位凝练具有本工程项目特色的安全文化。

（8）体系运行

① 协助职业健康安全管理体系的贯彻与实施，使体系得到有效运行。

② 协助完成职业健康安全管理体系的内部审核，提出持续改进意见。

（9）工作总结

① 按期完成月度咨询服务总结报告。每月 25 日前提交月度咨询服务工作总结。

② 按期完成中期咨询服务总结报告。每年 6 月份提交中期咨询服务工作总结。

③ 按期完成年度咨询服务总结报告。每年 12 月份提交年度咨询服务工作。

（10）资料归档

① 协助建设单位建立和完善主体工程建设期间的职业健康与安全管理资料库。

② 通过拟定安全档案的目录和设计安全专用表格，规范建设单位安全管理资料的归档工作。

工程建设安全顾问的工作内容、要求及具体目标见表 2-1。

表 2-1　安全顾问工作内容及目标、要求

序号	类别	工作内容描述	工作目标及要求
1	制度建设	提请并协助制定、完善各项安全管理制度	包括但不限于：《工程建设安全管理实施细则》、《施工临时用电安全管理规定》、《船舶安全管理规定》、《安全专项方案编制及审查办法》、《安全生产费用管理办法》等制度
		协助对安全法律法规和制度的适用性进行评价	提请建设单位补充完善有关职业健康与安全的法律法规清单，执行最新的法律法规及适用的技术标准
2	工作策划	按期完成阶段性的咨询服务工作计划	每月 25 日前提交下月主要工作安排；每年 6 月份提交下半年工作计划；每年 12 月份提交下年度工作计划
		协助制定职业健康及安全管理工作计划	根据工程进展，协助建设单位安全管理部门制定阶段性安全工作方案，并进行目标分解和细化
3	技术咨询	协助审查和指导承包人的安全专项方案和安全技术措施	协助对承包人技术方案中有关的安全专项方案和安全技术措施进行审查和指导
		提供法律法规、技术标准等咨询服务	对各参建单位遇到的安全相关法律法规、技术标准等问题提供咨询服务
4	教育培训	协助审查承包人的安全培训计划	协助审查承包人的安全培训计划
		协助检查承包人安全培训计划的落实情况	协助检查承包人安全培训计划的落实情况

续表 2-1

序号	类别	工作内容描述	工作目标及要求
5	检查考核	协助对施工现场的日常安全巡查	每月至少到施工作业现场1次,发现问题提请建设单位下发整改通知单
		协助对承包人阶段性的考核评比	对承包人的HSE管理机构运作、安全管理制度运行、安全会议、作业许可、隐患治理、监督检查与整改、事故管理等方面进行考评。考评频次以每季度一次为宜
6	提请注意	提请针对高危作业形式应注意的事项	包括但不限于:大型起重吊装、超高处作业、水上作业以及台风、潮汐恶劣天气等高危作业形式
		针对复杂工程提请建设单位应注意的事项	包括但不限于:大跨度桥梁工程、大型水上作业工程、特长隧道开挖工程等
		提请妥善应对突发事件应注意的事项	提请妥善应对突发事件应注意的事项
7	效果评价	完成对建设单位的职业健康与安全工作的效果评价	对从"理念、思路、工作方法、达到效果"等方面进行客观合理评价,提出持续改进意见
		协助建设具有本工程项目特色的安全文化	用先进的安全文化理念和系统的工程建设安全管理理论,协助建设和凝练具有本项目特色的安全文化
8	体系运行	协助HSE管理体系的贯彻与实施	协助HSE管理体系的贯彻与实施,使体系得到有效运行
		协助开展HSE管理体系内部审核	提出持续改进意见。每年1次为宜
9	工作总结	按期完成月度总结报告	每月25日前提交月度咨询服务工作总结
		按期完成中期总结报告	每年6月份提交中期咨询服务工作总结
		按期完成年度总结报告	每年12月份提交年度咨询服务总结
10	资料归档	协助建设单位完善安全管理资料库	协助建立和完善主体工程建设期间的职业健康与安全管理资料库
		规范建设单位安全管理资料的归档工作	拟定安全档案的目录和设计安全专用表格,充实建设单位以下安全档案资料:管理制度、转发文、招标管理、会议纪要、教育培训、检查考核、方案审查、应急管理、事故记录、计划总结、法律法规等

2.2.4 创新要素及面临的挑战

1. 创新要素

(1) 咨询单位:安全专业机构。本咨询方法由安全专业机构实施,通过安全方面专业人员依据国家有关建设工程的法律、法规、标准及经政府主管部门批准的工程建设文件对重大工程建设的安全生产实施专业化动态的监督管理和技术服务。

(2) 咨询对象:工程建设单位。本咨询方法以工程建设单位作为服务对象,协助工程建设单位对重大工程建设进行安全管理,或作为第三方对重大工程建设安全生产提供全过程的监管。

(3) 咨询模式:"四化"安全顾问模式。建立一种在重大工程建设中开展"管理体系化、咨询专业化、指导现场化、操作标准化"的安全管理与技术服务的新模式。

2. 面临的挑战

（1）工程建设的安全风险。工程建设往往投资规模大、建设周期长、参建人员众多,安全风险极大,是安全监管的重点对象。

（2）新模式的提出和应用。传统的工程建设管理模式,基本上是由建设单位组织一班人马对工程建设进行管理,目前国内由安全专业机构提供安全顾问尚没有成熟的经验和方法可循。

（3）咨询机构责任的界定。建设单位作为安全管理责任履行的主体,委托专业机构作为第三方协助进行安全管理,是对建设单位原班人马进行安全管理的有效补充。目前存在的问题是,如何界定咨询单位的安全责任尚不明确,尤其是在发生安全事故时,暂时只能以合同的形式加以确定。

2.2.5 规范性操作文件说明

为实施工程建设安全顾问模式,满足服务合同所规定的工作内容及要求,实现"管理体系化、咨询专业化、指导现场化、操作标准化"的服务标准,通过总结实际工程经验成果,提出和制定了下列规范性操作文件:

（1）附件2-1 《工程建设安全顾问实施手册》

（2）附件2-2 《工程建设项目参建单位安全生产检查考核办法》

（3）附件2-3 《工程建设项目主要制度及编制要求》

（4）附件2-4 《工程建设项目主要档案目录及推荐表格》

（5）附件2-5 《工程建设项目安全专项方案编制及审查要求》

（6）附件2-6 《工程建设项目安全生产费用管理暂行办法》

其中,附件2-1是对开展工程建设安全顾问服务作出了一些基本的规定,是开展工程建设安全顾问的指导性文件。

附件2-2、附件2-3、附件2-4、附件2-5、附件2-6则是针对具体的工程建设项目提供安全管理与技术服务时,实际工作中应遵循的规范性文件,是对某一项具体工作的具体要求和可操作性文件。下面对上述文件的主要内容分别进行阐述。

1.《工程建设安全顾问实施手册》

本手册是开展工程建设安全顾问的指导性文件,对服务团队组建及服务要求、工作内容和方法,以及主要工作程序等重要方面作出了具体规定。

2.《工程建设项目参建单位安全生产检查考核办法》

安全检查考核是实现对工程建设项目管理的有效手段,也是建设单位加强对施工、监理单位安全管理的重要手段。

本办法制定了对工程建设项目参建单位(包括建设、施工、监理单位)的安全生产工作情况进行检查考核要求,并制定了具备针对性、可操作性的检查考核表格。本办法同时要求考核结果要与一定的奖惩挂钩,以调动参建单位及管理人员工作的积极性,具体奖惩办法提请建设单位制定。

3.《工程建设项目主要制度及编制要求》

制度建设是规范参建单位各项安全管理工作的基本前提,也是落实各项安全管理措施的基础保障。

本办法明确了建设、监理、施工等参建单位应制定的各项管理制度,以及各项管理制度编制的基本要求。本办法同时指出各项管理制度应根据具体工程项目的实际情况,以及本单位的实际情况来编制。

4.《工程建设项目主要档案目录及推荐表格》

安全内业资料是安全管理工作的客观反映和记录。各参建单位由于管理水平以及重视程度的不同,内业档案在形式上千差万别,在规范性、完整性等方面也存在一定差距。通过实施安全内业标准化管理,能够大大方便对工程建设项目的监督和管理。

本办法明确了建设、监理、施工等参建单位各项安全档案的目录及要求,并拟定了统一的使用表格,实现了安全内业的标准化管理。

5.《工程建设项目安全专项方案编制及审查要求》

根据有关规定,施工单位应针对危险性较大的分部分项工程编制具有针对性、可操作的安全专项方案,并由施工单位技术部门的专业技术人员及监理单位专业监理工程师进行审核,审核合格,由施工企业技术负责人、监理单位总监理工程师签字。

本办法规定了安全专项方案的编制及审查要求,并提出了对安全专项方案的分级审查管理规定。

6.《工程建设项目安全生产费用管理暂行办法》

目前,安全生产费用缺乏有效的监管,使用和管理非常混乱,表现在:一是使用不合理,二是账目不清楚,三是管理不到位。建设单位规范安全生产费用的使用,加强对安全生产费用的监管,将使安全生产费用成为建设单位安全监管的一个极其有效的抓手。

本办法是对工程建设项目各参建单位的安全生产费用使用情况进行管理的规范性文件。主要内容包括:①细化安全生产费用可计量的内容和范围;②制定安全生产费用的提取、使用、支付等有关程序;③明确建设、监理、施工等参建单位管理职责等方面;④规范安全生产费用台账,使用统一的填报表格及方法。

2.3 泰州大桥安全顾问实践

2.3.1 泰州大桥应用概况

泰州大桥建设单位委托江苏省安全生产科学研究院成立安全中心,并派专业安全工程师常驻现场,作为建设单位安全管理的组织机构,协助做好现场安全管理,提供安全咨询,并贯穿建设始终。

咨询机构利用在安全管理方面知识和经验上的优势,为泰州大桥提供安全管理及技术服务,并主要从以下两方面来协助建设单位履行安全管理职责:

一是对施工现场进行安全管理,主要包括:定期完成对施工现场的安全巡查,以及对标段安全工作的考核评比;协助定期组织、召开安全教育培训以及工作会议;传达上级主管部门对安全工作的指示及要求,并迎接上级主管部门的督查;建立完善的建设单位安全管理工作档案,做到各项安全工作均有记录等。

二是对安全管理过程中遇到的问题提供咨询。专业安全管理机构依托知识和经验上的优势,对各阶段安全管理工作计划及重点提供参考性意见,提供相关安全法律法规及标准的指导和培训,协助审核安全管理方案、安全专项方案等。

咨询单位在泰州大桥安全管理中践行了"四化"安全顾问模式,并进行了一系列的安全管理创新实践,主要表现在以下方面:

1. 管理体系化:以工程项目为对象、以各参建单位为相关方建立职业健康安全管理体系

泰州大桥率先将职业健康安全管理体系引入到工程建设项目,将各参建方作为体系的相关方建立并运行职业健康安全管理体系。通过体系的推行,重点明确各参建单位的职责及运行、管理机制,以实现项目建设系统化、程序化和文件化的安全管理。该体系不同于一般的企业内部职业健康安全管理体系,此部分内容详见本书第3章。

2. 咨询专业化:以泰州大桥开展的施工安全风险评估为例来说明

无论是在工程初步设计阶段,还是在后续工程推进过程中,泰州大桥一直坚持风险评估先行,根据风险评估结果,编制施工方案,优化施工工艺,落实风险防范措施,降低施工风险,此部分内容详见本书第6章。其应用案例包括:

(1)中塔基础结构形式的选择。泰州大桥中塔基础采用何种结构形式,在初步设计阶段,组织对沉井和钻孔桩技术进行了深入的比选,沉井基础的刚度、抗震及抗船舶撞击能力要明显优于钻孔桩基础,且投资省,但施工风险较大。为此,提前2年就开始进行施工可行性的全方位研究和论证。通过研究,认为在各项措施到位的情况下是可以实现的,因此最终决定采用沉井技术。

(2)中塔钢塔吊装方式的选择。泰州大桥中塔为纵向人字形、横向门式框架型钢塔,上塔柱最初拟采用大节段吊装,但通过风险评估,发现如果采用这种方式,必须使用大型门吊吊装,其设计、制造难度大,现场吊装作业风险很大,而且大节段还需直立运输,运输安全风险也较大,综合考虑最终采用了纵向分块、小节段吊装方案。

3. 指导现场化:安全专业机构派驻安全工程师常驻现场管理

泰州大桥委托"江苏省安全生产科学研究院"成立安全中心,并派专人常驻现场,提供现场安全咨询服务,进行现场化的指导。表现在:一是作为常驻机构,接受建设单位的委派,协助建设单位履行在工程建设期间的职业健康与安全的综合管理职责。包括协助组织检查考核评比,召开安全会议、教育培训,执行有关安全法规标准等。二是作为专业机构,为建设单位提供安全咨询,协助建设单位进一步提升管理水平。包括提请有关安全注意事项,制定有关管理办法,宣贯安全法规标准,论证安全管理方案等。

4. 操作标准化:制定一系列的规范化管理文件

在服务期间,服务团队应严格执行上述标准化管理文件的方法、程序及要求,协助建设单位做好安全管理工作。咨询团队制定了一系列的规范性操作文件,举例说明如下:

(1)《泰州大桥工程建设安全生产风险抵押金制度》

建设单位制定了《工程建设安全生产风险抵押金制度》及《安全生产检查及考核细则》,

对施工单位和管理人员实施安全生产风险抵押金考核,并以奖励为主。通过实施安全生产风险抵押金考核,将安全工作与施工单位及安全管理人员的经济利益直接挂钩,有效地调动了施工单位及其安全管理人员的积极性,明显提升了建设单位安全管理的力度,促进安全内业资料的规范,以及现场安全状况的改善。此部分内容详见本书第4章。

(2)《泰州大桥安全生产费用管理暂行办法》

泰州大桥核准投资93.7亿元,按1‰提取安全生产费用将近亿元。安全生产费用使用不合理、账目不清楚、管理不到位,成为一个普遍的问题。建设单位在国内率先制定了《泰州大桥安全生产费用管理暂行办法》,细化了安全生产费用可使用的内容和范围,提出了提取、使用、审核、支付等有关程序及要求,明确了施工、监理、建设等参建单位的管理职责。此部分内容详见本书第5章。

2.3.2 泰州大桥安全顾问的重点、手段、创新

咨询单位按照"四化"安全顾问模式的要求进行安全咨询,并进行了一系列的安全管理创新实践。安全专业机构和专业安全工程师利用知识和经验上的优势,显著提升了建设单位的安全管理水平,泰州大桥安全工作被交通运输部誉为"我国特大桥施工安全管理的典范"。

下面将从安全管理的重点、手段、创新3个方面阐述泰州大桥安全顾问实践的工作思路和具体措施,以及在服务模式上进行的探索和创新。

1. 安全管理重点

在为泰州大桥提供安全管理与技术服务的过程中,将下述8个方面列为安全管理的工作重点,并提出和落实了具有针对性的对策措施。

(1)安全生产氛围

泰州大桥建设项目全线标段众多,参建人员逾万人,施工过程中使用大量的机械设备,尤其是人员材料运输船舶和起重吊装设备,施工管理和组织非常复杂。因此,在全桥范围内营造一种安全生产、文明施工的氛围就显得尤为重要。

泰州大桥统一设计了众多的现场标识标牌,施工单位也在危险场所树立警示标语,有的还自行设计了生动活泼的安全漫画;建设单位组织安全专项方案审查,邀请有关专家举办专题讲座;还在安全生产月期间组织了安全宣誓、知识竞赛、论文交流等活动,并邀请社会应急救援力量共同开展了全桥应急救援演练。

(2)现场安全防护

泰州大桥建设涉及大量的危险作业,如登高架设、起重吊装、水上施工等,除提高一线人员的安全生产意识外,确保现场安全防护到位是保证作业人员安全的重要措施。

泰州大桥监督施工单位编制具有针对性、可操作性的安全专项施工方案,提出具体可行的现场安全防护设计及相应的管理措施。泰州大桥现场安全防护严格按照相关技术标准,以防护栏杆的设立为例,要求由两道横杆和竖杆组成,下横杆高0.5~0.6 m,上横杆高1.0~1.2 m,竖杆之间距离不超过2 m。

(3)高处作业

泰州大桥高处作业多,且贯穿工程建设始终,历时长。南、北锚碇分别采用高41 m、57 m的沉井,南、北塔塔顶高程180 m,中塔采用76 m高沉井基础、192 m高钢塔的结构,这

些施工都属于特高处作业,危险性极大。此外,夹江桥、引桥、接线等存在大量的墩身施工,都属于高处作业范畴。

泰州大桥严格执行《建筑施工高处作业安全技术规范》(JGJ 77—2003),要求高处作业人员都必须参加体检,杜绝患有高血压、心脏病等人员从事高处作业;登高架设的作业人员必须持有相应的特种操作证书;做到安全通道畅通、作业平台安全防护到位;塔吊、电梯等特种设备须取得安全检验合格证书,爬模等大型设备须组织验收方可使用。

(4) 水上作业

泰州主桥采用世界第一的 2×1 080 m 特大跨径三塔两跨悬索桥,中塔采用世界高度第一的纵向人字形横向门式框架型钢塔,塔高 192 m,中塔采用世界上入土最深的水中沉井基础,下沉至标高 −70 m 的深度。以上这些世界第一都和水上作业分不开。

水上作业面临着人员落水的风险,需做好水上作业平台的防护,作业人员需正确穿戴救生衣。此外,水上作业人员、材料和机具的运送都要依靠船舶,极易发生事故,作业平台还需警惕受到船舶的撞击。为此,泰州大桥制定了《施工船舶安全管理办法》,要求施工单位制定安全通航方案,加强同泰州大桥海事部门的沟通和协调。

(5) 特种设备

泰州大桥施工机械众多,全桥从基础工程到上部结构安装都使用了大量的机械设备,尤其是使用了大量危险性较大的起重机械,如履带吊、汽车吊、塔吊、架桥机等。

以起重设备管理为例,泰州大桥逐步形成了三项制度,即"一机一档"、"一证两牌"、"动态管理"。"一机一档",即要求所有的起重设备按照一台设备一本台账的要求建立档案,内容包括设备技术文件、设备及操作人员证书、日常维修保养记录等;"一证两牌",即要求起重设备在现场显著位置张贴安全检测合格证、设备标识牌、操作规程牌。"动态管理",即对所有起重设备,包括外来流动设备、临时租用设备等,都要进行严格登记和进出场把关,并加强对设备的日常管理。

(6) 特种作业人员

特种作业人员是指从事特种作业的人员,与泰州大桥工程建设相关的主要包括电工作业、焊接与热切割作业、企业内机动车辆作业、高处作业(登高架设)、起重机械作业(操作、司索、指挥)、电梯作业等。

针对特种作业人员管理,泰州大桥重点抓好以下三要点:一是持证上岗,即所有特种作业人员必须持证上岗,且随身佩戴特种作业人员上岗证;二是到期复审,特种操作证书到期的要及时组织复审,过期的要及时更换新证;三是登记造册,即建立特种作业人员的花名册,并随作业队伍的变更同步更新。

(7) 临时用电

临时用电管理包括两个方面,即现场施工用电和营地生活用电。现场施工用电管理,主要是严格执行《建设工程施工现场供用电安全规范》(GB 50194—1993)和《施工现场临时用电安全技术规范》(JGJ 46—2005)。泰州大桥还结合工程实际制定了《施工临时用电安全管理规定》。营地生活用电管理,要加强对宿舍、办公室用电的规范管理,尤其是宿舍大功率用电设备的管理。

(8) 应急管理

泰州大桥的应急管理工作主要抓住了以下 3 个方面的重点工作:一是应急救援预案的

编制,泰州大桥制定了全桥总体预案,要求施工单位制定本单位总预案和针对特殊事故的分项预案,如自然灾害、坍塌坠落、溺水中暑等,制定出来的预案要求具有较强的针对性、可行性;二是应急物资的储备和管理,各参建单位配备相应的救护车辆、急救用品、灭火器材等,确保紧急状态下可用;三是应急救援的演练,泰州大桥邀请了当地社会救援力量,如医疗、海事、安监、消防等部门,组织相关的监理、施工单位联合组织了多次事故应急演练,包括水上救生、高处坠落坍塌等。

2. 安全管理手段

咨询机构在为泰州大桥提供安全管理及技术服务的过程中,认真协助和配合建设单位,切实利用以下安全管理手段来抓好安全工作:

(1) 严把设计关

在项目可行性研究、初步设计、专题研究等阶段对施工中可能出现的危险因素进行分析和预评价,制定有针对性的防范控制措施,由设计单位对因设计缺陷导致的安全事故负责。施工前,由设计单位对建设、施工、监理单位进行设计交底,大力提倡设计应用有利于安全生产的新技术、新工艺、新材料。

(2) 狠抓招标准入

在招投标阶段,严把合同关,从源头上强化安全管理的力度。在施工单位招标过程中,将施工单位的资质等级、同类工程经验作为资格审查的重要内容,将安全管理机构、人员配置及专职安全管理人员的数量和要求列入招标合同,并要求施工单位保证安全生产费用合理、有效地使用,为现场的每位人员购买意外伤害险,保障员工的权益。在监理单位招标过程中,在招标文件中要求投标的监理单位必须配备数量足够的专业安全监理工程师,保障安全监理工作顺利开展。

(3) 强化制度建设

泰州大桥在吸收和借鉴江阴大桥、润扬大桥、苏通大桥等工程经验的基础上,将相关安全法律法规要求与泰州大桥的工程实际相结合,相继完成了《工程建设安全管理实施细则》、《安全生产费用管理暂行办法》等一系列安全管理文件的编制,用于规范各参建单位的安全生产管理行为。进场后,要求针对标段的特点,各施工单位编制各项安全管理制度和安全管理方案,各监理单位编制安全监理计划和细则,确保安全生产管理有章可循。

(4) 落实各级安全检查

安全检查及考核是实现对施工、监理单位安全控制及加强对施工现场安全监控的重要手段。泰州大桥安全检查的重点,包括安全内业资料的规范及完善、大型机具尤其是起重机械以及特种作业人员的管理、施工现场的安全防护等。建设单位采取了多种形式的安全检查及考核,可归纳为标段进场安全检查、日常现场安全巡查、月度安全专项检查、季度综合检查评比、上级主管部门安全督查等,并对安全检查的时间、次数、反馈记录作出规定,从而使各级安全检查得到真正落实和闭合管理,成为规范化、制度化的活动。各级安全检查实施流程见图2-1。

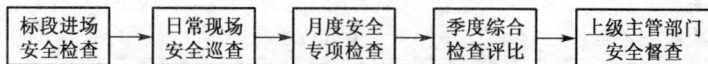

標段进场安全检查 → 日常现场安全巡查 → 月度安全专项检查 → 季度综合检查评比 → 上级主管部门安全督查

图2-1　各级安全检查实施流程图

标段进场安全检查,即对刚进场的施工标段的安全管理组织机构及人员配备、安全管理制度制定、危险性较大的分部分项工程安全专项方案的编制、安全生产经费投入、应急救援预案编制及应急资源配置、员工意外伤害保险办理等方面的情况进行检查。日常现场安全巡查,即对现场安全进行不定期的巡查,发现的问题当场要求整改。月度专项安全检查,即对各标段普遍存在的安全相关问题,每月作出专项检查安排,如自然灾害应对措施、特种设备使用及特种作业人员持证上岗、临时用电及现场安全防护等,对发现的问题进行通报,并要求监理单位督促施工单位整改落实到位。季度综合检查评比,即每季度对各施工单位安全生产管理情况进行检查评比,并与其安全风险抵押金挂钩,对施工单位及安全管理人员进行奖惩。上级主管部门安全督查,即按照上级主管部门的要求,迎接上级主管部门的安全督查。

3. 安全管理创新

咨询机构在为泰州大桥提供安全管理及技术服务的过程中,除协助建设单位落实其安全责任,贯彻国家有关桥梁建设的安全法律法规及技术标准以外,还积极进行了一系列安全管理模式的探索和创新,并在泰州大桥工程项目中进行实践和应用,取得了非常积极的效果,大大提升了泰州大桥的安全管理水平,并在港珠澳大桥等国内工程项目中得到了进一步推广和应用。

(1) 以工程项目为对象、以各参建单位为相关方建立职业健康安全管理体系

职业健康安全管理是一种系统化管理模式,强调按系统思想论管理职业健康安全及其相关事务,包括方针、策划、实施和运行、检查和纠正措施、管理评审5个环节。推行职业健康安全管理体系是现代企业管理的发展趋势,在企业内部得到了广泛应用,是加强企业内部管理工作、减少生产事故和劳动疾病的有效途径。

泰州大桥率先将职业健康安全管理体系引入到工程建设项目,将各参建方作为体系的相关方建立并运行职业健康安全管理体系。通过体系的推行,重点明确建设单位、施工单位、监理单位等参建单位的职责及运行、管理机制,以实现项目建设系统化、程序化和文件化的安全管理。体系文件目录结构见表2-2。目前,各参建单位正按照体系的要求进行职业健康安全管理,确保体系得到有效实施和持续改进。

表2-2 泰州大桥职业健康安全管理体系文件目录结构

一层 手册	二层 程序文件	三层 三级文件	四层 用表
安全管理手册	危险源辨识、评价和控制程序	工程建设安全管理实施细则	危险源清单
	安全管理目标、指标与管理方案	工程建设安全生产风险抵押金制度	危险源清单
	工程施工安全控制程序	安全生产检查考核细则	危险源风险评价和控制表
	工程设计安全控制程序	安全教育培训制度	职业健康安全标准清单
	工程招标安全控制程序	安全会议制度	安全管理报审表
	工程监理安全控制程序	生产安全事故应急预案	工作联系(指令)单
	安全突发事件的应急与响应程序	伤亡事故报告、调查和处理办法	现场巡查表

续表 2-2

一层 手册	二层 程序文件	三层 三级文件	四层 用表
安全管理手册	法律法规获取、识别与评价程序	施工安全专项方案编制要求	安全检查表
	人力资源控制程序	施工单位安全管理体系文件要求	安全奖励通知书
	信息沟通控制程序	安全监理细则编制要求	安全处罚通知书
	文件控制程序		安全整改通知书
	监测和测量控制程序		安全事故处理记录表
	不符合项控制程序		安全活动记录表
	纠正与预防措施控制程序		安全工作台账
	记录控制程序		安全警示表
	内部审核控制程序		应急演习记录表
	管理评审控制程序		安全事故处理记录表

(2) 推进安全管理标准化工作

泰州大桥参建单位众多,安全管理水平参差不齐,这反映在人员队伍素质、内业档案、现场管理、过程控制等诸多方面存在较大的差距,给建设单位的安全管理工作带来了诸多不便。

泰州大桥做了一些有益的探索和实践:一是施工单位安全管理内业资料标准化工作,即建立一套完整的、具有泰州大桥特色的、符合要求的安全内业资料;二是监理单位安全管理标准化工作,进一步全面规范安全监理工作,落实安全监理责任;三是现场安全管理标准化工作,特别是危险性较大的分部分项工程施工现场安全管理标准化,明确现场安全管理工作的重点、程序及工作要求。

(3) 实施安全生产风险抵押金考核

泰州大桥制定了《工程建设安全生产风险抵押金制度》及《安全生产检查及考核细则》,在江苏省建设项目中首次制定并实施安全生产风险抵押金考核。即要求施工单位及安全管理人员在开工后按照合同价的一定比例缴纳风险抵押金,根据每季度检查考核情况进行奖惩。

实施安全生产风险抵押金考核,将安全生产管理工作与施工单位和安全管理人员个人效益直接挂钩,有效地调动了施工单位安全管理的积极性,能够明显提升泰州大桥安全管理的力度,促进安全内业资料的规范,以及现场安全状况的改善。

(4) 规范安全生产费用的使用及管理

为规范和完善安全生产费用的使用和管理,泰州大桥率先制定了《泰州大桥安全生产费用管理暂行办法》,规定了安全生产费用可使用的内容和范围,提出了安全生产费用的提取、使用、审核、支付等有关程序及要求,明确了施工、监理、建设等参建单位的管理职责。

办法施行后,安全生产费用使用得到了有效规范,促进了现场安全状况的明显改善,使得安全生产费用成为建设、监理单位加强对施工单位管理的有效抓手。

附件 2-1 工程建设安全顾问实施手册

1 总 则

1.1 目的
为规范工程建设的安全管理及技术服务,实现服务工作的体系化管理,保证服务工作的质量,制定本手册。

1.2 适用范围
本手册适用于工程建设安全顾问模式。

1.3 工作依据
1.3.1 有关安全生产法律、法规、规章,以及有关工程建设安全的标准、规范等。

1.3.2 工程建设项目的安全管理与技术服务合同。

1.3.3 工程项目建设单位的有关安全管理文件。

2 服务团队、标准及要求

2.1 服务团队
2.1.1 服务团队应包括专家服务团队和常驻服务团队。

2.1.2 专家服务团队应该包括但不限于安全工程、桥梁工程、海洋工程、隧道工程、港航工程、环境工程等专业的具有高级工程师资格以上的专家。

(1) 专家服务团队利用知识和经验上的优势,为常驻服务团队成员提供技术支持。

(2) 遇有问题的决策,常驻服务团队如不能解决,将提交专家服务团队讨论决定。

(3) 根据服务工作的需要,可以聘请有关方面的专家解决遇到的实际问题。

2.1.3 常驻服务团队成员均应具有注册安全工程师资格,常驻安全服务团队现场负责人还需至少从事相关安全咨询管理工作满 3 年。

(1) 常驻服务团队成员驻现场办公,并依托强大的专家顾问团队力量,协助建设单位履行安全管理职责。

(2) 常驻服务团队成员协助建设单位解答监理、施工单位遇到的有关问题。

(3) 常驻服务团队成员的人数及每月现场工作天数根据合同来确定。

2.2 服务标准
2.2.1 管理体系化
服务团队应按照体系化管理的要求,制定具体工程项目的安全管理与技术服务的实施细则,规范服务工作程序,并持续改进保证服务工作的质量,协助建设单位做好建设期间的职业健康与安全管理工作。

2.2.2 咨询专业化
专家服务团队利用知识和经验上的优势,为常驻服务团队成员提供技术支持。遇有问题的决策,常驻服务团队如不能解决,将提交专家服务团队讨论决定。根据服务工作的需要,可以聘请有关专家共同解决遇到的实际问题。

2.2.3 指导现场化

常驻服务团队成员驻现场办公,依托强大的专家服务团队力量,协助建设单位履行安全管理职责,解答工程参建的监理、施工单位遇到的有关问题。

2.2.4 操作标准化

在服务期间,服务团队应按照规范性操作文件规定的方法、程序及要求,协助建设单位做好安全管理工作。

2.3 服务要求

2.3.1 在施工现场设立固定的办公场所(由各建设单位提供),配备必要的办公设施。

2.3.2 现场常驻安全服务团队成员不少于 1 名,每月现场服务天数由合同确定。

2.3.3 作息时间与建设单位同步,遇建设单位有特殊工作安排,8 小时内响应。

2.3.4 咨询服务意见将以电话、电子邮件、书面报告或现场解答的形式给出。

3 工作内容及方法

3.1 制度建设

3.1.1 提请并协助制定、完善各项安全管理制度。在吸收和借鉴有关工程建设经验的基础上,将安全法规要求与具体工程项目相结合,完善各项安全管理制度,用于规范各参建单位的安全管理行为。

3.1.2 协助对安全法律法规和制度的适用性进行评价。提请建设单位补充完善有关职业健康与安全的法律法规清单,执行最新的法律法规及适用的技术标准。

3.2 工作策划

3.2.1 按期完成阶段性的咨询服务工作计划。每月 25 日前提交下月主要工作安排;每年 6 月份提交下半年工作计划;每年 12 月份提交下年度工作计划。

3.2.2 协助制定建设单位的职业健康及安全管理的工作计划和方案。根据工程进展,协助建设单位安全管理部门制定阶段性的安全工作方案,并进行安全目标的分解和细化。

3.3 技术咨询

3.3.1 协助对承包人有关的安全专项方案和安全技术措施进行审核和指导。

3.3.2 对工程建设中遇到安全相关法律法规、技术标准等问题提供咨询服务。

3.4 教育培训

3.4.1 协助审查承包人的安全培训计划。

3.4.2 协助检查承包人安全培训计划的落实情况。

3.5 检查考核

3.5.1 协助对施工现场的日常安全巡查,发现问题提请下发整改通知。每月至少到施工作业现场 1 次,发现问题提请下发整改通知单,要求被检查单位反馈,并进行复查。

3.5.2 协助对承包人阶段性(如每季度)的考核评比。对承包人的 HSE 管理机构运作、安全管理制度运行、安全会议、作业许可、隐患治理、监督检查与整改、事故管理等方面进行综合考评。

3.6 提请注意

3.6.1 针对高危作业形式提请建设单位应注意的事项。如大型起重吊装、超高处作业以及恶劣天气等应注意的安全事项。

3.6.2　提请针对复杂工程应注意的事项。如大跨度桥梁工程、大型基坑开挖工程、大型水上作业工程、特长隧道开挖工程等。

3.6.3　提请妥善应对突发事件应注意的事项。

3.7　效果评价

3.7.1　完成对建设单位的职业健康与安全工作的效果评价。对建设单位所做的职业健康与安全工作从"理念、思路、工作方法、达到效果等方面"作出客观合理评价,提出持续改进意见。

3.7.2　结合职业健康安全管理体系内部审核的要求,充分发挥专业优势,运用先进的安全文化理念和系统的工程建设安全管理理论,协助建设单位凝练具有本工程项目特色的安全文化。

3.8　体系运行

3.8.1　协助职业健康安全管理体系的贯彻与实施,使体系得到有效运行。

3.8.2　协助完成职业健康安全管理体系的内部审核,提出持续改进意见。

3.9　工作总结

3.9.1　按期完成月度咨询服务总结报告。每月 25 日前提交月度咨询服务工作总结。

3.9.2　按期完成中期咨询服务总结报告。每年 6 月份提交中期咨询服务工作总结。

3.9.3　按期完成年度咨询服务总结报告。每年 12 月份提交年度咨询服务工作。

3.10　资料归档

3.10.1　协助建设单位建立和完善工程建设期间的职业健康与安全管理资料库。

3.10.2　通过拟定安全档案的目录和设计安全专用表格,规范建设单位安全管理资料的归档工作。

4　主要工作程序及要求

4.1　安全控制重点

4.1.1　安全生产氛围

服务团队应积极协助建设单位营造一种安全生产、文明施工氛围,手段包括:

（1）按要求设置各种警示牌、指示牌、公告牌和各种禁止标志。

（2）悬挂横幅标语、安全漫画等。

（3）正确佩戴劳动防护用品。

（4）组织宣誓签名、知识竞赛、知识讲座等活动。

（5）开展应急救援演练等。

4.1.2　现场安全防护

现场安全防护设计应严格执行相关技术标准,满足安全要求。

（1）施工现场按要求进行现场围挡,实施封闭管理。

（2）施工平台、临边、洞口按要求设置防护和明显警示标志。

（3）安全通道要保持畅通、适宜通行,能满足正常使用。

4.1.3　高处作业

严格执行《建筑施工高处作业安全技术规范》(JGJ 77—2003):

（1）高处作业人员都必须参加体检，杜绝患有高血压、心脏病等人员从事高处作业。

（2）登高架设的作业人员必须持有相应的特种操作证书。

（3）安全通道要保持畅通，作业平台安全防护到位。

（4）塔吊、电梯等特种设备须取得安全检验合格证书，爬模等大型设备须组织验收方可使用。

4.1.4 水上作业

水上作业要求制定水上作业方案，并加强海事部门的沟通和协调。

（1）水上作业平台需防护到位，作业人员应正确穿戴救生衣。

（2）应制定通航方案，加强对交通船、原料船的管理。

（3）作业平台需警惕受到船舶的撞击。

4.1.5 特种设备

特种设备管理执行三项制度，即"一机一档"、"一证两牌"、"动态管理"。

（1）"一机一档"，即要求所有的起重设备按照一台设备一本台账的要求建立档案，内容包括设备技术文件、设备及操作人员证书、日常维修保养记录等。

（2）"一证两牌"，即要求起重设备在现场显著位置张贴安全检测合格证、设备标识牌、操作规程牌。

（3）"动态管理"，即对所有起重设备，包括外来流动设备、临时租用设备等，都要进行严格登记和进出场把关，并加强对设备的日常管理。

4.1.6 特种作业人员

特种作业人员管理应重点抓好以下三要点：

（1）持证上岗，即所有特种作业人员必须持证上岗，且随身佩戴特种作业人员上岗证。

（2）到期复审，即特种操作证书到期要及时组织复审，过期要及时更换新证。

（3）登记造册，即建立特种作业人员的花名册，并随作业队伍变更同步更新。

4.1.7 临时用电

临时用电管理包括两个方面，即现场施工用电和营地生活用电。

（1）现场施工用电管理，应严格执行《建设工程施工现场供用电安全规范》（GB 50194—1993）和《施工现场临时用电安全技术规范》（JGJ 46—2005）。

（2）营地生活用电管理，应规范对宿舍、办公室用电的管理，尤其是宿舍大功率用电设备的管理。

4.1.8 应急管理

应急管理工作应抓好以下3个重点：

（1）应急救援预案的编制，建设单位制定工程项目总体预案，施工单位制定本单位总预案和针对特殊事故的分项预案，如自然灾害、坍塌坠落、溺水中暑等，制定出来的预案要求具有较强的针对性、可行性。

（2）应急物资的储备和管理，各参建单位应配备相应的救护车辆、急救用品、灭火器材等，确保紧急状态下可用。

（3）应急救援的演练，参建单位应组织事故应急救援演练，必要时可邀请社会救援力量参加。

4.2 安全检查程序

4.2.1 安全检查考核是实现对工程建设项目管理的有效手段,也是建设单位加强对施工、监理单位安全管理的重要手段。

4.2.2 实施安全检查考核应包括以下形式:标段进场安全检查、日常现场安全巡查、月度安全专项检查、季度综合检查评比、上级主管部门安全督查。

(1) 标段进场安全检查,即对刚进场的施工标段的安全管理组织机构及人员配备、安全管理制度制定、危险性较大的分部分项工程安全专项方案的编制、安全生产经费投入、应急救援预案编制及应急资源配置、员工意外伤害保险办理等方面的情况进行检查。

(2) 日常现场安全巡查,即对现场安全进行不定期的巡查,发现的问题当场要求整改。

(3) 月度专项安全检查,即对各标段普遍存在的安全相关问题,每月作出专项检查安排,如自然灾害应对措施、特种设备使用及特种作业人员持证上岗、临时用电及现场安全防护等,对发现的问题进行通报。

(4) 季度综合检查评比,即每季度对各施工单位安全生产管理情况进行检查评比,并与一定经济奖惩挂钩。

(5) 上级主管部门安全督查,即按照上级主管部门的要求,迎接上级主管部门的安全督查。

4.2.3 安全检查应填写安全检查记录,发现隐患提请建设单位下发整改通知书。

4.3 安全档案管理

4.3.1 服务团队应协助建设单位建立和完善主体工程建设期间的职业健康与安全管理资料库。

4.3.2 通过拟定安全档案的目录和设计安全专用表格,规范建设单位的安全档案管理。

4.3.3 应保存的安全档案包括但不限于:

(1) 安全管理制度。
(2) 发文、转发文。
(3) 招标管理资料。
(4) 会议纪要文件。
(5) 教育培训记录。
(6) 检查考核记录。
(7) 方案审查记录。
(8) 应急管理文件。
(9) 计划总结材料。
(10) 法律法规文件。

4.3.4 档案管理工作还应遵守以下规定:

(1) 档案管理要制定专人负责,编制档案盒目录,并用专门的文件柜保存。

(2) 档案采用纸质文本和电子文本相结合。重要文档必须打印成纸质文本存档,电子文档要保留备份。

(3) 对于报废的文件或记录,应集中销毁,不得随意丢弃。

5　附　　则

5.1　进驻现场的服务团队成员应办理意外伤害保险。

5.2　服务团队成员进驻现场应遵守施工现场的安全和保卫制度,不得擅自进入无安全措施的作业区。

5.3　服务团队成员不得擅自接受除委托单位之外的津贴,不得接受可能导致判断不公的报酬和宴请。

5.4　具体工程项目实施细则应根据本手册及项目合同来制定。

附件 2-2　工程建设项目参建单位安全生产检查考核办法

1. 本办法适用于对工程建设项目参建单位的安全生产工作情况进行检查考核,包括建设、施工、监理单位。

2. 对参建单位的安全生产检查考核按季度进行:

● 对建设单位的考核办法,见附表 1。

● 对监理单位的考核办法,见附表 2。

● 对施工单位的考核办法,见附表 3。

3. 考核分数实行千分制。依据考核结果,分成 4 个等级:

● 优(≥900 分)

● 良(≥750 分)

● 中(≥600 分)

● 差(<600 分)

4. 考核结果要与一定的奖惩相挂钩,具体奖惩办法提请建设单位制定。

附表 1　建设单位安全生产检查考核表

项目名称:　　　　　　建设单位:　　　　　　考核时间:

序号	类别	考核内容	考核方法	扣分标准	标准分	扣分	实得分	小项序号
1	执行政策	对国家、行业及上级有关工程建设安全管理工作政策、法规进行贯彻落实	查单位行文、会议记录和工作台账	未见记录者不得分;记录不全扣 5~20 分	50			1
		建立健全各项安全管理制度	查单位行文	未见文件不得分	80			2
		制定各项工作实施方案或实施办法	查单位行文	未见文件不得分	50			3
		按要求参加各类会议、培训;按要求报送相关工作情况	查会议培训记录、汇报材料	不按要求参加的每次扣 5 分;不按照要求报送材料的,每次扣 5 分	50			4

续附表1

序号	类别	考核内容	考核方法	扣分标准	标准分	扣分	实得分	小项序号
2	责任落实	单位主管领导和分管领导、内部各部门安全责任明确,明确归口部门和责任人	查单位行文	责任未落实或不明确的扣10~30分	70			5
		建立安全会议、检查、隐患整改及事故报告等制度	查单位行文	未行文的扣30分;制度建设少一项扣10分	80			6
3	招标管理	招标文件应当要求施工单位具有有效的《安全生产许可证》,按每5 000万合同额配备一名C类证书专职安全员,项目负责人须持有有效的B类证书	查招投标文件并在对施工单位检查时进行验证	施工单位《安全生产许可证》被暂扣或已失效,扣30分 B,C类证书发现有效期已过或工作单位不是中标单位的每发现一例扣5分	70			7
		在招标文件中,应当对施工单位工程安全管理提出要求	查文件	未见者不得分	50			8
		与中标单位签订安全生产合同	查合同	未见者不得分	50			9
		单列安全专项经费	查合同	未见者不得分	70			10
4	检查考核	根据检查制度定期组织对项目从业单位安全检查,每次检查后形成检查通报	查通报	未见记录的不得分;不能按照要求进行检查的扣10~30分	80			11
		督促从业单位对安全问题和隐患进行整改,从业单位应当及时书面反馈整改情况。对不能立即整改的隐患应要求排出整改计划及防范措施	查反馈意见,到现场进行核验	未见反馈的不得分。整改不全,每少一项扣5分;整改计划及措施有效性不强,扣5~30分	80			12
		对于施工、监理等从业单位安全工作进行定期考核,进行奖优罚劣	查台账	未开展考核工作的不得分,考核和奖罚不及时的酌情扣10~30分	70			13
5	专项工作	编制项目应急预案,并根据实际情况组织演练	查文件和记录	未编预案的不得分;预案针对性差和演练不及时的酌情扣5~20分	50			14
		按要求及时支付安全专项经费	查台账	不能及时或按照要求支付的扣5~20分	50			15
		按要求进行事故报告及相关处置工作	查台账	未发生事故的不扣分。发现事故未按要求进行报告、处置的扣10~20分	50			16
合　计					1 000			

附表 2 监理单位安全生产检查考核表

标段：　　　　　　　　　监理单位：　　　　　　　　考核时间：

序号	类别	考核内容	考核方法	扣分标准	标准分	扣分	实得分	小项序号
1	工作策划	编写本项目安全监理大纲	查文件	未见文件不得分；针对性不强酌情扣10～30分	70			17
		制订安全监理实施细则	查文件	未见文件不得分；编制针对性不强、未体现阶段性特点的酌情扣10～20分	100			18
2	责任落实	明确总监、副总监及专业监理工程师、安全监理责任人的岗位职责	查文件	责任未落实或没有针对性的扣10～30分	70			19
		建立会议、检查、方案审查、专项经费审批、隐患督促整改等工作制度	查文件	制度少一项扣20分；制度制订针对性、可操作性不强酌情扣10～30分	100			20
3	审查审批	审查或组织审查施工单位危险性较大的分部分项工程安全专项方案和施工临时用电方案	查文件	未审查的不得分。未认真或未及时审查的酌情扣20～40分；方案未审查通过，工程已实施的扣30分	100			21
		对施工单位申报的安全专项经费及时审批	查相关记录、现场检查印证	未认真审批的扣10～30分	70			22
4	安全检查	对施工单位内业资料检查	查记录，施工单位内业资料情况印证	未检查不得分；检查不认真或检查结果与实际不符的，扣10～30分	70			23
		对施工现场检查，填写安全监理日志	查记录，施工现场情况印证	未按规定进行检查，扣20～40分；未填写监理日志或记录不全，扣20～60分	110			24
		对于短时间难以消除的安全隐患，排出督促整改计划，并对整改期施工现场的防范措施进行检查	查记录，施工现场核对	未按规定进行督促整改的，扣20～40分	100			25
5	安全活动	安全监理例会至少每月进行一次，对当前工作进行总结、点评，对下个月的工作进行部署	查记录	未正常开展的扣10～30分	70			26

续附表 2

序号	类别	考核内容	考核方法	扣分标准	标准分	扣分	实得分	小项序号
5	安全活动	及时学习上级有关政策,对相关安全监理业务知识开展培训	查记录	未进行内部培训教育的不得分;总监(监理组长)、安全监理工程师未持交通部安全环保培训合格证书,每人次扣20分;培训教育不及时、针对性不强的扣10~30分	70			27
		对内部安全监理工作进行考核	查记录	未考核的不得分;考核未全覆盖、不及时酌情扣10~30分	70			28
合 计					1 000			

附表 3 施工单位安全生产检查考核表

标　　段:　　　　　　　　　　　　考核时间:
监理单位:　　　　　　　　　　　　施工单位:

序号	类别	考核内容	考核方法	扣分标准	标准分	扣分	实得分	小项序号
1	制度建设	国家法律、行业及上级要求施工单位开展的安全工作均应建立相应的管理制度。制度建设应当具有针对性、可操作性和时效性	查文件	制度建设项目不全,扣5~25分;制度"三性"不强,扣5~25分	50			29
		建立项目安全生产组织体系框图,框图应涵盖领导层、各部门、作业层3个层次	查项目部行文	安全生产组织体系覆盖不全,扣5~10分	30			30
		建立和完善各工种的安全操作规程	查文件	没有各工种安全操作规程或规程不全的扣5~10分	20			31
2	责任落实	明确项目负责人、各部门、作业层安全生产责任	查项目部行文	责任不全或未全覆盖,扣5~10分;责任表述不符合本项目实际情况,扣5~10分	50			32
		制定本标段安全工作计划并进行安全目标分解	查文件	安全计划及任务不分解、不具体,扣5~10分	20			33

续附表3

序号	类别	考核内容	考核方法	扣分标准	标准分	扣分	实得分	小项序号
3	安全活动	标段至少每月组织一次安全生产工作例会,临时性的重要工作有专门会议部署	查记录	记录不全,扣5～10分	20			34
		对所有进场人员实行实名登记,对新进场、转岗、复工工人开展安全培训教育	查台账,现场随机抽查施工工人,进行核证	未见人员登记册扣,扣15分;安全培训教育名单与人员花名册不符或与现场人员不符,扣5～10分	30			35
		对于相关作业人员开展安全技术交底,项目经理部资料应包括全体作业人员	查台账,现场随机抽查工人进行印证	安全技术交底资料不全,扣5～10分;安全技术交底与现场抽查人员不符,扣5～10分	30			36
4	专项方案	对标段分部分项工程进行危险性分析,列出需编制安全专项方案的分部分项工程名称	查台账	未分析及未列出目录的不得分;不全者扣5～15分	30			37
		按照要求开展危险性较大的分部分项工程编制及报审	查文件	未按照要求编制和报审的,扣10～20分;方案编制笼统、针对性不强或有明显错误的扣10～20分	50			38
		方案经监理审查通过后在现场予以实施,相应的分部分项工程方可开工	查台账,现场核验	审查通过后的方案未在现场有效实施的,扣10～20分;方案未审查通过相应的分部分项工程开工的,扣20分	40			39
		按照要求编制应急救援预案并根据实际情况组织演练	查文件、台账	未编制预案的不得分;预案编制针对性、可操作性不强且未组织演练的扣10～20分	40			40
5	人员持证	项目负责人均持有效B证;按合同额每5 000万元配备一名持有效C证的专职安全员。证书内单位名称应当与中标单位相符且在有效期内	查证件	发现一例未持有效证书,扣5分	30			41
		特殊工种均应持有效证书;证书应当按照要求进行年审,类别应当与标段内使用的机械设备、作业对应,有进出场时间	查台账,同时进行现场随机抽查	发现一例未持有效证书,扣5分;证书类别与标段实际情况不符或持证人没有进出场时间,扣5～15分	30			42

续附表3

序号	类别	考核内容	考核方法	扣分标准	标准分	扣分	实得分	小项序号
6	机械设备	标段施工机具建立分类管理台账,大型设备及模板、架设系统,建立"一机一档",有进出场登记时间	查台账	台账不全,扣5～20分	30			43
		起重机械、大型提升及架设设施经法定检测或专项检测	查台账,现场对比	未检测扣40分;记录不全或与实物不符,扣10～20分	50			44
		具有齐全的操作规程,按照要求进行设备维护	查记录	资料不符要求或不全,扣10～20分	30			45
		编制临时用电方案,在现场有效实施	查记录,现场检查	不满足要求的,扣5～15分	30			46
7	专项经费	根据安全工作计划、专项方案和规范要求开展现场安全防护、落实安全保障措施的要求,编制安全经费使用计划	查记录	未编制使用计划不得分,计划针对性不强,扣10～20分	40			47
		建立安全经费使用台账,为现场作业人员办理人身意外险	查记录,有条件的进行现场比对	台账不全或现场不符,扣5～15分	30			48
8	现场布设	施工现场布设、驻地建设满足安全规定	现场检查	不满足要求扣10～20分	30			49
		临时便桥、临时房屋搭设满足要求	现场检查	不满足要求扣10～20分	30			50
		各种警示警告标志、宣传告示牌、操作规程牌醒目、牢固且安放位置正确	现场检查	不满足要求扣5～15分	20			51
9	安全防护	现场各种孔洞、高空临边防护到位,上下通道搭设满足要求	现场检查	不满足要求扣10～20分	30			52
		各种作业按照规程进行,作业人员按照要求佩戴防护用品	现场检查	发现一例违规作业,扣5分	20			53
10	检查整改	建立阶段性、可操作性强的日常安全巡查制度和安全生产大检查制度,并有相应的文书表达形式和奖惩办法	查台账	检查次数或组织形式不满足要求的,扣5分	30			54

续附表3

序号	类别	考核内容	考核方法	扣分标准	标准分	扣分	实得分	小项序号
10	检查整改	专职安全员每日组织安全巡查,至少每个月由项目部领导带队组织标段安全生产大检查,并根据工作需要加密安全生产大检查的频率	查台账、文件	不全者扣10～20分	40			55
		具有安全巡查记录,安全生产大检查应有通报并附有整改回单	查文件,整改完毕的进行现场对证	不满足要求的扣10～20分	40			56
		建立隐患排查登记和防控制度,现场各种安全隐患进行有效防控直至消除	现场检查	不满足要求的扣10～20分	40			57
		每月根据检查情况奖优罚劣	查记录	未进行者不得分,不全者扣10～20分	40			58
合 计					1 000			

附件2-3 工程建设项目主要制度及编制要求

1 建 设 单 位

1.1 安全生产管理实施细则

根据本工程项目的具体特点,制定本工程项目的安全生产管理实施细则:

(1) 制定各管理岗位和部门的安全生产责任制。

(2) 明确各监理单位、施工单位、科研咨询等各方的安全生产管理职责。

(3) 明确本项目安全管理的程序及要求。

1.2 安全教育培训制度

根据本工程项目的具体特点,制定本项目的安全教育培训制度,重点明确建设单位及参建单位安全教育的形式、内容及频次等要求。

1.3 安全生产检查考核制度

根据本工程项目的具体特点,制定本项目的安全生产检查考核制度,重点明确建设单位:

(1) 检查考核的内容:从安全内业及现场管理等方面制定检查考核表。

(2) 检查考核的结果:需明确与一定的奖惩形式挂钩。

1.4 安全生产费用使用管理办法

结合本项目的具体情况,制定本项目的安全生产费用实施管理办法,主要内容及要求如下：

（1）明确各参建单位的安全生产费用管理职责。

（2）明确并细化安全生产费用的使用范围。

（3）明确安全生产费用的使用、审核、支付的管理程序。

1.5 安全生产事故报告和处理制度

针对本工程项目具体情况制定，明确安全生产事故报告，调查处理程序及有关要求。

1.6 安全生产例会制度

明确本项目的安全生产例会召开的内容、形式、频次。

（1）内容：布置安全生产工作任务，评价当前的安全生产形式，研究安全生产工作中发现的问题，并对安全生产工作不到位的单位提出批评。

（2）形式：有安全生产专项例会、安委会工作会议，也可以作为生产工作会议的一项议程。

（3）频次：每季度应至少召开一次安全生产例会，每年至少召开一次安委会工作会议。

1.7 安全生产资料归档制度

明确所需要建立的档案、归档要求：

（1）档案内容：应包括安全生产管理各项制度文件、应急救援预案、下发或转发的各类安全生产文件、组织的安全生产检查、考核通报、安全生产会议纪要，以及其他相关的标段资料、法律法规清单等。

（2）归档要求：包括档案盒分类、存档的办法及要求。

2 总 监 办

2.1 安全监理细则

安全监理细则是总监办开展安全监理工作的指导性文件，应包含以下方面的内容：

（1）监理工程概况。

（2）安全监理工作方针、目标。

（3）组织机构与职责权限。

（4）安全监理工作内容，包括施工准备阶段、施工阶段和交工验收与缺陷责任期阶段。

（5）安全监理控制措施，包括分项工程安全监理要点及控制措施，以及分项工程安全技术方案审查要点。

（6）生产安全事故报告、调查、处理程序。

（7）安全监理资料的建立、归档及管理要求。

2.2 安全监理责任制

根据本工程项目的具体特点，制定各总监办各管理岗位和部门的安全生产责任制。

2.3 安全监理旁站制度

旁站是总监办监督施工现场安全的主要手段。安全监理旁站制度主要内容和编制要求如下：

（1）旁站对象：明确应进行旁站的分部分项工程。

（2）旁站要求：明确进行旁站重点和要点人员安排，以及旁站发现问题的处理办法等。

（3）旁站记录：明确旁站记录的建立要求。

2.4　总监办安全专项方案审查制度

在工程开工前,总监办应审查安全专项方案是否符合工程建设强制性标准,并提出审查意见。本制度的主要内容及要求如下:

(1) 明确所监理标段应编制的安全专项方案。

(2) 明确安全专项方案编制的要点。

(3) 明确总监办审查要点。

2.5　总监办安全生产检查考核制度

根据所监理标段的具体特点,制定对项目部的安全生产检查考核制度,重点明确:

(1) 检查考核的内容:从安全内业及现场管理等方面需制定安全生产检查考核表。

(2) 检查考核的结果:需明确与一定的奖惩形式挂钩。

2.6　总监办安全生产事故报告和处理制度

结合本项目的具体情况来制定,明确安全生产事故报告、处理程序及有关要求。

2.7　总监办安全生产资料归档制度

明确所需要建立的档案、归档要求:

(1) 档案内容:应包括安全监理制度文件,安全检查、旁站、会议、教育培训记录,安全专项方案及安全生产费用审查记录,以及其他相关的转发文件、标段安全资料等。

(2) 归档要求:包括档案盒分类、存档的办法及要求。

3　项　目　部

3.1　安全生产责任制

根据本工程项目的具体特点,制定项目部各管理岗位、部门以及作业队伍的安全生产责任制。

3.2　安全教育培训制度

安全教育培训制度应明确以下安全教育的形式、内容及要求:

(1) 三级安全教育,包括公司级、项目部级、班组级 3 个级别。

(2) 企业主要负责人、项目负责人、专职安全管理人员安全教育考核。

(3) 经常性安全教育。可采用安全活动日、班前班后会、各种安全会议、安全技术交底、广播、黑板报、标语、简报、电视、播放录像等,结合公司生产、施工任务开展安全生产经常性教育。

(4) 季节性教育。结合季节特征、节假日前后,职工容易疏忽而放松安全生产的规律,抓住主要环节进行安全教育。凡是自然条件变化、大风、大雪、暴雨、冰冻或雷雨季节,应抓住气候变化的特点进行安全教育。

(5) 特种作业和机械操作人员安全培训。

3.3　安全技术交底制度

项目部应制定安全技术交底制度,明确:

(1) 需进行交底的分部分项工程范围,交底的对象,以及交底工作的安排。

(2) 交底的内容和要点。

3.4　安全生产检查制度

安全生产检查制度的核心内容是明确安全检查的内容、形式及频率等。

（1）检查内容：应从安全内业和施工现场两方面进行明确，制定专门的安全检查表格。

（2）检查形式：可以分为日常检查、月度检查、专项检查等，并明确各类检查的负责人或部门。

（3）频率：明确上述各类检查的频率。

3.5 安全生产例会制度

项目部应制定安全生产例会制度，明确：

（1）内容：布置安全生产工作任务，评价当前的安全生产形式，研究安全生产工作中发现的问题。

（2）形式：有安全生产专项例会，也可以作为生产工作会议的一项议程。

（3）频次：每月应至少召开一次安全生产专项例会。

3.6 安全生产费用使用管理细则

建立本单位的安全生产费用使用细则，明确：

（1）在合理范围使用安全生产费用，确保施工现场的安全技术措施满足施工要求。

（2）安全生产费用在本单位内部的财务管理办法。

3.7 安全生产奖惩制度

项目部应制定安全奖惩办法，明确：

（1）安全生产奖惩的依据和目的。

（2）进行安全生产奖惩的行为和对象，以及奖惩的形式。

（3）安全生产奖惩的组织形式。

3.8 劳动防护和劳动保健管理制度

项目部应制定劳动保护和保健管理制度，明确：

（1）劳动保护的有关规定和安排。

（2）劳动保健的要求和安排。

3.9 劳务分包安全生产管理制度

项目部应制定劳务分包安全生产管理制度，并同分包队伍签订劳务分包安全生产合同，明确：

（1）劳务分包的安全生产责任及违约责任。

（2）劳务队伍安全生产职责的履行要求。

3.10 安全专项方案的编制及审批制度

项目办编制安全专项方案的编制及审批制度，明确：

（1）需编制安全专项方案的分部分项工程范围，包括坑支护与降水工程、土方开挖工程、起重吊装工程、脚手架工程、模板工程、高处（空）作业、沉井作业；现场临时用电工程、大型临时设施装拆工程、其他危险性较大的工程等。

（2）安全专项方案编制的编制要求，包括：

① 人员要求。编制人员应认真学习国家有关安全生产法律、法规、规范、标准，掌握必备的安全知识方可参加编写工作。编制人员要赴施工现场调查、了解以下内容，为编制工作搜集丰富的第一手资料：场地环境；地质、水文；当地气象；交通运输情况；建筑材料；公用设施；消防要求；应急救援情况。

② 针对性要强。应根据工程特点、施工环境、施工方法、机械工具、动力供给、安全防

护、员工素质等实际情况编写,不能与工程实际脱节,还要考虑季节性变化的不安全因素。

③ 重点突出安全技术、管理方面的措施。除说明工程概况及施工方案外,还应重点突出针对工程危险因素及安全防范重点,着力编写相关的安全保证技术、管理方面的措施。

④ 安全专项方案的编制,应包含以下方面的内容:工程概况,编制目的、依据及适用范围,主要施工方案及施工过程防范重点,安全技术保证措施,安全管理保证措施等。

(3) 安全专项方案编制的审查要求:

① 安全专项方案经项目部内部审查后,提交总监办审查通过。

② 经过审批的专项安全措施不准随意变更修改,确因客观原因需要修改时,应按原审批程序办理。

3.11　危险作业审批制度

项目部应制定危险作业审批制度,明确:

(1) 危险作业的形式:动火作业、潜水作业、高处作业、有毒有害作业等。

(2) 有关危险作业的工作要求。

(3) 危险作业的审批流程。

3.12　班组安全活动制度

项目部应制定班组安全活动制度,明确班组安全活动的组织形式及要求。

3.13　设备管理制度

项目部应制定设备管理制度,明确:

(1) 设备管理的范围:大型机械设备、特种设备,以及其他的施工设备。

(2) 各类设备的使用及管理要求。

(3) 各类设备操作人员的管理要求。

3.14　特种作业人员管理制度

结合本项目部的具体特点,依据《建筑施工特种作业人员管理规定》、《特种作业人员安全技术考核管理规则》来编写,制度需明确:

(1) 特种作业人员的范围,如起重作业、电气焊工、厂内机动车辆驾驶、架子工等。

(2) 特种作业人员管理的要求,包括培训、取证等工作。

(3) 特种从业人员的从业规定,及有关的奖惩规定。

3.15　消防安全责任制度

项目部应制定消防安全责任制度,明确:

(1) 各部门和岗位消防安全责任的划分。

(2) 消防安全检查的安排及要求。

(3) 消防器材的采购和使用。

(4) 消防应急演练及事故应急处理。

3.16　文明施工管理制度

做好施工现场的安全管理,做好文明施工,是确保施工现场安全的基本保障。文明施工管理制度应明确:

(1) 不同施工阶段和周围环境及季节、气候的变化,在施工现场采取相应的安全施工措施。

(2) 现场作业人员遵守操作规程的有关要求。

（3）安全警示标志及标语的设置等要求。

3.17 事故应急安全管理制度

明确救援预案的编制、应急物资的储备及应急预案的演练的有关要求。

（1）应急预案包括总预案和针对特殊事故的分项预案，如火灾、坍塌、坠落等。

（2）应急物资的购买和领用登记的程序和要求。

（3）应急演练的方案编制及实施。

3.18 安全生产事故报告和处理制度

依据建设单位和总监办的有关规定，依据本标段的具体情况来制定，重点明确安全生产事故的报告、处理的程序和要求。

3.19 安全生产档案管理制度

明确所需要建立的档案、归档要求：

（1）档案内容：应包括安全生产保证体系，人员配备与持证情况，安全生产检查、培训、交底，安全管理活动记录，临时用电和机械设备记录等，以及其他相关的安全生产资料等。

（2）归档要求：包括档案盒分类、存档的办法及要求。

附件 2-4 工程建设项目主要档案目录及推荐表格

第一部分：档案目录

1 建设单位

1.1 安全管理制度、合同

（1）体系文件、管理制度

（2）安全生产合同

（3）安全管理组织机构和管理网络

1.2 发文或转发文件

（1）发文

（2）转发上级主管部门文件

1.3 安全检查考核

（1）安全检查通报（包括对总监办和项目部）

（2）安全考核报告（包括对总监办和项目部）

（3）上级主管部门督察通报

1.4 安全管理活动或方案

（1）安全管理活动方案

（2）安全会议纪要

（3）安全教育培训记录

1.5 应急救援及事故处理

（1）应急救援预案

（2）应急演练、评审记录

（3）事故报告、调查及处理记录

1.6 安全审查记录

（1）安全专项方案审查记录

（2）安全生产费用计划审批、使用情况检查及支付记录

1.7 法律法规清单

相关的法律法规文件

2 总 监 办

2.1 安全监理制度

总监办应制定安全监理的总体计划，并制定专门的安全监理细则。

（1）监理计划

（2）安全监理细则

2.2 安全检查

（1）日常安全巡查记录

（2）月度专项安全检查通报及回复

2.3 安全旁站

旁站记录

2.4 安全会议

（1）安全会议表格，签到表

（2）会议纪要内容

2.5 安全教育培训

教育培训记录

2.6 安全专项方案审查

（1）方案文本

（2）方案审批记录

2.7 安全生产费用审查

（1）申报材料

（2）审批记录

2.8 应急救援预案审查

（1）预案文本

（2）审查记录

2.9 分标段资料

（1）特种设备、大型机具

（2）三类人员、特种作业人员

2.10 安全监理日志

记录当天所开展的主要工作，以及现场发现或解决的问题。

2.11 上级单位有关安全来文

如上级主管部门发文，以及建设单位的发文等。

3 项 目 部

3.1 安全生产保证体系

主要包括安全管理制度、安全生产责任制、操作规程等。

(1) 安全管理制度及颁布下发记录。

(2) 安全生产责任制文件及书面交底记录。

(3) 安全操作操作规程,且应张贴于危险作业场所。

3.2 人员配备与持证情况

主要包括三类安全管理人员、特种作业人员、现场作业人员的人员登记及相应的上岗证书记录。

(1) 三类安全管理人员证书或复印件,并统计汇总。

(2) 特种作业人员证书或复印件,并统计汇总。

(3) 作业队作业人员花名册。

3.3 安全管理目标及考核

施工单位应明确安全管理目标,并分解到各部门、各岗位。施工单位还应制定目标考核办法,考核结果要与一定的奖惩相挂钩。

(1) 目标分解。

(2) 考核办法。

(3) 考核结果的记录。

3.4 安全专项方案

施工单位应对危险性较大的分部分项工程编制安全专项方案,经技术负责人、总监理工程师签字后实施,必要时还要组织专家论证。

(1) 安全专项方案文件。

(2) 方案审批或专家评审记录。

3.5 安全技术交底

分部分项工程开工、工序转化前都要进行安全技术交底。

(1) 交底的时间、内容等相关记录。

(2) 交底人和被交底人还要履行书面签字手续。

3.6 安全教育培训

员工新进场必须进行三级安全教育,工人转岗、复岗要进行再教育,且教育培训的时间要满足规定的要求,教育培训合格后要发放教育培训合格证。

(1) 时间、地点、内容、书面签名等。

(2) 主讲人员还要保留培训的内容记录。

3.7 安全检查

安全检查发现的隐患要求定人、定时、定措施,并落实整改,形成闭环管理,相关人员要履行书面签字手续。

(1) 日常检查记录。

(2) 月度大检查记录。

(3) 专项检查记录等。

3.8 安全管理活动

除安全技术交底、教育培训、检查之外,其他的日常安全管理活动也要保留相应的记录,如安全会议、安全宣誓、签名等活动。

施工单位还要每天填写安全日志。

3.9 安全生产费用及保险办理

施工单位要建立健全安全生产费用内部管理办法,建立完整的安全生产费用台账,包括:

(1) 年度及每月使用计划。

(2) 每月实际列支统计及发票凭证。

(3) 监理审核记录。

(4) 业主支付等记录。

此外,还应办理意外伤害保险,保留保险办理记录。

3.10 应急管理

应急管理重点要抓好 3 个方面的工作,即救援预案的编制、应急物资的储备及应急预案的演练。

(1) 应急预案,包括总预案和针对特殊事故的分项预案,如火灾、坍塌、坠落、溺水等。

(2) 应急物资的购买和领用登记以及检查是否完好的记录。

(3) 应急演练的方案、演练记录以及评审记录等。

3.11 临时用电

临时用电主要要保留以下档案:

(1) 临时用电方案。

(2) 临时用电检查记录。

3.12 机械设备

工程施工使用了大量的机械设备,尤其是使用了大量的厂内机动车辆,如压路机、挖掘机、装载机、叉车等,以及危险性较大的起重机械,如履带吊、汽车吊、塔吊、架桥机等。机械设备的档案资料主要包括:

(1) 设备的出厂文件:设计文件、产品质量合格证明、监督检验证明、安装技术文件和资料、使用和维护说明。

(2) 检验记录:定期检验报告和定期自行检查的记录、使用登记证明。

(3) 日常使用和维修保养记录,以及运行故障和事故记录。

3.13 其他

如上级主管部门发文,以及建设单位、总监办的发文等。

第二部分:推荐表格

H-1 安全管理体系及管理方案报审表

本表适用于项目部或总监办填报安全管理体系或安全监理细则,以及安全专项方案等安全管理方案。

H-2 安全警示表

本表适用于建设单位及总监办下发的安全警示。建设单位发出的安全警示主送至总监办和项目部,总监办发出的安全警示主送至项目部。

H-3　危险因素识别、评价及控制表

本表适用于项目部填报危险因素,经总监办审查后,报备建设单位。

H-4　危险因素清单

本表适用于项目部填报危险因素,经总监办审查后,报建设单位审批。

H-5　安全会议记录表

本表适用于记录建设单位、总监办及项目部组织的安全会议。

H-6　安全技术交底记录表

本表适用于记录项目部组织的安全技术交底。

H-7　安全培训(学习)记录表

本表适用于记录建设单位、总监办及项目部组织的各类安全培训、学习活动。

H-8　安全检查记录表

本表适用于记录建设单位、总监办及项目部组织的各类安全检查。

H-9　安全整改通知单

本表适用于记录建设单位、总监办及项目部发出的各类安全整改通知。

H-10　安全活动记录表

本表适用于记录建设单位、总监办及项目部组织的会议、培训(学习)、检查之外的其他活动,如安全宣誓、安全竞赛等。

H-11　安全生产费用年度使用计划表

本表适用于项目部编制安全生产费用年度使用计划,由安全部门负责人填写,项目负责人审批。

H-12　安全生产费用月度使用计划表

本表适用于项目部编制安全生产费用月度使用计划,由安全部门负责人填写,项目负责人审批。

H-13　安全生产费用使用计划报审表

本表适用于项目部填报安全生产费用使用计划,由安全监理工程师和计量监理工程师共同审核后,总监批准实施。

H-14　安全生产费用月度使用明细表

本表适用于项目部统计安全生产费用月度使用明细,由安全部门负责人填写,项目负责人签署确认。

H-15　安全生产费用月度使用明细报审表

本表适用于项目部填报安全生产费用使用明细,由安全监理工程师和计量监理工程师共同审核后,总监签署确认。

H-16　安全生产费用支付报审表

本表适用于项目部申请支付安全生产费用,由安全监理工程师和计量监理工程师共同审核,经总监确认后,提交建设单位审批。

H-17　生产安全事故应急演练记录表

本表适用于项目部记录生产安全事故应急演练情况。

H-18　生产安全事故快报

本表适用于项目部以快报的形式向总监办及建设单位报告生产安全事故情况。

H－1　安全管理体系及管理方案报审表

致＿＿＿＿＿＿＿＿＿：

　　现报上＿＿＿＿＿＿＿＿＿＿＿＿＿＿＿＿＿＿＿＿＿＿＿＿＿，详细说明见附件，请予审查和批准。

　　附件：

承包人：
年　月　日

总监审查意见：

签字：
年　月　日

建设单位意见：

签字：
年　月　日

H-2 安全警示表

安全警示主题:

主送:

抄送:

安全事故简介及警示内容	

主办人:

年 月 日

签发意见:

签发人:

年 月 日

H-3 危险因素识别、评价及控制表

填报日期：_____年___月___日

序号	作业活动	地点/场所	危险因素	可能发生的事故	作业条件风险评价				危险等级	危险控制措施
					L	E	C	D		

总监意见：

签字：

建设单位意见：

签字：

H-4 危险因素清单

填报日期：_____年___月___日

序号	作业活动	地点/场所	危险因素	可能发生的事故	危险控制措施

总监意见：

签字：

建设单位意见：

签字：

H‑5　安全会议记录表

会 议 议 题				
时　间			地　点	
主持人			记录人	

参加人员（签名）：

　　（可另附签到表）

纪要内容

　　（可另附页）

H-6 安全技术交底记录表

交底 名称		交底 时间	
交底 部门		交底人	
接受交 底对象		施工 期限	年 月 日 至 年 月 日

接受交底的班组或员工签名：

　　（可附签到表）

交底内容：

　　（可附件）

H-7 安全培训(学习)记录表

主　题			
时　间		地　点	
主讲人		主持人	
参加人	(可附签到表)		
培训学习内容			

H-8 安全检查记录表

检查名称		检查日期	
组织部门或人员			
参检人员（签名）		（可附签到表）	
检查内容		（可附检查表）	
检查对象		检查对象负责人	

发现问题描述：

共发现问题：＿＿个,开具《安全整改通知单》＿＿份。

整改措施或要求：

制定人： 年 月 日

复查意见：

复查人： 年 月 日

H-9 安全整改通知单

被检对象		检查时间	

主要问题描述：

整改措施及要求：

签发人：

年　月　日

整改责任人：(签名)	完成期限：

整改复查情况：

复查人：(签名)

年　月　日

H-10 安全活动记录表

主办单位		参加对象	
日 期	年 月 日	参加人数	
内 容			
形 式			

活动概况：

活动总结：

主办单位负责人		记录人	

H-11 安全生产费用年度使用计划表

_____年___月___日

序号	类 别	项 别	金额 （元）	备 注
1	完善、改造和维护安全防护设备、设施的支出			
2	配备必要的应急救援器材、设备和现场作业人员安全防护物品的支出			
3	安全生产检查与评价的支出			
4	危险源、事故隐患的评估、整改、监控的支出			
5	安全技能培训的支出			
6	应急救援演练的支出			
7	其他与安全生产直接相关的支出			

安全部门负责人：   项目负责人：

H-12 安全生产费用月度使用计划表

_____年___月___日

序号	项　别	计划投入内容	计划金额（元）	备　注
1	完善、改造和维护安全防护设备、设施的支出			
2	配备必要的应急救援器材、设备和作业人员安全防护物品的支出			
3	安全生产检查与评价的支出			
4	危险源、事故隐患的评估、整改、监控的支出			
5	安全技能培训的支出			
6	应急救援演练的支出			
7	其他与安全生产直接相关的支出			

安全部门负责人：　　　　　　　　　　　　　　　　　项目负责人：

H－13　安全生产费用使用计划报审表

_____年____月____日

致(总监)_____ :
　　现将我单位安全生产费用使用计划上报,请予以审核。
附:安全生产费用使用计划

承包人：　　　年　　月　　日

审查意见：

安全监理工程师：　　　年　　　月　　　日
计量监理工程师：　　　年　　　月　　　日

总监意见：

签字：　　　年　　月　　日

H-14 安全生产费用月度使用明细表

_____年___月___日

序号	使用日期	使用内容	金额(元)	备注
本月合计				

安全部门负责人: 项目负责人:

H-15　安全生产费用月度使用明细报审表

_____年___月___日

致(总监)_____:

现将我单位____月安全生产费用使用明细上报,请予以审核。

附:① 安全生产费用月度使用明细表

②安全生产费用支付、使用和管理记录等相关证明文件

承包人:　　　年　　月　　日

审查意见:

安全监理工程师:　　　年　　月　　日
计量监理工程师:　　　年　　月　　日

建设单位意见:

签字:　　　年　　月　　日

H-16 安全生产费用支付报审表

_____年___月___日

致（总监）_____：

　　我已按照安全生产费用使用计划，合理使用了本期安全生产费用，现场安全生产条件符合安全生产要求。现根据合同，要求支付安全生产费用共计人民币_____万元，请予以审查。

附：① 安全生产费用月度使用报审表

　　② 安全生产费用月度使用明细表

　　③ 安全生产费用支付、使用和管理记录等相关证明文件

承包人：　　　　年　　月　　日

审查意见：

安全监理工程师：　　　年　　月　　日

计量监理工程师：　　　年　　月　　日

总监意见：

签字：　　　　年　　月　　日

建设单位意见：

签字：　　　　年　　月　　日

H-17　生产安全事故应急演练记录表

演练内容	
演练时间	
参加人员	
演练方案	（可附件）
演练记录	（可附件） 记录人： 　　　年　月　日
演练效果自评	 自评人： 　　　年　月　日

H－18 生产安全事故快报

报告单位：   签发人：

事故发生 时　　间			事故发生 地　　点		
死亡人数		失踪人数		重伤人数	

事故 简况	
处置 情况	
备注	

报告时间：_____年___月___日___时___分

附件2-5 工程建设项目安全专项方案编制及审查要求

第一部分:一般规定

1 依 据

(1)《建设工程安全生产管理条例》

(2)《公路水运工程安全生产监督管理办法》

(3)《危险性较大工程安全专项施工方案编制及专家论证审查办法》

2 编 制 要 求

施工企业应针对危险性较大的分部分项工程编制具有针对性、可操行的安全专项方案,并由施工企业技术部门的专业技术人员及监理单位专业监理工程师进行审核,审核合格,由施工企业技术负责人、监理单位总监理工程师签字。

安全专项方案编制的一般要求:

(1) 人员要求

编制人员应认真学习国家有关安全生产法律、法规、规范、标准,掌握必备的安全知识方可参加编写工作。编制人员要赴施工现场调查、了解以下内容,为编制工作搜集丰富的第一手资料:场地环境;地质、水文;当地气象;交通运输情况;建筑材料;公用设施;消防要求;应急救援情况。

(2) 针对性要强

应根据工程特点、施工环境、施工方法、机械工具、动力供给、安全防护、员工素质等实际情况编写,不能与工程实际脱节,还要考虑季节性变化的不安全因素。

(3) 重点突出安全技术、管理方面的措施

除说明工程概况及施工方案外,还应重点突出针对工程危险因素及安全防范重点,着力编写相关的安全保证技术、管理方面的措施。

(4) 方案修订要求

当施工方法或工序有变动时,安全技术措施也应重新修订,并经审批。

经过审批的专项安全措施不准随意变更修改,确因客观原因需要修改时,应按原审批程序办理。

3 应编制安全专项方案的危险性较大的分部分项工程

以下危险性较大的分部分项工程应当在施工前单独编制安全专项方案:

(1) 基坑支护与降水工程

基坑支护工程是指开挖深度超过5 m(含5 m)的基坑(槽)并采用支护结构施工的工程;或基坑虽未超过5 m,但地质条件和周围环境复杂、地下水位在坑底以上等工程。

(2) 土方开挖工程

土方开挖工程是指开挖深度超过5 m(含5 m)的基坑、槽的土方开挖。

（3）模板工程

各类工具式模板工程，包括滑模、爬模、大模板等；水平混凝土构件模板支撑系统及特殊结构模板工程。

（4）起重吊装工程

（5）脚手架工程

① 高度超过 24 m 的落地式钢管脚手架。

② 附着式升降脚手架，包括整体提升与分片式提升。

③ 悬挑式脚手架。

④ 门型脚手架。

⑤ 挂脚手架。

⑥ 吊篮脚手架。

⑦ 卸料平台。

（6）拆除、爆破工程

采用人工、机械拆除或爆破拆除的工程。

（7）其他危险性较大的工程

① 建筑幕墙的安装施工。

② 预应力结构张拉施工。

③ 隧道工程施工。

④ 桥梁工程施工（含架桥）。

⑤ 特种设备施工。

⑥ 网架和索膜结构施工。

⑦ 6 m 以上的边坡施工。

⑧ 大江、大河的导流、截流施工。

⑨ 港口工程、航道工程。

⑩ 采用新技术、新工艺、新材料，可能影响建设工程质量安全，已经行政许可，尚无技术标准的施工。

4　应组织安全专项方案论证的危险性较大的分部分项工程

以下危险性较大的分部分项工程安全专项方案应组织专家审查论证：

（1）深基坑工程

开挖深度超过 5 m（含 5 m）或地下室三层以上（含三层），或深度虽未超过 5 m（含 5 m），但地质条件和周围环境及地下管线极其复杂的工程。

（2）地下暗挖工程

地下暗挖及遇有溶洞、暗河、瓦斯、岩爆、涌泥、断层等地质复杂的隧道工程。

（3）高大模板工程

水平混凝土构件模板支撑系统高度超过 8 m，或跨度超过 18 m，施工总荷载大于 10 kN/m²，或集中线荷载大于 15 kN/m² 的模板支撑系统。

（4）30 m 及以上高空作业的工程

（5）大江、大河中深水作业的工程

（6）房屋拆除爆破和其他土石大爆破工程

5 安全专项方案的分级审查

根据以上一般规定，结合工程建设的具体特点，并依据现行的建设单位、总监办、项目部三级管理模式，对工程建设安全专项方案的分级审查管理职能规定如下：

（1）建设单位

以下危险性较大分部分项工程安全专项方案，由建设单位组织有关单位或专家进行审查，并经总监办批准后实施：

① 5 m 以上的边坡施工、深挖路堑、基坑支护施工。

② 隧道施工。

③ 跨径在 100 m 以上或单孔跨径在 40 m 以上的大型桥梁工程施工。

④ 高大模板工程

水平混凝土构件模板支撑系统高度超过 8 m，或跨度超过 18 m，施工总荷载大于 10 kN/m²，或集中线荷载大于 15 kN/m 的模板支撑系统。

⑤ 30 m 以上高空作业的工程。

⑥ 宽度在 40 m 以上的大江、大河的导流、截流施工。

⑦ 房屋拆除爆破和其他土石大爆破工程。

⑧ 其他的采用新技术、新工艺、新材料，可能影响工程质量安全的施工。

（2）总监办

以下危险性较大的分部分项工程安全专项方案，由总监办组织有关单位或专家进行审查，并经总监办批准后实施：

① 5 m 以下的边坡施工、深挖路堑、基坑支护施工。

② 跨径在 100 m 以下或单孔跨径在 40 m 以下的桥梁工程施工。

③ 10～30 m 以上高空作业的工程。

④ 宽度在 40 m 以下的大江、大河的导流、截流施工。

⑤ 一般性的房屋拆除爆破和其他土石爆破工程。

⑥ 大型的脚手架工程、模板工程、起重吊装工程。

⑦ 水上大型构件物（如钢箱梁）的运输工程。

⑧ 航道区域内施工。

⑨ 跨越省道的施工，边通车边施工以及与地方路交叉需要部分道路封闭施工。

⑩ 现浇结构物施工、箱梁预制施工、预应力施工等。

⑪ 支架搭设、拆除施工，起重设备、大型机具安装与拆除施工。

⑫ 其他的采用新技术、新工艺、新材料，但对工程质量安全影响相对较小的施工。

（3）项目部

除上述需由建设单位、总监办组织审查的安全专项方案外，其他危险性较大的分部分项工程安全专项方案由项目部自行组织审查，并报总监办批准后实施。

附件 2-6 工程建设项目安全生产费用管理暂行办法

第一章 总 则

第一条 为加强安全生产费用管理,规范安全生产费用的使用和支付,确保安全生产费用落实到位,根据《建设工程安全生产管理条例》、《公路水运工程安全生产监督管理办法》,以及《企业安全生产费用提取和使用管理办法》等有关规定,结合工程建设实际,制定本办法。

第二条 本办法适用于对工程建设项目安全生产费用的使用及管理。

第三条 本办法所称安全生产费用是指施工单位按照国家有关规定和施工安全标准,采购、更新施工安全防护用具及设施、落实安全施工措施、改善安全生产条件、加强安全生产管理等所需的费用。

第四条 安全生产费用按照"标段提取、确保需要、规范使用、综合监管"的原则进行管理。

第二章 职责规定

第五条 施工单位应当提取安全生产费用,其安全生产费用的提取总额应满足规定要求。

第六条 施工单位应建立详细的安全生产费用使用台账,并确保做到专项核算、专款专用,不得挤占或挪用。

第七条 施工单位主要负责人应加强安全生产费用使用状况的监督检查,确保施工现场安全生产状况满足安全生产要求,严禁安全生产费用违规使用。

第八条 监理单位应加强施工单位安全生产费用提取、使用、管理情况的监理,确保安全生产费用使用符合要求,确保施工现场生产状况满足安全生产要求。

第九条 建设单位负责施工单位安全生产费用的支付,对施工、监理单位安全生产费用提取、使用、管理情况进行审核和监督检查。

第三章 安全生产费用的使用范围

第十条 安全生产费用应在以下范围内使用:

(1)完善、改造和维护安全防护设备、设施的支出

① 安全警示标志牌:主要指生活区、办公区、作业区及相应影响区域的各种安全警示标志牌。

② 现场围挡与防护:主要指为了满足临边、洞口、道口等封闭管理,交叉作业、高空作业等安全需要而采取的防护措施。

③ 施工设备安全检测验收:指用于设备专项安全检验(鉴定)的费用及检测、维护费。投标文件中承诺的设备进场产生的首次检验检测费用不在本工程项目安全费用中列支,但上述设备在本工程项目使用期间定期检验、检测(鉴定)费用应在本工程项目安全费用中列支。

④ 安全监控装置:指专项安全监控装置的购置与维护费用。

安全防护设备、设施的支出,应与安全专项方案中提及的安全防护设备、设施相一致。

(2) 配备必要的应急救援器材、设备和现场作业人员安全防护物品的支出

① 施工现场公用安全防护用品:包括安全网、救生圈、消防器材、应急灯、通风设备、避雷针等公共安全设施或其他非个人专用的安全防护用品。

② 职工个人劳动防护用品:包括工作服、保险带、安全帽、救生衣、手套等用于保障人身安全的个人专用防护用品。

③ 职工安全保健费:包括防寒防暑用品、特殊工种人员体检、职业病预防等。

④ 安全生产应急救援专用设施费:指专门为应急救援所需而准备的物资、专用设备、工具等。应急救援专用设施费应与施工单位应急救援预案中提及的应急救援专用设施相一致。

(3) 安全生产检查与评价的支出

指用于本工程项目安全生产检查与安全评价而发生的费用,其中,安全评价支出是指为本工程项目聘请专业安评机构发生的现场工作费用。施工单位自检(含上级公司组织的企业内部检查)发生的费用不应列入。

(4) 危险源、事故隐患的评估、整改、监控的支出

指为评估、整改或监控本工程项目的危险源、事故隐患,聘请有关专家或专业咨询机构的差旅费、咨询费等现场工作费用。

(5) 安全技能培训的支出

指因本工程项目而发生的安全教育、培训开支,但安全生产三类人员的培训、考试、年审等费用均不在本工程安全费用中列支。

(6) 应急救援演练的支出

指为应对工程施工中可能发生的事故灾难、自然灾害、公共卫生事件和社会安全事件,施工单位有计划地组织开展应急救援演练而产生的费用。

(7) 其他与安全生产直接相关的支出

① 安全宣传费:指购买安全宣传教育资料、开展安全宣传活动等产生的费用。

② 安全生产活动费:进行安全生产知识竞赛、技能比赛、安全专题会议等以安全为主题的活动所开支的费用。

③ 其他不可预见的与安全生产直接相关的支出。

第四章 安全生产费用的计量支付

第十一条 安全生产费用采用"月度计量,里程碑支付"的计量支付方式。

第十二条 施工单位应根据项目年度生产计划,编制《安全生产费用年度使用计划》,填写《安全生产费用使用计划报审表》报监理单位审核,并报建设单位备案。

第十三条 施工单位应根据下月生产计划和本年度《安全生产费用年度使用计划》,编制《安全生产费用月度使用计划》,填写《安全生产费用使用计划报审表》报监理单位审核。

第十四条 施工单位安全生产费用的列支由施工单位安全管理部门提出申请,报施工单位主要负责人或分管安全副经理审批。

第十五条 施工单位应将本月安全生产费用使用情况编制《安全生产费用月度使用明

细表》,填写《安全生产费用月度使用明细报审表》和安全生产费用支付、使用和管理记录等有关证明材料,报监理单位审核。

第十六条 监理单位应结合当月安全生产情况,及时对施工单位安全费用使用情况认真审核:

(1)实物与台账是否相符。

(2)发票、凭证是否有效。

(3)现场安全生产状况是否满足安全生产要求。

必要时进行现场验证,确保安全生产费用落到实处。

第十七条 到达合同约定支付日期时,施工单位填报《安全生产费用支付报审表》和其他有关证明文件,报监理单位审核,并报建设单位确认。

第十八条 建设单位应按规定及时支付安全生产费用。

第五章 安全生产费用的监督管理

第十九条 建设单位定期对施工、监理单位安全生产费用提取、支付、使用和监理情况进行监督检查,一般每季度不少于一次。

第二十条 监理单位要明确内部机构相关职责,加强施工单位安全生产费用的监理,严格安全生产费用审核,严禁弄虚作假。

第二十一条 出现下列情况,监理单位应暂缓确认安全生产费用,直至整改合格。

(1)施工组织设计中安全技术措施或专项安全方案未按规定报审。

(2)施工中未严格按安全技术方案组织实施。

(3)施工现场存在安全隐患,或整改不到位,或已被要求暂停施工的。

(4)施工现场达不到安全作业环境要求和施工安全标准的。

(5)施工现场安全生产费用使用情况与凭证不符的。

第二十二条 出现下列情况,当月安全生产费用不予计量,直至整改合格。

(1)施工现场存在安全隐患,施工单位拒不整改的。

(2)施工单位弄虚作假,骗取安全生产费用的。

(3)专项资金投入严重不足,现场存在安全隐患的。

(4)发生一般等级以上安全生产责任事故的。

第二十三条 施工单位发生第二十二条情况的,建设单位有权指令其他单位负责整改,由此产生的费用由建设单位直接从施工单位有关费用中扣除。同时,与项目部考核挂钩,情节严重的,报上级主管部门处理。

第二十四条 监理单位审核不严,致使安全生产费用违规使用的,建设单位将同时追究监理单位的责任。

第六章 附   则

第二十五条 具体的工程建设项目,参照本办法来制定相应的实施办法。

第二十六条 施工单位应结合本单位实际情况,制订具体实施办法,报监理单位审核,并报建设单位备案。

第二十七条 本办法未尽事宜,按照国家有关法律法规执行。

附件：

安全生产费用管理用表见附件 2 - 4《工程建设项目主要档案目录及推荐表格》中表 H - 11~H - 16。

表 1:《安全生产费用年度使用计划表》(H - 11)

表 2:《安全生产费用月度使用计划表》(H - 12)

表 3:《安全生产费用使用计划报审表》(H - 13)

表 4:《安全生产费用月度使用明细表》(H - 14)

表 5:《安全生产费用月度使用明细报审表》(H - 15)

表 6:《安全生产费用支付报审表》(H - 16)

3 工程项目职业健康安全管理体系

3.1 工程项目职业健康安全管理

3.1.1 特点

工程项目职业健康安全管理,就是工程项目在实施过程中组织安全生产的全部管理活动。工程项目职业健康安全管理以国家的法律法规和技术标准为依据,采用各种手段,通过对生产因素的具体状态控制,使生产因素不安全的行为和状态较少或消除。

开展工程项目职业健康安全管理,是工程项目实施过程中避免人员伤亡、财物损毁,追求最佳效益的需要,也是保证建设单位对工程项目工期、质量和项目功能最佳实现的需要。

工程项目职业健康安全管理包括以下几个特点:

(1) 管理面广。工程项目涉及工作内容多,工艺复杂,各单位进出频繁,带来管理的对象多,考虑要素必须全面。

(2) 管理的动态性。工程项目不是静止的,而是随进度的变化而变化。因此安全管理所关注的对象也不是一成不变的,而是要密切与实际结合。

(3) 管理系统的交叉性。工程项目是开放系统,受自然环境和社会环境影响较大,各种管理要素都具有自身的管理要求,之间必然存在交叉现象。

(4) 管理的严谨性。安全状态具有触发性,其控制措施必须严谨,一旦失控,就会造成损失和伤害。

3.1.2 内容和原则

1. 工作内容

根据工程项目进展的先后顺序,职业健康安全管理的工作包括:

(1) 制定并组织实施安全技术措施、安全计划。

(2) 建立机构和制度,实行项目施工安全控制。

(3) 做好安全检查、安全验收。

(4) 对安全检查中发现的安全隐患及时处理。

(5) 做好施工现场的文明施工、环境保护管理。

(6) 做好安全事故的调查和处理工作。

2．工作原则

在实施上述 6 项工作时,必须遵守安全的 6 项原则:

(1)管生产同时管安全。安全管理是生产管理的重要组成部分,安全与生产在实施过程中,两者存在着密切的联系,存在着进行共同管理的基础。各级人员安全生产责任制度的建立,管理责任的落实,体现了管生产同时管安全的要求。

(2)坚持安全管理的目的性。安全管理的内容是对生产的人、物、环境因素状态的管理,有效控制人的不安全行为和物的不安全状态,消除或避免事故。没有明确目的的安全管理是一种盲目行为。盲目的安全管理,充其量只能算作花架子,劳民伤财,危险因素依然存在。在一定意义上,盲目的安全管理,只能纵容威胁人的安全与健康的状态,向更为严重的方向发展或转化。

(3)必须贯彻预防为主的方针。进行安全管理不是处理事故,而是在生产活动中,针对生产的特点,对生产因素采取管理措施,有效地控制不安全因素的发展与扩大,把可能发生的事故消灭在萌芽状态,以保证生产活动中人的安全与健康。

(4)坚持动态管理。安全管理不是少数人和安全机构的事,而是一切与生产有关的人共同的事。缺乏全员的参与,安全管理不会有生气、不会出现好的管理效果。安全管理涉及生产活动的方方面面,涉及从开工到竣工交付的全部生产过程,涉及全部的生产时间,涉及一切变化着的生产因素。因此,生产活动中必须坚持"全员、全过程、全方位、全天候"的动态安全管理。

(5)安全管理重在控制。在安全管理的 6 项主要内容中,虽然都是为了达到安全管理的目的,但是对生产因素状态的控制,与安全管理目的关系更直接,显得更为突出。因此,对生产中人的不安全行为和物的不安全状态的控制,必须看作是动态安全管理的重点。

(6)在管理中发展提高。既然安全管理是在变化着的生产活动中的管理,是一种动态管理,那么其管理就意味着是不断发展的、不断变化的,以适应变化的生产活动,消除新的危险因素。更为需要的是不间断地摸索新的规律,总结管理、控制的办法与经验,知道新的变化后的管理,从而使安全管理不断上升到新的高度。

3.1.3　主要制度

由于建设工程规模大、周期长、参与人数多、环境复杂多变,安全生产的难度很大。因此通过建立各项制度,规范建设工程的生产行为,对于提高建设工程项目安全生产水平是非常重要的。《建筑法》、《安全生产法》、《安全生产许可证条件》、《建筑施工企业安全生产许可证管理规定》等与建设工程有关的法律法规和部门规章,对政府部门、有关企业及相关人员的建设工程安全生产和管理行为进行了全面的规范,确立了一系列建设工程安全生产管理制度。

现阶段正在执行的主要安全生产管理制度主要包括:

(1)安全生产责任制度

安全生产责任制是最基本的安全管理制度,是所有安全生产管理制度的核心。安全生产责任制是按照安全生产管理方针和"管生产的同时必须管安全"的原则,将各级负责人员、各职能部门及其工作人员和各岗位生产工人在安全生产方面应做的事情及应负的责任加以明确规定的一种制度。具体来说,就是将安全生产责任分解到相关单位的主要负责人、项目负责人、班组长以及每个岗位的作业人员身上。

(2) 安全生产许可证制度

《安全生产许可证条例》规定国家对建筑施工企业实施安全生产许可证制度。企业取得安全生产许可证,应当具备下列安全生产条件:①建立、健全安全生产责任制,制定完备的安全生产规章制度和操作规程;②安全投入符合安全生产要求;③设置安全生产管理机构,配备专职安全生产管理人员;④主要负责人和安全生产管理人员经考核合格;⑤特种作业人员经有关业务主管部门考核合格,取得特种作业操作资格证书;⑥从业人员经安全生产教育和培训合格;⑦依法参加工伤保险,为从业人员缴纳保险费;⑧厂房、作业场所和安全设施、设备、工艺符合有关安全生产法律、法规、标准和规程的要求;⑨有职业危害防治措施,并为从业人员配备符合国家标准或者行业标准的劳动防护用品;⑩依法进行安全评价;⑪有重大危险源检测、评估、监控措施和应急预案;⑫有生产安全事故应急救援预案、应急救援组织或者应急救援人员,配备必要的应急救援器材、设备;⑬规定的其他条件。

(3) 政府安全生产监督检查制度

政府安全生产监督检查制度是指国家法律、法规授权的行政部门,代表政府对企业的安全生产过程实施监督管理。

(4) 安全生产教育培训制度

企业安全生产教育培训一般包括对管理人员、特种作业人员和企业员工的安全教育。

(5) 安全措施计划制度

安全措施计划制度是指企业进行生产活动时,必须编制安全措施计划,它是企业有计划地改善劳动条件和安全卫生设施,防止工伤事故和职业病的重要措施之一,对企业加强劳动保护,改善劳动条件,保障职工的安全和健康,促进企业生产经营的发展,都起着积极作用。

(6) 特种作业人员持证上岗制度

《建设工程安全生产管理条例》第二十五条规定:垂直运输机械作业人员、起重机械安装拆卸工、爆破作业人员、起重信号工、登高架设作业人员等特种作业人员,必须按照国家有关规定经过专门的安全作业培训,并取得特种作业操作资格证书后,方可上岗作业。

(7) 专项施工方案审查制度

依据《建设工程安全生产管理条例》第二十六条的规定:施工单位应当在施工组织设计中编制安全技术措施和施工现场临时用电方案,对下列达到一定规模的危险性较大的分部分项工程编制专项施工方案,并附具安全验算结果,经施工单位技术负责人、总监理工程师签字后实施,由专职安全生产管理人员进行现场监督。

(8) 危及施工安全工艺、设备、材料淘汰制度

严重危及施工安全的工艺、设备、材料是指不符合生产安全要求,极有可能导致生产安全事故发生,致使人民生命和财产遭受重大损失的工艺、设备和材料。

《建设工程安全生产管理条例》第四十五条规定:"国家对严重危及施工安全的工艺、设备、材料实行淘汰制度。具体目录由国务院建设行政主管部门会同国务院其他有关部门制定并公布。"国家对严重危及施工安全的工艺、设备和材料实行淘汰制度。这一方面有利于保障安全生产;另一方面也体现了优胜劣汰的市场经济规律,有利于提高生产单位的工艺水平,促进设备更新。

（9）施工起重机械使用登记制度

《建设工程安全生产管理条例》第三十五条规定："施工单位应当自施工起重机械和整体提升脚手架、模板等自升式架设设施验收合格之日起三十日内，向建设行政主管部门或者其他有关部门登记。登记标志应当置于或者附着于该设备的显著位置"。

（10）安全检查制度

安全检查制度是清除隐患、防止事故、改善劳动条件的重要手段，是企业安全生产管理工作的一项重要内容。通过安全检查可以发现企业及生产过程中的危险因素，以便有计划地采取措施，保证安全生产。

（11）生产安全事故报告和调查处理制度

单位负责人接到事故报告后，应当迅速采取有效措施，组织抢救，防止事故扩大，减少人员伤亡和财产损失，并按照国家有关规定立即如实报告当地负有安全生产监督管理职责的部门，不得隐瞒不报、谎报或者拖延不报，不得故意破坏事故现场、毁灭有关证据。

（12）"三同时"制度

"三同时"制度是指凡是我国境内新建、改建、扩建的基本建设项目（工程），技术改建项目（工程）和引进的建设项目，其安全生产设施必须符合国家规定的标准，必须与主体工程同时设计、同时施工、同时投入生产和使用。安全生产设施主要是指安全技术方面的设施、职业卫生方面的设施、生产辅助性设施。

（13）安全预评价制度

安全预评价是在建设工程项目前期，应用安全评价的原理和方法对工程项目的危险性、危害性进行预测性评价。

（14）意外伤害保险制度

建筑施工企业应当为施工现场从事施工作业和管理的人员，在施工活动过程中发生的人身意外伤亡事故提供保障，办理建筑意外伤害保险，支付保险费。

3.2 职业健康安全管理体系

随着生产的快速发展，职业健康安全问题日益突出，人们在寻求一种有效的、系统的、结构化的管理模式。企业的生产活动、产品和服务中所涉及的职业健康安全问题受到普遍关注，需要统一的国际标准规范相关的职业健康安全行为，特别是 ISO 9000、ISO 14000 标准在世界范围内的成功实施，促进了国际职业健康安全管理体系标准化的发展。2001 年 12 月，中国标准化委员会正式颁布了国家标准《职业健康安全管理体系规范》（GB/T 28001—2001），使得我国职业健康安全管理体系标准化全面、规范地展开。2011 年 12 月 30 日，国家质量监督检验检疫总局和国家标准化委员会联合公布了《职业健康安全管理体系要求》（GB/T 28001—2011）代替《职业健康安全管理体系规范》（GB/T 28001—2001），并于 2012 年 2 月 1 日起开始实施。

3.2.1 职业健康安全管理体系介绍

职业健康安全管理体系是企业总体管理体系的一部分。作为我国推荐性标准的职业健康安全管理体系标准，目前被企业普遍采用，用以建立职业健康安全管理体系。该标准覆盖了国际上的 OHSAS 18000 体系标准。即：

《职业健康安全管理体系要求》(GB/T 28001—2011)

《职业健康安全管理体系实施指南》(GB/T 28002—2011)

1. 体系结构

《职业健康安全管理体系要求》(GB/T 28001—2011)有关职业健康安全管理体系的结构由"范围"、"规范性引用文件"、"术语和定义"和"职业健康安全管理体系要求"四部分组成。

《职业健康安全管理体系要求》所包含的全部要素如下：

4.1 总要求

4.2 职业健康安全方针

4.3 策划

    4.3.1 危险源辨识、风险评价和控制措施的确定

    4.3.2 法律法规和其他要求

    4.3.3 目标和方案

4.4 实施和运行

    4.4.1 结构和职责

    4.4.2 培训、意识和能力

    4.4.3 沟通、参与和协商

    4.4.4 文件

    4.4.5 文件控制

    4.4.6 运行控制

    4.4.7 应急准备和响应

4.5 检查

    4.5.1 绩效测量和监视

    4.5.2 合规性评价

    4.5.3 事件调查、不符合、纠正措施和预防措施

    4.5.4 记录控制

    4.5.5 内部审核

4.6 管理评审

2. 基本原理

职业健康安全管理是以系统安全的思想为基础，管理核心是系统中导致事故的根源，即危险源，强调通过危险源辨识、风险评价和风险控制来达到控制事故的目的。职业健康安全管理体系采用了系统化管理的 PDCA 循环模式，如图 3-1 所示，要求从方针的制定、管理策划、实施与运行到检查与纠正措施和管理评审来持续提高管理水平和管理状态。

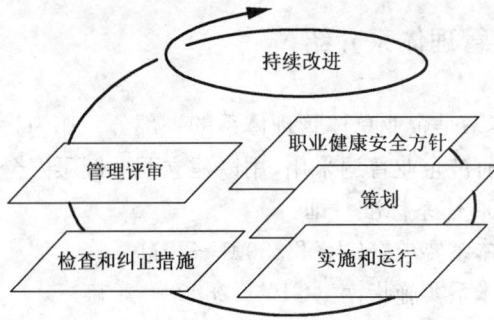

图 3-1　职业健康安全管理体系模式

3. 建立、实施和保持

建立、实施、运行职业健康安全管理体系可分为以下 3 个阶段：

(1) 策划与准备阶段

教育培训，统一认识。职业健康安全管理体系建立和完善的过程，是始于教育、终于教育的过程，也是提高认识和统一认识的过程。教育培训要分层次、循序渐进地进行。

组织落实，拟定计划。由最高管理者负责职业健康安全管理体系建立过程中重大问题的决策和组织协调，如体系建设的总体规划，制定职业安全管理目标，提供人、财、物的支持。

工作小组应具有开展相关职业健康安全工作的知识和技能。在领导小组指导下，开展安全生产保证体系建立过程中涉及施工现场范围内的具体工作，如组织宣传教育、体系文件的编制汇总等。

(2) 文件化阶段

按照《职业健康安全管理体系要求》(GB/T 28001—2011)以及相关法律法规和规章要求编制体系文件。

体系文件的范围包括：制定职业健康安全方针与目标；准备本企业制定的各类安全管理标准，贯彻 ISO 9000 族标准的项目可以在作出必要实施说明后，直接执行部分使用的质量体系程序文件，如采购、工程分包、培训、内审等。准备国家、行业和地方的各类有关安全的法律、法规、规章和规范、规程、标准。编制安全保证计划及相应的专项计划、作业指导书等支持性文件。准备各类安全记录、报表和台账。

(3) 运行阶段

发布职业健康安全管理体系文件，有针对性地多层次开展宣传活动，使现场每个员工都能明确本部门、本岗位在实施中应做些什么工作，使用什么文件，如何依据文件要求开展这些工作，以及如何建立相应的安全记录等。

① 配备必要的资源和人员。首先应保证适应工作需要的人力资源，适宜而充分的设施、设备，以及综合考虑成本、效益和风险的财务预算。

② 加强信息管理、日常安全监控和组织协调。通过全面、准确、及时地掌握安全管理信息，对安全活动过程及结果进行连续的监视和验证，以及对设计体系的问题与矛盾进行协调，促进职业健康安全管理体系的正常运行和不断完善，是形成体系良性循环运行机制的必要条件。

③ 由企业按规定对职业健康安全管理体系运行进行内部审核。验证和确认职业健康

安全管理体系的符合性、有效性和适应性，重点是：规定的职业健康安全管理目标指标是否可行；体系文件是否覆盖了所有的职业安全活动，文件间的接口是否清楚；组织结构是否满足职业健康安全管理体系运行的需要，各部门的安全职责是否明确；规定的安全记录是否能起到见证作用；所有员工是否养成按体系文件工作或操作的习惯，执行情况如何。通过内审暴露问题，组织制定并实施纠正措施，达到不断改进的目的，在适当时机可向审核认证机构提出认证申请。

4. 体系文件

职业健康安全管理体系的文件可分为管理手册、程序文件、职业健康安全管理方案、作业指导书和记录 5 类。

（1）职业健康安全管理手册

职业健康安全管理手册是企业根据职业健康安全管理体系标准及本企业职业健康安全管理方针、目标全面地描述本企业职业健康安全管理体系的文件。通过职业健康安全管理手册可以向社会及相关方展示企业的职业健康安全意图和宗旨，可以展示企业对遵守职业健康安全法规和其他要求的承诺，可以展示企业对风险控制和持续改进的承诺，集中表述本企业的职业健康安全保证能力。手册主要供企业内的中、高层管理人员和提供客户以及第三方审核机构使用。

（2）程序文件

程序文件是企业根据本企业职业健康安全管理手册的要求，为达到既定的职业健康安全方针、目标，描述实施职业健康安全管理体系要素涉及的各个职能部门活动的文件，供各职能部门使用。程序文件处于职业健康安全管理体系文件结构中的第二层，因此，职业健康安全程序文件起到一种承上启下的作用。承上，它是管理手册的展开和具体化，使管理手册中原则性和纲领性的要求得到展开和落实；启下，它应引出相应的支持性文件，包括作业指导书和记录表格等。

《职业健康安全管理体系要求》(GB/T 28001—2011)规定，如下 12 个要素应建立程序文件：危险源辨识、风险评价和控制措施的确定；法律法规和其他要求；能力、培训和意识；沟通、参与和协商；文件控制；运行控制；应急准备和响应；绩效测量和监视；合规性评价；事故调查、不符合、纠正措施和预防措施；记录控制；内部审核。

对于"目标和方案"、"资源、作用、职责、责任和权限"、"管理评审"等要素，虽未要求必须编制程序文件，但都要求形成文件。

（3）职业健康安全管理方案

职业健康安全管理方案是企业职业健康安全管理体系的具体行动计划，是评价企业职业安全管理体系是否按计划实施的重要依据，是实现企业的职业健康安全方针和目标的重要保障。它通过立项来策划降低或消除企业职业健康安全风险，主要针对职业健康安全风险或重大安全因素确定控制目标和分目标，根据目标制定相应的控制技术方案或措施，测定财务预算，明确责任人、完成期限及要求，在内容的制定上应具体、切实可行，具有可操作性。

完整的职业健康安全管理方案应包括以下内容：企业制定的职业健康安全方针；职业健康安全风险及控制目标；目标实施方案，包括作业点、技术及控制方案及要求、检测手段和方法、竣工验收的标准；目标实施所需人力、物力、财力资源及费用预算；目标实施的具体责任部门、责任人及其要求；目标实施的监督检查部门、责任人及监督检查的管理制度。

（4）作业指导书

作业指导书是围绕程序文件和职业健康安全管理方案的要求,描述具体的工作岗位和工作现场如何完成某项工作任务的具体做法,是一个详细的工作文件,通常包括如下几个内容:做什么、谁来做、怎么做、何时做、何地做和出了问题怎么办。作业指导书是职业健康安全管理体系程序文件和管理方案的支持性文件,是程序文件和管理方案的实施细则。主要是针对某项具体的活动对环境产生的不良影响进行有效预防的控制性文件。它包括作业活动的名称、危险源和重大的风险、产生的不良环境影响、对关键岗位的要求、控制事项与控制办法等。此文件要求应有针对性、岗位职责要明确、技术要求要具体。

作业指导书通常由作业层管理人员编写,它针对操作班组所要进行的某项具体活动,对环境的不利影响而进行控制的规定。编写的作业指导书一定要向操作者进行交底,使其清楚控制的目的和方法,以及未进行控制所带来的危害。

（5）记录

记录是职业健康安全管理体系文件中最基础的部分,包括设计、检验、试验、调研、审核、复审的职业健康安全记录和图表,事故事件记录以及用户职业健康安全信息反馈记录等。这些都是证明各生产阶段职业健康安全是否达到要求和职业健康安全管理体系运行有效性的证据,因而它具有可追溯性的特点。

通常,企业职业健康安全管理体系记录有:危险源辨识与风险评价和风险控制计划记录;危险源、风险更新记录;法律法规及其他要求获取记录;培训记录;协商与沟通记录;文件控制记录;运行控制记录;应急准备与消防和其他应急演习记录;职业健康安全目标完成情况检查记录;职业健康安全管理方案评审记录;职业病检查和控制运行记录;法律法规符合性检查记录;检测设备校准、维护记录;纠正与预防措施实施记录;审核记录;管理评审记录。

3.2.2 职业健康安全管理体系关键要素

职业健康安全管理体系标准包含着实现不同管理功能的要素,每一要素都不是孤立存在、独立发挥作用的,要素间存在着相关作用,存在着一定的逻辑关系。职业健康安全管理体系是一个系统结构化的管理体系,所以各管理要素要综合起来考虑,协调一致,系统地构成一个有机整体。

组织实施职业健康安全管理体系的目的是辨识组织内部存在的危险源,控制其所带来的风险,从而避免或减少事故的发生。风险控制主要通过两个步骤来实现,对于组织不可接受的风险,通过目标、管理方案的实施,来消除或降低其风险;对于可接受的风险,要通过运行控制使其得到控制。职业健康安全风险是否按要求得到有效控制,还需要通过不断地绩效测量和监测对其进行检查,从而保证职业健康安全风险控制活动得到有效的实施。

因此,职业健康安全管理体系标准的4.3.1危险源辨识、风险评价和控制的确定、4.3.3目标和方案、4.4.2能力、培训和意识、4.4.6运行控制、4.5.1绩效测量和监视,这些要素成为职业健康安全管理体系的一条主线,其他要素围绕这条主线展开,起到支持、指导和控制这条主线的作用。

上述职业健康安全管理体系关键要素间的逻辑关系,可用一个简单的逻辑图表示,如

图 3-2 所示。

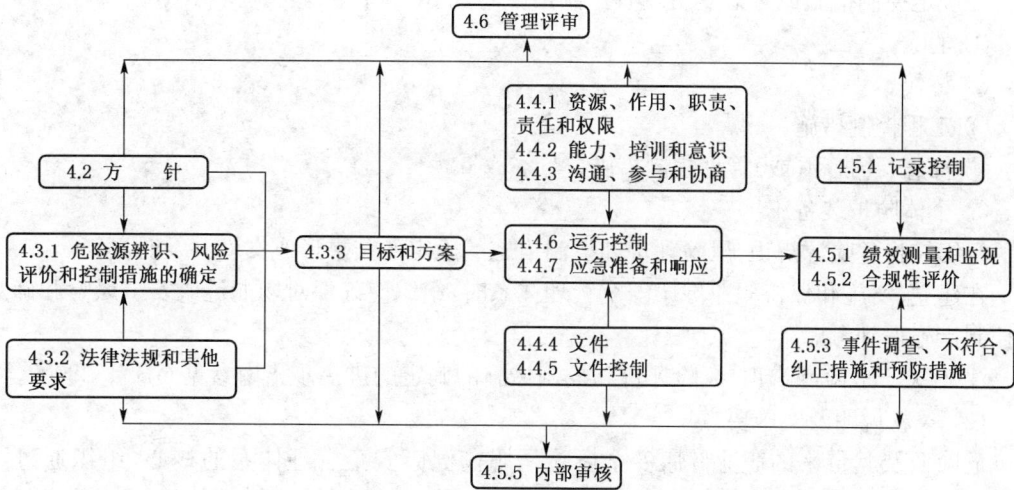

图 3-2 职业健康安全管理体系关键要素的关系图

1. 4.3.1 危险源辨识、风险评价和控制措施的确定

（1）标准条款

组织应建立、实施并保持程序，以持续进行危险源辨识、风险评价和必要控制措施的确定。

危险源辨识和风险评价的程序应考虑：

① 常规和非常规活动。

② 所有进入工作场所的人员（包括承包方人员和访问者）的活动。

③ 人的行为、能力和其他人为因素。

④ 已识别的源于工作场所外，能够对工作场所内组织控制下的人员的健康安全产生不利影响的危险源。

⑤ 在工作场所附近，由组织控制下的工作相关活动所产生的危险源。

注1：按环境因素对此类危险源进行评价可能更为合适。

⑥ 由本组织或外界所提供的工作场所的基础设施、设备和材料。

⑦ 组织及其活动的变更、材料的变更或计划的变更。

⑧ 职业健康安全管理体系的更改包括临时性变更等，及其对运行、过程和活动的影响。

⑨ 所有与风险评价和实施必要控制措施相关的适用法律义务（也可参见 3.12 的注）。

⑩ 对工作区域、过程、装置、机器和（或）设备、操作程序和工作组织的设计，包括其对人的能力的适应性。

组织用于危险源辨识和风险评价的方法应该：

① 在范围、性质和时机方面进行界定，以确保其是主动的而非被动的。

② 提供风险的确认、风险优先次序的区分和风险文件的形成以及适当的控制措施的运用。

对于变更管理，组织应在变更前，识别在组织内、职业健康安全管理体系中或组织活动中与该变更相关的职业健康安全危险源和职业健康安全风险。

组织应确保在确定控制措施时考虑这些评价的结果。

在确定控制措施或考虑变更现有控制措施时,应按如下顺序考虑降低风险:

① 消除。

② 替代。

③ 工程控制措施。

④ 标志、警告和(或)管理控制措施。

⑤ 个体防护装备。

组织应将危险源辨识、风险评价和控制措施的确定的结果形成文件并及时更新。

在建立、实施和保持职业健康安全管理体系时,组织应确保对职业健康安全风险和确定的控制措施得到考虑。

注2:关于危险源辨识、风险评价和控制措施的确定的进一步指南参见 GB/T 28002。

（2）条款说明及实施要点

危险源及其带来的职业健康安全风险是职业健康安全管理体系的核心,组织通过不断控制其职业健康安全风险来取得职业健康安全绩效,达到持续改进的目的。要控制风险,首先第一步要辨识带来风险的危险源,然后评价其给组织带来的风险程度。组织依据危险源辨识和风险评价的结果,来考虑风险控制的措施及降低风险的优先顺序,并且这个过程是不断发展的。危险源辨识、风险评价和控制措施的确定要在文件化的程序指导下进行。

职业健康安全目标是为了降低职业健康安全风险、取得良好职业健康安全绩效而建立的,那么建立职业健康安全目标,首先要考虑的是组织的哪些风险是不可接受的,哪些风险需要优先采取措施降低,即考虑风险评价的结果。组织的危险源辨识、风险评价和控制措施的确定是一个不断发展的过程,所以组织应及时更新这方面的信息。

企业首先要建立一个职业健康安全危险源辨识、风险评价和实施的程序。企业各部门负责识别所述范围内的危险因素,填写《职业健康安全危害辨识与危险评价调查表》,并报送安全管理部门。安全管理部门负责识别公司总部的危险因素,并对公司涉及的所有危险因素进行汇总、分析并进行识别、评价,确定重大危险因素。职业安全管理者代表负责批准公司重大危险因素。

识别危险因素的范围必须覆盖公司施工管理中所有活动、产品或服务中的各个方面。识别危险因素应考虑过去、现在、将来三种时态及正常、异常、紧急三种状态。

危险辨识与危险评价的范围应包括:作业活动中常规的和非常规的活动;所有进入作业场所的人员的活动;无论是自有的、租赁的、借用的设备和设施可能造成的伤害。

对建筑企业的活动、过程、服务中可能涉及人员安全及财产损失的危险因素进行识别、评价,确定重大危险因素并及时更新,为制定目标指标奠定基础。建筑企业识别、评价危险因素的具体程序如图3-3所示。

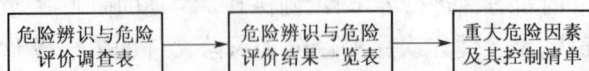

危险辨识与危险评价调查表 → 危险辨识与危险评价结果一览表 → 重大危险因素及其控制清单

图3-3 危险源辨识评价程序

2. 4.3.3 目标和方案

(1) 标准条款

组织应在其内部相关职能和层次建立、实施和保持形成文件的职业健康安全目标。

可行时,目标应可测量。目标应符合职业健康安全方针,包括对防止人身伤害与健康损害,符合适用法律法规要求与组织应遵守的其他要求,以及持续改进的承诺。

在建立和评审目标时,组织应考虑法律法规要求和应遵守的其他要求及其职业健康安全风险。组织还应考虑其可选技术方案,财务、运行和经营要求,以及有关的相关方的观点。

组织应建立、实施和保持实现其目标的方案。方案至少应包括:

① 为实现目标而对组织相关职能和层次的职责和权限的指定。

② 实现目标的方法和时间表。

应定期和按计划的时间间隔对方案进行评审,必要时进行调整,以确保目标得以实现。

(2) 条款说明及实施要点

职业健康安全管理方案是组织职业健康安全管理体系为实现目标制定的计划方案。它是评价组织的职业健康安全管理体系是否按计划实施的重要依据,是实现组织的职业健康安全方针和目标的重要保证。

这个方案应主要包含两方面的内容。一是规定实现目标的职责。对于组织的目标所涉及的相关部门,一定要规定其职责,以确保目标的实现,特别是对于分解到各个部门的目标。二是制定实现目标的方法和时间表。实现目标的方法是职业健康安全管理方案的主体,组织制定的实现某一目标的方法,要从经济、技术、效果等多方面考虑它的可行性,往往有些要经过反复的论证,才能进行决策。一个完整的职业健康安全管理方案,必须包含实现目标的时间表,否则这个方案是盲目和空洞的。具体的时间表也有助于安全管理体系运行效果的检验。

① 管理方案的制定:管理方案应明确要实现的目标和指标;应有可行的技术措施;应明确完成的时间和进度要求;应明确责任部门。

② 管理方案的审批和实施:公司制定、修订后的方案应形成文件,经管理者审核、总经理审批。为保证管理方案的实施,公司管理者代表应保证落实所需的资源。各项目经理部依据公司管理方案分解制定本项目的管理方案,确认后报公司有关部门备案。项目管理方案由项目部总工审核,项目经理批准。

③ 管理方案的检查与修订:安全管理部负责对公司职业健康安全管理方案完成情况进行监督检查并采取控制对策。各项目经理部对本项目职业健康安全管理方案完成情况保持月度检查、季度评定的控制办法。必要时,应重新修订控制职业健康安全目标、指标的对策措施。当公司的活动、产品、过程和服务发生变化时,安全管理部应及时提出更新调整职业健康安全管理目标和指标意见。正常情况下,每年对职业健康安全目标、指标评审一次。

3. 4.4.2 能力、培训和意识

(1) 标准条款

组织应确保在其控制下完成对职业健康安全有影响的任务的任何人员都具有相应的能力,该能力基于适当的教育、培训或经历。组织应保存相关记录。

组织应确定与职业健康安全风险及职业健康安全管理体系相关的培训需求。应提供培训或采取其他措施来满足这些需求,评价培训或采取的措施的有效性,并保存相关记录。

组织应当建立、实施并保持程序,使在本组织控制下工作的人员意识到:

① 他们的工作活动和行为的实际或潜在的职业健康安全后果,以及改进个人表现的职业健康安全益处。

② 他们在实现符合职业健康安全方针、程序和职业健康安全管理体系要求,包括应急准备和响应要求(参见 4.4.7)方面的作用、职责和重要性。

③ 偏离规定程序的潜在后果。

培训程序应当考虑不同层次的:

① 职责、能力、语言技能和文化程度。

② 风险。

(2) 条款说明及实施要点

职业健康安全管理工作需要全员的参与才能做好,且其绩效关系到组织内部的每个员工。所以,组织要进行全面职业健康安全培训,以使全体员工具备安全意识和完成与职业健康安全相关工作任务的能力。

开展职业健康安全培训,首先要确定培训需求,培训需求要考虑不同层次。确定组织内部的培训需求,可以从管理人员和生产岗位上的员工两个方面考察。对于管理人员要从其所在管理岗位所必需的职业健康安全管理知识以及提高其安全管理水平来确定培训需求;对于生产岗位上的员工,要从其所必须掌握的安全技术、技能确定培训需求,特别是对特种作业人员要进行专门的安全技术知识培训,进行资格考核。

企业首先要建立一个培训程序,以使相关人员接受职业健康安全培训,使其具有相应的意识和能力。企业的人力资源部门要确认与职业健康安全管理和对职业健康安全有重大影响的有关人员。关键岗位清单如表 3-1 所示。

表 3-1　关键岗位清单

名　　称	包括人员
特种作业人员	高低压运行维修电工、电器焊工、信号指挥挂钩作业、垂直式卷扬机操作、桥式起重机驾驶、机械施工用车驾驶、电梯运行维修工、电梯安全维修、试验工、计量检定工、测量放线工等
与重大危险因素有关的岗位人员	项目经理、施工员、质量检查员、安全员、预算员、劳资员、财会员、机械管理员、统计员、材料员等

关键岗位人员的培训。各项目经理部要把对关键岗位人员的培训作为重点,使其明确自己的岗位职责及本人工作效果产生的影响,熟悉本岗位操作规程,具备本岗位应急准备与反应能力。培训可采用讲课、结合工作特点交流、现场指导等形式进行,同时进行相应的考核。

关键岗位管理人员的培训取证工作可按规定标准采取不同形式统一组织进行,安全管理部等部门配合。特种作业人员应按有关要求定期进行复审。各部门、各项目经理部根据培训需求制定培训计划。

4.4.4.6 运行控制

(1) 标准条款

组织应确定那些与已辨识的、需实施必要控制措施的危险源相关的运行和活动,以管理职业健康安全风险。这应包括变更管理(参见 4.3.1)。

对于这些运行和活动,组织应实施并保持:

① 适合组织及其活动的运行控制措施;组织应把这些运行控制措施纳入其总体的职业健康安全管理体系之中。

② 与采购的货物、设备和服务相关的控制措施。

③ 与进入工作场所的承包方和访问者相关的控制措施。

④ 形成文件的程序,以避免因其缺乏而可能偏离职业健康安全方针和目标。

⑤ 规定的运行准则,以避免因其缺乏而可能偏离职业健康安全方针和目标。

(2) 条款说明及实施要点

对于组织生产活动中的职业健康安全风险,大部分需要采取控制措施加以控制。那么运行控制是指与这些需要采取控制措施的风险相关联的运行与活动都要处于受控状态,这种受控状态是指对具体生产活动在职业健康安全方面的规划,而这种规划是指制定具体指导工作活动的程序,这种程序在策划时,主要考虑以下 4 个方面:

① 对于组织内工作场所中的运行和活动实时运行控制,具体内容包括:识别与所认定的风险有关的运行和活动;确定这些运行和活动是否需要采取控制措施,即是否需要建立形成文件的程序;确保上述运行和活动按运行控制程序执行。

② 对于相关方所带来的风险实施运行控制,即建立并保持形成文件的运行控制程序,并通报相关方。

③ 组织在涉及工作场所、过程、装置、机械、运行程序和工作组织时实施运行控制。这就是说,为了从根本上消除或降低职业健康安全风险,组织在最初设计时就应按照形成文件的运行控制程序进行。

④ 组织的风险扩展至客户或其他外部相关方场所的情况,例如组织的员工在客户场所工作,有可能需要就此类环境的职业健康安全与外部相关方进行协商,根据需要而实施运行控制。

为了确保建筑企业的活动、产品、服务中从根本上消除安全隐患,降低风险,可在以下几个方面建立运行控制程序:《安全施工方案管理程序》、《施工现场安全防护设施管理程序》、《施工用电管理程序》、《劳动防护用品管理程序》、《消防管理程序》、《机械设备管理程序》、《分承包商管理程序》、《供货方管理程序》。

5.4.5.1 绩效测量和监视

(1) 标准条款

组织应建立、实施并保持程序,对职业健康安全绩效进行例行监视和测量。程序应规定:

适合组织需要的定性和定量测量。

对组织职业健康安全目标满足程度的监视。

对控制措施有效性(既针对健康也针对安全)的监视。

主动性绩效测量,即监视是否符合职业健康安全方案、控制措施和运行准则。

被动性绩效测量,即监视健康损害、事件(包括事故、未遂事故等)和其他不良职业健康安全绩效的历史证据。

对监视和测量的数据和结果的记录,以便于其后续的纠正措施和预防措施的分析。

　　如果测量或监视绩效需要设备,适当时,组织应建立并保持程序,对此类设备进行校准和维护。应保存校准和维护活动及其结果的记录。

　　(2)条款说明及实施要点

　　绩效测量和监视是构成职业健康安全管理体系的主体框架并体现其基本功能的核心要素,贯穿于组织的整个体系,是体系的一种常规测量和监视活动。绩效测量和监视是组织职业健康安全管理体系有效运行的重要保证。

　　绩效测量和监视主要是对组织的职业健康安全目标的满足程度的监视。为了确定职业健康安全目标的满足程度,绩效测量和监视可针对以下关键绩效指标进行测量和监视:职业健康安全方针和目标是否正在得到实现;风险控制是否实施并且有效;是否从职业健康安全管理体系失败,包括危险事件中吸取教训;员工和相关方的意识、培训、沟通和协商方案是否有效;能够用于评审和改进职业健康安全管理体系状况的信息是否正在建立和使用。

　　企业应建立一个测量和监视安全管理体系绩效的程序。企业可以从检测、监控、监督三个方面进行测量和监视。

　　① 监测:包括作业场所对员工造成伤害的监测、职工定期健康体检等;安全管理部负责对作业场所员工伤害的监测;安全管理部负责对安全事件的监测;检测设备应定期校准和维护。

　　② 监控:包括安全管理部应定期负责对安全目标、指标及管理方案的完成情况进行监控;安全管理部每年对职业健康安全的监测结果进行评价,以验证其与法律法规及标准的符合性。

　　③ 监督:包括安全管理部每季度组织相关部门对职业健康安全运行控制执行过程的检查和监督;各项目部可每月组织对本项目运行控制执行过程的检查和监督。检查中,各部门、项目部不能立即解决的不符合项,填写安全隐患整改通知单。

3.3　工程项目引入职业健康安全管理体系分析

3.3.1　工程项目特点分析

　　当前,我国工程建设项目逐步向大型化、规模化、现代化发展。由于施工人员流动性较大,施工时立体交叉、露天作业多,且施工工艺日益复杂,工程建设依然是事故高发领域。尤其是重大工程建设项目,往往规模大,周期长,而且参建单位及人员众多,大量使用机械设备,并经常需要高处或水上作业,这些都给安全工作提出了更高的要求。

　　工程项目管理是以建设工程项目为对象的一次性任务承包管理。工程项目的生产过程具有明显的单件性,既不同于工业生产品的大批量重复生产,也不同于企业或行政管理过程,工程项目的单件性决定了工程项目管理的一次性特点。工程项目管理的目标性管理要求,必须在签订的工程合同期内,用限定的投资,按规定的工程量、工程质量标准等目标完成工程项目,目标的实现意味着工程项目建设的中止。

工程项目系统是由人、财、物、空间、时间和信息等多种要素组合到一起,因此,在按工程项目的需要进行诸生产要素排列组合时,必须科学、合理并以总体效益的提高为标准。工程项目的生命周期是一个有机成长过程,项目各阶段有明显界限,又相互有机衔接,不可间断,这就决定了项目管理是对项目生命周期从项目可行性研究、勘察、设计、招投标、施工、交付使用等各阶段全过程的管理。

3.3.2 工程项目引入职业健康安全管理体系的分析

1. 施工单位职业健康安全管理体系分析

职业健康安全管理体系适用于所有行业和领域,一般意义上的职业健康安全管理体系是指用人单位针对特定的生产活动建立的适用于本单位内部及相关方的职业健康安全管理体系,如建筑施工企业。

经过职业健康安全管理体系在我国多年的推广,其重要性已经得到工程施工单位的普遍认同。为了提高企业形象,改善企业自身管理,杜绝安全事故的发生,具备一定实力的工程施工单位在条件许可的情况下,积极主动地建立职业健康安全管理体系,通过动员、建设、内审、外审等程序来实现企业的目标。

但需要关注的是,即使是通过体系达标考核的施工单位,在实际工程建设工程中仍然存在诸多问题。这主要是以下方面的原因造成的:

首先,企业在运行体系中所产生的。我国工程建设单位建立体系的历史还不长,各企业体系运行的基础仍然比较欠缺,经验也不够丰富。企业独立建立职业健康安全管理体系的能力几乎没有,依靠第三方咨询单位建立体系时,也会因为体系建设时间仓促的原因,带来体系运行只停留在书面,而不能真正进入企业管理核心程序。另外,体系建设完成后,很少有企业邀请第三方咨询单位持续对体系运行的情况进行监督,而企业自身在实施PDCA时更是力不从心。这带来的直观效果就是:企业运行体系很长时间,而体系的内涵、执行能力仍然停留在体系建设完成初期的水平。

其次,安全管理由于历史原因,长期被排除在工程建设核心工作之外,质量、进度和成本是企业最为关心的要素。企业对安全管理定位高度不足,直接导致人力、财力安排上的缺失或不足,不能形成强有力的安全管理力量。在职业健康安全管理的体系运行过程中,扭转这个思维需要很长时间,更为重要的是,仅依靠企业自身改变,其可能性更低。必须要借助外界的推力,而推力来自哪里,就是我们要关注的。

此外,工程建设项目所涉及的参建方众多,包括建设单位(业主)、勘察设计单位、施工单位、供货商、监理单位等等。这些参建方在工程建设中,指令传输复杂且多变,如在小型工程建设项目中,还可以勉强厘清。当随着工程建设项目逐渐向大型化、规模化、现代化发展时,由于施工人员流动性较大,施工时立体交叉、露天作业多,且施工工艺日益复杂,只依靠施工单位自身的职业健康安全管理体系来应对安全管理的问题,就会显得尤其薄弱,与外界接口不匹配,指令传输不畅、文件管理难度大等等都是可以预见的问题。而如果有多个参建单位都已建立体系,则每个单位体系之间也会产生摩擦,上述问题依然存在。

这些问题,在工程项目建设过程中仅仅依靠企业自身体系建设是无法解决的,必须要根据项目建设的实际,采取新的办法。

正因为参建方众多、指令传输复杂、本单位与外界接口不匹配,即企业依靠自身职业健康安全管理体系,从事工程项目建设时存在一些亟待解决的问题,一个新的构想产生了:以一个工程项目为关注对象,以参建方,包括建设、施工、监理、勘察设计等作为相关方,来建立和实施职业健康安全管理体系。

2. 工程项目职业健康安全管理体系的特征

以工程建设项目为对象,将各参建单位作为相关方来建立职业健康安全管理体系(以下简称"建设项目职业健康安全管理体系"),应首先认识其同施工单位建立的职业健康安全管理体系(以下简称"施工单位职业健康安全管理体系")的不同点,主要体现在:

(1) 关注对象不同

工程建设项目一般划分为众多的施工、监理标段,由众多施工、监理单位分别给予承包。建设项目职业健康安全管理体系是以整个工程建设项目为关注对象,管理范围涵盖了众多的施工单位、监理单位,以及建设、勘察、设计、科研等单位,而施工单位职业健康安全管理体系则是以本单位所承包的施工标段为关注对象。

(2) 相关方不同

相关方是指与组织的职业健康安全绩效有关的或受其影响的个人或团体。建设项目职业健康安全管理体系相关方是指建设项目涉及的众多施工单位、监理单位,以及建设、勘察、设计等单位。而施工单位职业健康安全管理体系则是主要指同施工单位相关的员工、劳务合作单位、材料提供商等。

(3) 其他要素内涵的不同

建设项目职业健康安全管理体系在"产品"和"顾客"等要素内涵上与一般意义上的企业职业健康安全管理体系也有所不同。以泰州大桥工程项目职业健康安全管理体系为例,"产品"是指泰州大桥跨江桥梁及接线高速,顾客则是指泰州大桥的投资方及其他相关方。

3. 工程项目引入职业健康安全管理体系的意义和作用

以重大建设工程项目为对象,将各参建单位为相关方来建立职业健康安全管理体系,具有以下作用和意义:

(1) 有助于将工程建设项目各参建方的职业健康安全纳入系统化管理

职业健康安全管理体系通过开展周而复始的策划、实施、检查和评审改进等活动,保持体系的持续改进与不断完善,是一种系统化、科学化的安全管理模式。建设项目职业健康安全管理体系将各参建单位作为体系的相关方,按照职业健康安全管理体系的要求对工程建设项目进行安全管理,有助于将工程建设项目各参建方纳入系统化的职业健康安全管理。

(2) 有助于提升工程建设项目的职业健康安全管理水平

职业健康安全管理体系指明了安全管理的基本流程,体系本身容许根据自身特点加以发挥和运用,结合管理实践进行管理创新。通过持续改进、螺旋上升的运行模式,将不断提高工程建设项目的职业健康安全管理水平。

(3) 有助于推动职业健康安全法规的贯彻落实

职业健康安全管理体系要求对遵守法律法规及其他要求做出承诺,并对其执行情况进行定期评审,要求有相应的制度和程序来跟踪国家法律法规的变化。职业健康安全管理体系将政府的宏观管理和工程项目的微观管理结合起来,突破了以强制性政府指令为主要手段的单一管理模式,使各参建方由消极被动的接受转变为主动参与的行为,有助于国家有关法律法规的贯彻落实。

（4）有助于提高工程建设项目的形象和社会效益

职业健康安全管理体系十分重视通过教育培训来提高员工的职业健康安全意识，积极主动地贯彻执行相关法律法规，并持续改进其职业健康安全管理水平，采取有效措施来预防各类风险，将有助于工程建设项目树立良好形象，提高其社会效益。

3.3.3 工程项目职业健康安全管理体系的关键要素

1. 明确各参建方的职责

《建设工程安全生产管理条例》明确建设工程安全责任主体由原来单一的施工单位向建设、勘察、设计、监理、施工单位5个安全责任主体转变，这5个安全责任主体的安全职责互有关联，其中特别强化了监理工程师作为第三方对施工生产过程的安全监管作用和地位。建设项目可以根据本工程项目的特点，在法律法规允许的范围内对参建各方安全职责提出进一步的要求。下面以泰州大桥建设项目为例，分别阐述各参建方安全管理的主要职责。

（1）建设单位

建设单位负责组织各参建单位识别、评价和筛选重大危险因素，指导制订职业健康安全管理方案，将最新职业健康安全有关法律法规及其他要求传递至必需的单位，负责组织对职业健康安全管理目标、指标、管理方案实施跟踪检查和考核，参与审查施工安全专项方案以及重大职业健康安全实施方案的研讨等。

（2）设计单位

设计单位负责按照国家有关规定以及勘察成果进行设计，在设计文件中提出关于工程安全方面的要求及控制措施，并向建设、施工、工程监理机构做出详细的技术交底，确保工程结构的安全。在施工过程中委派代表现场解决设计文件中涉及的安全问题，并配合建设工程安全项目验收。

（3）施工单位

施工单位是建设项目安全管理最重要的责任主体，其安全管理职责比较复杂，同时也在法律法规文件上有了详细规定。例如，识别本合同段的危险因素，筛选重大危险因素，制订本单位的安全管理目标、指标、管理方案，加强对员工安全方面的教育与培训，落实各项安全措施，倡导文明施工，组织施工现场安全检查，确保设施的正常运行和各项措施的有效性等。

（4）监理单位

监理单位的安全管理职责进一步得到了强化和明确，主要包括：制定职业健康安全监理计划和细则，审查施工单位制定的制度文件及施工安全专项方案，督促施工单位遵守职业健康安全法律法规，监督检查施工单位职业健康安全管理方案的执行情况及重大危险因素的控制效果，跟踪和验证不合格项的纠正和预防措施的落实情况等。

2. 与参建单位体系的衔接

目前，很多参建单位都建立并实施了职业健康安全管理体系，并取得了良好效果。当以一个建设工程项目为对象来建立职业健康安全管理体系，应将这两类体系区分清楚，并做好它们之间的衔接。施工单位职业健康安全管理体系应当纳入建设项目职业健康安全管理体系的管理范畴,建设项目职业健康安全管理体系也应当预留接口,对施工单位职业健康安全管理体系提出明确要求。也就是说,施工单位职业健康安全管理体系的建立应当符合建设项目职业健康安全管理体系的要求,并针对施工单位所承包段的职业健康安全管理作进一步的深入和细化。

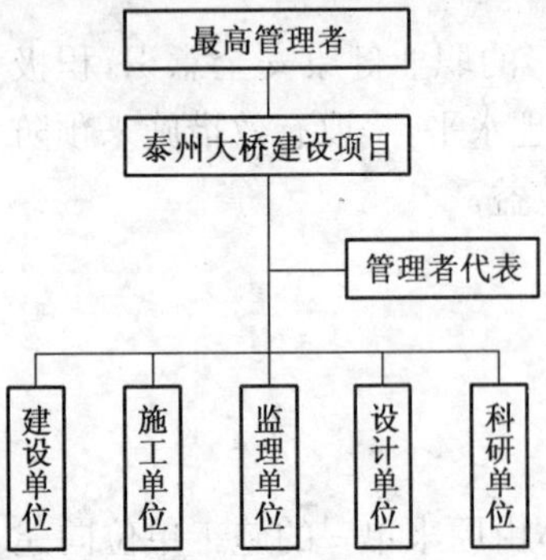

3. 建立各参建单位的安全控制程序

工程建设项目安全管理涉及众多的参建方。参建单位明确自身安全职责,并制定其安全控制程序,有利于促进各参建单位安全管理职责的履行与落实。

安全控制程序还应明确各参建方的信息交流、传递的办法,确保各级安全管理职责得到层层落实。图3-4为工程项目职业健康安全管理体系组织结构图。

图 3-4 工程项目体系组织结构

3.3.4 工程项目职业健康管理体系的建立程序

1. 初始状态评审

初始状态评审是建立职业健康安全管理体系中各项决策的基础,为实施运行和持续改进体系提供了衡量的基准。应在工程项目正式开工之初,对工程项目职业健康安全管理进行初始状态评审,包括:

(1) 危险因素的辨识、风险评价和控制,以及重要危险因素的确认。

(2) 适用职业健康安全管理体系的法律法规的符合性评价。

根据工程建设项目特点,将涉及工程建设安全管理的相关法律、行政法规、部门规章、行业标准分别进行归类整理,并编印成册,为编写体系文件和建立管理制度打下基础。

(3) 安全管理组织机构、职责分配及其有效性分析。

建设单位应牵头成立安全生产委员会,将建设、设计、施工、监理单位,以及上级主管部门的相关人员纳入其中,作为安全管理的领导机构。下设安全生产办公室,作为日常安全事务的管理机构。各监理单位应成立总监办,配备专职安全监理工程师对其监理的施工标段进行管理。施工单位应成立安全生产领导小组和安全管理部门,配备专职、兼职安全管理人员,对施工项目进行安全管理。各级安全管理机构逐级落实安全生产责任制,形成责权分级、运行畅通的安全管理机制。

2. 体系策划

体系策划是建立体系的基础,应当与现行管理制度、工作程序等基本一致。在建立体系一体化框架后,不断进行持续改进,将各参建单位现行的安全管理方式融入到体系范围内。

(1) 方针、目标、指标的制定

体系方针是组织实施和改进体系的推动力,应阐明职业健康安全总目标和原则。以泰州大桥为例,工程项目职业健康安全管理方针以"安全第一、以人为本、预防为主、综合治理"为基础,根据方针的要求,并结合工程项目的特点,依次确定其安全管理的目标和指标。

安全管理目标包括:杜绝职工因工死亡,职工负伤率控制在 5‰以下,无重大坠落、火灾、爆炸、溺水责任事故,无其他恶性事故或事件。安全管理指标为:特种作业人员持证上岗率100%,职工安全教育培训率100%,特种设备检测率100%,安全投入不低于工程合同清单单价的1%,工地建设和文明施工安全标准达到规定要求,勘察/设计/监理机构的安全工作指标满足法律法规要求。

(2) 各参建单位安全管理职能的划分

根据法律法规对建设、施工、监理以及勘察设计单位的安全管理职责的规定,结合现行有效的职业健康安全管理运行机制、工作程序以及工程项目的具体要求,制定出各参建单位的职能。

(3) 安全管理方案的确定

管理方案与目标指标是同一层次的管理手段,根据目标指标来制定相应的安全管理方案。管理方案应切实可行,并与工程项目的职业健康安全风险相一致,以控制各类安全事故的发生。以特种设备为例,管理方案规定:特种设备必须经质监部门检测合格方可投入使用,按照"一台设备一本台账"的要求建立档案,作业人员需取得操作资格证书,起重机械的安装和拆除还需委托专业机构进行,并制定安全专项方案和应急救援预案等。

(4) 文件结构与项目的拟定

根据体系要素的要求,确定体系的文件结构,分为管理手册、程序文件、三级文件3个层次,并配合设计安全管理专用表格。三级文件不同于一般企业体系的作业指导书,是对检查考核、教育培训、事故处理、应急救援以及文件编制的总体要求和规定。

3. 文件编制

体系文件的编制应由建设单位牵头,充分考虑各参建单位现行有效的职业健康安全管理制度和保证体系,如有可能应邀请专业机构提供咨询和指导。以一个特大工程项目为对象,将各参建方作为体系的相关方,建立并运行职业健康安全管理体系,这个体系不同于一般企业内部的体系文件。

下面就体系主要文件内容进行阐述。

(1) 规范工程设计、招标、施工、监理等安全控制程序

工程建设项目安全管理涉及多个相关方,如建设、设计、勘察、施工、监理单位等。各参建单位明确自身安全职责,并制定其安全控制程序,有利于促进各参建单位安全管理职责的履行与落实。安全控制程序还应明确各相关方的信息交流、传递的办法,确保各级安全管理职责得到层层落实。

(2) 建立危险因素辨识、风险评价和控制程序,制定重大生产安全事故应急总预案,并明确伤亡事故报告、调查和处理办法

职业健康安全管理体系运行的主线是风险控制,其基础是危险因素辨识、风险评价与控制。为了控制风险,首先要对所有作业活动中存在的危险因素加以识别,评价其危险程度,并制定有针对性的控制措施。

重大生产安全事故应急总预案是针对可能出现的重大安全生产事故,明确各施工、监理和建设单位应对措施和救援程序,以保证各相关方共同展开救援行动,各施工单位依据总预案及本标段的安全风险制定本单位应急救援分项预案,并保持与总预案协调一致。对于可能发生的伤亡事故,建立伤亡事故的报告、调查和处理办法,促使伤亡事故能够按照法定程序进行报告、调查和处理,防止伤亡事故谎报、瞒报、隐瞒不报的发生。

（3）制定工程建设安全管理实施细则

工程建设安全管理实施细则用于明确各参建单位的安全管理职责及实施办法,以规范各参建方的安全生产管理行为。

（4）规范施工单位安全管理体系文件、监理单位安全监理细则,以及施工安全专项方案的编制要求及方法

进场的施工和监理单位一般能够及时编制各项安全管理文件,但往往针对性和可操作性不足,不能根据标段的工程特点进行编制,并存在将其他工程项目文件略作更改就加以使用的现象。为了规范施工单位安全管理体系文件、监理单位安全监理细则,以及施工安全专项方案等重要文件的编制,体现针对性和可操作性的要求,提出了文件编制的总体要求和方法,并列出文件目录格式,供施工、监理单位参考。

（5）设计安全管理专用表格

运行记录是对职业健康安全管理体系符合性的证实,也是事故、事件以及不符合调查和处理的重要线索和依据,安全用表则是运行记录的重要载体。目前,施工单位一般有比较规范、完整的安全用表,而建设、监理单位则比较欠缺。为此,设计了安全管理专用表格,明确需要保留记录的事项,主要用于建设、监理单位填写,以及施工单位向建设、监理单位上报事项。安全管理专用表格的设计和使用,也使得安全管理记录得到统一和规范。

4. 体系培训

（1）安全生产领导机构成员培训

建设单位应牵头成立安全生产委员会,将建设、设计、施工、监理单位主管领导纳入其中,作为安全管理的领导机构。领导机构成员培训以职业健康安全管理手册为主要内容,由体系管理者代表进行授课讲解。

（2）体系内审员培训

各参建单位应指定相关安全管理人员参加内审员培训,作为体系实施运行的主要力量。由建设单位邀请专业机构组织进行培训和取证,培训重点应放在《职业健康安全管理体系要求》(GB/T 28001—2011)、内部审核标准及相关规范。如有需要,建设单位可委托文件编制咨询机构对职业健康安全管理手册、程序文件、三级文件等内容进行教育和培训。

（3）参建单位内部培训

以内审员为主要师资力量,在各参建单位内部对员工进行以职业健康安全管理体系的规章制度、运行记录等为主要内容的培训。如有需要,各参建单位可以邀请文件编制咨询机构进行指导。

3.4 泰州大桥工程项目职业健康安全管理体系

建设单位——江苏省长江公路大桥建设指挥部（以下简称"省桥指"）为提升泰州大桥工程项目的安全管理水平,探索性地以工程建设项目为对象,将各参建单位作为相关方建立了"泰州大桥工程项目职业健康安全管理体系",按照体系的要求对建设项目实施职业健康安全管理。

3.4.1 文件目录及结构

在体系策划阶段,建设单位牵头成立了工作组,充分考虑各参建单位现行有效的职业健康安全管理制度和保证体系,并邀请专业机构提供咨询和指导。工作组按照 GB/T 28001 的要求,制定了职业健康安全管理方针、目标、指标,以及管理方案,并明确划分了各参建单位的安全管理职责。

根据体系的要求确定了体系的文件结构,分为管理手册、17 个程序文件、10 个三级文件 3 个层次,并配合设计了 17 个安全管理专用表格。三级文件不同于一般企业体系的作业指导书,是对各参建单位检查考核、教育培训、事故处理、应急救援,以及文件编制的总体要求和规定。

体系文件目录结构见表 3-2。图 3-5 为体系文件封面图。

表 3-2 泰州大桥职业安全管理体系文件目录结构

一层 手册	二层 程序文件	三层 三级文件	四层 安全专用表格
安全管理手册	危险因素辨识、评价和控制程序	工程建设安全管理实施细则	危险因素清单
	安全管理目标、指标与管理方案	工程建设安全生产风险抵押金制度	重大危险因素清单
	工程施工安全控制程序	安全生产检查考核细则	危险因素评价和控制策划表
	工程设计安全控制程序	安全教育培训制度	职业健康安全标准清单
	工程招标安全控制程序	安全会议制度	安全管理报审表
	工程监理安全控制程序	重大生产安全事故应急预案	工作联系(指令)单
	安全突发事件的应急与响应程序	伤亡事故报告、调查和处理办法	现场巡查表
	法律法规的获取、识别与评价程序	施工安全专项方案编制要求	安全检查表
	人力资源控制程序	施工单位安全管理体系文件要求	安全奖励通知书
	信息沟通控制程序	安全监理细则编制要求	安全处罚通知书
	文件控制程序		安全整改通知书
	监测和测量控制程序		安全事故处理记录表
	不符合项控制程序		安全活动记录表
	纠正与预防措施控制程序		安全工作台账
	记录控制程序		安全警示表
	内部审核控制程序		事故应急处置演习记录
	管理评审控制程序		安全事故处理记录表

3.4.2 主要文件说明

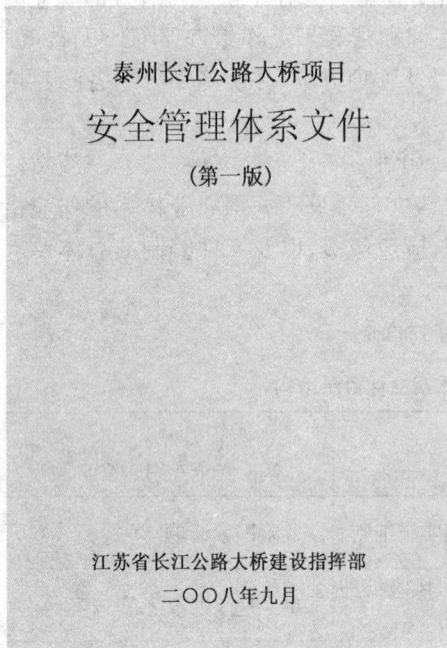

泰州长江公路大桥项目
安全管理体系文件
（第一版）

江苏省长江公路大桥建设指挥部
二〇〇八年九月

图 3-5 泰州大桥工程项目职业健康安全管理体系文件封面

1. 危险源辨识、评价和控制

工作组建立了危险源识别、风险评价和风险控制策划程序，用来确定泰州大桥各参建单位能够控制或可期望对其施加影响的职业健康安全因素。

（1）职责划分

① 省桥指负责检查和监督各从业单位危险源辨识、风险评价和风险控制工作的开展情况。

② 省桥指安全中心具体负责危险源辨识与风险评价的技术支持。

③ 施工单位负责施工现场危险源辨识与评价工作，以及后续预防措施的制定。

④ 监理机构负责检查施工单位的危险源辨识、风险评价和风险控制措施的落实情况。

（2）程序

① 各施工单位组织具备相关工作经验的人员，根据国家和地方有关安全法规，对负责标段进行危险源辨识，查明存在的危险源，包括伤害方式、现有控制措施、地点/场所，形成《危险源清单》和《重大危险源清单》。

② 监理机构负责检查施工单位的危险源辨识、风险评价和风险控制措施落实情况。

③ 省桥指对施工单位危险源辨识、风险评价和风险控制措施制定及落实情况，以及监理机构检查情况进行监督。

④ 各从业单位在相关的法律、法规变更或运行条件改变，以及相关方要求等情况下，要重新识别并评价危险源，及时调整重大危险源，并制订相应的控制措施。

2. 控制目标和管理方案

根据危险源辨识、风险评价确定的结果，为了符合国家、地方和行业的安全有关法律法规以及泰州大桥工程项目的安全方针要求，明确风险控制对策和行动方案，特制定目标、管理方案的管理要求。

（1）职责

① 最高管理者或授权的负责人负责确定安全目标与指标。

② 省桥指负责检查和监督各施工单位安全管理方案的落实情况和安全目标、指标的实现情况，负责检查督促监理机构的安全监理工作。

③ 各从业单位依据本项目的安全方针、目标与指标要求，做好本单位安全目标、指标和管理方案的编制、运行和检查工作。

④ 监理机构负责检查施工单位安全管理方案实施情况和安全目标、指标的实现情况。

（2）目标

① 总体目标

牢固树立安全第一的思想，从源头上严把安全关，建立健全安全生产规章制度，落实安全目标责任制，消除工程安全隐患，建立安全应急预警系统，落实工程安全预案措施，杜绝重大安全事故，确保安全生产万无一失。

② 事故控制目标

——杜绝职工因工死亡。

——职工负伤率控制在 5‰以下。

——无重大坠落、火灾、爆炸、溺水责任事故。

——无其他恶性事故或事件。

③ 安全生产指标

——特种作业人员持证上岗率100％。

——职工安全教育培训率100％。

——特种设备检测率100％。

——安全投入不低于建安费的 1％。

——工地建设和文明施工安全标准达到规定要求。

——勘察/设计/监理机构的安全工作指标满足国家法律、法规和相关标准要求。

（3）安全管理方案的编制和审批

各从业单位按照安全相关法律法规和泰州大桥工程项目安全方针、目标与指标要求，结合管理方案内容要求，编制本单位的安全管理方案，形成《安全管理体系、计划、目标、指标及管理方案报审表》，报省桥指审批。

（4）安全管理方案的实施和验证

① 各从业单位负责本单位安全管理方案的实施，每季度对安全管理方案的计划、实施等情况自查，在内审和管理评审时对安全管理方案进行评审，验证其实用性、有效性。

② 监理机构安全监理工程师应对施工单位安全管理方案的实施情况进行定期检查和不定期抽查。

③ 省桥指每季度对施工单位安全管理方案的实施情况和监理机构的安全监理工作进行检查。

3. 能力、培训和意识

（1）职责

① 省桥指负责：

a. 省桥指内部员工上岗基础教育。

b. 检查各从业单位与安全相关的培训工作。

c. 监督全桥各参建单位培训计划的制定与实施。

② 各从业单位负责：

a. 本单位员工培训计划的制订、实施和评价。

b. 协助省桥指完成由省桥指组织的各类培训。

（2）培训需求的确定与培训内容

① 通过培训，应使处于每一有关职能与层次的人员都意识到其符合职业健康安全管理体系要求的重要性，了解工作活动中实际的或潜在的重大职业健康安全影响因素，以及个人工作的改进所带来的职业健康安全效益，明确本人的作用与职责及偏离规定的运行程序的潜在后果。

② 高层管理层进行以下内容的培训：国内外职业健康安全发展趋势，相关法律法规和标准，职业健康安全管理体系的发展背景及基本内容，高层管理层在职业健康安全管理体系建立、实施中的作用和要求及有关职责。

③ 对管理层进行以下内容的培训：职业健康安全系列标准，职业健康安全管理体系文件内容，相关法律法规，职业健康安全方针、目标和指标，职业健康安全管理方案、关键岗位、重大危险源、岗位职责。

④ 对涉及职业健康安全体系运行的关键或重要的岗位人员进行以下内容的培训：职业健康安全方针、目标、指标，法律、法规，危险源，岗位职责，本岗位的操作规程和作业指导书，特殊岗位的持证培训。

⑤ 对所有员工进行职业健康安全管理体系一般知识的普及宣传，提高其职业健康安全意识和持续改进的自觉性，培养在职业健康安全改进过程中的责任感。

4. 运行控制

根据职业健康安全管理方针、目标指标，制定并保持相关的管理性文件，以对相关职业健康安全因素进行有效管理和控制。

对于重要职业健康安全因素有关的岗位，或者缺乏程序指导可能偏离职业健康安全管理方针和目标指标的运行活动，由各责任部门制定作业标准，并按要求进行管理，具体程序包括《安全管理程序》、《工程设计安全控制程序》、《项目招标安全控制程序》和《工程监理安全控制程序》。

根据确定的与重要职业健康安全相关的活动、产品、服务以及相关方，建立《相关方控制程序》，并将有关的程序与要求通知相关方。

5. 绩效测量和监视

建立《监测和测量控制程序》，对可能具有重大职业健康安全影响的运行与活动的关键特性进行例行监测和测量。其中应包括：

（1）职业健康安全绩效，如监视事故、疾病、事件和其他不良职业健康安全绩效的历史证据。

（2）与运行控制有关的监测和测量，如设备日常检查和维护、消防设施的点检等。

（3）目标指标实现程序的监控，定期对职业健康安全管理方案执行情况和目标指标的实现程度进行监控。

（4）法律法规遵循情况的监测。

职责包括：省桥指负责对职业健康安全法律法规执行情况，目标、指标、运行控制程序完成情况的监测和测量及结果的评价；各参建单位负责对有关监测、测量设备进行校准、维护或向外委托校准。

3.4.3 运行效果评价

泰州大桥工程项目职业健康安全管理体系从项目开工开始策划和设计,经过半年多调研各参建单位职业健康安全管理模式,邀请专业咨询机构协助完成了文件编制,并于2008年9月正式进入体系试运行阶段。通过体系的推行,重点明确建设单位、施工单位、监理单位等参建单位的职责及运行、管理机制,以实现项目建设系统化、程序化和文件化的安全管理。

以工程项目为对象,将各参建方作为体系的相关方,建立并运行职业健康安全管理体系,这在国内工程项目中尚属首次,是一种探索性的尝试,其积极意义在于:

(1) 该体系的建立,明确了各参建单位的安全管理职责,建立了各参建方之间的安全管理控制程序,并做好了与施工单位自身职业健康安全管理体系的衔接。

(2) 在工程项目建立并实施职业健康安全管理体系,有助于将各参建方的职业健康安全纳入系统化管理,推动职业健康安全法规的贯彻落实。

(3) 泰州大桥建设项目的实践表明,通过推行职业健康安全管理体系,使各参建单位明确其管理职责及运行机制,确定各参建方的信息沟通和管理控制程序,可以实现工程建设项目系统化、程序化和文件化的职业健康安全管理。

当然,只有通过不断地管理评审及持续改进,才能充分发挥职业健康安全管理体系在工程建设项目中的作用和效果。

4 建设项目安全生产考核评价

建设项目安全生产考核评价是对建设项目安全生产责任履行和落实情况的检查和评价。本章从我国现行工程建设安全生产法律法规体系入手,通过分析建设、监理、施工等主要参建单位的安全责任,以整个工程建设项目为对象,阐述了3种建设项目安全考核评价方法,包括:①重大交通工程建设安全考核评价方法;②公路水运工程"平安工地"建设考核评价标准;③泰州大桥安全生产风险抵押金考核制度。上述考核评价方法在泰州大桥中进行了实践并获得成功应用。

4.1 工程建设安全生产法律法规体系

4.1.1 安全法律法规体系

1. 体系框架

我国的工程建设安全生产法规体系的基本框架内容包括:宪法的相关条文、法律、行政法规、部门规章、国家和行业标准、地方性法规、政府规章及地方技术标准、国际公约。

具体而言,我国工程建设安全生产法规体系是以宪法为立法根据,以《建筑法》、《安全生产法》等法律为母法,以《建设工程安全生产管理条例》、《安全生产许可证条件》等行政法规为主导,以《建筑安全生产监督管理规定》、《公路水运工程安全生产监督管理办法》等部门规章为配套,以《建筑施工安全检查标准》(JGJ 59—99)等大量的技术标准、规范为技术性延伸,以有关法律、法规、规章相关规定为补充,包括工程建设安全生产地方性法规、规章、标准和我国加入的有关国际公约在内的一个多层级、多类型的法律规范性文件体系。我国工程建设安全生产法规体系框架见图4-1。

2. 体系特征和作用

我国的工程建设安全生产法规体系具有如下特征:

(1)具有一般法规体系所具有的规范性、强制性的特征。

(2)调整的关系是建筑工程产品生产过程中有关安全生产的各种关系。

(3)由一系列不同位阶的法律规范性文件所构成的有机整体。这些法律规范性文件可能分属不同的部门。但都是围绕着工程建设安全生产来设定有关主体的权利义务的。

(4)从法律规范性文件的外在形式上来看,既有通常意义上的法律、行政法规、规章等,也有被赋予法律效力的技术标准规范。

(5)保护的对象是建筑活动从业人员的生命安全和身心健康,以及生产资料和国家财产。

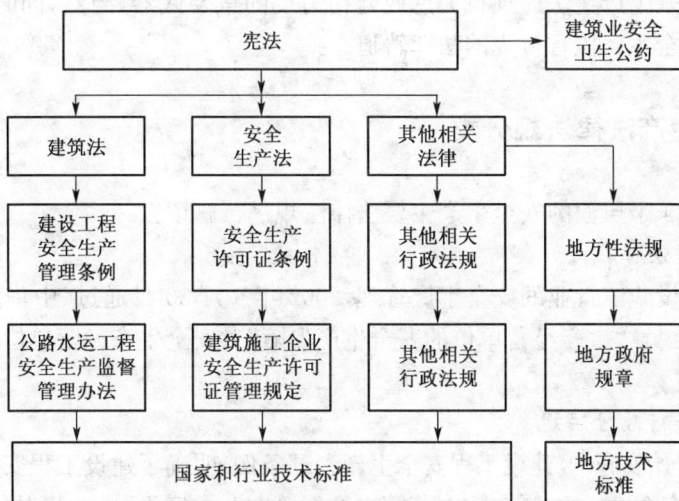

图 4-1　我国工程建设安全法律法规体系

（6）调整的内容涉及自然科学和社会科学两个领域。因此，既具有政策性特点，又具有科学技术性特点。

我国工程建设安全生产法规体系在实现国家意志方面的作用主要体现在以下方面：

（1）为保护工程建设从业者的安全与健康提供法律保障

我国的工程建设安全生产法规是以维护和保障建筑从业者尤其是一线操作人员的生命安全和身心健康为目的的。它既强制性地规定了工程建设从业者的安全生产行为规范，也同时从工人的基本权利、施工环境、作业条件等方面规定了保障安全生产的精神和物质条件。安全生产工作实践表明，切实维护劳动者安全与健康的合法权益，仅凭教育手段和行政手段是远远不够的，必须要制定出各种保证安全生产的措施，而且要强制人人都必须遵守规章，要用国家强制力来迫使人们按照科学办事，尊重自然规律、经济规律和生产规律，保证劳动者得到符合安全与卫生要求的劳动条件。

（2）为工程建设活动各方责任主体的安全生产行为提供法律规范

建筑产品的生产，涉及多个责任主体，如建设单位，勘察单位，设计单位，施工单位，监理单位，设备生产、租赁、安装拆除单位等等，哪个责任主体的安全生产行为不规范或出现问题，都会直接影响施工过程的安全生产，造成重大事故隐患，甚至最终酿成重大事故。通过立法，科学地、合理地规范各方责任主体的安全生产权利义务，使得各方责任主体切实履行安全责任，是实现安全生产的基本途径。对于安全生产的最重要责任主体施工单位而言，工程建设安全生产法规体系还为它们提供了如何强化安全生产管理的科学模式，这对于企业改善安全生产条件、建立安全生产责任体系、加大安全生产投入具有至关重要的意义。

（3）为政府主管部门依法加强安全生产监管提供法律依据

尽管安全生产的主体责任担负者是企业，但是政府依然肩负着安全生产监管的职责。在各类生产事故多发、实行官员问责制的今天，有无认真依法履行监管职责成了裁量官员应该被问责到什么程度的重要因素。工程建设安全生产法规体系为各级主管部门加强安全生产监管提供了法律依据，从范围、职责、权利、义务等各个方面明示了行为规范，这是政府主管部门加大对安全生产违法违规行为惩戒处罚力度的重要武器,当然,同时也是规范、约束政府主管部门安全生产监管行为的法律轨道。

4.1.2　安全生产法律法规分类

下面从以下 4 个层面的安全生产主要法律法规进行解读:

1. 安全生产法律

为加强对建设施工行业的安全生产管理,2002 年 6 月 29 日通过《中华人民共和国安全生产法》,在其第二章"生产经营单位的安全生产保障"对安全生产经营单位的职责及义务进行了总体规定。

2. 安全生产行政性法规

从 2004 年开始实施的《建设工程安全生产管理条例》明确了建设工程安全责任主体由原来的施工单位向多个责任主体转变,在其第二章至第四章内容里,进一步对包括建设单位、勘察单位、设计单位、施工单位、监理单位,以及其他与安全生产相关单位的安全职责内容进行了细化。这些安全责任主体职责明确,互相关联,共同履行建设工程的安全管理职责。

3. 建设工程安全生产部门规章

就公路交通建设行业而言,2007 年交通部发布了《公路水运工程安全生产监督管理办法》(交通部 1 号令),在总则中对公路水运工程安全生产监督管理部门的职责进行总体规定,而其第三章各参建单位的安全职责的规定则与《建设工程安全生产管理条例》中规定相吻合。

2008 年交通部还出台了《公路水运工程质量安全督查办法》,对督查方式、内容、要求和结果处理进行规定,以规范公路水运工程质量与安全监督抽查工作,提高督查的科学性,促进质量与安全管理水平的提升。

4. 安全生产地方性行政法规

以江苏为例,江苏省交通厅及有关单位也陆续出台了一些法规和制度,如《江苏省交通建设工程安全监督管理(暂行)规定》、《江苏省交通建设工程安全责任制度》等。这些规章制度在上一级法律法规基础上,对参建单位职责及安全生产监督部门职责进行一定的细化。

4.2　工程建设参建单位安全责任

4.2.1　安全生产法律法规体系

1. 主要参建单位安全责任关系

在工程建设的施工阶段,参建单位以建设单位、监理单位、施工单位为主。重大工程建设项目通常划分了众多的监理、施工标段,其组织管理关系示意图如图 4-2 所示。本节将重点解读法律规定的建设单位、监理单位、施工单位的安全责任。

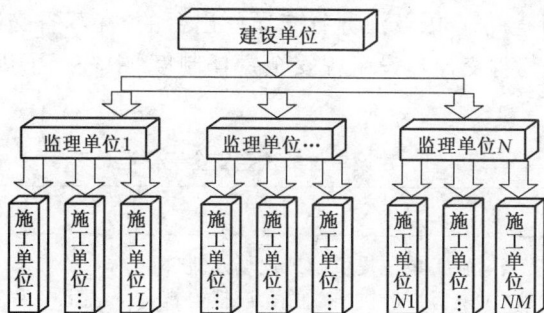

图 4-2 主要参建单位关系示意图

（1）建设单位

建设单位对某一具体工程建设项目的质量、投资、进度、安全等进行管理。可见，建设单位属于现场监管，在组织结构中处于承上启下的位置，上级主管部门下达的管理要求经由建设单位进行分解，下达到管辖的各监理单位和施工单位，并督促其执行。

建设单位做好安全管理工作，对保障大型工程项目建设的顺利进行，以及施工现场安全有着举足轻重的作用。随着《建筑法》、《安全生产法》、《建设工程安全生产管理条例》、《公路水运工程安全生产监督管理办法》等法律法规的相继颁布实施，建设单位安全生产管理的职责和义务得以进一步明确，并且对建设单位的安全管理也出台了一些地方性规定。建设单位的安全管理工作正逐步走上良性循环的轨道，通过制定招标准入条件、加强日常监督管理力度，使得建设工程劳动作业环境、现场安全文明施工有了很大的改善。

（2）监理单位

监理单位受业主单位委托进行工程质量和安全生产管理，其工作属日常监督范畴，因此监理单位可看作现场监督者，辅助建设单位进行工程建设的质量、投资、进度及安全管理。

随着《中华人民共和国安全生产法》、《建设工程安全生产管理条例》的出台，监理单位的安全管理职责进一步得到了强化和明确。《建设工程安全生产管理条例》第十四条明确指出："工程监理单位应当审查施工组织设计中的安全技术措施或者安全专项施工方案是否符合工程建设强制性标准。工程监理单位在实施监理过程中，发现存在安全事故隐患的，应当要求施工单位整改；情况严重的，应当要求施工单位暂时停止施工，并及时报告建设单位。施工单位拒不整改或者不停止施工的，工程监理单位应当及时向有关主管部门报告。工程监理单位和监理工程师应当按照法律、法规和工程建设强制性标准实施监理，并对建设工程安全生产承担监理责任。"

（3）施工单位

施工单位负责具体的工程施工，是安全生产的现场执行者，也是最重要的安全生产责任主体。施工单位的安全生产管理职责比较复杂，同时也是法律法规文件上规定最详细的，后文将具体阐述。

4.2.2 建设单位安全生产责任

1. 建设单位主要安全责任（以江苏为例）

建设单位的安全职责主要在《建设工程安全生产管理条例》、《公路水运工程安全生产监督管理办法》(交通部1号令),以及江苏省交通厅出台的《江苏省交通建设工程安全监督管理(暂行)规定》、《江苏省交通建设工程安全责任制度》中进行了规定,其安全职责具体见表4-1。

表4-1 建设单位的法定安全责任汇总表

安全责任	法规条文	法规来源
资料提供	建设单位应当向施工单位提供施工现场及毗邻区域内供水、排水、供电、供气、供热、通信、广播电视等地下管线资料,气象和水文观测资料,相邻建筑物和构筑物、地下工程的有关资料,并保证资料的真实、准确、完整	建设工程安全生产管理条例(国务院第393号令)、江苏省交通建设工程安全责任制度
约束	建设单位不得对勘察、设计、施工、工程监理等单位提出不符合建设工程安全生产法律、法规和强制性标准规定的要求,不得压缩合同约定的工期	建设工程安全生产管理条例(国务院第393号令)、公路水运工程安全生产监督管理办法、江苏省交通建设工程安全责任制度
	建设单位不得明示或者暗示施工单位购买、租赁、使用不符合安全施工要求的安全防护用具、机械设备、施工机具及配件、消防设施和器材	建设工程安全生产管理条例(国务院第393号令)、江苏省交通建设工程安全责任制度
制度建立	建设单位应根据所管项目的特点建立健全自身的安全生产监管体系	江苏省交通建设工程安全责任制度
	建设单位应督促其负责的工程项目从业单位建立健全安全保障体系和安全生产责任制	江苏省交通建设工程安全责任制度
监督考核	对从业单位制度建立及运行情况进行定期检查	江苏省交通建设工程安全责任制度
	依法对公路水运工程从业单位安全生产条件实施监督管理,组织施工单位的主要负责人、项目负责人、专职安全生产管理人员的考核管理工作	公路水运工程安全生产监督管理办法
审查应急预案	有较大安全风险的施工以及国家有关法规规定的其他危险性较大的工程,建设单位应对施工单位的施工组织设计中的安全保障措施及应急预案要严格审查;必要时,可委托具有相应资质的咨询机构进行安全评价并制定出安全应对措施,消除安全隐患	公路水运工程安全生产监督管理办法、江苏省交通建设工程安全责任制度
人员培训、教育宣传	组织公路水运工程安全生产技术研究和先进技术推广应用	公路水运工程安全生产监督管理办法
	开展公路水运工程安全生产经验交流,普及安全生产知识	公路水运工程安全生产监督管理办法
	宣传、贯彻、执行有关安全生产的法律、法规	江苏省交通建设工程安全监督管理(暂行)规定
信息传达	项目交工验收前,建设单位应将参建的各从业单位安全生产及管理的综合情况和对其初步考核评价意见报交通建设工程安全监督机构	江苏省交通建设工程安全责任制度

续表 4-1

安全责任	法规条文	法规来源
建立信用体系	建立公路水运工程从业单位安全生产信用体系,作为交通行业信用体系建设的一部分,对从业单位和人员实施安全生产动态管理	公路水运工程安全生产监督管理办法
受理举报	受理公路水运工程安全生产方面的举报和投诉,依法对公路水运工程安全生产实施监督检查和相应的行政处罚	公路水运工程安全生产监督管理办法
事故调查、发布信息	依法组织或者参与调查处理生产安全事故,按照职责权限对公路水运工程生产安全事故进行统计分析,发布公路水运工程安全生产动态信息,并向上级部门上报情况	公路水运工程安全生产监督管理办法

2. 建设单位安全责任解读

建设单位是具体工程建设项目的安全生产的组织者和管理者,接受上级主管部门的监督管理。对照表 4-1《建设单位的法定安全责任汇总表》分析可知,建设单位的主要安全责任包括:

(1) 组建机构

建立安全生产领导小组是目前绝大多数交通建设工程推行的一种行之有效的做法。通过建立安全生产领导小组,对各个部门的安全管理职责加以明确,将安全职责细化到各个岗位。同时,为了保障安全机构高效运转,建设单位需要建立安全管理网络,确保安全管理信息能够及时地传递。

(2) 建立各项制度

建设单位作为建设工程的直接管理机构,有责任建立基于具体工程项目各参建单位的安全管理办法和各项制度。各项制度是保障安全生产最基础的工作,其核心是建立各级安全生产责任制,进行安全生产责任制交底,确保安全生产责任落实到位。这是执行国家、省相关法律法规和部门规章的要求,也是建设工程安全管理的需要。

(3) 组织安全生产检查

对建设工程安全生产检查是建设单位的安全职责。建设单位应当对下属监理单位和施工单位的安全生产管理情况进行监督,不定期地巡查施工现场,严格要求相关人员和设备按规定取得相关证书,督促施工单位加强施工现场安全管理,确保安全生产满足国家相关安全生产法律、法规、标准的要求。

(4) 安全专项施工方案的审查

国家法律、法规要求施工单位应在施工组织设计中对危险性较大的工程或部位制定专门的安全保障措施,同时也对建设单位责任作了相应的规定。建设单位应承担施工组织设计中的安全技术管理保证措施的审查职责,必要时,可委托具有相应资质的咨询机构进行安全评价并制定出安全应对措施,消除安全隐患;承担监督监理单位对施工单位编制的危险性较大的分部分项工程安全专项施工方案组织审查的职责。

(5) 组织安全教育培训

"宣传、贯彻、执行有关安全生产的法律、法规","开展公路水运工程安全生产经验交流,普及安全生产知识"是建设单位的职责之一。建设单位除了对建设单位全体工作人员进行安全教育培训外,还包括对监理单位和施工单位的有关安全责任人的培训,提高相关人员的安全管理效率和安全管理水平。

(6) 制定应急预案、事故报告和处理制度

建设单位应根据具体建设项目的特点编制安全生产事故总体应急预案,快速处置安全事故,采取相应措施,尽可能地降低事故的后果。建设单位应建立生产安全事故的报告、处理和调查制度,应规范事故处理和报告程序,能有效杜绝事故谎报、瞒报的现象,有利于追究事故有关责任人的安全责任。

(7) 管理安全生产费用

建设单位应规范和完善安全生产费用的使用和管理,规定安全生产费用可使用的内容和范围,提出安全生产费用的提取、使用、支付等有关程序及要求,同时明确建设、施工、监理单位的管理职责,保证安全生产费用真正用于安全生产。

(8) 建立沟通和协调机制

建设单位应及时向监理单位和施工单位传达上级主管部门的安全生产工作要求,以及上级部门关于安全生产工作的文件、会议、批示精神等,并结合本项目的具体情况制定相应的对策措施,督促相关单位落实到位。建设单位还应定期将安全生产管理情况进行总结,并及时上报上级主管部门。建立工程建设项目的沟通协调机制,真正发挥建设单位上传下达的作用。

(9) 管理安全生产资料

建设单位应及时收集安全生产管理资料,并整理和归档,建立安全管理资料台账,保证安全管理资料的完整性和规范性。

4.2.3 监理单位安全生产责任

1. 监理单位主要安全责任(以江苏为例)

《中华人民共和国安全生产法》、《建设工程安全生产管理条例》、《公路水运工程安全生产监督管理办法》、《江苏省交通建设工程安全责任制度》等中有关文件对监理单位的安全责任进行了阐述。监理单位的安全生产责任如表4-2所示。

表4-2　监理单位的法定安全责任汇总表

安全责任	法规条文	法规来源
组建机构与建立各项制度	应当编制安全生产监理计划,明确监理人员的岗位职责、监理内容和方法,制定各项安全生产制度等	公路水运工程安全生产监督管理办法(交通部一号令)
审查安全专项方案	工程监理单位应当审查施工组织设计中的安全技术措施或者安全专项方案是否符合工程建设强制性标准	危险性较大工程安全施工方案编制及专家论证审查办法、建设工程安全生产管理条例(国务院第393号令)、公路水运工程安全生产监督管理办法(交通部一号令)
	监理单位应当按照工程监理规范的要求,对施工组织设计中的安全保障措施及应急预案进行审查	江苏省交通建设工程安全责任制度

续表 4-2

安全责任	法规条文	法规来源
安全检查和旁站监督	工程监理单位和监理工程师应当按照法律、法规和工程建设强制性标准实施监理,并对建设工程安全生产承担监理责任	建设工程安全生产管理条例(国务院第393号令)、公路水运工程安全生产监督管理办法(交通部一号令)、江苏省交通建设工程安全责任制度
	工程监理单位在实施监理过程中,发现存在安全事故隐患的,应当要求施工单位整改;情况严重的,应当要求施工单位暂时停止施工,并及时报告建设单位。施工单位拒不整改或者不停止施工的,工程监理单位应当及时向有关主管部门报告	建设工程安全生产管理条例(国务院第393号令)、公路水运工程安全生产监督管理办法(交通部一号令)、江苏省交通建设工程安全责任制度
	采取旁站、巡视和平行检验等形式,对施工单位执行安全生产的法律、法规和标准、规范及落实安全生产责任制、施工安全措施等情况进行监理	公路水运工程安全生产监督管理办法(交通部一号令)、江苏省交通建设工程安全责任制度
安全监理档案	监理单位应当填报安全监理日志和监理月报	公路水运工程安全生产监督管理办法(交通部一号令)

2. 监理单位安全责任解读

监理单位受建设单位的委托作为工程管理单位,是建设单位工程建设管理的一部分,可以说是建设单位管理的扩展和延伸。在交通工程建设工程安全管理过程中应履行《建设工程安全生产管理条例》等规定的相应职责。

(1)组建安全生产监理机构

安全生产监理机构是总监办开展工程建设安全监理的保障。在工程建设刚开始,监理单位就必须组建安全生产组织机构,编制安全生产监理计划,明确监理人员的岗位职责、监理内容和方法等。

(2)制定各项安全监理制度

《公路水运工程安全生产监督管理办法》第十八条规定:"监理单位应当按照法律、法规和工程建设强制性标准进行监理,对工程安全生产承担监理责任。"为了能按照监理计划开展工作,各负其责,监理单位应当制定安全生产监理责任制,把安全监理责任落实到具体的责任人,并需要制定一系列的配套制度来保证监理工作的顺利进行。

(3)审查安全专项施工方案

法律法规规定,监理单位应当审查施工组织设计中的安全技术措施或者安全专项施工方案是否符合工程建设强制性标准,同时,监理单位应对达到一定规模且危险性较大的分部分项工程的安全专项施工方案组织审查。

(4)安全检查和旁站监理

监理单位是建设过程中安全生产管理最直接的监督者,国家相关法律法规对工程监理的安全监理内容也有明确的规定。监理单位在实施监理过程中,发现存在安全事故隐患的,应当要求施工单位整改;情况严重的,应当要求施工单位暂时停止施工,并及时报告。施工单位拒不整改或者不停止施工的,监理单位应当及时向有关主管部门报告。

采取旁站、巡视和跟踪检验等形式,对施工单位执行安全生产的法律、法规和标准、规范及落实安全生产责任制、施工安全措施等情况进行监理,对危险性较大的工程作业应当加强巡视检查等是法律规定的监理职责。

（5）审核安全生产费用

《公路水运工程安全生产监督管理办法》第十四条规定"安全生产费用由建设单位根据监理工程师对工程安全生产情况的签字确认进行支付"，这就要求监理单位应对项目部的安全生产费用承担审核的责任。

（6）组织安全教育培训

交通工程建设涉及多个相关专业，也大量地使用新工艺、新设备和新材料。这就要求监理工程师只有不断地更新自己的知识，熟悉工程建设的施工工艺，才能适应监理工作的需要。因而，监理单位应建立定期培训制度，制定相关监理人员的培训计划，面向监理人员定期举办安全生产知识培训，并对培训结果进行考核。

（7）审查事故应急预案，协助事故调查处理

施工单位编制事故应急预案是为了在发生安全生产事故时能够做到规范、有序地开展救援工作，使事故的损失减到最小。但事故预案是否符合具体交通工程建设实际情况，需要总监办审查，并提出审查意见。

监理单位是工程建设现场的直接监管者，掌握着施工现场的第一手资料，对事故的调查处理起着主要作用。协助相关部门的事故调查处理是监理单位的责任和义务。

（8）建立安全监理档案

安全监理资料是工程施工过程的反映，是工程安全施工监理的第一手资料，也是监理单位安全生产监理工作的体现。监理单位应当填报安全监理日志和监理月报。

4.2.4　施工单位安全生产责任

1. 施工单位主要安全责任（以江苏为例）

依据《安全生产法》、《建设工程安全生产管理条例》、《公路水运工程安全生产监督管理办法》、《江苏省交通建设工程安全责任制度》，并参考《江苏省交通建设工程施工安全技术标准》（征求意见稿）等中有关施工单位安全管理职责的有关条文规定，施工单位的安全责任如表4-3所示。

表4-3　施工单位的法定安全责任汇总表

安全责任	法规条文	法规来源
建立安全生产责任制	施工单位的法定代表人是本单位安全生产的第一责任人，对本单位的安全生产负全面责任；直接分管安全生产工作的负责人对本单位的安全生产负具体的领导责任；项目经理是项目安全生产的第一责任人，对本项目的安全生产负全面责任	《建设工程安全生产管理条例》；《公路水运工程安全生产监督管理办法》；《江苏省交通建设工程安全责任制度》
	工程施工实行总承包的，总承包单位应当对全部工程施工现场的安全生产管理负责；总承包单位依法将工程分包给其他单位的，分包单位应当按照分包合同的约定对其分包工程施工现场的安全生产管理向总承包单位负责，总承包单位对分包工程施工现场的安全生产管理承担连带责任	

续表 4-3

安全责任	法规条文	法规来源
组织机构及人员	施工单位应当设置安全生产管理机构,并按照国家有关规定配备与施工规模相适应、专业齐全的安全管理专职技术人员,并向各施工现场派驻安全生产专职管理人员	《公路水运工程安全生产监督管理办法》;《建筑施工企业安全生产管理机构设置及专职安全生产管理人员配备办法》
	施工现场应当按照每5 000万元施工合同额配备1名的比例配备专职安全生产管理人员,不足5 000万元的至少配备1名	
	专职安全生产管理人员负责对安全生产进行现场监督检查,并做好检查记录,发现生产安全事故隐患,应当及时向项目负责人和安全生产管理机构报告;对违章指挥、违章操作和违反劳动纪律的,应当立即制止	
安全生产经费及保险办理	施工单位应在投标时明确安全生产费用,施工中按规定使用安全费用,用于施工安全防护用具及设施的采购和更新、安全施工措施的落实、安全生产条件的改善,不得挪作他用	《建设工程安全生产管理条例》;《高危行业企业安全生产费用财务管理暂行办法》;《工伤保险条例》
	项目部应当为施工现场的人员办理意外伤害保险,意外伤害保险费应由施工单位支付。意外伤害保险期自建设工程开工之日起至竣工验收合格止	
安全专项方案及技术交底	项目部应当按照有关法律、法规和标准、规范组织施工,根据工程项目特点制定各项安全生产管理制度和有针对性的安全技术措施或方案,施工单位安全和技术部门应认真审核有关安全技术措施和方案	《危险性较大工程安全专项施工方案编制及专家论证审查办法》;《建设工程安全生产管理条例》
	项目部在整个工程开工和分部分项工程开工前应制定相应安全保障措施,危险性较大的分部分项工程应当编制专项保障施工安全方案,安全保障措施应列出危险因素清单、主要控制点和实施要点独立成篇报总监办审批	
安全检查	项目部应当建立健全安全检查制度,加强对施工现场的安全巡查,并对违反施工安全技术标准、规范和操作规程的行为及时制止或者纠正;对发现的安全事故隐患,及时采取措施予以消除	《建设工程安全生产管理条例》;《公路水运工程安全生产监督管理办法》;《江苏省交通建设工程安全责任制度》
	项目部应当接受建设单位、总监办及政府安全监督机构对其安全生产的监督检查。对于检查单位下达的整改意见通知,施工单位要立即予以整改	
施工环境及现场作业	项目部的作业现场和生活区平面布置应符合国家相关安全标准,要有安全可靠的围栏,有醒目的安全警告标志牌、安全标语,主要的规章制度、安全操作规程、安全生产管理网络图、安全生产管理目标牌、安全生产保证体系等要悬挂在醒目处	《建筑施工安全检查标准》;《建设工程安全生产管理条例》
	项目部应当根据不同施工阶段和周围环境及季节、气候的变化,在施工现场采取相应的安全施工措施。施工现场暂时停止施工的,施工单位应做好现场的安全防护	
	对于从事高空作业的项目部,应严格遵守《建筑施工高处作业安全技术规范》的规定进行施工,防止高处坠落事故的发生	《建筑施工高处作业安全技术规范》
	从事水上作业的项目部,应严格遵守《中华人民共和国内河交通安全管理条例》、《中华人民共和国水上水下施工作业通航安全管理规定》有关规定	《中华人民共和国内河交通安全管理条例》、《中华人民共和国水上水下施工作业通航安全管理规定》

续表 4-3

安全责任	法规条文	法规来源
施工环境及现场作业	项目部必须严格遵守《建筑工程施工现场供用电安全规范》、《施工现场临时用电安全技术规范》中的有关要求,编制临时用电方案,保证施工现场临时用电安全	《建筑工程施工现场供用电安全规范》、《施工现场临时用电安全技术规范》
	项目部在使用施工起重机械和整体提升脚手架、模板等自升式架设设施前,应当组织有关单位进行验收,也可以委托具有相应资质的检验检测机构进行验收;使用承租的机械设备和施工机具及配件的,由施工总承包单位、分包单位、出租单位和安装单位共同进行验收,验收合格的方可使用	《起重机械安全监察规定》;《特种设备安全监察条例》;《江苏省交通建设工程安全责任制度》
应急救援及事故报告、处理	项目部应当制定本单位生产安全事故应急救援预案,建立应急救援组织或者配备应急救援人员,配备必要的应急救援器材、设备,并定期组织演练。应急救援组织体系、通讯联络方式应在现场醒目位置公布	《建设工程安全生产管理条例》;《江苏省高危行业重特大事故应急救援体系建设基本要求及条件导则》
	施工现场发生安全事故时,施工单位要采取有效措施抢救人员和财产,保护事故现场,防止事故进一步扩大,按照有关规定向相关部门报告,并积极配合事故的调查工作	《生产安全事故报告和调查处理条例》;《江苏省交通建设工程安全责任制度》
	因抢救人员、疏导交通等原因需要移动现场物件的,应当做出标志,绘制现场简图并做出书面记录,妥善保护现场重要痕迹、物证,有条件的应拍照或录像	
安全考核及培训	项目部应当对管理人员和作业人员进行每年不少于2次的安全生产教育培训,其教育培训情况记入个人工作档案	《建设工程安全生产管理条例》;《公路水运工程安全生产监督管理办法》;《江苏省交通建设工程安全责任制度》;《特种设备作业人员监督管理办法》
	在采用新技术、新工艺、新设备、新材料时,项目部应当对作业人员进行相应的安全生产教育培训。新进人员和作业人员进入新的施工现场或者转入新的岗位前,项目部应当对其进行安全生产培训考核	
	从事垂直运输机械作业、起重设备安装、爆破与拆除、登高架设作业、电焊及国家规定的其他特种作业施工的,应当取得相应的专业资质;未取得相应专业资质的,不得施工	
安全资料建立及归档	项目部应当对施工现场的安全技术资料建立档案,并确定专人管理;安全技术资料应当真实、完整、齐全。档案包括:详细的施工机械、设备管理台账,作业人员上岗证件记录,作业人员安全操作记录,奖惩台账等	《江苏省交通建设工程安全责任制度》

2. 施工单位安全责任解读

施工单位的安全生产管理,在三方责任主体中是最关键、最直接的环节,施工单位做好安全生产管理工作是消除安全事故隐患的根本原因。通过分析表4-3《施工单位的法定安全责任汇总表》,可以归纳出施工单位的主要安全责任,包括:

（1）建立组织机构

施工单位应当设置安全生产管理机构,按照国家有关规定配备与施工规模相适应、专业齐全的安全管理专职技术人员,并向各施工现场派驻安全生产专职管理人员。明确组织机构各级人员的安全职责,建立安全生产网络。

（2）建立相关制度

施工单位是施工现场安全生产管理的第一责任人,《安全生产法》中规定的生产经营单位的主要负责人职责第一条就是建立、健全本单位安全生产责任制。制度建立后还要落实各部门及安全岗位人员的安全生产责任,并进行安全生产责任制交底。

（3）管理安全生产费用

施工单位应当保证本项目安全生产条件所需资金的投入,建立安全生产费用管理制度,在合理范围使用安全生产费用,确保施工现场的安全技术措施满足施工要求。

（4）编制安全专项施工方案和安全技术交底

施工单位应针对危险性较大的分部分项工程制定安全专项施工方案。安全专项施工方案的编制应满足针对性和可操作性的要求。针对性是指方案应符合工程的实际情况;可操作性是指方案应切实可行,且满足安全生产要求。

工程施工前,项目部应组织安全技术交底,负责项目管理的技术人员应当对有关安全施工的技术要求向施工作业班组、作业人员作出详细说明,并由双方签字确认。

（5）管理施工现场安全

做好施工现场的安全管理和文明施工,是施工现场安全的基本保障。

（6）组织安全生产检查

施工单位应当建立健全安全检查制度,对施工现场的安全进行巡查,对违反施工安全技术标准、规范和操作规程的行为及时制止或者纠正;对发现的安全事故隐患及时采取措施予以消除。施工单位应坚持施工现场巡查制度,定期组织安全检查,及时发现现场存在的事故隐患,并整改到位。

（7）制定应急救援预案,制定事故报告及调查处理制度

施工单位应当按照相关规定制定本单位生产安全事故应急救援预案,建立应急救援组织或者配备应急救援人员,配备必要的应急救援器材、设备,并定期组织演练。应急救援组织体系、通信联络方式应在现场醒目位置公布。

施工单位应根据建设单位的预案制定本标段的应急救援综合预案,并制定各专项预案。项目部应将应急预案提交总监办审核,并报建设单位进行备案。

施工单位还应制定事故处理与报告制度,规范事故处理和报告程序,杜绝事故谎报、瞒报现象,以便于追究事故有关责任人的安全责任。

（8）组织安全教育培训

安全教育培训是保证安全生产的基础,是提高职工安全技术素质、搞好安全生产的前提,也是营造良好安全生产文化氛围的主要手段。国家多项法律法规规定,作业人员必须接受安全生产教育培训,未经安全生产教育培训或教育培训考核不合格的人员不得上岗作业。

（9）建立安全管理档案

施工单位应当对施工现场安全技术资料建立档案,并确定专人管理;安全技术资料应当真实、完整、齐全。

4.3 重大交通工程建设安全考核评价方法

本节紧扣前述主要参建单位安全生产责任的分析成果,阐述一种重大交通工程建设项目的安全生产考核指标体系,以实现对重大交通工程建设项目安全工作开展情况的客观、准确评价。

4.3.1 考核评价方法

1. 考核要素分析

安全生产考核指标体系是安全生产考核要素根据其内在联系而形成的有机整体,它以提高安全生产绩效为目的,以过程控制为重点,是结合众多定性与定量要素构成的系统。一个完善、符合实际情况的安全生产考核指标体系应客观、全面地反映评价对象的安全生产状况。

本考核指标体系的考核要素分成以下两大类:

(1) 内业资料情况

主要是在对建设单位、总监办、项目部所承担的职责进行细化的基础上,从工程建设的整体出发,对安全生产管理过程进行综合评价,重点是对内业资料、制度文件以及相关记录的检查。该类考核要素充分体现了事前安全的思想,即预防事故在其发生之前,可以较为全面地反映系统的潜在危险性。

(2) 施工现场情况

主要是对施工现场在人、设备设施、作业环境和安全管理等方面达到的结果的考核,通过考核反映现场安全生产状况的考核要素来实现。

2. 考核层次划分

考核是上级对下级完成工作情况的综合评定,因此考核指标体系的建立需以各级职责的确定为基础,结合职责体系的层次结构、各管理层职责的具体内容来确定考核体系自身结构及考核范围。

基于前面考核要素的划分,本考核指标体系分为单项考核和综合考核 2 个层次。

(1) 单项考核

包括 4 个方面:

- 建设单位内业资料的考核。
- 总监办内业资料的考核。
- 项目部内业资料的考核。
- 施工现场的考核。

(2) 综合评定

将上述 4 个单项考核结果进行加权平均,其结果作为重大交通工程建设项目的综合评定结果。

重大交通工程建设项目的安全生产考核评价体系结构如图 4-3 所示。

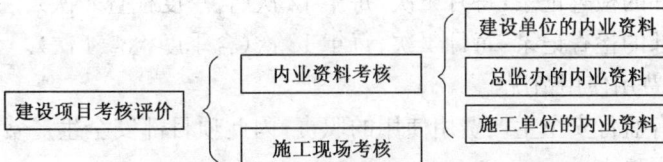

图 4-3 重大交通工程建设安全生产考核评价指标

4.3.2 考核评价内容

1. 建设单位内业资料的考核

（1）考核要素分析

从前面对建设单位安全生产责任的研究表明,建设单位的安全生产责任主要为:组建安全生产工作领导小组、建立各项安全生产管理制度、安全生产监督检查与考核、建立沟通和协调机制、审核安全管理方案、组织安全生产教育培训、建立安全生产事故应急预案、事故处理与报告制度、监督安全生产费用的使用、安全管理资料的归档等,由此得到内业资料考核要素的具体方面。

考核要素及重点如下:

① 各项安全生产制度文件情况

建设单位的制度建立情况是其安全工作开展的基础,是考核的必备要素。

考核重点:主要通过建设单位制度文件情况进行衡量。其中建设单位应建立的制度包括:

——建设单位安全生产责任制。

——建设单位安全教育培训制度。

——建设单位安全生产检查制度。

——建设单位安全生产监督考核制度。

——建设单位安全生产奖惩制度。

——建设单位安全经费使用管理办法。

——建设单位安全生产事故报告和处理制度。

——建设单位安全生产例会制度。

——建设单位安全生产资料归档制度。

② 安全生产管理组织机构

安全生产管理组织机构建立包括机构的设立及人员的配备,为安全生产工作提供坚实的组织基础,直接反映建设单位开展安全生产工作的准备情况。

考核重点:主要通过安全生产管理机构建立、人员配备、岗位职责分配等进行衡量。

③ 安全生产监管活动记录

安全生产监管是建设单位的主要职责,建设单位的检查活动情况是考核其工作的重要方面。

考核重点:主要通过建设单位对项目经理部检查的相关记录、对总监办检查的相关记录来进行衡量。检查步骤要求一般如下：

——对总监办的检查记录：每月 1 次，每年 12 次（含季度检查 4 次）。

——对项目部的检查记录：每月 1 次，每年 12 次（含季度检查 4 次）。

④ 安全生产费用使用情况

建设单位具有监督安全生产费用使用的职责，因此项目部安全生产费用的使用情况是考核建设单位的要素之一。

考核重点：主要通过检查建设单位对项目部安全生产费用的使用计划及上报安全生产费用的审批记录。

⑤ 审查安全专项施工方案情况

建设单位具有审查安全专项方案的职责，因此这是考核建设单位的要素之一。

考核重点：主要通过建设单位组织及参与审查安全专项方案的有关记录来衡量。

以下危险性较大分部分项工程安全专项方案，由建设单位组织有关单位或专家进行审查，并经总监办批准后实施：

a. 5 m 以上的边坡施工、深挖路堑、基坑支护施工。

b. 隧道施工。

c. 跨径在 100 m 以上或单孔跨径在 40 m 以上的大型桥梁工程施工。

d. 高大模板工程：水平混凝土构件模板支撑系统高度超过 8 m，或跨度超过 18 m，施工总荷载大于 $10\ kN/m^2$，或集中线荷载大于 $15\ kN/m$ 的模板支撑系统。

e. 30 m 以上高空作业的工程。

f. 宽度在 40 m 以上的大江、大河的导流、截流施工。

g. 房屋拆除爆破和其他土石大爆破工程。

h. 其他采用新技术、新工艺、新材料，可能影响工程质量安全的施工。

⑥ 安全生产事故综合应急预案编制情况

建设单位应该根据具体建设项目的特点编制安全生产事故综合应急预案，作为施工单位项目部制定事故应急预案的指导性文件。因此，综合安全事故应急预案的编制是考核建设单位的要素之一。

考核重点：主要通过建设单位制定的重大安全生产事故综合应急预案是否全面，应急预案的评审记录。

⑦ 宣传及教育情况

宣传和教育为建设单位安全生产管理工作内容之一，反映其对上级单位下达文件、精神的处理情况，及其对下属各单位组织教育交流的情况。

考核重点：主要通过建设单位安全教育培训、安全宣传活动开展的相关记录来进行衡量。

——教育培训内容可包括：学习国家及省级法律法规；学习国家及省级有关安全生产的文件精神；重大安全生产事故案例分析；项目安全生产管理的经验交流；安全生产专题活动；安全专项方案编制；安全技术、安全管理等知识讲座。

——教育培训次数要求：建设单位主要负责人、各部门负责人每年 2 次；建设单位分管安全部门成员和总监办、项目部负责人和安全管理人员每年 4 次。

⑧ 信息交流情况

建设单位有建立双向信息沟通渠道的责任,故构建信息渠道并保持信息快速地上下传递,是考核建设单位日常工作的重要方面。

考核重点:主要通过建设单位对法律法规技术标准以及相关信息的传达记录情况来进行衡量。

⑨ 事故报告与处理

建设单位有责任按照相关制度对项目范围内发生的事故进行处理并上报,是建设单位日常安全生产工作的重要方面。

考核重点:主要通过建设单位对事故报告和事故处理的相关记录情况来进行衡量。

(2) 要素权重确定

① 权重确定的方法

目前,确定权重的方法有主观赋权法和客观赋权法。其中,主观赋权法是由专家根据经验主观判断而得到的,如 AHP 法、Delphi 法等,这种方法人们研究较早,也较为成熟,但客观性较差。客观赋权法的原始数据是由各指标在评价中的实际数据组成的,如变异系数法等,它不依赖于人的主观判断,因而此类方法客观性较强,但需获得实际的数据,对多为定性要素构成的体系来说不太适用。

综合考虑,本次考核体系的权重确定采用主观赋权法,通过设计专家咨询表,派调研小组分赴各地交通工程建设现场召开专家讨论会,来确定执行层面的权重。

② 权重的确定

在历史经验数据的基础上,通过调研和专家会议对各要素的权重进行了确定。内业资料中,由于制度文件制定情况、管理组织机构情况、安全生产监管记录、审查安全专项方案情况、安全生产事故应急预案编制情况是建设单位职责中较为重要的部分,因此所占权重较高,在 12%~15%。其余考核内容均占考核权重的 8%。

考核要素与权重具体如表 4-4 所示。

表 4-4   建设单位内业资料的考核权重表

一级考核要素	二级考核要素	权重(%)
内业资料	各项安全生产制度文件情况	15
	安全生产管理组织机构	15
	安全生产监管活动记录	12
	审查安全专项方案记录	12
	安全生产事故应急预案编制情况	12
	安全经费使用情况	10
	宣传及教育情况	8
	信息交流情况	8
	事故报告与处理	8
合 计		100

注:生产安全事故控制超过标准一票否决。

2. 监理单位内业资料的考核

（1）考核要素分析

基于前面对总监办安全生产责任的研究结果表明，总监办的责任主要为：建立各项安全监理制度、安全生产组织机构、审查安全专项方案、安全检查和旁站督促、审核安全生产费用、审查事故应急救援预案、协助事故调查处理、安全教育培训、建立安全监理档案等。

考核要素及重点如下：

① 各项安全生产制度文件情况

总监办的制度建立情况是安全工作开展的基础，是考核的必备要素。

考核重点：主要通过总监办制度文件情况进行衡量。其中总监办应建立的制度包括：

——总监办安全生产监理责任制。

——安全监理旁站监督、检查制度。

——总监办安全施工方案审查制度。

——总监办安全生产考核制度。

——总监办安全生产事故调查处理、报告制度。

——安全生产监理资料归档制度。

② 安全生产管理组织机构

安全生产管理组织机构建立包括机构的设立及人员的配备，为安全生产工作提供坚实的组织基础，直接反映总监办开展安全生产工作的准备情况。

考核重点：主要通过组建安全生产监理领导小组、配置专职安全监理人员、建立安全生产监理网络等进行衡量。

③ 安全检查和旁站记录

检查和旁站是总监办监督施工现场安全的主要手段。总监办应坚持对施工现场进行日常巡查，定期或不定期组织安全检查，及时发现现场存在的事故隐患，并督促项目部及时纠正、整改到位。

考核重点：主要通过总监办对项目经理部定期或不定期检查的相关记录进行衡量。包括：

——月度安全检查。

——专项安全检查。

——季节性安全检查。

——重大节日前安全检查。

——考核检查。

——日常检查（旁站监督）。

——对危险性较大的工程施工安全检查。

④ 安全经费使用情况

总监办应对项目部安全生产经费使用情况进行审核。

考核重点：主要通过检查总监办对项目经理部安全经费的使用计划及上报安全经费的审查记录。

⑤ 审查安全专项方案情况

在工程开工前，总监办应审查施工组织设计中的安全技术措施或者安全专项方案是否符合工程建设强制性标准,并提出审查意见。

考核重点:主要通过总监办审查安全专项方案的有关记录来衡量。

以下危险性较大的分部分项工程安全专项方案,由总监办组织有关单位或专家进行审查,并经总监办批准后实施:

a. 5 m 以下的边坡施工、深挖路堑、基坑支护施工。

b. 跨径在 100 m 以下或单孔跨径在 40 m 以下的桥梁工程施工。

c. 10~30 m 以上高空作业的工程。

d. 宽度在 40 m 以下的大江、大河的导流、截流施工。

e. 一般性的房屋拆除爆破和其他土石爆破工程。

f. 大型脚手架工程、模板工程、起重吊装工程。

g. 水上大型构件物(如钢箱梁)的运输工程。

h. 航道区域内施工。

i. 跨越省道的施工,边通车边施工以及需要部分道路封闭施工。

j. 现浇结构物施工、箱梁预制施工、预应力施工等。

k. 支架搭设、拆除施工,起重设备、大型机具安装与拆除施工。

l. 其他的采用新技术、新工艺、新材料,但对工程质量安全影响相对较小的施工。

⑥ 审查安全生产事故应急预案编制情况

总监办应督促项目部认真编制事故应急救援预案,并监督项目部定期组织演练和评审,不断改进和完善应急救援预案。发生安全生产事故时,总监办应协助事故调查组和调查人员进行调查和处理。

考核重点:主要通过督促项目部编制事故应急救援预案情况,监督项目部定期组织演练和评审情况来进行衡量。

⑦ 教育培训情况

总监办应建立定期培训制度,面向监理人员定期举办安全生产知识培训,并对培训结果进行考核。

考核重点:主要通过安全教育培训开展的相关记录来进行衡量。

——教育培训内容可包括:安全生产法律、法规、规章和有关国家标准、行业标准;安全生产规章制度;岗位安全操作技能和操作规程;安全设备、设施、工具、劳动防护用品的使用、维修和保管知识;新工艺、新技术、新设备的安全生产知识;安全生产事故的防范意识和应急措施、自救互救知识;安全生产事故典型案例等。

——教育培训次数:总监办负责人、专职安全监理人员,每年 2 次;其他监理人员,每年 1 次。

⑧ 安全监理档案建立情况

总监办应建立所监理项目的安全监理资料,并及时进行整理和归档。

考核重点:主要通过监理档案的完备情况来进行衡量。监理档案包括:

——安全监理制度文件。

——安全检查和旁站记录。

——安全专项方案审查记录。

——安全生产费用审核记录。

——安全监理日志。

——上级主管部门安全来文等。

（2）要素权重确定

内业资料中，由于制度文件制定情况、管理组织机构情况、安全检查和旁站记录、审查安全专项方案情况、审查安全生产事故应急预案编制情况、安全经费使用是总监办职责中较为重要的部分，因此所占权重较高，在10%～20%。其余考核内容均占考核权重的5%。考核要素与权重具体如表4-5所示。

表4-5　总监办内业资料的考核权重表

一级考核要素	二级考核要素	权重（%）
内业资料	各项安全生产制度文件情况	20
	安全生产管理组织机构	15
	安全检查和旁站记录	15
	审查安全专项方案情况	15
	审查安全生产事故应急预案编制情况	15
	安全经费使用情况	10
	教育培训情况	5
	监理档案建立情况	5
合　计		100

3. 施工单位内业资料的考核

（1）考核要素分析

基于前面对施工单位安全生产责任的研究结果表明，项目部的职责主要为：建立安全生产组织机构、建立各项安全生产制度、合理使用安全生产费用、为全体员工办理意外伤害保险、编制安全专项方案、组织安全技术交底、组织安全生产检查、制定事故应急救援预案和事故报告及调查处理制度、安全生产人员培训及考核、建立安全管理档案等。

考核要素及重点如下：

① 建立安全生产组织机构情况

安全生产管理组织机构建立包括机构的设立及人员的配备，为安全生产工作提供坚实的组织基础，直接反映项目部开展安全生产工作的准备情况。

考核重点：主要通过安全生产监管机构建立、人员配备、岗位职责分配等进行衡量。

② 建立各项安全生产制度情况

制度建立情况是安全工作开展的基础，是考核的必备要素。

考核重点：主要通过制度文件情况进行衡量。其中应建立的制度包括：

——安全生产责任制。

——安全教育培训制度。

——安全技术交底制度。

——安全检查和隐患整改制度。

——施工工艺操作安全管理制度。

——安全生产费用管理制度。

——安全生产例会制度。

——防护器材安全管理制度。

——劳保用品管理制度。

——安全装置管理制度。

——仓储安全管理制度。

——检修安全管理制度。

——动火安全管理制度。

——施工现场消防安全生产责任制度。

——高处作业安全管理制度。

——重大危险源安全管理制度。

——特殊工种安全作业制度。

——事故处理与报告管理制度。

——安全档案管理制度。

——安全生产管理组织机构。

③ 合理使用安全生产费用及办理保险情况

合理使用安全生产费用及办理保险是保障安全工作正常进行的保障,因此是考核的重要方面。

考核重点:主要通过安全生产费用的使用记录凭证进行检查,安全生产费用使用范围包括:

——完善、改造和维护安全防护设备、设施支出。

——配备必要的应急救援器材、设备和现场作业人员安全防护物品支出。

——安全生产检查与评价支出。

——重大危险源、重大事故隐患的评估、整改、监控支出。

——安全技能培训及进行应急救援演练支出。

——其他与安全生产直接相关的支出。

——为全体施工现场的人员办理意外伤害保险,支付意外伤害保险费。意外伤害保险费不得在安全生产费用中列支。

④ 编制安全专项方案,组织安全技术交底

项目部具有针对危险性较大的分部分项工程制定安全专项方案职责。

考核重点:除上述需由建设单位、总监办组织审查的安全专项方案外,其他危险性较大的分部分项工程安全专项方案由项目部自行组织审查,并报总监办批准后实施。例如:

——施工组织设计中安全技术措施方案。

——基坑支护与降水工程施工安全方案。

——土方开挖工程施工安全方案。

——模板工程施工安全方案。

——脚手架工程施工安全方案。

——起重吊装工程施工安全方案。

——拆除、爆破工程施工安全方案。

——隧道工程施工安全方案。

——桥梁工程施工(含架桥)安全方案。

——特种设备施工安全方案。

——其他危险性较大的工程施工安全方案。

⑤ 安全检查记录

安全检查是项目部的重点职责。

考核重点：主要通过现场检查的相关记录来进行衡量。包括：

——月度安全检查。

——专项安全检查。

——季节性安全检查。

——重大节日前安全检查。

——考核检查。

——日常检查(旁站监督)。

——对危险性较大的工程施工安全检查。

⑥ 教育培训情况

施工单位应当建立健全安全生产教育培训制度，对相关人员进行定期培训，教育培训情况应当记入个人业绩档案。安全生产教育培训或者考核不合格的，不得上岗作业。施工单位的项目负责人、专职安全生产管理人员应经有关部门考核合格，并持证上岗。

考核重点：主要通过安全教育培训开展的相关记录来进行衡量。

——培训的内容包括：安全生产法律、法规、规章和有关国家标准、行业标准；安全生产规章制度；岗位安全操作技能和操作规程；安全设备、设施、工具、劳动防护用品的使用、维修和保管知识；新工艺、新技术、新设备的安全生产知识；安全生产事故的防范意识和应急措施、自救互救知识；安全管理基本知识、安全技术知识；重大危险源管理、重大事故防范、应急管理及调查处理的有关规定；职业危害及其预防措施；国内外先进安全生产管理经验；典型事故和应急救援案例分析。伤亡事故统计、报告及职业危害的调查处理方法；应急管理、应急预案编制以及应急处置的内容和要求。

——教育培训次数要求：管理人员和作业人员进行每年不少于 2 次的安全生产教育培训；新进员工和转岗员工，每年不少于 2 次；特殊工种作业人员，按照国家规定进行培训取得资格证书，并接受规定的继续教育学时。

⑦ 安全管理档案建立情况

项目部应当对施工现场安全技术资料建立档案，并确定专人管理；安全技术资料应当真实、完整、齐全。

考核重点：主要通过档案的完备情况来进行衡量。档案包括：

——安全生产工作领导小组组建资料。

——安全生产责任制和安全管理制度文件。

——人员配备和持证情况证明材料。

——施工组织设计中安全技术措施及审查资料。

——安全生产例会记录。

——安全教育培训记录。

——安全方案技术交底资料。

——安全生产检查记录。

——施工安全用电方案。

——机械设备的使用和检验、维护记录。

——安全专项方案及审核记录。

——安全生产费用使用及审核记录。

——事故调查处理和报告记录。

——项目部、总监办及上级下达的文件。

——其他工程建设安全生产资料。

(2) 要素权重确定

内业资料中,由于制度文件制定情况、管理组织机构情况、安全检查记录、编制安全专项方案情况、合理使用安全经费使用是项目部职责中较为重要的部分,因此所占权重较高,在 15% ～ 20%。其余考核内容均占考核权重的 10%。考核要素与权重具体如表 4-6 所示。

表 4-6　项目部内业资料的考核权重表

一级考核要素	二级考核要素	权重(%)
内业资料	建立各项安全生产制度情况	20
	建立安全生产组织机构情况	15
	合理使用安全生产费用及办理保险情况	10
	编制安全专项方案,组织安全技术交底	15
	安全检查记录	15
	教育培训情况	8
	安全管理档案建立情况	7
	应急预案编制及演练	10
合　计		100

4. 施工现场的考核

(1) 考核要素分析

现场安全考核的要素主要涵盖人、机器、环境三方面。

① 人员安全操作情况

施工现场人员的安全操作情况直接影响到安全生产,是现场考核的关键因素。

考核重点:主要通过施工从业人员资格、人员安全操作是否符合规程、人员的安全防护是否符合规程等方面来衡量。

② 设备与设施管理

设备设施的安装、验收、检测、使用、保养、维修、改造和报废现场对安全影响重大，是现场检查的重点。

考核重点：主要考核施工设备安全管理、大型设备装拆安全控制、安全设施和防护管理、特种设备管理、安全检查测试工具管理等方面。

——大型设备：指龙门架或井字架、各类塔式起重机、履带起重机、汽车（轮胎式）起重机、施工升降机、土方工程机械、桩机工程机械等。

——特种设备：指锅炉及压力容器等。

③ 作业环境安全

良好的作业环境有助于降低安全隐患，是现场安全必不可少的方面之一。

考核重点：主要考核项目部对施工场所作业环境、作业现场管理、施工用电安全措施的落实情况。

——工作场所作业环境是指粉尘浓度、毒物浓度、温度、湿度、辐射和噪声等满足有关安全标准的要求。

——作业现场管理主要包括作业场所的布置、物品摆放和安全标志及标识等方面是否符合有关安全标准和人机工效原理。

——施工用电安全主要指用电方案的制定，接地与接零保护系统的情况，配电箱、开关箱的设置使用，变电配电装置情况，现场照明情况等。

（2）要素权重确定

现场考核中，人员安全操作情况占总权重的50%，设备与设施管理占20%，作业环境安全占30%。考核要素与权重具体如表4-7所示。

表4-7　施工现场的考核要素权重表

一级考核要素	二级考核要素	权重（%）
现场检查	人员安全操作情况	50
	设备与设施管理	20
	作业环境安全	30
合　计		100

5. 综合评定

（1）考核层次

如前所述，对重大交通工程建设项目的考核分成4个单项考核：

① 对建设单位内业资料的单项考核

内业资料情况涵盖：各项安全生产制度文件情况、安全生产管理组织机构、安全生产监管活动记录、审查安全专项方案情况、安全生产事故应急预案编制情况、安全经费使用情况、宣传及教育情况、信息交流情况、事故报告与处理等方面。

其中，制度文件制定情况、管理组织机构情况、安全生产监管记录、审查安全专项方案情况、安全生产事故应急预案编制情况权重在12%～15%。其余考核内容占考核权重的8%。

② 对总监办内业资料的单项考核

内业资料情况涵盖：各项安全生产制度文件情况、安全生产管理组织机构、安全检查和旁站记录、审查安全专项方案情况、审查安全生产事故应急预案编制情况、安全经费使用情况、教育培训情况、安全监理档案建立情况等方面。

其中，制度文件制定情况、管理组织机构情况、安全检查和旁站记录、审查安全专项方案情况、审查安全生产事故应急预案编制情况、安全经费使用占权重在10%～20%。其余考核内容均占考核权重的5%。

③ 对项目部内业资料的单项考核

内业资料情况涵盖：建立各项安全生产制度情况；建立安全生产组织机构情况；合理使用安全生产费用及办理保险情况；编制安全专项方案，组织安全技术交底；安全检查记录；教育培训情况；安全管理档案建立情况。

其中，制度文件制定情况、管理组织机构情况、安全检查记录、编制安全专项方案情况、合理使用安全经费使用占权重在15%～20%。其余考核内容均占考核权重的10%。

④ 对施工现场的单项考核

现场检查情况涵盖：人员安全操作情况、设备与设施管理以及作业环境安全。

其中，人员安全操作情况占总权重的50%，设备与设施管理以及作业环境安全占总权重的25%。

（2）权重分配

根据工程经验和专家意见，确定各单项考核的权重分配如下：

表4-8 建设项目安全生产考核层次及权重表

考核	权重(%)
建设单位内业资料的单项考核	10
总监办内业资料的单项考核	20
项目部内业资料的单项考核	30
施工现场的单项考核	40
合　计	100

（3）评定办法

① 单项考核平均得分的计算

工程建设项目往往参建单位众多，包含众多监理单位和施工单位。因此，为了对工程项目的安全生产状况进行全面、客观、合理地综合评定，需要计算对总监办和项目部内业资料的单项考核结果的平均得分。计算公式如下：

$$项目部内业资料的单项考核平均得分 = \frac{\sum 所有监理标段得分}{监理标段个数} \quad (4\text{-}1)$$

$$总监办内业资料的单项考核平均得分 = \frac{\sum 所有监理标段得分}{监理标段个数} \qquad (4\text{-}2)$$

② 综合考核得分的计算

在建的重大交通工程工程建设安全生产考核指标的综合考核分值计算方法如下：

重大交通工程建设项目的安全生产综合考核得分 = 建设单位内业资料的单项考核得分×0.1＋总监办内业资料的单项考核平均得分×0.2＋项目部内业资料的单项考核平均得分×0.3＋施工现场的单项考核得分×0.4 $\qquad (4\text{-}3)$

③ 综合考核结果评定

a. 依据得分结果，分成 4 个等级：

- 优（≥90 分）
- 良（≥75 分）
- 中（≥60 分）
- 差（＜60 分）

b. 考核结果中任意一单项考核低于 60 分，则无需继续进行其他单项考核，则综合考核得分直接判定为低于 60 分。

4.3.3 泰州大桥工程项目案例分析

本部分将据此对泰州大桥工程项目安全管理现状进行考核评价，以检验本重大交通工程建设项目安全生产考核评价办法的科学合理性、可操作性。

1. 考评结果

2010 年 10 月，通过对当时泰州大桥建设的安全生产现状调研和分析后，获得了对泰州大桥建设安全监管现状的考评结果。

为了方便起见，本次考核只选取了具有代表性的一家监理单位和一家施工单位进行考核，得出单项考核结果如下：

- 对建设单位内业资料的单项考核结果：90 分。
- 对总监办内业资料的单项考核结果：88 分。
- 对项目部内业资料的单项考核结果：86 分。
- 对施工现场的单项考核结果：85 分。

根据公式(4-3)，计算得出：

泰州大桥建设项目安全生产考核评价综合得分：86.4 分。

各单项考核的详细情况见附件 4-1：《重大交通工程建设项目安全生产考核评价办法（范本）》。

2. 结果分析

通过考核，结果表明泰州大桥建设工程项目的安全生产考核结果为"良"，接近"优"的水平。

根据同行业评价，以及上级主管部门对泰州大桥建设项目历次以来的考核情况来看，该考核结果基本上符合泰州大桥工程项目安全管理的实际水平。

可以认为,本章提出的"重大交通工程建设项目安全生产考核评价方法"是合理的,具备较强的可操作性,能够比较真实、客观地反映出重大交通工程建设项目安全生产管理的真实水平。

附件4-1 重大交通工程建设项目安全生产考核评价办法（范本）

第一条 本办法适用于对重大工程建设项目的安全生产情况进行综合检查考核。

第二条 将考核要素划分为内业资料和现场检查两个方面。

● 内业资料方面:是对安全内业的考核,重点是档案资料、制度文件以及相关记录等方面。

● 施工现场方面:是对施工现场的考核,重点是人、设备设施、作业环境和安全管理等方面。

第三条 对重大交通工程建设项目的考核分成4个单项考核:

● 对建设单位内业资料的单项考核,见附表1。

● 对总监办内业资料的单项考核,见附表2。

● 对项目部内业资料的单项考核,见附表3。

● 对施工现场的单项考核,见附表4。

第四条 重大交通工程建设项目综合考核得分是上述4个单项考核的加权平均。综合考核分值计算办法为:

重大交通工程建设项目的安全生产综合考核得分 = 建设单位内业资料的单项考核得分×0.1＋总监办内业资料的单项考核平均得分×0.2＋项目部内业资料的单项考核平均得分×0.3＋施工现场的单项考核得分×0.4

第五条 依据考核结果,分成4个等级:

● 优(≥90分)

● 良(≥75分)

● 中(≥60分)

● 差(<60分)

如果考核结果中任意一单项考核低于60分,则无需继续进行其他单项考核,则综合考核得分直接判定为低于60分。

附表1 建设单位内业资料考核表(以泰州大桥工程项目为例)

一级考核要素	二级考核要素	考核标准	分值	扣分	实得分
内业资料	各项安全生产制度文件情况	未以文件形式建立各项制度,或制度建立不全,扣5~15分	15	1	14
		制度文件中的职责未落实到部门和责任人的情况,扣1~10分			
		未根据项目特点补充完善更新制度的情况,扣1~10分			
	安全生产管理组织机构	建设单位未成立专门安全生产管理机构,扣15分	15		15
		建设单位未建立安全生产监管网络,扣10分			
	安全生产监管活动记录	无对项目经理部进行检查的记录,扣12分	12		10
		对项目经理部进行检查的记录不全,扣5~12分		1	
		无对总监办进行检查的记录,扣12分			
		对总监办进行检查的记录不全,扣5~12分			
		检查出安全隐患及相关问题未及时下达整改意见,扣6分		1	
	审查安全专项方案情况	未按规定组织施工安全专项方案审查,扣12分	12		10
		组织施工安全专项方案审查不符合规定要求扣1~12分			
		未按规定参与安全专项方案审查会议,扣12分			
		参与安全专项方案审查不符合规定要求,扣1~12分		2	
	安全生产事故应急预案编制情况	未编制应急预案,扣12分	12		12
		应急预案未经评审,扣8分			
	安全经费使用情况	无审批施工单位项目部上报的安全生产经费使用计划的记录,扣10分	10		9
		建设单位无安全生产经费检查记录,扣10分			
		建设单位安全生产经费检查记录不全,扣1~10分		1	
	宣传及教育情况	安全教育培训次数不符合标准,扣5分	8		7
		无相关培训记录,或记录不全,扣1~8分			
		安全宣传活动次数不符合标准,扣5分			
		宣传活动无记录,记录不全,扣1~8分		1	
	信息交流情况	无相关传达记录,扣5分	8		5
		未对最新安全生产法律法规、规章制度、技术标准等进行传达,或传达不及时,扣1~8分		2	
		未对最新相关信息进行传达,或传达不及时,扣1~8分		1	
	事故报告与处理	对于较大安全生产事故(死亡3~9人的事故)未及时上报,扣1~8分	8		8
		无事故报告相关记录,扣5分			
		未按规定实施事故的报告和处理,未落实"四不放过",扣5分			
		事故报告途径不通畅,扣5分			
		未建立事故档案,扣5分			
	合　计		100		90

附表2 总监办内业资料考核表（以泰州大桥工程项目为例）

一级考核要素	二级考核要素	考核标准		分值	扣分	实得分
内业资料	各项安全生产制度文件情况	未以文件形式建立各项制度，扣20分		20	2	18
		制度文件中的职责未落实到部门和责任人的情况，扣10～20分				
		未根据项目特点补充完善更新制度的情况，扣10～20分				
	安全生产管理组织机构	未组建安全生产监理领导小组，扣20分		15	1	14
		未配置专职安全监理人员，扣5～15分				
		未配备必要的兼职安全监理工程师，扣5～15分				
	安全检查和旁站记录	安全检查	未制定各项安全检查计划，扣15分	15	2	12
			未按照计划组织各类安全检查，扣15分			
			发现存在安全事故隐患的，未要求施工单位整改，扣5～10分			
			未保留安全检查、整改通知及回复记录，扣5～10分		1	
		旁站监督	未对危险性较大的工程及作业的旁站监督，扣5～10分			
			旁站记录编制及归档情况，扣5～10分			
	审查安全专项方案情况	未参与安全专项方案审查会议，扣5～15分		15	2	13
		组织职责范围内的安全方案的审查不全或缺失，扣1～10分				
	审查安全生产事故应急预案编制情况	未审查应急预案，扣5～15分		15	1	14
		审查应急预案记录不全，扣1～10分				
	安全生产专项经费的审核	未严格按照经费使用办法进行考查，扣3～5分		10		10
		对施工单位安全经费的审批没有留存记录或记录不全，扣3～5分				
		对施工单位的安全专项经费申请报告未经审核即批准上报，扣5分				
	教育培训情况	相关人员安全教育培训次数不符合标准，扣5分		5	1	4
		无相关培训记录，或记录不全，扣1～5分				
	监理档案建立情况	未确定专门人员进行安全资料的汇总、管理，扣5分		5	2	3
		安全档案管理规范、安全台账记录不完整，扣1～5分				
		《安全监理日志》记录不规范，扣1～5分				
合　　计				100		88

附表3　项目部内业资料考核表（以泰州大桥工程项目为例）

一级考核要素	二级考核要素	考核标准	分值	扣分	实得分
内业资料	建立各项安全生产制度情况	未以文件形式建立各项制度，扣20分	20	2	18
		制度文件中的职责未落实到部门和责任人的情况，扣10～20分			
		未根据项目特点补充完善更新制度的情况，扣10～20分			
	建立安全生产组织机构情况	企业未按规定设置安全生产管理机构或配备专职安全生产管理人员，扣15分	15	2	13
		各级未配备足够的专、兼职安全生产管理人员，扣1～15分			
	合理使用安全生产费用及办理保险情况	未严格按照经费使用办法进行费用使用，扣1～15分	15	2	13
		费用使用相关发票等证明不全或无，扣1～15分			
		未给全体施工现场的人员办理保险，扣15分			
	编制安全专项方案，组织安全技术交底	未编制安全专项方案，扣15分	15	3	12
		编制重大方案不全，扣1～10分			
		安全技术交底记录不足或不全，扣1～10分			
	安全检查记录	未制定各项安全检查计划，扣15分	15	3	12
		未按照计划组织各类安全检查，扣15分			
		安全隐患未按监理要求进行整改，扣5～10分			
		未保留安全检查、整改通知及回复记录，扣5～10分			
	教育培训情况	安全教育培训次数不符合标准，扣1～10分	10	1	9
		无相关培训记录，或记录不全，扣1～10分			
	安全管理档案建立情况	安全档案不完备，扣1～10分	10	1	9
		未确定专门人员进行安全资料的汇总、管理，扣1～10分			
合　计			100		86

附表4　施工现场考核表（以泰州大桥工程项目为例）

一级考核要素	二级考核要素		考核标准	分值	扣分	实得分
现场检查	人员安全操作情况	人员资质	作业人员无证上岗，扣3分/人	50	5	42
		人员操作	作业人员操作不符合规范，扣5分/人			
		安全防护	作业人员安全防护不符合规范，扣3分/人		3	
	设备与设施管理	大型设备管理	无专人管理，扣5分/次	20		17
			设备使用时无人做现场维护，扣8分/次		1	
		特种设备管理	无专人管理，扣5分/次			
			设备使用时无人做现场维护，扣8分/次		1	
		安全检查测试工具管理	未按有关规定配备相应的安全检测工具，扣5分			
			安全检测工具无生产许可证和产品合格证或证件不齐全，扣4分/处		1	
			安全检测工具未按规定进行复检，扣10分			
	作业环境安全	施工场所安全条件	施工场所粉尘、毒物、噪声等未达到有关安全标准的要求，扣5分	30		26
			施工现场生活区、办公区、施工区设置不符合有关规定要求，扣5分		1	
			施工现场未按要求进行封闭围挡，扣5分			
			未按照标准要求配置安全宣传标语，扣5分		1	
			未按照要求设置警示牌、指示牌、公告牌及各种禁止标志，扣10分			
			施工现场未按规定设置围挡设施及封闭管理，扣10分			
			施工现场未配备规定灭火器材，扣10分		1	
		施工用电安全	警示、警告标识不符合安全色与安全标志规定要求，扣3分/处			
			外电防护措施不符合要求、封闭不严密，扣5分			
			接地与接零保护系统不符合要求，扣5分		1	
			配电箱、开关箱设置与使用，配电线路不符合要求，扣10分			
			变配电装置不符合安全规定，扣10分			
			现场照明不符合施工安全要求，扣5分			
合　　计				100		85

4.4 公路水运工程"平安工地"建设考核评价标准

2010 年 4 月,江苏省制定了《江苏省公路水运工程"平安工地"建设达标标准》(征求意见稿)(苏交质〔2010〕19 号),以下简称《标准》,在江苏省公路水运工程开展了"平安工地"建设达标考核。

4.4.1 考核评价方法

1. 适用范围

(1) 本《标准》适用于江苏省公路水运工程"平安工地"创建达标工作的指导和考核。

(2) 达标工地考核仅对施工单位进行,达标工程考核对项目建设、施工、监理单位综合进行。

2. 评定标准

本《标准》采用千分制。达标工程考核分值计算为:

$$建设单位得分 \times 0.1 + \frac{\sum 项目所有监理标段得分}{监理标段个数} \times 0.2$$
$$+ \frac{\sum 项目所有在建施工标段得分}{在建施工标段个数} \times 0.7$$

达标示范工程标准:工程考核总分应达到 850 分以上,同时所有参建单位个体得分必须全部达到 600 分以上,且未发生伤亡事故。

4.4.2 考核内容及要求

本《标准》适用于江苏省公路水运工程"平安工地"创建达标工作的指导和考核,分别明确了建设单位、监理单位、施工单位的考核内容及要求。

1. 建设单位

(1) 执行政策

● 对国家、行业及上级有关工程建设安全管理工作政策、法规进行贯彻落实。

● 制定"平安工地"建设活动贯彻实施方案。

● 对"平安工地"建设活动进行部署。

● 按要求参加各类会议、培训;按要求报送相关工作情况。

(2) 责任落实

● 单位主管领导和分管领导、内部各部门安全责任明确,明确归口部门和责任人。

● 建立安全会议、检查、隐患整改及事故报告等制度。

（3）招标管理

● 招标文件应当要求施工单位具有有效的《安全生产许可证》、按每 5 000 万元合同额配备 1 名 C 类证书专职安全员、项目负责人须持有有效的 B 类证书。

● 在招标文件中，应当对施工单位工程安全管理提出要求。

● 与中标单位签订安全生产合同。

● 单列安全专项经费。

（4）检查考核

● 根据检查制度定期组织对项目从业单位安全检查，每次检查后形成检查通报。

● 督促从业单位对安全问题和隐患进行整改，从业单位应当及时书面反馈整改情况。对不能立即整改的隐患应要求排出整改计划及防范措施。

● 对于施工、监理等从业单位安全工作进行定期考核，进行奖优罚劣。

（5）专项工作

● 编制项目应急预案，并根据实际情况组织演练。

● 按要求及时支付安全专项经费。

● 按要求进行事故报告及相关处置工作。

2. 监理单位

（1）工作策划

● 制定"平安工地"建设安全监理实施方案。

● 编写本项目安全监理大纲，制定安全监理实施细则。

（2）责任落实

● 明确总监、副总监及专业监理工程师、安全监理责任人的岗位职责。

● 建立会议、检查、方案审查、专项经费审批、隐患督促整改等工作制度。

（3）审查审批

● 审查或组织审查施工单位危险性较大的分部分项工程安全专项方案和施工临时用电方案。

● 对施工单位申报的安全专项经费及时审批。

（4）安全检查

● 对施工单位内业资料检查。

● 对施工现场检查，填写安全监理日志。

● 对于短时间难以消除的安全隐患，排出督促整改计划，并对整改期施工现场的防范措施进行检查。

（5）安全活动

● 安全监理例会至少每月进行一次，对当前工作进行总结、点评，对下月工作进行部署。

● 及时学习上级有关政策，对相关安全监理业务知识开展培训。

● 对内部安全监理工作进行考核。

3. 施工单位

（1）责任落实

● 建立项目安全生产组织体系框图，框图应涵盖领导层、各部门、作业层 3 个层次。

● 明确项目负责人、各部门、作业层安全生产责任。

● 国家法律、行业及上级要求施工单位开展的安全工作均应建立相应的管理制度。制度建设应当具有针对性、可操作性和时效性。

（2）工作策划

● 制定本标段"平安工地"建设工作方案。

● 制定本标段安全工作计划并进行安全目标分解。

（3）安全活动

● 标段至少每月组织一次安全生产工作例会，临时性的重要工作有专门会议部署。

● 对所有进场人员实行实名登记，对新进场、转岗、复工工人开展安全培训教育。

● 对于相关作业人员开展安全技术交底，项目经理部资料应包括全体作业人员。

（4）专项方案

● 对标段分部分项工程进行危险性分析，列出需编制安全专项方案的分部分项工程名称。

● 按照要求开展危险性较大的分部分项工程编制及报审。

● 方案经监理审查通过后在现场予以实施，相应的分部分项工程方可开工。

● 按照要求编制应急救援预案并根据实际情况组织演练。

（5）人员持证

● 项目负责人均持有效 B 证；每 5 000 万元合同额配备一名持有效 C 证的专职安全员。证书内单位名称应当与中标单位相符且在有效期之内。

● 特殊工种均应持有效证书；证书应当按照要求进行年审，类别应当与标段内使用的机械设备、作业对应，有进出场时间。

（6）机械设备

● 标段施工机具建立分类管理台账，大型设备及模板、架设系统，建立"一机一档"，有进出场登记时间。

● 起重机械、大型提升及架设设施经法定检测或专项检测。

● 具有齐全的操作规程，按照要求进行设备维护。

● 编制临时用电方案，在现场有效实施。

（7）专项经费

● 根据安全工作计划、专项方案和规范要求开展现场安全防护、落实安全保障措施的要求，编制安全经费使用计划。

● 建立安全经费使用台账，为现场作业人员办理人身意外险。

（8）现场布设

● 施工现场布设、驻地建设满足安全规定。

● 临时便桥、临时房屋搭设满足要求。

● 各种警示警告标志、宣传告示牌、操作规程牌醒目、牢固且安放位置正确。

（9）安全防护

● 现场各种孔洞、高空临边防护到位，上下通道搭设满足要求。

● 各种作业按照规程进行，作业人员按照要求佩戴防护用品。

（10）检查整改

● 建立阶段性、可操作性强的日常安全巡查制度和安全生产大检查制度，并有相应的文书表达形式和奖惩办法。

● 专职安全员每日组织安全巡查，至少每个月由项目部领导带队组织标段安全生产大检查，并根据工作需要加密安全生产大检查的频率。

● 具有安全巡查记录，安全生产大检查应有通报并附有整改回单。

● 建立隐患排查登记和防控制度，现场各种安全隐患进行有效防控直至消除。

● 每月根据检查情况奖优罚劣。

附件 4-2　江苏省公路水运工程"平安工地"建设达标标准

一、编　制　说　明

为加强对全省公路水运工程"平安工地"建设活动的指导，加快全省公路水运工程安全生产管理规范化、标准化步伐，省厅研究制定了《江苏省公路水运工程"平安工地"建设达标标准》（以下简称《标准》），请遵照执行。

1. 本《标准》适用于江苏省公路水运工程"平安工地"创建达标工作的指导和考核。

2. 达标工地考核仅对施工单位进行，达标工程考核对项目建设、施工、监理单位综合进行。

3. 本《标准》采用千分制。评分达到 600 分及以上者为合格，评分达到 850 分及以上者为示范级。

达标工程考核分值计算为：

$$建设单位得分 \times 0.1 + \frac{\sum 项目所有监理标段得分}{监理标段个数} \times 0.2$$

$$+ \frac{\sum 项目所有在建施工标段得分}{在建施工标段个数} \times 0.7$$

达标示范工程标准：工程考核总分应达到 850 分以上，同时所有参建单位个体得分必须全部达到 600 分以上，且未发生伤亡事故。

4. 本《标准》各小项扣分上限值为该小项标准分。

二、建设单位达标考核标准

项目名称：

项目建设单位名称：

项目概况：

序号	类别	考核内容	考核方法	扣分标准	标准分	扣分	实得分	小项序号
1	执行政策	对国家、行业及上级有关工程建设安全管理工作政策、法规进行贯彻落实	查单位行文、会议记录和工作台账	未见记录者不得分；记录不全扣5~20分	50			1
		制定"平安工地"建设活动贯彻实施方案	查单位行文	未见文件不得分	80			2
		对"平安工地"建设活动进行部署	查会议台账	未见记录不得分	50			3
		按要求参加各类会议、培训；按要求报送相关工作情况	查会议培训记录、汇报材料	不按要求参加的每次扣5分；不按照要求报送材料的，每次扣5分	50			4
2	责任落实	单位主管领导和分管领导、内部各部门安全责任明确，明确归口部门和责任人	查单位行文	责任未落实或不明确的扣10~30分	70			5
		建立安全会议、检查、隐患整改及事故报告等制度	查单位行文	未行文的扣30分；制度建设少一项扣10分	80			6
3	招标管理	招标文件应当要求施工单位具有有效的《安全生产许可证》，按每5 000万元合同额配备一名C类证书专职安全员，项目负责人须持有有效的B类证书	查招投标文件并在对施工单位检查时进行验证	施工单位《安全生产许可证》被暂扣或已失效，扣30分；B、C类证书发现有效期已过或工作单位不是中标单位的每发现一例扣5分	70			7
		在招标文件中，应当对施工单位工程安全管理提出要求	查文件	未见者不得分	50			8
		与中标单位签订安全生产合同	查合同	未见者不得分	50			9
		单列安全专项经费	查合同	未见者不得分	70			10

续 表

序号	类别	考核内容	考核方法	扣分标准	标准分	扣分	实得分	小项序号
4	检查考核	根据检查制度定期组织对项目从业单位安全检查，每次检查后形成检查通报	查通报	未见记录的不得分；不能按照要求进行检查的扣10～30分	80			11
		督促从业单位对安全问题和隐患进行整改，从业单位应当及时书面反馈整改情况。对不能立即整改的隐患应要求排出整改计划及防范措施	查反馈意见，到现场进行核验	未见反馈的不得分；整改不全，每少一项扣5分；整改计划及措施有效性不强，扣5～30分	80			12
		对于施工、监理等从业单位安全工作进行定期考核，进行奖优罚劣	查台账	未开展考核工作的不得分，考核和奖罚不及时的酌情扣10～30分	70			13
5	专项工作	编制项目应急预案，并根据实际情况组织演练	查文件和记录	未编预案的不得分；预案针对性差和演练不及时的酌情扣5～20分	50			14
		按要求及时支付安全专项经费	查台账	不能及时或按照要求支付的扣5～20分	50			15
		按要求进行事故报告及相关处置工作	查台账	未发生事故的不扣分；发现事故未按要求进行报告、处置的扣10～20分	50			16
合计					1 000			

三、监理单位达标考核标准

监理标段名称：

监理单位名称：

总监姓名：

监理范围：

序号	类别	考核内容	考核方法	扣分标准	标准分	扣分	实得分	小项序号
1	工作策划	制定"平安工地"建设安全监理实施方案	查文件	未见文件不得分；针对性不强酌情扣10～30分	70			17
		编写本项目安全监理大纲，制定安全监理实施细则	查文件	未见文件不得分；监理大纲、细则编制针对性不强，未体现阶段性特点的酌情扣10～20分	100			18

续　表

序号	类别	考核内容	考核方法	扣分标准	标准分	扣分	实得分	小项序号
2	责任落实	明确总监、副总监及专业监理工程师、安全监理责任人的岗位职责	查文件	责任未落实或没有针对性的扣10～30分	70			19
		建立会议、检查、方案审查、专项经费审批、隐患督促整改等工作制度	查文件	制度少一项扣20分；制度制定针对性、可操作性不强酌情扣10～30分	100			20
3	审查审批	审查或组织审查施工单位危险性较大的分部分项工程安全专项方案和施工临时用电方案	查文件	未审查的不得分；未认真或未及时审查的酌情扣20～40分；方案未审查通过，工程已实施的扣30分	100			21
		对施工单位申报的安全专项经费及时审批	查相关记录，现场检查印证	未认真审批的扣10～30分	70			22
4	安全检查	对施工单位内业资料检查	查记录，施工单位内业资料情况印证	未检查不得分；检查不认真或检查结果与实际不符的，扣10～30分	70			23
		对施工现场检查，填写安全监理日志	查记录，施工现场情况印证	未按规定进行检查，扣20～40分，未填写监理日志或记录不全，扣20～60分	110			24
		对于短时间难以消除的安全隐患，排出督促整改计划，并对整改期施工现场的防范措施进行检查	查记录，施工现场核对	未按规定进行督促整改的，扣20～40分	100			25
5	安全活动	安全监理例会至少每月进行一次，对当前工作进行总结、点评，对下月工作进行部署	查记录	未正常开展的扣10～30分	70			26
		及时学习上级有关政策，对相关安全监理业务知识开展培训	查记录	未进行内部培训教育的不得分；总监（监理组长）、安全监理工程师未持交通部安全环保培训合格证书，每人次扣20分；培训教育不及时、针对性不强的扣10～30分	70			27
		对内部安全监理工作进行考核	查记录	未考核的不得分；考核未全覆盖，不及时酌情扣10～30分	70			28
合计					1 000			

四、施工单位考核达标标准

标段名称：

中标施工单位名称：

项目经理姓名：

标段工程概况：

序号	类别	考核内容	考核方法	扣分标准	标准分	扣分	实得分	小项序号
1	责任落实	建立项目安全生产组织体系框图，框图应涵盖领导层、各部门、作业层3个层次	查项目部行文	安全生产组织体系覆盖不全，扣5～10分	20			29
		明确项目负责人、各部门、作业层安全生产责任	查项目部行文	责任不全或未全覆盖，扣5～10分；责任表述不符合本项目实际情况，扣5～10分	30			30
		国家法律、行业及上级要求施工单位开展的安全工作均应建立相应的管理制度。制度建设应当具有针对性、可操作性和时效性	查文件	制度建设项目不全，扣5～25分；制度"三性"不强，扣5～25分	50			31
2	工作策划	制定本标段"平安工地"建设工作方案	查文件	未见文件不得分；针对性、可操作性不强，扣10～30分	50			32
		制定本标段安全工作计划并进行安全目标分解	查文件	安全计划及任务不分解、不具体，扣5～10分	20			33
3	安全活动	标段至少每月组织一次安全生产工作例会，临时性的重要工作有专门会议部署	查记录	记录不全，扣5～10分	20			34
		对所有进场人员实行实名登记，对新进场、转岗、复工工人开展安全培训教育	查台账，现场随机抽查施工工人，进行核证	未见人员登记册，扣15分；安全培训教育名单与人员花名册不符或与现场人员不符，扣5～10分	30			35
		对于相关作业人员开展安全技术交底，项目经理部资料应包括全体作业人员	查台账，现场随机抽查工人进行印证	安全技术交底资料不全，扣5～10分；安全技术交底与现场抽查人员不符，扣5～10分	30			36

续　表

序号	类别	考核内容	考核方法	扣分标准	标准分	扣分	实得分	小项序号
4	专项方案	对标段分部分项工程进行危险性分析,列出需编制安全专项方案的分部分项工程名称	查台账	未分析及未列出目录的不得分;不全者扣5~15分	30			37
		按照要求开展危险性较大的分部分项工程编制及报审	查文件	未按照要求编制和报审的,扣10~20分;方案编制笼统、针对性不强或有明显错误的扣10~20分	50			38
		方案经监理审查通过后在现场予以实施,相应的分部分项工程方可开工	查台账,现场核验	审查通过后的方案未在现场有效实施的,扣10~20分;方案未审查通过相应的分部分项工程开工的,扣20分	40			39
		按照要求编制应急救援预案并根据实际情况组织演练	查文件、台账	未编制预案的不得分;预案编制针对性、可操作性不强且未组织演练的扣10~20分	40			40
5	人员持证	项目负责人均持有效B证;每5 000万元配备一名持有效C证的专职安全员。证书内单位名称应当与中标单位相符且在有效期之内	查证件	发现一例未持有效证书,扣5分	30			41
		特殊工种均应持有效证书;证书应当按照要求进行年审,类别应当与标段内使用的机械设备、作业对应,有进出场时间	查台账,同时与人员在现场对应检查,现场随机抽检	发现一例未持有效证书,扣5分;证书类别与标段实际情况不符或持证人没有进出场时间,扣5~15分	30			42
6	机械设备	标段施工机具建立分类管理台账,大型设备及模板、架设系统,建立"一机一档",有进出场登记时间	查台账	台账不全,扣5~20分	30			43
		起重机械、大型提升及架设施设经法定检测或专项检测	查台账,现场对比	未检测扣40分;记录不全或与实物不符,扣10~20分	50			44
		具有齐全的操作规程,按照要求进行设备维护	查记录	资料不符要求或不全,扣10~20分	30			45
		编制临时用电方案,在现场有效实施	查记录、现场检查	不满足要求的,扣5~15分	30			46

续 表

序号	类别	考核内容	考核方法	扣分标准	标准分	扣分	实得分	小项序号
7	专项经费	根据安全工作计划、专项方案和规范要求开展现场安全防护,落实安全保障措施的要求,编制安全经费使用计划	查记录	未编制使用计划不得分;计划针对性不强,扣10~20分	40			47
		建立安全经费使用台账,为现场作业人员办理人身意外险	查记录,有条件的进行现场比对	台账不全或与现场不符,扣5~15分	30			48
8	现场布设	施工现场布设、驻地建设满足安全规定	现场检查	不满足要求扣10~20分	30			49
		临时便桥、临时房屋搭设满足要求	现场检查	不满足要求扣10~20分	30			50
		各种警示警告标志、宣传告示牌、操作规程牌醒目、牢固且安放位置正确	现场检查	不满足要求扣5~15分	20			51
9	安全防护	现场各种孔洞、高空临边防护到位,上下通道搭设满足要求	现场检查	不满足要求扣10~20分	30			52
		各种作业按照规程进行,作业人员按照要求佩戴防护用品	现场检查	发现一例违规作业,扣5分	20			53
10	检查整改	建立阶段性、可操作性强的日常安全巡查制度和安全生产大检查制度,并有相应的文书表达形式和奖惩办法	查台账	检查次数或组织形式不满足要求的,扣5分	30			54
		专职安全员每日组织安全巡查,至少每个月由项目部领导带队组织标段安全生产大检查,并根据工作需要加密安全生产大检查的频率	查台账、文件	不全者扣10~20分	40			55
		具有安全巡查记录,安全生产大检查应有通报并附有整改回单	查文件,整改完毕的进行现场对证	不满足要求的扣10~20分	40			56
		建立隐患排查登记和防控制度,现场各种安全隐患进行有效防控直至消除	现场检查	不满足要求的扣10~20分	40			57
		每月根据检查情况奖优罚劣	查记录	未进行者不得分;不全者扣10~20分	40			58
合 计					1 000			

4.5 泰州大桥安全生产风险抵押金考核制度

泰州大桥建设单位制定了《工程建设安全生产风险抵押金制度》及《安全生产检查及考核细则》，对施工单位实施了安全生产风险抵押金考核。

通过实施安全生产风险抵押金考核，将安全工作与施工单位及其安全管理人员的经济利益直接挂钩，有效调动了施工单位及其安全管理人员的积极性，能够明显提升建设单位安全管理的力度，促进安全内业资料的规范，以及现场安全状况的改善。

4.5.1 考核评价办法

1. 目的

为促进泰州大桥安全生产的深入开展，进一步落实安全生产责任制，提高各参建单位的安全生产意识，保障大桥建设的顺利实施，泰州大桥对施工单位实施安全生产风险抵押金考核，即要求施工单位及其安全管理人员在开工后按照合同价的一定比例缴纳风险抵押金，并根据每季度检查考核的结果实行一定比例的奖惩。

2. 出资办法

安全生产风险抵押金是为了在建设过程中，更好地保障参建单位和参加人员的人身和财产安全，促进安全生产工作而设置，安全风险抵押金根据具体施工标段的施工条件和作业难度分标段设置（合同清单价格的 0.1%～1%），由各参建的施工项目部和有关人员出资。

风险抵押金中的 25% 由项目部领导班子、安全生产关键岗位个人承担（项目经理出资金额不少于 5%，出资个人名单及出资金额须上报建设单位），75% 由标段项目部承担。

各施工项目部出资的安全生产风险抵押金须一次付清，在合同签订后 28 日内，由各中标单位施工项目部交建设单位。

3. 考核办法

安全生产奖惩与每季度安全生产检查考核结果挂钩，安全生产考评根据《安全生产检查考核细则》按季度进行，季度内施工不足 1 个月的，本季度不考核。

4. 奖惩办法

(1) 未发生安全事故的

① 当年度考核均分≥95 分，给予该标段与当年安全生产风险金同等额度的奖励。

② 当年度 95 分＞考核均分≥90 分，给予该标段当年安全生产风险金 80% 的奖励额。

③ 当年度 90 分＞考核均分≥85 分，给予该标段当年安全生产风险金 60% 的奖励额。

④ 当年度 85 分＞考核均分≥80 分，给予该标段当年安全生产风险金 40% 的奖励额。

⑤ 当年度 80 分＞考核均分≥75 分，给予该标段当年安全生产风险金 20% 的奖励额。

⑥ 当年度 75 分＞考核均分≥70 分，不给予奖励。

⑦ 当年度 70 分＞考核均分≥60 分，扣留该标段当年安全生产风险金的 50%。

⑧ 当年度考核均分在 60 分以下，扣留该标段当年安全生产风险金的 100%。

当年安全生产风险金 = 标段安全风险抵押金 × 当年计量工程量清单量 / 合同清单价

（2）发生安全事故的

① 在施工期内若发生 2 人或 2 人以下死亡安全生产责任事故的，将扣回已发奖金，同时，每发生一起 2 人或 2 人以下死亡事故的，将扣留安全风险抵押金总额的 50%，扣留金额将用于配合事故的应急救援、调查处理。

② 在施工期内若发生 3 人或 3 人以上死亡安全生产责任事故的，将扣回已发奖金，同时，每发生一起 3 人或 3 人以上死亡事故的，将扣留安全风险抵押金总额的 100%，扣留金额将用于配合事故的应急救援、调查处理。

③ 在施工期内发生死亡安全生产责任事故的，将取消项目部在剩余工期内获得安全生产奖励的资格。

5．实施效果

通过实施安全生产风险抵押金考核，将安全工作与施工单位及其安全管理人员的经济利益直接挂钩，有效调动了施工单位及其安全管理人员的积极性，能够明显提升建设单位安全管理的力度，促进安全内业资料的规范，以及现场安全状况的改善。

4.5.2　考核内容及要求

《安全生产检查及考核细则》检查的形式分为内业资料检查、现场检查和安全知识考核，共 14 大项，其考核内容及要求阐述如下：

1．安全生产保证体系

（1）对国家、行业及上级有关工程建设安全管理工作政策、法规进行贯彻落实。

（2）建立健全安全生产责任制。

（3）专门设立安全生产管理机构。

（4）建立健全安全生产的规章制度。

2．人员配备与持证情况

（1）项目负责人、专职安全生产管理人员持安全证书。

（2）按规定比例配备专职安全员。

（3）特种作业人员持证上岗。

3．安全管理目标

（1）制定安全管理目标。

（2）进行安全管理目标责任分解。

4．安全档案

（1）有专门人员进行安全资料的汇总、管理。

（2）安全档案管理规范。

（3）设立安全台账。

（4）记录施工安全日志。

5．安全技术方案

（1）分部工程或有危险作业的分项工程编制安全技术方案。

（2）方案中针对工程特点进行危险源分析并提出控制点、预防措施。

（3）施工过程中安全技术方案措施落实到位。

6．安全技术交底

（1）在分项工程开工前、工序转换前进行安全技术交底。

（2）书面安全技术交底，履行签字手续。

7．安全培训教育

（1）按规定定期组织全体人员和考核安全培训教育。

（2）对转岗、新进场、复工工人进行安全培训。

（3）安全培训有记录。

8．安全检查

（1）按规定进行安全检查。

（2）检查出事故隐患按期进行整改。

（3）安全检查详细记录。

9．安全经费

（1）编制安全投入计划。

（2）安全投入满足要求。

（3）安全生产经费使用有记录。

（4）为全体现场作业人员办理人身意外伤害保险。

10．应急救援

（1）制定事故应急救援预案，且有可操作性。

（2）现场公布应急救援组织机构。

（3）配备应急救援设备。

（4）定时进行应急救援预案的演习。

11．施工环境

（1）生活区、办公区、施工区分开设置。

（2）施工现场封闭管理，按要求进行现场围挡。

（3）材料（危险品）按照要求进行堆放。

（4）施工现场采取针对性安全措施。

（5）油库、发电机房、配电房、木工间、仓库、宿舍区等重点防火部位落实责任人，消防器材按要求配备并保持状态完好。

（6）按要求设置各种警示牌、指示牌、公告牌和各种禁止标志。

（7）施工便道、便桥能满足正常使用。

12．人员配备与持证情况

（1）现场作业配戴安全帽。

（2）高空作业施工人员每一位人员按要求佩带安全带。

（3）大型水上作业配备救生器材。

（4）高空作业、水上作业施工平台及基坑施工按要求设置防护。

（5）临边、洞口按要求设置防护和明显的警示标志。

13．施工用电

（1）专门编制施工用电方案并报监理单位审批。

（2）外电保护满足相关要求。

（3）接地与接零保护系统满足相关要求。

（4）配电箱与开关箱设置与使用、配电线路满足相关要求。

14. 大型临时工程、大型施工机械

（1）脚手架、支架、模板、猫道等大型临时工程编制施工方案、设计计算书，并经过独立第三方复核。

（2）大型临时工程按批准的方案进行施工。

（3）大型临时工程使用前进行专项验收。

（4）塔吊、电梯、架桥机等大型设备编制安装、拆除方案。

（5）塔吊、电梯、架桥机等安装后经监督部门验收合格。

（6）按照有关要求进行设备维护。

（7）吊装作业按有关规程执行。

（8）专用大型机械和大型临时设施的生产、制造派专人监造。

附件 4-3　泰州长江公路大桥工程建设安全生产风险抵押金制度

第一条　为促进泰州长江公路大桥（简称"泰州大桥"）安全生产的深入开展，进一步落实安全生产责任制，提高各参建单位的安全生产意识，保障大桥建设的顺利实施，按照《中华人民共和国安全生产法》和《江苏省安全生产条例》的精神、交通部《关于 2006 年交通建设安全生产工作的意见》的要求，制定本制度。

第二条　本制度适用于泰州大桥工程建设的各施工标段项目部。

第三条　安全生产风险抵押金是为了在建设过程中，更好地保障参建单位和参加人员的人身和财产安全，促进安全生产工作而设置，安全风险抵押金根据具体施工标段的施工条件和作业难度分标段设置（合同清单价格的 0.1%～1%），由各参建的施工项目部和有关人员出资。

第四条　风险抵押金中的 25% 由项目部领导班子、安全生产关键岗位个人承担（项目经理出资金额不少于 5%，出资个人名单及出资金额须上报指挥部），75% 由标段项目部承担。

第五条　各施工项目部出资的安全生产风险抵押金须一次付清，在合同签订后 28 日内，由各中标单位施工项目部交指挥部。

第六条　安全生产奖惩与每季度安全生产检查考核结果挂钩，安全生产考评根据《泰州长江公路大桥安全生产检查考核细则》按季度进行，季度内施工不足一个月的，本季度不考核。

第七条　安全生产的奖惩

1. 未发生安全事故的

（1）当年度考核均分≥95 分，指挥部将给予该标段与当年安全生产风险金同等额度的奖励。

（2）当年度 95 分＞考核均分≥90 分,指挥部将给予该标段当年安全生产风险金 80％的奖励额。

（3）当年度 90 分＞考核均分≥85 分,指挥部将给予该标段当年安全生产风险金 60％的奖励额。

（4）当年度 85 分＞考核均分≥80 分,指挥部将给予该标段当年安全生产风险金 40％的奖励额。

（5）当年度 80 分＞考核均分≥75 分,指挥部将给予该标段当年安全生产风险金 20％的奖励额。

（6）当年度 75 分＞考核均分≥70 分,指挥部将不给予奖励。

（7）当年度 70 分＞考核均分≥60 分,指挥部将扣留该标段当年安全生产风险金的 50％。

（8）当年度考核均分在 60 分以下的,指挥部将扣留该标段当年安全生产风险金的 100％。

当年安全生产风险金 ＝ 标段安全风险抵押金×当年计量工程量清单量／合同清单价

2. 发生安全事故的

（1）在施工期内若发生 2 人或 2 人以下死亡安全生产责任事故的,指挥部将扣回已发奖金,同时,每发生一起 2 人或 2 人以下死亡事故的,指挥部将扣留安全风险抵押金总额的 50％,扣留金额将用于配合事故的应急救援、调查处理。

（2）在施工期内若发生 3 人或 3 人以上死亡安全生产责任事故的,指挥部将扣回已发奖金,同时,每发生一起 3 人或 3 人以上死亡事故的,指挥部将扣留安全风险抵押金总额的 100％,扣留金额将用于配合事故的应急救援、调查处理。

（3）在施工期内发生死亡安全生产责任事故的,指挥部将取消项目部在剩余工期内获得安全生产奖励的资格。

第八条　安全风险抵押金在各标段工程结束后一次性返还。若项目部安全风险抵押金被部分或全部扣留,项目部须在扣留通知下发之日起 28 天内足额补交被扣留金额。

第九条　各项目部安全风险抵押金中个人出资部分,实行按比例奖惩,并由各项目部落实到个人。

第十条　本细则由江苏省长江公路大桥建设指挥部负责解释。

第十一条　本制度自印发之日起施行。

附件 4-4　泰州长江公路大桥安全生产检查考核细则

第一条　为加强泰州长江公路大桥(下称"泰州大桥")工程安全生产管理,规范安全检查考核活动,现根据《中华人民共和国安全生产法》、《建设工程安全管理条例》、《江苏省安全生产条例》、江苏省交通厅工程质量监督站的《江苏省交通建设工程安全责任制度》、《江苏省公路建设项目施工现场安全生产监督检查标准(试行)》以及建设行业相关工程安全规程、标准,制定本细则。

第二条 本细则适用于泰州大桥跨江桥梁工程各施工项目部的安全检查考核工作。

第三条 在按本细则检查时,除符合本细则的规定外,还应符合国家、省有关安全技术管理标准、规范和规定。

第四条 安全生产检查考核由江苏省长江公路大桥指挥部组织有关人员进行,时间为每季度的第三个月,对于进场不到一个月的施工项目部,不进行检查考核。

第五条 检查的形式为内业资料检查、现场检查和安全知识考核。

第六条 检查考核主要内容见"泰州长江公路大桥安全生产检查考核表",共14项。

第七条 考核满分为100分,采用扣分方式进行计分,扣分总数不得大于各分项的总分。考核将根据季度检查情况和本季度内各施工项目部的安全生产管理情况综合评分。

第八条 每季度的考核结果将于下个季度第一个月公布,当年各季度考核的平均分与各标段安全风险抵押金挂钩,详见"安全风险抵押金制度"。

第九条 未尽事宜由江苏省长江公路大桥建设指挥部负责解释。

第十条 本制度自印发之日起施行。

泰州长江公路大桥安全生产检查考核表

检查类别序号	检查类别及分值	检查项目	扣分	得分
一	安全生产保证体系(10)	未建立健全安全生产责任制的扣1~3分 未专门设立安全生产管理机构或安全机构未履行其职责的扣1~3分 未建立健全安全生产规章制度的扣1~3分 没有各工种安全操作规程或规程不全的扣1~3分		
二	人员配备与持证情况(5)	项目负责人、专职安全生产管理人员未持证或持证不全的扣2~5分 未按规定比例配备专职安全员的扣1~3分 特种作业人员未持证上岗的扣1~3分		
三	安全管理目标(5)	未制定安全管理目标的扣5分 未进行安全管理目标责任分解或分解不到位的扣1~3分 无目标考核规定或规定不具体的扣1~2分 考核办法未落实的扣1~2分		
四	安全档案(5)	未有专门人员进行安全资料的汇总、管理的扣1~2分 安全档案管理不规范的扣1~2分 未设安全台账或台账记录不全的扣1~2分 未记施工安全日志或日志记录不全的扣1~2分		
五	安全技术方案(10)	分部工程或有危险作业的分项工程未编制安全技术方案的扣10分 方案中未针对工程特点进行危险源分析并提出控制点、预防措施的扣1~3分 施工过程中安全技术方案措施落实不到位的扣1~5分		

续　表

检查类别序号	检查类别及分值	检查项目	扣分	得分
六	安全技术交底(5)	在分项工程开工前、工序转换前未进行安全技术交底的扣2~5分 无书面安全技术交底的扣1~2分 交底未按规定履行签字手续的扣1~2分 安全技术交底无记录或记录不全的扣1~2分		
七	安全培训教育(5)	未按规定定期组织全体人员和考核安全培训教育的扣1~3分 对转岗、新进场、复工工人未进行安全培训的扣1~2分 安全培训没有记录或记录不全扣1~2分 现场所有人员每发现一位未持安全培训教育合格证的扣0.5分 现场人员每发现一位无继续培训教育记录的扣0.5分		
八	安全检查(5)	未按规定进行安全检查的扣2~5分 检查出事故隐患未按期进行整改或整改不到位的扣1~3分 安全检查未记录或记录不全的扣除1~2分		
九	安全经费(5)	没有编制安全投入计划的扣2分 安全投入不足的扣2分 安全生产经费使用无记录或记录不全的扣1~2分 未为全体现场作业人员办理人身意外伤害保险的扣1~5分		
十	应急救援(5)	没有制定事故应急救援预案扣5分 应急救援预案操作性不强的扣1~2分 没有或没有现场公布应急救援组织机构扣2分 没有配备应急救援设备或配备不全扣1~2分 没有进行应急救援预案的演习扣1分		
十一	施工环境(5)	生活区、办公区、施工区未分开设置的扣1分 施工现场未封闭管理、未按要求进行现场围挡的扣1~3分 材料(危险品)未按照要求进行堆放的扣1~2分 施工现场未采取针对性安全措施的每一处扣1分 油库、发电机房、配电房、木工间、仓库、宿舍区等重点防火部位未落实责任人,消防器材未按要求配备并保持状态完好的扣1~3分 未按要求设置各种警示牌、指示牌、公告牌和各种禁止标志的扣1~3分 施工便道、便桥未能满足正常使用的扣1分		
十二	现场作业(15)	现场每发现一位人员未配戴安全帽扣0.5分 高空作业施工人员每发现一位人员未按要求佩带安全带扣0.5分 有大型水上作业未配备救生器材或配备不全的扣2~5分 从事水上作业的有关人员未按要求穿救生衣,每发现一位人员扣0.5分 高空作业、水上作业施工平台及基坑施工未按要求设置防护的扣2~5分 临边、洞口未按要求设置防护和明显警示标志的有一处扣1分		

续　表

检查类别序号	检查类别及分值	检查项目	扣分	得分
十三	施工用电（5）	未专门编制施工用电方案或未经监理单位审批的扣3分 外电保护未满足相关要求的扣1~3分 接地与接零保护系统未满足相关要求扣1~3分 配电箱与开关箱设置与使用、配电线路不满足相关要求的扣1~3分		
十四	大型临时工程、大型施工机械（15分）	脚手架、支架、模板、猫道等大型临时工程未编制施工方案、设计计算书或未经过独立第三方复核的扣5~8分 大型临时工程未按批准的方案进行施工的扣1~5分 大型临时工程使用前未进行专项验收的扣1~5分 塔吊、电梯、架桥机等大型设备的安装、拆除未编制方案或方案不全面具体的扣5~8分 塔吊、电梯、架桥机等安装后未经监督部门验收合格就使用的扣2~5分 未按照有关要求进行设备维护的扣1~3分 吊装作业未按有关规程的扣1~3分 专用大型机械和大型临时设施的生产、制造未派专人监造的扣5分		

5 安全生产费用精细化管理

5.1 安全生产费用概述

5.1.1 引言

安全生产费用是指企业按照规定标准提取在成本中列支,专门用于完善和改进企业或者项目安全生产条件的资金。随着社会经济的快速发展,自 2004 年以来,我国先后制定并实施了如《煤炭生产安全生产费用提取和使用管理办法》、《关于调整煤炭生产安全生产费用提取标准、加强煤炭生产安全生产费用使用管理与监督的通知》、《烟花爆竹生产企业安全生产费用提取与使用管理办法》和《高危行业企业安全生产费用财务管理暂行办法》等一系列有关安全生产费用的法规与政策,明确规定要企业建立安全生产费用制度。

但是,随着形势的变化,安全生产费用制度在提取标准、适用范围、使用方向、配套政策等方面需要调整和完善。为了建立安全生产投入的长效机制,在总结经验、广泛调研、征求意见基础上,财政部与国家安全生产监督管理总局对原有的一系列安全生产法规及政策进行了整合、修改、补充和完善,制定了《企业安全生产费用提取和使用管理办法》(财企〔2012〕16 号),对煤炭生产、非煤矿山开采、建设工程施工、危险品生产与储存、交通运输、烟花爆竹生产、冶金、机械制造、武器装备研制生产与试验(含民用航空及核燃料)等行业安全生产费用的提取、使用和管理予以明确。其目的是保证安全生产所需资金的投入,形成企业安全生产投入的长效机制,鼓励企业加强安全生产,满足企业安全生产新形势的需求,进一步加强企业安全生产保障能力。

5.1.2 主要规定

1.《企业安全生产费用提取和使用管理办法》

为规范安全生产费用的使用和支付,确保安全生产费用落到实处,《企业安全生产费用提取和使用管理办法》第三条明确规定:安全生产费用按照"企业提取、政府监管、确保需要、规范使用"的原则进行管理。第七条中对各建设工程类别安全生产费用的提取标准作了明确规定:矿山工程为 2.5%;房屋建筑工程、水利水电工程、电力工程、铁路工程、城市轨道交通工程为 2.0%;市政公用工程、冶炼工程、机电安装工程、化工石油工程、港口与航道工程、公路工程、通信工程为 1.5%。建设工程施工企业提取的安全生产费用列入工程造价,在竞标时,不得删减,列入标外管理。

第三十一条规定:企业应当建立健全内部安全生产费用管理制度,明确安全生产费用提取和使用的程序、职责及权限,按规定提取和使用安全生产费用。

第十九条对建设工程施工企业安全生产费用应当按照以下范围使用:

(1) 完善、改造和维护安全防护设施设备支出(不含"三同时"要求初期投入的安全设施),包括施工现场临时用电系统、洞口、临边、机械设备、高处作业防护、交叉作业防护、防火、防爆、防尘、防毒、防雷、防台风、防地质灾害、地下工程有害气体监测、通风、临时安全防护等设施设备支出。

(2) 配备、维护、保养应急救援器材、设备支出和应急演练支出。

(3) 开展重大危险源和事故隐患评估、监控和整改支出。

(4) 安全生产检查、评价(不包括新建、改建、扩建项目安全评价)、咨询和标准化建设支出。

(5) 配备和更新现场作业人员安全防护用品支出。

(6) 安全生产宣传、教育、培训支出。

(7) 安全生产适用的新技术、新标准、新工艺、新装备的推广应用支出。

(8) 安全设施及特种设备检测检验支出。

(9) 其他与安全生产直接相关的支出。

2. 《公路水运工程安全生产监督管理办法》

《公路水运工程安全生产监督管理办法》(交通部 2007 年第 1 号令)针对公路水运工程安全生产费用使用和监管提出一些具体的规定:

首先,总的原则为第四条所规定的:公路水运工程安全生产监督管理应当坚持安全第一、预防为主、综合治理的方针。

第十四条规定:建设单位在编制工程招标文件时,应确定公路水运工程项目安全作业环境及安全施工措施所需要的安全生产费用;安全生产费用由建设单位根据监理工程师对工程安全生产情况的签字确认进行支付。

第二十条规定:施工单位主要负责人依法对本单位的安全生产工作全面负责。施工单位应当建立健全安全生产责任制度和安全生产教育培训制度及安全生产技术交底制度,制定安全生产规章制度和操作规程,保证本单位安全生产条件所需资金的投入,对所承担的公路水运工程进行定期和专项安全检查,并做好安全检查记录。施工单位的项目负责人依法对项目的安全施工负责,落实安全生产各项制度,确保安全生产费用的有效使用,并根据工程特点组织制定安全施工措施,消除安全事故隐患,及时、如实报告生产安全事故。

第二十二条规定:施工单位在工程报价中应当包含安全生产费用,一般不得低于投标价的 1%,且不得作为竞争性报价;安全生产费用应当用于施工安全防护用具及设施的采购和更新、安全施工措施的落实、安全生产条件的改善,不得挪作他用。

5.1.3 存在问题

虽然上述文件提出了安全生产费用使用的基本内容和要求,但由于过于宏观,且缺乏具体的计量范围和内容,在工程实践中建设单位与承包商往往很难在计量上形成一致,没有具体的指出安全生产费用应用于何种具体方面,在使用时很容易被偷换概念,形成模棱两可的情况;并且建设、监理、施工等参建单位职责也不明确,导致安全生产费用不能及时计量和支付,更为重要的是,致使安全生产费用不能真正用于安全工作。由此可见,安全生产费用监管不到位,已经成为国内交通工程建设中一个普遍存在的问题。

通过对在建的众多公路和桥梁工程的实际调研发现,安全生产费用的使用和管理普遍存在以下几方面的问题:

1. 使用不合理

由于没有明确细化安全生产费用可使用的范围,致使许多非安全生产费用在安全生产费用中列支,如生产设备费用、施工用电费用,甚至招待费用等,还有的施工单位将安全生产费用挪作他用,致使安全生产费用不能真正落到实处。

2. 账目不清楚

一是未设立专项账户管理,安全生产费用往往和其他生产费用一块记账,财务部门未设立独立的账户进行专项管理;二是相关的票据不全,存在安全生产费用没有产生对应的发票凭证;三是使用金额和票据金额不一致,由于没有明确界定安全生产费用的使用范围,安全生产费用往往和其他生产费用的凭证混淆在一起。

3. 管理不到位

安全生产费用基本上由施工单位自行统计,监理单位没有进行详细的核对和确认,建设单位也没有采取严格的审查和管理。安监和审计部门也由于缺乏相应的依据,不能有效、独立地对安全生产费用进行监管和审计。

这些问题导致了安全生产费用的使用和管理显得混乱,也缺乏有效的管理和监督。因此,有必要明确安全生产费用的使用范围,并根据不同行业情况进行细化;明确施工、监理、建设等参建单位的管理职责,确保安全生产费用真正用于安全工作;安监、审计等部门应负责对安全生产费用的使用和管理进行监管和审核。

5.1.4 意义和作用

安全生产费用是安全的基础保障,国家文件给出了指导性意见和内容,具体的操作需要在实践中不断摸索和完善。充分利用好安全生产费用这一经济手段,将成为安全监管的一个有效的手段,促进现场安全文明施工,切实消除现场安全隐患,保证人员财产的安全。

1. 安全生产与经济效益是辩证统一关系

(1)安全生产是经济效益的基础和保证。我国安全生产管理体制的转变和世界职业安全与健康发展的潮流,要求提高人类安全活动的效率与效益。在英国,HSE的研究显示,建筑施工现场因职业事故和健康损害造成的损失包括工期延误、旷工、健康和保险费用的损失等,占项目成本的8.5%。因此,搞好企业的安全生产工作,可以避免因伤害事故造成的损失,直接或间接地提高了企业的经济效益。在企业层面,一方面,伤亡事故将对企业的发展及其社会形象产生影响,如工效、企业商誉、人的生命与健康价值、社会与环境价值等,良好的安全业绩不仅增强了企业的市场竞争力,而且带来的包括人的生命健康在内的潜在社会效益是无法用货币估量的,在谋求社会和谐发展的大环境下,这种社会效益比经济效益更有实际价值和意义。另一方面,事故预防能够带来利益,包括减少可以预期的损失、节约消费支出或带来额外收益。因此安全生产的重要性可见一斑,所以对于安全生产费用的投入就是必不可少的,有足够的安全生产费用的投入,能够给员工提供足够的生命财产保障,给员工提供一个安全舒适的环境,这样既保证了安全,又能使员工安心工作,提高工作效率和经济效益。所以,安全生产费用的落实不仅对于安全施工起到很大作用,从长远来看,对于企业的经济效益和长足发展都是至关重要的。

(2)良好的经济效益能够更好地促进企业安全生产。众所周知,安全生产费用的投入不足是造成我国安全生产形势被动的主要原因之一,确保企业安全生产费用的投入是安全管理工作的主要内容。在企业安全管理处于一定水平的条件下,增加安全投入,可以减少事故的经济损失,创造效益;而随着企业生产的发展,经济效益改善和提高后,安全投资也随之增加,安全业绩得到改善,事故经济损失会逐渐减少,企业的形象和信誉也会有很大提高。这时,企业安全生产将处于一个良性循环状态。

(3)安全投入是具有回报性的投资。安全投入带来的效益或回报比投入和损失更隐蔽、更难以认定。但是实际情况是,只要安全生产费用到位,措施到位,管理到位,安全投入的回报将逐渐显现出来。实践证明,很多企业的成功与重视安全投入有关。在英国,无论什么规模和行业,那些运行良好、安全健康水平高的组织常常是(在效益方面)最成功的;在美国,每支出1美元用于安全与健康计划,承包商在工作场所伤害和疾病的费用中就可以节省4~6美元。虽然国内还没有这方面的研究,但是只要建筑企业建立安全投入产出统计分析制度,就能从个案中比较清楚地了解安全投入所带来的效益。由此可见,安全投入带来的效益十分明显,我国建筑业的安全投入还存在比较大的产出空间。同时,安全投入带来的隐含包括人的健康生命在内的间接效益更是不可估量。因此,在安全生产活动中,我们应该树立安全投资带来回报的经济意识,充分做好安全生产的预防性工作。

2. 安全生产费用投入是工程安全建设的基础保障

安全生产费用的投入不足,是发生生产安全事故的重要原因之一。现代工程项目往往造价巨大,动辄上亿元人民币,提取的安全生产费用数额是相当可观的。目前,由于对安全生产费用缺乏有效的监管,难以保证安全生产费用真正用于安全工作。

通过建立和实施提取安全生产费用制度,进一步明确了工程建设安全投入主体责任,并为工程建设安全生产投入建立财务储备,有利于改变安全投入不足的状况,在提升安全生产水平、保障安全生产方面必将发挥重要作用。安全生产费用使用得当、用到实处,对于一个工程项目来说,不仅出于安全着想,从长远来看也是出于经济效益的考虑,安全生产费用充足能促使工程建设安全工作的落实,保证人员财产安全,提升工程项目形象,促进经济增长,再反补给安全生产费用的供给,形成良性循环,并对建立安全生产投入长效保障机制,以至于构建社会主义和谐社会都有着重要意义。

可见,一个企业、一项工程的安全生产费用的投入是工程建设中非常重要的一环,既关乎效益,更关乎人的安全。而在现实的安全生产活动中,我们对于安全生产费用的管理却做得并不尽如人意,管理中会出现各种问题,使安全生产费用总是不能体现最大价值。所以,进行安全生产费用的精细化管理很有必要,把安全生产费用落实到每一环节,落实到真正需要用到的地方。

5.2 安全生产费用的使用范围和计量支付

5.2.1 安全生产费用的使用范围

《企业安全生产费用提取和使用管理办法》(财企〔2012〕16 号)第十九条规定建设工程施工企业安全生产费用应当按照以下范围使用:

(1) 完善、改造和维护安全防护设施设备支出(不含"三同时"要求初期投入的安全设施),包括施工现场临时用电系统、洞口、临边、机械设备、高处作业防护、交叉作业防护、防火、防爆、防尘、防毒、防雷、防台风、防地质灾害、地下工程有害气体监测、通风、临时安全防护等设施设备支出。

(2) 配备、维护、保养应急救援器材、设备支出和应急演练支出。

(3) 开展重大危险源和事故隐患评估、监控和整改支出。

(4) 安全生产检查、评价(不包括新建、改建、扩建项目安全评价)、咨询和标准化建设支出。

(5) 配备和更新现场作业人员安全防护用品支出。

(6) 安全生产宣传、教育、培训支出。

(7) 安全生产适用的新技术、新标准、新工艺、新装备的推广应用支出。

(8) 安全设施及特种设备检测检验支出。

(9) 其他与安全生产直接相关的支出。

上述内容是针对建设工程施工企业较为笼统的安全生产投入分类和内容说明,并没有具体到项目的每一方面和实际事项上,落实到具体工程实际则需要工作人员在上述框架内容上明确每项内容,并结合工程项目自身的特点,在现场调研的基础上提出工程安全生产费用的范围和内容,并具体制定出一整套安全生产费用使用的细则以及监督管理办法。

在《企业安全生产费用提取和使用管理办法》及相关法律法规规定的框架内,结合公路工程项目施工特点,提出公路工程建设安全生产费用的内容分类如下:

1. 完善、改造和维护安全防护设备、设施支出

安全防护设备、设施的完善、改造和维护费用主要指为保障工程安全生产而对已有安全防护设备、设施进行完善、改造和维护等费用。安全防护设备、设施的完善费用主要指因正常损耗或因工程变更导致的安全防护设备、设施的补充购置、制作、安装费用;安全防护设备、设施的改造费用主要指为增加安全防护设备、设施的安全系数,增强施工安全,对现有安全防护设备、设施进行的改造研发、试验与制作费用;安全防护设备、设施的维护费用主要指对现有安全防护设备、设施的维修、保养所产生的费用。

安全防护设备、设施的完善、改造和维护费用构成如下:

(1) 警示、照明等灯具的完善、改造和维护等费用。警示、照明灯具主要指施工车辆、船舶、机械、构造物的示警灯、危险报警闪光灯、施工区域内夜间警示灯、照明灯等灯具。

（2）警示标志、标牌的完善、改造和维护等费用。警示标志、标牌主要指各类警告、提醒、指示等标志、标牌。

（3）安全用电防护设施的完善、改造和维护等费用。安全用电防护设施主要指各种用电专用开关、室外使用的开关与插座外装防水箱、高压安全用具、漏电保护等设施。

（4）施工现场围护设施的完善、改造和维护等费用。施工现场围护设施主要指改、扩建工程施工围挡，施工现场高压电塔、杆围护，施工现场光缆的围护等。对施工围挡有特殊要求路段的围挡费用不在此列。

（5）现场围挡与防护等费用。主要是为了满足封闭管理，对施工围挡有特殊要求路段的围挡费用不在此列。

（6）施工现场防火、防爆、防尘、防毒、防雷、防台风、防地质灾害、通风等设备、设施的完善、改造和维护等费用。

（7）施工现场安全防护设施的完善、改造和维护等费用。施工现场安全防护设施主要指临边、洞口、道口、交叉作业、高空作业等危险部位防坠、防滑设施；防止物体、人员坠落而设的安全网、棚等。

（8）防治职业病而采取的粉尘控制、噪音控制、有毒有害气体控制等保障措施，以及地下工程有害气体监测等。

（9）其他安全防护设备与设施的完善、改造和维护等费用。指未包括在以上范围之内的，但发包人与监理人认为应计入安全生产费的其他安全防护设备与设施的完善、改造和维护等费用。

2. 配备、维护、保养应急救援器材、设备支出和应急演练支出

（1）应急救援器材、设备费用

主要指应急救援器材、设备的购置、使用、维护费用。本节所谓应急救援器材、设备指在应急救援过程中需要使用到的消防、急救等常用小型器材与设备，不含消防车、救生船等由社会专业救援机构配备的大型救援设备或非常用器材。

（2）应急演练支出

指由发包人或承包人依据应急预案，模拟应对突发事件组织的应急救援活动。应急救援是指在应急响应过程中，为消除、减少事故危害，防止事故扩大或恶化，最大限度地降低事故造成的损失或危害而采取的救援措施或行动。应急救援演练费用是指由发包人或承包人依据应急预案，模拟应对突发事件组织的应急救援活动中应由承包人分担或由承包人自行负责的部分或全部费用。对施工区域可能发生的自然灾害和其他灾害，施工过程中危险性较大的分部分项工程、工艺、工序进行认真的分析，编制有针对性的应急救援方案并根据实际情况进行救援演练，为此发生的费用可列入。

3. 开展重大危险源和事故隐患评估、监控和整改支出

重大危险源，是指长期或者临时生产、搬运、使用或者储存危险物品，且危险物品的数量等于或者超过临界量的单元。具体包括：

（1）易燃、易爆、有毒物质的贮罐区。如工地贮油（气）罐、沥青罐等。

（2）易燃、易爆、有毒物质的库区。如火药库、沥青库等。

（3）具有爆炸、中毒危险的生产场所。如爆破作业区、沥青摊铺作业区、隧道洞内开挖作业区等。

（4）危险构筑物。如桥墩、索塔等需要进行高处作业的桥梁部位。

重大事故隐患，是指生产经营作业场所、设备、设施的不安全状态，人的不安全行为和管理上的缺陷，可以导致重大事故发生或者重大经济损失的隐患。其危害和整改难度较大，应当全部或者局部停产停业，并经过一定时间整改治理方能排除的隐患，或者因外部因素影响致使生产经营单位自身难以排除的隐患。

公路工程建设项目的重大事故隐患主要存在于基坑支护与降水工程、土方开挖、模板工程、起重吊装工程、脚手架工程、拆除与爆破工程、大型机械装拆工程、桥梁工程中关键节点、隧道工程中关键节点等分部分项工程。这些危险性较大的分部分项工程，需编制安全专项施工方案，并附具安全验算结果，经施工单位技术负责人、总监理工程师签字后实施，必要时需开展专家论证。其费用支出包括：

（1）重大危险源、重大事故隐患的评估费。指发包人、政府相关行政主管部门组织的，或者施工单位委托专业安全评估单位对项目重大危险源、重大事故隐患进行评估所发生的相关费用。

（2）重大事故隐患的整改费。指根据发包人、政府相关行政主管部门或者专业安全评估单位出具的评估报告对项目重大事故隐患进行整改所发生的相关费用。

（3）重大危险源的监控费。指对项目重大危险源进行日常监控所发生的相关费用。施工监控不在此列。

期间开支的差旅费、会务费、专家费、现场工作费等应列入本条费用。

4. 安全生产检查、评价（不包括新建、改建、扩建项目安全评价）、咨询和标准化建设支出

安全生产检查与评价的目的是查找、分析和预测工程、系统存在的危险、有害因素及可能导致的危险、危害后果和程度，提出合理可靠的安全对策措施，指导危险源监控和事故预防，以达到最低事故率、最少损失和最优的安全投资效益。

安全生产检查与评价费用包括安全生产检查费用与安全生产评价费用两部分。其中安全生产检查费用指承包人日常安全生产工作检查以及聘请专业安全机构或专家对项目安全生产情况进行检查所产生的费用；安全生产评价费用指聘请专业安全机构或专家对项目安全方案、安全工作情况进行评价所产生的费用。此项费用需施工单位、监理、业主三方共同确认。具体如下：

（1）日常安全检查费

指承包人专职安全员日常安全巡视所发生的车辆、照相、摄影器材使用费，车辆与器材的购置费不在此列。

（2）专项安全检查费

指承包人聘请专业安全机构或专家对项目安全生产过程中的特殊部位、特殊工艺、特别设备的施工安全进行检查所支付的相关费用。

（3）安全评价费

指承包人聘请专业安全机构或专家对项目安全施工专项方案进行讨论、论证、评估、评价所支付的相关费用。

5. 配备和更新现场作业人员安全防护用品支出

现场作业人员安全防护物品是指为保障现场施工人员人身安全而配备的防护物品。

该项内容主要是为了施工人员直接的人身安全防护，根据其不同的应用场所及对象分为四方面内容：

(1) 施工现场共用安全防护用品

包括安全网、救生圈、消防器材、应急灯、通风设备、避雷针等公共设施或非指定个人专用的物品。

(2) 职工个人劳动防护用品

只包含为当前项目顺利开展而购置的工作服、保险带、雨衣、雨靴、口罩、安全帽及用于提高工作安全性的鞋、手套等个人专用的用品。不包含以往购买的旧的劳保用品。

(3) 职工安全保健费

包括夏令药品、冬季护肤品、职工定期体检、职业病预防体检等。

(4) 安全生产应急救援专用设施费

指专门为应急救援所需而准备的物资、专用设备、工具等。

6. 安全生产宣传、教育、培训支出

(1) 安全宣传费

购买安全宣传教育资料、开展安全月、安康杯等活动的宣传画、横幅等支出。

(2) 安全教育、培训费

安全技能培训费用包括承包人对施工人员进行安全技术交底、安全操作规程培训、安全知识教育等支出的课时费；安全报纸、杂志订阅或购置费；安全知识竞赛、技能竞赛、安全专题会议等活动费用；安全经验交流、现场观摩等费用；安全标语、条幅制作费等费用。

因本工程项目而发生的安全教育、培训开支可计入，因企业而发生的费用不计入这部分内容。如三级教育、入场教育而发生的费用可计入，两三类人员教育而发生的费用不能计入。

7. 安全生产适用的新技术、新标准、新工艺、新装备的推广应用支出

科学技术是第一生产力。近几年来，许多新技术、新工艺、新装备和新标准在建设工程安全生产领域中的应用，改善了工程施工安全生产条件，提高了工程建设安全生产保障能力，从而为消除重大事故隐患、防范重大灾害事故发生起到了积极作用。为了提高设备、设施的本质安全而推广应用的新技术、新工艺、新装备和新标准所产生的费用应列入此项费用。

8. 安全设施及特种设备检测检验支出

(1) 安全设施检测检验费

安全设施分为预防事故设施、控制事故设施、减少与消除事故影响设施3类，针对这3类安全设施的检测检验所产生的费用应计入此项。

① 预防事故设施

a. 检测、报警设施：包括压力、温度、液位、流量、组分等报警设施；可燃气体、有毒有害气体等检测和报警设施；用于安全检查和安全数据分析等检验、检测和报警设施。

b. 设备安全防护设施：包括防护罩、防护屏、负荷限制器、行程限制器、制动、限速、防雷、防潮、防晒、防冻、防腐、防渗漏等设施；传动设备安全闭锁设施；电气过载保护设施；静电接地设施。

c. 防爆设施：包括各种电气、仪表的防爆设施；阻隔防爆器材、防爆工器具。

d. 作业场所防护设施：作业场所的防辐射、防触电、防静电、防噪音、通风(除尘、排毒)、防护栏(网)、防滑、防灼烫等设施。

e. 安全警示标志：包括各种指示、警示作业安全和逃生避难及风向等警示标志、警示牌、警示说明；厂内道路交通标志。

② 控制事故设施

a. 泄压和止逆设施：用于泄压的阀门、爆破片、放空管等设施；用于止逆的阀门等设施。

b. 紧急处理设施：紧急备用电源、紧急切断等设施；紧急停车、仪表连锁等设施。

③ 减少与消除事故影响设施

a. 防止火灾蔓延设施：阻火器、防火梯、防爆墙、防爆门等隔爆设施；防火墙、防火门等设施；防火材料涂层。

b. 灭火设施：灭火器、消火栓、高压水枪、消防车、消防管网、消防站等。

c. 紧急个体处置设施：洗眼器、喷淋器、应急照明等设施。

d. 逃生设施：逃生安全通道(梯)。

e. 应急救援设施：堵漏、工程抢险装备和现场受伤人员医疗抢救装备。

f. 劳动防护用品的装备：包括头部、面部、视觉、呼吸、听觉器官、四肢、身躯防火、防毒、防烫伤、防腐蚀、防噪声、防光射、防高处坠落、防砸击、防刺伤等免受作业场所物理、化学因素伤害的劳动防护用品和装备。

(2) 特种设备检测检验费用

特种设备是指涉及生命安全、危险性较大的锅炉、压力容器(含气瓶)、压力管道、电梯、起重机械、客运索道、大型游乐设施和场(厂)内专用机动车辆。其中锅炉、压力容器(含气瓶)、压力管道为承压类特种设备；电梯、起重机械、客运索道、大型游乐设施、场(厂)内专用机动车辆为机电类特种设备。

建筑施工特种设备主要有外用电梯、气瓶、起重机械(包括桥式起重机、门式起重机、塔式起重机、桅杆起重机、旋臂起重机、流动式起重机、铁路起重机、升降机、轻小型起重设备)、场内专用机动车辆等，这些特种设备进场后安全检测检验所产生的费用应列入，但特种设备的首次安全检测、标定等费用不在此列。

9. 其他与安全生产直接相关的支出

经归纳，其他与安全生产直接相关的支出可归纳为下面四方面内容：

(1) 安全生产活动费

指外出观摩安全经验交流差旅费以及进行安全生产知识竞赛、技能比赛等以安全为主题的活动所开支费用。

(2) 安全员工资

指发给专职安全员的工资。

(3) 安全生产奖励费

发给专职安全员工资总额以外的安全目标考核奖励，安全生产工作先进个人、集体的奖励。

(4) 其他职业危害及工程施工事故的预防开支。

特别值得注意的是，建设工程施工企业在以下范围内发生的费用，均不应列入安全生产费用，按正常工程费用列支：

（1）为施工人员办理团体人身意外伤害险或个人意外伤害险费用。

（2）为职工提供的职业病防治、工伤保险、医疗保险费用。

（3）工地临时办公、宿舍、食堂等现场办公生活设施为达到安全要求所需费用。

（4）按正常施工作业所设置的基坑防失稳支撑、支架、安全用电等设备费用。

（5）爆破物、放射性物品、易燃物资、有害危险气体和液体的储存仓库建设费用。

（6）用于施工现场管理的车辆购置和使用费用。

（7）爆破作业及穿越村镇、公路、河流、地线管线的施工现场进行防护、隔离等设施费用。

（8）"三同时"要求初期投入的安全设施。

5.2.2 安全生产费用的计量支付

1. 支付规则

根据《中华人民共和国安全生产法》、交通运输部《公路水运工程安全生产监督管理办法》、财政部和国家安监总局《企业安全生产费用提取和使用管理办法》等有关法律、法规、规章规定，安全生产费用的计量支付应遵循以下规则：

（1）计量支付原则：安全生产费用的计量与支付应当采用以现场计量为主，现场计量与总额包干相结合的方式进行。能够以具体单位数量进行计量的安全生产费用，应当采用现场计量、按实支付的方式进行计量与支付。无法以具体单位数量进行计量的，或者采用具体单位数量计量难度较大的安全生产费用，可以采用总额包干、分期支付的方式进行计量与支付。

（2）计量凭证：采用现场计量的安全生产费用计量凭证包括发票、工程结算单、设备台班结算单、设备租赁合同等。所有凭证应当经承包人专职安全员验收，项目经理确认，监理人审核，发包人认可。

采用总额包干的安全生产费用计量由承包人提供当事人签字、影像等材料，由承包人专职安全员验收，项目经理确认，监理人审核，发包人认可后，根据合同约定的要求办理。

（3）职责划分

① 承包人使用：承包人应当按照国家和省有关规定，建立项目安全生产费用管理制度，明确安全生产费用的计划、使用和计量。

② 监理人监理：监理人应当按照国家和省有关规定开展安全生产监理工作，发现承包人未落实安全生产费用或者施工现场存在隐患需要加大安全生产费用投入的，应当要求承包人改正，承包人拒不改正的，监理人可以停止工程款的计量支付，并及时向发包人报告。

③ 发包人监督：发包人应当建立安全生产费用监督检查制度，定期对承包人的安全生产费用使用情况进行监督检查。

（4）计量支付程序

① 编制计划：工程项目开工时，项目部编制安全生产费用使用计划，报总监办审核。施工过程中，项目经理部编制安全生产费用月度计划，报总监办审批。

② 承包人申报：工程实施过程中，承包人应当按照招标文件要求及安全生产费用使用计划，根据实际情况编制本计量周期投入使用的安全生产费用使用报表、计量申请表和下期

使用计划,经专职安全员与项目经理签字并盖章后报送监理人审核。

③ 监理审核:监理人收到承包人报送的安全生产费用使用报表、计量申请表和使用计划后,应当在 14 日内完成审核工作,核实无误后予以签字确认,出具支付证书。

④ 业主支付:发包人应当按照合同约定按时支付安全生产费用。

承包人未按照合同约定落实安全生产措施的,发包人应当要求监理人督促整改,可以暂停安全生产费用支付,直至承包人整改结束。

(5) 至完工时,项目部安全生产费用超过专项费用总额部分的安全生产费用由施工单位自理,按正常成本费用渠道列支;达不到专项费用总额部分时,按实际使用的费用支付;扣罚的费用不予返还,视同已计量支付。

2. 支付办法

对于安全生产费用范围内的对象进行具体的计量支付,可采取如下办法:

(1) 安全防护设备、设施的完善、改造和维护费用

① 计量

A. 以承包人根据合同约定实际投入的相关安全防护设备、设施为依据,由承包人提供合法票据,经监理人现场确认并签字认可后,以金额单位元计量。

B. 以下费用不计入安全防护设备、设施完善、改造和维护费用,由承包人计入其他相应报价:

a. 应当由承包人在施工组织设计内(非变更)考虑,并且计入相应工程综合单价的安全防护设备、设施的购置、制作、安装等费用。

b. 非正常损耗(如质量不合格、失窃)导致的安全设备与设施的补充费用。

c. 因第三方责任损坏(如被车撞毁),可向第三方索赔的费用。

d. 非专用的安全防护设备、设施的维修保养费用。

e. 其他发包人或监理人认定的不属于安全防护设备、设施完善、改造和维护的费用。

② 支付

经监理人验收合格后,以承包人实际发生金额支付。

(2) 配备、维护、保养应急救援器材、设备支出和应急演练支出

① 计量

A. 配备、维护、保养应急救援器材、设备支出以承包人根据合同约定实际投入的相关应急救援器材、设备为依据,由承包人提供合法票据,经监理人现场确认并签字认可后,以金额单位元计量。

B. 应急演练支出以承包人根据合同约定实际投入的费用为依据,由承包人提供合法票据或相关证明,经监理人现场确认并签字认可后,以总额计量。

C. 以下费用不属于配备、维护、保养应急救援器材、设备支出和应急演练支出,由承包人计入其他相应报价:

a. 安全事故发生后所发生的救援、现场清理、人员接待、伤害赔偿与补助、抚恤金、罚款等与之相关的费用。

b. 其他发包人或监理人认定的不属于应急救援器材、设备。

c. 由发包人组织的应急救援演练中应由发包人承担的费用。

d. 调用社会消防、救护等资源所支付的相关费用。

② 支付

经监理人验收合格后,以承包人实际发生金额支付。

(3) 开展重大危险源和事故隐患评估、监控和整改支出

① 计量

A. 以承包人根据合同约定实际投入的重大危险源、重大事故隐患的评估、整改、监控费用为依据,由承包人提供合法票据或相关证明,经监理人现场确认并签字认可后,以总额计量。

B. 以下费用不计入重大危险源、重大事故隐患的评估、整改费用,由承包人计入其他相应报价:

a. 因承包人违反安全生产法律、法规、规章、标准、规程和安全生产管理制度的规定导致的重大事故隐患的评估、整改等费用。

b. 承包人超出有资质单位出具的评估报告要求标准发生的整改费用(仅超出标准部分)。

c. 重大危险源发生起火、爆炸、毒气泄漏而发生的救援、善后处理等费用。

d. 行政主管部门因项目对重大危险源、重大事故隐患管理不到位等原因处以的罚款。

e. 其他发包人或监理人认定的不属于重大危险源、重大事故隐患的评估、整改的费用。

f. 对施工过程进行监控所发生的相关费用。

② 支付

由监理人发出开工通知后支付总额的50%;在承包人的施工进度计划和施工方案说明被监理人批复后支付总额的25%;交工验收证书签发之后支付剩余的25%。

(4) 安全生产检查、评价(不包括新建、改建、扩建项目安全评价)、咨询和标准化建设支出

① 计量

A. 以承包人根据合同约定实际投入的安全生产检查与评价费用为依据,由承包人提供合法票据或相关证明,经监理人现场确认并签字认可后,以总额计量。

B. 以下费用不计入安全生产检查与评价费用,由承包人计入其他相应报价:

a. 承包人为配合发包人、政府相关行政主管部门的安全生产检查所发生的费用。

b. 承包人为迎接其上级单位所组织的安全生产检查所发生的费用。

c. 由发包人聘请的专业安全机构或专家对项目安全生产情况进行检查所发生的费用。

d. 其他发包人或监理人认定的不属于安全生产检查与评价的费用。

② 支付

由监理人发出开工通知后支付总额的50%;在承包人的施工进度计划和施工方案说明被监理人批复后支付总额的25%;交工验收证书签发之后支付剩余的25%。

(5) 配备和更新现场作业人员安全防护用品支出

① 计量

A. 以承包人根据合同约定实际投入的相关现场作业人员安全防护物品为依据,由承包人提供合法票据,经监理人现场确认并签字认可后,以金额单位元计量。

B. 以下费用不属于现场作业人员安全防护物品配备费用,由承包人计入其他相应报价:

a. 职工防寒防暑物品费用。

b. 施工单位应当为施工人员办理的团体人身意外伤害险或个人意外伤害险、工伤保险、医疗保险等保险费用。

c. 施工单位应当为职工提供的体检、职业病防治等费用。

d. 其他发包人或监理人认定的不属于现场作业人员安全防护物品的费用。

② 支付

经监理人验收合格后,以承包人实际发生金额支付。

(6) 安全生产宣传、教育、培训支出

① 计量

安全生产宣传、教育、培训费用应当以承包人根据合同约定实际投入的相关安全生产费用为依据,由承包人提供合法票据或相关证明,经监理人现场确认并签字认可后,以金额单位元计量。

② 支付

经监理人验收合格后,以承包人实际发生金额支付。

(7) 安全生产适用的新技术、新标准、新工艺、新装备的推广应用支出

① 计量

以承包人根据合同约定实际投入的相关安全生产适用的新技术、新工艺、新装备、新标准推广应用所产生的费用为依据,由承包人提供合法票据,经监理人现场确认并签字认可后,以金额单位元计量。

② 支付

经监理人验收合格后,以承包人实际发生金额支付。

(8) 安全设施及特种设备检测检验支出

① 计量

以承包人根据合同约定实际投入的安全设施及特种设备检测检验费用为依据,由承包人提供合法票据或相关证明,经监理人现场确认并签字认可后,以总额计量。

安全设施及特种设备的首次安全检测检验、标定等费用不计入。

② 支付

经监理人验收合格后,以承包人实际发生金额支付。

(9) 其他与安全生产直接相关的支出

① 计量

其他安全生产费用应当以承包人根据合同约定实际投入的相关安全生产费用为依据,由承包人提供合法票据或相关证明,经监理人现场确认并签字认可后,以金额单位元计量。

② 支付

经监理人验收合格后,以承包人实际发生金额支付。

5.3 安全生产费用的监督和管理

5.3.1 监管原则

公路工程安全生产费用在使用和管理过程中应遵循的一些原则和要求包括：

（1）安全生产费用管理应当遵循规范计取、合理计划、计量支付、确保投入的原则。

（2）合理确定安全生产费用比例。发包人未设投标控制价上限的，安全生产费用不低于投标价（不含安全生产费及建筑工程一切险及第三者责任险的保险费）的1.5%；发包人设投标控制价上限的，安全生产费用不低于投标控制价上限的1.5%；并且不低于1万元。

（3）建设工程施工企业提取的安全生产费用列入工程造价，在竞标时，不得删减，列入标外管理。

（4）企业提取的安全生产费用在交纳企业所得税前扣除。

（5）计量支付程序：

工程项目开工前，项目部应根据不同阶段对安全生产和文明施工的要求编制项目安全生产资金使用总体计划、年度计划、月度计划。

施工单位在月底编报当月投入使用的安全生产经费使用报表（按项目清单编制，附相关凭证）及下个月的安全生产费用使用计划，经项目负责人签字盖章后与当月工程款计量支付表同时报送监理工程师审核。建设单位对经监理工程师签字确认的安全生产经费使用报表进行审核确认后，与当月工程款同时计量支付给施工单位。

（6）按实计量与总额包干相结合。对于能够以具体单位数量进行计量的安全生产费用，应当采用现场计量、按实支付的方式进行计量与支付。对于无法以具体单位数量进行计量的，或者采用具体单位数量计量难度较大的安全生产费用，可以采用总额包干、分期支付的方式进行计量与支付。

（7）实行工程总承包的，总承包单位负责。依法将工程分包给其他单位的，总承包单位安全生产费用含分包工程项目，其分包工程安全生产工作投入的措施经费由总承包单位负责计量支付。

（8）安全生产费用必须用于改善安全生产条件，专款专用，其他项目不得挪用或挤占。

（9）建立安全生产费用使用台账。项目部要设立安全生产费用使用台账，安全生产费用台账必须做到审批手续完备、账目清楚、内容真实、核算准确、监督措施有力，确保资金的合理使用和安全。

5.3.2 职责划分

1. 建设单位

建设单位的主要职责是监督管理、及时支付，具体包括：

（1）对施工单位安全生产费用提取、使用、管理情况进行现场监督。

（2）公路施工企业中标单位在签订施工合同时，应明确安全文明施工措施费用的金额、费用支付计划、使用要求、调整方式等条款。

（3）建设单位应当按照本规定及合同约定及时向施工单位支付现场安全文明施工措施费，其与安全生产费用按照合同约定支付。

（4）在费用考评过程中，建设业主组织有关部门包括工程安监部门、财务部门、业主代表、监理部门形成齐抓共管、形成合力，加强对该费用的管理。

（5）建设单位不按照要求支付现场安全文明施工措施费以及施工单位挪用该费用、文明施工措施不落实的，应限期整改。对整改不力，发生事故的单位应追究领导责任。

（6）编制工程招标文件时，确定所需要的安全生产费用，包括使用项目、金额、管理要求等。

（7）建设单位在申请施工许可证时，提供的安全施工措施资料中应包含单独的安全文明措施费项目，交通建设行政主管部门在审核发放施工许可证时则应对交通建设工程项目是否落实安全文明施工费用进行审查，不具备条件的，不予颁发施工许可证书。

（8）及时支付施工单位的安全生产费用。出现下列情况，安全生产费用不予支付：

① 现场存在安全隐患，施工单位拒不整改的。

② 施工单位弄虚作假，骗取安全生产费用的。

③ 安全投入严重不足，现场存在重大安全隐患的。

④ 发生安全生产责任事故的。

（9）配合上级安监、财政、审计等部门，对施工单位安全生产费用使用情况进行监督检查。

2. 监理单位

监理单位的主要职责是审核确认、督促落实，具体包括：

（1）对施工单位安全生产费用提取、使用、管理等情况进行监理，确保施工现场满足安全生产要求。

（2）审批安全生产费使用计划。鉴于安全生产费的设置是在工程造价的一定比例产生的，其使用计划应依附于相应阶段的工程施工进度计划，这样就要求安全生产费用额度要与施工计划相适应，其使用具体内容应根据工程实体施工需要编制计划。

（3）监督安全生产措施的落实执行。这个过程是安全生产费用控制和确保工程施工安全的关键，工作程序类似于工程实体施工质量控制工作。监理单位工作内容主要包括对现场加工及外购安全设备采购、施工现场及场界安全设施的设置、安全生产专项施工方案的落实以及文明施工措施的落实的监督检查。

（4）安全设施、设备及工具的安装使用验收。监理单位应监督安全设施设备的现场设置，检查是否按规定规范使用，如设置的安全设施设备不能满足条件，应及时要求予以改善。监理检查的内容重点为安全防护用品是否正确使用，安全设施的安装设置是否正确，安全设备的数量是否满足现场施工需要及是否配套等。

（5）安全生产费用的确认和计量。监理工程师对每个阶段施工单位上报的安全生产费使用计划及提供的凭证进行核查，定期对施工单位安全生产费用使用情况进行审核确认，明确：

① 实物与台账是否相符,必要时现场验证。

② 发票凭证是否有效,必要时现场验证。

(7) 出现下列情况,暂缓确认安全生产费用,直至整改合格:

① 施工组织设计中安全技术措施或专项安全方案未按规定报审。

② 施工中未严格按安全技术方案组织实施。

③ 施工现场存在安全隐患,整改不到位,或已被要求暂停施工的。

④ 施工现场达不到文明施工要求及安全作业标准的。

⑤ 施工现场安全生产费用使用情况与凭证不符的。

3. 施工单位

施工单位的主要职责是确保安全生产费用合理使用、落实到位,具体包括:

(1) 投标报价时,根据有关规定和招标文件的要求单列安全生产费用。

(2) 签订合同时,明确安全生产费用的金额、支付计划、使用要求、调整方式等条款。

(3) 工程建设期间,确保安全生产费用用于安全生产,不得挤占或挪作他用。

(4) 建立健全内部安全生产费用管理办法,明确使用和管理程序:

① 提取安全生产费用,且提取总额不低于建筑安装工程费用的 1.5%。

② 安全生产费用在合理范围内进行使用,并确保落实到位。

③ 建立详细的安全生产费用使用台账,并做到发票凭证与实物相符。

④ 在财务管理中单列安全生产费用,进行专项核算。

⑤ 及时向监理单位申报确认、向建设单位申请支付安全生产费用。

(5) 项目部有关管理人员应加强安全生产费用使用状况的检查,确保施工现场状况满足安全生产要求,杜绝安全生产费用的违规使用。

① 项目经理是项目安全工作的第一责任人,应依法保证安全生产的投入,负责批准安全生产费用使用计划。

② 项目安全管理部门负责监督、检查、管理项目安全生产费用的使用,审查安全生产费用使用计划。

③ 项目工程管理部门负责对安全生产管理费用使用的策划和投入。

④ 项目财务部负责安全生产费用的建账、收款、拨付、核算。

⑤ 项目设备、物资等部门负责提报相关安全生产费用的使用计划,按使用计划购置、保管、发放安全生产所需要的物资、材料。

5.4 泰州大桥安全生产费用精细化管理实践

5.4.1 背景

泰州大桥工程总造价 93.7 亿元,安全生产费用按工程造价 1‰提取将近亿元。全线划分为 38 个主体工程施工标段和 2 个交通工程及沿线设施标段,安全生产费用的使用和管理非常复杂。泰州大桥在规范和完善安全生产费用使用上做了一些积极的有益的探索和实践,使得安全生产费用成为安全管理工作中一个强有力的抓手。

为规范和完善安全生产费用的使用和管理,泰州大桥工程项目由建设单位牵头,于2009年10月1日起率先制定并实施了《泰州大桥安全生产费用管理暂行办法》。该办法针对泰州大桥建设的具体情况,明确规定了安全生产费用可使用的内容和范围,提出了安全生产费用的提取、使用、审核、支付等有关程序及要求,明确了施工、监理、建设等参建单位的管理职责,在全桥范围内试行。

5.4.2 使用范围

2012年之前,我国对安全生产费用管理的主要依据是《高危行业企业安全生产费用财务管理暂行办法》(财企〔2006〕478号),该办法针对所有高危行业企业作出了较为笼统的安全生产投入分类和内容说明,虽然也对公路工程安全生产经费提出了基本的内容和要求,但缺乏具体的安全生产费用计量范围和内容。

结合泰州大桥工程实际,对安全生产费用的使用范围进行细化,分成以下7个方面内容:

1. 完善、改造和维护安全防护设备、设施的支出

(1) 安全警示标志牌:主要指生活区、办公区、作业区及相应影响区域的各种安全警示标志牌。

(2) 现场围挡与防护:主要指为了满足临边、洞口、道口等封闭管理,交叉作业、高空作业等安全需要而采取的防护措施。

(3) 施工设备安全检测验收:指用于设备专项安全检验(鉴定)的费用及检测、维护费。

投标文件中承诺的设备进场产生的首次检验检测费用不在安全生产费用中列支,但上述设备在使用期间定期检验、检测(鉴定)费用应在安全生产费用中列支。

(4) 安全监控装置:指专项安全监控装置的购置与维护费用。

安全防护设备、设施的支出,应与安全专项方案中提及的安全防护设备、设施相一致。

2. 配备必要的应急救援器材、设备和现场作业人员安全防护物品的支出

(1) 施工现场公用安全防护用品:包括安全网、救生圈、消防器材、应急灯、通风设备、避雷针等公共安全设施或其他非个人专用的安全防护用品。

(2) 职工个人劳动防护用品:包括工作服、保险带、安全帽、救生衣、手套等用于保障人身安全的个人专用防护用品。

(3) 安全生产应急救援专用设施费:指专门为应急救援所需而准备的物资、专用设备、工具等。应急救援专用设施费应与施工单位应急救援预案中提及的应急救援专用设施相一致。

3. 安全生产检查与评价的支出

指用于安全生产检查与安全评价而发生的费用,其中安全评价支出是指聘请专业安评机构发生的现场工作费用。施工单位自检(含上级公司组织的企业内部检查)发生的费用不应列入。

4. 危险源、事故隐患的评估、整改、监控的支出

指为评估、整改或监控危险源、事故隐患,聘请有关专家或专业咨询机构的差旅费、咨询费等现场工作费用。

5. 安全技能培训的支出

指发生的安全教育、培训开支,但安全生产三类人员的培训、考试、年审等费用不应列入。

6. 应急救援演练的支出

指为应对工程施工中可能发生的事故灾难、自然灾害、公共卫生事件和社会安全事件,施工单位有计划地组织开展应急救援演练而产生的费用。

7. 其他与安全生产直接相关的支出

(1) 安全宣传费:指购买安全宣传教育资料、开展安全宣传活动等产生的费用。

(2) 安全生产活动费:进行安全生产知识竞赛、技能比赛、安全专题会议等以安全为主题的活动所开支的费用。

(3) 其他不可预见的与安全生产直接相关的支出。

5.4.3 计量支付

泰州大桥安全生产费用采用“月度计量,里程碑支付”的计量支付方式,其计量支付办法及程序如下:

(1) 施工单位应根据项目年度生产计划,编制《安全生产费用年度使用计划》,《安全生产费用使用计划报审表》于每年 12 月 25 日前报监理单位审核,并报省桥指备案。

(2) 施工单位应根据下月生产计划和本年度《安全生产费用年度使用计划》,编制《安全生产费用月度使用计划》,填写《安全生产费用使用计划报审表》于每月 25 日前报监理单位审核。

(3) 施工单位安全生产费用的列支由施工单位安全管理部门提出申请,报施工单位主要负责人或分管安全副经理审批。

(4) 施工单位应于每月 25 日前,将本月安全生产费用使用情况编制《安全生产费用月度使用明细表》,填写《安全生产费用月度使用明细报审表》和安全生产费用支付、使用和管理记录等有关证明材料,报监理单位审核。

(5) 监理单位应结合当月安全生产情况,及时对施工单位安全生产费用使用情况认真审核:

① 实物与台账是否相符。

② 发票、凭证是否有效。

③ 现场安全生产状况是否满足安全生产要求。

必要时进行现场验证,确保安全生产费用落到实处。

(6) 到达合同约定支付日期时,施工单位填报《安全生产费用支付报审表》和其他有关证明文件,报监理单位审核,并报省桥指确认。

(7) 安全生产费用随同当月实体工程计量一同上报,施工单位填报(C-2)《中期支付证书》,省桥指按有关规定及时支付。

5.4.4 管理职责

通过规范建设、施工、监理等参建单位的安全管理职责,确保安全生产费用真正落实到位。依据相关规定,结合泰州的安全管理实际,确定各参建单位安全生产费用的管理职责如下:

1. 建设单位

建设单位的主要职责是监督管理、及时支付,具体包括:

(1)编制工程招标文件时,确定所需要的安全生产费用,包括使用项目、金额、管理要求等。

(2)对施工单位安全生产费用提取、使用、管理情况进行现场监督。

(3)及时支付施工单位的安全生产费用。

(4)出现下列情况,安全生产费用不予支付:

① 现场存在安全隐患,施工单位拒不整改的。

② 施工单位弄虚作假,骗取安全生产费用的。

③ 安全投入严重不足,现场存在重大安全隐患的。

④ 发生安全生产责任事故的。

(5)配合上级安监、财政、审计等部门,对施工单位安全生产费用使用情况进行监督检查。

2. 监理单位

监理单位的主要职责是审核确认、督促落实,具体包括:

(1)对施工单位安全生产费用提取、使用、管理等情况进行监理,确保施工现场满足安全生产要求。

(2)定期对施工单位安全生产费用使用情况进行审核确认,明确:

① 实物与台账是否相符,必要时现场验证。

② 发票凭证是否有效,必要时现场验证。

(3)出现下列情况,暂缓确认安全生产费用,直至整改合格:

① 施工组织设计中安全技术措施或专项安全方案未按规定报审。

② 施工中未严格按安全技术方案组织实施。

③ 施工现场存在安全隐患,整改不到位,或已被要求暂停施工的。

④ 施工现场达不到文明施工要求及安全作业标准的。

⑤ 施工现场安全生产费用使用情况与凭证不符的。

3. 施工单位

施工单位的主要职责是合理使用、落实到位,具体包括:

(1)在投标报价时,根据有关规定和招标文件的要求单列安全生产费用。

(2)在签订合同时,明确安全生产费用的金额、支付计划、使用要求、调整方式等条款。

(3)在工程建设期间,确保安全生产费用用于安全生产,不得挤占或挪作他用。

(4)建立健全内部安全生产费用管理办法,明确使用和管理程序:

① 提取安全生产费用,且提取总额不低于建筑安装工程费用的1%。

② 安全生产费用在合理范围内进行使用，并确保落实到位。

③ 建立详细的安全生产费用使用台账，并做到发票凭证与实物相符。

④ 在财务管理中单列安全生产费用，进行专项核算。

⑤ 及时向监理单位申报确认、向建设单位申请支付安全生产费用。

（5）有关管理人员应加强安全生产费用使用状况的检查，确保施工现场状况满足安全生产要求，杜绝安全生产费用的违规使用。

5.4.5 监督考核

通过解读《建设工程安全生产管理条例》、《公路水运工程安全生产监督管理办法》、《企业安全生产费用提取和使用管理办法》等文件对安全生产费用的规定，对有关条文进行梳理和总结，拟定了安全生产费用考核要求，见表5-1。

表5-1 泰州大桥安全生产费用考核要求

参建单位	考核要求
建设单位	编制招标文件时，明确安全生产费用的提取标准、使用要求等 对施工单位安全生产费用提取、使用、管理情况进行监督检查 按规定及时向施工单位支付安全生产费用
监理单位	对施工单位安全生产费用的提取和管理进行监理 对施工单位安全生产费用的使用情况进行现场监理，确保用于安全生产 对安全生产费用的支付申请进行审核、确认 当施工现场不满足安全生产要求时，有权要求停止施工，并暂缓确认安全生产费用
施工单位	在投标报价时，将安全生产费用作为不可竞争费用进行足额报价 施工组织设计文件中明确相应的安全防护和文明施工措施 施工合同和分包合同中明确安全生产费用的管理责任 施工现场安全防护及文明施工措施落实到位，满足相关法规、标准要求 在合理范围内进行使用安全生产费用，不得挤占或挪作他用 建立详细的安全生产费用使用台账，做到发票凭证与实物相符 在财务管理中单列安全生产费用，进行专项核算

5.4.6 实施效果

泰州大桥工程项目投资额近百亿元，提取的安全生产费用数额非常可观。开工建设之初，由于缺乏成熟的管理经验可借鉴，安全生产费用管理也普遍存在使用不合理、账目不清楚、管理不到位的情形，致使安全生产费用疏于管理，不能确保安全生产费用真正用于安全生产。

1. 积极效果

《泰州大桥安全生产费用管理暂行办法》实施以来，安全生产费用使用得到了有效规范，促进了现场安全状况的明显改善，使得安全生产费用成为建设、监理单位加强对施工单位管

理的有效抓手,突出表现在三个方面:

(1) 施工单位在规定范围内使用安全生产费用,出具相关发票凭证,并加大了安全生产费用投入,以使建设单位能够支付这笔安全生产费用。

(2) 监理单位认真对施工单位安全生产费用的监理审核,如现场安全措施不到位则暂缓确认,大大促进了现场安全状况的改善。

(3) 建设单位是否支付安全生产费用以及支付多少都有了较为明确的依据,有效加强了对施工单位安全生产费用使用情况的监督管理。

安全生产费用是安全的基础保障,国家文件给出了指导性意见和内容,具体的操作需要在实践中不断摸索和完善。充分利用好安全生产费用这一经济手段,将成为安全监管的一个有效抓手,能够促进现场安全文明施工,切实消除现场安全隐患,推进工程项目的安全建成。

2. 存在的问题

通过实施,发现尚存在一些问题需在实践中作进一步研究,包括:

(1) 虽然对安全生产费用使用范围做了较多的细化,但还是有不少使用项目未明确或存在争议,如与安全工作有关的招待费用,与安全、施工均有关的费用分摊等。

(2) 如何进一步制定安全生产费用审计办法和细则,以使安全生产费用能够独立进行核算和审计。

(3) 公路工程包括道路、桥梁、隧道等,其危险程度不一,2012 年新发布的《企业安全生产费用提取和使用管理办法》统一按工程造价的 1.5%(《高危行业企业安全生产费用财务管理暂行办法》规定为 1%)作为安全生产费用的计提标准是否合适;如不合适,不同工程乃至不同标段应如何有差别的确定等。

附件 5-1 《泰州大桥安全生产费用管理暂行办法》

第一章 总 则

第一条 为加强泰州长江公路大桥(以下简称"泰州大桥")安全生产费用管理,规范安全生产费用的使用和支付,确保安全生产费用落实到位,根据《建设工程安全生产管理条例》、《公路水运工程安全生产监督管理办法》,以及《高危行业企业安全生产费用财务管理暂行办法》等有关规定,结合泰州大桥实际,制定本办法。

第二条 本办法适用于泰州大桥跨江大桥建设项目。

第三条 本办法所称安全生产费用是指施工单位按照国家有关规定和施工安全标准,采购、更新施工安全防护用具及设施、落实安全施工措施、改善安全生产条件、加强安全生产管理等所需的费用。

第四条 安全生产费用按照"标段提取、确保需要、规范使用、综合监管"的原则进行管理。

第二章 职 责

第五条 施工单位应当提取安全生产费用,其安全生产费用的提取总额应不低于合同清单小计(不含暂定金)的 1%。

第六条 施工单位应建立详细的安全生产费用使用台账,并确保做到专项核算、专款专用,不得挤占或挪用。

第七条 施工单位主要负责人应加强安全生产费用使用状况的监督检查,确保施工现场安全生产状况满足安全生产要求,严禁安全生产费用违规使用。

第八条 监理单位应加强施工单位安全生产费用提取、使用、管理情况的监理,确保安全生产费用使用符合要求,确保施工现场安全生产状况满足安全生产要求。

第九条 江苏省长江公路大桥建设指挥部(以下简称省桥指)负责施工单位安全生产费用的支付,对施工、监理单位安全生产费用提取、使用、管理情况进行审核和监督检查。

第三章 安全生产费用的使用范围

第十条 安全生产费用应在以下范围内使用:

(1)完善、改造和维护安全防护设备、设施的支出

① 安全警示标志牌:主要指生活区、办公区、作业区及相应影响区域的各种安全警示标志牌。

② 现场围挡与防护:主要指为了满足临边、洞口、道口等封闭管理,交叉作业、高空作业等安全需要而采取的防护措施。

③ 施工设备安全检测验收:指用于设备专项安全检验(鉴定)的费用及检测、维护费。投标文件中承诺的设备进场产生的首次检验检测费用不在本工程项目安全生产费用中列支,但上述设备在本工程项目使用期间定期检验、检测(鉴定)费用应在本工程项目安全生产费用中列支。

④ 安全监控装置:指专项安全监控装置的购置与维护费用。

安全防护设备、设施的支出,应与安全专项方案中提及的安全防护设备、设施相一致。

(2)配备必要的应急救援器材、设备和现场作业人员安全防护物品的支出

① 施工现场公用安全防护用品:包括安全网、救生圈、消防器材、应急灯、通风设备、避雷针等公共安全设施或其他非个人专用的安全防护用品。

② 职工个人劳动防护用品:包括工作服、保险带、安全帽、救生衣、手套等用于保障人身安全的个人专用防护用品。

③ 职工安全保健费:包括防寒防暑用品、特殊工种人员体检、职业病预防等。

④ 安全生产应急救援专用设施费:指专门为应急救援所需而准备的物资、专用设备、工具等。应急救援专用设施费应与施工单位应急救援预案中提及的应急救援专用设施相一致。

(3)安全生产检查与评价的支出

指用于本工程项目安全生产检查与安全评价而发生的费用。其中,安全评价支出是指为本工程项目聘请专业安评机构发生的现场工作费用。施工单位自检(含上级公司组织的企业内部检查)发生的费用不应列入。

（4）危险源、事故隐患的评估、整改、监控的支出

指为评估、整改或监控本工程项目的危险源、事故隐患，聘请有关专家或专业咨询机构的差旅费、咨询费等现场工作费用。

（5）安全技能培训的支出

指因本工程项目而发生的安全教育、培训开支，但安全生产三类人员的培训、考试、年审等费用均不在本工程安全生产费用中列支。

（6）应急救援演练的支出

指为应对工程施工中可能发生的事故灾难、自然灾害、公共卫生事件和社会安全事件，施工单位有计划地组织开展应急救援演练而产生的费用。

（7）其他与安全生产直接相关的支出

① 安全宣传费：指购买安全宣传教育资料、开展安全宣传活动等产生的费用。

② 安全生产活动费：进行安全生产知识竞赛、技能比赛、安全专题会议等以安全为主题的活动所开支的费用。

③ 其他不可预见的与安全生产直接相关的支出。

第四章　安全生产费用的计量支付

第十一条　安全生产费用采用"月度计量，里程碑支付"的计量支付方式。

第十二条　施工单位应根据项目年度生产计划，编制《安全生产费用年度使用计划》，《安全生产费用使用计划报审表》于每年 12 月 25 日前报监理单位审核，并报省桥指备案。

第十三条　施工单位应根据下月生产计划和本年度《安全生产费用年度使用计划》，编制《安全生产费用月度使用计划》，填写《安全生产费用使用计划报审表》于每月 25 日前报监理单位审核。

第十四条　施工单位安全生产费用的列支由施工单位安全管理部门提出申请，报施工单位主要负责人或分管安全副经理审批。

第十五条　施工单位应于每月 25 日前，将本月安全生产费用使用情况编制《安全生产费用月度使用明细表》，填写《安全生产费用月度使用明细报审表》和安全生产费用支付、使用和管理记录等有关证明材料，报监理单位审核。

第十六条　监理单位应结合当月安全生产情况，及时对施工单位安全生产费用使用情况认真审核：

（1）实物与台账是否相符。

（2）发票、凭证是否有效。

（3）现场安全生产状况是否满足安全生产要求。

必要时进行现场验证，确保安全生产费用落到实处。

第十七条　到达合同约定支付日期时，施工单位填报《安全生产费用支付报审表》和其他有关证明文件，报监理单位审核，并报省桥指确认。

第十八条　安全生产费用随同当月实体工程计量一同上报，施工单位填报（C-2）《中期支付证书》，省桥指按有关规定及时支付。

第五章　安全生产费用的监督管理

第十九条　省桥指定期对施工、监理单位安全生产费用提取、支付、使用和监理情况进行监督检查，一般每季度不少于一次。

第二十条　监理单位要明确内部机构相关职责，加强施工单位安全生产费用的监理，严格安全生产费用审核，严禁弄虚作假。

第二十一条　出现下列情况，监理单位应暂缓确认安全生产费用，直至整改合格：

(1) 施工组织设计中安全技术措施或专项安全方案未按规定报审。

(2) 施工中未严格按安全技术方案组织实施。

(3) 施工现场存在安全隐患，或整改不到位，或已被要求暂停施工的。

(4) 施工现场达不到安全作业环境要求和施工安全标准的。

(5) 季度安全生产风险抵押金考核平均分低于 80 分的。

(6) 施工现场安全生产费用使用情况与凭证不符的。

第二十二条　出现下列情况，当月安全生产费用不予计量，同时，当月实体工程计量费用暂缓确认，直至整改合格：

(1) 施工现场存在安全隐患，施工单位拒不整改的。

(2) 施工单位弄虚作假，骗取安全生产费用的。

(3) 专项资金投入严重不足，现场存在重大安全隐患的。

(4) 发生一般等级以上安全生产责任事故的。

第二十三条　施工单位发生第二十二条情况的，省桥指有权指令其他单位负责整改，由此产生的费用，由省桥指直接从施工单位有关费用中扣除。同时，与项目部考核挂钩，情节严重的，报上级交通主管部门处理。

第二十四条　监理单位审核不严，致使安全生产费用违规使用的，省桥指将同时追究监理单位的责任。

第六章　附　　则

第二十五条　施工单位应结合本单位实际情况，制订具体实施办法，报监理单位审核，并报省桥指备案。

第二十六条　泰州大桥接线工程、交通工程、机电工程和房建绿化工程等参照本办法进行管理。

第二十七条　本办法未尽事宜，按照国家有关法律法规和省桥指有关规定执行。

第二十八条　本办法由省桥指负责解释和补充修订，自 2009 年 10 月 1 日起试行。

附表：

附表1:《安全生产费用年度使用计划表》

附表2:《安全生产费用月度使用计划表》

附表3:《安全生产费用使用计划报审表》

附表4:《安全生产费用月度使用明细表》

附表5:《安全生产费用月度使用明细报审表》

附表6:《安全生产费用支付报审表》

附表 1　安全生产费用年度使用计划表

合同段：　　　　　　　　　　　　　　　　　　　　　　　　　　年　月　日

序号	类　别	项　别	金额(元)	备　注
1	完善、改造和维护安全防护设备、设施的支出			
2	配备必要的应急救援器材、设备和现场作业人员安全防护物品的支出			
3	安全生产检查与评价的支出			
4	重大危险源、重大事故隐患的评估、整改、监控的支出			
5	安全技能培训的支出			
6	应急救援演练的支出			
7	其他与安全生产直接相关的支出			

安全部门负责人：　　　　　　　　　　　　　　　　项目负责人：

附表2 安全生产费用月度使用计划表

合同段： 年 月 日

序号	项 别	计划投入内容	计划金额（元）	备 注
1	完善、改造和维护安全防护设备、设施的支出			
2	配备必要的应急救援器材、设备和作业人员安全防护物品的支出			
3	安全生产检查与评价的支出			
4	重大危险源、重大事故隐患的评估、整改、监控的支出			
5	安全技能培训的支出			
6	应急救援演练的支出			
7	其他与安全生产直接相关的支出			

安全部门负责人： 项目负责人：

附表 3　安全生产费用使用计划报审表

合同段：　　　　　　　　　　　　　　　　　　　　　　　　年　月　日

致（总监）＿＿＿＿＿＿＿＿＿＿：

　　现将我单位安全生产费用使用计划上报，请予以审核。

附：安全生产费用使用计划

承包人：　　　　年　月　日

审查意见：

安全监理工程师：　　　　年　月　日
计量监理工程师：　　　　年　月　日

总监意见：

签字：　　　　年　月　日

附表4 安全生产费用月度使用明细表

合同段：   年 月 日

序号	使用日期	使用内容	金额(元)	备 注
本月合计				

安全部门负责人：   项目负责人：

附表 5　安全生产费用月度使用明细报审表

合同段：＿＿＿＿＿＿＿＿＿＿＿＿＿＿＿＿＿＿＿＿＿　　　　　　　　　年　月　日

致（总监）＿＿＿＿＿＿＿＿＿＿＿：

　　现将我单位＿＿＿月安全生产费用使用明细上报，请予以审核。

附：① 安全生产费用月度使用明细表

　　② 安全生产费用支付、使用和管理记录等相关证明文件

　　　　　　　　　　　　　　　　　　　　　　　承包人：　　　　　　　年　月　日

审查意见：

　　　　　　　　　　　　　　　　　　　　　　　安全监理工程师：　　　　年　月　日
　　　　　　　　　　　　　　　　　　　　　　　计量监理工程师：　　　　年　月　日

总监意见：

　　　　　　　　　　　　　　　　　　　　　　　签字：　　　　　　　　　年　月　日

附表 6 安全生产费用支付报审表

合同段：_____ 年 月 日

致(总监)_____ ：

　　我已按照安全生产费用使用计划,合理使用了本期安全生产费用,现场安全生产条件符合安全生产要求。现根据合同,要求支付安全生产费用共计人民币_____万元,请予以审查。

附:① 安全生产费用月度使用报审表

　　② 安全生产费用月度使用明细表

　　③ 安全生产费用支付、使用和管理记录等相关证明文件

承包人：_____ 年 月 日

审查意见：

安全监理工程师：_____ 年 月 日

计量监理工程师：_____ 年 月 日

总监意见：

签字：_____ 年 月 日

指挥部意见：

签字：_____ 年 月 日

6 施工安全风险评估

6.1 施工安全风险评估概述

6.1.1 桥梁施工安全影响分析

桥梁工程濒临河川、海岸,或于道路乃至既有建筑物上方施工,施工环境危害状况较一般工程高,而且现场施工多属高架作业,具备高度技术性、高能量作业、环境敏感性等特点,是安全事故高发的领域。桥梁工程施工具有如下特征:

1. 高度技术性

桥梁施工因组成构件及施工作业复杂,属于高技术性施工作业。桥梁规划设计与施工有着密切关系,必须事先做好规划设计,且施工中必须具有较高的作业水平,并依照所拟定程序作业,才能避免施工灾害发生。

2. 高能量作业

桥梁工程基本上为将结构物顶撑于空中,施工过程需将人员、材料、设备分布于高处,稍有不慎,高处势能即可能转换为动能并造成灾害。最常见灾害即为坠落,包括人员或物体坠落。典型人员坠落常发生在防护不足的高架作业,而物体坠落常发生于吊装作业或遭施工机械撞击。

桥梁施工作业除前述势能外还包括机械能,如桥梁预应力张拉作业、节块推进作业、桥梁支承换装作业等,均需施加极大机械能于桥体上,稍有不慎极易造成机械能突然释放,从而造成施工安全生产事故。

3. 环境敏感性

桥梁施工安全与周围环境、地质有极大关联,如:跨越河川、深谷时,会增加桥梁施工难度与危害程度;跨越铁路、公路等交通要道时,施工中必须维持交通,避免危及通行人车安全,也需要防范通行车辆可能对施工人员、设备产生的危害。此外,桥梁基础开挖安全性与地质因素有关,而天气也会影响施工作业场地及安全性。

4. 材料、设施质量不确定性

桥梁工程所使用材料,无论是永久材料还是施工设备材料,多属定制而非量产材料,且施工设施多可以重复使用,因此具有质量变异性大的特点,常发生部分材料设施质量缺陷而造成施工灾害,典型例子为支架材质不佳、施工设备锈蚀或金属疲劳造成灾害。

5. 安全意识薄弱

桥梁工程施工临时作业比例极大,作业人员流动性极强,作业人员安全意识相对比较薄弱,不能很好地遵守操作规程并正确地佩戴劳防用品。此外,施工承包商管理者多以成本、进度为首要考虑,对安全的重视往往停留在口头上,安全生产投入不足。施工管理人员及作业人员安全意识不强是导致施工安全事故高发的重要原因。

6.1.2 桥梁施工安全事故分析

近年来,我国桥梁工程建设发展非常迅速。但是,随着建设工程规模的逐步加大,桥梁工程建设领域安全事故起数和伤亡人数一直居高不下,施工现场安全生产情况仍然十分严峻,给广大人民群众的生命和财产带来巨大损失。桥梁工程安全事故频繁发生,如湖南堤溪沱江塌桥等事故,以及近期的昆明新机场引桥工程支架垮塌事故、南京城区钢箱梁倾倒事故、嘉绍大桥架桥机断塌事故等,都造成了巨大的财产损失和群死群伤现象,这无疑给交通工程建设安全工作敲响了警钟。

交通部科学研究院对 2005—2007 年以及 2008 年发生的部分桥梁施工事故进行了统计,通过研究得到我国主要桥梁施工事故分布和发生规律。

1. 主要施工安全事故类型

桥梁事故统计分布图如图 6-1 所示。

从图 6-1 中可以看出,桥梁施工安全事故主要包括:高处坠落、物体打击、坍塌、起重伤害、淹溺、触电、机械伤害。这几个方面构成了 95% 以上的施工安全事故,下面依次对其进行分析。

(1) 高空坠落

从图 6-1 可知,高空坠落事故发生的比例最大,占 49%,说明高空坠落事故是极易发生且经常被施工管理人员所忽视的一个方面。该类事故易发生在模板工程、脚手架工程、支架及龙门架工

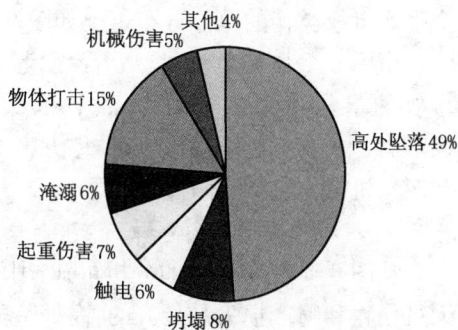
图 6-1 桥梁事故统计分布图

程、吊装工程、混凝土预制、混凝土搅拌、桩基工程、基坑开挖、梁板临边工程、现场拆除工程以及临时工程中,该类事故造成的后果可大可小,也是可能造成重大事故的事故类型。

(2) 物体打击

物体打击占 15%,在主要施工安全事故发生率中排在第二位。物体打击易发生在脚手架工程、基坑开挖工程中,统计结果显示,物体打击也是可能引起 3 人以上死亡重大安全事故的事故类型。

(3) 坍塌

在所有发生的各类桥梁施工安全事故中,坍塌事故发生的比例占 8%,但其可造成的人员伤亡及财产损失是最大的,该类事故易发生在桥梁施工过程中的支架及龙门架工程、桩基工程、模板工程、基坑开挖、梁板临边工程,该类事故类型是可能造成重大安全生产事故的典型事故。

(4) 起重伤害

起重伤害占 7%,易发生在吊装工程、梁板临边工程及桩基钢筋笼架设工程中,该类事故类型也是可能造成重大安全生产事故的典型事故。

（5）淹溺

淹溺事故占6%，易发生在吊装工程、便道便桥施工、桩基工程、梁板临边工程中，该类事故类型也是可能造成重大安全生产事故的典型事故。

（6）触电

触电事故占6%，主要发生在模板工程、吊装工程、桩基工程、基坑开挖、现场拆除工程以及临时工程中，该类事故类型也是可能造成重大安全生产事故的典型事故。

（7）机械伤害

机械伤害事故占5%，易发生在吊装工程、混凝土预制中，该类事故类型也是可能造成重大安全生产事故的典型事故。

（8）其他事故

如放炮、火药爆炸、中毒等所占比例较小，总共不到5%。

从各类事故发生的地点可以看出，桥梁安全事故发生于各项工程项目中，并根据各项工程项目的施工特点而有所不同，但都有可能造成重大安全事故。

2. 重大施工安全事故类型

根据主要事故类型统计，可以得知可引发重大安全生产事故类型的总体分布情况如图6-2所示。

由图6-2可知，坍塌是最容易引起重大安全生产事故的事故类型，占38%，然后依次是高处坠落（27%），物体打击（12%），起重伤害（11%），触电（8%），机械伤害（3%），淹溺（1%）。

3. 坍塌与高处坠落事故分布

从图6-1和6-2中的分析可知，坍塌事故引起的人员伤亡和财产损失是最大的，高处坠落事故是桥梁施工最易发生的事故。通过统计分析，在桥梁施工的各个环节中，发生坍塌事故和高处坠落事故的分布如图6-3、图6-4所示。

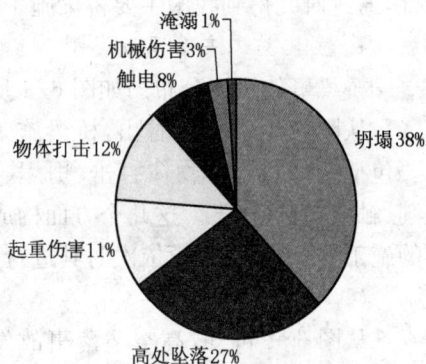

图 6-2 导致重大安全事故的事故类型分布图

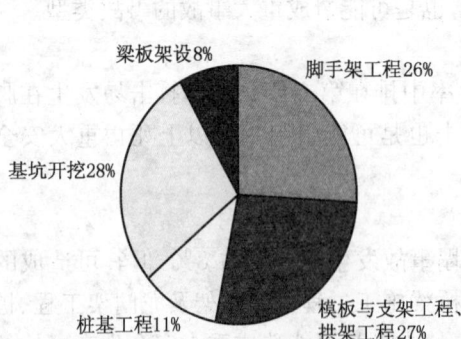

图 6-3 桥梁施工中坍塌事故发生环节示意图

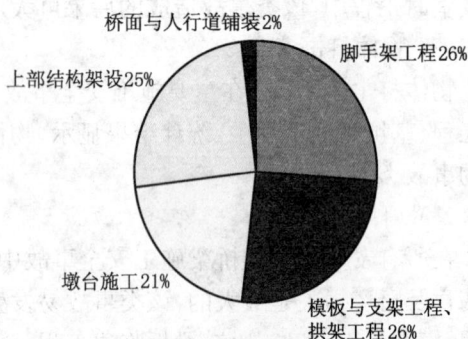

图 6-4 桥梁施工中高处坠落事故发生环节示意图

从图6-3、图6-4中可知，坍塌事故与高处坠落事故多发生在脚手架工程、模板与支架工程、拱架工程中，因此这三个工程是桥梁施工中的重大危险源，应该引起足够的重视。

桥梁施工事故与一般安全事故相比,有其自身的特点,通过对桥梁施工事故进行分析和总结,得到事故发生的一般规律,可以有针对性地实施桥梁施工安全风险评估和风险控制,有助于进行安全生产管理和事故预防。

6.1.3　桥梁施工安全风险评估的意义

进行桥梁施工安全风险评估,通过合理的风险对策和措施,避免、减少或控制风险,可以有效地减少人员伤亡及降低事故经济损失,提高工程施工安全可靠性,对桥梁(尤其是大型桥梁)的建设具有非常重要的意义。具体体现在以下几个方面:

1. 有利于提升决策科学性

桥梁工程,尤其是大型桥梁工程的复杂性,客观上要求对一些关键问题进行风险评估。桥梁工程决策问题面临决策时间长、决策目标复杂、决策影响面广等问题,仅从工程技术角度出发,往往难以得到令业主和工程参与各方满意的答案。通过开展桥梁施工安全风险研究,综合考虑各种影响,可以使政府和管理部门对桥梁施工中可能面临的各种风险情况及其严重程度有比较全面的了解,并通过合理的风险对策降低不利影响,提高施工质量,从而间接达到提升管理水平、降低决策者压力的目的。

2. 有利于保护投资者的利益

通过开展施工安全风险评估,可以使投资者全面了解施工过程中可能经历的风险事态,并预测可能的损失程度,在此基础上,投资者可以制定相应的风险对策,有利于更准确地预测投资回报,更好地保护自身利益。

3. 有利于维护施工人员利益,体现以人为本的价值观

桥梁安全事故涉及桥梁生命周期内各个阶段,其中施工阶段的安全事故是人们最常见的风险事态。通过开展施工安全风险评估,可以使管理者对施工过程中可能出现的风险事态制定相应的风险对策,从而尽可能减少施工过程的人员伤亡,保证施工人员的人身安全。

6.1.4　桥梁施工安全风险评估的一般流程

桥梁施工阶段安全风险评估的基本组成部分包括风险定义、风险识别、风险估计、风险评价和风险控制五部分。桥梁施工安全风险评估的基本流程如图 6-5 所示。

1. 风险定义

风险定义就是明确进行风险评估的对象,以及进行风险评估的目的,确定研究范围,并根据问题的特点,确定合适的风险量测方式,收集基本的项目资料供后续工作使用。风险定义是风险评估工作的开始,也是显著影响后续工作效率的重要环节。

2. 风险识别

风险识别,也称危险源辨识,是根据风险定义中确定的研究对象、研究范围和研究目的,发现潜在的风险事态、明确分析重点的过程。风险识别是一个非常重要的环节,只有准确识别风险因素,才能使风险评价结果趋于合理,使风险控制发挥最大的作用。风险识别方法包括:现场观察、询问与交流、查阅有关记录、获取外部信息、工作任务分析、安全检查表、危险与可操作性研究、事件树分析、故障树分析、工作安全分析法等。在实际危险源辨识工作中,

可考虑采用以上 2 种或几种方法相结合。

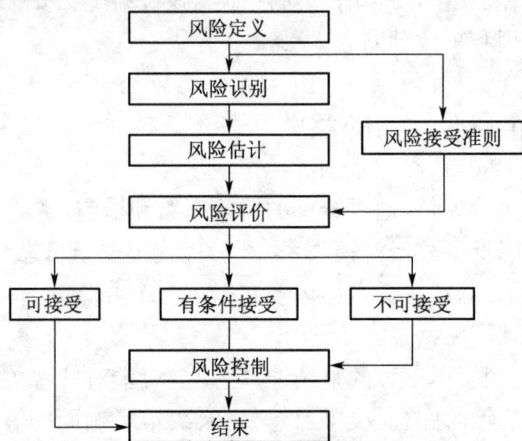

图 6-5　桥梁施工安全风险评估基本流程

风险识别环节往往需要借助较多的经验完成,应该重视不同领域参与专家(包括结构、安全等领域)以及业主和相关设计人员的风险交流。

3. 风险估计

风险估计是风险评估的主要工作。通常来说,风险估计包括三个方面的工作:风险概率估计、风险损失估计和风险量测。

(1)风险概率估计

2010 年交通运输部发布了《关于在初步设计阶段实行公路桥梁和隧道工程安全风险评估制度的通知》(交公路发〔2010〕175 号),给出了《公路桥梁和隧道工程设计安全风险评估指南(试行)》,该文件将工程安全风险发生概率等级分为 5 级,各等级判断标准见表 6-1。

风险源发生概率可采取专家调查法、概率分析法、层次分析法、事故树法、模糊综合评价法等方法进行确定。根据工程不同阶段的特点,可选择 1 种方法或者多种方法相结合确定风险源发生概率。

表 6-1　风险发生概率等级判断标准

等级	定量判断标准(概率区间)	定性判断标准
1	$P_f < 0.0003$	几乎不可能发生
2	$0.0003 \leqslant P_f < 0.003$	很少发生
3	$0.003 \leqslant P_f < 0.03$	偶然发生
4	$0.03 \leqslant P_f < 0.3$	可能发生
5	$P_f \geqslant 0.3$	频繁发生

注:1. P_f 为概率值,当概率值难以取得时,可用年发生频率代替。
　　2. 风险发生概率等级应优先采用定量判断标准。当无法进行定量计算时,可采用定性判断标准。

（2）风险损失估计

参照《公路桥梁和隧道工程设计安全风险评估指南（试行）》，风险损失等级分为 1、2、3、4、5 级。应按人员伤亡等级、经济损失等级及环境影响等级等因素确定。当多种损失同时产生时，应采用就高原则确定风险损失等级。

人员伤亡等级的判断标准见表 6-2。风险源发生概率可采取专家调查法、概率分析法、层次分析法、事故树法、模糊综合评价法等方法进行确定。根据工程不同阶段的特点，可选择 1 种方法或者多种方法相结合确定风险源发生概率。

表 6-2　人员伤亡等级判断标准

等级	判断标准
1	重伤人数 5 人以下
2	3 人以下死亡（含失踪）或 5 人以上 10 人以下重伤
3	3 人以上 10 人以下人员死亡（含失踪）或 10 人以上 50 人以下重伤
4	10 人以上 30 人以下人员死亡（含失踪）或 50 人以上 100 人以下重伤
5	30 人以上人员死亡（含失踪）或 100 人以上重伤

注：1. 参考国务院《生产安全事故报告和调查处理条例》和《企业职工伤亡事故分类标准》。
　　2. "以上"包含本数，"以下"不包含本数，下同。

经济损失等级的判断标准见表 6-3。风险损失一般采用专家调查法确定，也可采用层次分析法、事故树法、模糊综合评价法等方法确定。

表 6-3　经济损失等级判断标准

等级	判断标准
1	经济损失 500 万元以下
2	经济损失 500 万元以上 1 000 万元以下
3	经济损失 1 000 万元以上 5 000 万元以下
4	经济损失 5 000 万元以上 10 000 万元以下
5	经济损失 10 000 万元以上

注：1. 参考国务院《生产安全事故报告和调查处理条例》。
　　2. 对总造价较低的工程，如石拱桥等，可采用相对经济损失进行判定。

（3）风险量测

采用风险等级作为风险量测指标。一般来说，风险等级由风险发生概率和风险损失共同决定。具体确定方法是：

$$风险等级 = 风险发生概率 \times 风险损失$$

式中："×"表示风险发生概率和风险损失的级别的组合。

《公路桥梁和隧道工程设计安全风险评估指南》中采用风险等级表确定风险等级，共分为 4 级，如表 6-4 所示。

表 6-4 风险等级表

风险发生概率	风险损失				
	1	2	3	4	5
1	I	I	II	II	III
2	I	II	II	III	III
3	II	II	III	III	IV
4	II	III	III	IV	IV
5	III	III	IV	IV	IV

此外,风险等级的确定还有很多其他方法,最常用的包括模糊综合评判、蒙特卡洛方法等,将在 6.1.5 节进行具体的介绍。

4. 风险评价

风险评价是基于风险估计的结果(即风险等级),考虑风险承担者的风险态度和风险能力,对风险程度形成具体评价结果。考虑表 6-4,将风险等级分为 4 级,其各自对应的风险评价如表 6-5 所示。

表 6-5 风险等级评价表

风险等级	风险评价
I	风险水平可以接受,当前应对措施有效,不必采取额外技术、管理方面的预防
II	风险水平有条件接受,工程有进一步实施预防措施以提升安全性的必要
III	风险水平有条件接受,必须实施削减风险的应对措施,并需要准备应急计划
IV	风险水平不可接受,必须采取有效应对措施将风险等级降低到 III 级及以下水平;如果应对措施的代价超出项目法人(业主)的承受能力,则更换方案或放弃项目执行

如表 6-5 所示,风险评价结果大致上可以分为 3 种:可接受、有条件接受和不可接受。其中风险有条件接受和不可接受都需要采取相应的风险控制措施。

5. 风险控制

风险控制是根据风险评价结果对风险事态进行事前处理及控制的过程。风险控制包括风险决策和风险监控两部分。风险决策是根据风险评价的结果,从风险对策集合中选定合适的对策处置风险;而风险监控是指对潜在风险事态进行检测,并适时启动有关风险控制措施的过程。风险控制对策根据风险从大到小排列主要包括风险规避、风险转移、风险缓解和风险自留 4 类。

(1) 风险规避

风险规避是通过方案改变、参数改变来消除风险发生以及风险发生后可能产生的损失。风险规避是对风险评价结果不可接受的一种对策。

(2) 风险转移

风险转移是以一定的代价将某风险的结果连同风险对应的权利和责任转移给他方。风险转移并不能消除风险,但是通过第三方的介入能降低自身风险。风险转移是风险隶属性在风险决策中的体现:对某方是风险事态,但对其他风险承受者可能并不是不能接受的。风险转移是对风险评价结果有条件接受的一种对策。

（3）风险缓解

风险缓解是通过某种手段将风险降低到可接受的程度。风险缓解是风险管理中常用的对策,也是对风险评价结果有条件接受的一种对策。

（4）风险自留

风险自留是一种项目主体自行承担风险后果的一种风险应对策略。一般来说,风险自留建立在风险评价结果是可接受的基础之上。

6. 风险交流

风险交流是贯穿于整个评估过程的长期工作,其目的是通过研究者与相关人员(业主、使用者、其他领域专家)进行广泛、深入的交流,以明确研究目的、风险因素等风险评估中遇到的问题。考虑到不同利益集团可能对风险的感受和认识角度不同,进行风险交流将有助于相关专家、工程师、设计师与业主、使用者及其他风险承担者之间达成共识,从而有效地降低和控制风险。

施工阶段安全风险评估流程与标准的风险评估流程差别不大,需要解决的问题是结合桥梁施工过程中的具体问题,系统地将已有的桥梁工程与风险科学研究成果结合起来,达到提高对桥梁、尤其是大型桥梁施工过程具体风险事态的表达、理解和控制的目的。

6.1.5　风险估计方法

桥梁施工阶段的安全风险因素涉及多方面,这些因素对风险发生的影响往往是不确定的、模糊的,难以用经典数学公式来进行计算。在已有的可以处理这类问题的风险估计方法中,最为常用的是专家打分法、层次分析法、故障树分析法、蒙特卡罗法和模糊综合评判法等。

1. 专家打分法

专家打分法是一种最常用、最简单且易于应用的风险估计方法。使用专家打分法进行桥梁施工安全风险评估的步骤如下:

（1）在风险识别的基础上,列出风险调查表。

（2）选择有经验的专家,对风险因素或风险事件的重要性进行评价。

（3）对专家意见进行分析汇总,将统计结果反馈给大家。

（4）专家根据反馈结果修正自己的意见。

（5）经过多轮匿名征询和意见反馈,形成最终分析结论。

使用专家打分法应注意以下几个问题:

（1）选取专家应来自各相关领域,有较高权威性和代表性,人数应该相当。

（2）多轮打分后统计方差如果不能趋于合理,应当慎重使用专家打分法结论。

2. 层次分析法

层次分析法(简称 AHP 法)是 20 世纪 70 年代由美国学者 T. L. Saaty 提出的一种定量与定性相结合的多方案或多目标的决策方法。层次分析法灵活简洁,一度在经济学、管理学中得到广泛应用。使用层次分析法进行桥梁施工安全风险分析的步骤如下:

（1）建立层次结构模型

在风险识别的基础上，将有关的风险因素按照不同属性自上而下地分解成若干层次，同一层的诸因素从属于上一层的因素或对上层因素有影响，同时又支配下一层的因素或受到下层因素的作用。

（2）构造判断矩阵

由专家调查法依据风险发生概率对同一层次不同因素在桥梁施工安全风险中的重要程度进行比较和分析，构造判断矩阵。例如某一层指标有两个，其判断矩阵为：

$$A = \begin{bmatrix} A_{11} & A_{12} \\ A_{21} & A_{22} \end{bmatrix} \tag{6-1}$$

式中：A_{ij}——i 因素相对于 j 因素的重要程度，其取值由九分位法来确定，如表 6-6 所示。

某项指标风险发生概率越高，则重要程度越大。此外，二级指标权重的确定方法与一级指标相同。

表 6-6 九分位的相对重要的比例标度

甲指标与乙指标相比	极重要	很重要	重要	略重要	相等	略不相等	不重要	很不重要	极不重要
甲指标评价值	9	7	5	3	1	1/3	1/5	1/7	1/9
备注	取 8、6、4、2、1/2、1/4、1/6、1/8 为上述评价值的中间值								

（3）对各指标权重系数进行计算

各指标的权重数值如下：

$$w_i = \frac{\sqrt[n]{\prod_{j=1}^{n} A_{ij}}}{\sum_{i=1}^{n} \sqrt[n]{\prod_{j=1}^{n} A_{ij}}} (i = 1, 2, 3, \cdots, n) \tag{6-2}$$

（4）对判断矩阵进行一致性检验

矩阵的一致性比率 CR 判定公式如下：

$$CR = \frac{CI}{RI} = \frac{\lambda_{\max} - n}{n-1} / RI \tag{6-3}$$

式中：$\lambda_{\max} = \sum_{i=1}^{n} \frac{(Aw)_i}{nw_i}$，为判断矩阵的最大特征根；

RI——平均随机一致性指标。

当 $CR < 0.1$ 时，便认为判断矩阵具有可接受的一致性，否则，需重新调整判断矩阵。

采用 AHP 法进行风险分析，得到的是指标权重或方案排序。因此，如果是对某一个特定方案进行评价，以判断其风险大小，单独采用层次分析法并不能完全解决这一问题，需要与其他方法相结合。

3. 故障树分析法

20 世纪 60 年代初，随着载人宇航飞行，洲际导弹的发射，以及原子能、核电站的应用等尖端和军事科学技术的发展,都需要对一些极为复杂的系统,做出有效的可靠性与安全性评价,故障树分析法就是在这种情况下产生的。

故障树分析法(简称 FTA)是一种演绎的逻辑分析方法,它在风险分析中的重要作用主要遵循从结果找原因的原则,将风险形成的原因由总体到部分按树枝形状逐步细化,分析风险及其产生原因之间的因果关系。即在前期预测和识别风险的基础上,运用逻辑推理的方法,沿着风险产生的路径,求出风险发生的概率,并能提供各种控制风险因素的方案。故障树的定量分析,首先是确定基本事件的发生概率,然后由故障树图,通过一定的数学计算方法,求出顶上事件的发生概率。

4. 蒙特卡罗法

蒙特卡罗方法于 20 世纪 40 年代美国在第二次世界大战中研制原子弹的"曼哈顿计划"中,由计划的成员 S. M. 乌拉姆和 J. 冯·诺伊曼首先提出。该方法是通过随机变量的统计实验随机模拟求解数学、物理、工程技术问题近似解的数学方法,也称随机模拟方法。采用蒙特卡罗方法进行桥梁施工安全风险分析的基本步骤如下:

(1) 根据实际问题,构造模拟的数学模型,即构建相应的功能函数,也就是风险后果与风险因素之间的函数关系。各个风险因素之间是相互独立的,且服从各自的概率分布。

(2) 根据模型的特点,进行相应的概率分布的多次重复抽样,得到风险后果值的多个随机数。

(3) 当抽样次数足够多时,将抽样模拟结果进行统计处理,计算出风险后果的统计特征量,如概率分布、累计概率分布、期望值、方差、标准差等。

(4) 得出结论,即风险量测结果。

蒙特卡罗方法被认为是风险评估的一种经济有效的方法,可以得到较为客观可靠的结果,但要得到准确的风险状态概率分布,必须以大量的统计数据为基础,而目前在国内这些数据的获取是比较困难的,因此限制了该方法的应用。

5. 模糊综合评判法

模糊综合评判法(简称 FCE)是对受多个因素影响的事物做出全面、有效分析的一种综合评价方法。FCE 法突破了精确数学的逻辑和语言,强调了影响事物因素中的模糊性,较为深刻地划分了事物的客观属性。采用模糊综合评判法进行桥梁施工安全风险分析的基本步骤如下:

(1) 建立评判对象因素集

按照评价主体的不同,将评价指标划分为多个子集 $U = \{U_1, U_2, \cdots, U_m\}$,其中 U_i 表示影响评判对象的因素,这里指的是风险因素。

(2) 建立评语集

评语集是评价者对评价对象所做出的各种可能的评判结果的集合,$F = \{f_1, f_2, \cdots, f_n\}$ 为每一因素所处状态的 n 种评判。

(3) 构造评价矩阵

对 $U_i(i = 1, 2, \cdots, m)$ 作单因素评价,得到 U_i 对 $f_j(j = 1, 2, \cdots, n)$ 的隶属度 r_{ij},进而得到 U_i 的单因素评判集:$r_i = (r_{i1}, r_{i2}, \cdots, r_{in})$。由 m 个评价因素构造出的评价矩阵如下:

$$R = \begin{bmatrix} r_{11} & r_{12} & \cdots & r_{1n} \\ r_{21} & r_{22} & \cdots & r_{2n} \\ & & \vdots & \\ r_{m1} & r_{m2} & \cdots & r_{mn} \end{bmatrix}$$ (6-4)

$$(i = 1, 2, \cdots, m; j = 1, 2, \cdots, n; \sum r_{ij} = 1)$$

（4）综合评判

结合各指标的权重和模糊关系矩阵，求出综合评价集 $B = (b_1, b_2, \cdots, b_n)$，通过比较 b_1，$b_2, \cdots, b_n$ 来最终确定估计结果。具体的计算方法如下：

$$B = w \cdot R = (w_1 w_2 \cdots w_m) \begin{bmatrix} r_{11} & r_{12} & \cdots & r_{1n} \\ r_{21} & r_{22} & \cdots & r_{2n} \\ \vdots & \vdots & \vdots & \vdots \\ r_{m1} & r_{m2} & \cdots & r_{mn} \end{bmatrix}$$

$$= (b_1 b_2 \cdots b_n)$$ (6-5)

式中：$w_1 w_2 \cdots w_m$——$U_1, U_2, \cdots, U_m$ 的权重。

6.2 泰州大桥总体施工安全风险评估

6.2.1 工程概况

泰州大桥是江苏省"五纵九横五联"高速公路网和国家《长江三角洲地区现代化公路交通规划纲要》重要的过江通道工程，对完善国、省干线公路网，加强泰州、镇江、常州的交流，促进长江两岸区域经济的均衡发展和沿江开发开放，改善长江航运条件具有积极的作用。在本书的第 1 章中已对泰州大桥的位置、技术难点和创新点进行了具体介绍，这里不再赘述。

6.2.2 施工安全分析

（1）泰州大桥建设项目参建施工及监理标段众多，参建人员目前已有上千人。全线划分为 11 个监理标段，38 个主体工程施工标段和 2 个交通工程及沿线设施标段，施工组织及管理非常复杂，致使安全管理的难度加大。

（2）施工过程中采用大量新技术、新工艺、新材料，这些都给安全管理提出了更高的要求。主桥采用世界第一的 2×1080 m 特大跨径三塔两跨悬索桥；中塔采用世界高度第一的纵向人字形钢塔，塔高 192 m，总重 13 000 t；中塔采用世界上入土最深的水中沉井基础，下沉至标高 -70 m 的深度。

（3）工程建设气候条件较差，易遇雷电、台风等自然灾害，地质、水文条件对工程要求也比较高，水上施工易受水流、潮汐、大风、河床冲刷等不利因素的影响。

（4）施工机械众多，全桥从基础工程到上部结构安装都使用了大量的机械设备，尤其是使用了大量危险性较大的起重机械。

（5）高处作业多，历时长。南、北锚碇分别采用高 41 m、57 m 的沉井，南、北塔塔顶高度达 180 m，中塔采用 76 m 高沉井基础、192 m 高钢塔结构，这些施工都属于特高处作业，而且整个作业贯穿工程建设始终，历时较长。

（6）水上作业多，交通运输繁忙。悬索桥中塔的作业平面搭在水上，施工人员、材料和机具的运送都要依靠船舶，极易发生事故，而且作业平台需警惕受到船舶的撞击。

6.2.3 风险识别

风险识别阶段就是对施工阶段影响施工安全的风险因素进行识别。从上一小节施工安全分析中可以看出，桥梁施工阶段的安全风险可能来自施工工艺、意外事故、自然灾害、人为灾害等多方面，以往的桥梁施工阶段风险研究中，往往只考虑物的不安全因素，而忽略了人的不安全因素。实际上，由于施工阶段的很多环节都有人的参与，人的不安全因素对施工阶段的风险估计有着很大的影响。研究表明，当人的不安全因素与物的不安全因素同时出现时，事故的发生率就会显著增大。因此，本章在确定施工阶段主要风险因素指标体系时，综合考虑了物的不安全因素和人的不安全因素。具体的风险因素指标体系如图 6-6 所示。

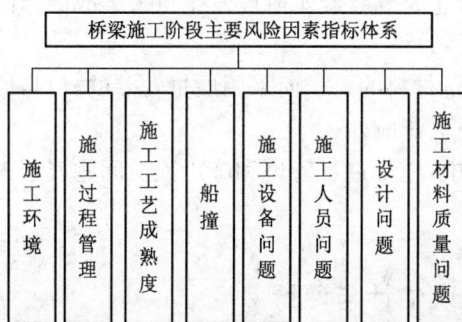

图6-6 桥梁施工阶段主要风险因素指标体系

1. 施工环境

分为自然环境和社会环境。自然环境指的是桥梁施工阶段遇到的地震、台风、寒潮、洪水等自然灾害，这是桥梁施工中的常见风险；社会环境指的是政府支持程度、工程区域供水供电情况、交通运输情况、材料获取难易等，其引起的施工阶段后果主要是经济损失和施工延误。

2. 施工过程管理

施工过程管理指施工过程中组织是否清晰，管理制度是否完善，人员安排和分工是否合理，进度安排是否控制得当，关键施工工序是否有单独完整的专项方案和施工组织设计等。桥梁工程施工组织管理是施工过程控制的重要措施，组织和管理混乱会增加施工成本，影响施工进度,降低施工质量,进而增加施工阶段风险。

3. 施工工艺成熟度

施工工艺复杂程度,对施工工艺过程是否很清楚,有无类似工程经验作为参考,采用新材料和新技术前进行小规模试验的试验次数和程度是否足够等,这对施工阶段风险也有很大影响。

4. 船撞

通过对国内外桥梁事故分析表明,碰撞事故在所有事故原因中所占比例最大。碰撞事故一般可分为船撞和车撞,桥梁施工阶段的碰撞事故主要是船撞,而船撞引起的后果往往比较严重,严重损伤或倒塌占多数。因此,船撞也是桥梁施工阶段的一个主要风险因素。

5. 施工设备问题

大型桥梁施工机械众多,全桥从基础工程到上部结构安装,都使用了大量的机械设备,尤其是使用了大量危险性较大的起重机械。研究表明,桥梁施工过程中机械伤害所占比例很大。在施工机械众多的情况下,如果发生施工设备类型不符合、质量不合格、供应拖延等情况,又会进一步增加施工风险。

6. 施工人员问题

桥梁施工人员规模依据桥梁大小的复杂程度而定,施工人员规模越大,参与人越多,风险越大。此外,施工人员的安全意识也对施工风险有很大影响。

7. 设计问题

设计问题包括建设规模、设计复杂度和设计失误问题。在同一工程区域、同类型桥梁中,桥梁建设规模越大,复杂度越高,施工安全风险就越高。此外,设计时某些结构尺寸不合理、承载力不足等设计失误也是导致施工阶段发生重大事故的原因。

8. 施工材料质量问题

施工时不按设计阶段对材料的要求而采用质量较差的材料,原材料供应不足,数量有误等,都会对桥梁风险产生重大影响。

在以上所有风险因素中,施工过程管理和施工人员问题属于人的不安全因素,其他因素属于物的不安全因素。

6.2.4 基于 FCE 的风险估计与评价

1. 风险估计

(1) 评语集的确定

采用模糊综合评判方法(FCE)进行风险估计,参照表 6-5,取评语集 $F = (f_1, f_2, f_3, f_4)$,f_1, f_2, f_3, f_4 分别代表 4 种风险等级,各种风险等级的要求如表 6-5 所示。

(2) 隶属度函数的确定

这里,根据每一项风险因素发生后可能引起的风险损失来确定其隶属度函数,风险损失包括人员伤亡损失和经济损失,其判断标准参考表 6-2、6-3,得到各自的判断标准表如表 6-7 和表 6-8 所示。

表 6-7　人员伤亡判断标准表

分值	人员伤亡标准	后果定性描述
45～60	死亡少于 3 人（含失踪）或重伤 10 人以下	一般
30～45	死亡 3～10 人（含失踪）或重伤 10～50 人	较大
15～30	死亡 10～30 人（含失踪）或重伤 50～100 人	重大
0～15	死亡 30 人以上或重伤人数 100 人以上	特大

表 6-8　经济损失判断标准表

分值	直接经济损失标准（万元）	后果定性描述
30～40	经济损失 1 000 万元以下	一般
20～30	经济损失 1 000 万元以上 5 000 万元以下	较大
10～20	经济损失 5 000 万元以上 10 000 万元以下	重大
0～10	经济损失 10 000 万元以上	特大

采用专家调查法得到风险损失分值,其计算方法如下:

$$风险损失分值 C = 人员伤亡分值 C_1 + 直接经济损失分值 C_2 \tag{6-6}$$

这里选用三角形分布函数,并根据风险损失分值确定隶属度函数,如图 6-7 所示。

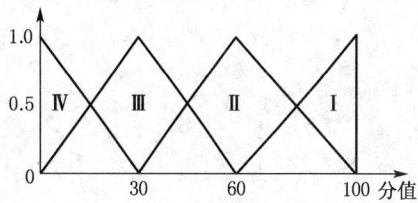

图 6-7　隶属度函数图

用公式表示,可得评价矩阵中第 i 个风险因素的隶属度如下:

$$r_{i1} = \begin{cases} 0 & C_i < 60 \\ \dfrac{C_i}{40} - \dfrac{3}{2} & 60 \leqslant C_i < 100 \\ 1 & C_i = 100 \end{cases} \tag{6-7a}$$

$$r_{i2} = \begin{cases} \dfrac{C_i}{30} - 1 & 30 \leqslant C_i < 60 \\ \dfrac{5}{2} - \dfrac{C_i}{40} & 60 \leqslant C_i < 100 \\ 0 & 其他 \end{cases} \tag{6-7b}$$

$$r_{i3} = \begin{cases} \dfrac{C_i}{30} & 0 \leqslant C_i < 30 \\ 2 - \dfrac{C_i}{30} & 30 \leqslant C_i < 60 \\ 0 & 其他 \end{cases} \tag{6-7c}$$

$$r_{i4} = \begin{cases} 1 & C_i = 0 \\ 1 - \dfrac{C_i}{30} & 0 \leqslant C_i < 30 \\ 0 & C_i \geqslant 30 \end{cases} \tag{6-7d}$$

采用专家调查法,由表 6-7、表 6-8 得到每一项风险因素发生后可能引起的风险损失分值如表 6-9 所示。

表 6-9　风险损失分值表

分值	指标							
	施工环境	施工过程管理	施工工艺成熟度	船撞	施工设备问题	施工人员问题	设计问题	施工材料问题
人员伤亡	50	40	40	40	45	40	50	48
经济损失	35	35	30	25	35	35	25	25

根据式(6-6)计算得到:

$$C = \begin{bmatrix} C_1 & C_2 & C_3 & C_4 & C_5 & C_6 & C_7 & C_8 \end{bmatrix}$$
$$= \begin{bmatrix} 85 & 75 & 70 & 65 & 80 & 75 & 75 & 73 \end{bmatrix}$$

由式(6-7a)、(6-7b)、(6-7c)、(6-7d)得到评价矩阵如下:

$$R = \begin{bmatrix} 0.625 & 0.375 & 0.25 & 0.125 & 0.5 & 0.375 & 0.375 & 0.325 \\ 0.375 & 0.625 & 0.75 & 0.875 & 0.5 & 0.625 & 0.625 & 0.675 \\ 0 & 0 & 0 & 0 & 0 & 0 & 0 & 0 \\ 0 & 0 & 0 & 0 & 0 & 0 & 0 & 0 \end{bmatrix}^T$$

(3) 权重的确定

采用层次分析法进行权重的确定,由有经验的专家依据风险发生概率对不同风险因素在施工安全风险评估中的重要程度进行比较和分析,采用九分位法,得到判断矩阵 A,如下所示:

$$A = \begin{bmatrix} 1 & 3 & 3 & 2 & 1/2 & 1/2 & 5 & 7 \\ 1/3 & 1 & 1 & 1/2 & 1/5 & 1/5 & 2 & 2 \\ 1/3 & 1 & 1 & 1/2 & 1/5 & 1/5 & 2 & 2 \\ 1/2 & 2 & 2 & 1 & 1/4 & 1/4 & 3 & 5 \\ 2 & 5 & 5 & 4 & 1 & 1 & 7 & 9 \\ 2 & 5 & 5 & 4 & 1 & 1 & 7 & 9 \\ 1/5 & 1/2 & 1/2 & 1/3 & 1/7 & 1/7 & 1 & 1 \\ 1/7 & 1/2 & 1/2 & 1/5 & 1/9 & 1/9 & 1 & 1 \end{bmatrix}$$

根据式(6-2),得到各风险因素的权重为:

$$w_2 = \begin{bmatrix} 0.164\,74 & 0.055\,64 & 0.055\,64 & 0.094\,682 & 0.284\,9 & 0.284\,9 & 0.032\,255 & 0.027\,247 \end{bmatrix}$$

根据式(6-3)计算得:$CR = 0.013\,157 < 0.1$,矩阵具有可接受的一致性,无需调整。

(4) 模糊综合评判

将隶属度函数确定中得到的评价矩阵 R 和权重确定中得到的权重矩阵 w 带入式(6-5)可得:

$$B = w \cdot R = \begin{pmatrix} 0.419\,81 & 0.580\,19 & 0 & 0 \end{pmatrix}$$

2. 风险评价

采用最大隶属度原则确定评价结果,可以看出,$b_2 = 0.580\,19$,按照最大隶属度原则可知，$b_2 = \max\{b_i : 1 \leqslant i \leqslant 4\}$，因此该桥风险等级为 2 级，风险水平有条件接受，工程有进一步实施预防措施以提升安全性的必要。

6.2.5 基于蒙特卡罗方法的风险估计与评价

1. 风险估计
（1）确定功能函数

以风险后果值来衡量风险后果，它的值由风险发生概率和风险损失来确定，通常各项风险因素的风险发生概率和风险损失都不相同。考虑到人的不安全因素和物的不安全因素同时出现时，事故发生概率会显著增大，本书尝试构建这样的功能函数：

$$R = \sum_{i=1}^{n}(p_i \times c_i) \times \sum_{j=1}^{m}(p_j \times c_j) \tag{6-8}$$

式中：R——风险后果值；

$\quad$ p_i——物的不安全因素中第 i 项风险因素的发生概率；

$\quad$ c_i——物的不安全因素中第 i 项风险因素引发风险后带来的损失；

$\quad$ n——物的不安全因素项数；

$\quad$ p_j——人的不安全因素中第 j 项风险因素的发生概率；

$\quad$ c_j——人的不安全因素中第 j 项风险因素引发风险后带来的损失；

$\quad$ m——人的不安全因素项数。

风险发生概率和风险损失的取值参照表 6-10 和表 6-11。

表 6-10 风险概率描述

等级	风险概率描述	概率间隔
0～1	非常不可能	＜0.000 3
1～2	不可能	0.000 3～0.003
2～3	偶尔	0.003～0.03
3～4	可能	0.03～0.3
4～5	非常可能	＞0.3

表 6-11 风险损失描述

等级	风险损失描述	货币损失比例
0～1	无关紧要	重伤人数 5 人以下，经济损失 500 万元以下
1～2	一般的	3 人以下死亡(含失踪)或 5 人以上 10 人以下重伤，经济损失 500 万元以上 1 000 万元以下
2～3	严重的	3 人以上 10 人以下人员死亡(含失踪)或 10 人以上 50 人以下重伤，经济损失 1 000 万元以上 5 000 万元以下
3～4	非常严重	10 人以上 30 人以下人员死亡(含失踪)或 50 人以上 100 人以下重伤，经济损失 5 000 万元以上 10 000 万元以下
4～5	灾难性的	30 人以上人员死亡(含失踪)或 100 人以上重伤，经济损失 10 000 万元以上

（2）确定风险因素的概率分布

采用专家调查法并参照文献统计的资料,初步得到各项风险因素的风险发生概率分布和风险损失概率分布。某项风险因素的风险发生概率分布根据所有调查桥梁中由该项风险因素引发事故的概率确定,采用定值;风险损失概率分布由发生风险后的损失程度来确定,大体上服从正态分布。参照表 6-10 和表 6-11,具体的风险发生概率值和风险损失概率分布参数如表 6-12 所示。

（3）风险等级分级

通过 Matlab 编制计算程序,利用随机数发生器进行抽样,将产生的随机数序列带入功能函数进行计算,得到的样本风险后果值分布频率直方图如图 6-8 所示,风险后果值累计频率如图 6-9 所示。

表 6-12　风险因素概率分布

风险因素	风险发生概率值	风险损失	
		概率分布	参数
施工环境	4.5	正态分布	$\bar{x}=2.0,\sigma=1$
施工组织管理	2.5	正态分布	$\bar{x}=1.5,\sigma=0.5$
施工工艺成熟度	2.5	正态分布	$\bar{x}=2.5,\sigma=1$
船撞	3.5	正态分布	$\bar{x}=3.5,\sigma=1$
施工设备问题	3.0	正态分布	$\bar{x}=3,\sigma=0.5$
施工人员问题	3.0	正态分布	$\bar{x}=2.5,\sigma=1$
设计问题	2.0	正态分布	$\bar{x}=3.5,\sigma=1.5$
施工材料质量问题	2.5	正态分布	$\bar{x}=2.0,\sigma=0.5$

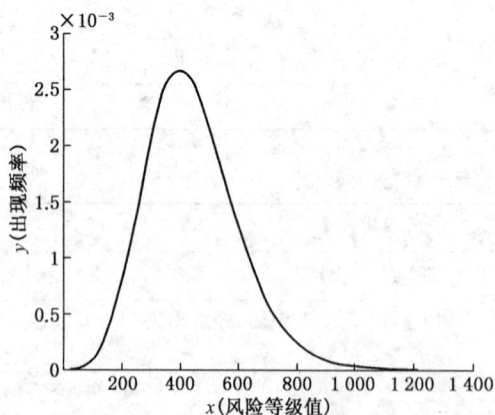

图 6-8　风险后果值分布频率直方图

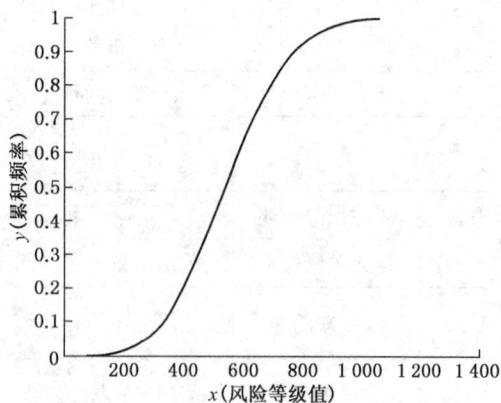

图 6-9　风险后果值频率累积图

根据图 6-9 中的累计频率,将风险等级分为 1、2、3、4 级,各级对应的累计频率范围、风险后果值范围和风险等级要求如表 6-13 所示。

表 6-13 风险等级表

风险等级	累积频率范围	风险后果值	风险等级要求
1	[0~25%]	0~376	风险水平可以接受,当前措施有效,不必采取额外的预防措施
2	[25%~50%]	376~673	风险水平有条件接受,工程有进一步实施预防措施以提升安全性的必要
3	[50%~75%]	673~970	风险水平有条件接受,必须实施削减风险的措施,并需要准备应急计划
4	[75%~100%]	970~2475	风险水平不可接受,必须采取措施降低到3级以下水平;如果应对措施代价超出项目的承受能力,则更换方案或放弃项目执行

采用蒙特卡罗方法对某座桥梁进行施工阶段风险估计时,首先根据桥梁实际情况确定各项风险因素的风险发生概率和风险损失,然后带入功能函数,得到风险后果值,参照表 6-13 判断其风险等级。

(4)泰州大桥风险发生概率和风险损失取值

① 施工环境

该桥地处平原水网地区,地质灾害较少,主要为地面沉降、地裂缝、长江江岸坍塌等缓变性地质灾害。此外,该区域处于北亚热带湿润气候区,由于受热带季风的影响,每年汛期,需要格外注意台风和洪涝引起的长江江岸崩塌。综合以上因素,初步认为 $p_1 = 3.5$,$c_1 = 1.5$。

② 施工组织管理

该桥梁作为特大工程,参建施工及监理标段众多,施工组织复杂,管理难度较大。但该桥梁建设进行了一系列安全管理创新性实践,包括将职业健康安全管理体系引入到工程建设项目、首次制定安全生产风险抵押金考核等,因此,初步认为 $p_2 = 3$,$c_2 = 2.5$。

③ 施工工艺成熟度

该桥施工过程中采用大量新技术、新工艺、新材料,施工难度高,风险大。在工程可行性研究阶段,开展了多项相关研究,例如自主研发,采用钢锚墩加锚系的半刚性锚固体系,在沉井施工全过程中,采用数字化动态监控系统对沉井进行实时监测,保证了沉井精确下沉就位。高度重视和不断研究在一定程度上减少了风险发生概率,初步认为 $p_3 = 2.5$,$c_3 = 3.5$。

④ 船撞

该桥施工期间,水上作业多,交通运输繁忙,易发生事故,而且作业平台需警惕受到船舶的撞击。但该桥在施工期间开展了防撞专项研究,在中塔承台四周设置灯光警示标志,并设计了两个防撞设施。鉴于这些因素,初步认为 $p_4 = 3$,$c_4 = 4$。

⑤ 施工设备问题

该桥属于特大桥梁,施工机械众多,全桥从基础工程到上部结构安装,都使用了大量的机械设备,尤其是使用了大量危险性较大的起重机械,因此,初步认为 $p_5 = 3.5$,$c_5 = 2$。

⑥ 施工人员问题

该桥梁作为特大工程,参建人员目前已有上千人,因此,存在一定风险。但由于该特大桥梁的建设受到高度重视,因此在施工人员的选择上也严格把关,且施工阶段有比较完备的安全检查制度,因此,初步认为 $p_6=3,c_6=2.5$。

⑦ 设计问题

该桥梁在设计阶段经过严格把关,因此,由于设计失误造成尺寸不合理的概率很小。但是由于该桥梁主桥设计标准高、桥型结构体系复杂、沉井规模大、钢中塔阶段重量大、吊装难度高等原因,还是会给施工带来很大的风险。鉴于上述因素,初步认为 $p_7=1.5,c_7=2.5$。

⑧ 施工材料质量问题

该大桥在建设时对施工材料进行严格控制和把关,实行三级检查制度,包括施工单位自检,监理单位抽检和业主复检。因此,由于施工材料质量问题造成的风险较小,初步认为 $p_7=1.5,c_7=3$。

(5) 结论分析

根据式(6-8),计算可得:

$$R=(3.5\times1.5+2.5\times3.5+3\times4+3.5\times2+1.5\times2.5+1.5\times3)$$
$$\times(3\times2.5+3\times2.5)$$
$$=618.75$$

2. 风险评价

参照表6-13可得该桥施工阶段风险等级为2级。风险水平有条件接受,工程有进一步实施预防措施以提升安全性的必要。

6.2.6 风险控制

由于泰州大桥为新型超大桥梁,因此其施工安全风险需要引起人们的格外关注。6.2节分别采用模糊综合评判法和蒙特卡罗法进行总体施工安全风险评估,旨在风险评价的基础上,采取适当的风险控制措施,使施工安全风险降到最低。从确定权重的风险发生概率上可以看出,风险发生概率最大的风险因素为施工设备问题、施工人员问题和施工环境,这主要是因为桥梁参与的施工人员多而复杂、施工设备众多以及高处作业、水上作业时间长引起的。因此,在施工开始之前,应针对各项具体的施工环节合理选择施工方法,并制定相应的人员、设备安全措施。具体的工程案例和控制措施在6.3节和6.4节中进行阐述。

6.3 基于施工安全风险的泰州大桥工程应用案例

泰州大桥创造了5项世界第一,其施工安全风险分布于施工过程中的每一环节。在泰州大桥创造的5项世界第一中,有2项与中塔有关,因此其伴随的施工安全风险也是相当巨大的。本节以中塔基础结构选择、中塔钢塔吊装方式选择以及中塔防撞设计为案例来进行施工安全风险分析与评估。

6.3.1 中塔基础结构的选择

1. 地质、水文条件

泰州大桥中塔墩位于主江中央,河床标高-15.4 m,最高通航水位5.92 m,最低通航水位-0.19 m,常水位水深18 m。由于中塔基础位于水下,与地质水文条件密切相关,因此首先对该区域的地质水文条件进行分析。

(1) 区域地质情况

中塔墩所在位置地处长江下游江中心,距长江南、北岸均约1 000 m。属长江下游河流地貌,江底较为平坦,江底标高一般在-13.83~-15.65 m。根据河势演变专题报告,太平洲左汊出口顺直展宽段,属宽浅河型,左岸为天星洲边滩,主流偏右岸下泄,桥位河势相对较为稳定。

桥位区大地构造单元隶属于扬子板块下扬子褶断冲断带与苏北坳陷接触部位,在漫长的地史演变中,本区经历了隆起—坳陷—大陆边缘活动阶段。印支—早燕山运动进入滨太平洋大陆边缘活动阶段,沉积盖层发生强烈褶皱,中—晚燕山运动则以大规模断裂和岩浆活动为特征,这是本区断裂发育及构造格局形成的重要时期,喜马拉雅运动则表现为区域性不均匀沉降运动,发育较厚的晚第三纪及第四纪沉积。近桥位区的五峰山—西来桥断裂、扬中—开沙断裂经复核均属于隐伏的前第四纪断裂不是活动断裂,可见桥位区地质整体稳定性良好。

根据《泰州公路过江通道工程场地地震安全性评价工作报告》,近桥区位于长江中下游—南黄海地震带内,该地震带中强地震活动水平较高。50年超越概率10%的基岩地震动水平向峰值加速度变化在85.4~97.9 gal之间,相当于地震基本烈度为Ⅶ度。桥址区通过钻探、现场原位测试、波速测试等,判定桥位区土的类型为中软土,工程场地类别为Ⅳ类。据桥址区工程地质、水文地质和历史震害情况的现场调查和勘察工作,查明桥址区为抗震不利地段。

(2) 岩土层分布及其主要地层物理力学特征

对中塔墩进行外业勘察,综合勘察结果,区内第四系广泛分布,发育较全,厚度较大,呈西南薄、北东厚特征,在桥址区厚150~190 m。根据钻探、标准贯入试验、波速测试及室内物理力学试验成果,中塔墩探孔揭示深度范围内为第四系全新统、上更新统、中更新统及下更新统地层,地层分布总体较稳定。在工程性质上可划分为4大层9个小层。

第一大层:全新统,包括1、2两层,该大层土性较差,以松散和中密的砂性土为主,厚度在25 m左右,层位稳定。该大层层底标高为-36.65~-42.35 m。

第二大层:上更新统,包括4、5、6层,从上至下颗粒逐渐变粗,土性表现为粉砂、细砂、中粗砂、砾砂及卵石,砂性土以密实为主,厚度较大,土性较好。该大层层底标高-137.13~-146.58 m。

第三大层:中更新统,包括7、8层,从上至下颗粒逐渐变粗,呈细、粗细韵律分布。该大层共有两个大的沉积旋翅,其主要地层为7~3层圆砾土及8~2层圆砾土。

第四大层:下更新统,为第9层,从上至下颗粒逐渐变粗,呈细、粗细韵律分布。

（3）水文地质条件

中塔墩位于长江中心，主要含水层分为3类：上部潜水含水层、中部弱承压含水层及下部承压含水层。上部潜水含水层粉砂、细砂层直接与长江水接触，接受长江水补给，平均厚度约40 m。中部弱承压含水层土层以粗砂、砾砂及卵砾石为主，上部土颗粒相对较粗，中部夹粉砂、细砂相对较细，下部为粗砂、砾砂及圆砾土、卵石，土颗粒粗，平均厚度50 m左右。下部承压含水层土性为砂性土及碎石类土，为强透水层，总厚度＞100 m。桥址区地下水水质为低矿化度淡水。化学表达式为 $HCO_3 - Ca \cdot Mg$ 型水，$pH = 7.06 \sim 7.24$，矿化度 $= 0.64 \sim 0.8$ g/L。在Ⅱ类环境条件下，对水泥、混凝土、钢结构无腐蚀性。

（4）不良地质与特殊性岩土

通过钻探、原位测试、钻孔波速测试及室内土工试验表明，中塔墩主要不良地质为地震液化砂土。以地震基本烈度为Ⅶ度进行砂土液化判别则其液化指数为 $1.14 \sim 44.67$，为轻微—严重液化等级，以Ⅷ度进行砂土液化判别，则其液化指数为 $29.32 \sim 69.00$，为严重液化等级。当采用桩基础时，20 m以浅液化砂土桩基设计参数需进行折减，建议折减系数为1。

2. 中塔墩地基持力层分析

持力层是直接承受基础荷载的一定厚度的地基土层，持力层下为下卧层。对中塔墩地基持力层进行分析，给出不同的方案及方案评价，中塔墩沉井基础持力层分析和中塔墩钻孔桩基础持力层分析的分析结果分别见表6-14和表6-15。

表 6-14　中塔墩沉井基础持力层分析

分析项目		方案一	方案二	方案三
沉井持力层	层位	4-5砾砂、粗砂	5-1粉砂、细砂	5-3砾砂
	状态	密实	密实	密实
	顶板标高(m)	$-60.35 \sim -65.85$	$-68.75 \sim -71.25$	$-78.65 \sim -82.55$
	埋深(m)	$45.30 \sim 51.70$	$54.30 \sim 57.00$	$63.00 \sim 68.10$
	厚度(m)	$2.90 \sim 10.90$	$2.90 \sim 10.60$	$5.40 \sim 13.00$
	分布	稳定连续	稳定连续	稳定连续
下卧层	层位	5-1细砂、粉砂	5-2中砂	5-4圆砾土
	状态	密实	密实	密实
	厚度(m)	$2.90 \sim 10.60$	$2.40 \sim 7.70$	$10.30 \sim 14.75$
组合下卧层		5-1粉砂 5-2中砂	5-2中砂、5-3砾砂、5-4卵石、圆砾土	5-4卵石、圆砾土、6-1粉砂
施工条件或注意事项		上覆地层颗粒细，可沉性好，施工难度相对较小，施工中注意下沉速度，预防沉井偏斜	上覆地层颗粒渐粗，可沉性较好，施工难度相对较小，施工中注意下沉速度，预防沉井偏斜	施工中应注意穿过5-2中砂、5-3砾砂的施工工艺
综合评价		沉井深度小，持力层厚，下卧层良好，在满足沉降、稳定和冲刷要求前提下，可考虑选用	沉井深度适中，持力层厚，下卧层良好，在满足沉降、稳定和冲刷要求前提下，优先考虑选用	沉井深度深，沉降小，稳定好，但施工周期长，难度较大

表 6-15　中塔墩钻孔桩基础持力层分析

分析项目		方案一	方案二	方案三
桩端持力层	层位	5-4 卵石、圆砾土	6-2 砾砂、粗砂	6-6 卵石、圆砾土
	状态	密实	密实	密实
	顶板标高(m)	−87.15～−92.25	−105.85～−109.15	−122.38～−130.05
	埋深(m)	71.90～77.50	91.20～95.00	107.30～114.80
	厚度(m)	10.30～15.30	2.00～8.00	4.00～13.10
	分布	分布稳定	分布较稳定	分布较稳定
	端阻力	高	高	高
下卧层	层位	6-1 粉砂	6-3 粉砂	6-7 粗砂、砾砂及 7-1 粉砂
	状态	密实	密	密实
	厚度(m)	1.6～8.2	0.0～9.4	0.0～11.6
	分布	分布稳定	分布较稳定	分布较稳定
施工条件或注意事项		注意厚砂层的护壁	注意厚层圆砾土及砂层的护壁及施工工艺	注意厚层的护壁及圆砾土、卵石的施工工艺
综合评价		桩长较短,在满足承载力和冲刷要求前提下,可考虑使用	桩长适中,在满足承载力和冲刷要求前提下,可优先考虑,但需要注意穿越卵砾石层的施工工艺	桩长较长,能提供较高的单桩承载力,但需要穿越卵石层,施工周期长,难度大

3. 中塔墩基础选型

中塔基础承受荷载大,尤其需承受 50 000 t 级船撞力的作用,根据其受力特点,结合桥位区水文、地质条件及防撞要求,中塔基础应按以下条件选择:①需满足必要的刚度要求,能有效减小因基础本身的位移导致上部结构的变形;②基础受力明确,传力途径直接;③对船撞力和地震力承受能力强(基础按自身承受船撞力设计);④投资小,可实施性好。

根据上述工程地质、水文地质条件,拟采用沉井基础或高承台钻孔桩基础作为中塔墩基础,其中沉井方案又分为矩形沉井基础和圆形沉井基础两种。

(1) 沉井基础方案

① 沉井个数的选择

沉井个数原则上可以采用一个或多个。在设计中,曾经考虑过采用 4 个小沉井的方案。但若采用多个小沉井基础,其刚度较单个大沉井刚度小,在承受船撞力和地震力方面不足。另外,沉井之间的间距小,施工中相互影响,干扰较大,不能同时施工,故而施工周期长,且工程数量较大。经比较,单个沉井更合适。

② 矩形沉井基础

圆角矩形沉井井身平面尺寸为 58.2 m×44.1 m,倒圆半径为 7.95 m,为方便吸泥取土下沉,沉井平面布置为 12 个 12.7 m×12.7 m 大井孔。由于沉井下沉深度较深,周边井孔设置成圆端形,形成连拱以抵抗水土压力,为了便于下沉,在连拱间设有直径 1.0 m 射水孔。采用圆角矩形沉井时,墩位处一般冲刷高程−19.27 m,局部冲刷高程−59.57 m,沉井持力层选用−68.88 m 以下的砾砂层,同时考虑到冲刷及河床变迁影响,沉井底面标高采用−70.00 m。

为防止船舶撞击塔墩,沉井顶面露出最高通航水位以上标高为+6.0 m,沉井高76 m。

③ 圆形沉井基础

圆形沉井基础平面半径为32 m,为方便吸泥取土下沉,沉井平面分隔16个大井孔,最大井孔尺寸为13.7 m×13.7 m。

采用圆形沉井时,墩位处一般冲刷高程−19.61 m,局部冲刷高程−62.41 m。沉井持力层选用−68.88 m以下的砾砂层,同时考虑到冲刷及河床变迁影响,沉井底面标高采用−70.00 m。为防止船舶撞击塔墩,沉井顶面露出最高通航水位以上标高为+6.0 m,沉井高76 m。

④ 沉井方案比选

矩形沉井和圆形沉井基础方案比选见表6-16。

表6-16 矩形沉井和圆形沉井基础方案比选

	矩形沉井	圆形沉井
建筑材料	混凝土、钢筋、钢料需求量相对较小	混凝土、钢筋、钢料需求量大
主要特点	结构布置紧凑,受力合理,工程量小	对水流适应性好;沉井着床时无需考虑平面方向的定位;采用圆形沉井体量大,局部冲刷深,工程量大
工程造价	比圆形沉井少0.9亿元	

经综合比较,矩形沉井基础方案优于圆形沉井基础方案。

(2) 钻孔桩基础方案

钻孔桩方案主塔采用118根直径为3.1 m/2.8 m钻孔灌注桩(钢护筒直径3.1 m)。摩擦桩梅花形布置,桩底标高−110 m,桩长106 m,桩底持力层为砾砂。承台为梭形状,平面尺寸为87.4 m×67 m。承台顶在最高通航水位以上,承台顶标高为+6 m,承台厚10 m,封底混凝土厚2.5 m。为防止船舶撞击桩身,封底混凝土沿承台底外侧局部加厚。

大型高承台群桩基础在国内已有较多工程实例,工艺也较为成熟。其总体施工方法为:在岸上钢结构加工厂分块预制吊箱围堰,组拼后整体浮运至墩位定位;插打定位桩,利用吊箱围堰作为施工平台;插打钻孔桩钢护筒;钻孔、成桩、将吊箱围堰下沉至标高;封底、抽水浇筑承台。

(3) 矩形沉井基础与钻孔桩基础方案比选

矩形沉井基础与钻孔桩基础方案比选见表6-17。

表6-17 矩形沉井基础与钻孔桩基础方案比选

	矩形沉井方案	钻孔桩方案
结构受力特点	结构紧凑,刚度大,整体性和稳定性较好,对承受船撞和地震作用较为有利。结构对于河床变化、冲刷差异等条件的改变,适应性较好	设计由船撞力和地震力控制,基础尺寸庞大;结构对于河床的变化、冲刷的差异等条件的改变,适应性较差;对于如此超长、超大规模的水中群桩基础,群桩效应明显,尤其在船撞力和地震作用下,群桩荷载传递机理,桩顶、桩端反力分布,群桩桩端及周围土体影响情况更为复杂,尚未有较好的计算理论和方法能较准确地计算出桩的受力情况;另外,由于平面尺寸大,撞击范围内冲刷坑高差较大,实际深度的分布很难确定,对桩基的准确计算有一定难度

续表 6-17

	矩形沉井方案	钻孔桩方案
施工特点	墩位地质条件较适宜沉井施工。深水沉井施工有成熟的经验。本沉井规模庞大,施工管理和施工控制较常规沉井施工要求严格,但通过施工工艺专项研究,只要精心策划,加强管理,沉井完全可以顺利实施	施工工艺较成熟。本桩基础规模庞大,施工难度较常规水中基础大,但较沉井方案小
建筑材料	混凝土、钢筋、钢料需求量相对较小	混凝土、钢筋、钢料需求量大
工程造价	比钻孔桩基础少1.8亿元	

从表 6-17 中可以看出,沉井基础的刚度、抗震及抗船舶撞击能力要明显优于钻孔桩基础,投资省,且在受力分布的计算上更为简单、成熟,适宜墩位地质条件。同时,虽然施工难度较钻孔方案大,但之前也已经有比较成熟的经验。因此,从施工安全和结构安全的角度综合考虑,矩形沉井基础方案优于钻孔桩基础方案。最终选择矩形沉井基础方案作为中塔墩基础选型方案。

6.3.2　中塔钢塔吊装方式的选择

1. 钢塔概况

泰州大桥中塔高约 192.0 m(标高:+8.0~+200.0 m),是目前世界上设计的最高的钢塔。中塔纵向为人字形钢结构塔,交点以上塔柱高约 120.0 m,交点以下塔柱高约 72.0 m,两条斜腿在塔底的叉开量为 36 m,斜腿段纵向坡度为 4∶1;中塔横向为门式框架结构,两塔柱间的横向中心距塔顶处为35.8 m,塔底处为 42.7 m,塔柱横向呈 3650∶69 的坡度。

钢塔柱为单箱多室截面,塔柱外侧切去 4 个矩形角,将截面钝化。塔柱横桥向尺寸为 5.0 m,纵桥向尺寸:直线段从顶面 6.0 m 变化到 9.672 m,过渡段从顶面 9.672 m 变化到底面15.614 m;斜腿段为 6.0 m。中塔设 2 道横梁,上横梁顶面高程为 +197.00 m,重255.195 t;下横梁顶面高程为+65.9 m,重 496.96 t。

中塔钢塔结构示意图如图 6-10 所示。

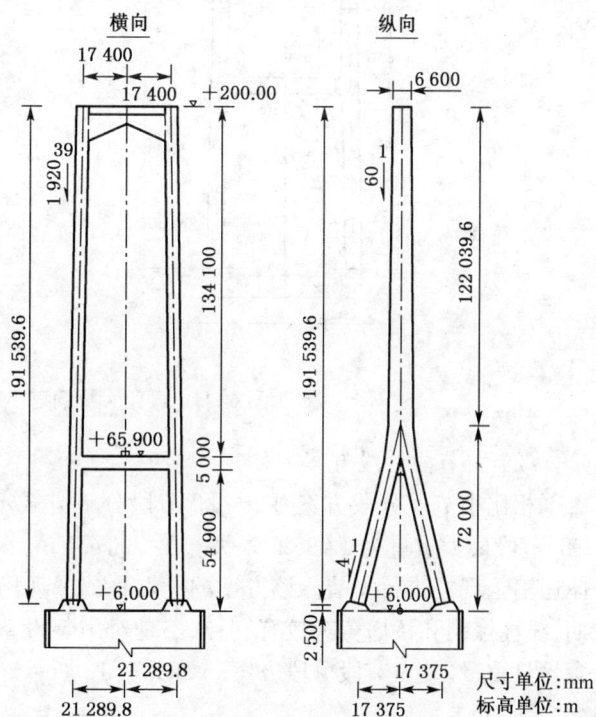

图 6-10　钢塔结构图

2. 分段方案比选

根据对南京三桥、美国旧金山奥克兰新海湾大桥等国内外类似桥梁钢塔安装工艺进行分析,拟定泰州大桥分段方案如下:

(1) 小节段分段方案

钢塔塔柱沿高度方向分为 28 个节段,其中下横梁和 T0~T4 节段采用 1 000 t 的大型浮吊安装,每个节段重量控制在 500 t 以内;T5~T28 节段采用 MD3600 塔吊安装,每个节段控制在 160 t 以内。泰州大桥中塔塔身截面大,中、上塔柱每节段高度仅 5~7 m,节段数量多,节段拼接缝达 28 个,现场焊接施工量大。同时,节段高度和截面尺寸失调,景观效果差,且 T5~T7 为曲线段,分段制造难度大。小节段分段方案如图 6-11 所示。

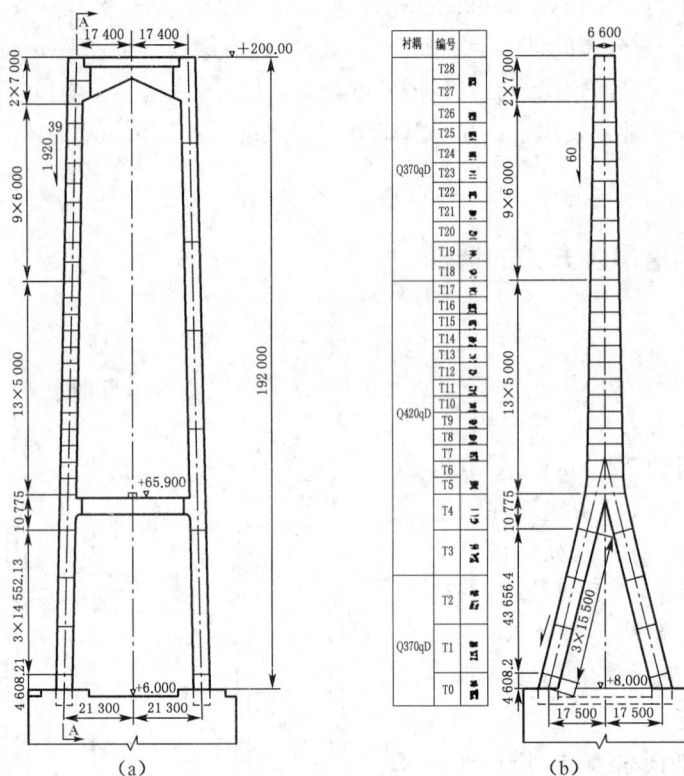

图 6-11 泰州大桥钢塔小节段分段方案

(2) 大节段分段方案一

相比小节段分段方案 T0~T3 节段分节方式不变,T4~T28 划分为 5 个大节段 D4~D8,节段最大重量为 1 095 t,最大长度 30.775 m。节段在工厂分段加工、匹配,大型船舶整体运输至现场进行安装。该方案的优点是减少现场接缝 20 条,有效降低了吊装次数,对工期、线性控制和桥塔美观较有利;缺点是对吊装设备要求高,最大吊装能力超过 1 100 t(不含吊具重量)。大节段分段方案一如图 6-12 所示。

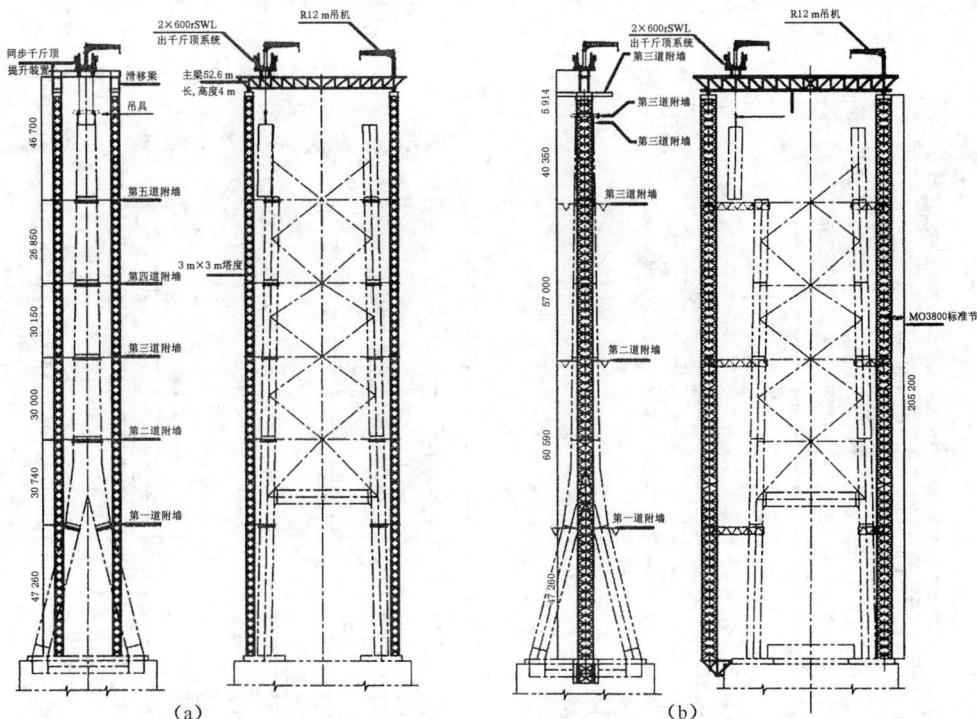

图 6-12　泰州大桥钢塔大节段分段方案一

（3）大节段分段方案二

相比小节段分段方案，钢塔 T0～T4 分节保持不变，T5～T28 划分为 8 个大段 D5～D12，节段最大重量为 495 t，最大长度 20 m。节段在工厂分段加工、匹配，大型船舶整体运输至现场进行安装。该方式减少现场拼缝 16 条，相比大节段分段方案一，适当降低了起重设备能力。大节段分段方案二如图 6-13 所示。

（4）大节段分段方案三

相比小节段分段方案 T0～T4 分节保持不变，T5～T28 纵向划分为 16 个大段 D5～D20，以降低起重设备的能力限制。其中 D5 采用浮吊吊装，将 D6～D18 沿横桥向再次划分为闭口段和开口段，重量满足 MD3600 塔吊能力要求。为提高桥塔的景观效果，沿高度方向拼缝经过结构处理后从景观角度来看可达到"无缝"连接效果。大节段分段方案三如图 6-14 所示。

3. 吊装方案分析和选择

泰州大桥还从以下方面进行了吊装方案的研究工作：节段的工厂制造能力；运输及节段直立吊装；起重设备研发周期；现有设备或部件的利用；工程实例；风险，包括工期、安全、成本因素等。拟选择吊装方法有塔架吊装、门式起重机吊装和 MD3600 塔吊吊装方案。

（1）塔架吊装方案

塔架提升方案采用自动爬升塔架做立柱，联系横梁形成门架，横梁顶部设置提升机构，美国旧金山奥克兰新海湾大桥采用过类似方案。由于泰州大桥塔架高度超过 200 m，常规采用地陇线缆张紧提高稳定性的做法无法在水中承台上实现，因此需考虑逐段安装后附着于钢塔塔身上,并依次爬升、吊装的方法。根据工程特点,拟采用两塔腿和四塔腿塔架方式,并选择塔吊标准节作为塔腿。

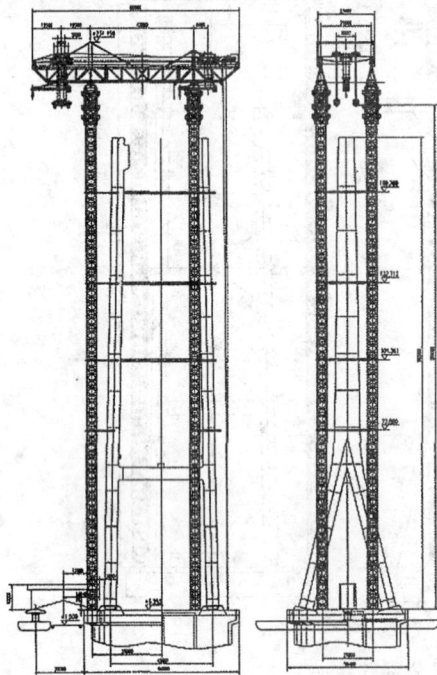

图 6-13　钢塔大节段分段方案二

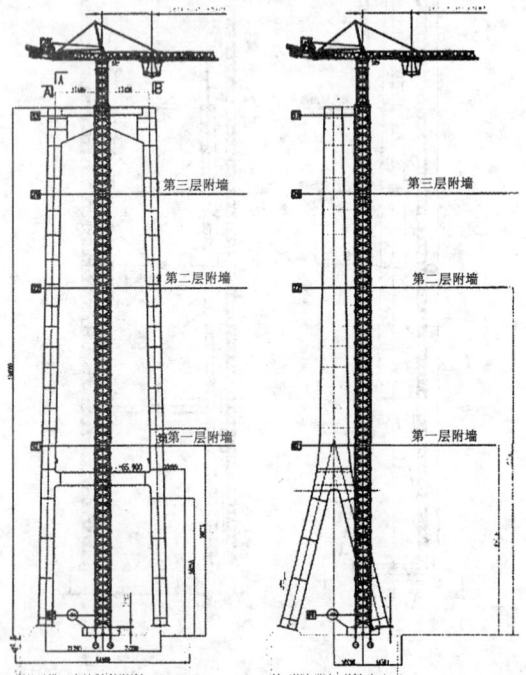

图 6-14　钢塔大节段分段方案三

① 两塔腿

两腿塔架采用 MD3600 塔吊标准节,截面为 $5.5\text{ m} \times 5.5\text{ m}$,并采用塔吊顶升套架作为自爬升装置,横梁上布置 2 台 600 t 连续千斤顶提升装置,总体布置图如图 6-12(b)所示。除塔腿外,临时钢结构包括桁架式主横梁、塔架顶部钢架、千斤顶平台、提升塔架支撑、提升塔架底部支承悬臂梁、分布梁、转向和尾框架、通道平台、桥塔支撑等,总重约 938 t。

② 四塔腿

四腿塔架采用 $3.0\text{ m} \times 3.0\text{ m}$ 截面塔吊标准节,顶升套架作为自爬升装置,横梁上布置 2 台 600 t 连续千斤顶提升装置,总体布置图如图 6-11(a)所示。除塔腿外,桁架式主横梁、次横梁、塔架顶部钢架、千斤顶平台、提升塔架支撑、分布梁、转向和尾框架、通道平台桥塔支撑等总重约 688 t。

③ 本方案技术分析

通过对两种方式进行可行性分析和计算,结论均可行。其中两塔腿方式中采用现有 MD3600 塔吊标准节,总高度需要 400 m,且刚度足够,附墙数量少,但主梁需要移动,吊装时偏心承载,在完成吊装后横梁必须横移在一侧才能拆除。相对于两塔腿,四塔腿方式塔腿总需求量增加 1 倍总高度,便于安装、拆除和节段吊装,但是,附着支撑数量较多。

从钢塔分段制造角度来看,具备大节段钢结构制造能力的厂商很少(2008 年考察长江中下游钢结构制造工厂时发现能够制造和运输该类大节段钢结构的制造商仅 1 家);同时,采用钢绞线连续千斤顶提升速度慢且夹片在提升中途需清洗或更换;长大节段在直立、运输等过程中存在风险问题,所以未就该方案进一步研究。

(2) 门式起重机吊装方案

在大节段分段二吊装方案基础上,提出门式塔架吊装方案设想,大段划分重量不超过500 t,门腿和横梁结构在塔架方案基础上进行优化。塔架门式起重机是由 4 个塔腿支撑 2 片主梁构成的具有双向外伸臂的门式起重机(如图 6-13 所示),完成对中塔上部 D6~D12 大节段钢塔柱的吊运和安装。该门式起重机由起升机构(卷扬起重机)、运行机构/横移、调位等工作机构,主梁、塔腿(采用 M900 塔吊塔身)等钢结构以及操作控制系统构成,分别实现钢塔柱的起升、运行、横移、调位等功能,可利用塔腿顶升系统自行升降。相对于连续千斤顶提升方案,该方案具有起升速度快、维护工作量小等优点。

经可行性研究,本方案切实可行。但是,该方案将需要大量的 M900 塔吊标准节作为门腿,并需要 4 套顶升机构,横梁总重量约 800 t。根据设备制造工期分析,设计、制造门机所需周期无法满足钢塔柱吊装计划要求,且经济性方案较差,设备的后续利用率低,投资价值不高,因此该方案未被采用。

(3) MD3600 塔吊吊装方案

根据大节段分段方案三,拟采用 1 台 MD3600 塔吊进行安装,塔吊布置于桥轴线上,距离桥墩横桥向轴线 12.0 m 的方案(总体布置如图 6-14 所示)。该方案主要吊装技术数据为:

近塔吊节段安装半径为 19.0 m,节段最大重量 152 t。

远塔吊节段安装半径 23.5 m,节段最大重量 120 t。

节段卸船工作半径为 17.0~20.0 m。

MD3600 起重性能完全满足吊装要求,且该塔吊可以在额定工作状态下提高 10% 的起重性能,起重能储备足够。同比连续千斤顶和门式吊机起升机构,该塔吊起吊速度快,重载速度达到 10 m/min,可以有效提高安装速度,具有无级调速,便于安装调位。

该方案最大的优势在于现有起重设备满足要求,经济性最好,并且该塔吊参建过南京长江三桥和苏通长江公路大桥,其性能状态良好,经过性能回复性组装和适当改造即可满足吊装性能要求。

4. 最终选择结果

根据对 3 种大节段吊装方案的综合分析,采用了节段分段方案三,即单台 MD3600 塔吊吊装方案。首先,该方案风险可控,且有以往的施工经验作为基础;其次,单节段重量较小,减少了吊装风险等主要施工安全风险;此外,节段数量不是很多,可以有效减少现场接缝,提高景观效果,因此是最佳方案。

在实际吊装过程中,采用该方法进行节段安装,通过优化施工工艺,加强工序衔接,确保吊装作业优质高效推进,从整体上缩短了吊装作业和交通管制时间,仅 6 个月就完成世界上最高中塔的安装。在长江上首次实现了"五个零",即"零事故、零伤亡、零污染、零等待和零干扰"的安全管理目标,受到港航单位的赞誉。

6.3.3 中塔防撞的设计

泰州大桥位于江苏省长江的中段,处于江阴长江大桥和润扬长江大桥之间,三塔悬索桥中塔墩位于航道边缘,桥区水域船舶密度大,中塔防船撞工作存在着较大的安全隐患。因此需要进行船舶撞击风险评估,并提出有效的防撞方案,以使船舶撞击风险和损失降低到最小。

1. 防撞研究技术路线

中塔防撞研究技术路线图如图 6-15 所示。

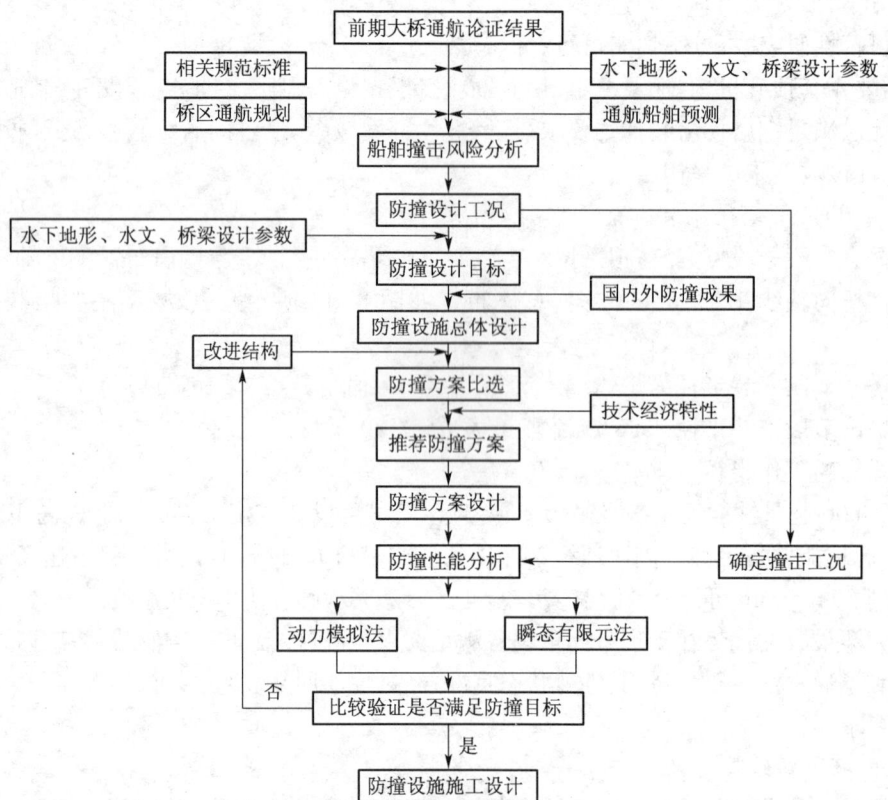

图 6-15 防撞研究技术路线

2. 防撞设计基础条件

(1) 通航净空尺度

通航净空尺度见表 6-18。

表 6-18 桥梁通航净空尺度

位置	单孔单向通航净宽(m)	单孔双向通航净宽(m)	主通航孔通航净空高度(m)	副通航孔通航净空高度(m)
太平洲左汊	≥391	≥760	≥50	≥24

（2）通航代表船型

通航代表船型如表 6-19 所示。

表 6-19　主要通航代表船型

桥位	船型	载重量(t)	排水量(t)	总长(m)	型宽(m)	满载吃水(m)	压载首吃水(m)
太平洲左汊	散货船	50 000	62 500	190	32	12.5	4~7

（3）典型中塔防撞工况

典型中塔防撞工况如表 6-20 所示。

表 6-20　中塔防撞工况

船型	航向	航速(m/s)	撞击速度(m/s)
5万吨级满载	上水	4.0	4.0
	下水	5.0	4.0

（4）三塔悬索桥中塔墩防撞力

中塔墩防撞力如表 6-21 所示。

表 6-21　中塔墩防撞力

桥墩距航道边缘距离(m)	防撞力(MN)	桥墩附近水深(m)		撞击部位(国家85高程)	撞击墩柱	防撞工况
		最高通航水位	最低通航水位			
—50	116	21.1	14.9	+23.5/—12.2	有可能	5万t满载船舶4 m/s撞击

3. 船舶撞击风险评估

（1）可接受风险标准

参照欧洲或美国（AASHTO）规范,桥梁遭受船舶严重碰撞的年频率 $\leqslant 10^{-4}$ 为可接受范围。

（2）船舶撞击概率模型

① AASHTO 模型

美国 AASHTO 规范给出了桥梁遭受船舶撞击的年频率的模型:

$$\mathrm{Pimp} = N \times P_A \times P_G$$

式中:Pimp——桥梁遭受船舶撞击的年频率;

　　N——船舶年通航量;

　　P_A——偏航概率;

　　P_G——几何概率。

② 德国昆兹(G. U. Kunz)模型

偏航角 Φ 的分布函数:

$$F_{\Phi}(\Phi) = \frac{1}{\sqrt{2\pi}\sigma_{\Phi}} \int_{-\infty}^{\Phi} \mathrm{e}^{\frac{-(\Phi-\overline{\Phi})^2}{2\sigma_{\Phi}^2}} \mathrm{d}\Phi$$

停船距离 x 的分布函数：

$$F_x(x) = \frac{1}{\sqrt{2\pi}\sigma_x} \int_{-\infty}^{x} \mathrm{e}^{\frac{-(x-\overline{x})^2}{2\sigma_x^2}} \mathrm{d}x$$

（3）泰州大桥船舶撞击风险

采用 AASHTO 模型进行计算，泰州大桥船撞损坏频率水平为 10^{-4}，按照美国国防部的风险决策标准，应尽量采取有效措施避免发生风险。

（4）船撞风险控制措施

① 船舶航行定线制

干线实施船舶定线制，这样大船、小船分道航行，既可以减少通航量，也可以使避让关系进一步理顺，提高通航效率。

② 桥区航标设施建设

为了保证船舶通航安全和桥墩的自身安全，应该在通航孔位置设置桥涵标、桥柱灯。泰州大桥在施工期间租用 3 艘护航艇和 1 艘 3 600 马力的拖轮加强值守，在中塔承台四周设置灯光警示标志。

③ 设置船舶交通管理系统 VTS

VTS 是先进的船舶交通管理系统，国外大量研究表明，VTS 是提高桥区船舶通行安全、降低船撞桥风险的有效手段，因而可以在桥区建立完善的 VTS 系统。

以上三点都是从预防的角度出发减少船撞桥风险的发生概率。做好预防工作固然重要，但是事故一旦发生，把风险损失控制到最低也是至关重要的。防撞设施的设计，正是起到这一作用。在对泰州大桥进行船撞风险评估的基础上，进行了中塔防撞方案的整体研究。

4. 中塔墩防撞方案

为对泰州大桥中塔沉井基础进行保护，由上下游独立防撞墩、桥梁自身加强及在基础外围设置的附着式钢套箱防撞设施和桥区通航管理措施共同形成防撞体系保护大桥（见表 6-22 和图 6-16）。

表 6-22　中塔基防撞体系组成

序号	系统组成	效　果
1	助航设施：桥涵标、桥柱灯、界限标及大桥水域的助航标志、VTS、AIS	减少船撞事故率，保障船舶交通安全，提高船舶交通效率，保护水域环境
2	桥区通航管理规则；定线制	
3	水上事故应急搜救系统	减少事故损失，控制事故规模
4	独立防撞墩	船舶导向，减少船撞事故率；减少船舶撞击中塔墩基础概率；消能，减少船舶撞击中塔墩基础速度
5	防撞套箱	消能，减少船撞力；保护沉井壁、钢塔
6	基础本体抗撞	避免撞损桥墩基础

针对泰州大桥三塔悬索桥型,结合通航船舶规划、桥梁参数、桥墩基础特点,对大桥中塔墩布置了两个防撞设施:中塔墩独立式防撞设施和中塔墩附着式钢套箱防撞设施。

(1) 中塔墩独立式防撞设施

中塔墩独立式防撞设施是在中塔墩上下游设置的两个独立防撞墩,分别布置在主墩的上下游170 m处。上游防撞墩平面的形状为鱼嘴形,顺水流方向最大尺寸为34.5 m,横水流方向最大尺寸为33 m,桩基采用20根φ1 200 mm×14 mm,斜度为5∶1的钢管桩(斜桩)和6根φ1 200 mm×14 mm

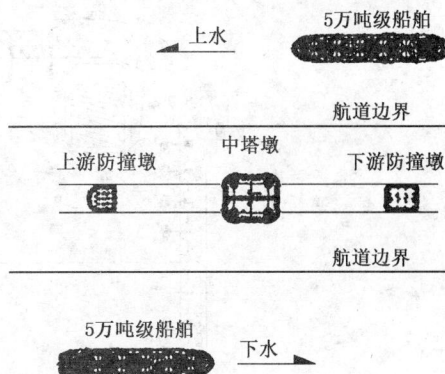

图 6-16　中塔墩防撞体系布置

钢管桩(直桩),上部结构采用墩台结构,中心区域厚度为2 m,外设高6 m的防撞构件,并在圆弧段安装橡胶护舷。下游防撞墩平面为长方形,在转角位置采用圆弧相接,顺水流方向最大尺寸为24 m,横水流方向最大尺寸为30 m,桩基采用16根φ1 200 mm×14 mm钢管桩,上部结构同上游防撞墩。两个防撞墩都布置有太阳能航标灯。

(2) 中塔墩附着式钢套箱防撞设施

钢套箱总长度71.7 m,宽度57.7 m,高度7.8 m,壁体宽度2.1~3.5 m。为了施工及安装方便,套箱为8分段,分段重量最大约230 t,分段之间采用高强度螺栓进行连接。

套箱由内、外围壁,底板,上甲板,平台甲板(2层)及钢护舷等板架构件组成,主要板厚16 mm、14 mm、12 mm,横梁、肋骨、纵骨 L160 mm×100 mm×10 mm、加强构件 T12 mm×360/14 mm×140 mm,护舷材高度300 mm,板厚12 mm,连接面板厚30 mm。平板橡胶厚度100 mm,采用 Q235-B 及 Q345B 级钢。

为保护中塔承台,套箱的上部搁箱和内侧板均安装橡胶件;套箱外侧安装圆筒形橡胶件;套箱上表面位于最高通航水位以上,下表面位于最低通航水位以下。

套箱依靠自重置于中塔承台上表面,通过拉杆与承台上的预埋件连接;承台预埋共设置36套预埋件,材料为 Q345B。

中塔墩附着式钢套箱的示意图和布置图分别如图 6-17 和图 6-18 所示。

图 6-17　防撞套箱示意图

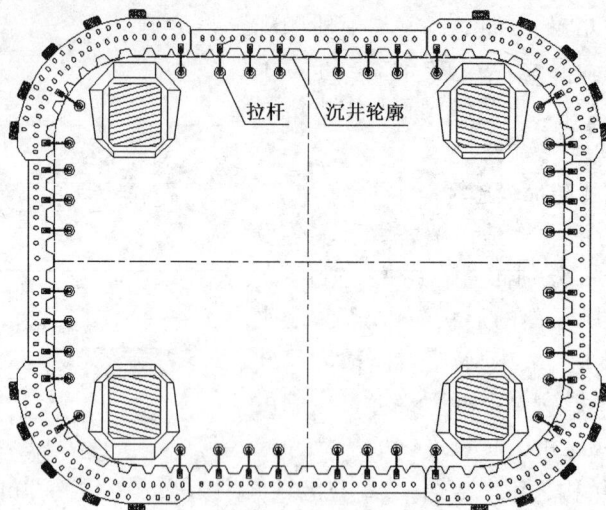

图 6-18　附着式钢套箱

（3）防撞设施功能

中塔墩防撞设计控制船舶为 5 万吨级。防撞设施的功能如表 6-23 所示。

表 6-23　防撞设施功能

防撞设施		功　能
独立式防撞设施	减少船撞事故率	太阳能航标灯,对船舶起引航、导向作用
	减少船撞概率 50%	船舶撞击防撞墩后转向,停止前进,减少正撞中塔墩基础概率,避免大型船舶横桥向侧撞中塔墩基础
	减少船撞速度	减少船舶撞击动能
	保护撞击船舶	防撞墩侧面设置滚动式橡胶护舷,防撞墩刚度较小,船舶撞击时发生较大位移,能减少撞击船舶损伤
附着式防撞设施	减少船撞力	防撞墩使船撞力分布趋于均匀,从而减少局部撞击力

　　依据有关船舶碰撞规范和指导文件,并结合泰州大桥水文及结构特点,对泰州大桥中塔墩船舶撞击风险进行了分析,按照分析结论对泰州大桥中塔墩防撞方案进行研究,最后得到由上下游独立防撞墩、桥梁自身加强及在基础外围设置的附着式钢套箱防撞设施和桥区通航管理措施共同形成的防撞体系,为大桥施工过程中的防撞安全提供了保证,同时减少了日后泰州大桥运行时的船撞风险。

6.4 基于LEC法的中塔施工安全风险评估

6.4.1 LEC法

1. 风险估计

采用基于LEC的风险评估方法,风险定义、风险识别方法与6.1节中介绍的相同,不同之处在于其进行风险估计时,采用的是与系统风险性有关的三种因素指标值之积来评价系统人员伤亡风险的大小,其简化公式为:

$$D = L \times E \times C$$

式中:L——发生事故的可能性大小;

E——暴露于风险环境的频繁程度;

C——发生事故可能造成的后果;

D——风险性分值。

(1)发生事故的可能性

事故或风险事件发生的可能性大小,当用概率来表示时,绝对不可能发生的事件概率为0,必然发生的事件概率为1。但在系统安全考虑时,绝对不发生事故是不可能的,所以人为地将发生事故可能性极小的分数定为1,而必然要发生的事故的分数定为4。将介于两者之间的各种情况规定若干个中间值,如表6-24所示。

表6-24 发生事故的可能性(L)

分数值	事故发生的可能性
1	不可能
2	可能
3	很可能
4	肯定

(2)暴露于风险环境的频繁程度

人员出现在风险环境中的时间越多,则风险性越大。规定连续暴露在此风险环境的情况定为4,而非常罕见地出现在风险环境中定为1。同样,将介于两者之间的各种情况规定若干个中间值,如表6-25所示。

表6-25 暴露于风险环境的频繁程度(E)

分数值	暴露于风险环境的频繁程度
1	数月一次

续表 6-25

分数值	暴露于风险环境的频繁程度
2	每月 1 次以上
3	每天
4	持续

注:8 小时不离工作岗位,算"连续暴露";8 小时内暴露 1 至几次的,算"每天工作时间暴露"。

（3）发生事故产生的后果

事故造成的人身伤害变化范围很大,对伤亡事故来说,可从极小的轻伤直到多人死亡的严重结果。规定分数值为 1～4,把死亡少于 3 人(含失踪)或重伤 10 人以下规定分数为 1,把死亡 30 人以上或重伤人数 100 人以上分数规定为 4,其他情况的数值均在 1 与 4 之间,如表 6-26 所示。

表 6-26　发生事故产生的后果(C)

分数值	产生的后果
1	一般
2	较大
3	重大
4	特大

（4）风险程度

根据公式来计算作业的风险程度 D。

2. 风险评价

（1）风险等级划分

得到风险程度 D 的分值后,进行风险等级的划分并进行风险评价。根据经验,总分在 6 以下被认为是低风险,可保持现有的控制措施;如果风险分值到达 8～12,需要额外采取措施降低风险;如果风险分值在 16～24,那么这是一种必须立即采取措施进行整改的高度风险环境;分值在 27 以上的表示极其危险,应立即停止生产直到改善为止。风险等级划分如表 6-27 所示。

表 6-27　风险等级划分表

D 值	风险程度和等级	风险控制措施
1～6	可容许的风险(D)	可保持现有的控制措施,主要是通过岗位的安全管理规定进行控制
8～12	中度风险(C)	应努力降低风险,在考虑成本的情况下,在规定的时间内实施降低风险措施
16～24	重大风险(B)	风险降低后才能继续工作,当正在进行涉及风险的工作,就应采取应急措施
＞27	不可容许的风险(A)	立即停止工作,直至风险已降低后才能继续工作

风险等级的划分是凭经验判断,难免带有局限性,不能认为是普遍适用的,也不是长期固定不变的,应用时需要根据实际情况予以修正和根据具体情况来确定风险级别的界限值,以符合持续改进的思想。

(2) 重大风险源的确定

根据评价人员的经验判断和定量评价结果,凡具备以下条件的均应判定为重大风险:

① 不符合国家法律、法规、标准和其他要求中硬性指标规定的。对于其他违规,如劳动防护用品穿戴不全一类,凡是组织性行为且涉及的范围较大、后果较为严重的,列为重大危险源。

② 相关方有合理抱怨和要求的。

③ 曾经发生过安全事故,且现在危害仍然存在,没有采取有效防范、控制措施的,无论风险级别为几级,一律为重大危险源。

④ 直接观察到可能导致风险的,且无适当控制措施的。

⑤ 定量评价结果风险值 $D > 16$ 的。

⑥ 长期或者临时地生产、搬运、使用或者储存危险物品,且危险物品的数量等于或者超过临界量的单元(包括场所和设施)。

6.4.2 中塔施工安全风险评估实例

泰州大桥中塔施工涉及多个施工环节,施工量大,施工流程复杂,参与人员和设备众多,因此需要对其进行施工安全风险评估,一方面辨识出各环节中存在的重大安全风险,制定针对性的风险控制措施,以防发生重大安全事故;另一方面对中塔施工中存在的一般性风险进行辨识,提前制定相应措施,使整个施工流程可以有条不紊地进行。

1. 中塔施工安全风险识别与评估

泰州大桥中塔施工涉及的作业活动单元主要包括中塔沉井施工、中塔承台施工、中塔塔身施工、后场作业、水上作业、混凝土搅拌,作业场所包括施工现场和办公室生活区。每一个活动单元和活动场所中均包含着一项或多项活动内容。经辨识,中塔施工存在的风险因素及其评价如表 6-28 所示。

表 6-28 中塔施工风险识别与评估一览表

作业活动单元	活动内容	危害因素	分值				危害级别
			L	E	C	D	
	沉井混凝土浇筑	浇筑设备有缺陷	2	2	3	12	3
		混凝土浇筑无安全措施	2	2	3	12	3
		布料管铺设有缺陷	2	2	2	8	3
		作业面及孔洞临边无防护栏	2	2	3	12	3

续表 6-28

作业活动单元	活动内容	危害因素	分 值				危害级别
			L	E	C	D	
中塔承台施工	承台施工	施工现场未封闭	2	1	3	6	3
		人行过道设置缺陷	2	2	2	8	3
		夜间无足够照明	2	2	2	8	3
		施工人员疲劳作业	2	2	2	8	3
		工作面电线乱拉	2	2	3	12	3
		爬梯无护栏	2	2	3	12	3
		供电设施有缺陷	2	1	3	6	4
		临边无防护设施	2	2	3	12	3
		高空抛掷物品	2	2	4	16	2
		施工电梯附着不牢	2	2	3	12	3
		作业面照明度不够	2	2	2	8	3
		辅助设施拆除未按方案作业	2	2	2	8	3
		钢模堆放不符合要求	3	2	3	18	2
	钢塔首节预埋	电器设备带电维修	2	1	3	6	3
		电线老化破损	3	2	4	24	2
		电焊机无漏电保护	2	2	3	12	3
		供电设施有缺陷	2	1	3	6	4
		预埋件无施工方案	2	2	3	12	3
		预埋件错位	3	2	3	18	2
		吊装设备有缺陷	2	2	3	12	3
		高空抛掷物品	2	2	3	12	3
		高空作业	2	2	2	8	3
		起重设备有缺陷	3	1	3	9	3
		未设安全警示标志	2	2	3	12	3
		临边无防护设施	3	1	4	12	3
		电气设备运行中维修	2	2	3	12	3
	承台钢筋绑扎支模	钢筋模板堆放不稳	3	2	3	18	3
		承台施工场地狭窄	2	2	3	12	3
		无安全防护	3	1	4	12	3
		照明损坏	2	2	3	12	3
		起重机械失灵	4	1	4	16	2

续表 6-28

作业活动单元	活动内容	危害因素	L	E	C	D	危害级别
中塔承台施工	承台钢筋绑扎支模	钢丝绳断裂	4	1	4	16	2
		模板固定不牢	2	2	3	12	3
	承台浇筑	浇筑设备有缺陷	2	2	2	8	3
		布料管铺设有缺陷	2	1	3	6	3
		混凝土浇筑无安全措施	2	2	3	12	3
		作业面无防护栏	2	2	3	12	2
中塔塔身施工	钢塔节段吊装	起重机械失灵	4	1	4	16	2
		钢丝绳断裂	4	1	4	16	2
		浮吊吊装电机运转失常	3	1	3	9	3
		作业面未设警戒标志	3	1	2	6	3
		起重设备超负荷	3	1	4	12	3
		吊钩钩头损伤	3	1	4	12	3
		交叉作业	4	1	2	8	3
		吊物上有其他物	2	2	3	12	3
		电机运转失常	3	1	4	12	3
		起重作业	2	1	4	8	3
		吊耳焊接不牢	4	1	4	16	2
		方案缺陷	3	1	4	12	3
	锚墩施工	防护缺陷	2	2	3	12	3
		操作失误	2	2	3	12	3
		临空面、孔洞未设置防护栏	3	2	3	18	2
		船舶配置不足	2	2	2	8	3
		支垫不合理	2	2	3	12	3
		擅自拆除临边设施	2	2	2	8	3
		电焊机无漏电保护	2	2	3	12	3
		电焊作业	2	2	3	12	3
		电焊作业周围有易燃易爆品	3	2	4	24	2
		氧气与乙炔瓶间距不够	2	2	3	12	3
		吊安时指挥不当	2	2	3	12	3
		吊车机械故障	2	2	2	8	3
		吊物捆扎不牢固	2	2	3	12	3

续表 6-28

作业活动单元	活动内容	危害因素	分 值				危害级别
			L	E	C	D	
中塔塔身施工	锚墩施工	吊机超重作业	4	1	4	16	2
		钢丝绳有缺陷	3	2	3	18	2
		起重工索具有缺陷	3	1	3	9	3
	锚墩预应力张拉	未设临边防护	2	3	3	12	3
		预应力张拉无安全措施	3	2	3	18	2
		锚具及材料有缺陷	3	1	3	9	3
		张拉拉力过大	3	2	3	18	2
		张拉两端沿线站人	3	1	3	9	3
		底模固定不牢	3	2	4	24	2
		混凝土浇筑施工方案缺陷	2	2	3	12	3
		钢筋加工设备缺陷	2	2	3	12	3
		钢筋绑扎设施缺陷	2	2	3	12	3
	吊机拆除下放	施工方案缺陷	3	1	4	12	3
		未进行安全技术交底	2	2	3	12	3
		工作平台无防护设施	2	2	3	12	3
		无统一指挥	2	2	4	16	2
		拉杆材质有缺陷	3	1	4	12	3
		液压系统速度不一致	3	1	4	12	3
		船舶定位不准确	2	2	3	12	3
	锚墩拆除	吊安时指挥不当	2	2	3	12	3
		吊车机械故障	2	2	2	8	3
		吊物捆扎不牢固	2	2	3	12	3
		吊机超重作业	4	1	4	16	2
		钢丝绳有缺陷	3	2	3	18	2
		起重工索具有缺陷	2	2	2	8	3
		施工方案缺陷	3	2	4	24	2
		浮吊吊装电机运转失常	3	1	3	9	3
		作业面未设警戒标志	3	1	2	6	3
		违章指挥、违章操作	2	2	3	12	3
		未按要求安装灯柱	2	2	3	12	3
		作业面照明度不够	2	2	2	8	3

续表 6-28

作业活动单元	活动内容	危害因素	分值				危害级别
			L	E	C	D	
中塔塔身施工	锚墩拆除	夏日高温作业防暑降温设施	2	2	2	8	3
		配电盒破损	2	2	2	8	3
		电线老化破损	2	2	3	12	3
		工作面电线乱拉	2	2	3	12	3
		工作面无防护栏	2	2	3	12	3
	临时用电	检修不挂警示牌、操作牌	2	2	3	12	3
		线路设计缺陷	2	2	3	12	3
		无证操作	3	1	3	9	3
		电器设备缺陷	3	1	3	9	3
后场作业	钢筋加工	设备线路损坏	3	1	4	12	3
		半成品堆放过高倒塌	3	1	4	12	3
	仓库	电源线老化	3	1	4	12	3
		物品堆放过高	3	2	4	24	2
		易燃物品存放防火措施不到位	3	3	4	36	1
		油漆泄漏	3	1	3	9	3
	机修	钻床失事	3	1	4	12	3
		场地油污	3	3	3	27	1
		操作不当	3	1	4	12	3
		砂轮片破裂	3	1	3	9	3
	实验室	养护池加热器漏电	4	1	4	16	2
		压力机压试块破碎	3	1	3	9	3
		有害化学物品挥发	4	1	4	16	2
	加工	焊机电源线发热漏电	2	4	3	24	2
		氧乙炔下车碰撞	3	1	4	12	3
		精加工车间操作不当	2	2	3	12	3
		氧乙炔安全距离不够	3	4	2	24	2
水上作业	拖轮拖带航行	雾天航行,视线不清	2	1	4	8	3
		险要航道操纵不当	3	1	4	12	3
		浅水航道吃水过大	3	1	3	9	3
		舵机故障	2	1	3	6	4
		主机故障	3	1	3	9	3

续表 6-28

作业活动单元	活动内容	危害因素	L	E	C	D	危害级别
水上作业	拖轮拖带航行	夜间航行信号灯故障	3	2	3	12	3
		被拖船超净空高度	3	1	2	6	4
		电器设备老化、短路	2	2	2	8	3
		液化瓶、煤气灶漏气	4	1	4	16	2
		酒后值班	3	1	3	9	3
		机舱烟头乱丢	2	1	2	4	4
		夜间锚泊信号灯故障	3	2	3	18	2
		指挥联系不统一	3	2	2	12	3
	拖带航行	水流影响造成挂信舵及车叶	2	1	2	4	4
		断缆	3	1	4	12	3
		恶劣天气水域靠泊操纵不当	2	1	3	6	4
	交通船	大雾冒险航行	2	2	2	8	3
		抢船头	1	2	3	6	4
		超载	2	2	4	16	2
		不穿救生衣	2	2	2	8	3
		船上戏闹	2	2	3	12	3
		夜间照明不足	2	2	3	12	3
混凝土搅拌岗位	施工现场	尘灰	2	2	1	4	4
施工现场	夏季	烈日下施工	2	2	2	8	3
		易爆物品没采取遮盖措施	3	1	4	12	3
		私自下河游泳	2	1	3	6	4
	冬季	电源超负荷	3	1	3	9	4
		没加强防火教育，烟头乱丢	3	1	3	9	3
		下霜人行梯没有防滑措施	2	1	3	6	4
		船舶没及时松缆	3	1	3	9	3
		氧气、乙炔结冰没有采取热水措施	2	2	3	12	3
办公区、生活区	办公楼职工宿舍	生活区楼梯油污	2	2	3	12	3
		电器负荷过大	2	2	3	12	3
		生活区电热器无接地线	2	2	3	12	3
		洗澡室无防滑措施	2	2	3	12	3

续表 6-28

作业活动单元	活动内容	危害因素	L	E	C	D	危害级别
办公区、生活区	办公楼职工宿舍	职工住宿消防措施不足	2	2	3	12	3
		办公室高处取物	2	2	3	12	3
		办公室用烤火器取暖失火	2	2	3	12	3
		办公室梯子转角平台标牌倒	2	2	3	12	3
		办公室厕所顶棚不牢	2	2	3	12	3
	食堂	购买了过期的蔬菜	2	2	3	12	3
		购买过期或变质食品	2	2	3	12	3
		职工食堂不卫生	2	2	3	12	3
		职工食堂煤气瓶泄漏	2	2	3	12	3

2. 重大施工安全风险因素

表 6-28 中列出的风险因素进行风险评估,得到各项风险因素的风险程度分值,参照表 6-28 得到重大风险因素清单,如表 6-29 所示。

表 6-29　重大施工安全风险因素

序号	作业活动场所		风险因素	控制措施
1	钢沉井施工	钢沉井接高	起重设备失灵	1. 施工方案
2			无防护边缘作业	2. 加强岗前职业安全教育
3			钢丝绳脱落	3. 二航局各工种安全操作规程
4		钢沉井定位下沉	钢丝绳断裂	4. 建筑安装工人安全技术操作规程
5			吊耳焊接不牢	5. 中交对外分包安全管理办法
6	中塔承台施工	钢塔首节预埋	电线老化破损	6. 中交临时工、合同工安全生产管理规定
7		承台钢筋绑扎支模	起重机械失灵	7. 施工现场考评办法
8			钢丝绳断裂	8. 中交对外分包安全管理办法
9	中塔沉台施工	沉台浇筑	作业面无防护栏	9. 桥梁施工安全技术操作规程(十五项)
10	中塔塔身施工	钢塔节段吊装	起重机械失灵	10. 对不可承受和紧急情况下出现的风险应制定应急预案与响应计划
11			钢丝绳断裂	11. 特种作业安全操作规程
12			吊耳焊接不牢	12. 租用船舶安全生产管理
13		锚墩预应力张拉	预应力张拉无安全措施	
14			张拉拉力过大	
15			底模固定不牢	
16		吊机拆除下放	无统一指挥	
17		锚墩拆除	施工方案缺陷	
18	后场作业	仓库	易燃物品存放防火措施不到位	
19		机修	场地油污	
20		实验室	养护池加热器漏电	
21			有害化学物品挥发	
22		加工	焊机电源线发热漏电	
23	水上作业	拖轮拖带航行	液化气、煤气灶漏气	
24		交通船	夜间锚泊信号灯故障	
25			超载	

表 6-29 中列出的风险因素均为中塔施工各项活动作业场所中风险程度在 B 级以上的风险,需要着重加强管理。

3. 施工安全风险控制管理措施

除对重大安全风险加强控制外,还要重视桥梁建设中存在的其他常见的施工安全风险,给出安全控制措施,防患于未然。这里对安全控制措施进行简要介绍。

(1) 开工前准备

包括进行安全策划、编制安全保证组织计划;制定地下障碍物清理和道路管线保护方案;具备合格的生活卫生设施和条件;计划组织施工作业所需的船舶、机械设备等进入施工现场;落实劳动保护技术措施,对劳动保护技术措施的资源进行逐一落实;落实施工管理人员和作业人员,等等。

(2) 施工过程的控制

包括对持证上岗人员进行统一管理;对施工设备和劳动保护用品进行严格控制和验收;落实专项技术措施;对洞口、临边、高空作业采取安全防护措施;对施工动用明火采取审批措施;按临时施工用电组织设计的要求对临时用电设备布设进行检查验收;对危险部位和过程,要落实监控;设专人负责安全设施的衔接工作;做好事故隐患的反馈,等等。

(3) 通航安全的控制措施

包括建立健全安全生产责任制;作业前申请《水上水下施工作业许可证》和发布通航报告;保证所有进入桥区施工船舶满足施工要求;对所有船员进行安全教育;在指定的施工水域内不影响航道及通航的前提下进行抛锚定位;施工船舶、设施显示施工信号;保持桥区施工水域的通航环境;安全管理人员及时反馈问题;保持通航和作业环境良好,等等。

(4) 机电设备的安全管理

包括:质量保证;用前检查;施工设备接地,并且安装漏电保护器;移动电具漏电保护;机电设备要有专人管理、使用;保险丝的额定电流应与其负荷容量相适应;对所有机电设备进行例行检修、运行状态资料建立档案;严格执行各种安全技术操作规程,等等。

(5) 高处作业的安全管理

包括:服装要求灵便;材料要堆放整齐平稳,禁止抛掷;临边应有围护设施;严格执行高处作业安全操作规程;外用电梯、吊笼应有可靠的安全装置;钢结构高处安装作业时搭设相应的安全设施;对施工人员进行安全检查和监督,等等。

(6) 模板工程安全管理

编制技术、安全专项施工方案;符合安全技术交底标准;大模板的吊运、安装、拆除、存放符合相关要求;对大模板施工作业进行安全监督、检查,等等。

(7) 季节性施工安全措施

主要包括冬季的防寒、防冻、防滑、防风安全措施和夏季的防暑降温。

(8) 电焊安全管理

包括:焊工服装要求;工具用前检查;场地检查;消防器具配备;地线连接符合安全技术要求;焊接时戴好防护面罩;在通风不良的条件下进行焊接时采取排风等措施;照明时采用 24 V 的行灯;有防雨措施;电气焊工作结束关闭设备,检查工作场所有无火源等。

（9）钢筋工程安全管理

① 一般规定

包括：工作人员需合格；设备试运行符合安全要求；定位架上不得集中码放钢筋；维修保养机械；操作人员服装符合要求；防护措施到位，等等。

② 钢筋绑扎安装安全措施

包括：高处施工时搭设脚手架或操作平台，以及防护栏杆；钢筋堆放要分散、稳当；夜间施工灯光要充足；不准把灯具挂在金属构件上；钢筋骨架安装，下方严禁站人，等等。

③ 使用钢筋机械应注意的安全措施

包括使用钢筋除锈机安全措施、使用钢筋调直机安全措施、使用钢筋切断机安全措施、使用钢筋弯曲机安全措施等。

④ 钢筋焊接安全措施

与电焊安全管理的要求基本相同。

（10）施工用电安全管理

包括：将欲进行工作的电器设备与电源完全断开；开关和操作把手上悬挂"禁止合闸，有人工作"的标示牌；电气设备进行工作前需检查是否带电；施工设备接地；水上及施工现场用电，要做好线路的绝缘；现场所用各种电线绝缘不能有老化、破皮、漏电等现象，等等。

7 锚碇及引桥施工安全技术

泰州大桥南、北锚碇沉井平面尺寸均为 67.9 m 和 52 m,高度分别为 41 m(8 节)和 57 m (11 节),入土深度分别为 42 m 和 59 m。南、北锚碇底节均为钢壳混凝土沉井,其余为混凝土沉井。锚塔间引桥位于南、北主塔和锚碇之间,为五跨预应力混凝土连续箱梁结构。因南、北锚碇及锚塔间引桥结构形式和安全技术要求类似,故本章仅以北锚碇和北锚塔间引桥施工安全技术予以介绍。

7.1 工程概况

7.1.1 工程简介

1. 北锚碇及北锚塔间引桥结构

北锚碇采用矩形沉井基础,沉井长和宽分别为 67.9 m 和 52 m(第 1 节沉井长和宽分别为 68.3 m 和 52.4 m),平面共分 20 个井孔。北锚碇沉井高 57 m(分 11 节),顶底标高分别为+2.0 m 和−55.0 m,第 1 节钢壳混凝土沉井高 8 m,第 2~11 节除第 10 节为 4 m 外其余均为 5 m。封底混凝土厚度 10 m。

北锚塔间引桥(桩号:K14+981 ~ K15+356)桥跨布置为 67.5+70+100+70+67.5 =375 m,上部结构为预应力混凝土连续梁,下部结构采用矩形空心墩身、矩形分离式承台和钻孔灌注桩基础。

北锚碇和北锚塔间引桥结构效果图如图 7-1 所示。

图 7-1　北锚碇和北锚塔间引桥结构效果图

2. 地质条件

北锚碇所在区地处长江下游泰州市永安洲侧,场址区中心桩号距长江江边约 430 m,西侧距达标大堤区最短距离约 170 m,北侧距达标大堤约 200 m。属长江下游新三角洲冲击地貌,场址区地势平坦,地面标高 2.4~2.5 m,达标大堤标高在+8.1 m 左右。

北锚碇桥位区大地构造单元隶属于扬子板块下扬子褶断冲断带与苏北坳陷接触部位,在漫长的地史演变中,本区经历了地槽—地台—大陆边缘活动阶段。泰州大桥北锚至北塔间引桥工程桥址区地层简表如表 7-1 所示。

表 7-1 北锚至北塔间引桥工程桥址区地层简表

界	系	统	组	代号	厚度(m)	主要岩性
新生界	第四系	全新统		Q4	< 60	冲击相沉积,上部为灰色夹粉砂、局部夹亚黏土、松散~稍密,间夹亚黏土。土质较松软,下部为中密状态
		上更新统		Q3	40~50	河湖相夹海陆过渡相沉积,由灰色、中密~密实粉细砂、中粗砂构成
		中更新统		Q2	30~40	河湖相夹海陆过渡相沉积,由灰色、青灰色含砾中粗砾、砾砂,卵砾岩,分细砂构成
		下更新统		Q1	30~40	河湖相沉积,主要由砾砂层、中粗砂及粉砂构成,底部为一层老黏土层
	第三系	上统	下草湾组	N	不详	棕红色,橙红色黏土(岩),坚硬状态,半成岩状,夹砂浆

3. 施工用电

施工用电主要采用网电,自发电作为应急补充。业主在大桥桥位北岸提供 10 kV 的临时用电开闭所,在陆上施工区内设置共 4 500 kVA 变压器,采用高压电缆从业主设置的临时用电开闭所接入。配备 1 000 kVA 的发电机组,作为后备电源,以保证电网停电时能继续进行施工。

7.1.2 主要工程简介

1. 北锚碇基础工程简介

沉井长和宽分别为 67.9 m 和 52.0 m,沉井高为 57 m,共分为 11 节。第 1 节为钢壳混凝土沉井,高为 8 m;第 2~11 节除第十节为 4 m 外,其余均为 5 m。沉井封底混凝土厚度为 10 m。井中心里程为 K14+960.849 m,沉井顶面标高为+2.0 m,基底标高为-55.0 m。沉井为普通钢筋混凝土结构,采用大沉井小分格的布置,共分为 20 个井孔。

北锚碇沉井基础结构布置图如图 7-2 所示。

2. 北锚碇锚体及锚固系统工程简介

锚体为大体积混凝土结构,分为 4 块,每块分层浇筑,各块间设置 2 m 宽的后浇混凝土,后浇段内用微膨胀混凝土浇筑。

锚固系统为预应力锚固系统。主缆索股散开后,通过拉杆、锚固连接器连接到预应力钢绞线上,通过预应力将索股拉力传递到锚体混凝土。

北锚碇沉井立面图

1/2B-B

D-D

D-D

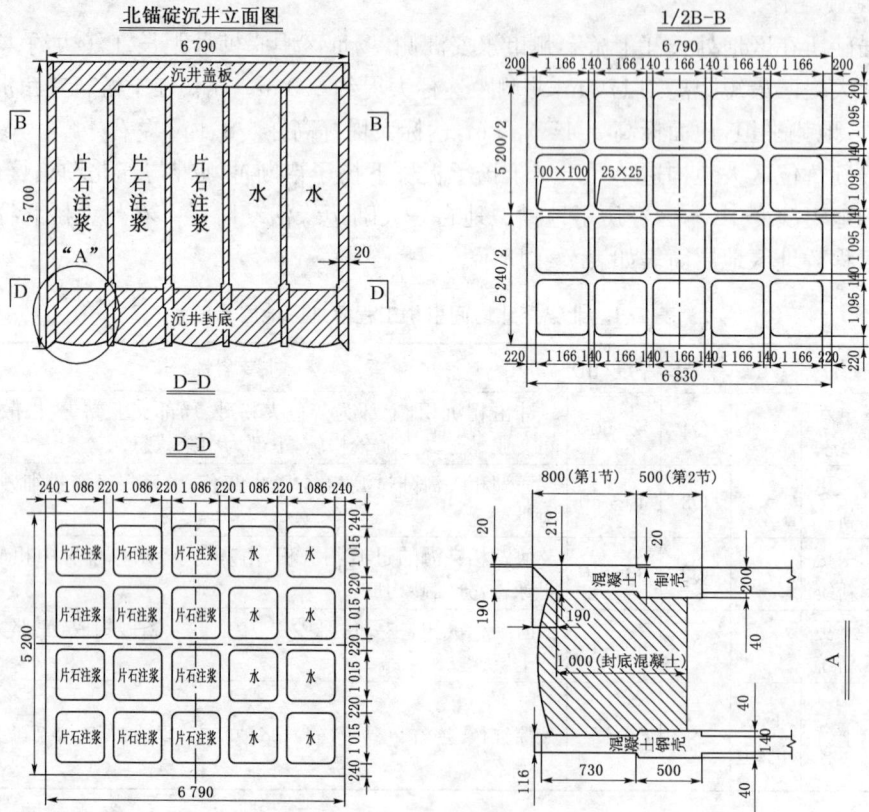

图7-2 北锚碇沉井基础结构布置图

北锚碇锚体及锚固系统布置图如图7-3和图7-4所示。

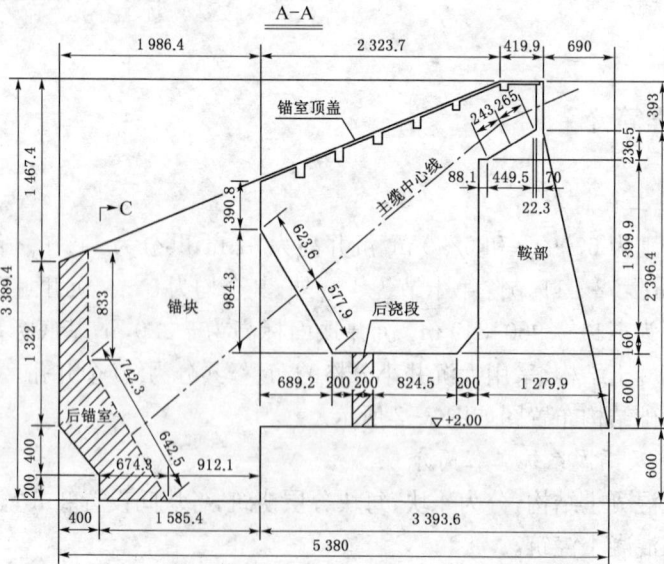

A-A

C-C

B-B

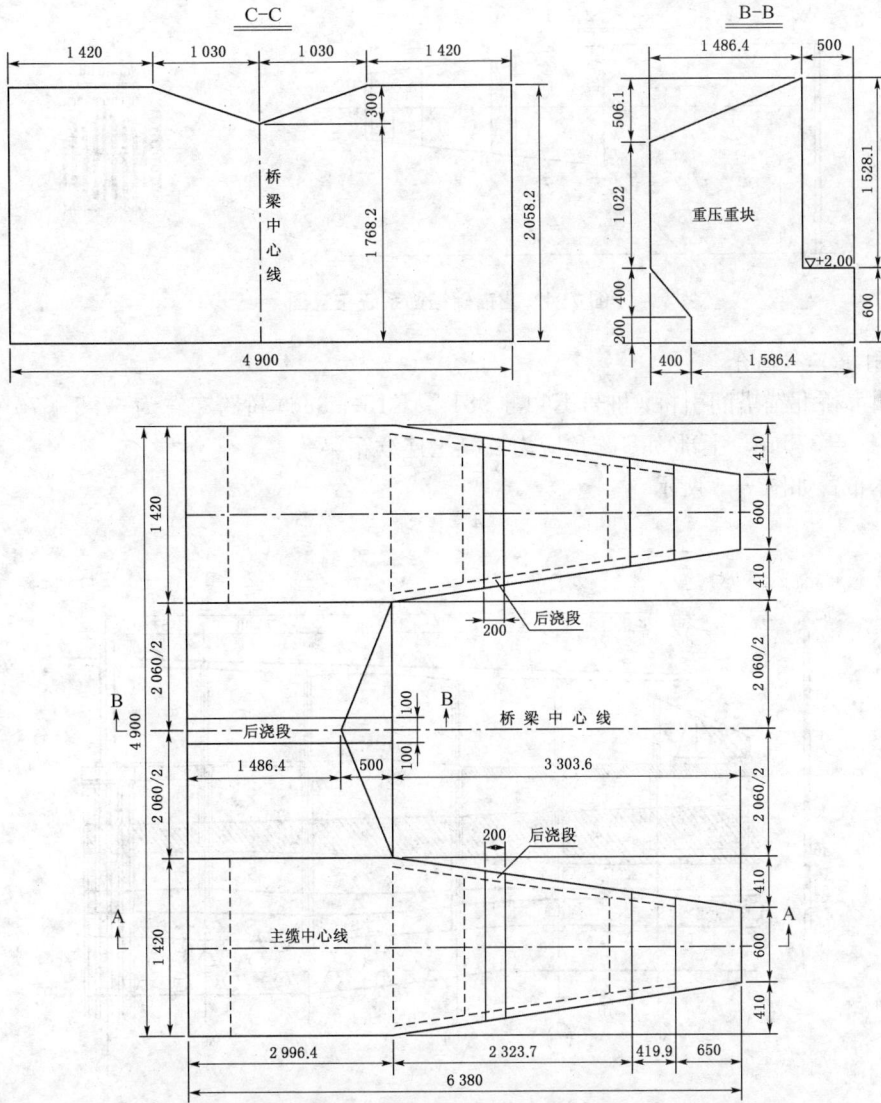

图 7-3 北锚碇锚体布置图

锚碇锚固系统立面图

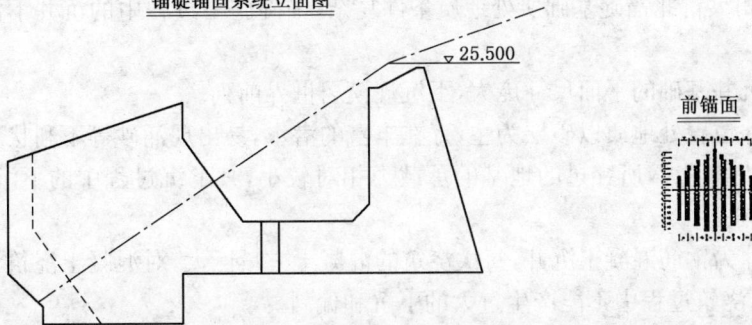

▽25.500

前锚面

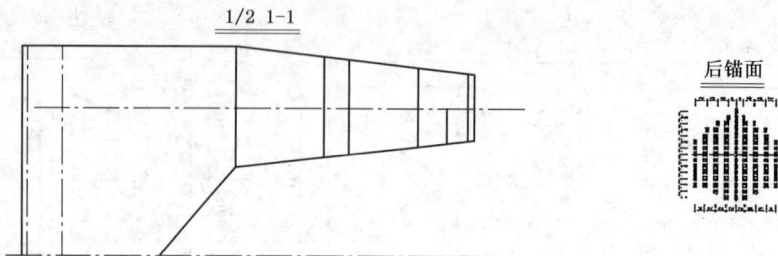

图 7-4 北锚碇锚固系统布置图

3. 引桥工程简介

泰州大桥北锚塔间引桥（桩号 K14＋981～K15＋356）桥跨布置为 67.5＋70＋100＋70＋67.5＝375 m。上部为 5 跨预应力混凝土连续箱梁。

总体布置如图 7-5 所示。

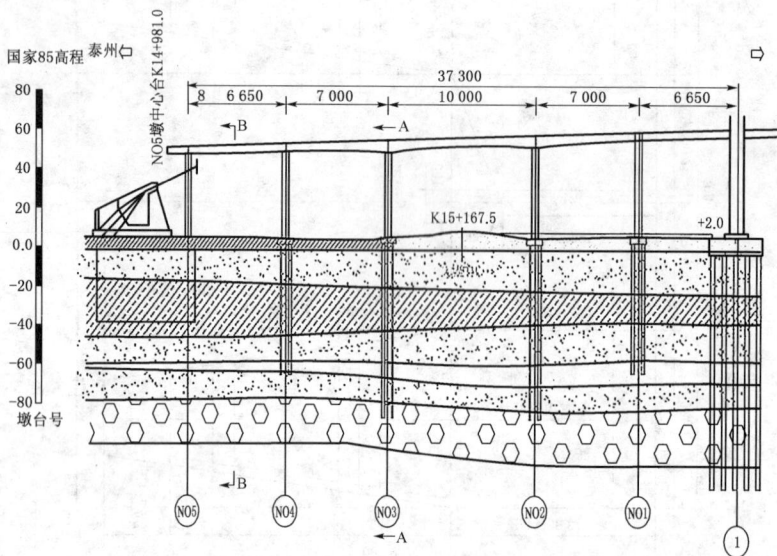

图 7-5 北锚碇及北塔间引桥总体布置图

4. 工程难点分析

由于泰州大桥北锚碇基础所处地质条件复杂,锚碇施工过程中的沉井下沉施工存在诸多难点:

（1）本沉井基础的平面尺寸庞大,下沉规模居世界前列。

（2）沉井位置处地质以砂层为主,存在丰富的潜水,易出现涌砂等不利状况。

（3）沉井重量大,所穿过的地基的承载力相对较小,其下沉过程中的下沉系数较大,施工中难于控制。

（4）沉井为钢筋混凝土沉井,每次浇筑的混凝土方量巨大,对混凝土浇筑设备及工艺的要求较高,且浇筑过程中不能产生过大的下沉和偏斜。

（5）施工中沉井一旦出现偏斜,纠偏困难。

（6）沉井下沉施工过程不可见，必须采用先进的监测措施，以指导施工。

（7）本合同段工程量大，施工工序多，施工组织难度大。

（8）沉井穿过地层复杂，需要根据不同地层设置不同的除土工艺。

7.1.3 施工组织及安全管理

本合同段工程量大，技术含量高，施工难度大，需要结合具体工程特点，进行有效的施工组织准备，充分发挥在施工管理及大型桥梁施工技术方面的优势，保质、保量地完成施工任务。

（1）技术组织

通过联合有关科研单位、大专院校、专业单位等就有关技术方案、专项课题等进行深入研究，对施工过程中的技术、质量、安全等问题进行把关，为本项目施工提供强有力的技术支持。

（2）设备组织

根据本合同段施工组织和现场实际情况，对于锚碇及引桥施工所需的运输设备、钻孔设备、起重设备、人员垂直运输设备和用电设备等施工过程中的关键设备，施工方积极进行市场调研，采用购置或租赁的方式，严格确保设备质量过硬、证照齐全和性能可靠，在达到生产需要的基础上，保证设备使用安全。

（3）施工组织

组建项目经理部，采用符合实际的"项目法"进行本项目施工组织管理，项目经理部对现场统一管理、统一指挥、统一调动。

项目总经理部管理层设十部一室，即生产管理部、物资管理部、工程技术部、机械管理部、质量检测部、监控测量部、财务核算部、合同管理部、综合事务部、安全环保部、实验室。

操作层设沉井施工作业队、钢结构加工作业队、钢筋加工作业队、钻孔施工作业队、混凝土拌和输送作业队、混凝土浇筑作业队、挂篮施工作业队。

7.2 锚碇基础工程安全技术

北锚碇沉井长和宽分别为 67.9 m 和 52 m，高度 57 m，共分 11 节，入土深度近 59 m，底节为钢壳混凝土沉井，其余为混凝土沉井。锚碇基础工程包括地基处理、钢壳沉井施工、沉井接高、沉井下沉、沉井封底、填仓和顶盖板施工等一系列施工工序。

7.2.1 地基处理

1. 施工方案

地基的处理设计推荐采用砂桩复合地基加固法，临时加固砂桩桩径 $D = 50$ cm，桩长 $L = 12$ m，砂桩底标高为 -12.5 m，桩距为 85 cm，砂桩数量约为 5 430 根，合计 12 800 m³。

对地表软弱土层进行砂垫层换填,换填深度 4.0 m,顶口尺寸为 66.4 m×82.3 m,底口尺寸为 58.4 m×74.3 m。要求换填后现场平板荷载试验承载力大于 400 kPa,换填数量约为 19 565 m³。

地基处理加固主要分 4 个部分:砂桩施工、基坑开挖、砂垫层施工、素混凝土垫块及砂袋施工。

地基加固如图 7-6 所示。

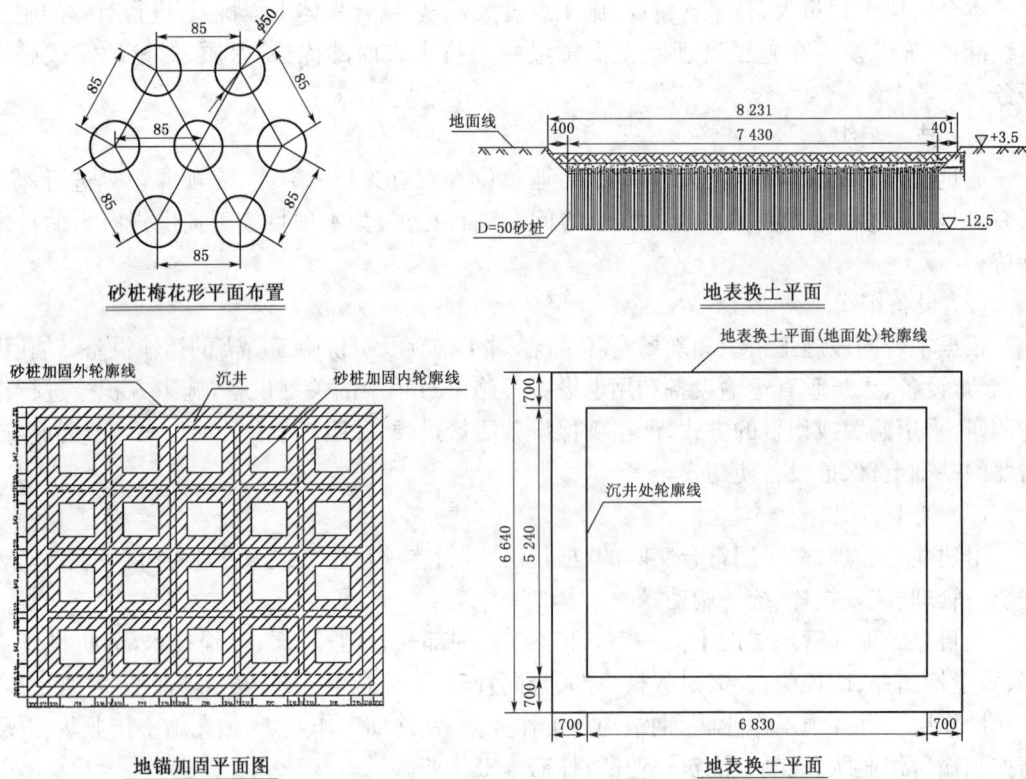

砂桩梅花形平面布置

地表换土平面

地锚加固平面图

地表换土平面

图 7-6 地基加固图

2. 地基施工安全技术

(1) 向基坑内运送模板和工具时,应用溜槽或绳索系放,不得抛掷。基坑开挖或基础处理完毕后,应对基底进行检查,经验收合格,并形成文件后,方可进行结构施工。

(2) 卸料需支搭作业平台时不得影响坑壁和支护结构的稳定,搭设与拆除脚手架应按照脚手架安全技术交底相关要求操作;作业平台的脚手板必须铺满、铺稳;使用前应经检查、验收,确认合格并形成文件,使用中应随时检查,确认安全;作业平台临边必须设防护栏杆、安全梯、斜道等攀登设施。

(3) 用起重机向坑内运送材料时,停机位置与基坑边的安全距离应根据施工荷载、土质、坑深和支护情况确定。现场使用起重机进行吊装作业时,应注意以下要点:

① 作业前施工技术人员应了解现场环境、电力和通讯等架空线路、附近建(构)筑物等状况,选择适宜的起重机,并确定对吊装影响范围的架空线、建(构)筑物采取的挪移或保护措施。

② 现场及其附近有电力架空线路时应设专人监护,确认机械与电力架空线路的最小距离符合要求。

③ 吊运材料作业前应划定作业区,设护栏和安全标志,严禁非作业人员入内;吊运作业必须设信号工指挥;指挥人员必须检查吊索具、环境等状况,确认安全。

④ 现场配合吊运材料的全体作业人员应站位于安全地方,待吊运材料的容器离就位点距离 50 cm 时方可靠近作业,严禁位于起重机臂下。

⑤ 大雨、大雪、大雾、沙尘暴和风力六级(含)以上等恶劣天气,不得进行露天吊运作业。吊运材料时,吊臂、吊钩运行范围,严禁人员入内;正式起吊前应先试吊,确认正常后方可正式吊装;吊装中严禁超载。

(4) 临边作业设防护栏杆应符合国家相关规定。

7.2.2 首节钢沉井施工

1. 施工方案

泰州大桥北锚碇沉井共分为 11 节,第 1 节为钢壳沉井,其余为混凝土沉井。第 1 节钢沉井平面形状为矩形,外形尺寸为 68.3 m×52.4 m,平面布置为 20 个大井孔。第 1 节钢沉井高为 8 m,壁厚由 2.2 m 渐变为 2.1 m。首节钢壳的施工主要包括钢壳制作、现场拼装、工地焊接、钢壳混凝土浇筑等过程。

钢沉井外形尺寸示意图如图 7-7。

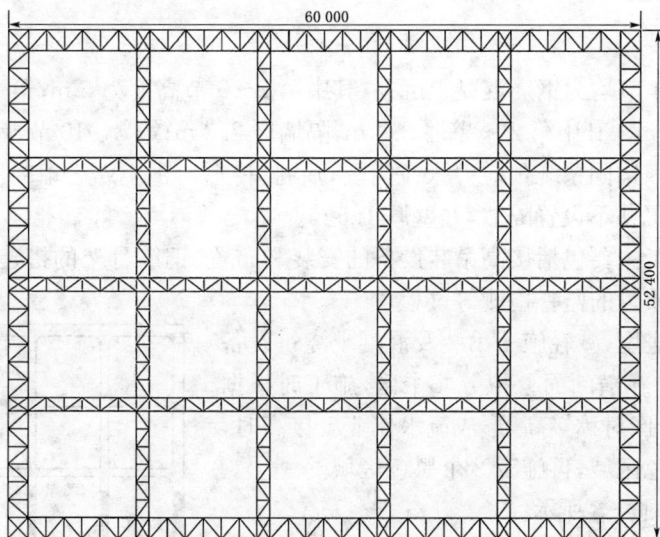

图 7-7 钢沉井外形尺寸示意图

2. 钢壳施工安全技术

(1) 高处作业必须搭设作业平台,作业平台的脚手板必须满铺且绑扎牢固;上下作业平台必须设安全梯、斜道等攀登设施;作业平台临边必须设防护栏杆;平台、梯道及栏杆在使用前应经检查、验收合格、形成文件记录,并在使用中保持规律性的检查。

（2）沉井侧模应在混凝土强度达到 25% 时方可拆除,刃脚模板应在混凝土强度达到 75% 时方可拆除;沉井分节预制时,分节预制高度应依其下沉过程中的稳定性和摩擦阻力,由施工设计确定。底节沉井的最小高度应满足拆除垫木后的竖向挠曲强度要求。

（3）严格执行本工种（岗位）安全操作规程,不违章冒险作业,有权拒绝违章指挥,有责任制止他人违章操作。高处工作平台上或施工作业现场严禁嬉戏打闹。

（4）在吊装施工现场必须设置警戒标志,严禁无关人员进入现场,严禁所有施工人员在吊重、起重臂下停留或通过;吊装人员必须考试合格后持证上岗,特种设备操作人员必须持有特殊工种操作证。吊装作业时必须有司机、司索和信号员同时在场。

（5）当有六级及以上大风和雾、雨、雪天气时应停止模板的吊装作业。雨、雪后应有防滑措施,并及时清理积雪。

（6）模板在浇筑混凝土时应及时组织人员进行观察,对有拉杆螺栓松动或模板变形的应立即进行加固;模板在进行电、气焊作业时,必须有防火措施和专人看守;施工平台上的施工荷载应符合设计要求,不得超载。不得将模板支撑托架随意固定;模板装吊人员必须佩戴安全帽、系安全带、穿防滑鞋;对安装的模板质量进行监控,发现破损、有裂缝、变形的模板坚决不允许进行安装作业,严禁使用不合格产品。

（7）对模板的吊装、安装（拆除）施工进行安全检查,对起重设备及基础进行检查,随时掌握现场的安全动态,发现不符合要求时,必须责令整改合格后才能继续作业。

7.2.3　混凝土沉井接高

1. 施工方案

沉井第 2～11 节均为钢筋混凝土沉井,其中第 2～9 节高度为 5 m,第 10 节高度为 4 m,第 11 节高度为 5 m。其中第 2 节壁厚 2.4 m,隔墙厚 2.2 m;第 3～10 节壁厚 2.0 m,隔墙厚 1.4 m。第 10 节因锚固系统预应力张拉需要,后排井壁及隔墙仅浇筑 3.0 m 高,前排浇筑 4.0 m。第 11 节沉井不设置隔墙,井壁厚 1.5 m。

沉井接高施工主要包括接高吊装设备的安装和布置、钢筋骨架的搭建、模板施工、混凝土的浇筑及接高质量的监督检测等过程。

为加快施工进度,减轻施工吊装及混凝土浇筑设备的负担,单节沉井在横断面上拟分 4 个区,施工时根据对称原则,每 2 个区对称接高,形成流水作业。接高时,首先施工 2 个白色区域,再施工 2 个黑色区域。

平面分区如图 7-8 所示。

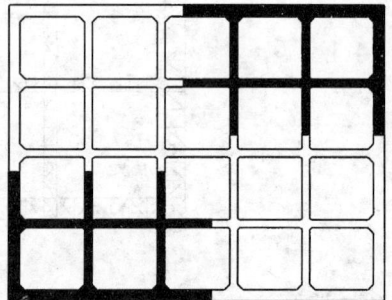

图 7-8　沉井平面分区图

2. 沉井接高安全技术

（1）加强施工人员现场管理人员对安全守则的学习。

（2）对安全设施、设备、防护用品进行严格的检查验收,必须按照安全防护的技术措施方案执行。

（3）所有进入施工现场的人员必须戴好安全帽,沉井内工作人员要穿救生衣,并按规定配戴安全带等安全工具。

（4）施工现场内的管理人员、特种作业人员必须持证上岗。对各施工作业组还应进行培训、考核。大型专用设备操作应按安全操作规程严格进行,上岗前必须经过专门培训,考核合格后方可上岗。

（5）施工作业搭设的扶梯、工作台、脚手架、护身栏、安全网等必须牢固可靠,并经验收合格后方可使用,不准攀登模板脚手架或绳索上下。

（6）地面供水管泥浆管线必须符合设计排水量的要求,其铺设不得影响其他工作的进行,并不得发生渗漏现象,线路安装前必须对所使用的电箱电线进行绝缘测试,电箱电线的负荷必须和设备匹配。

（7）从开始施工起,每天由专人观测降水井内水位,并做好记录。每次降水深度不能过大,控制在开挖面以下 1 m 左右。对于水位变化异常的情况,应及时研究,采取处理措施。

（8）施工前在堤坝内侧布置不同深度的观测孔。如遇到因强抽水而导致江岸边水位下降较大,应采取措施保证坝体周围的地下水水力平衡,从而确保坝体安全。

7.2.4 沉井下沉

1. 施工方案

通过下沉计算、施工工效、下沉精度控制、施工风险控制等几个方面比选,采用部分降排水下沉施工。根据降水施工方案和降排水下沉施工对长江大堤的影响研究分析,沉井降排水下沉 3 节,下沉深度 15 m,最大降水深度不超过 20 m,并设置信息化施工监控,实际施工时根据监测结果调整降排水下沉深度。对下沉过程中刃角反力及土层阻力进行监测,根据监测数据调整接高下沉次数,在不排水施工阶段尽量多次接高一次下沉,提高施工工效。

2. 沉井下沉风险及控制措施

（1）沉井下沉过程中的助沉措施

沉井在下沉过程中,如果遇到特殊的地质情况,很可能会使得沉井刃脚处的支撑力较大,沉井下沉变得困难。当沉井难于下沉时需采取辅助措施进行助沉。通过计算,北锚沉井在下沉至 −33 m（刃脚踏面标高）时,需要采取助沉措施。

根据本项目的特点,经方案比选,采用以空气幕助沉为主要措施,并以排水助沉、高压射水助沉为辅助助沉方案。

（2）避免翻砂措施

下沉过程中出现翻砂的主要原因是井底出现空隙和通道,内压力又小于外压力,使井外砂砾涌向井内,小翻砂可能加速沉井下沉,大翻砂有可能造成沉井突然下沉、倾斜及井壁开裂等严重后果。采取措施如下:

① 避免下沉吸泥过程中形成刃脚下翻砂通道。吸泥采用小锅底形式,即刃脚和隔墙底部始终埋于土中。

② 下沉工艺适当,保持水压。下沉过程中,随时保证井内水压力大于外部水、土压力,下沉时适时补充井内水头,保持井内水头高出地下水位 2 m 以上,以防止井底翻砂。

③ 利用深井进行井外降水,形成反压力,防止翻砂。

（3）混凝土浇筑过程中的下沉量控制

由于本工程地基的承载力相对较小,而每次混凝土浇筑的方量大,使得沉井在混凝土浇筑过程中可能出现大距离的下沉。针对此问题，采取以下措施进行处理：

① 在沉井下沉过程中，采用空气幕进行助沉。当沉井下沉到预定位置后，再浇筑下一节沉井混凝土，此时可将沉井的下沉量控制在预定范围内。该方案适用于节沉井的下沉施工。

② 将一节沉井分块进行浇筑，使得每次浇筑过程中，沉井的下沉量都相对较小。

③ 在降排水下沉阶段，接高时采用回灌水方式，增加沉井的浮力来控制下沉量。

（4）沉井下沉施工预防及纠偏、纠扭措施

沉井的平面尺寸巨大，下沉深度深达 57 m，下沉过程中依次要穿越淤泥质亚黏土层、粉砂（松散）、粉砂（稍密、中密）、亚黏土（混粉砂）、粉细砂（密实）等多种土层，各土层的力学性质复杂，沉井在下沉过程中难免会发生倾斜及平面、高位置的偏差等施工误差。为了将施工误差降低到最小，在沉井下沉施工中必须制定以预防为主、有偏必纠的施工措施。

① 防偏措施

进行合理的地基加固，确保底节钢壳沉井拼装及混凝土浇筑过程中沉井不发生倾斜和过大的沉降；本沉井长宽比为 1.306，后期不易产生偏斜，施工精度控制重点在前三节。在前三节采用易于控制的降排水下沉施工方法，使沉井形成正确的下沉导向，确保沉井下沉精度。除土施工采用同步对称，采用先中间后四周的顺序；沉井接高时混凝土浇筑同步对称进行。

② 纠偏、纠扭措施

在沉井下沉前期阶段以偏吸泥、偏取土为主要纠偏方案；在沉井下沉后期以空气幕纠偏为主要纠偏方案，以偏吸泥、偏取土为辅助纠偏方案。

3. 沉井下沉施工注意事项

（1）沉井取土下沉时使沉井保持均匀、平稳对称、分层均匀地取土，分层厚度控制在 50 cm 以内，使沉井保持均匀、平稳、缓慢地下沉，防止沉井倾斜和开裂。

（2）沉井取土下沉，采取小锅底形式，即必须全截面支撑，隔墙下不能悬空。

（3）严禁局部超挖过深使下沉不均，严禁刃脚下掏空过多，对刃脚处吸泥机吸泥范围要严格控制，吸泥范围在距沉井刃脚 2.0 m 距离处应停止，一旦需要射冲刃脚上的土时要做到对称、均匀，且吸泥深度不宜太大，以防刃脚处悬空而发生沉井突沉。

（4）不排水取土施工前，应测量井内水位和地下水位标高，并控制好排水量对井内水位的变化。吸泥施工中，由于空气吸泥器排水量较大，要注意保证井内水头比井外地下水位高 2 m 以上。

（5）空气吸泥机吸泥管口距离井内土面为 0.15～0.50 m，以能有效地吸出最稠的泥浆为度，水枪压力应大于 2 MPa。吸泥时应注意经常变动位置，保持平衡，使井内土面高低均匀，以防沉井下沉产生倾斜。靠近刃脚及隔墙的土如不能向锅底坍塌时，可用高压水将土冲向锅底再行吸出。

（6）加强沉井下沉过程中的测量控制和检测，测量检测内容包括沉井倾斜度、沉井顶面各测量控制点的平面位置偏差、标高、扭转度、长江大堤的变形。要及时对测量结果进行分析，一旦发生异常，应立即停止取土下沉，并采取措施进行调整，确保防洪大堤的安全。为了随时掌握吸泥情况，应经常用绳尺测量井底土面高度，吸泥管应据此移动位置。

（7）沉井下沉过程中，应随时了解土层情况，做好下沉时的施工、质检记录以及实际穿过土层的地质剖面图备查,并抄报监理工程师。下沉时应随时注意正位,每工班至少检查一次,每下沉 1 m 检查不少于一次。

(8) 经过泥浆净化器处理的泥砂要及时外运至业主和监理指定的弃土场,禁止在沉井周围堆放过多的弃土。

(9) 对于沉井倾斜、下沉很少或不下沉时,如系刃脚局部被石块或埋设物搁住,要及时查明原因并处理。

(10) 采用空气吸泥机下沉时,沉井内壁表面不能有凸出插筋或其他障碍物,以免在提升吸泥器时损坏吸泥设备。

(11) 空气吸泥机吸泥时,为了防止吸泥装置堵塞,在停止吸泥时应先将吸泥管提升到一定高度,再关闭进气阀。在吸泥时,应经常检查进气压力,以防压力下降使排泥管内泥浆灌入空气箱或进气管内造成堵塞。同时,在施工过程中,应防止混凝土碎块、碎木头、草袋及其他杂物坠入井底,以致吸泥时将空气吸泥器堵塞。

(12) 当沉井下沉至设计标高以上 2 m 时,应适当放慢下沉速度,控制各个井孔的出土量,保持各个井孔内除土面标高基本一致,避免沉井下沉过程中对基底土层的更大扰动,使沉井平稳下沉到设计标高。

(13) 沉井下沉临近设计高程时,需严格控制沉井下沉量。沉井下沉末期与沉井清基同步进行,以保证沉井准确下沉到设计高程,同时尽量减少对基底土层的扰动,避免引起翻砂。

(14) 吸泥机施工在黏土层以冲为主,在砂层以吸为主。

(15) 注意对沉井外侧土体的保护,设置排水沟,及时将沉井外侧积水排走,以免浸泡土体。

7.2.5 沉井封底

1. 施工方案

北锚碇沉井总平面面积为 3 578.92 m²,封底净面积约 2 551.92 m²,通过隔墙将整个沉井分为 20 个隔仓。沉井封底厚度 10 m,设计水下封底混凝土 C30 总方量约 27 794 m³。沉井共计 20 个隔仓,分为 3 种不同的类型,其隔仓形状、大小基本上一致,只在倒角上有所不同,单个隔仓最大混凝土方量约 1 400 m³,隔仓最大面积 128.43 m²,隔仓最小面积 126.90 m²。

北锚碇沉井封底混凝土总方量达 27 794 m³,采用导管法进行水下混凝土封底,封底方法按逐仓进行。为保证施工速度和对称进行,拟采取从中间四孔开始对称地向四周进行,封底时逐仓连续进行封底,直到所有隔仓封底完成。

沉井逐孔封底施工顺序如图 7-9 所示。

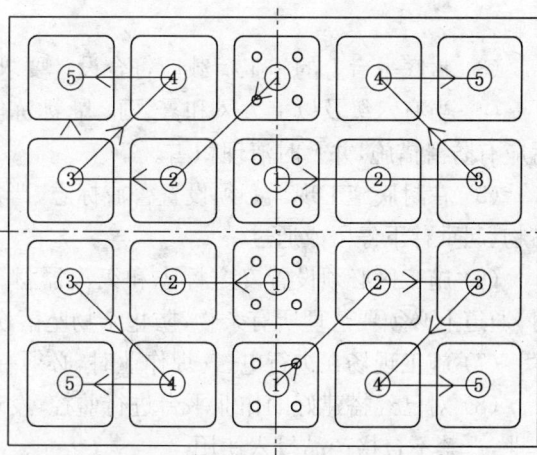

图 7-9　沉井逐孔封底施工顺序

沉井下沉就位后,首先进行清基,并进行检测,检查合格后在沉井顶面搭设工作平台,布置机械设备,准备进行混凝土浇筑工作。

沉井封底施工流程图如图7-10所示。

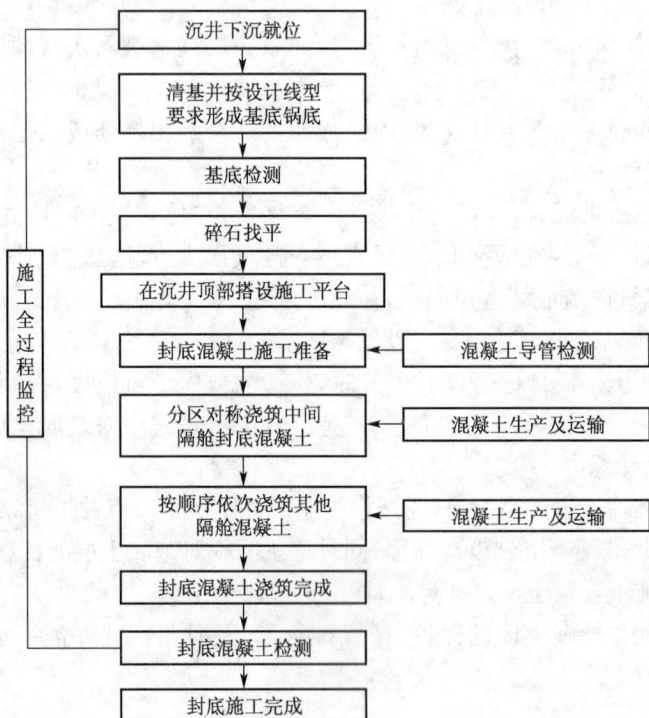

图7-10 沉井封底施工总流程图

2. 沉井封底施工安全技术

(1)吊装作业人员必须经培训考核合格后持证上岗,特种作业人员必须持有特殊工种操作证。吊装作业时必须有司机、司索和信号员。

(2)沉井作业人员必须正确佩戴安全帽、穿救生衣,高空作业时系好安全带并穿防滑鞋。

(3)封底平台上的施工荷载应符合设计要求,不得超载。

(4)当有六级及以上大风和雾、雨、雪、冰冻等恶劣天气时应停止吸泥下沉作业。雨、雪后应有防滑措施,并及时清理积雪。

(5)在封底施工现场必须设置警戒标志,严禁无关人员进入现场,严禁所有施工人员在吊物、起重臂下停留或通过。

(6)施工区必须设置安全标志和灭火器材;夜间施工时必须有充足的照明;施工作业时,通道上必须要清理所有杂物,防止杂物坠落伤人。

(7)施工现场在进行电、气焊作业时,必须有防火措施和专人看守。

(8)对已经搭建好的作业平台进行监控,发现缝隙、构件连接等问题时坚决不允许继续作业,严禁不合格产品投入使用。

7.2.6 填仓及顶盖板施工

1. 填仓施工方案

封底完成并检测合格之后,按设计要求对隔仓进行填仓施工,中跨侧方向 8 个隔仓灌水,引桥侧方向 12 个隔仓进行片石注浆,沉井填仓高度 39.1～40.1 m,片石注浆的 12 个隔仓总方量 60 270 m³。填充水方量共 40 650 m³。

沉井填仓示意图如图 7-11 所示。

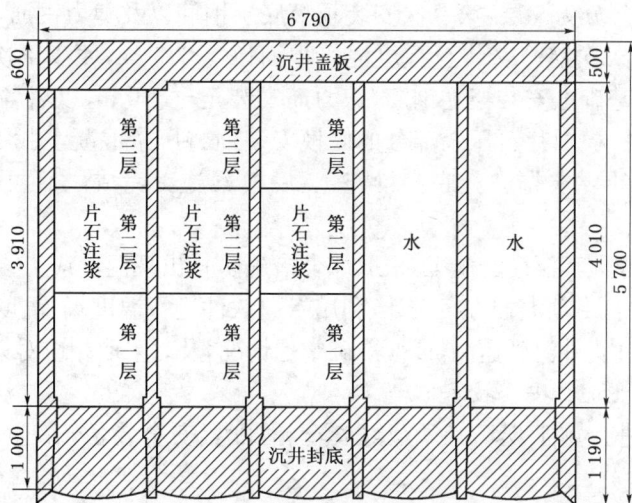

图 7-11 沉井填仓示意图

(1) 片石压浆施工

压浆片石填充物为 60 270 m³,工程量大,一次性施工难以实现,同时考虑到填仓应均匀对称同步施工,采用分孔分层施工。施工中投入 4 套设备分 3 次完成片石压浆的填充施工。施工顺序采取从中间向周边进行,每次填充 4 个隔仓,每个隔仓在高度上再分 3 层。

沉井填仓施工组织如图 7-12 所示。

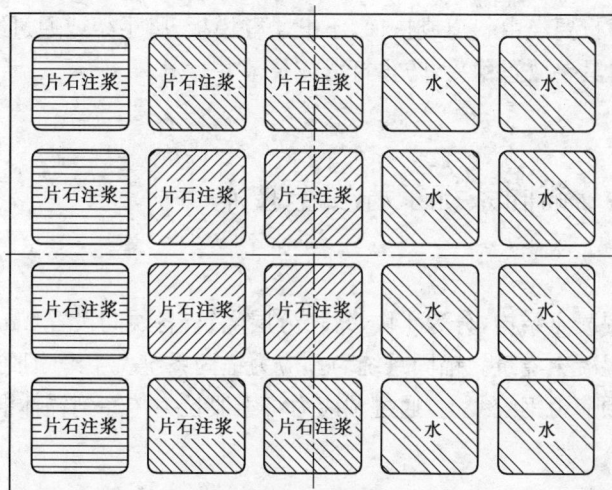

图 7-12 沉井填仓施工组织

（2）隔仓注水施工

由于井孔内的注水属于沉井的永久性结构，因此，施工前应根据设计要求对施工用水进行水质分析，对沉井钢筋、硅腐蚀性超标的水源，必要时采取措施净化施工水源。

北锚沉井 8 孔注水填仓采用沉井下沉中使用的 2 台 400 m³/h 低水泵施工，水质分析合格后即可进行。注水应和填充片石同步进行，以防止沉井发生偏斜。

2. 顶盖板施工方案

北锚沉井顶板平面尺寸为 50.536 m × 49.0 m，顶板混凝土方量达 12 009.9 m，为大体积混凝土施工。

沉井顶板施工共分为 5 层，第一次安装顶板底层钢筋以及剪力钢筋，水平钢筋和剪力筋安装到 +4.0 m，架立钢筋安装至首层浇筑顶面以上 1.0 m，便于下次钢筋接头错开。第二次在第一次的基础上安装架立钢筋，剪力筋安装至 +5.0 m，以后各层均以一次浇筑高度 1 m 接长钢筋。模板片石压浆部分的底模安装前将压浆混凝土找平即可施工，填水的 8 个隔仓按照设计要求先进行底模梁施工，底模梁施工完成之后再进行顶盖板底模施工。

沉井顶盖板属大体积混凝土施工，采取综合措施防止出现温度应力裂缝是确保顶板质量的关键，施工前进行专项温控方案设计，利用专业软件进行温度场、温度应力仿真计算及温控设计，加强预报内、外温度监测，以便准确掌握情况，及时采取相应对策。

3. 填仓及顶盖板施工安全技术

（1）作业人员进入施工现场必须戴好安全帽，配置安全装备。夜间作业应有充足的照明。

（2）各技术工种必须经过培训并经考核取得合格证方可持证上岗操作，杜绝违章作业。

（3）严格按有关规定安装线路及设备，用电设备需安装地线，不合格的电气器材严禁使用。

（4）建立严格的定期保养制度，严禁机械设备超负荷使用、带病运转和在作业运转中进行维修。大型机械的保险、限位装置防护指示器等必须齐全可靠。

（5）施工作业搭设的扶梯、工作台、脚手架、护手栏、安全网等必须牢固可靠，并经验收合格后方可使用。

（6）人员上下通行要经由斜道或扶梯，不准攀登模板、脚手架或通过绳索上下。

（7）作业用的料具要放置稳妥，防止打滑或掉落。

7.3 锚碇锚体及锚固系统工程安全技术

锚体为大体积混凝土结构，分为 4 块，每块分层浇筑，各块间设置 2 m 宽的后浇混凝土，后浇段内用微膨胀混凝土浇筑。锚固系统为预应力锚固系统。主缆索股散开后，采用拉杆、锚固连接器连接到预应力钢绞线上，通过预应力将索股拉力传递到锚体混凝土。

7.3.1 锚体施工安全技术

1. 锚体施工概况

北锚碇位于长江北岸泰州侧,为重力式结构,主要结构分为 7 个部分,分别是鞍部、锚块、压重块、侧墙、锚室顶盖板、鞍部后浇段和锚块后浇段。

锚块和散索鞍支墩是锚碇工程中最重要的结构,均属于大体积混凝土结构。其主体结构采用 C30 混凝土,前锚面下 4.0 m 厚和后锚面上 2.0 m 厚、散索鞍标高 +20.0 m 以上的混凝土采用 C40 混凝土,锚块和鞍部后浇段均采用 C30 微膨胀混凝土。锚块后浇段混凝土方量为 597.3 m³,鞍部后浇段混凝土方量为 283.4 m³。

锚体结构部位如图 7-13 所示。

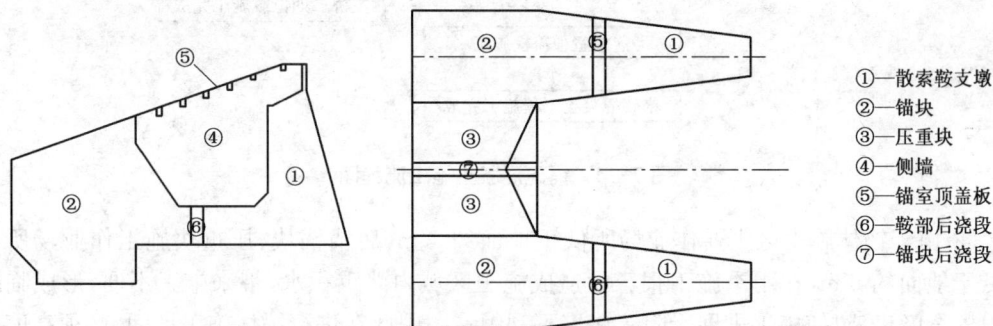

图 7-13 锚体结构部位图

①—散索鞍支墩
②—锚块
③—压重块
④—侧墙
⑤—锚室顶盖板
⑥—鞍部后浇段
⑦—锚块后浇段

北锚碇为重力式结构,锚块和散索鞍支墩均为大体积混凝土施工,混凝土分层分块浇筑施工,分层标准厚度为 2.0 m,共分为 4 块进行混凝土施工。锚块和散索鞍支墩施工完成混凝土温度基本稳定后进行后浇段施工,锚体锚固系统张拉完成后施工后浇锚体,后浇锚体亦为大体积混凝土施工。

北锚体锚块、散索鞍支墩、侧墙和前锚面施工均采用 DOKA 系列模板,确保混凝土外观质量。前锚室侧墙施工在主桥主缆架设完成后进行施工,前锚室顶盖板在主桥桥面二期恒载施工完成后进行施工,设计为小钢管支架现浇施工。

锚碇混凝土施工流程图如图 7-14 所示。

2. 锚体施工安全控制及管理

(1) 施工场地布置安全技术措施

① 根据施工现场实际情况,设立相应的标牌,平整施工场地,做好道路建设和通电排水工作,作业区域的材料要整齐堆放,拆下来的模板、支撑架、脚手架等材料物品以及施工余材、废料、垃圾及时清运出场,木料上的钉子及时拔除(以防发生钉子扎脚)。

② 锚体施工以每个支墩、锚块分区为单位,配置灭火器材,每个分区数量不少于 4 个,施工区地面及材料库灭火器材数量各不少于 4 个。

③ 利用施工现场较安全的空闲场地设置 4 个垃圾临时存放桶,锚体施工模板平台各设置 2 个垃圾临时存放桶,并安排专人每天定时清倒,确保现场整洁。

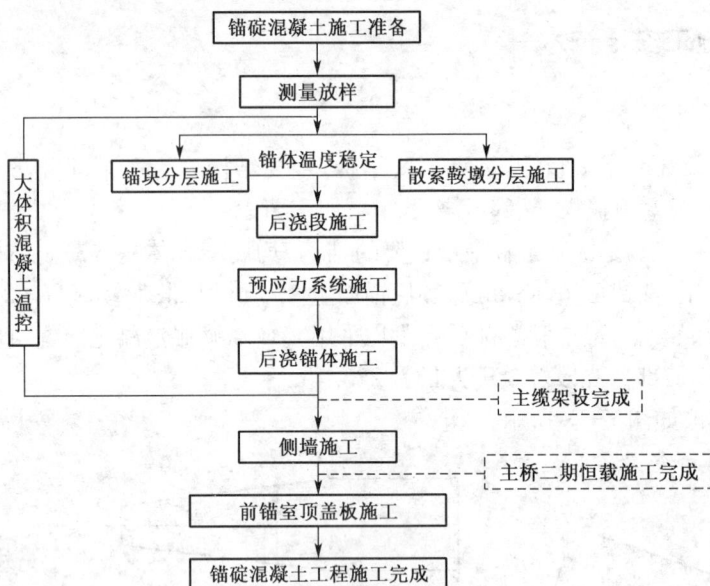

图 7-14　锚碇混凝土施工流程图

④ 由于锚体施工区主要作业场所低于地面约 1 m,后锚锚块、压重块施工作业场所更是低于地面约 6 m,在雨季施工很容易造成施工区域内严重积水,带来施工不便,形成临时用电安全隐患,致使施工进展受阻等诸多不利因素。因此在进行锚体施工期间,必须高度重视排水措施,除定期疏通排水沟渠外,还必须在锚体施工场所低洼地段设置强排水设施,确保施工顺利,以策安全。

⑤ 在施工使用过程中两台塔吊除加强日常常规的维护、保养、检查外,还必须高度重视两者间随时保持足够的安全距离。

⑥ 施工现场临时用电线路布设,有时会不可避免地横越施工便道或进入高处作业坠落物打击区域,为防止落物打击伤及线路,确保安全,必须做好线路敷设保护。

⑦ 在锚体施工中由于混凝土浇筑方量较大,且频繁集中,运输车辆及人员较多,因此必须高度重视道路交通安全,对施工环道进行划分,明确来往车行路线和人员行走道路,且避开可能存在落物打击区域。

⑧ 锚体施工大部分施工作业属逐渐上升式高处作业,在施工中可能发生人员或物件高处坠落,造成落物打击等人身伤害事故。因此在施工过程中除加强人员安全操作技能、安全教育培训、作业面层安全防护设施完善以及进一步加强检查、巡查、隐患治理、处罚力度外,还必须对施工场所可能存在高处坠落的地面进行区域划分,设置警戒区域和安全通道,特殊情况下安排专人进行警戒和通行疏导。

(2) 作业安全操作技术

① 搭设支架时作业人员必须配挂安全带并站稳把牢;未设置第一排连墙件前,适当设抛撑以确保架子稳定和作业人员安全;在支架传递、放置杆件时,注意防止闪失失衡;安装较重的杆部件或作业条件较差时,避免单人单独操作;剪刀撑、连墙件及其整体性拉结杆件随架子高度的上升及时装设,以确保整架稳定;搭设途中,支架上不得集

中(超载)堆置杆件材料;搭设中应统一指挥、协调作业;确保构架的尺寸、杆件的垂直度和水平度,各节点构造和紧固程度符合设计要求;禁止使用材质、规格和缺陷不符合要求的配件。

② 钢筋作业时展开盘圆钢筋要一头卡牢,防止回弹;拉直钢筋的卡头要牢固、地锚要稳固,拉筋沿线 2 m 宽区域内禁止人员通过;钢筋堆放要分散、规整摆放,避免乱堆和叠压;绑扎钢筋时,搭设合适的作业架子,不得站在钢筋骨架上或攀钢筋骨架上下;高大钢筋骨架设置临时支撑固定,以防倾斜;使用切断机断料时不得超过机械的负荷能力,在活动片前进时禁止送料,手与刀口的距离不少于 15 cm;上机弯曲长钢筋时,有专人扶住,并站在弯曲方向的外面,调头弯曲时,防止碰伤人、物;调直钢筋时,在机械运转中不得调整滚筒,严禁戴手套作业,调直到末端时,人员必须躲开,以防钢筋甩动伤人。

③ 起吊重物应绑扎平稳、牢固,不得在重物上再堆放或悬挂零星物件。易散落物件应使用吊笼栅栏固定后方可起吊。标有绑扎位置的物件,应按标记绑扎后起吊。吊索与物件的夹角宜采用 45°~60°,且不得小于 30°,吊索与物件棱角之间应加垫块。起吊载荷达到起重机额定起重量的 90% 及以上时,应先将重物吊离地面 200~500 mm 后,检查起重机的稳定性、制动器的可靠性、重物的平稳性、绑扎的牢固性,确认无误后方可继续起吊。对易晃动的重物应拴拉绳。

7.3.2 锚固系统施工安全技术

1. 锚固系统概况

北锚锚固系统采用预应力锚固系统,由索股锚固拉杆和预应力钢束组成。索股锚固拉杆有单锚头和双锚头两种。单锚头类型由 2 根拉杆和单索股锚固系统连接器构成,双锚头类型由 4 根拉杆和双索股锚固连接器组成,每个锚室各有 37 个单索股锚固连接器和 66 个双索股锚固连接器。前锚面上连接器横向间距两个双索股间为 110.0 cm,单、双索股间为 95.0 cm,竖向间距为 65.0 cm。锚固系统由索股锚固连接构造和预应力钢束锚固构造构成,索股锚固连接构造由连接器、拉杆及其组件组成;预应力钢束锚固构造由管道、预应力钢绞线及锚具、后锚面处锚头防护罩等组成,拉杆上端与索股热铸锚头相连接,另一端与由预应力钢束锚固与前锚面的连接器相连接。

预应力的方向在前锚面下 1.5 m 范围内钢绞线直段与索股方向一致,然后再按一定半径在前锚面下一定范围内弯折与理论中心线平行。

锚固系统布置图如图 7-15 所示。

2. 锚固系统安全控制及管理

(1)张拉作业前必须检查张拉设备、工具(如千斤顶、油泵、压力表、油管、顶轴器及液控顶压阀等)是否符合施工及安全要求,检查合格后方可进行张拉作业。高压油管使用前应做对比试验,不合格的不得使用;张拉锚具应与机具配套使用,锚具进场时,应分批进行外观检查,不得有裂纹、伤痕、锈蚀,检查合格后方能使用;千斤顶与压力表应配套校验;使用的螺栓、螺母、铁楔,不得有滑丝和裂纹。张拉机具应有专人使用和管理,并应经常维护,定期校验。

(2)油泵上的安全阀应调至最大工作油压不能自动打开的状态。安全阀要保持灵敏可靠。油压表安装必须紧密满扣,油泵与千斤顶之间用的高压油管连同油路的各部接头均须

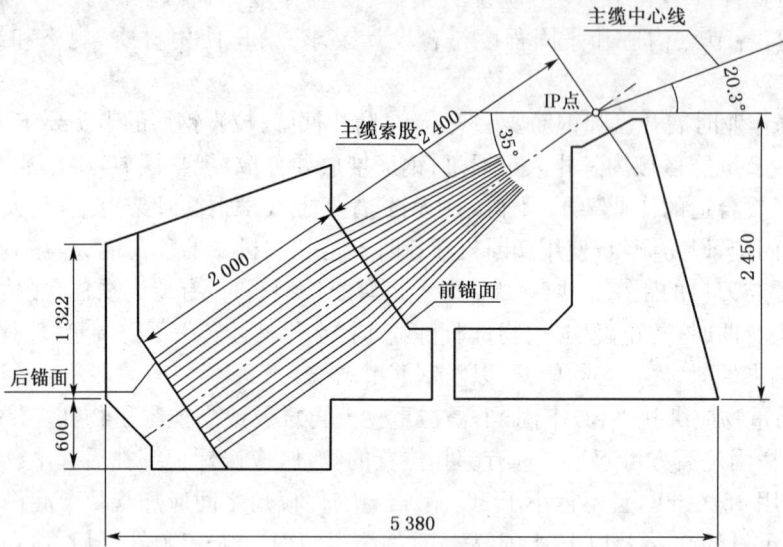

图7-15 锚固系统布置图

完整紧密,油路畅通,在最大工作油压下保持 5 分钟以上,均不得漏油。若有损坏者及时更换。

(3) 张拉完毕后,退销时应采取安全防护措施,人工拆卸销子时,不得强击;对张拉施锚两端,应妥善保护,不得压重物;严禁撞击锚具、钢束及钢筋;管道尚未灌浆前,梁端应设围护和挡板。

(4) 钢绞线下料时,编索人员要防止钢绞线从盘中弹出绞缠伤人。搭设操作平台,四边设置护栏,在构件端部,用两层竹笆作全封闭,确保高空预应力施工的安全。预应力管道安装时需进行压水试验,验证焊缝是否漏浆漏水。预应力张拉必须在技术人员及专业工程师指导下进行,预先进行计算,做好记录,并且张拉过程做到准确、一丝不苟,确保张拉质量。

7.4　锚塔间引桥工程安全技术

北锚塔间引桥处于北塔和北锚碇之间,上部结构采用跨径 67.5 m＋70 m＋100 m＋70 m＋67.5 m 的 5 跨预应力混凝土连续箱梁。北引桥的施工工艺过程主要包括桩基施工、承台施工、墩身施工、箱梁施工和桥面施工等。

7.4.1　桩基施工安全技术

1. 施工方案

北锚塔间引桥包括北塔与北锚碇之间的 67.5 m＋70 m＋100 m＋70 m＋67.5 m 一联墩柱,记为 N01～N05。

N01、N02 墩桩基施工,采用搭设钻孔平台的方法施工,4 个墩位共配置 8 台 ZSD200 型钻机,主要采用气举式反循环成孔工艺;吊装设备采用 2 台 50 t 履带吊;钢筋笼后场采用长线法、20 m 标准节分节预制;桩基混凝土采用水下刚性导管法浇筑;后场拌和站集中拌制,采用 3 台罐车,经栈桥运输至施工现场。

N03、N04 墩桩基在大堤外,在水中桩基完成后将钻机周转至陆上桩基进行钻孔施工,地面采用填筑 50 cm 毛碴硬化,钢筋笼分 5 节进行预制,50 t 履带吊配合施工。

桩基施工工艺流程图如图 7-16 所示。

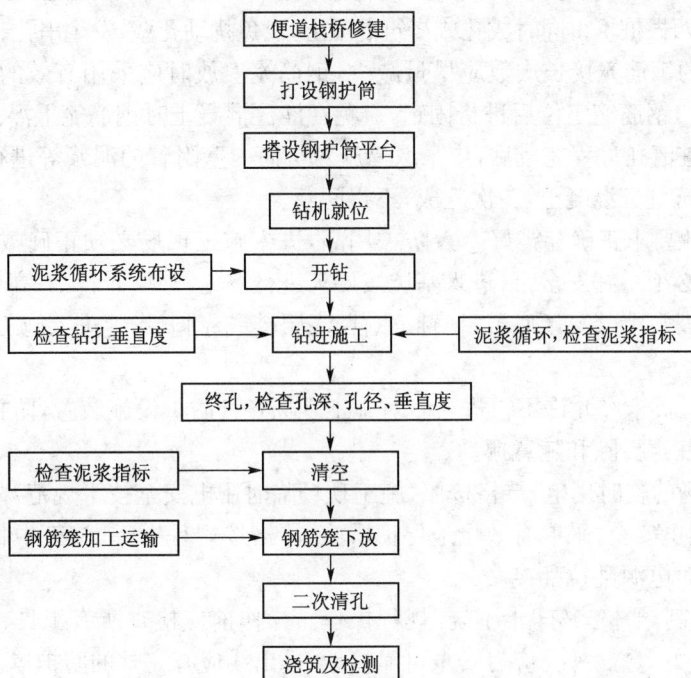

图 7-16 桩基施工工艺流程图

2. 桩基施工安全控制及管理

(1) 危险性分析及控制措施

由于桩位所处地层含有大量细砂层,容易发生坍孔现象;混凝土灌注过程中,由于混凝土和易性较差、混凝土发生离析,或因导管埋深过大、导管提空等,导致断桩。预防措施如下:

① 选用优质护壁泥浆,选择合理的钻进参数,如泥浆性能指标、钻压、钻速等。

② 由具备丰富施工经验的技术工人参与施工,强调以预防为主的指导思想,避免塌孔事故的发生。

③ 根据地层状况不同选择相应的钻进方法。

④ 钻孔过程中,如发现小面积坍孔时,应立即制浆,提高泥浆的比重;如发现大面积坍孔时,则尽快回填,采用黏土并加入适量的碱和水泥,回填高度大于坍孔处 2~4 m,待其固化后,提高泥浆比重快速穿过该地层。

⑤ 选择和易性好的配合比,加缓凝剂,严格控制坍落度,并加强施工过程中混凝土的和易性控制。

⑥ 混凝土方量比较大,混凝土浇筑时其他拌和楼做好准备,以便在需要时能及时提供混凝土。

⑦ 加强领导现场值班和人员的管理工作,做到职责明确,从而保证基桩混凝土的施工质量。

⑧ 加强对通讯设备的检查,确保施工过程中信息畅通,指挥到位。

⑨ 严格进行导管埋深控制,现场技术人员勤测孔深,保证实测数据和计算数据准确无误。

(2)施工注意事项

① 群桩基础在承台底面处的桩群重心偏差不得大于 10 cm,桩身垂直度最大偏差不得大于 1/100。相邻两根桩不得同时成孔或浇筑混凝土,以免扰动孔壁,发生串孔、断桩事故。

② 每根桩的钢筋笼接长次数应尽量减少,钢筋笼安放时应采用有效的定位措施,确保钢筋笼准确定位,钢筋笼定位后进行固定,避免在灌注混凝土时钢筋笼上浮。

③ 在钻孔桩清孔过程完成后,应采取措施对护筒内壁附着的泥浆等进行清理。清理完成后,应迅速浇筑桩身混凝土,一次完成,不得间断。

④ 按照作业要求正确穿戴好个人防护用品,进入施工现场必须正确戴好安全帽,在高处、坡边施工中必须系好安全带;进入基坑按要求进行登记、穿反光背心;高处和交叉作业时不得往下投掷物料;严禁穿硬底鞋、拖鞋、凉鞋、高跟鞋或赤脚、赤膊进入施工现场;女工不得穿裙子上班作业。

⑤ 非作业人员未经允许不得进入。对施工现场各种防护设施装置,防护围栏、盖板、安全标志等,不得任意拆除和随意挪动。

⑥ 施工现场的临时用电,严格按照《施工现场临时用电安全技术规范》的规定执行。加强电气设备等用电安全,采取有效接地保护措施,严格按规程操作,施工中临时电源必须采用电缆,杜绝临时电源乱拉乱接。

⑦ 电焊、气割,严格遵守"十不烧"规程操作。操作前应检查所有工具、电焊机、电源开关及线路是否良好,金属外壳应有安全可靠接地,进出线应有完整的防护罩。每台电焊机应有专用电源控制开关。严禁用其他金属代替保险丝,完工后切断电源。电气焊的弧、火花点与氧气瓶、乙炔瓶、木材、油类等危险物品的距离不少于 10 m,与易爆物品的距离不少于 20 m。乙炔瓶、氧气瓶均应设有安全回火防止器,橡皮管连接处须用轧头固定。氧气瓶严防沾染油脂,有油脂的衣服、手套等禁止与氧气瓶、减压阀、氧气软管接触。清除焊渣时,面部不应正对焊纹,防止焊渣溅入眼内。经常检查氧气瓶与气表头处的螺纹是否滑牙,橡皮管是否漏气,焊枪嘴和枪身有无阻塞现象。

7.4.2 承台施工安全技术

1. 施工方案

北锚塔间引桥采用矩形分离式承台,全桥共计 8 座承台。其中,N02 和 N03 墩承台共计 4 座,平面尺寸为 12.4 m×12.0 m,N01 和 N04 墩承台共计 4 座,平面尺寸为 12.4 m×11.0 m;承台厚度 3.2 m,左右幅承台之间间距 4.6 m。在所有 8 个承台中,N01 和 N02 墩承台在水中,N03 和 N04 墩承台在陆地上。

水中承台采用 16 m 高拉森 V 形钢板桩,左右幅设 1 个围堰,设置 2 道内支撑。水力吸泥机吸泥,水下封底 1.5 m,大块钢模板对拉螺杆法承台施工,50 t 履带吊配合。陆上承台采用1∶1边坡明挖基坑,50 cm 碎石铺设压实处理,30 cm 混凝土垫层。水中和陆上单个承台一次浇筑完成,注意预留墩身预埋钢筋。

水中承台施工工艺流程如图 7-17 所示。

图 7-17 水中承台施工工艺流程图

陆上承台施工工艺流程如图 7-18 所示。

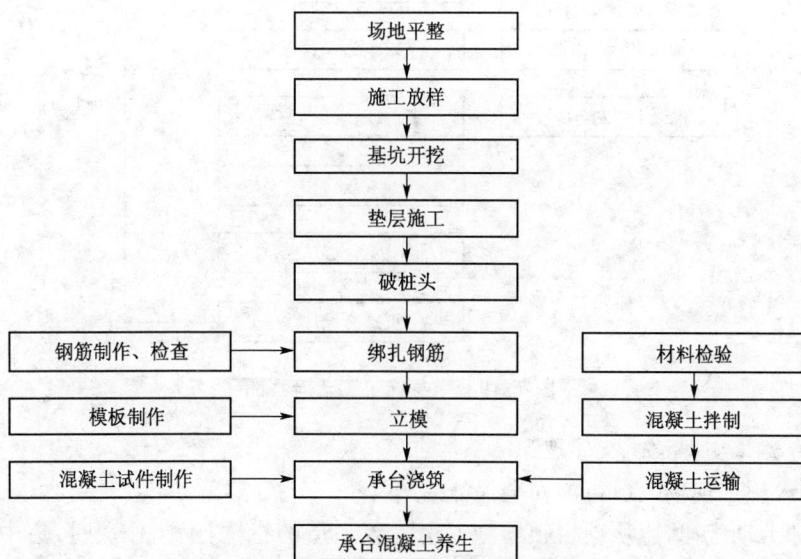

图 7-18 陆上承台施工工艺流程图

2. 承台施工安全控制及管理

承台施工过程中必须保证以下要求：

（1）基坑开挖前应做好地面排水，在基坑顶缘四周应向外设排水坡，并在适当位置设截水沟，且应防止水沟渗水，以免影响坑壁稳定。

（2）在破桩头时桩顶嵌入承台内的高度应严格按照设计要求处理。

（3）静载距坑缘不小于 0.5 m，动载距坑缘不小于 1.0 m，堆置弃土的高度不得超过 1.5 m。

（4）施工时应注意坑缘地表有无裂隙，坑壁有无松散塌落现象发生，确保施工安全。

（5）基坑施工应自基坑开挖至基础完成，抓紧连续不断地施工。

7.4.3 墩身施工安全技术

1. 施工方案

墩身采用矩形空心墩身，N01 墩身高度为 51.103 m，N02 墩身高度为 45.278 m，N03 墩身高度为 44.778 m，N04 墩身高度为 45.103 m，N05 墩身高度为 42.798 m；N01～N04 墩身外截面尺寸为 7.5 m×4.5 m，N05 墩身外截面尺寸为 7.5 m×3.75 m；N01～N04 墩顶底各有 2 m 变截面段和 2 m 实心段，N05 墩身墩顶设置盖梁。

本标段墩身高度均在 40 m 以上，属于高墩施工作业，施工采用爬模施工工艺。模板安装利用位于两墩间塔吊吊装提升。墩身的横桥向单面安装脚手架，混凝土的浇筑采用卧泵施工。N05 墩顶盖梁采用大块钢模板，对拉螺杆施工。

墩身施工工艺流程如图 7-19 所示。

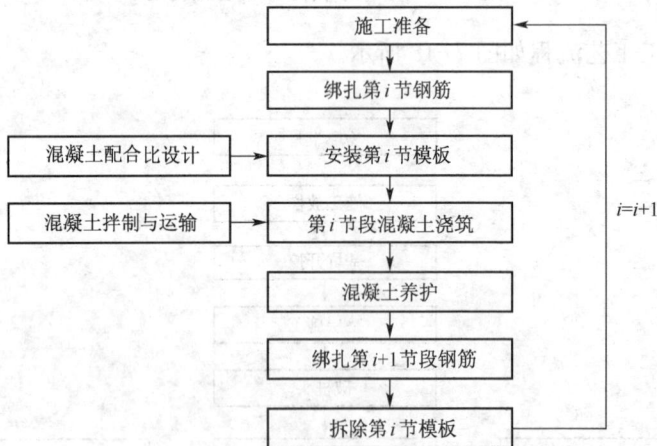

图 7-19 墩身施工工艺流程图

2. 墩身施工安全控制及管理

（1）进入施工现场人员行为安全保证措施

① 遵守劳动纪律，服从项目领导和安全检查人员的指挥，上岗作业时，集中思想，坚守岗位，未经许可不得随意从事非本工种作业，不得酒后作业，不得在严禁烟火的场所吸烟、动火。

② 严格执行本工种(岗位)安全操作规程,不违章冒险作业,有权拒绝违章指挥,有责任制止他人违章操作。高处工作平台上或施工作业现场严禁嬉戏打闹。

③ 按照作业要求正确穿戴好个人防护用品,进入施工现场必须正确戴好安全帽,在高处、坡边施工中必须系好安全带;进入基坑按要求进行登记,穿反光背心;高处和交叉作业时不得往下投掷物料;严禁穿硬底鞋、拖鞋、凉鞋、高跟鞋或赤脚、赤膊进入施工现场;女工不得穿裙子上班作业。

④ 在施工现场行走要注意安全,不得随意攀登脚手架、龙门架、双导梁、悬梯和吊钩、铲斗,不得私自断开合上电动开关和私接乱拉电源线,非特种作业人员严禁从事特种作业,不是机械操作工严禁拨弄或开动机械设备,不得在施工现场打闹玩耍,不得将家属、孩子或无关人员带入施工现场。

⑤ 非施工人员未经允许不得进入施工现场。对施工现场各种防护设施装置、防护围栏、盖板、安全标志等,不得任意拆除和随意挪动。

(2) 施工现场防护设施设置安全保证技术措施

① 施工前,必须在墩身模板支架上满铺木板作为施工作业平台,并在临边的周围设置一道高度不低于 1.2 m 的牢固栏杆,拉设安全防护立网。

② 施工人员上至墩身施工必须系用安全带,并要求及时拴挂使用,以保障高处作业从业人员的人身安全。严禁人员单独上至墩身进行施工。

③ 每组墩身中间设置一座爬梯,供施工人员上下墩身。在横桥向两个墩身中间搭设一个扣件式钢管脚手架转梯,同时满足两个墩施工需要。脚手架采用 ϕ48 mm×3.5 mm 钢管搭设,步距 1.5 m,立杆纵距 1.2 m+1.5 m+1.5 m+1.2 m,横距 1.05 m+1.05 m。脚手架随墩身分节浇筑高度进行接高,每次接高 6 m,脚手架连墙件竖向间距 4.5 m。在设计安装钢梯的部位进行地基处理,预埋铁件和连接锚固件。钢梯采用预制方式制作,安装时,先安装支架,同时注意安装与墩身连接的附墙件,再安装楼梯踏步段和栏杆、安全侧网。安装好的楼梯,顶部搭设防护架,外侧挂好安全网。

④ 墩身结构施工属安全风险较大施工工序,施工期间必须随时保持各安全通道的畅通。各种机具、材料、机械设备等摆放必须整齐有序,严禁存放在安全通道上。同时,还必须做好环保施工、文明施工工作,设置休息亭、棚、厕所、垃圾存放设施等。

⑤ 墩身钢筋绑扎作业,由于墩身节段为空腹施工,在绑扎过程中存在较大安全风险。因此施工前必须将内模侧空腹实施封闭,同时搭设绑扎脚手架,满铺脚手板至少 2 层,设置人员作业上下步梯或背靠笼爬梯。整个脚手架底部与预埋钢筋、模板连接牢固,外侧满挂封闭安全网。绑扎作业中脚手架上不得承载过多、过重的荷载,脚手架的着力点应设在已浇筑混凝土结构上,条件允许的情况下,每次浇筑前设置锚固预埋件。

⑥ 防止墩身施工作业平台边物体坠落,必须沿施工作业平台边处护栏上,用安全网兜底防护,根据施工墩身高度进展,地面在可能发生坠落物的坠落范围设置戒严区及安全防护。

⑦ 施工现场的临时用电,严格按照《施工现场临时用电安全技术规范》的规定执行。加强电气设备等用电安全,采取有效接地和接地保护措施,严格按规程操作,施工中临时电源必须采用电缆,杜绝临时电源乱拉乱接。

⑧ 对主要的起吊设备,电、气焊等工具,均专门制定相应的安全操作规程,并在施工中

严格执行。特殊工种,如起重指挥、机驾司机等持证上岗,密切配合,按操作规程作业。墩身上下采用无线电对讲机一对一发布指令,吊机起、落都必须发出警铃信号。

⑨ 施工作业搭设的扶梯、工作台、脚手架、护身栏、安全网等必须牢固可靠,并经验收合格后方可使用。

7.4.4 现浇箱梁施工安全技术

1. 施工方案

北锚塔间引桥上部结构采用 67.5 m＋70 m＋100 m＋70 m＋67.5 m 五跨预应力混凝土连续箱梁,梁体采用变高度单箱单室直腹板截面;1♯、4♯墩顶 0♯块 2.5 m 长,2♯、3♯墩顶 0♯块段4.5 m长,悬臂浇筑标准段长度均为 4 m;靠近锚体和北主塔的边跨现浇段长度均为35.42 m。

100 m 跨中支点处梁高 6.0 m,两侧梁高从距主墩中心 2.25 m 处开始在 35.75 m 长度内按二次抛物线变化到 4 m,其他梁段梁高均为 4 m。

箱梁顶板宽 16.0 m,底板宽 7.5 m。顶板厚度为 25 cm;中支点两侧变高度梁段底板厚度按二次抛物线由 28 cm 变化到 75 cm,其他梁段底板厚度一般为 28～60 cm;腹板厚度为50～85 cm,由跨中到支点按折线变化。

100 m 跨中支点处设置厚度为 0.8 m 的两道横隔板,其他中支点处横隔板厚度为2.5 m,边跨段部横隔板厚度为 1.6 m,主桥侧因设置伸缩缝槽口需要加厚横隔板。

桥箱梁阶段划分如图 7-20～图 7-23 所示。

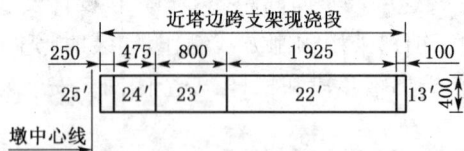

图 7-20 近塔边跨现浇箱梁节段布置图　　图 7-21 近锚边跨现浇箱梁节段布置图

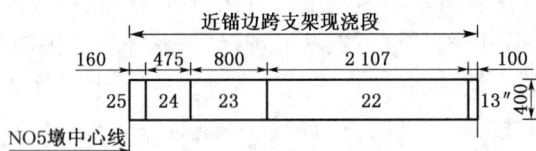

0♯块、1♯块及 14♯、15♯块采用支撑于承台的钢管支架浇筑,以具备挂篮拼装起始长度;2♯块～12♯块及 16♯～21♯块采用挂篮对称悬浇;22♯～♯及 22′～25′分别为锚体端和北塔端边跨现浇段,边跨现浇段采用钢管桩基础、钢管支架浇筑。13♯、13′♯、13″块分别为中跨、次边跨和边跨合龙段,合龙段采用吊架法、劲性骨架合龙,按先边跨合龙→次边跨合龙→悬臂浇筑 100 m 跨剩余 3 个梁段→中跨合龙的顺序浇筑完成。

混凝土采用硅酸盐水泥,按照高性能耐久性混凝土要求进行配合比设计,氯离子含量不超过混凝土用量的 0.06,碱含量不超过 1.8 kg/m³,使用非碱活性集料;在岸上拌和站统一拌制,利用 6 台罐车经便道栈桥运输到箱梁施工位置,采用卧泵输送至模板内;钢筋在岸上加工厂加工成型,施工现场安装。

现浇箱梁施工工艺流程如下:

(1) 安装施工托架;安装 NO1 至 NO4 墩处永久支座。安装施工过程中先临时固结,然后在托架上浇筑墩顶现浇梁段。两端对称张拉墩顶梁段的纵横向及竖向预应力钢束。

(2) 在 0♯和 1♯及 14♯和 15♯块段上安装挂篮,采用挂篮对称悬臂浇筑 2 号及 9 号梁

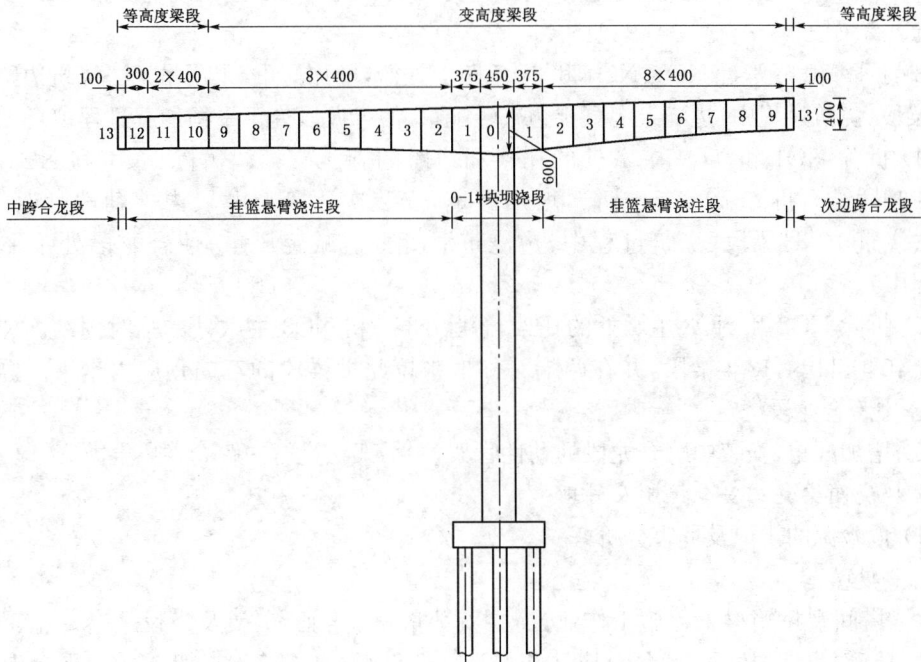

图 7-22 中跨次边跨箱梁节段布置图

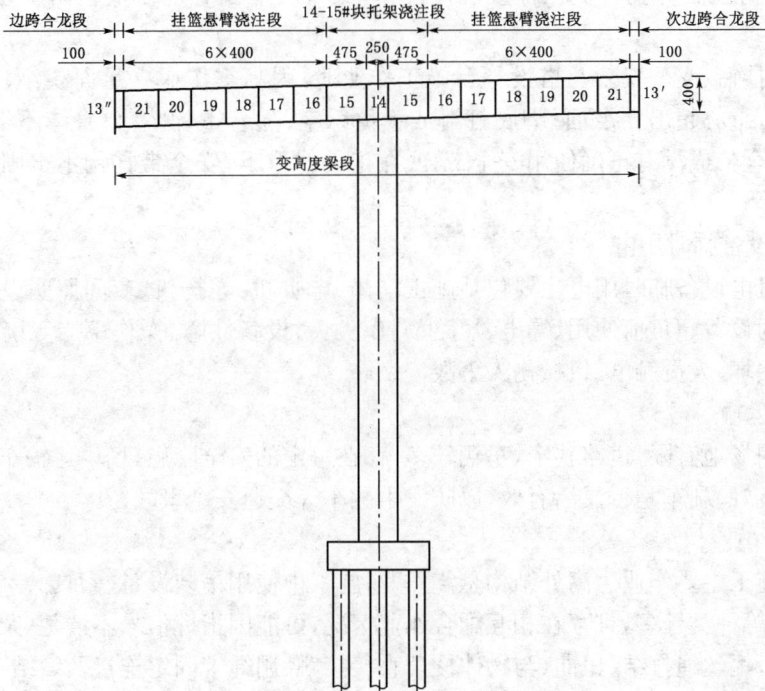

图 7-23 边跨次边跨箱梁节段布置图

段,并在两端对称地张拉此批梁段的三向预应力钢束。同时安装边跨现浇支架,采用支架现浇浇筑边跨梁段。

（3）拆除 70 m 跨近 NO1、NO4 和 67.5 跨上挂篮,增加配重,采用吊架法浇筑边跨合龙 13′号梁段（浇筑过程中,边浇筑混凝土边减轻配重,使合龙段处于平衡加载过程中）。

（4）拆除 NO1 和 NO4 主墩处的托架和边跨的施工支架。解除 NO1 和 NO4 主墩处的临时固结。拆除 70 m 跨挂篮,增加配重,安装次边跨合龙段内外劲性骨架,采用吊架法浇筑 13′号梁段（浇筑过程中,边浇筑混凝土边减轻压重,使合龙段处于平衡加载过程中）。

（5）拆除 NO2 和 NO3 主墩处的托架,解除 NO2 和 NO3 主墩处的临时固结。挂篮悬臂浇筑 10♯、11♯、12♯梁段,并在两端对称地张拉此批梁段的三向预应力钢束。拆除挂篮,准备中跨合龙段浇筑。

（6）增加配重,安装中跨合龙段的劲性骨架,用吊架法进行中跨合龙段合龙。

2. 现浇箱梁施工安全控制及管理

（1）危险源的辨识及危害分析

① 高处坠落

北锚塔间引桥箱梁工程施工作业,需要安装塔吊、挂篮、支架及搭设平台。施工人员在塔吊、挂篮、支架、桥面、平台上应防止坠落。发生塔吊、挂篮、支架、桥面、平台上坠落事故的原因主要有:踩踏探头板;走动时踩空、绊、滑、跌;操作时弯腰、转身不慎碰撞杆件等使身体失去平衡;坐在栏杆或无防护临边休息、打闹;站在栏杆上操作;脚手板未铺满或铺设不平稳;没有绑扎防护栏杆或栏杆损坏;操作层下没有铺设安全防护层;脚手板超载断裂等。

在塔吊、挂篮、支架安装及搭设平台施工作业时,因高空作业立足面狭小、作业用力过猛,身体失控,重心超出立足面;脚底打滑或不慎踩空;随着重物坠落;身体不舒服,行动失控;没有系安全带或没有正确使用安全带,或在走动时取下;安全带挂钩不牢固或没有牢固的挂钩地方等。

② 机电设备临时用电

本工程机电设备临时用电主要包括施工塔吊、电焊机、卷扬机、夜间照明设备等。施工时可能会因为设备超负荷使用、漏电、短路、刹车失灵、设备故障、操作不当等引起机电设备烧毁、坠落、损坏、人员触电、机械伤人事故等。

③ 交通运输

本工程因场地有限,道路狭窄,车辆较多,存在一定的安全隐患,场内运输车辆应经常检查车况是否良好、刹车是否灵活有效,以防发生翻车等交通安全事故。

④ 吊装作业

本工程施工主要作业为高处结构悬浇作业,施工中使用吊装设备、索具、专用吊具、千斤顶、链条葫芦等种类繁多,且存在相互配合作业情况,可能因指挥信号不清楚,杂音干扰或指挥、操作失误,钢丝绳打结、扭曲、与物体棱角直接接触、用绳卡固定连接及编结不规范、使用时夹角过大、有锈蚀、磨损或断丝等,起重设备停放、摆放或安装不牢、超力矩吊装、带病作业、未经检验等,索具选型不当或存在缺陷等,造成吊装事故。

（2）支架搭设安装安全技术措施

在现浇支架搭设施工过程中，除严格按照施工安全操作规程、安装顺序进行作业和经常性检查维护吊装设备、索具、吊具外，做好操作人员安全防护工作首当其冲。为保证作业人员上下安装钢管拆卸吊具、索具时攀爬安全，必须在每根钢管上设置爬梯，并在起吊前认真做好爬梯结构焊接质量和安全可靠性检查维护。由于施工现场实际情况限制，爬梯上无法设置背靠笼设施时，必须自上而下在爬梯一侧梯步上附着安全绳或安装速差式安全绳，以便操作人员拴挂。

支架搭设作业施工操作面有限，为保障施工作业人员在进行支架搭设时安全得以保证，必须对施工作业面进行有效拓展。利用支架平联加工人员操作工作平台和人行走道，并在吊装前地面完成主体设置，安装到位后及时进行完善，确保操作人员第一时间有可靠的安全操作平台、通道使用。

在支架搭设过程中，除不断完善安全防护设施外，还必须要求作业人员在操作过程中随时拴挂好安全带。为保障作业人员安全带有处可拴，在进行第二层以上钢管支架安装时，应采用分区作业法，先竖立安装两端钢管，再用 φ22 mm 钢管悬高设置安全带拴挂天顶绳。同时，还必须在支架上设置可供操作人员临时休息、避让和机具、材料存放的可靠工作平台。

（3）挂篮拼装使用安全技术措施

施工作业人员必须戴安全帽，施工作业平台周围应设置防护栏杆，脚手板要钉牢或用铁丝捆牢，脚手板和栏杆的设置要符合安全操作规程的规定。高空作业必须系安全带。施工平台应挂配醒目的安全警示牌，夜间施工必须有充足的照明。

（4）转梯与安全通道安全技术措施

北引桥箱梁施工高度在 46～52.6 m，为方便施工人员上下，必须在每个墩身位置设置一组上下转梯。由于结构施工高度较高，转梯设置高度也随之升高，因此转梯设计的安全稳定性是确保施工安全的首要环节。

锚塔间引桥箱梁施工，高处作业战线长、、工艺复杂、繁琐。施工过程中，人员进出施工现场时，存在不可避免的穿越箱梁施工成品梁段、挂篮悬浇和现浇支架正下方，在做好高处作业防坠物安全控制的同时，必须设置固定的安全通道并加强地面安全防护。

为防止发生坠落物打击伤害事故，必须在每个固定人行通道处设置 1 组防护顶棚。顶棚长度为高处施工作业点最边缘正投影向外延伸不小于 5 m；宽度考虑到施工场地限制，暂定为 1.2～1.5 m，高度为 2.5 m。护顶棚搭设主要采用 φ48 mm 脚手架钢管为主体材料，通过管扣组拼成门形框架结构，顶面铺设 φ10 mm 钢板，钢板上加设厚度 5 cm 的缓冲木板。护顶棚搭设必须连续、无孔洞，和转梯结构形成闭合，在转梯顶层梯步和休息平台上按同样要求安装护顶棚。

（5）跨线段施工安全技术措施

3# 和 4# 墩箱梁主跨段及 12# 块和 13# 合龙段施工区域正下方为长江大堤，堤面宽度约 9 m，是当地居民出行便道，平常来往车辆、行人较少。自大桥开工以来，主要为项目塔锚间引桥施工及北索塔施工材料运输、人员上下班主要通道。在进行该区域箱梁块段施工期间，除加强高处作业安全管理控制，防止发生物体坠落造成物体打击事故外，还必须做好地面安全防护工作。

为满足施工和车辆通行需要,大堤顶面护顶棚采用现有 $\phi 820\,mm \times 10\,mm$ 钢管做立柱,高度为 6 m,共计 14 根;搭设长度为 43 m,宽度全覆盖该段大堤顶面,约为 9 m。根据施工组织设计挂篮底篮在完成 12♯ 块段施工后就地放下的要求,护顶棚平联采用支架钢管平联,铺设分配工钢,满铺厚度不小于 10 mm 钢板,钢板上满铺缓冲木板,同时设置踢脚挡板,安装护栏和上下爬梯,方便定期安排人员上顶清理和操作。同时,在两端设置限高、限宽指示和障碍指示设施,确保施工、通行安全。

该区域在进行特殊性施工,如挂篮行走、底篮拆除、张拉压浆等施工时,安排专人负责进行区域性戒严和交通管制,以保证安全。

8 南塔施工安全技术

泰州大桥采用了主跨为 2×1 080 m 的三塔两跨新型悬索桥结构,南、北两塔为混凝土门形塔身,结构形式相同,均由钻孔灌注桩基础、承台、台座、塔柱和上、下两道横梁组成。本章仅以南塔施工安全技术予以介绍。

8.1 工程概况

8.1.1 工程简介

1. 南塔结构

南塔基础采用群桩基础,类型为摩擦桩,单桩直径为 2.8 m,设计桩长 98 m,共 46 根。承台为哑铃形,南、北两承台之间用系梁相连,尺寸为 77.334 m×32.6 m×6.0 m(长×宽×高)。塔柱底各布设一座棱台形塔座,塔座顶面平面尺寸为 14.0 m×16.0 m(横×纵),底面为 18.0 m×20.0 m(横×纵),高 4.0 m。

塔柱高 171.7 m,采用矩形空箱断面,塔柱顺桥向宽度由塔顶的 8 m 直线变化至塔底的 10 m,横桥向宽 6 m。塔柱内倾的倾斜度为 43.282∶1,塔柱顶左右中心间距为 34.80 m,塔柱底左右中心间距为 42.734 m。塔柱底部设置 6 m 高的实心段,塔柱外侧四角均设有 0.6 m×0.6 m 的槽口。上、下两道横梁分别设在塔顶+180.0 m 和桥面主梁下方+53.0 m 处,采用箱形空箱断面,为预应力混凝土结构。

南塔结构示意图如图 8-1 所示。

2. 自然条件

(1) 地质条件

南塔所在区地处长江下游扬中侧江边,场址区中心桩号距长江江边约 20 m,位于防汛大堤外侧。南塔所在区属长江下游新三角洲冲积地貌,场址区地势平坦,地面标高 2.5～3.0 m,达标大堤标高在 8.1 m 左右。塔址区东邻长江,长江岸坡向东侧缓倾,距岸边 50 m 以外水深大于 10 m,沿桥址区轴线方向长江水深逐渐变深。

南塔墩岩土层分布自上而下可概括为:上部全新统松散层类(第 1～2 大层,厚度 38.2～41.0 m)、上更新统黏性土和砂性土类(第 3～6 大层,厚度约 60 m)以及中更新统粉砂、砾砂及卵砾石层

图 8-1 南塔结构示意图

（第7～8大层，厚约50 m），未钻穿。其中主要不良地质为可液化砂土及软土。

（2）水文条件

桥址区属长江下游感潮河段，潮位受长江径流与潮汐双重影响。每个太阴日潮位两涨两落，为非正规半日形，水位、流量受到潮汐的明显影响。每日涨潮历时3小时多，落潮历时8小时多。潮位主要受上游径流变化为主，每年的5～10月是汛期，11月～次年4月为枯季；潮位年内变幅较大。桥址区最高潮位通常出现在台风、天文大潮和洪水期两者或三者遭遇之时。

（3）气象条件

桥位区属副热带湿润气候类型，主要特征有：受季风环流支配，季风显著，干湿冷热四季分明，雨水充沛，雨热同季；光照充足，无霜期长；干旱、雨涝、低温、连阴雨、台风、冰雹等气象灾害间有出现。多年年平均蒸发量1 200～1 400 mm，地面蒸发量约800～900 mm。

区内多年年平均气温15～16℃，月平均最热与最冷月温差为25℃左右，历史最高和最低气温分别为39.4℃和－19.2℃。区内平均干燥度在0.95左右。

3. 施工用电

施工用电主要采用网电，自发电作为应急补充，用电从业主提供的10 kV的临时施工用电专用开闭所接入现场专用配电区。根据项目施工过程中计划使用的最高用电量，在配电区安装2台1 000 kVA和1台400 kVA箱式变压器。同时，施工方配备了1台500 kW和1台160 kW发电机组作为备用。电缆线采用三相五线制铠装电缆，从开闭所经专用沟槽敷设至现场箱式变压器，沟槽内装填细沙，沿途设明显警示标示，确保电力供应安全正常。

8.1.2 施工工艺和组织

1. 总体施工工艺

（1）筑岛平台

南塔区原地面为江侧滩涂，施工平台采用筑岛平台。平台南北长120 m，东西长125 m，平台标高＋5 m，设现场办公区、钢筋加工区、泥浆循环系统、钢结构加工区、配电区和场内道路。考虑到部分施工设备材料水运上岸以及南北岸交通船停靠，筑岛平台南侧（临水侧）设钢构栈桥码头。栈桥长24 m，宽8 m；码头宽8 m，长48 m。

（2）钻孔灌注桩

为进行成桩工艺试验和桩基承载力试验，经试桩取得详细试验数据且检测合格后正式开钻。所有桩口钢护筒一次性沉设到位，护筒间用钢管焊接成为泥浆循环管路，地面混凝土硬化后形成施工平台。采用全液压动力头回旋钻机，气举反循环钻进成孔，PHP泥浆护壁。钢筋笼主筋采用滚轧直螺纹对接，分节段接长入孔。孔内进行二次清空后，使用放料台和导管灌注混凝土至设计标高。

（3）承台和塔座

承台施工采用锁扣钢管桩围堰，围堰内设置圈梁、水平撑杆和加劲撑等钢构组成支撑系统，围堰内的上部土层采用挖掘机按台阶法分层开挖，下部土层采用高压水枪切割土体形成泥浆排出。哑铃形承台在系梁中心位置设置1.2 m后浇段，后浇段分隔的上、下游承台均分两层交替浇筑。

塔座为四棱台结构形式,模板采用大面定型钢模固定后,混凝土一次浇筑完成。与承台施工一样采取温控措施进行温控,钢筋定位采用劲性骨架。

(4) 塔柱

塔柱施工前按设计位置安装塔式起重机和施工升降机。塔柱(单肢)共分为 40 个施工节段,其中 1~3 节起步节段采用满堂脚手支架法施工,采用钢木组合模板;4~40 节段采用液压自爬模系统施工,液压自爬模体系主要由液压爬升体系和模板体系组成。

(5) 横梁

横梁采用落地式钢管支架施工,支架由钢立柱、支架牛腿、水平撑杆、附墙杆、钢横梁、桁架梁、分配梁等构件组成。支架与塔柱同步施工,上、下横梁混凝土均分为两层浇筑。

南塔工程施工工艺流程如图 8-2 所示。

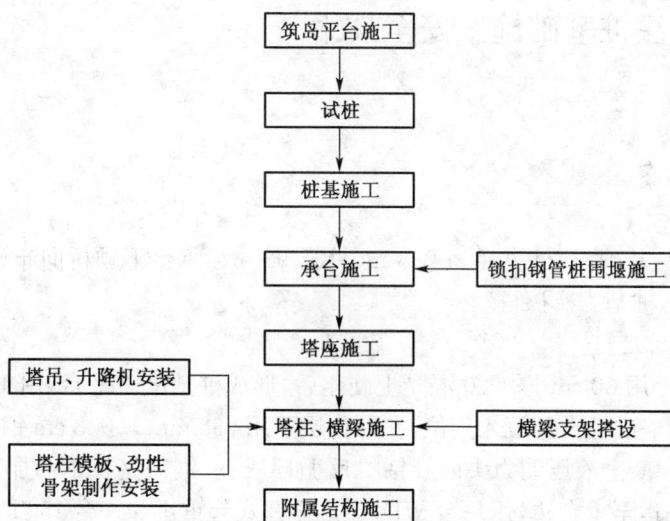

图 8-2 南塔工程施工工艺流程图

2. 施工组织与管理

(1) 各生产要素的施工组织

① 人员和技术组织

针对南塔工程的施工特点和难点,施工方调集了参与过类似桥梁施工经历的工程技术人员组建项目管理团队,建立相关攻关课题,并积极与有关科研单位、科技院校就有关技术方案、专项课题进行深度合作和研究。重大专项施工方案邀请国内知名专家进行方案审查和论证,确保方案可靠以及施工工程质量、安全处于可控状态。

② 设备上的组织

根据南塔施工组织和现场实际情况,对于混凝土生产运输设备、钻孔设备、起重设备、人员垂直运输设备和用电设备等施工过程中的关键设备,施工方积极进行市场调研,采用购置或租赁的方式,严格确保设备质量过硬、证照齐全和性能可靠,在达到生产需要的基础上,保证设备使用安全。

③ 物资和资金的组织

根据南塔桩基施工、围堰施工前期投入大,钢护筒、围堰锁口钢管桩加工量大和钢筋、混凝土材料需求量大的特点,施工方采取有力措施确保部分前期资金的投入。钢护筒和围堰锁口钢管桩的加工采取专业厂家订制加工,以满足精度和进度要求。钢筋和混凝土材料根据业主指定合格供应商目录招标确定,以满足质量要求。

（2）施工工区划分

南塔施工划分为 3 个工区进行施工管理:

① 现场工区:钻孔桩、承台、塔座、塔柱、横梁等结构物施工。

② 混凝土拌和站:南塔混凝土原材料的组织、进场、存放和使用,以及混凝土生产。

③ 后场工区:模板加工,临时工程钢结构及材料准备。

8.2 钻孔灌注桩基础施工安全技术

8.2.1 施工方案

南塔采用群桩基础,单桩直径为 2.8 m,桩长 98 m。承台下顺桥向布设 5 排,每排 8～10 根桩,共 46 根,桩基为摩擦桩。

1. 施工方法综述

在筑岛平台上用 30 cm 厚 C20 混凝土硬化后,形成桩基施工平台,用 13 m 长 ϕ310 mm ×1.4 cm 钢护筒一次性全部沉入到位,在硬化层下用 ϕ63 mm×0.8 cm 钢管焊接泥浆循环管路。用 GYD-300 全液压动力头回旋钻机反循环成孔,钢筋笼在钢筋加工区胎膜上加工成型,轨道平移法运至承台边,用一台 WD120T 桅杆式起重机和一台 150T 履带吊进行钻机的场内移动和钢筋笼吊装,混凝土在拌和站拌用混凝土运输车运至现场,由汽车泵将混凝土输入布料台中,布料口对准导管进行灌注。

钻孔灌注桩施工工艺流程图如图 8-3 所示。

2. 施工准备

（1）平面布置

筑岛平台南北长 121.64 m,东西长 126.3 m,平台顶标高+5.0 m,平台平均填筑高度 2.0 m,平台四周构筑 1.0 m×0.5 m（高×宽）石砌止堰（边坡）。止堰顶设钢管栏杆并涂刷红白反光油漆。平台内围堰四周设环形通道。平台东侧布置一台 WD120 型桅杆吊机和 6 个泥浆处理器。平台西侧设现场办公区、钢筋加工厂及配电区。平台南侧是施工便道及栈桥码头,施工便道及栈桥码头路面标高为+6.0 m。平台北面布置泥浆循环池。

（2）筑岛平台施工

对原地面进行处理和基层填筑后,浇筑 15～20 cm 厚度的 C20 混凝土,施工时预先用水准仪精确控制高程和混凝土厚度,用滑模法分块按顺序施工,保证混凝土振捣密实、顶面平整并设 1% 排水坡度。

（3）钢护筒的加工和沉设

筑岛平台填筑

桩位测量报验 ← 复测控制网

钢护筒打设 ← 钢护筒加工

泥浆循环系统布设

平台硬化

型钢平台搭设

钻机就位

钻孔作业 ← 泥浆制备

钻孔质量检查 → 钻进施工 ← 泥浆循环、检查泥浆指标

终孔并检查孔深、孔径、垂直度、沉淀层厚度

检查泥浆指标 → 清孔

钢筋笼分节加工运输 → 钢筋笼下放

二次清孔

水下混凝土灌注

超声波法检测

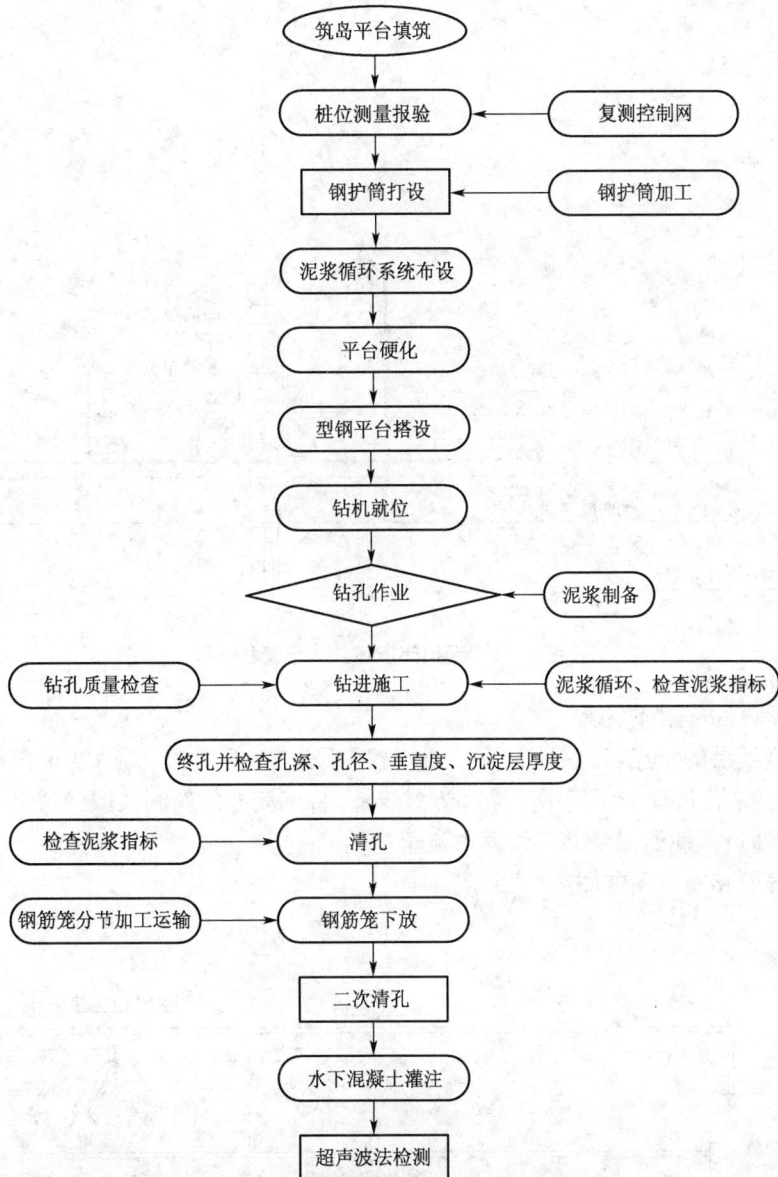

图 8-3　钻孔灌注桩施工工艺流程图

护筒直径为 3.1 m,壁厚 1.4 cm,长度为 13 m,材质为 Q235,在工厂内制作完成后运至现场。履带式起重机将钢护筒放入导向架进行精确就位。使用大型振动锤将钢护筒下沉到位。钢护筒沉设施工示意图如图 8-4 所示。

3．施工过程

（1）钻机就位

钻机的精确就位对控制桩孔平面位置和垂直度非常重要。钻机根据护筒上标出的桩中心点就位,并使钻机顶部的起吊天轮中心、转盘中心、桩孔中心在同一铅垂线上。然后测量钻机底盘顶面四角的高差,根据测量结果对钻机底盘进行调平,使底盘四角高差控制在 2 mm 内。

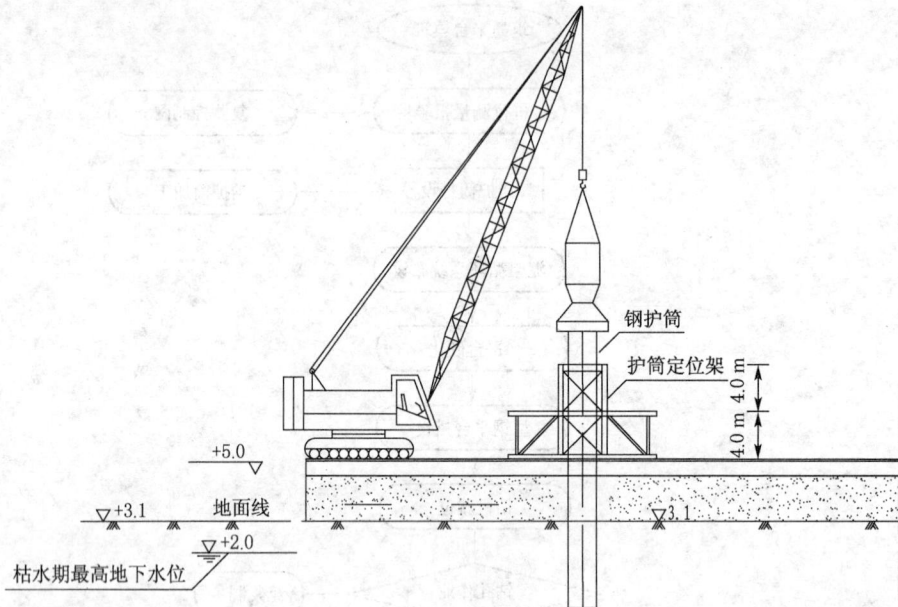

图 8-4 钢护筒沉设施工示意图

（2）泥浆制备及循环系统

根据钻进地层的特点，为保证钻孔质量，选用不分散、低固相、高粘度聚丙烯酰胺泥浆（PHP 泥浆）。钻孔过程采用气举反循环方式排渣，将沉淀池的新制浆或经过滤的循环排浆输入储浆池，通过预埋的泥浆循环管路再流至护筒。

泥浆循环管路布置图如图 8-5 所示。

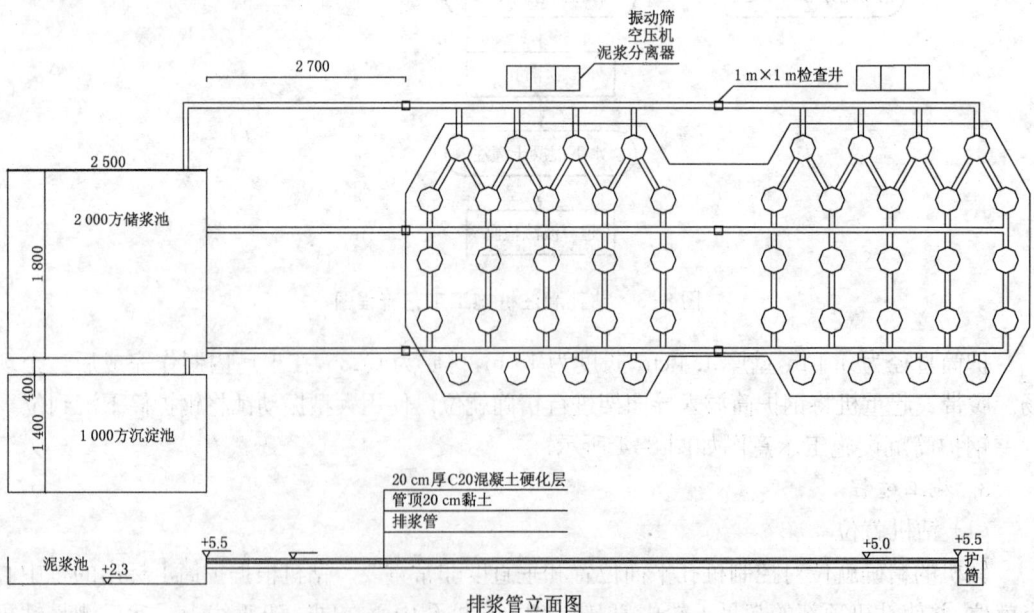

图 8-5 泥浆循环管路布置图

（3）钢筋笼加工和安装

桩基钢筋笼长度为 101.3 m，自重 43 t（扣除浮力），在胎架上分节加工成 3 个 24 m 标准节段和 1 个 29.3 m 调整节段。钢筋笼利用主、副两台起重设备吊起一定高度后，再利用主起重设备缓慢地吊入桩孔。

（4）混凝土灌注

在后场混凝土拌和站进行混凝土拌制，搅拌运输车运至现场后，通过汽车式输送泵进行灌注，混凝土通过无缝钢管制成的导管输入孔内。

8.2.2 危险性分析与控制措施

1. 筑岛平台

（1）危险性分析

筑岛平台主要为土方施工和栈桥码头搭设，涉及机械作业、起重作业、电气焊作业、水上作业和高处作业。可能存在的危险有害因素为：违章驾驶机械、违章指挥或无人指挥，导致机械伤人、碰撞或倾覆；未按设计要求进行土方压实，导致土方坍塌或局部塌陷；无道路防尘措施，导致严重的扬尘现象；钢丝绳断裂、起重设备安全装置失灵、指挥失误、作业人员未配备个人劳动防护用品或佩戴不正确、高空和水上作业安全防护设施不到位、电气设备绝缘和接地失效。可能引起的事故为：车辆伤害、起重伤害、触电、淹溺、坍塌、高处坠落和尘肺等。

（2）控制措施

① 土方施工过程中现场设专人负责施工总体组织和协调，运输车辆集中区域采用循环进出管理，车辆和人员便道分开设置，道路交叉口和上下坡等区域设置警示标示牌，非施工车辆禁止入内。施工便道安排专人进行清扫，定时洒水除尘。

② 栈桥码头搭设过程中，加强吊装钢丝绳、索具和起重设备的检查，支撑钢管就位精确，高处作业和水上作业人员分别配备并正确使用安全带和救生衣，最外侧钢管桩上涂刷红黄相间的荧光漆，安装红色警示灯和照明灯，保持夜间或大雾等恶劣天气情况下能正常工作。

③ 栈桥码头桥面采用防滑花纹钢板制作，钢板铺设平整且焊接牢靠。采用竖向隔离设施将人行道和车道分开，设置车辆限速限载标志。码头采用浮箱固定后停靠交通船，上下钢爬梯为活动式，便于浮箱晃动和随水位升降。栈桥码头四周设置 1.2 m 高钢管护栏，下横杆 0.6 m，涂刷红白相间荧光漆，配备若干救生圈和救生衣。

④ 钻孔区钢平台搭设。在筑岛平台 C20 混凝土面层上铺 25 mm 钢板，钢板上铺设双拼 HM58.8 型钢作钻孔平台。为确保平台的稳定，型钢与钢板焊接，钢板与面层内的预埋件焊接固定。桩基施工大型起重设备均布置在承台以外，因此钻孔平台的荷载仅有钻机重量，钻机最大重量约 100 t，钻机底盘通过型钢对地面的有效接触面积为 12 m²，钻机对基底产生应力为 83 kPa，小于地基允许承载力 150 kPa，地基能够满足要求。另外，为防止钻机发生局部沉降，将整个承台的 HM58.8 型钢连成整体。

⑤ 筑岛平台四周采用高速公路护栏网进行全封闭式围挡，临江侧边坡采用素混凝土进行加固，在进场便道口设置门卫和门栏，实行封闭式现场管理，做好防火防盗工作。

钻孔平台平面布置及钻孔平台断面图如图 8-6 所示。

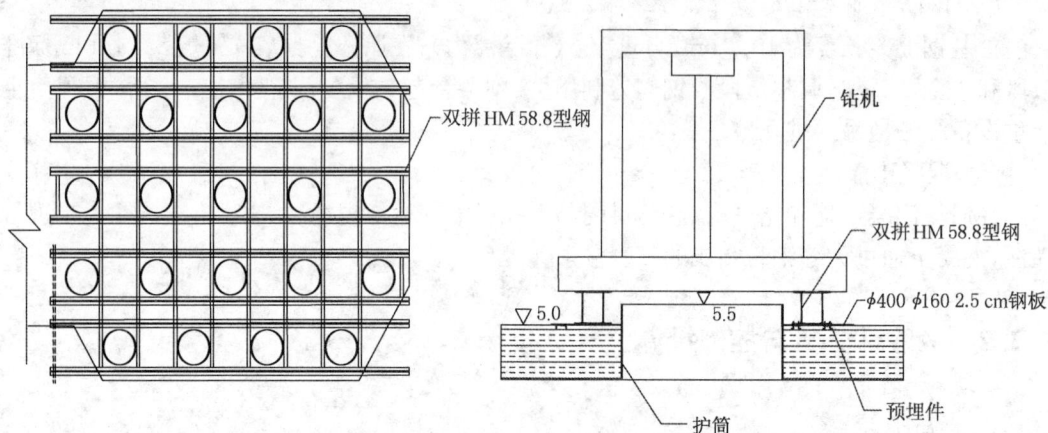

图 8-6　钻孔平台平面布置及钻孔平台断面图

2. 钻孔

　　钻孔作业为地下隐蔽工程,施工过程中存在各种不确定性因素,很容易出现串孔、塌孔等钻孔事故。钻孔危险因素产生原因、预防措施和处理办法如表 8-1 所示。

表 8-1　钻孔危险因素识别与控制措施

事故名称	产生原因	预防措施	处理办法
斜孔	① 地质原因:相邻两地层的硬度相差较大,钻头在软层一边进尺速度较快,在硬层一边进尺速度较慢,从而在钻头底部形成进尺速度差,导致钻头趋向软地层 ② 设备因素:如提吊中心、转盘中心、孔中心不在同一铅垂直线上,钻杆刚性差,钻进过程中钻机发生平面位移或不均匀沉降等 ③ 操作不当,钻进参数不合理	① 必须使钻进设备安装符合质量要求 ② 根据准确的地质柱状图选择钻进工艺参数 ③ 通过软硬不均地层时采用轻压慢转 ④ 钻进砂层时要特别注意控制泥浆性能及钻头转数	将扫孔纠斜钻头下到偏斜值超过规定的孔深部位的上部,慢速回转钻具,并上下反复串动钻具。下放钻具时,要严格控制钻头下放速度,借钻头重锤作用纠正孔斜
掉钻及孔内遗落铁件	① 由于孔斜或地层软硬不均造成剧烈跳钻,致使钻杆螺栓或刀齿脱落 ② 钻杆扭断 ③ 由于施工人员操作不当,将施工工具遗落孔内 ④ 钻杆螺栓未均一拧紧,在钻进过程中螺栓松脱导致掉钻事故 ⑤ 在搭设平台及沉放护筒过程中遗落型材	① 避免孔斜 ② 根据钻进情况定时提钻检查,重点检查加重杆管壁及钻杆上下法兰 ③ 维护孔壁的稳定及保持孔底清洁是处理孔内事故的必要前提,因此保持泥浆性能是关键。同时,做好孔口的防护工作,避免在孔内掉入铁件 ④ 准确记录孔内钻具的各部位部件	① 首先准确判断掉钻部位,并据此制定正确的打捞方案,一般采用偏心钩、三翼滑块打捞器打捞的方法进行打捞 ② 在打捞过程中,杜绝强拔强扭,以避免扩大事故 ③ 打捞上来后,要妥善固定在孔口安全部位,方能松脱打捞工具 ④ 对于孔内遗落的铁件,采用 LMC-120 电磁打捞器打捞

续表 8-1

事故名称	产生原因	预防措施	处理办法
扩孔及孔壁坍塌	① 砂层钻进泥浆性能差(如粘度太小、含砂量大等),不能起到护壁作用 ② 孔斜、地层软硬不均等原因造成扩孔 ③ 在某一孔段进尺速度极不均衡或重复钻进 ④ 在非稳定层段(如砂层)钻进过程中反复抽吸造成孔壁局部失稳、坍塌 ⑤ 孔内泥浆面过低致使孔壁失稳坍蹋	① 保证泥浆的性能及水头压力以满足护壁要求 ② 采取合理的钻进工艺,反对片面追求进尺而盲目钻进	① 小的扩孔不做处理 ② 大的扩孔采用黏土回填后处理
缩孔	① 砂层及黏性土层中钻进泥浆性能差(如粘度太小、含砂量大等),不能起到护壁作用 ② 在淤泥质黏土及黏性土层中钻进进尺速度过快,追求盲目进尺 ③ 钻进过程中孔内泥浆面过低导致孔壁失稳	① 保证泥浆的性能及水头压力以满足护壁要求 ② 采取合理的钻进工艺,反对片面追求进尺而盲目钻进 ③ 在黏性土层中钻进,每钻进一根钻杆回次重复进行扫孔	调整泥浆性能,重新下入钻头扫孔

3. 钢筋工程

(1) 危险因素分析

本作业工序主要的作业内容有:钢筋笼制作和吊运,钢筋笼入孔和接长。施工过程中涉及起重作业、高处作业和电气焊作业,可能存在重大危害因素有:钢筋笼吊装过程中滑落、钢丝绳断裂、起重机械安全装置失灵、指挥失误、托架或临时操作平台安装不牢固等。可能引起对人员的伤害风险主要有:起重伤害、高处坠落、物体打击等,可能导致钢筋笼变形或散架等。

(2) 控制措施

① 钢筋笼在固定式标准胎架上进行定型制作,单根桩钢筋笼长度为 101.3 m,分节加工成 3 个 24 m 标准节段和 1 个 29.3 m 调整节段。由于单阶段钢筋笼长度较长且重量较大,主筋施工过程中配合人员较多,要求施工人员在作业过程中要协调统一、行动一致和配合默契,不得同时进行抬重和电焊作业。

② 在进行钢筋吊运前,对钢筋笼的所有焊接和绑扎部位进行检查,确保牢靠。然后对吊具及钢丝绳进行详细检查,确认吊具完好,钢丝绳断丝不超过《起重作业安全技术规范》要求,方可吊运。钢筋笼上根据受力计算设置专用吊点,两台起重设备将钢筋笼由横向转为竖向的过程中,专人指挥,转换过程应缓慢,确保平稳,防止吊运过程中出现钢筋笼变形、起重设备受力不均衡或单台设备受力过大等现象。

③ 钢筋笼入孔时,钢筋套筒接长人员必须站立在稳固的临时操作平台上进行作业,且不得位于起重设备吊臂下,平台上脚手板要满铺,并绑扎牢固;当进入钢筋笼内侧进行接长作业时,作业人员要系好安全带,防止作业过程中发生人员坠落桩孔事故。

④ 钢筋笼接长时或最后入孔后,临时固定不得依靠起重设备,采用符合要求的型钢穿

过钢筋笼横架在钢护筒上,型钢强度和刚度必须满足设计要求。

4. 混凝土浇筑

(1) 危险因素分析

混凝土工程的作业内容主要有:布料台固定、导管的安装、固定和提升、混凝土搅拌、泵送等,主要涉及车辆作业、起重作业、高处作业。可能存在的重大危害因素有:车辆碰擦和伤人、堵管断管以及导管提升过程中钢丝绳断裂、起重机械安全装置失灵、指挥失误等。可能引起对人员的伤害风险主要有:车辆伤害、起重伤害、高处坠落等。

(2) 控制措施

① 导管首次使用前应进行水密和承压试验,必须达到设计要求。加压试验过程中,导管四周不得站人,加压和减压过程应缓慢。导管使用完毕后及时清洗,妥善存放,不得碰、撞、压,防止导管损坏。导管接头处的螺纹丝口、密封圈和连接箍应完好,配套使用。

② 现场划分混凝土运输搅拌车运行专用线路,设专人进行指挥。混凝土泵车使用前应对液压装置、臂杆、电气线路和送料仓等主要部位进行检查,支撑腿基础坚实。布料台放料阀门处设置操作平台和上下爬梯,放料过程应连续。

③ 导管提升拆节过程中,专人对起重设备进行指挥,提升过程应缓慢、匀速,在提升困难的情况下不得强行硬提,防止导管断裂。混凝土浇筑完毕后对孔口进行临时封闭,防止坠落。

8.3 承台和塔座施工安全技术

8.3.1 施工概况

承台为哑铃形结构,分南、北承台和中间系梁三部分,整体尺寸为 77.334 m×32.6 m×6.0 m(长×宽×高),顶标高为+4.3 m,底标高为-1.7 m。塔柱底各布设一座棱台形塔座,高 4.0 m,顶面平面尺寸为 14.0 m×16.0 m(横×纵),底面为 18.0 m×20.0 m(横×纵)。

承台和塔座平面示意图如图 8-7 所示。

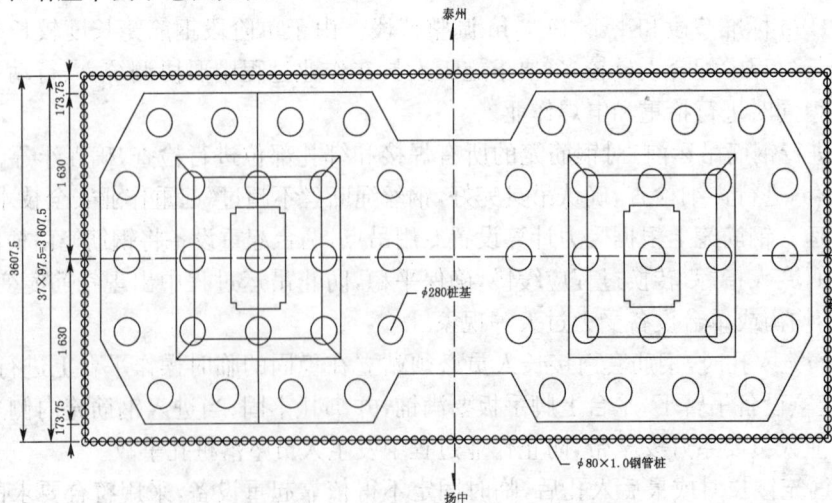

图 8-7 承台(围堰)和塔座平面示意图

8.3.2 承台施工

南塔承台为大型深基坑承台,根据该工程所处地理位置和水文地质条件等实际情况,采用了锁口钢管桩围堰施工,具有加工制作简单、安全性能好、工期短、成本低等优点。施工期间,锁口钢管桩围堰壁没有渗漏水现象,止水效果和安全性能良好。大大缩短了工期,节约了成本,为成功使用锁口钢管桩围堰的深基础施工工艺开辟了一条新途径,具有较强的推广应用价值。另外,承台混凝土施工过程中独创的"大体积混凝土体内循环水管温控方法"也取得了良好成效。通过预埋循环通水管路和应力、温度监控设备,将混凝土内外温差控制在设计范围内,配合监控设备的测量数据,为大体积混凝土温控和防裂研究工作提供较大帮助。

1. 施工方法

(1)围堰方案的比选

针对工程的结构特点及桥位处的水文地质情况选择适宜的围堰结构进行桥梁承台施工,对桥梁施工的安全、工期、经济和社会效益有重要影响。为此,对围堰结构提出 2 种方案进行比较。

① 钢板桩围堰方案

此方案在国内外技术上都有成熟的工艺和大量实例,但需投入的钢板桩及其支撑体系钢材较大,而以后使用的机会不多,成本回收周期长。另外,由于支撑系统大量存在,致使承台施工操作复杂化,从而影响工期。

② 钢管桩围堰方案

此方案是制作大量带锁口的钢管桩,逐根套住锁口,打入设计开挖线以下一定深度,嵌入较硬的土层,形成围堰。本方案有如下几个优点:

a. 虽然用钢量较大,但锁口钢管桩可全部拔除,可用于本项目接下来的上部结构支架施工和其他项目的同类工程施工,材料周转利用率高,经济效益明显。

b. 钢管桩的加工和插打都可利用现有设备,施工精度要求不高,合龙较简单。

c. 锁口钢管桩本身刚度较大,能深嵌入河床中,整体稳定性非常好,围堰内无须复杂的内支撑体系,为承台施工提供少支撑干扰的作业空间和可靠的安全保障。

本方案缺点是:这种形式的结构施工,缺少经验,特别是地质资料不够详尽,桩的入土深度能否达到要求,阴阳锁口接头处的闭水方法尚需在实践中试验和摸索。

综上所述,决定采用锁口钢管桩围堰方案。经过详细计算,承台施工的围堰选择 $\phi800\ mm \times 10\ mm$、长 18.4 m 的螺旋钢管制作锁口钢管桩、2HM44×30 cm、2HM58.8×30 cm 型钢作围堰的圈梁、$\phi80\ mm \times 1.0\ cm$ 螺旋钢管作横向支撑。

承台围堰布置图如图 8-8 所示。

(2)围堰施工

① 锁口钢管桩加工制作

锁口钢管桩按设计要求,在工厂内定型加工。整体加工完毕后,车辆运至施工现场。钢管桩采用 $\phi80\ cm \times 1.0\ cm$ 钢管制作,共计 240 根,单根长度为 18.4 m。桩顶标高为 +6.0 m,桩底标高为-12.4 m。管桩分标准桩和角桩两种,在承台四角设角桩。

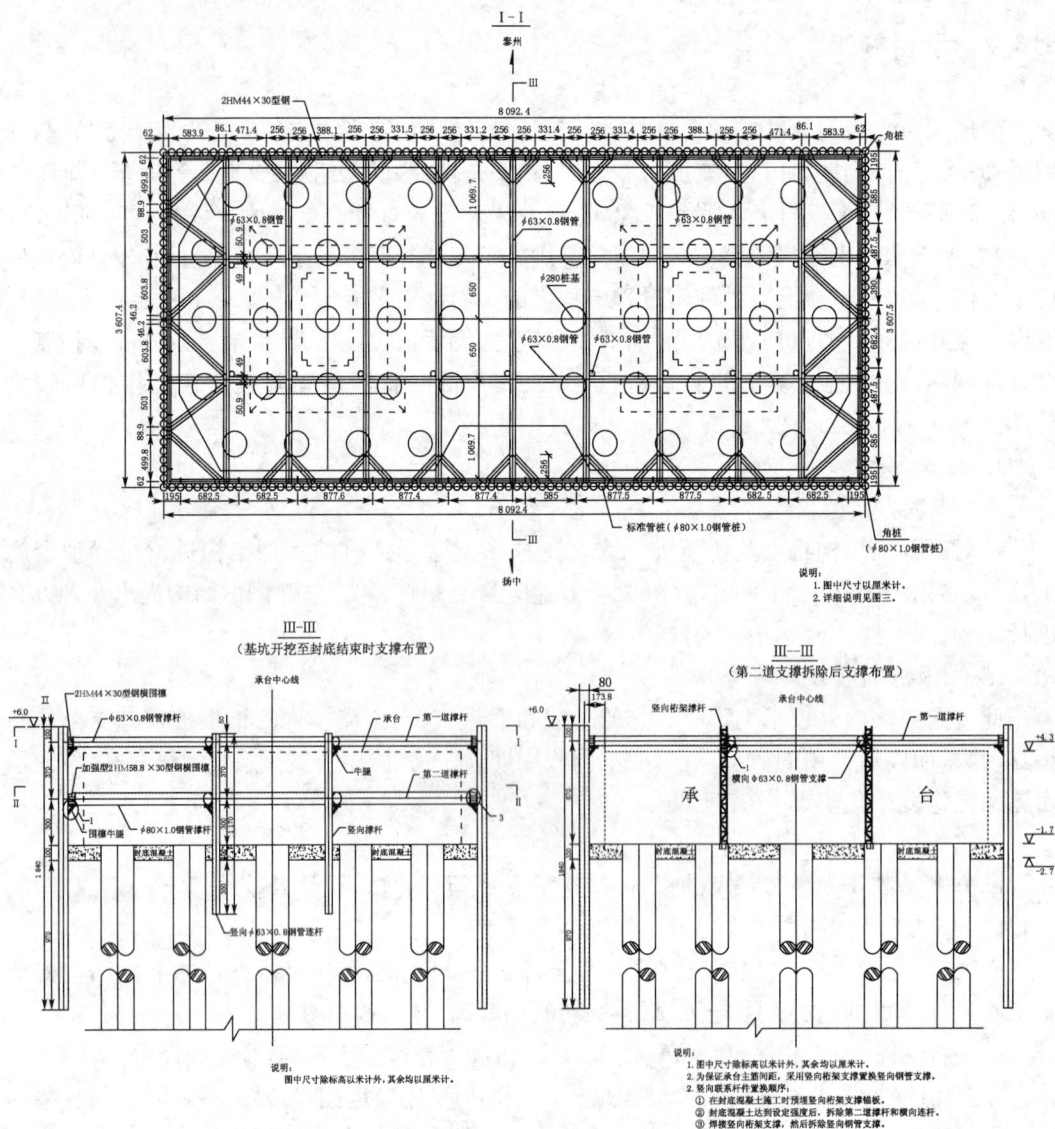

图 8-8　承台围堰布置图

承台围堰锁口钢管桩断面图如图 8-9 所示。

② 振动沉桩

锁口钢管桩采用 DZ90 振拔锤打设,该锤与钢管桩采用刚性连接。先插打至稳定深度,然后施打至设计深度。具体措施如下:

a. 为避免钢管桩倾斜,采用全站仪和经纬仪进行坐标和轴线定位、监控,并在桩顶带缆绳,用卷扬机纠偏。沉设过程中,先施工角桩。首根角桩施工时,精确测设出桩底坐标,精确定位桩底,桩顶四角带缆绳,用卷扬机纠偏。用全站仪和经纬仪按 90° 夹角进行垂直度监控,保证角度和垂直度,用卷扬机随时纠偏。其他管桩,利用经纬仪和卷扬机带缆绳控制锁口钢管桩的轴向偏差。

角桩锁口　　　　　　　　　　　　　　标准管桩锁口

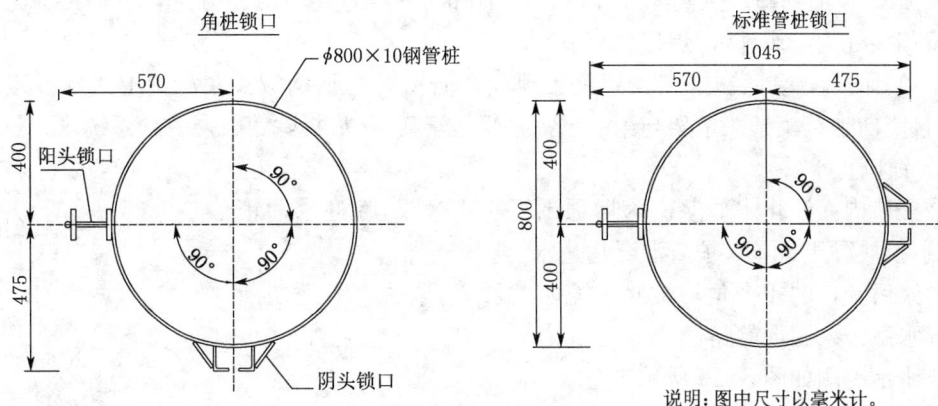

说明:图中尺寸以毫米计。

图 8-9　锁口钢管桩断面图

b. 先沉设围堰临水侧钢管桩,然后施工围堰两短边侧的钢管桩。在桩基施工完毕后,最后沉设大堤侧钢管桩。围堰合龙段设置在系梁处,先插打合龙,然后沉设至设计深度。

③ 围堰合龙

钢管桩围堰合龙前,在插打至最后 8 根桩时,测量缺口的宽度,准确计算出合龙桩的外径,加工大小合适的钢管桩运至施工现场插打。为保证钢管桩围堰合龙时两侧锁口互相平行,避免使用异型桩进行合龙,减小合龙难度,应采取以下措施:当钢管桩两端相距 10~15 根桩的距离时,之后每打入一根桩,均须用经纬仪控制其垂直度。若桩身存在偏斜,应逐根纠正,分散偏差,调整合龙。

④ 支撑安装、焊接

在除土深度达到设定标高后,按如下施工顺序安装、焊接支撑系统:

a. 定位、焊接牛腿。按设计位置和标高定位牛腿,控制牛腿顶面标高,使同一层圈梁下的牛腿顶面标高一致。然后将牛腿焊接在锁口桩上。

b. 安装、焊接圈梁。圈梁与牛腿接触处采用贴脚焊缝全部焊接。圈梁与锁口钢管桩相切面之间的间隙采用钢板或型钢塞焊。

c. 安装、焊接顺桥向撑杆。按标高先焊接竖向撑杆的牛腿,牛腿沿横桥向布置。然后按撑杆轴线定位、焊接牛腿上的弧形钢板。焊接完毕后,吊装、焊接顺桥向撑杆。受吊装设备起重能力的限制,顺桥向撑杆可分段安装、焊接。分段长度为:第一层撑杆为 25 m + 9.35 m,第二层撑杆为 25 m + 9 m;接头要错开布置。这样分段,确保长杆两端都支承在两端竖向撑杆的牛腿上。施工时,根据对撑点实际长度(圈梁上对撑点之间的实际净距)确定短杆长度。先安装、焊接长杆:与圈梁相接处采用环焊;与弧形钢板相接处采用双面贴脚焊缝焊接。焊接要牢靠。然后安装、焊接短杆:短杆与长杆对中、同心后,先点焊固定接缝,然后环焊,之后加结板焊接,确保焊接牢靠;与圈梁相接处采用环焊。

d. 安装、焊接横桥向撑杆。横桥向撑杆采用短杆与顺桥向撑杆十字连接(接头处需放大样),其分段长度依据实际长度而定。横桥向撑杆安装时,采用全站仪和经纬仪按理论坐标定位、定线,确保撑杆在同一轴线上,以避免偏心受压。在与顺桥向撑杆交叉处,采用环焊,焊接要牢靠。撑杆与圈梁相接处采用环焊,焊接要牢靠。

e. 角撑和加劲撑。按实际尺寸定尺加工,接头处需放大样。然后吊装、焊接。与撑杆和圈梁相接处均采用环焊,焊接要牢靠。

f. 在围堰承台封底时,按设计位置预埋竖向桁架底脚钢板。在混凝土达到设定强度后,焊接竖向连接桁架。桁架与第一层撑杆焊接牢靠,然后拆除第二层撑杆系统,施工承台。

⑤ 锁口止水

在锁口内灌注止水砂浆。为增强围堰止水效果,在迎水面锁口外侧,投放黏土、锯末、炉渣混合物止水。

灌浆后锁口的 4 个角均被浆体充实,板结的浆体有效地切断了外界水系进入围堰的路径。

止水示意图如图 8-10 所示。

⑥ 围堰除土

钢管桩围堰内除土厚度约 7.8 m(+5.0～−2.8 m),方量约22 046 m³,土质主要为填土、亚黏土及淤泥质黏土。主要除土工具是挖掘机、泥浆泵和高压射水设备等。

a. 用挖掘机开挖堰内土方至标高+1.5 m,及锁口钢管桩悬臂开挖最大深度为 3.5 m。严禁超挖,尤其是锁口桩附近土层。土方采用自卸汽车外运。开挖顺序:从南北两端承台向系梁处全断面逐渐推进。两端开挖要基本同步、对称。在开挖至护筒之间泥浆连通管位置时,及时割除连通管,然后继续开挖。当护筒处土方开挖到标高+1.5 m 位置后,及时割除护筒。护筒切割方法:先按圆心线对称竖向割成两半,然后在底脚水平割开。割开后,吊出堰外。护筒割开后,用凿岩机凿除桩头,废渣外运。为及时排除堰内渗水,围堰周边布置 8 台潜水泵抽水外排。临江侧布置 4 台,西侧布置 2 台,南北两侧各布置 1 台。

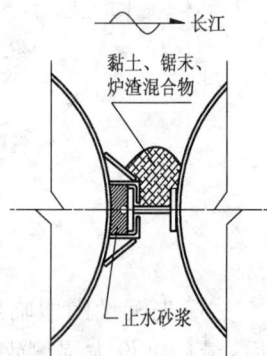

图 8-10 止水示意图

b. 系梁侧锁口钢管桩合龙、第一层支撑安装完毕后,挖机继续挖泥,吊车配吊斗吊土方至堰外装车外运。开挖深度为 2.0 m,及至标高−0.5 m。严禁超挖,尤其是锁口桩附近土层。为确保围堰支护体系受力均衡、稳定,采用以下挖泥顺序:按照两端同步、对称的原则,先开挖两端承台中心区域,然后逐渐向四周开挖,形成锅底形,最后向系梁处合龙。当护筒周边土层开挖到位后,切割、吊出护筒,破除桩头,废渣吊出堰外。然后挖机吊出堰外。

c. 第二层支撑系统安装完毕后,采用高压水枪切割土体,泥浆泵吸泥外排。为避免不对称荷载的出现,确保围堰支护体系受力均衡、稳定,采用以下挖泥顺序:按两端同步、对称的原则分块开挖,先开挖两端承台中心区域,形成锅底形,然后逐渐向四周开挖到位,最后按同样的方法开挖系梁区域。在接近封底标高−2.8 m 时用人工找平。严禁超挖,尤其是锁口桩附近土层。

d. 两端承台土方开挖到位后,及时设置碎石盲沟,铺碎石垫层。同时,在封底厚度范围内,清洗钢管桩管壁、锁口以及钢护筒表面,必要时用铁刷清理。清洗要干净彻底,管壁和护筒表面不得有泥土,以保证管壁、筒壁与封底混凝土的粘结力。然后在分界线处立模,分块浇筑封底混凝土。先浇筑 1♯块,然后浇筑 2♯块。浇筑顺序:沿顺桥向从江边向大堤侧全断面逐渐推进。拆模后,及时将分界面的混凝土凿毛,以保证与系梁封底混凝土的可靠粘结。围堰周边封底混凝土顶面设置排水边沟。边沟为半圆形,直径约 30 cm,距锁口桩管壁约 60 cm。在封底混凝土浇筑的同时,预埋竖向桁架底脚连接钢板。

e. 系梁处开挖到位后,及时设置碎石盲沟,铺碎石垫层,安装集水井。同时,在封底厚度范围内,清洗钢管桩管壁、锁口以及钢护筒表面,必要时用铁刷清理。清洗要干净彻底,管壁和筒壁不得有泥土,以保证管壁与封底混凝土的粘结力。然后绑扎系梁封底钢筋,浇筑封底混凝土。混凝土浇筑顺序:沿顺桥向从江边向大堤全断面逐渐推进。

⑦ 围堰监测

围堰在施工过程中进行监测,通过对监测数据的分析来指导施工,防止意外事故的发生。一旦监测值超过控制指标,应会同咨询和复核单位一起分析数据,采取相应的措施,确保围堰结构的安全。

(3) 钢筋绑扎

钢筋在钢筋加工厂加工成型后,运至现场采用起重机吊至围堰内。为满足承台大体积钢筋的施工需要,采用劲性骨架作为钢筋安装骨架。劲性骨架采用框架结构焊接而成,确保其整体稳定性,一次性安装到位。主筋采用滚轧直螺纹接头连接,分层安装,施工较为困难。施工中要严格按图施工,认真、仔细地定位,确保主筋的层距和水平间距。底板、顶板和周边均设置防裂钢筋网,要保证保护层净距在 3~4 cm,以起到更好的防裂效果。

(4) 模板工程

模板均采用大面定型钢模,因承台分为上下两层浇筑,竖向由两块拼接而成。模板外委专业工厂加工制作,出厂前先进行试拼装,确保拼缝严密不漏浆。试拼合格后,运至现场安装。安装前,清除模板上的浮锈及其他杂物,并均匀地涂抹一层脱模剂。

(5) 混凝土浇筑

承台为典型的大体积混凝土结构,为防止混凝土裂缝的产生,须进行绝热温升等计算,采取相应的温控措施。

混凝土采用全断面分层浇筑,每层铺筑厚为 30 cm,由一端向另一端推进,采用振动棒振捣密实。振捣时,避免碰撞钢筋、预埋件、模板。在顶面混凝土浇筑完成后,按测量标高用木刮尺刮平。待混凝土定浆后,用木泥抹打磨压实,最后用铁抹收光压实。在施工过程中,为防止混凝土表面裂纹的出现,采用平板振捣器进行二次振捣,增加混凝土收面、压光遍数等办法。

2. 危险性分析

(1) 钢管桩围堰

① 危险因素分析

围堰施工包括沉桩、支护、开挖、止水、排水和封底等作业内容,主要涉及车辆作业、机械作业、起重作业、电焊气割作业和高处作业等。可能存在的重大危害因素有:车辆和机械碰擦或伤人,起重作业过程中钢丝绳断裂、起重机械安全装置失灵、指挥失误等,高处临边作业未佩戴和使用安全带或无防护设施,土方开挖未按方案实施,导致边坡坍塌。可能引起对人员的伤害风险主要有:车辆伤害、机械伤害、起重伤害、高处坠落和坍塌等。

② 控制措施

a. 钢管桩沉设采用两台起重设备,一台起吊桩身至垂直位置后就位,另一台起吊振动桩锤夹住桩顶后沉设,两台设备作业位置合理,设专人负责起重指挥作业,现场设置危险作业警戒区。钢管桩就位过程中,应使用缆风绳控制位置,在阴阳锁扣卡位时起重机动作幅度应缓慢和谨慎。钢管桩沉设过程中,桩身倾倒半径内不得站人。

b. 基坑土方开挖前制定详细的开挖流程,合理组织开挖机械、车辆和人员,场内划定车辆进出路线。土方开挖现场设专人指挥,所有机械、车辆和人员听从现场指挥人员的指挥信号。运输车辆应经常检查制动系统,倒车进入装运点时应缓慢,边坡临边处设置防溜坎,防溜坎仅作为制动失灵或操作失误紧急情况下使用。

c. 土方开挖过程中,按方案要求及时对钢管桩进行支护。钢管桩沉设到位后,高出原地面约 1.1～1.3 m,正好作为基坑临边防护,醒目位置设置警示标示。原地面至承台内设置钢制平台和梯道,四周设置标准护栏。承台出入口设置明显标示,便于应急时易察觉。

d. 承台底部土方采取射水吸泥法,即高压水枪冲击土层,土层成为泥浆后排出。此施工方法适用于半封闭环境中无法采取大开挖运输的土方作业。由于高压水枪具有较强的水压冲击力,容易对人体造成伤害,应合理安排人员作业点和覆盖面,在确保安全的基础上提高工作效率。此外,作业人员还应配备口罩、防护镜和防护服。泥浆泵工作状态应良好,能及时将形成的泥浆排出。

e. 土方开挖完成后,定期观察钢管桩围堰的稳定情况,如桩顶位移、桩顶原地面有无裂缝、型钢围檩连接情况等。围堰四周 2 m 内禁止起重机、汽车泵等大型机械设备进入。

f. 基坑底四周设置排水槽和集水井,及时将地下水排除。基坑施工至设计底标高后,为避免基底长时间暴露出现不稳定的危险情况,要及时进行封底施工。

(2) 钢筋和模板安装

① 危险因素分析

承台钢筋和模板安装主要涉及起重作业、电焊气割作业和高处作业。可能存在重大危害因素有:起重作业过程中钢丝绳断裂、起重机械安全装置失灵、指挥失误等;高处临边作业未佩戴和使用安全带或无防护设施;用电作业无漏电保护、绝缘性能较差和私拉乱接等;气瓶使用和放置不当以及无回火防止器等。可能引起对人员的伤害风险主要有:起重伤害、高处坠落、触电和灼伤等。

② 控制措施

a. 因起重机吊运钢筋和模板时距离围堰 2 m,作业视线受限,必须根据指挥人员信号进行操作。现场设置专人进行起重指挥,经验丰富,指挥命令清晰易懂。进行起重作业前,必须对起重机、吊索具和钢丝绳进行检查,确保无误后方可作业。严禁使用起重机对钢筋、模板和钢丝绳进行拖、拉、拽。

b. 钢筋和模板作业时,确保作业面至承台上下梯道之间有方便人员正常出入的通道,通道不得堵塞或断节。模板安装应有牢靠的固定措施,搭设简易的脚手架操作平台,平台满铺脚手板。不得攀爬模板或钢筋。

(3) 混凝土浇筑

① 危险因素分析

承台混凝土施工主要涉及车辆作业、机械作业和高处作业。可能存在重大危害因素有:车辆和机械碰擦或伤人;高处临边作业未佩戴和使用安全带或无防护设施;用电作业无漏电保护、绝缘性能较差和私拉乱接等。可能引起对人员的伤害风险主要有:车辆伤害、高处坠落、触电等。

② 控制措施

a. 混凝土浇筑前,应在钢筋上采用脚手板铺设作业平台和通道,脚手板铺设牢靠。在高处设置夜间施工照明设施,照明应覆盖全部工作面,不得有死角。振捣设备的用电线路妥善布置和保护,便于作业点移动。

b. 由于承台大方量混凝土浇筑,浇筑时间较长,为减轻浇筑人员的工作负荷,有足够的休息时间,将混凝土浇筑人员分成白天和夜间两班,每班根据方案制定的布料点分成若干组,合理分配和减轻作业劳动强度。

c. 混凝土浇筑过程中,安排专人对模板和支撑进行监控,混凝土严格按照方案中的分层厚度分层浇筑。混凝土全部浇筑完成后,及时在承台四周临边设置护栏。

8.3.3　塔座施工

1. 施工方法

(1) 模板

塔座混凝土一次浇筑完成,塔座模板按混凝土一次浇筑进行设计,使其强度、刚度满足规范要求。塔座模板均采用大面定型钢模,竖向两块拼成一组,然后分组安装。先安装两长边侧(顺桥向)模板,后安装两短边侧(横桥向)模板。由于模板位置倾斜,牢靠稳定性极为重要,防止浇筑混凝土时松动,特别是模板底部,混凝土侧向压力会导致较大的上浮力,迫使模板底部松动。

塔座模板总体布置图如图 8-11 所示。

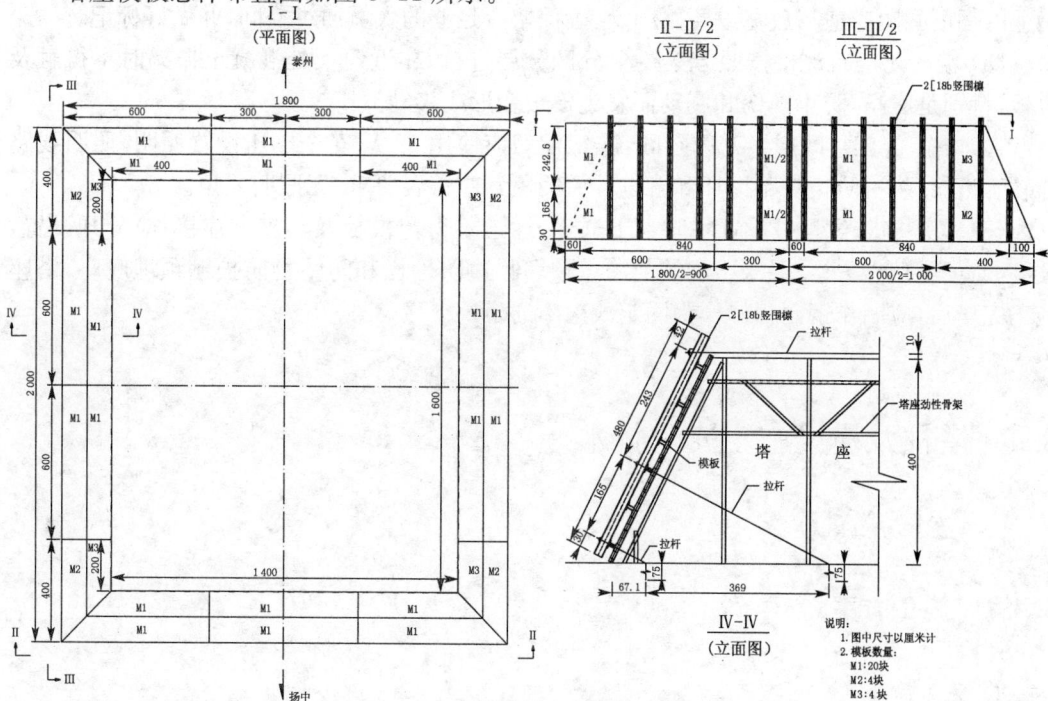

图 8-11　塔座模板总体布置图

（2）钢筋

为满足塔座顶板钢筋的施工需要，采用劲性骨架作承重架。劲性骨架采用框架结构焊接而成，确保其整体稳定性。在钢筋绑扎前，焊接竖杆，焊接顶层桁架，然后施工钢筋。主筋采用滚轧直螺纹接头连接，顶板主筋层数为 3 层，且层距和水平间距均较小（均为 15 cm），施工较为困难。施工中要严格按图施工，认真仔细地定位，确保主筋的层距和水平间距。

塔座底板、顶板和周边均设置防裂钢筋网，底板两层，周边和顶板设一层钢筋网。在施工顶板和周边的钢筋网片时，要保证保护层净距在 3～4 cm，以起到更好的防裂效果。

（3）混凝土

塔座和承台均为大体积混凝土结构，为防止混凝土有害温度裂缝的产生，温控设计和控制措施与承台施工基本相同，在此不予复述。

2. 危险性分析

塔座施工过程中涉及起重作业、高处临边作业、电气焊作业和有限空间作业，可能存在的危险有害因素有：钢筋吊运过程中滑落、钢丝绳断裂、起重机械安全装置失灵、指挥失误；人员在钢筋框架中移动碰擦伤身体；混凝土浇筑过程中模板跑模。可能引起对人员的伤害风险主要有：起重伤害、高处坠落、物体打击等。

3. 安全控制措施

塔座与承台施工方法基本相同，故塔座施工安全控制措施与承台基本相同，另补充以下几点：

（1）塔座侧模为倾斜结构的钢模，模板必须严格按照施工方案要求进行安装固定，上、下固定点精确定位并确保焊接质量，确保模板在混凝土较大应力下的稳定性。

（2）塔座钢筋布置极为密集，为便于立模后进行模板检查的人员通行，检查人员通行线路上的钢筋间距应适当放宽或暂不固定，确保留有足够的人员通过空间，并做好标记。

（3）混凝土浇筑严格按照方案要求分区分层进行，靠近模板处混凝土振捣时不得触及模板，特别是底角，防止损伤和震动而发生模板变形或移动。

（4）塔座施工空间属半密闭空间，施工期间应使用 36 V 安全电压设置照明，照明线路加软管进行保护，防止线路损坏和触电。照明覆盖应符合要求，无照明死角。

（5）塔座施工过程中设置临时上下通道，通道不得与模板及其支撑连接，应分开设置，坡度和宽度符合要求。混凝土浇筑前注意预埋临边防护栏和防坠物防护棚预埋底座，塔座施工完毕后，应制作钢制爬梯作为固定式上下通道。

8.4 塔柱及横梁施工安全技术

8.4.1 施工方案

1. 施工简介

南塔为混凝土门形塔身结构，由左、右塔柱和上、下横梁组成。塔顶高程为＋180.0 m，塔柱底高程为＋8.30 m，塔顶左右塔柱中心间距 34.80 m，塔底左右塔柱中心间距

42.84 m。塔柱采用矩形空箱断面,塔柱底部设置6 m高的实心段,塔柱外侧四角均设有 0.6 m×0.6 m的槽口。塔柱顺桥向由塔顶的8 m直线变化至塔底的10 m,横桥向宽6 m, 塔柱斜度为43.282∶1。

下横梁设在主梁下方,断面尺寸为横梁顶部高程53.000 m;横梁采用矩形断面,断面尺 寸为9.0 m(高)×8.26 m,为预应力混凝土结构,腹板厚1.0 m,顶板厚0.8 m,设5道壁厚 0.8 m的竖向隔板。索塔上横梁设在塔顶处,顶部标高180.0 m;横梁采用矩形断面,为预 应力混凝土结构,采用变高度结构,高9.0~15.5 m,宽度为6.80 m,腹板厚1.0 m,顶底板 壁厚0.8 m,设3道壁厚为1.0 m的竖向隔板。

2. 施工方法

根据塔身的结构形式及特点,将单根塔柱划分为39个节段,此划分方法避免了施工缝 在塔柱刚度突变处。具体划分情况如下:第1~3施工段分别为3.7 m、3.5 m和3.5 m,采 用落地脚手支架翻模施工;第4~39施工段均为标准段4.5 m,采用液压爬模施工。上、下 横梁采用落地式钢管支架现浇,单道横梁分2次浇筑,在横梁与塔柱相接处,采取先塔柱后 横梁的施工方法。

塔身施工工艺流程图如图8-12所示。

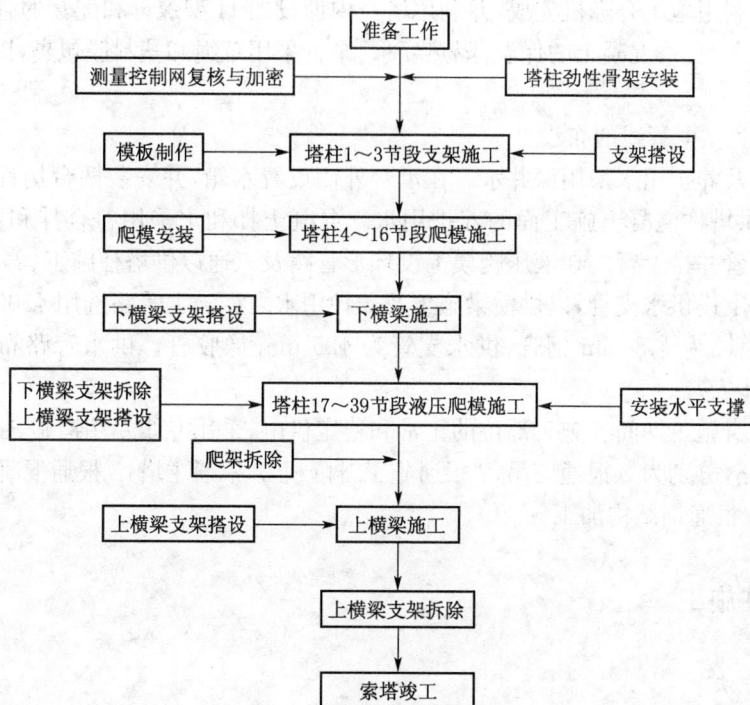

图8-12 塔身施工工艺流程图

3. 主要施工设备与设施的布置

(1) 塔式起重机

根据塔身结构特点和施工工艺的要求,采用两台塔式起重机进行施工过程中的垂直运 输,分别布置在左、右塔柱横桥向的外侧。两台塔式起重机在平面和高度方向均可错开,不 会发生相互干扰现象。塔式起重机以承台作为混凝土基础,基础节利用预埋的地脚螺栓固定在承台顶面,分次自行顶升安装上节,每次安装高度应结合液压爬模施工进度情况来确定。塔式起重机通过附墙臂附着于塔柱上,附墙臂随塔式起重机升高及时安装,确保塔式起重机最大悬臂高度小于规定值。

（2）施工升降机

在两塔柱临江侧各布置一台倾斜式双笼型施工升降机,安装高度均为176 m左右,承担施工人员和零星材料、小型工具的上下垂直运送。塔柱第3节段施工完成后开始同步安装施工升降机,基础位于塔座顶,导轨附着于塔柱外壁。在承台和塔座施工时按设计预埋锚板,塔座施工完毕后,在锚板上焊接型钢座驾平台和座架,之后安装施工升降机。电梯附墙架与固定在塔柱上的托架型钢进行销接,最大附墙间距为7.5 m。

（3）混凝土输送设备及管路布置与安装

现场配置2台混凝土拖泵,其中1台备用,拖泵泵送高度350 m,最大理论混凝土输出能力100 m³/h。为便于泵管的安装、检修与更换,泵管沿两塔柱横桥向外壁敷设到顶,布置于施工升降机附墙杆内侧（靠近横梁侧）。泵管与塔壁隔开,以免损伤塔壁混凝土。为防止泵管发生堵管现象,每根塔柱各布设2路泵管,其中一路作为堵管事故发生后的紧急备用泵管,以保证塔柱混凝土的连续浇筑。

泵管安装利用施工升降机完成,并利用塔身内埋设的H型螺母和配套的管路夹具进行固定。为满足冬、夏季混凝土的保温、隔热要求,泵管采用草绳和塑料膜包裹,以减少环境温度的影响。

（4）供水和供电管线的布设

现场施工及养护用水采用深井水。在承台外侧设置水箱,并安装两台扬程200 m的高压水泵,以提供塔柱混凝土施工面的养护用水。混凝土拌和水采用符合拌和要求的井水。供水管路随泵管并排上行。在液压爬模上设环形管路及三通以供塔柱施工、养护用水,各道横梁施工平台上设供水支管,以供横梁施工及养护用水之需。主管路选用 φ100 mm 镀锌钢管,垂直输水管路为 φ48 mm 钢管,供水支管为 φ25 mm 橡胶管。供水管路布置于泵管附近,与泵管同步安装。

为确保塔身施工期间各施工部位的正常和稳定供电,采用专线专用措施,由箱式变压器引出10根支路,分别为2根通塔吊,2根通施工升降机,2根通主塔,2根通混凝土拖泵,1根通钢筋加工,1根通钢结构加工。

8.4.2 塔柱施工

1. 施工方法

（1）塔柱施工分节

整个塔柱共划分为39个节段（+8.300~+180.000 m）,具体划分情况如下：

下塔柱实心段共6 m高,起步段为3.7 m,再向上2个阶段均为3.5 m;第4~39施工段均为标准段4.5 m。此分段方法避免了施工缝出现在塔柱刚度突变处。

塔柱施工节段划分图如图8-13所示。

（2）塔柱1~3节段施工

塔柱1~3节段采用钢管脚手架施工。脚手架搭设间距为120 cm×120 cm×120 cm,

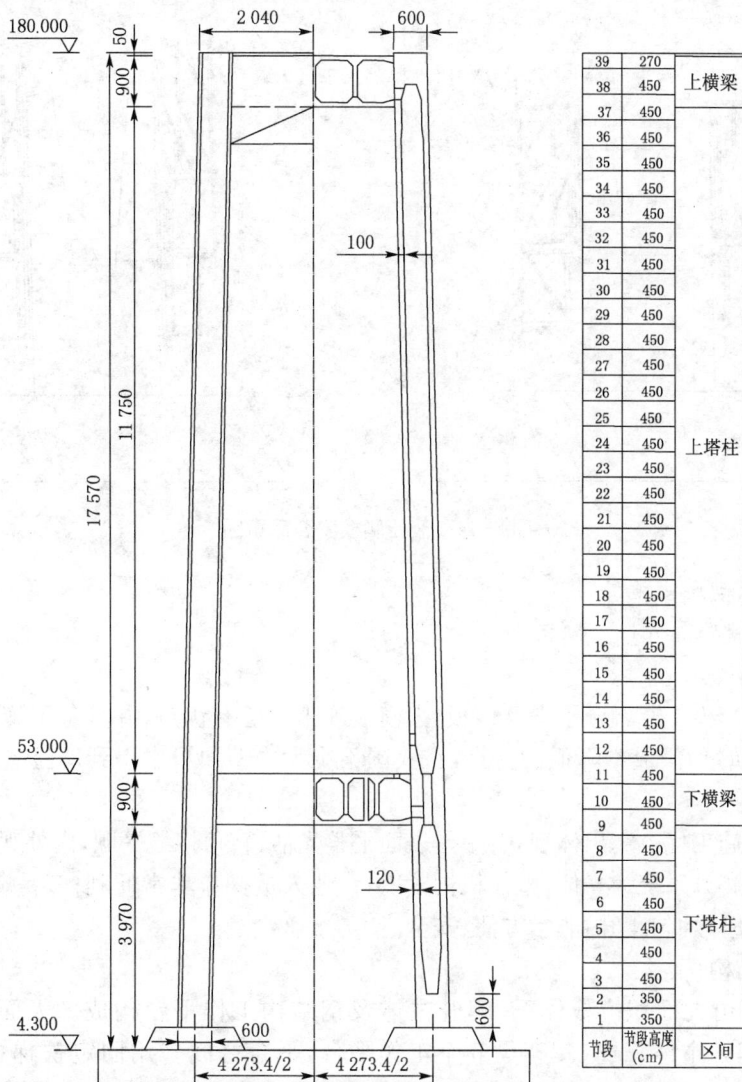

图 8-13 塔柱施工节段划分图

节段	节段高度(cm)	区间
39	270	上横梁
38	450	
37	450	
36	450	
35	450	
34	450	
33	450	
32	450	
31	450	
30	450	
29	450	
28	450	
27	450	
26	450	
25	450	
24	450	上塔柱
23	450	
22	450	
21	450	
20	450	
19	450	
18	450	
17	450	
16	450	
15	450	
14	450	
13	450	
12	450	
11	450	
10	450	下横梁
9	450	
8	450	
7	450	
6	450	
5	450	下塔柱
4	450	
3	450	
2	350	
1	350	

沿塔柱外围四周搭设3排支架,主要用以临时固定接长钢筋及模板,并作为简易操作平台。外侧模板包括4块大面模板和4块倒角模板,采用塔吊进行拆除和安装,用对拉螺栓和内部刚支撑进行定位。在起始段混凝土中埋设爬架附墙装置,附墙装置为锥形螺母和螺杆。

塔柱第3节段施工完毕后,拆除外围脚手支架,安装液压爬模的支撑架、中平台、主平台、主平台以上的架体和操作平台,脱开模板,安装爬升靴,安装导轨。在第4节段模板爬升到位、固定后,安装架体的修补架。

液压爬模安装示意图如图8-14所示。

(3) 塔柱第4~39节段施工

塔柱第4~39节段采用液压自爬模系统施工。液压自爬模体系主要由液压爬升体系和模板体系组成。

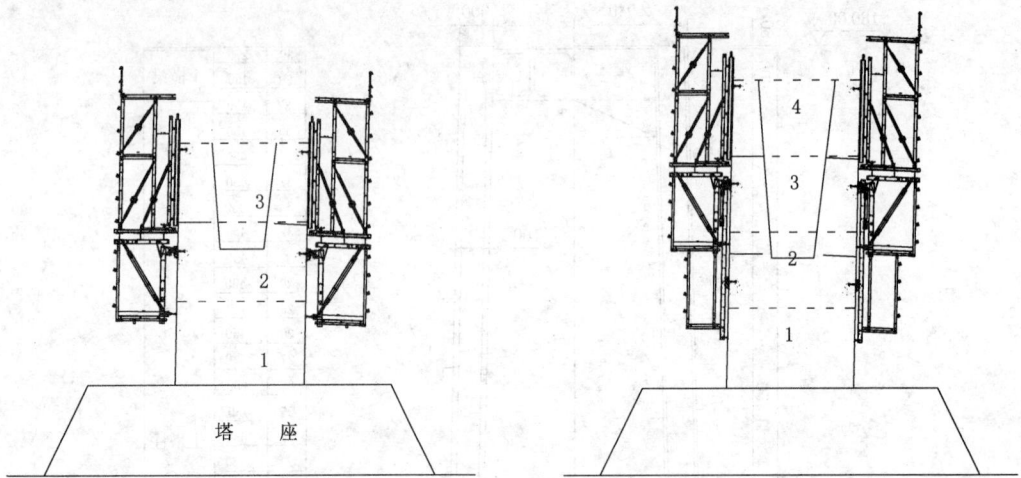

图 8-14　液压爬模安装示意图

2. 液压自动爬模施工

(1) 液压爬模简介

① 爬模特点

液压自动爬模工艺融合了滑升模板、大模板施工的已有优点,并具备了施工速度快、操作简洁、工程质量好、成本降低的特点,在我国不少大中型项目中得到广泛应用,如润扬大桥、苏通大桥等。

液压爬模施工优点突出体现在:一是表面平整光洁,转角接缝平顺,内外观质量优良;二是操作平台和爬升系统为一体,整体机构紧凑,作业人员操作非常便利;三是爬升装置液压驱动,能实现整体均匀爬升,非常方便、安全。

② 爬模结构

液压爬模由大面积模板体系、爬升主体及钢结构工作平台构成。大面积模板通过钢梁结构与爬升主体相连,爬架设 6 个工作平台,平台之间采用固定扶梯相连,平台间连成一条贯穿的通道。平台上设置防火板装置,液压油缸配备了防止油管破裂的安全装置。

液压自动爬模结构图如图 8-15 所示。

③ 工序流程

液压自动爬模工作流程图如图 8-16 所示。

(2) 危险因素辨识

液压爬模结构复杂且体积庞大,在泰州大桥南塔工程施工中涉及超高处作业、起重吊装、立体交叉作业等高危作业形式,施工难度极大,安全风险非常大。液压爬模施工危险因素众多,经辨识主要包括:

① 模板坍塌

液压爬模属于典型的大型施工设备,使用过程涉及爬模的拼装、爬升、拆除等工序,如果使用不当,均有可能造成坍塌事故。而且发生模板坍塌,将有可能造成群死群伤事故。

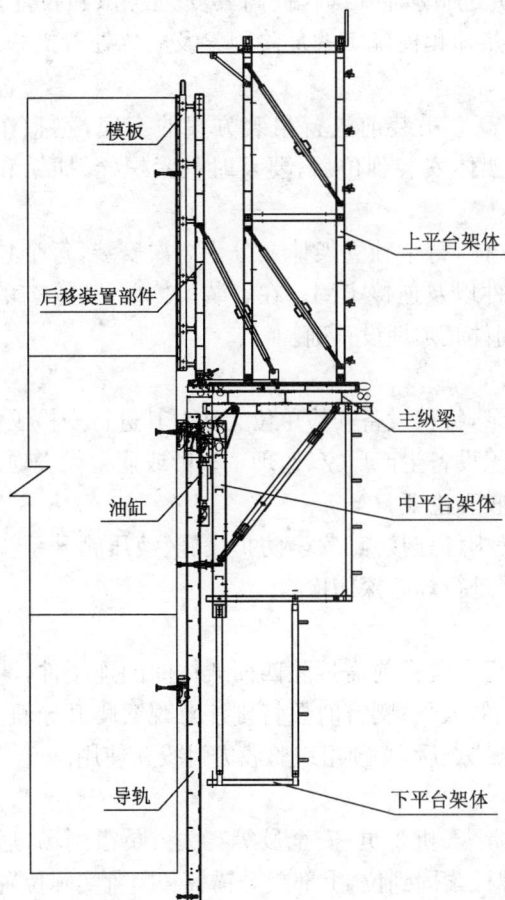

图 8-15　液压自动爬模结构示意图

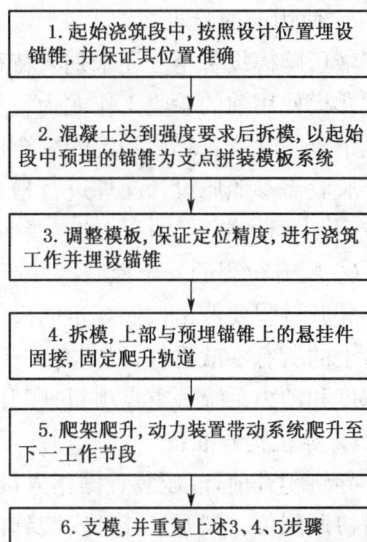

| 1. 起始浇筑段中,按照设计位置埋设锚锥,并保证其位置准确 |
| 2. 混凝土达到强度要求后拆模,以起始段中预埋的锚锥为支点拼装模板系统 |
| 3. 调整模板,保证定位精度,进行浇筑工作并埋设锚锥 |
| 4. 拆模,上部与预埋锚锥上的悬挂件固接,固定爬升轨道 |
| 5. 爬架爬升,动力装置带动系统爬升至下一工作节段 |
| 6. 支模,并重复上述3、4、5步骤 |

图 8-16　液压自动爬模工序流程图

② 高处坠落

南塔工程塔高 180 m,属于超高处作业。高处作业平台立足面狭小,作业人员危险行走,且未佩戴安全带或使用不正确,都有可能导致高处坠落,且一旦坠落后果将不堪设想。

③ 物体打击

南塔施工因作业场所有限,除高处模板浇筑施工外,还涉及塔顶起重吊装、地面预制加工等,立体交叉作业全面呈现,因此需防止作业工具及小型机具等物件掉落,从而对地面人员造成物体打击伤害。

从上述危险因素分析中可以看出,液压爬模是施工过程安全控制的重中之重。下面将从准备过程、爬升过程、使用过程这 3 个阶段,依次阐述其安全控制的要求及重点。

(3)安全控制措施

① 准备过程的安全控制

a. 安全专项方案的编制和交底

施工前需编制具有针对性、可操作性的安全专项施工方案,对整个施工过程中存在的危险因素进行全面分析,提出具体可行的现场安全防护设计及相应的安全对策措施。

施工前应组织有关管理人员和施工人员进行教育培训,提高其安全意识和技能,并组织安全专项方案的技术交底,使作业人员熟知爬模施工的危险因素及应急处置措施。

b. 吊装与安装

南塔工程爬模吊装空间狭小,精度要求高。吊装前进行吊装方案的交底,熟悉作业步骤,不得碰撞现有的架体和塔柱混凝土。架体安装到位后,要及时上紧螺栓、插销和防风拉杆。

爬模系统架体分为东、南、西、北 4 个独立体,每个独立架体又分为 3 次安装,每个独立架体需预先在地面上按设计拼装好各种构配件以及连接牢固。在安装架体前,需检查塔柱混凝土中预埋的爬锥不要粘上油类物质,锚固件必须埋设正确。

c. 使用前的验收

液压爬模设备至今还未列入特种设备名录,特种设备安检单位无法对其进行安检工作,因此爬模使用前的验收工作尤为重要。需组织设备生产厂家、监理工程师或业主代表,必要时邀请有关专家对爬模系统的安全性进行验收和论证。

验收需参照原设计文件进行检查,重点是构件连接点、安全防护设施、液压爬升系统等部位,其中对主要受力杆件的焊接部位还需要进行焊缝探伤检测。

② 爬升过程的安全控制

爬升过程要严格按照规定的操作步骤进行。爬升前需拆除四面架体间的连接件,清除平台上的所有零散物件,仅留有进行爬升作业的人员;爬升时要特别注意观察爬升导轨、爬升速度和动力系统等重点项目;爬升到新的悬挂点后,必须组织验收方可投入使用。

a. 导轨爬升准备

导轨爬升前,液压装置操作人员、施工负责人、机管员、安全员等有关人员需到场,通讯设备协调到位。爬升悬挂件安装到位,高强螺栓紧固到位,上部爬升锚板和爬靴实际位置与理论位置一致。此外,要检测混凝土强度是否达到 20 MPa 以上,并确保液压系统各部件和控制系统技术处于良好状态。

b. 爬架爬升准备

爬架爬升前,首先需清除爬架上不必要的荷载,如钢筋头、氧气乙炔空瓶等。抬起爬升导轨底部支撑脚,并旋转伸长使其垂直顶紧塔身混凝土面,完全松开支架下方的支撑脚,改变液压油缸上下顶升弹簧装置状态,使其一致向下。

此外,还需重点检查:爬架长边与短边的连接(如电线)等是否已解除;塔吊至爬架主电缆的悬挂长度是否足够;液压系统各部件和控制系统技术状况处于良好状态。

c. 爬升结束验收

爬升结束后,需组织验收,验收重点包括:承重销及安全插销是否插到位;所有平台滚轮和撑脚是否顶紧混凝土面;爬架固定后,安装锚固螺栓是否拧紧;爬架各层操作平台的安全防护设施是否到位;爬架固定后,转角部位连接是否牢靠。

③ 使用过程的安全控制

控制要点主要包括作业平台安全防护设计、操作荷载控制、高处作业管理 3 个方面。

a. 作业平台防护

作业平台要保证通道畅通,防护栏杆和安全网等防护措施到位。作业平台防护栏杆严格按规范设置,由两道横杆和竖杆组成,下横杆高 0.5~0.6 m,上横杆高 1.0~1.2 m,竖杆之间距离不超过 2 m,并增设了剪刀撑和斜撑。

安全网的选取非常重要,如果采用密目网,高空风力较大,会对爬模稳定性造成不利影响;如果改用网眼较大的安全立网,则增加了高空落物的危险性;此外,施工中大量的焊渣、焊花极易引燃普通的安全网。综合以上考虑,南塔施工中采用了新型阻燃性密目安全网。

b. 操作荷载控制

南塔工程爬模的所有荷载全部依靠 4 个方向共 10 个锚固点承受,模板、浇筑、钢筋绑扎工作平台单层最大承载能力为 31.5 kN/m²,爬升装置工作平台最大承载能力为 1.5 kN/m²,电梯入口平台的单层最大承载能力为 1.0 kN/m²。

因此,除了保证满足锚固点处混凝土强度要求外,严禁在爬架上堆放除钢筋及施工所需以外的重物,还应尽量减少爬模上的附加荷载,所有堆放物应尽量由多根梁均匀承载,不允许堆置在跨中。

c. 高处作业管理

高处作业是爬模施工中面临的重要安全风险,尤其是南塔工程塔高 180 m,作业人员一旦坠落后果不堪设想,必须严格按照《建筑施工高处作业安全技术规范》(JGJ 80—91)管理。

高处作业人员除正确佩戴劳动防护用品外,还需经安全管理人员同意后方可作业,并严格控制同时上塔作业的人数。特种作业人员还需遵守特种作业操作规程,如起重工要严格执行起吊"十不吊"的规则,焊工需遵守电气焊操作规程。

3. 塔式起重机和施工升降机危险性分析

(1) 危险因素辨识

塔柱施工过程中,塔式起重机和施工升降机是除液压爬模外,使用最为频繁的大型设备,其工作强度大且使用环境复杂,是塔柱和横梁施工阶段安全管理的重中之重。设备使用过程中可能存在的危险有害因素有:吊物高空滑落、钢丝绳断裂、安全装置失灵、指挥失误;人员进出轿厢门栏擦伤身体、轿厢高空停滞或坠落、安全装置失灵;设备标准节加高和附墙杆安装过程中人员未使用安全保护装置高空坠落或工具高处坠落伤人。可能引起对人员的伤害风险主要有:起重伤害、高处坠落、物体打击、触电等。

(2) 安全控制措施

① 设备购买或租赁前,对生产厂家或租赁方进行调研,其必须具备法律法规要求的设计、制造、安拆等各项法定资质,资质文件原件齐全且在有效期内。

② 选定满足施工实际需求的适用设备,必须在确保安全适用的基础上方可考虑设备的经济性,严禁选用国家明令禁止和淘汰的塔式起重机。

③ 设备运至施工现场后,应组织购买或租赁方技术人员和施工方设备专管员、安全员对进场设备进行检查验收,主要为设备部件数量、型号、质量和外观,以及设备出厂合格证、使用手册等相关文件资料。设备验收合格后必须将设备相关文件资料和验收情况记录报监理工程师审核,审核通过后方可进行安装。

④ 设备安装前,施工方必须编制设备安拆专项方案,经监理工程师和业主批准后方可实施。应组织施工方以及安拆专业人员进行安全技术交底,明确安拆流程和注意事项。

⑤ 设备安拆必须由具有法律法规要求资质的单位进行,安拆单位资质和专业人员特种作业证件应齐全和有效,在设备安拆前报监理工程师审核。

⑥ 设备基础节安装前,应仔细检查预埋基础的位置、结构和形状是否异常,基础附近混凝土有无裂缝以及强度是否合格。

⑦ 设备安装过程中,四周划定危险作业区,设置警示围挡和醒目标示。安拆人员必须正确佩戴和使用安全帽、安全带等个人防护用品。安拆过程严格按照专项方案要求进行,不得擅自更改。

⑧ 设备安装完成后,施工方组织自检合格后,报当地质量技术监督部门进行检验。设备在取得质量技术监督部门出具的法定检验报告和"安全检验合格"后,方可使用。施工升降机使用前应进行轿厢防坠试验。

⑨ 塔吊每次加标准节时,必须确保符合要求的垂直度,确保标准节间的螺栓连接。按专项方案在规定位置设置设备附墙结构。

⑩ 设备使用期间,应在醒目位置设置"两证一牌",即操作规程牌、设备标示牌和安全检验合格证。

⑪ 设备必须使用专用电源接入,配备独立配电柜。设备每次加节升高后,应测试接地电阻,做好防雷工作。

⑫ 承台和塔座处必须设置进出施工升降机防坠物防护棚,施工升降机严格按额定荷载人数运行,严禁人员超载或用于运送材料。

⑬ 施工方针对以上设备做好"一机一档"管理,根据规定建立特种设备安全技术档案。由项目设备专管员负责定期对设备进行检查、维修和保养,并做好文字记录。

8.4.3 横梁施工

1. 施工方法

横梁施工工艺流程图如图 8-17 所示。

(1) 支架搭设

上、下横梁支架除高度不同外,其基本构造形式相同,包括钢管立柱、纵桥和横桥向缀杆、附墙杆、牛腿、砂筒、钢横梁、承重纵梁,其中上横梁支架还增设了剪刀撑。为确保施工安全,采用吊篮做操作平台。吊篮采用型钢焊接而成,顶面满铺脚手板,四周设护栏,挂安全网。吊篮四角各设一只 5 t 手拉葫芦与四角的钢管连接固定。人在吊篮内操作,安全、方便、快捷。

吊篮布置示意图如图 8-18 所示。

① 钢管立柱

上、下横梁钢管立柱单根总高度分别为 110.088 m 和 36.356 m。钢管立柱柱脚采用地脚螺栓分别固定在承台和下横梁顶面,上、下管节通过法兰用螺栓连接固定,左右柱间采用缀杆两两相联。钢管立柱安装的关键是底节固定牢固,用 2 台经纬仪按 90°夹角交汇法调整钢管两个方向的竖直度,柱顶竖直度偏差 $\leqslant 0.1\%$。

② 纵、横桥向缀杆

为增加立柱的单肢和整体稳定性,立柱之间采用缀杆两两相连。缀杆两端均预留 2 cm 的安装间隙,采用加劲板与立柱焊接固定。加劲板分上压板和下底托两块,先在管节法兰底端焊接底托并安装缀杆,最后焊接压板。

```
                        支架材料准备
                            │
                            ▼
                        支架搭设
                            │
    分配梁备料、              ▼
    底模加工    ──────▶  铺分配梁、底模
                            │
    防护设施加工  ──────▶  安装防护设施
                            │
    钢筋加工、制作 ──────▶  绑扎第一次钢筋
                            │
    侧模、内模加工 ──────▶  安装第一次侧模、  ◀────── 钢管支架地面组拼
                        内模支架、内模
                            │
                            ▼
                    浇筑第一次混凝土 ──────▶ 制作混凝土试块 ┐
                            │                           │ 试
                            ▼                           │ 块
                        混凝土养生                        │ 试
                            │                           │ 压
              ┌─────────────┴─────────────┐             │
              ▼                           ▼             │
        绑扎第二次钢筋              张拉第一批预应力钢束 ◀────┘
              │                           │
              └─────────────┬─────────────┘
                            ▼
                    安装第二次侧模、
                    内模支架、内模
                            │
                            ▼
                    浇筑第二次混凝土 ──────▶ 制作混凝土试块 ┐
                            │                           │ 试
                            ▼                           │ 块
                        混凝土养生                        │ 试
                            │                           │ 压
                            ▼                           │
                    张拉第二批预应力钢束 ◀─────────────────┘
                            │
                            ▼
                        压浆、封锚
                            │
                            ▼
                        模板、支架拆除
```

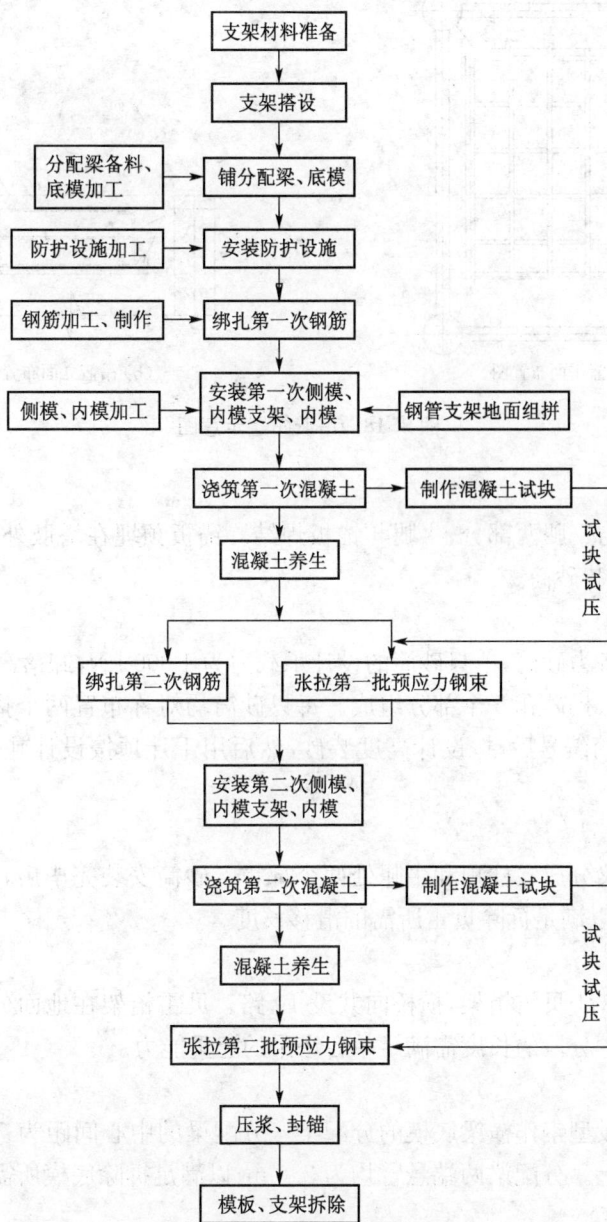

图 8-17　横梁施工工艺流程图

③ 附墙杆

为减少塔肢的悬臂施工高度,并同时增加支架的整体稳定性,在缀杆处设附墙杆。附墙杆与塔肢之间的连接分别采用锚板与附墙杆焊接、铰板与附墙杆铰接。锚板和铰板均采用锥形螺母固定在塔肢外壁,铰板单铰设计承载力为 1 000 kN。附墙杆与钢管之间采用加劲板焊接固定。

④ 剪刀撑

上横梁由于支架高度和风力较大,为增加支架的抗风稳定性,在缀杆之间增设剪刀撑。

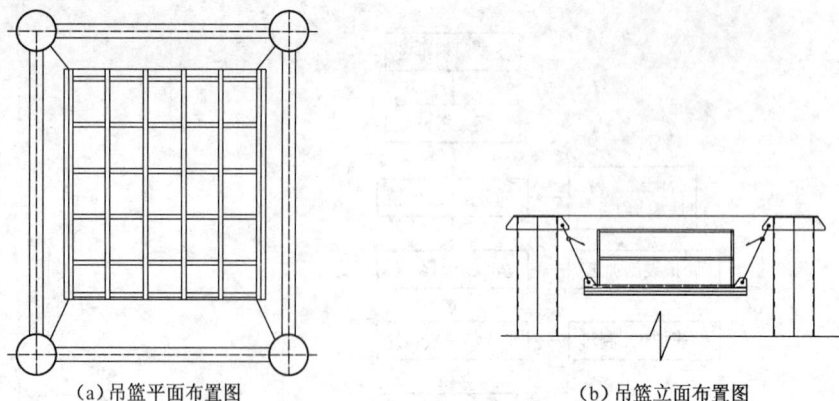

(a) 吊篮平面布置图　　　　　(b) 吊篮立面布置图

图 8-18　吊篮布置示意图

⑤ 牛腿

牛腿包括锚板与钢腿两部分,牛腿与锚板焊结。锚板预埋在塔肢外壁内。牛腿上铺设型钢作垫梁,以便安装砂筒。

⑥ 砂筒

支架的落架设备为砂筒,单只砂筒的设计承载力为 1 000 kN,卸落高度 15 cm。砂筒由顶盖、筒心、底座、砂、掏砂孔 5 个部分组成。每只砂筒均对称布置两个掏砂孔,掏砂孔采用 M32 螺栓制作。砂筒编号后,按设计高度装砂,然后用千斤顶按设计吨位进行预压、密封、锁定。

⑦ 钢横梁

砂筒顶部钢横梁分成立柱顶和牛腿处两个部位。砂筒安装完毕后,吊装钢横梁。横梁两端均悬臂 1.8 m,以满足拆除贝雷所需的滑移长度。

⑧ 承重梁

承重纵梁采用 321 贝雷桁架,横桥向共设 19 路。贝雷桁架在地面分段组拼,塔吊吊至钢横梁上分段接长。分段的长度需满足单台塔吊的起重能力。

⑨ 分配梁

承重纵梁顶铺设型钢作横梁底模的分配梁。分配梁的中心间距为 75 cm 左右,布置在贝雷桁架的各节点上。分配梁两端悬臂均为 2.0 m,以满足拆除底模所需的滑移长度。

(2) 支架预拱度

为消除支架的压缩变形对永久结构的影响,支架设置向上的反拱。反拱值 = 支架的竖向弹性变形 + 支架的接缝间隙 + 永久结构的反拱值。数值叠加后按二次抛物线进行设置。

预拱度调整分两步实施:第一步在贝雷下弦杆底调整部分数值;第二步在贝雷上弦杆顶调整剩余值。

(3) 模板

横梁模板包括底模、侧模和内模。

① 底模采用大面钢模,采用螺栓两两相连,拼缝要严密,无错台。

② 侧模采用大面钢模,侧模与底模相接处采用边包底形式,侧模之间用螺栓连接,与内

侧模之间采用拉条对拉固定。侧模采用翻模施工:在第一次混凝土达到拆模强度后,拆除下部模板,整修,涂脱模剂,然后翻至上部,立模,浇筑第二次混凝土。

③ 内模内侧模采用建筑钢模组拼,内顶模采用钢管支架支撑。为增加内模支架的稳定性,同时增加外侧模的整体稳定性,支架设纵、横剪刀撑,同时横杆与内侧模横围檩焊接固定。

模板布置图如图 8-19 所示。

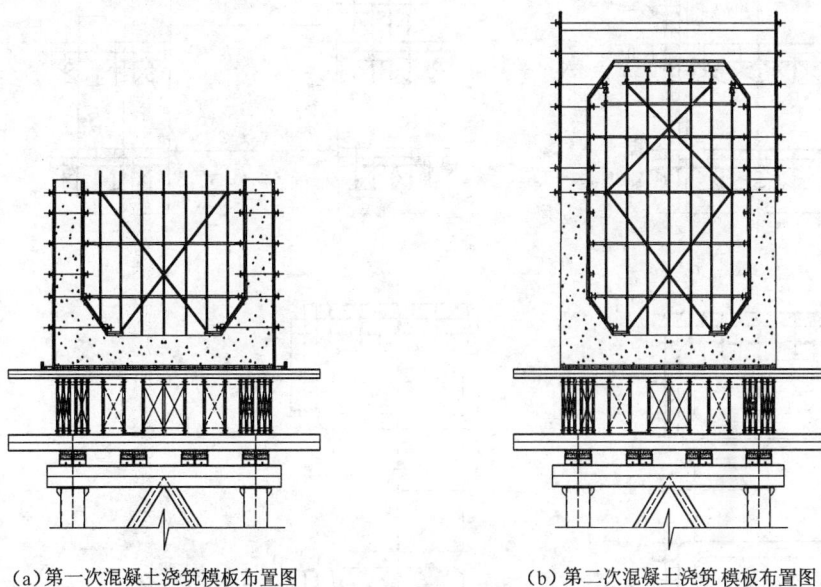

(a)第一次混凝土浇筑模板布置图　　　　(b)第二次混凝土浇筑模板布置图

图 8-19　模板布置图

(4) 钢筋

钢筋绑扎顺序为底板→腹板→顶板。主筋采用滚轧直螺纹接头连接,搭接处接头要错开,且搭接长度 $\geqslant 40d$。塔柱内预埋的横梁钢筋均采用滚轧直螺纹接头与塔肢外的横梁钢筋连接。在二次混凝土交界面布置受力主筋、抗剪钢筋和防裂钢筋。

(5) 混凝土

采用两台拖泵对称浇筑。接长两塔肢附墙泵管至横梁中心位置,按照先中间后两端、先底板后腹板的顺序,采用串筒进行布料,对称、同步逐层浇筑至设计标高,分层厚度约30 cm。为确保支架均匀受力,左右腹板须交替浇筑,混凝土高差不大于1.0 m。

混凝土达到2.5 MPa后,人工凿毛、清渣外运。第一次模板拆除后,按设计标高定线切缝,以确保交界面接缝顺直、严密。顶面混凝土终凝后,覆盖土工布洒水保湿;在侧模拆除后,采用自动喷淋系统保湿养护。

(6) 预应力

① 安装操作平台

预应力张拉、压浆、封锚等施工均在操作平台上进行,平台的设计制作与安装要求如下:要充分考虑人群荷载和材料、机具堆放荷载,并考虑一定的冲击荷载,安全系数不小于2.0。平台分上、下两层,采用爬梯上、下连接。平台由牛腿、脚手板、护栏组成,护栏外侧挂密目安全网。牛腿采用三角形结构,上、下用高强螺杆固定。高强螺杆与预埋的锥形螺母拧紧连接。在塔肢施工时,按图预埋锥形螺母,爬架移位等,安装操作平台。平台在内场加工,分块组拼,然后分块吊装、固定,最后连为一体。

施工平台布置图如图 8-20 所示。

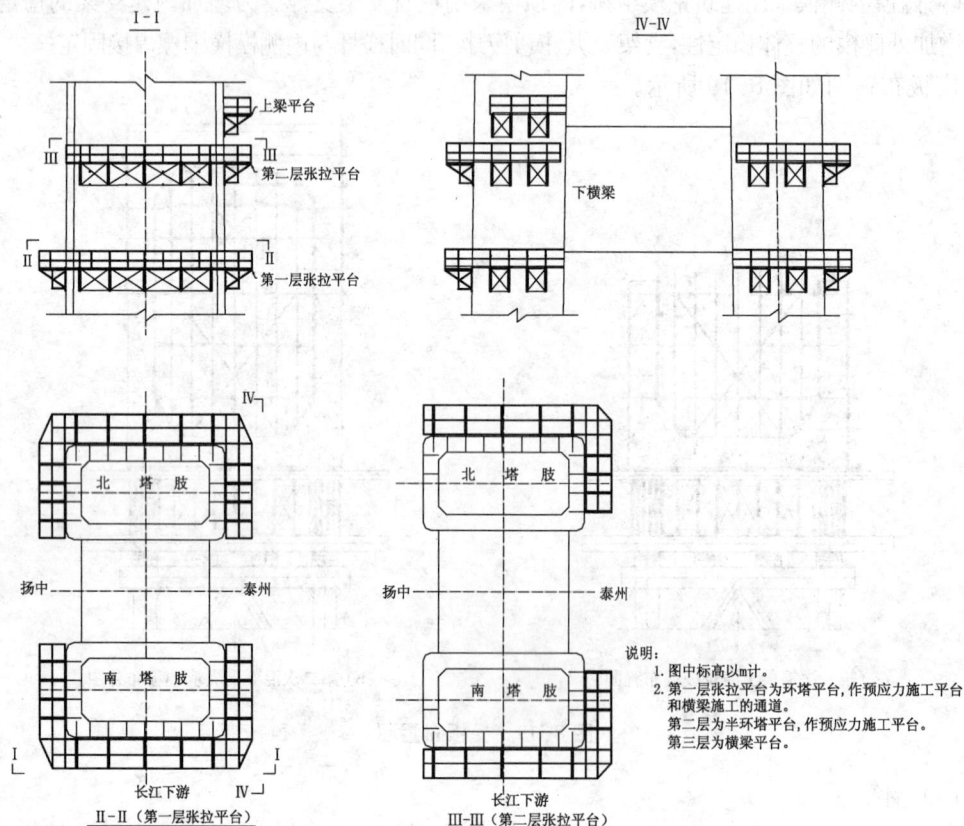

图 8-20　施工平台布置图

② 清孔、穿束

采用空压机向预应力孔道内吹入高压空气,清除孔内积水或杂物。用两台塔吊整束吊至横梁外侧防护架平台上,人工逐根穿束到位。调整工作长度后,端头套入波纹管,以防外露钢绞线锈蚀。在横梁混凝土浇筑过程中,人工抽动钢绞线,以防波纹管漏浆堵管。

③ 安装锚具、油顶

采用梳丝板梳丝后,安装工作锚圈,装入工作夹片。工作锚圈须嵌入锚垫板止口内;夹片须打紧,尾部齐平。然后装入限位板,安装引伸装置、千斤顶内限位板、装油顶、工具锚和夹片。工具夹片在安装前,表面须打蜡或包裹油脂以便退锚。

④ 预应力张拉

钢绞线张拉前,全面检查压力表、千斤顶编号是否对应,检查油管是否接错,对混凝土试块试压。在确认一切无误后,方可进行张拉。按施工图的张拉顺序,采用两端张拉,按分批、分级、同步、对称的顺序进行。

⑤ 压浆、封锚

在预应力筋锚固完毕并经检验合格后,用手持式砂轮切割机切割套筒端头多余钢绞线,切头离塔壁不少于 3 cm,以便封锚。切割后,采用干硬性高标号砂浆封堵套筒,使外露钢绞线、锚垫板、夹片全部包裹,同时注意清理压浆孔。在砂浆强度达到 2.5 MPa 后,开始真空辅助压浆。

（7）支架拆除

横梁支架拆除过程中的危险性较大,拆除过程中需考虑拆除难度、作业环境、支架稳定等一系列问题,所以制定一个详细的拆除步骤,对于高大支架拆除安全至关重要。

横梁支架拆除流程如图 8-21 所示。

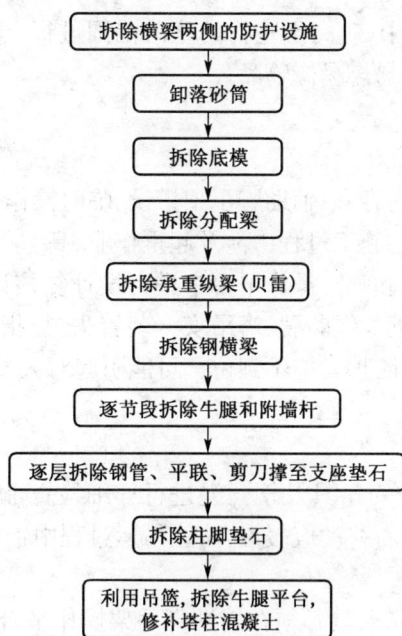

图 8-21 横梁支架拆除流程图

2. 危险性分析与控制措施

（1）支架搭设和拆除

① 危险性分析

支架搭设和拆除涉及起重作业、电气焊作业和高处作业。可能存在的危险有害因素为:未按搭设和拆除的步骤或要求作业,以及重要连接部位焊接质量不合格,导致支架变形或垮塌;支架搭设过程中钢管立柱轴心位置和垂直度不符合要求,导致支架承载力和安全系数减小;高空电气焊无防火花、焊渣掉落和无防触电措施,导致地面火灾和触电坠落;高空作业材料、工具等物件无防坠落措施,地面未设置高空坠物警戒区,坠落至地面伤人;钢丝绳断裂、起重设备安全装置失灵、指挥失误、作业人员未配备个人劳动防护用品或佩戴不正确、高空作业安全防护设施不到位。可能引起的事故为:物体打击、起重伤害、触电、坍塌、高处坠落和火灾等。

② 控制措施

a. 制定详细的支架搭设和拆除工艺流程,细化至每一个具体的步骤。对所有操作人员进行交底,分工明确,严格按照方案要求进行作业。

b. 支架搭设和拆除人员必须经体检合格后方可进行作业,无恐高、高血压等不良情况。焊接人员必须为专职持证电焊工,具有丰富的高处电焊作业经验,能正确、熟练地使用安全带。

c. 施工吊篮必须经设计验算合格,对焊缝、吊耳等重要部位进行严格检查,阻燃型安全网和脚手板设置符合要求。施工吊篮高空固定后应具有一定的抗风性,具备较轻微的晃动幅度。

d. 缀杆两侧焊接 1.2 m 高的钢制护栏,焊接质量满足要求,内侧挂设阻燃型安全立网,满足人员行走所需空间。

e. 支架搭设和拆除过程中,对高空坠物的坠落范围进行全封闭围挡,整个坠落范围内不得进行其他作业,不得存放易燃易爆物品。

(2) 钢筋工程

① 危险因素分析

本作业工序主要的作业内容有:辅助脚手架搭设、临时操作平台搭设、钢筋吊运和绑扎、临时操作平台及脚手架拆除。施工过程中涉及起重作业、高空作业和电气焊作业,可能存在重大危害因素有:辅助脚手架和临时操作平台未进行设计复核计算或没有按施工方案要求施工、钢筋吊装过程中滑落、钢丝绳断裂、塔吊安全装置失灵、指挥失误、临时操作平台安装不牢固、高空及临边作业安全防护设施不到位。可能引起对人员的伤害风险主要有:起重伤害、高空坠落、物体打击等。

② 控制措施

a. 在进行钢筋吊运前,要对吊具及钢丝绳进行详细检查,确认吊具完好。吊点要在钢筋重心两侧对称设置,上下左右移动应缓慢,防止吊运过程中钢筋倾斜滑落。设专人进行指挥,与塔吊间的指挥信号清晰。

b. 绑扎两侧钢筋时,作业人员必须在辅助脚手架操作平台上进行作业,操作平台上要铺设脚手板,并绑扎牢固;作业人员要正确使用安全帽和安全带,防止作业过程中发生人员坠落或碰擦事故。

(3) 模板安装和拆除

① 危险因素分析

模板安装过程中,主要涉及起重作业、高空作业。可能存在的重大危害因素有:钢丝绳断裂,模板掉落;起重设备安全装置失灵;风力导致模板晃动,撞击人员、设备或构筑物;高空作业安全防护设施不到位;模板拼接不牢固,发生倾覆跑模。可能引起对人员的伤害风险主要有:起重伤害、高空坠落、物体打击等。

② 控制措施

a. 在进行模板吊装前,要对吊具及钢丝绳进行详细检查,确认吊具完好。设专人进行指挥,与塔吊间的指挥信号清晰。

b. 侧模和底模为大面钢模,在吊装过程中受风力影响较大。风力大于 4 级时不宜进行吊装作业,就位时要拉好缆风绳,防止模板摆动弧度过大,撞击结构物和人员设备。

c. 模板就位后,要及时采取措施进行有效固定,不得临时支撑后固定。建筑钢模堆放整齐,不得随意摆放。

d. 模板拆除时,作业人员应系好安全带,按从上到下的顺序逐块拆除,不得强行撬、拉、砸。拆除侧模时,应使起吊钢丝绳稍微吃上力后,方可进行拆除作业。

（4）混凝土浇筑

① 危险因素分析

混凝土工程的作业内容主要有：导管和布料杆安装固定、混凝土泵送和振捣、模板检查和监控等，主要涉及机械作业和高空作业。可能存在的危险有害因素有：堵管爆管、模板跑模等。可能引起对人员的伤害风险主要有：高空坠落、物体打击、机械伤害、触电等。

② 控制措施

a. 泵管的托架要焊接牢固，托架要铺垫橡胶或麻袋，防止泵管与托架产生摩擦，导致管壁磨损，引起爆管。泵管重复拆装过程中，注意保护橡胶密封圈和管口丝头，泵管注意及时清洗和湿润，防止堵管。

b. 根据现场布料点和泵管管路位置，合理设置振捣设备及其配电箱的位置和数量。振捣前要仔细检查振捣泵、电线、开关箱等是否安全有效，绝缘是否良好。设专人负责跟随振捣操作人员，搬移振捣泵和压力管。

c. 混凝土浇筑过程中要安排专人对模板变形情况进行巡查，发现异常情况或征兆时，要及时向现场指挥报告，采取有效措施进行加固处理，防止因跑模、炸模等现象而发生质量或安全事故。

9 中塔沉井水上施工安全技术

泰州大桥中塔基础采用了长58 m×宽44 m×高76 m的沉井,是世界上入土最深的水中沉井基础。该沉井分成上下两段,下段为钢沉井,由厂内预制后拖运至现场定位;上段为混凝土沉井,由水上接高完成。钢沉井水上定位、着床非常困难,混凝土沉井水上接高工艺复杂、难度大,该水中特大型沉井基础的安全控制技术和管理难度极大。

9.1 中塔沉井简介

9.1.1 工程概况

1. 沉井结构

沉井是井筒状的结构物,它是以井内挖土,依靠自身重力克服井壁摩阻力后下沉到设计标高,然后经过混凝土封底并填塞井孔,使其成为桥梁墩台或其他结构物的基础。

泰州大桥中塔沉井基础为圆角矩形,平面长58 m,宽44 m,相当于半个足球场大,沉井平面被2道横隔墙和3道纵隔墙分成12个井孔,标准段沉井壁厚1.6 m,隔墙厚度为1.2 m。沉井底高程为−70 m,总高度为76 m,沉井下部38 m为双壁钢壳混凝土结构,上部38 m为钢筋混凝土结构,钢沉井外壁平面布置10个直径为800 mm的射水孔。共需浇筑混凝土约10万方,最终沉入19 m深水和55 m河床覆盖层,为世界上入土最深的水中沉井基础。沉井结构如图9-1所示。

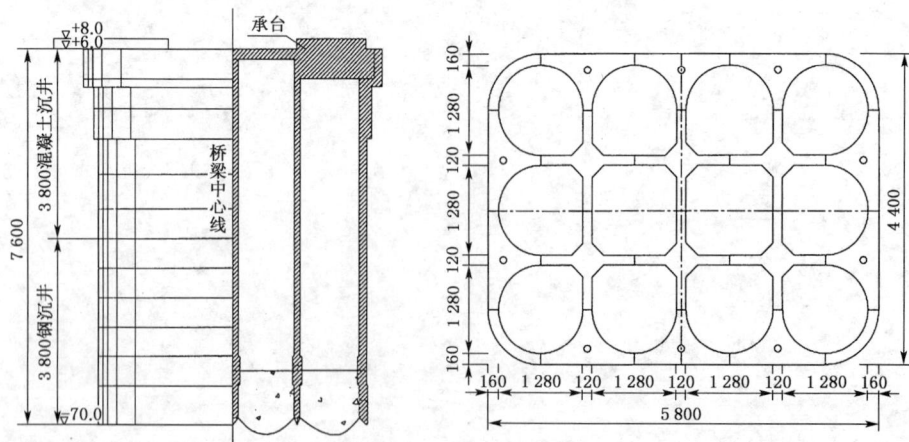

图 9-1 沉井结构图

2. 自然条件

（1）地质条件

中塔所在区域地貌属长江三角洲冲积平原区,地势平坦开阔。水域宽 2.1 km 左右,江底为平缓的"U"字形,水深普遍大于 10 m,深水区位于通道西侧的扬中一侧,为嘶马水道南延部分,最大水深约 30 m,两岸向水域坡度较大。岸上为冲积沙洲,现为大片农田,地表标高 2～3 m,最宽约 200 m。

中塔基础位于第四纪深厚覆盖层中,基岩埋深超过 200 m。地层以粉细砂为主,伴有少量中粗砂、卵砾石或亚黏土,地表存在较薄的亚黏土或淤泥质亚黏土层。沉井从上到下依次穿过粉砂、细砂层,中砂层,最后刃脚进入粗砂、砾砂层、持力层。

（2）水文条件

中塔墩位置河床面高程为 -15.4 m,断面垂线最大流速为 2.5 m/s。桥址河段位于长江下游,为感潮河段,水流受长江径流和潮汐双重影响。河川径流大时受潮汐影响小,径流小时受潮汐影响大,并会出现往复流。水位每日两涨两落,为非正规半日潮型。年内最低潮位在 12 月至次年 4 月均可发生,大部分出现在 12 月下旬至次年 2 月上旬。最大潮差和最小潮差发生在每月的朔望和上下弦后的 2～3 天内。涨潮历时 3 个多小时,落潮历时 8 个多小时。最大潮差 2.92 m,水深约 15 m,20 年一遇流量对应的流速为 2.81 m/s。

（3）气象条件

中塔桥区位于长江下游东部接近长江口区,属亚欧大陆东部亚热带季风气候。呈现四季分明、冬冷夏热、春温多变、雨热同季、冬夏长而春秋短、灾害性天气种类多而且频繁发生的特点。全年以东北东和东风为最多,频率达 10%;南风次之,频率为 9%;东南风居第三位,频率为 8%。临时码头年平均风速为 2.8～3.0 m/s。各月的平均风速以 3、4 月最大,达到 3.4～3.5 m/s,10 月份最小为 2.5～2.6 m/s。洪涝、干旱、连阴雨、暴雨、台风、寒潮、雷暴、冰雹、霜冻、大雪、大风和浓雾等时有发生。

3. 施工用电

现场临时供电从业主提供的开闭所经 10 kV 高压电缆分别引至码头的箱式变电站、中塔施工区箱式变电站。中塔距离北岸岸边 1 000 多米,由于水上箱式变电站多,为减少各箱式变电站的互相影响,水上专门设置一台高压开闭所,放置在下游定位船上,高压电缆从业主提供的开闭所引至中塔定位船上设置的水上开闭所,再由水上开闭所送至各箱式变电站,箱式变电站低压侧通过低压电缆送至各分电箱。钢围堰下沉就位后,开闭所及箱式变电站都转移至围堰上,用电总容量 2 600 kVA。

9.1.2 施工工艺

1. 工序流程

钢沉井总高 38 m,共分为 6 个节段,底节高 8 m,其余节段高度 6 m,其施工工序分成 3 个阶段:

第一阶段是钢沉井的制造、浮运、定位、着床。钢沉井节段单元在工厂制造,首节钢沉井在船台拼装完成后采用滑道辅以大型浮吊方法下水,并浮运至桥位附近的临时码头;首节钢沉井整体浮运到泰州长江大桥墩位附近岸边接高,即采用浮吊拼装至 14 m 后浇筑 3.5 m 高的刃脚混凝土,继续接高剩余节段单元至 38 m 后,整体浮运至墩位处临时锚固,利用定位系统精确定位并着床。

第二阶段是沉井的下沉与混凝土的接高。钢沉井着床后,向井壁内对称注水,并在井格内吸泥下沉至 -26 m 深度;达到预期埋置深度后,分次对称浇筑钢沉井井壁混凝土,吸泥下沉施工交替进行;混凝土沉井接高下沉,采用翻模法逐节接高混凝土沉井,每接高 1~2 节下沉一次,汛期以前下沉至 -60 m 的稳定深度,以满足安全度汛要求。

第三阶段是进行沉井封底施工。沉井封底厚度为 11 m,分 6 次进行,共需为沉井的 12 个井孔浇筑,以封闭沉井底部,形成平稳坐落于河床地层的沉井整体。

其基本的工艺流程如图 9-2 所示。

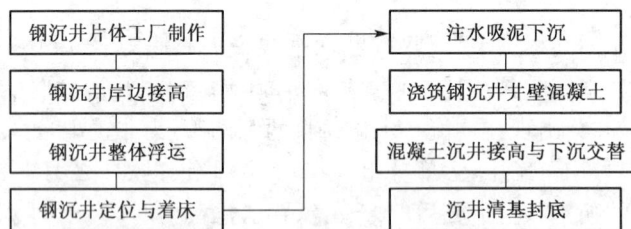

图 9-2　沉井工艺流程图

2. 难点分析

中塔沉井基础处于长江下游,多以砂层为主,在施工过程中主要存在以下几个方面的难点:

(1) 河床局部冲刷对沉井着床定位的影响。墩位处于长江感潮河段,且河床面为粉细砂层,易受水流冲刷,增加了沉井着床难度。

(2) 钢沉井定位系统的选择。施工区域水深、流急、航道繁忙,加剧了沉井在定位过程中的摆动现象,增加了沉井施工过程中的风险。

(3) 沉井终沉控制措施。沉井自由长度(高出河床面部分)和自重均较大,且持力层为粉砂层,如何防止沉井在终沉阶段的突沉、超沉现象是难点。

(4) 沉井施工过程监控系统。沉井在施工过程中处于动态平衡状态,传统的人工测量方法测量周期较长,数据整理缓慢,信息反馈滞后,无法实现沉井快速、准确定位,增加了沉井施工过程中的不确定性。

9.2　钢沉井施工安全技术

9.2.1　施工方案

钢壳混凝土沉井钢壳在工厂分节分块制作,首节钢壳沉井高 8 m,在船台上拼焊完成后,通过滑道法下水,并浮运至桥位附近的临时码头;分节接高钢壳至 38 m,再整体浮运至墩位,利用定位系统精确定位并着床下沉;待达到一定埋置深度后浇筑钢壳夹壁混凝土,然后进行沉井吸泥下沉和混凝土沉井接高的交替作业;至沉井下沉至设计标高后,进行清基和封底。

　1. 钢沉井制作

钢沉井节段单元在工厂制造,首节钢沉井在船台拼装完成后采用滑道辅以大型浮吊方法下水,并浮运至桥位附近的临时码头;首节钢沉井整体浮运到墩位附近岸边接高,即采用浮吊拼装至14 m后浇筑3.5 m高的刃脚混凝土,继续接高剩余节段单元至38 m后,整体浮运至墩位处临时锚固。

　2. 钢沉井浮运

根据所浮运钢沉井的结构、尺寸特点,结合客观环境条件,采用5艘拖轮拖运,额外配备1艘3600HP拖轮作为机动应急拖轮。

在浮运前首先要对桥位处历年的气象和水文资料进行分析,确定浮运最佳时机。然后测量人员通过对河床的长期检测,确定最佳浮运路线,并做好标记。然后根据沉井的总重量、吃水深度以及收集到的气象、水文资料等,确定浮运所需马力。最后召开协调会,明确组织分工、统一指挥等相关事宜。

　3. 钢沉井定位

大型沉井浮运至墩位后,需对其进行定位、调整。中塔沉井定位由常规"定位船+导向船+锚系"的柔性体系创新为"钢锚墩+锚系"的刚性体系进行就位、调位。

沉井定位采取动态控制法,与沉井注水下沉同步进行,其施工步骤为:首先利用锚墩定位系统各个方向上的拉缆对钢沉井进行平面位置的调整定位;然后通过上下拉缆对钢沉井的垂直度进行调整或调整各隔仓的注水量来辅助调整沉井垂直度。沉井调位又分2个阶段进行:粗定位和精确定位。粗定位在沉井浮运到位,拉缆转换完毕之后进行;精确定位在沉井着床之前进行。

　4. 钢沉井着床

最后就是沉井的着床,这也是沉井施工最关键、最困难的一步。沉井着床分3个阶段:全断面均匀注水下沉,下游刃脚着床后的不均匀注水下沉,吸泥下沉至一定的稳定深度。另外,着床的时机一定要把握准确,选择原则是:着床时段的水流流速小、流态稳定,且维持时间较长,这样有利于钢沉井的精确定位及下沉。

9.2.2　钢沉井浮运

钢沉井在码头位置进行临时定位,采用2台200 t大型浮吊分层接高至38 m,再浮运至中塔墩设计墩位处定位。

　1. 浮运前的准备工作

(1) 收集桥位处历年的气象和水文资料,特别是往年同期的气象和水文资料,通过分析确定浮运最佳时机,并做好近期天气预报的跟踪记录。

(2) 测量人员通过对河床的长期检测,确定最佳的浮运路线,并做好标记。

(3) 将临时定位船在墩位处抛锚定位,并将各锚缆系挂在临时定位船上。

(4) 根据沉井接高至38 m时沉井的总重量、吃水深度以及收集到的气象、水文资料等,对沉井浮运过程中的稳定性、浮运阻力进行计算,并确定浮运所需马力。

(5) 召开由项目部、海事、轮舶公司等相关单位负责人参加的协调会,明确组织分工、统一指挥等相关事宜。

2. 浮运设备

根据中塔钢沉井的结构、尺寸特点,结合客观环境条件,沉井浮运设备采用 5 艘拖轮,共计 15 200 马力,另外配备 3600HP 拖轮 1 艘(扬州港拖轮),作为机动应急拖轮。宁港 1 号、宁港 2 号、宁港 3 号、宁港 8 号轮均采用偏绑形式,宁港 9 号轮为正顶,扬州港拖轮作为机动应急拖轮在附近水域待命。沉井拖轮编队布置见图 9-3 所示。

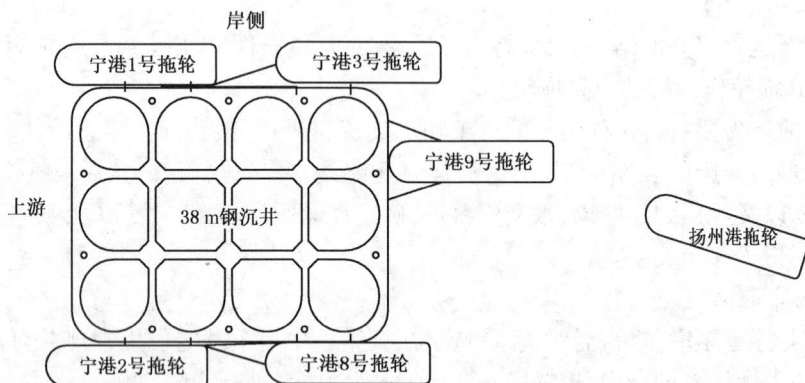

岸侧

宁港1号拖轮　宁港3号拖轮

宁港9号拖轮

上游　38 m钢沉井　扬州港拖轮

宁港2号拖轮　宁港8号拖轮

图 9-3　钢沉井拖轮编队布置图

3. 现场浮运

根据施工水域 11、12 月份的潮位曲线分析得出:在 2007 年 11 月 11 日高潮位时,水位标高可以达到 315 m,再结合实际的河床地形测量结果,浮运路线位置水深可以达到 13～18 m,符合沉井浮运 1 116 m 吃水的要求,因此浮运时间定为 2007 年 11 月 11 日。

11 月 10 日下午,5 艘浮运拖轮开始进场,与钢沉井进行编队,拖轮采用 1 顶 4 绑的拖浮方式。11 日 6:00 左右,在施工水域水位达到高平潮时,割除钢沉井上下游的临时锚缆,沉井编队从接高场地出发,开始浮运。浮运全程由测量船引航、护航船护航、扬州港的 1 艘 3600HP 全回转拖轮协助。由于事先准备充分,浮运过程十分顺利。8:30 时,钢沉井成功浮运到泰州大桥中塔墩设计墩位处与临时定位船连接,随即开始进行转缆,在沉井上、下游主拉缆转换至沉井上后,拖轮散队离场,浮运施工结束。

9.2.3　钢沉井定位

1. 沉井定位方案比选

沉井定位的施工方法分为锚定系统定位法和导向墩定位法两类,其中锚定系统定位法又分为双向定位船+导向船定位法、定位船定位法和锚墩定位法。针对本工程的结构、环境特点,同时考虑到施工安全风险,对上述定位方法进行比选。

(1)双向定位船+导向船定位法

该方案在上下游分设定位船和导向船锚缆系统,定位船调控导向船,导向船调控沉井。该方案的优点:锚定系统施工与钢壳制作同时进行;导向船可供起重设备安装和放置;工艺成熟,易控制工期。但是,也存在以下不足:其投入船舶比较多,且船舶改造量大,占用时间长,成本较高;导向船制约浮吊接近沉井,吊装作业受到影响;受沉井宽度控制,导向船之间的连接横梁体量庞大;系统受双向流影响,且为柔性体系,定位精度比较差。

（2）定位船定位法

该方案与方案（1）类似,在上下游分别设定位船锚缆系统,通过转换锚缆系统调控沉井,具有工艺成熟、施工方便、节约成本等优点。但是,没有可供设备安放的平台;随着沉井下沉,主拉缆需要不断倒缆、调整,直接作用于沉井的边缆也需要调整,施工不方便;而且,也是柔性体系,受双向流影响,定位精度比较差。

（3）锚墩定位法

该方案在上下游分设锚墩和拉缆系统,辅以横江向锚缆系统,实现沉井的调整和定位。该方案的优点:锚墩施工与钢壳沉井制作同时进行,易于控制工期;卷缆设备安装在锚墩上,调控操作便捷;刚性导向,安全可靠,定位准确;锚墩兼作临时防撞设施,有可能改造为永久防撞墩等。其不足在于:投入的设备和材料较多,成本相对较大;在沉井下沉过程中需要对主拉缆和边拉缆进行倒缆和调整;应用实例较少,施工方法尚不成熟。

（4）导向墩定位法

该方案在紧邻沉井的位置设导向墩,以拉缆系统调控沉井。导向墩可在上下游或横江向设置,亦可呈"U"字形布置。该方案的优点是:导向墩施工与钢壳沉井制作同时进行,易于控制工期;有较好的施工设备平台;沉井定位及调整方便等。但是,也存在以下不足:导向墩支撑桩会加剧河床冲刷,在易冲刷河床上施工安全风险比较大,且沉井下沉对导向墩也带来很大的安全风险;投入的设备和材料较多,成本相对较大;导向墩的支撑桩沉没精度也会给沉井下沉带来影响。图9-4为导向墩定位系统图。

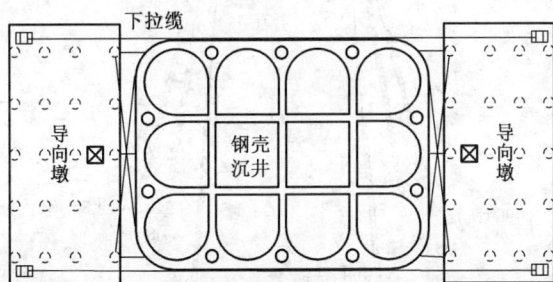

图9-4 导向墩定位系统图

通过对上述4个方案的施工可行性、技术先进性、工期控制、经济性以及施工风险等进行全面比选,结合泰州大桥施工期河床冲刷试验结果等综合评估,选择了锚墩定位法作为沉井下沉方案。

2. 沉井定位方案

钢沉井浮运到墩位处后,钢沉井的就位主要是利用上、下游锚墩上的卷扬机和滑车组对钢沉井上各个方向拉缆拉力进行控制,从而实现对钢沉井平面位置的调整定位。

（1）锚墩定位系统

通过对河床局部冲刷模型试验和沉井摆振机理分析,并结合实际情况,从施工工艺、施工风险、可操作性工期控制和技术经济性等方面进行比选分析,泰州大桥钢沉井定位工程采用"钢锚墩＋锚系"的半刚性定位系统。图 9-5 为泰州大桥锚墩定位系统图。

① 定位锚墩

钢沉井的两个定位锚墩,分别布置在中塔桥墩位桥轴线上下游的 170 m 处。上游锚墩结构采用 20 根斜率为 5∶1 的 $\phi 1\,200\,mm \times 14\,mm$ 钢管桩作为桩基,顺水流方向 3 排间距分别为 4 m、7 m、4 m,横向 5 排间距均为 6 m。

② 锚缆设置

在沉井的上下游正面,各布置 4 根主缆和 2 根下拉缆,在沉井南北侧各布置 6 个 8 t 海军锚作为边锚,其中 4 个为边缆侧向边锚,2 个为下拉缆侧向边锚。

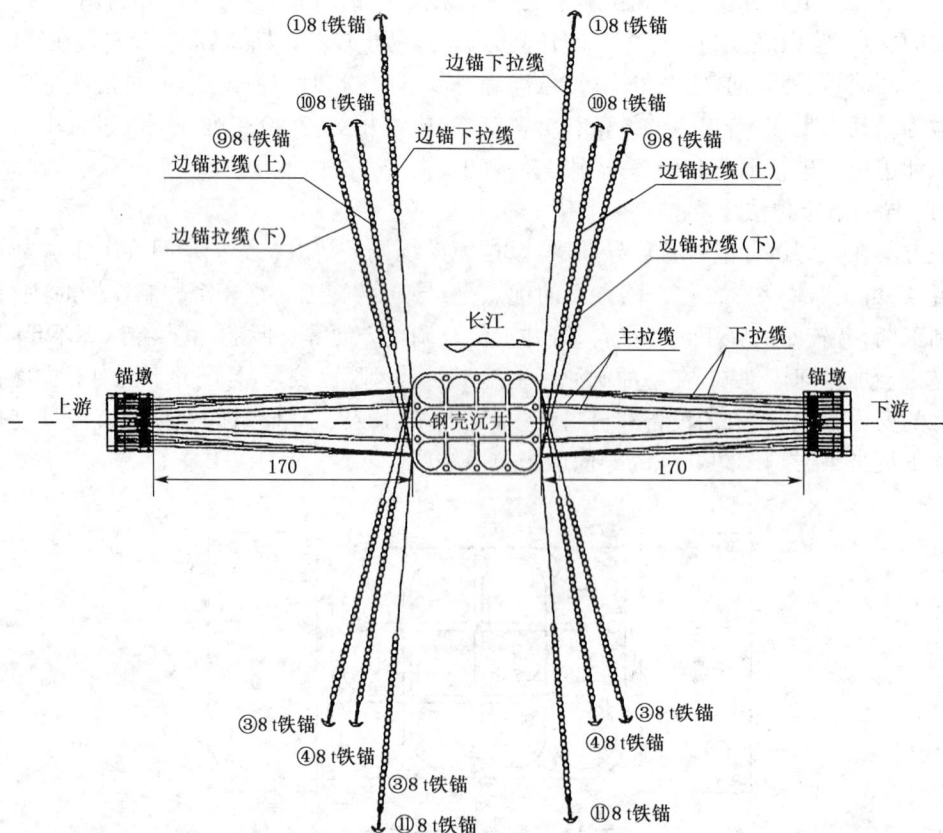

图 9-5　泰州大桥锚墩定位系统

相比于其他定位系统,该系统具有以下优势:

① 系统刚度大,施工操控性强,同时能有效地抑制沉井在定位过程中的摆动现象。

② 减少锚墩对沉井着床区域河床局部冲刷的影响。

③ 施工水域面积小,减少施工对航道的影响。

④ 上下游锚墩还兼顾防撞功能。

"钢锚墩＋锚系"的半刚性定位系统增强了系统的操控性,使沉井准确定位、精确着床。同时,该系统也有效抑制了沉井在施工中的摆动现象,降低了施工风险,为沉井的顺利下沉提供了有力的保障。

（2）沉井初定位

① 转缆施工

所有锚缆在沉井浮运之前，已系挂在临时定位船上。钢沉井浮运到墩位处后，在拖轮的帮助下靠近临时定位船（采用 200 t 浮吊）并临时绑定，然后按照先后顺序把已经系在临时定位船的主拉缆、边缆和下拉缆转到钢沉井系缆点上，并适当紧缆。转缆完成，用卷扬机调整每根拉缆拉力，严格控制每根缆绳受力，缆绳拉力通过传感器和拉力表进行双控。

② 沉井初定位

钢沉井顺江向定位，通过调整设置在上下游的主缆缆力来控制，南北向定位通过调整沉井南北侧边锚缆绳缆力来控制，钢沉井的垂直度通过调整下拉缆和主缆缆力来实现。转缆完成后，首先利用锚墩平台上卷扬机系统调整上下游主拉缆缆力，进行顺位置调整，然后利用南北两侧边锚锚缆调整钢沉井横江位置。钢沉井就位时，严格控制每根拉缆的索力，对上下游下拉缆和主缆缆绳进行监控，随时调整每根缆绳受力，使缆绳受力均匀。与此同时，测量人员对沉井顶面高差做全面观测，若顶面高差过大应及时调整下拉缆和主缆，将钢沉井调平。沉井初步定位完成后，收紧边锚缆、下拉缆及主缆。

（3）定位测量

钢沉井定位时，平面位置和高程采用 GPS 测量全站仪校核的方法进行定位。在岸上设置 GPS 测基准站，然后用 2～4 台徕卡 SR 530 接收机分别置于沉井顶面的轴线控制点和 4 个角点上进行即时测量，同时用全站仪极坐标法进行校核，以此来保证沉井中心偏差在容许范围内。沉井的倾斜度和扭角都是通过测量 4 个轴线控制点高程和坐标推算出来的。

3. 沉井定位下沉监测

沉井在施工过程中受到水流力、风力等外界因素的影响，很容易产生偏位、扭转、倾斜等。为了保证沉井基础施工的质量及安全，在沉井定位、着床、吸泥、接高、下沉、终沉、封底等全过程中，均采用数字化动态监控系统对沉井进行了实时监测。主要监测内容如下：

（1）几何姿态监测

在沉井顶面四周布设 4 个监测点，点位根据现场情况而定，设立测量点位标志。安装 GPS 接收机天线，与岸侧的 GPS 基准站组网。构成实时动态相对定位，各测点的 GPS 测量数据传输到监控中心，实时生成各测点的坐标和高程。通过计算分析，实时显示沉井顶面中心位置、标高、平面扭角、倾斜度等几何形态。采用 GPS 载波相位差分技术，几何信息的平面精度可达 $\pm 1 \sim \pm 2$ cm，高程精度为 $\pm 2 \sim \pm 3$ cm，完全能够满足沉井施工质量动态控制的需要。

（2）水下地形监测

沉井浮运前对墩位处进行了着床前的原始河床多波束扫测，定位着床和下沉过程中对外侧河床也进行了单、多波束扫测河床变化。对沉井内井孔采用测锤法监测。沉井自重加壁体内灌水配重着床入土约 3.0 cm 后，上游冲刷达到 5.5 cm，下游淤积约 2.5 cm。随着隔仓内混凝土浇筑、混凝土沉井循环接高下沉，上游冲坑逐渐加深。最深时达到 -27.0 m。下游淤积逐渐增高，河床标高曾达到 -10.0 m，与河工模型试验基本吻合。沉井上游南边比北边冲深大 1.5～2.5 m。与流向和桥轴线夹角也基本吻合。根据沉井井孔内每 1.5 m 一个测点绘制的床面等高线地形图，合理调整吸泥顺序与深度，保证了沉井底口的平面位置和整体倾斜度。

（3）锚缆受力监测

沉井主要依靠锚缆定位，锚缆是沉井抵抗水流力、波浪力和风力的主要承力部件，沉井失效会产生灾难性后果。由于流速、风速、波浪不断变化，沉井下沉时可能产生倾斜，锚缆受力也会相应变化。因此，需要对锚缆力进行动态监测，随时掌握锚缆受力状况，提供基础数据，并做出相应调整，确保其承力在许可范围。

9.2.4　钢沉井着床

1. 沉井着床方案

（1）着床时机选择

着床时机选择原则是：着床时段的水流流速小流态稳定，且维持时间较长，有利于钢沉井的精确定位及下沉。钢沉井采取隔仓注水下沉着床，着床的时机为 2007 年 12 月 1 日高平潮时段。下沉方法采取向沉井各隔仓对称注水下沉，其关键在于对称、均匀、快速注水下沉。

沉井隔仓分 4 次注水过程，具体操作和时机如下：

① 在涨潮之前提前注水

由于沉井注水方量大，不能在一个涨落潮期间内完成全部注水并着床，需提前注水。注水之前先调整锚缆进行首次精确定位，调整到位后对沉井提前注水。

② 高平潮时注水

高平潮时流速变化率小，有利于沉井着床。在高平潮注水前，先通过调整各根锚缆的拉力对沉井进行第二次精确定位，调整到位后再对沉井注水。

③ 沉井着床发生倾斜时注水

水流对河床的冲刷，造成上、下游标高不一致，使沉井着床后易发生倾斜，通过向下游隔仓多注水和偏吸泥来调整沉井倾斜现象。

④ 沉井着床平衡后吸泥下沉至着床稳定

沉井着床后，局部位置还处于悬空状态，采用沉井下游隔仓吸泥，快速将沉井刃脚沉入泥面以下，确保沉井处于稳定状态。

（2）着床程序

沉井着床分 3 个阶段：全断面均匀注水下沉、下游刃脚着床后的不均匀注水下沉、吸泥下沉至一定的稳定深度。

① 全断面均匀注水下沉

注水前首先通过调整锚缆对钢沉井进行首次精确定位，等沉井偏差在允许范围内后，在开始涨潮前 2 h（即 6:00～8:00）开始对沉井提前注水。此阶段应对称均匀地向沉井隔仓内注水，严格控制每个隔仓内的水位高度。随着沉井的下沉，流水对上游河床的冲刷也逐渐加剧。当沉井下沉至刃脚距河床面高为 110 m 时停止注水，让上游河床充分冲刷。

由桥区枯水期的流速与水文关系图可知，高平潮时流速变化率小对沉井着床有利，故高平潮注水是沉井着床之前注水的关键。在高平潮注水前，先通过调整各根锚缆的拉力对沉井进行第 2 次精确定位，等沉井偏差在允许范围内（10 cm 之内）立刻开始再次对沉井注水。

此阶段注水要求快速、对称、均匀,使沉井下游快速着床。这里要特别强调的一点是,由于流水对上下游河床的冲刷不一样,上游冲刷大,下游冲刷小,使得上下游河床标高不一样,下游高,上游低,故沉井是下游刃脚先着床,上游仍处于悬空状态。此后,在下游主动土压力的作用下,沉井有往上游跑的趋势,故沉井着床前精确定位时,应向下游预偏一定的距离,以满足最后的精度要求。预偏量应根据水文条件及施工经验确定,本桥沉井预偏量控制在30 cm左右。

② 下游刃脚着床后的不均匀注水下沉

前面已经提到,由于流水对上下游河床的冲刷不一样,使得河床上、下游标高不一致,沉井下游刃脚先着床,上游则悬空。监控数据显示:沉井上游前沿河床标高在－1 910 m左右,沉井从上游第2排井孔中心起至沉井下游范围保持在原河床－1 410～－1 510 m范围内,高差约为5 m。为维持沉井的水平和平面位置,此时需要通过向沉井各个隔仓内不等量注水,并在下游辅助不对称吸泥,来调整沉井的平面高差。下游隔仓要多注水以抵消下游河床对刃脚的支承反力。此时监控单位要加强对河床地形、沉井空间姿态和平面位置的测量并及时将监控数据反馈给现场施工人员,以便指导施工。

③ 吸泥下沉至一定的稳定深度

等到沉井上游刃脚也接触河床,即沉井全断面着床后,应恢复全断面均匀注水至一定高度以增加沉井的重量。与此同时,上游隔仓也开始同步吸泥。要特别注意的是,由于此时沉井刃脚入土深度还不深,故吸泥时要以中间吸泥形成大锅底为原则,尽量避免对刃脚进行吸泥,以免造成翻砂。随着沉井入土深度的增加,沉井在摩阻力和浮力的作用下逐渐趋于稳定。此时吸泥下沉效率也在逐渐降低,光靠单纯的吸泥使沉井下沉已是十分有限,故当务之急是增加沉井的重量,即及时进行隔仓内井壁混凝土的填注,才有利于沉井的继续下沉。下沉越多,沉井的安全性越高。沉井着床见图9-6所示。

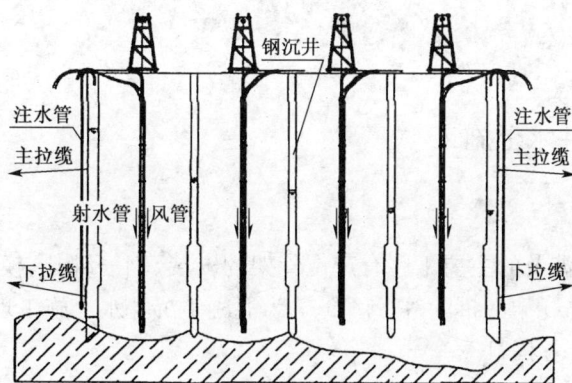

图9-6 沉井着床示意图

2. 沉井着床安全技术措施

(1) 一般偏位

一般偏位钢沉井着床后,在未下沉到足够深度前,很容易发生沉井偏位的情况。当沉井底口偏位值小于规范允许值时,我们将这种偏差视为一般偏位。一般偏位在下沉初期入泥深度较小时进行纠正,入泥深度越小,纠正就越容易,纠正的速度也越快。

纠正方法如下：首先，收紧偏位反方向的下拉缆和水平拉缆或边缆；然后，通过在偏位侧的吸泥，使沉井在缆索拉力的作用下，逐步向正确方向移动，直至偏差完全纠正。

（2）严重偏位

钢沉井着床后，如果定位偏差太大，仅靠纠偏措施很难保证其准确回复到设计位置。发生这种偏位时，一般采取将钢沉井浮起后，重新精确定位着床。在钢沉井下沉着床过程中，应严格控制注水量，使沉井稳步下沉，以便及时进行纠偏，防止严重偏位的情况发生。

（3）沉井扭转

沉井在着床时扭转往往是因为锚碇系统拉缆张拉力不均衡或斜向水流力的作用等原因造成的。沉井着床全过程必须由测量进行动态监控，一旦出现扭转，立即停止注水，并进行详细观测，确认沉井实际扭转方向及角度。沉井扭转角度较小时，可通过张拉侧向拉缆进行纠正；沉井扭转角度较大时，应将沉井浮起后，重新进行着床施工。

（4）沉井倾斜

沉井在着床时，如果加载不均衡，锚碇系统拉缆张拉力不均衡，河床不平整时，很容易发生倾斜。沉井倾斜度不大时，可以通过对沉井刃脚局部吸泥进行纠正，纠正困难时，还可利用沉井下拉缆进行辅助纠正；倾斜度较大时，应立即浮起，调整沉井姿态后重新下沉着床。

沉井着床施工，要杜绝倾斜度过大的情况出现，避免发生沉井沉没事故。造成沉井着床时倾斜度过大的主要原因有不平衡加载、河床不平整等。因此，沉井下沉过程中，必须随时进行监控，及时调整各隔仓的注水量，使沉井顶面保持水平，必要时，可在上游冲刷严重部位采取抛砂等河床防护措施。

9.3 混凝土沉井施工安全技术

9.3.1 混凝土沉井水上施工

1. 施工工序

混凝土沉井施工涉及的主要工序有定位骨架的安装、钢筋绑扎、模板安装和拆除、混凝土浇筑、混凝土修饰与托架的拆除等。图 9-7 为混凝土沉井水上施工现场图。

2. 危险因素分析与控制

（1）定位骨架的安装

① 危险因素分析

定位骨架由骨架立柱与顶面连接桁架两部分组成，施工过程中涉及起重作业、高空作业和电气焊作业，可能存在重大危害因素有：钢丝绳断裂、起重设备安全装置失灵、指挥失误、作业人员没有配备个人劳动防护用品或使用不正确、高空作业安全防护设施不到位、电气设备绝缘和接地失效；可能引起对人员的伤害风险主要有：起重伤害、高空坠落、电气伤害等，可能导致立柱倒塌，顶面连接桁架掉落。图 9-8 为定位骨架吊装现场图。

图 9-7 混凝土沉井水上施工现场图

图 9-8 定位骨架吊装现场图

② 控制措施

a. 立柱、桁架起吊之前,要对钢丝绳和吊耳进行检查;在起吊过程中,由专人统一指挥,司操人员要协调配合,吊物下方严禁站人;立柱、桁架移动时要拉好缆风绳,防止立柱、桁架摆动弧度过大,撞击工程结构及人机设备;在吊物下落过程中,设专人配合、引导立柱、桁架就位。

b. 立柱就位后,要及时焊接在预埋钢板上,焊缝要饱满,不得有咬边、气孔、裂纹等现象,焊缝厚度及焊缝长度要满足施工设计要求。

c. 在离立柱顶面 1.5 m 处焊接两根角钢,搭设临时操作平台,铺设 5 cm 厚跳板,用铁丝绑扎牢固;在桁架顶面两侧安装防护栏杆,高度不得低于 1 m,立柱间距不得超过 2 m。

(2) 钢筋工程

① 危险因素分析

本作业工序主要的作业内容有:辅助脚手架搭设、托架安装、射水孔钢管桩安装、临时操作平台搭设、钢筋吊运和绑扎、临时操作平台及脚手架拆除。施工过程中涉及起重作业、高空作业和电气焊作业。图9-9为钢筋绑扎施工现场图。

图9-9　钢筋绑扎施工现场图

② 控制措施

a. 在进行钢筋吊运前,要对吊具及钢丝绳进行详细检查,确认吊具完好,方可吊运。吊点要在钢筋重心两侧对称设置,防止吊运过程中钢筋倾斜滑落。

b. 钢筋安装时,人员必须在内侧脚手架操作平台上进行作业,操作平台上要铺设跳板,并绑扎牢固;当必须在钢筋网外侧进行作业时,要先搭设好临时操作平台,作业人员要系安全带和穿救生衣等劳动保护用品,防止作业过程中发生人员坠落事故。钢筋绑扎应牢固,特别是拉钩筋的绑扎应牢靠,拉钩筋的作用是使钢筋成型,防止施工过程中骨架变形伤人。

c. 钢筋安装完成后,要对脚手架和临时操作平台进行拆除。拆除过程中,要按照由上而下逐层拆除。拆除下来的脚手管、扣件及作业工具,不得随意抛掷,要转运到指定地点堆放整齐。

（3）模板安装和拆除

① 危险因素分析

模板安装过程中,主要涉及起重作业、高空作业。可能存在重大危害因素有:钢丝断裂,模板掉落;起重设备安全装置失灵;风力导致模板晃动,撞击人员、设备或工程构筑物;高空作业安全防护设施不到位;模板固接不牢固,发生倾覆;模板强度不符合要求,混凝土浇筑过程中发生爆模。可能引起对人员的伤害风险主要有:起重伤害、高空坠落、物体打击等,可能导致模板倾覆、爆模,结构物、设备、设施受损。

② 控制措施

a. 模板采用翻模进行施工,施工前要对模板进行设计受力和变形计算。

b. 模板在吊装过程中,要拉好缆风绳,防止模板摆动弧度过大,撞击工程结构及人机设备。

c. 模板就位后,要及时对背架上作业通道上的人孔错层封闭,底层人孔必须全部封闭,防止人员失足坠落。

d. 模板安装如中途停歇,应将就位的桁架、模板连接稳固,不得架空搁置。

e. 模板拆除时,操作人员应系好安全带,拆模时应按顺序逐块拆除,避免整体塌落。

（4）混凝土浇筑

① 危险因素分析

混凝土工程的作业内容主要有拌和船就位、导管和布料杆安装固定、混凝土搅拌、泵送、振捣、模板检查和监控等,主要涉及水上作业、高空作业。可能存在重大危害因素有:船舶碰撞或走锚、人员落水、堵管爆管、模板爆模等。可能引起对人员的伤害风险主要有:落水淹溺、高空坠落、物体打击、机械伤害、触电等,可能导致模板爆模,设备、设施受损。

② 控制措施

a. 泵管的托架要焊接牢固,托架要铺垫橡胶或麻袋,防止泵管与托架产生摩擦,导致管壁磨损,引起爆管。

b. 混凝土输送中应注意接管质量,尤其在潮差补偿器位置的泵管要进行加固,确保焊缝质量,防止泵管脱落伤人。

c. 浇捣前要仔细检查插头、振捣器、电线、开关等是否有效,绝缘是否良好,严禁振动器在初凝混凝土、地板、脚手架、井壁等干硬的地方试振。

d. 混凝土浇筑过程中要安排专人对模板变形情况进行巡查,发现异常情况或征兆时要及时向现场指挥报告,采取有效措施进行加固处理,防止因爆模而产生安全事故。

图 9-10 为模板安装及混凝土浇筑施工现场图。

图 9-10　模板安装及混凝土浇筑施工现场图

（5）表面修饰及吊篮作业

① 危险因素分析

混凝土面修饰采用吊篮进行施工。先利用塔吊将吊篮吊至作业点,然后换用两个 5 t 的手拉葫芦调整和固定,操作人员通过爬梯下到吊篮进行作业。主要涉及起重作业、高空作业、气割作业等。可能存在重大危害因素有:手拉葫芦固定不牢固,吊篮坠落;手拉葫芦安全装置失灵；吊篮不平衡承重而倾翻；安全防护设施不到位,人员高空坠落。可能引起对人员的伤害风险主要有:落水淹溺、高空坠落、物体打击等。

② 控制措施

a. 作业前要对手拉葫芦和吊篮进行全面检查,确认手拉葫芦安全装置有效,滑轮、链条磨损在规范允许范围之内,吊钩无裂纹;吊篮的吊耳焊接牢固,底部满铺跳板,并绑扎牢固,严禁有挑头板,人员上下爬梯的梯步焊接要牢固。

b. 吊篮就位后要及时挂牢手拉葫芦,爬梯要固定牢固,严禁晃动。作业人员下到吊篮后,要先系好安全绳,以防止坠落。吊篮内严禁摆放与作业无关的工具和杂物。吊篮纵向调整过程中,两边手拉葫芦的升降要同步,避免吊篮倾斜或侧翻。在吊篮横向调整作业前,作业人员必须离开吊篮,待吊篮调整完毕并固定稳妥后,方可重新进入吊篮进行作业。

c. 在进行修饰和切割作业时,人体重心不能偏出吊篮。托架拆除时,要先拆除铺设的跳板,并用绳子提升上层作业面,集中堆放稳妥。再用塔吊将托架牵引,并适当受力,防止托架解除约束后突然下坠。待连接钢筋切割完成后,再松掉锥形螺母。拆除的螺母,不得随意抛掷,要集中放入工具箱内,转运至上层作业面。

d. 作业完成后,要对吊篮内的工属具进行清理转移,用塔吊将吊篮适当提升,作业人员解除手拉葫芦挂钩后,从爬梯撤离至上层作业面,吊走吊篮后,拆除手拉葫芦和爬梯。

3. 施工平台及安全通道设置

(1) 施工平台

为作业人员提供操作平台是通过托架支撑模板来实现的。托架与锥形螺母固定时,在锥形螺母内的丝杆长度一定要满丝连接,螺帽应拧紧,托架安装务必牢靠。为防托架左右摆动,一排的托架尾端必须用钢筋焊接连接。托架上要满铺跳板(宽度不得少于 80 cm),并绑扎牢固,外侧要安装防护栏杆,高度不得低于 1 m。现场施工作业平台布置见图9-11。

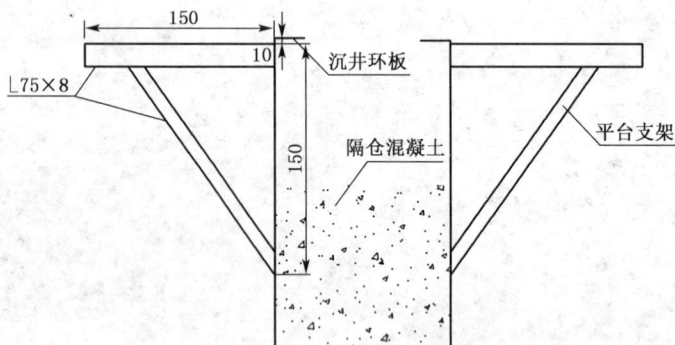

图 9-11 施工作业平台布置示意图

(2) 安全通道

安全通道是作业人员进出施工现场、应急处置的重要通路,施工通道设计的科学性、安全性关系到作业人员的安全,对工程的顺利实施至关重要,需满足:

① 要按照方便、安全、人性化、标准化的原则对作业现场的通道进行总体设计和布置。栏杆的高度、梯步的高度和宽度、顶面的防护、跳板的铺设和固定、防护网的挂设要符合规范

要求。

② 通道要严格按照设计施工,配齐防护网、栏杆等安全防护设施,设置相应的警示标志,夜间保证足够的照明。

③ 安排专人对通道进行清理维护,保持通道畅通。通道内不得设置或堆放配电设施、工属具、小型机具、施工用材料、废旧材料等,维护人员要经常检查通道的安全情况,及时清理通道上的建筑垃圾和影响通行的所有物品,损坏的栏杆、顶棚、防护网、跳板、照明设施等要及时修理或更换。

图 9-12(a)为现场爬梯设计示意图,图 9-12(b)为施工现场的爬梯。

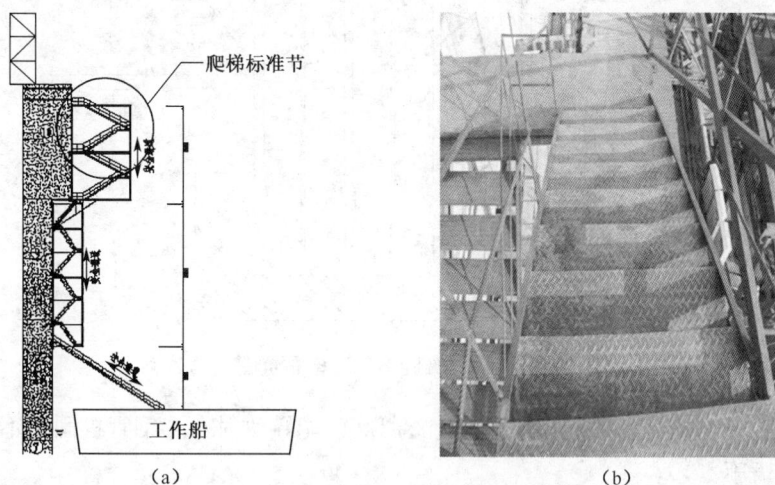

(a)　　　　　　　　　　　　　(b)

图 9-12　现场爬梯设计及现场图

9.3.2　沉井吸泥下沉

1. 施工工艺

泰州大桥沉井下沉采用不排水吸泥下沉,吸泥方法主要采取冲吸法。从开始吸泥到沉井底标高达到 $-70\,\mathrm{m}$,总吸泥量超过 13 万方。沉井吸泥下沉施工涉及的主要工序有射水孔钢管桩接长、龙门吊吊装、送气管道布设、出泥管道的布设和固定、空压机操作、沉井注水吸泥下沉等。

图 9-13 为吸泥下沉设备布置图。

2. 危险因素的分析与控制

上述工序涉及塔吊起重作业、高空作业、电气焊作业和水上作业。由于各工序作业内容、使用设备、作业部位的不同,存在的危害因素和针对性的控制也有差异。

(1) 射水孔钢管桩接长

① 危险因素分析

射水孔钢管桩接长涉及起重作业、高空作业和电气焊作业,可能存在重大危害因素有:钢丝绳断裂、起重设备安全装置失灵、指挥失误、作业人员没有配备个人劳动防护用品或使用不正确、高空作业安全防护设施不到位、电气设备绝缘和接地失效;可能引起对人员的伤

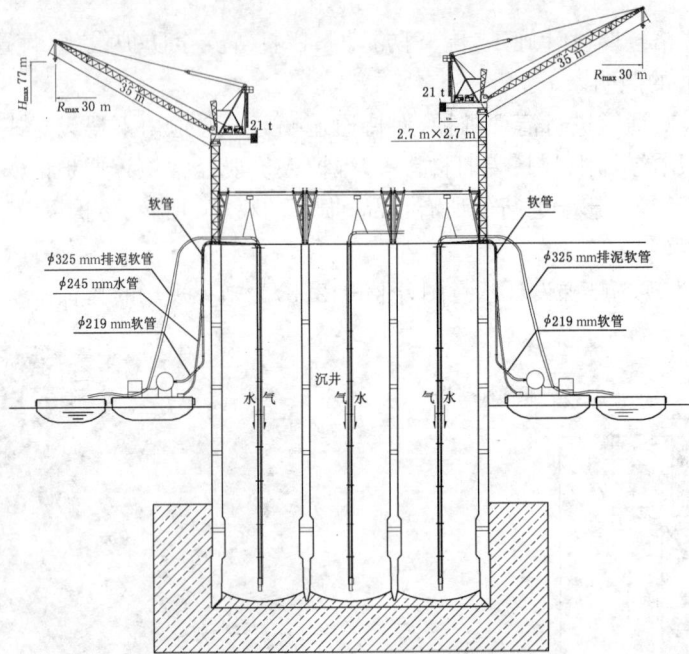

图 9-13 吸泥下沉设备布置图

害风险主要有:起重伤害、高空坠落、电气伤害等,可能导致射水孔钢管桩固定不牢而垮塌。

② 控制措施

a. 钢管桩起吊之前,要对钢丝绳和吊耳进行检查,对断丝超过规范要求的钢丝绳进行更换,确认吊耳的焊缝无裂纹及其他异常现象,防止起吊过程中钢丝绳断裂、吊耳脱落、吊物坠落伤人,并拴好缆风绳。在起吊过程中,由专人统一指挥,司操人员要协调配合,吊物下方严禁站人。当现场风力超过六级时,要停止吊装作业。

b. 射水孔钢管桩接长应竖直,环向焊缝应打坡口焊,焊缝厚度不应小于 8 mm。如钢管桩局部有破损现象,应在破损处增设加强筋板,加强筋板厚度不应小于 10 mm。

c. 焊接作业时,作业人员要穿戴好护目镜、电焊手套、绝缘鞋等个人防护用品。电气设备要进行有效接地和绝缘。临时操作平台要搭设牢固规范,铺设 5 cm 厚跳板,用铁丝绑扎牢固。钢管桩就位后,在临时操作平台上进行焊接作业的人员要系好安全带,防止坠落。

(2) 井顶移动门架吊装

① 危险因素分析

井顶移动门架主要用于吸泥设备的频繁移动、提升等工作。移动门架采用 20 t 小型龙门吊。移动门架配备 6 台,门架轨道布置于沉井井壁顶面,井顶移动门架吊装过程中,主要涉及塔吊起重作业、高空作业、电气焊作业。

可能存在重大危害因素有:钢丝断裂移动门架掉落;塔吊安全装置失灵;移动门架晃动,撞击人员、设备或工程构筑物;高空作业安全防护设施不到位;轨道固接不牢固,移动门架使用过程中发生倾覆。可能引起对人员的伤害风险主要有:起重伤害、高空坠落、物体打击、电气焊伤害等,可能导致移动门架倾覆以及结构物、设备、设施受损。

② 控制措施

a. 移动门架吊装前,要对起重用钢丝绳进行检查,起重作业人员要清楚移动门架重量,按起重钢丝绳的选用标准选择符合荷载要求的钢丝绳,并在移动门架重心两侧对称挂钩,防止提升过程中重心倾斜而发生晃动。

b. 移动门架在吊装过程中,要拉好缆风绳,防止移动门架摆动弧度过大,撞击工程结构及人机设备。在移动门架下落过程中,设专人配合、引导就位。当现场风力超过六级时,要停止吊装作业。

c. 移动门架轨道安装完毕后,要用焊接在预埋件上的轨道卡环固定牢固,防止在移动门架移动过程中,轨道倾斜,导致移动门架脱轨倾覆。

d. 移动门架就位后,要及时安装在轨道上,并用夹轨器固定,防止移动门架在轨道上自由移动。

e. 安装完毕后,要对移动门架的安全报警装置、限位装置、夹轨器进行全面检查,不符合要求的要立即进行修复或更换。

f. 移动门架的电气设备要用塑料布内包、彩条布外包,防止雨水进入;上好夹轨器,并在移动门架横梁两端,用 4 根钢丝绳拉成"八"字缆,固定在轨道上。

g. 移动门架投入使用前,要邀请特种设备检验机构进行检验,取得安全检验合格证书后方可使用;操作人员必须经过专业培训,熟悉移动门架的性能、结构和维修保养规程,具有熟练的操作技能。

(3) 冲吸系统的管道布设与固定

① 危险因素分析

作业内容主要有:送气管道布设、出泥管道的布设和固定以及吸泥过程中吸泥设备的移动、提升等,主要涉及水上作业、高空作业。可能存在重大危害因素有:船舶碰撞或走锚、人员落水、软管爆裂、出泥管道大幅度摆动等。可能引起对人员的伤害风险主要有:落水淹溺、高空坠落、物体打击、机械伤害、触电等。

② 控制措施

a. 施工前,要对搁置供气设备的驳船和运渣船舶进行全面检查,确保灯光信号、通讯联络、锚泊设施完好,并派专人负责施工水域警戒,及时发现失控船舶;做好与警戒单位(安护公司)的沟通和协调,利用警戒单位的护航船舶,加强施工水域的警戒,并保持通讯畅通,及时通知过往船舶远离施工水域航行,防止外来船舶失控或误入施工水域,撞击拌和船。

b. 申请海事部门用高频提醒过往大吨位船舶,在经过施工水域时要减速慢行,防止航行波冲击拌和船,导致船体大弧度晃动或走锚,引发安全事故。在上下游锚墩上,设立灯光信号和警示灯箱,提醒过往船舶注意航行安全。

c. 送气管道、出泥管道要严格按照施工方案要求布设,并安装固定。送气管道的托架要焊接牢固,托架要铺垫橡胶或麻袋,防止送气管道摆动幅度过大伤人,送气管道支撑系统的所有焊缝要饱满,不得有咬边、气孔、裂纹等现象,焊缝厚度及焊缝长度要满足施工设计要求。

d. 由于送气时间较长,气流与管壁产生摩擦,导致管壁温度增高和磨损,容易引起爆管,为防止爆管后的高压气流对作业人员造成伤害,用 1 m 宽、1.2 m 高的铁皮,在气管穿过通道段的两侧进行阻隔。

e. 吸泥口要加缆风绳,安排专人(2人以上)负责吸泥口的摆动调整或吸泥位置的控制,支撑点应加"八"字缆锚固。

f. 吸泥过程中严格遵守机械操作和施工用电安全技术规程,电气设备检修必须由值班电工负责,其他人员一律不准乱动,防止机械伤害和触电事故。吸泥设备的频繁移动、提升要统一指挥、协调配合,移动、提升不能急转急停,人员要站在通道上进行操作,并佩戴防护用品。

(4) 沉井注水吸泥下沉

① 危险因素分析

沉井注水吸泥下沉涉及的机械设备较多,主要有移动门架(6台)、空压机(16台)、高压水泵(6台)、塔吊(4台)等。由于设备数量较多,配合协调性强,稍有不慎,极易引起机械伤害事故和管道堵塞、爆裂,导致人员伤亡、设备损坏或工期延误。

② 控制措施

a. 高压射水管与吸泥机并联固定在一起,射水嘴与吸泥机一起升降和移动,边射边吸。高压射水以垂直射水嘴冲射为主。在射水嘴旁侧设多个 ϕ5 mm 射水小孔,加强侧面射水效果。在砂层和砂黏土层,一般吸泥至坑深 1~2 m 后,泥面即自行塌陷,吸泥效果良好。

b. 中隔墙下土层,垂直射水不易直接冲射的地方,采用弯头射水嘴进行冲射,使土层坍塌冲散后,用吸泥机吸出。

c. 由于沉井施工下沉系数偏大,因此应尽量避免对刃脚处进行射水。确实需要在刃脚处射水时,射水嘴应不低于刃脚底面,防止翻砂。

d. 在吸泥过程中,加强对风量的控制。风量过大会降低吸泥效率,减少排泥量。经常摇荡吸泥管和移动吸泥位置,发挥最好的吸泥效果。单个隔仓吸泥从中央开始,对称扩向刃脚,使井底开挖的泥面经常处于锅底状态。

e. 保持吸泥管口与泥面的距离,一般控制为 15~50 cm。与泥面距离过低,容易造成堵塞;距离过高则降低了吸泥效果。在吸泥过程中,可根据吸泥的泥沙含量来确定吸泥管口与泥面的距离,并随时升降吸泥机。

f. 通过调整吸泥管口与泥面的距离,吸泥效果仍然不好时,可采用"憋风"的方法,即暂时将风管闸阀关闭,稍停几分钟后,突然打开风阀,使风量风压突然加大,可吸出比较坚硬的板结砂块或堵塞物。

g. 在吸泥管顶部弯头部位,容易出现卡石的现象,在此处预设可拆装式的天窗。在发生弯管堵塞时,可打开天窗,取出堵塞物。吸泥直管发生堵塞时,可用一根较重的钢轨或型钢吊入管内,进行冲击疏通。

h. 在砂类及粘砂类土层中,井内水位一般不宜低于井外 1~2 m,防止刃脚位置发生翻砂。一般情况下,利用井壁连通孔的自然补水可满足补水要求。当自然补水不能满足要求时,必须采用潜水泵向井内补水。

i. 正常下沉的情况下,刃脚位置处应尽量避免直接进行冲吸,以免刃脚处局部吸空而引起翻砂。中隔仓踏面位置吸泥困难时,可采用弯头吸泥。施工时应注意,弯嘴不得对准刃脚方向吸泥,以免刃脚处局部吸空而引起翻砂。在进行中隔仓踏面位置吸泥时,可利用预埋在中隔仓的声测管及踏面处的射水嘴,进行高压射水,冲散凝结在踏面位置的泥沙块。

j. 开始吸泥时,应先启动风阀,然后再下放吸泥管,避免管口堵塞。停止吸泥时,应先将吸泥管提升到一定高度后,出浆口是清水时,再关闭风阀,避免导管内的泥沙倒灌入吸泥器风管内,造成堵塞。

k. 吸泥过程中,应随时观察风压的变化,防止由于风压下降,送风机回风,使导管内泥沙倒灌入吸泥器风管内,造成堵塞;随时测量、掌握泥面变化情况,防止土层塌陷或由于翻砂造成吸泥器被掩埋;井内应避免木块、工具、测锤等各种杂物坠入井底,避免因此而造成吸泥管堵塞。

3. 沉井结构下沉安全技术措施

(1) 沉井刃脚发现异物

根据中塔墩所处的位置及地质钻探资料,在墩位处可能出现沉船、古树干(根)、地质钻探时掉落的钻具等不利于沉井下沉的异物。

① 现象

沉井在吸泥下沉过程中,下沉速率突然异常减小,甚至停止下沉,沉井出现倾斜或偏位。

② 原因分析

沉井刃角位置局部出现异物,如古树干(根)、沉船、钻探时掉落的钻具等,使沉井局部下沉阻力急剧加大,从而造成沉井下沉速率的异常减小或停止下沉。由于沉井平面尺寸巨大,局部增大的下沉阻力,使沉井各部位下沉系数出现较大差异,从而造成沉井倾斜或偏位。

③ 预防措施

a. 地质探测

在沉井施工前,对沉井区域内进行详细的地质钻孔探测,充分掌握沉井区域内的详细地质情况,以便提前制定应对措施。对沉井壁下部3 m以内的各种地下障碍物,下沉前先行开挖取出。

b. 测量控制检测

加强测量控制和监测,内容包括:沉井倾斜度、沉井顶面各测量控制点的平面位置偏差及标高。

沉井倾斜度可以利用在沉井内壁上设置的垂度观测标志进行测量。平面位置采用GPS测量。高程采用GPS或全站仪测量。每班观测不少于2次,观测成果如实记录,利用测量记录数据绘制时间—倾斜度变化曲线图、时间—平面位置变化曲线图、时间—下沉量变化(下沉速率)曲线图。定期对测量结果进行分析,一旦发生异常,应立即停止沉井吸泥下沉,查找原因。

④ 治理方法

a. 确定是由于沉井刃角出现古树干(根)、钻探时掉落的钻具等障碍物阻碍时,应首先探明异物的具体位置、大小等情况。水深小于50 m时,由潜水员采用重潜水下探摸。水深超过50 m时,由潜水员采用氦氧潜水探摸,或采用水下摄像头、水下机器人等进行观察。

b. 如果刃角障碍物是古树干(根)时,可由潜水员在水下将四周土挖空后,将钢丝绳拴在古树上,采用移动门架或塔吊强行吊出。如果无法强行吊出,则由潜水员在水下将古树锯断后,用移动门架或塔吊分段吊出。

c. 如果刃角障碍物是钻探时掉落的钻具时,可由潜水员在水下将钢丝绳拴在钻具上,采用移动门架或塔吊强行吊出。如果无法强行吊出,则由潜水员在水下将钻具割断后,用移动门架或塔吊分段吊出。

d. 刃角异物排除后,应立即对沉井的倾斜度或偏位进行纠正。

(2) 沉井偏位及倾斜

① 现象

沉井下沉过程中或下沉后,沉井发生倾斜,使沉井中心线与刃脚中心线不重合,沉井垂直度出现歪斜,超过允许范围。沉井轴线位置发生一个方向偏移(称为位移),或两个方向的偏移(称为扭位)。

② 原因分析

a. 土层软硬不均,或挖土不均匀,使井内土面高低悬殊;或局部超挖过深,使下沉不均;或刃脚下掏空过多,使沉井不均匀突然下沉,易导致沉井偏位或倾斜。

b. 不排水下沉沉井,未保持井内水位,造成向井内涌砂,引起沉井偏位或歪斜。

c. 刃脚局部被异物搁住,未及时处理。

d. 沉井外临时弃土或堆重对沉井产生偏心土压;或在井壁上施加施工荷载,对沉井一侧产生偏压。

e. 沉井下沉封底时,未分格、逐段对称进行,造成沉井不均匀下沉而引起倾斜。

f. 测量偏差未及时纠正。

③ 预防措施

a. 加强测量和监测,在沉井外和井壁上设控制线,内壁上设垂度观测标志,以控制平面位置和垂直度,每班观测不少于 2 次,发现偏位或倾斜应及时纠正。

b. 根据不同土质情况,采用不同的吸泥工艺,分层开挖,使挖土对称均匀,刃脚均匀受力,沉井均匀、竖直地平稳下沉。对松软土质,可先挖沉井中部土层(每层约深 40~50 cm),沿沉井刃脚周围保留土堤,使沉井挤土下沉;对中等密实的土,如刃脚土体吸出后仍很少下沉,可再从中部向刃脚分层均匀削薄土堤,使沉井平稳下沉;对土质软硬不均的土层,应先挖硬的一侧,后挖软的一侧;对流砂层只挖中间不挖四周。

c. 利用井壁连通孔向井内自然补水,保持井内水位不低于井外水位 1 m,以防向井内涌砂。必要时,还可用潜水泵向井内补水,维持沉井内外压力平衡。

d. 刃脚遇异物搁住,可将四周土挖空后取出。

e. 沉井上施工荷载,务使均匀、对称。井外不得卸土,弃渣全部由运渣船外运至指定地点排放。洪水期沉井进行动态防护,在沉井上游侧抛填块石等,避免上下游井外堆载相差过大。

f. 下沉井过程中加强测量观测,在沉井外设置控制网,及时掌握监控信息并作出处理。加强测量的检查和复核工作。

④ 治理方法

a. 在初沉阶段,一般可采取在刃脚较高部位的一侧加强挖土,在较低的一侧少挖土或回填砂石来纠正。有意识地使沉井向偏位相反方向倾斜,纠正倾斜后,使其伴随向位移相反方向产生一定位移纠正。如偏位较大,也可有意使沉井偏位的一方倾斜,然后沿倾斜方向下沉,直到刃脚处中心线与设计中心线位置吻合或接近时再纠正倾斜,位移相应得到纠正。

b. 在井口上端加偏心压载纠正,使在沉井封底以前纠正达到合格。

c. 开启部分空气幕,利用空气幕助沉措施进行纠偏和纠斜。

d. 扭位可按纠正位移方法纠正,使倾斜方向对准沉井中心,然后纠正倾斜,扭位随之得到纠正。亦可先纠正一个方向的倾斜、位移,然后纠正另一个方向的倾斜、位移,几次倾斜方向纠正后,轴线即恢复到原位置。

（3）沉井不下沉

① 现象

加载吸泥后沉井不下沉,检查沉井刃角处无沉船、古树干（根）、地质钻探时掉落的钻具等障碍物后,沉井仍不下沉。

② 原因分析

当沉井重量及配重小于沉井下沉阻力时,沉井会停止下沉。下沉阻力包括沉井所受浮力、沉井外侧摩阻力以及端承力。根据本项目地质特点,在沉井下沉过程中,沉井外壁和土体的摩擦力是沉井下沉的主要阻力。由于沉井所在地质主要为砂层和砾砂层,根据我们类似工程经验,局部地层容易出现胶结层,在此情况下,端阻力将成为沉井下沉的主要阻力。如果端阻力过大,会造成沉井无法下沉的现象。

③ 预防措施

a. 在沉井施工前,对沉井区域内进行详细的地质钻孔探测,充分掌握沉井区域内的详细地质情况,以便提前制定应对措施。对沉井壁下部3 m以内的各种地下障碍物,下沉前先行开挖取出。

b. 根据实际勘测的地质资料,对沉井下沉系数重新进行计算分析。在下沉过程中,根据实际下沉中监测的各种参数,对下沉系数不断地进行验算和优化。

④ 治理措施

在沉井下沉过程中,沉井外壁和土的摩擦力是沉井下沉的主要阻力。为克服此阻力,一是加大沉井壁厚或在沉井上部增加压重,二是设法减少井壁和土之间的摩擦力。通常最简洁、有效的方法是减小摩擦力。减少摩擦力的方法很多,针对泰州大桥现有的地质资料,拟采用高压射水法。

如果下沉主要阻力为端阻力,说明很可能遇到胶结层,除了采取上述措施外,还可采取锤击破碎法、潜水员水下风镐破碎法,破坏胶结层,使沉井顺利下沉。

a. 在沉井下部井壁刃脚预埋射水管嘴,在下沉过程中高压射水以减小刃脚处阻力。

b. 利用冲击锤击法将沉井内胶结层破碎,尤其是对沉井刃脚附近的胶结层进行破碎,减小沉井下沉端阻力。

c. 对于冲击锤冲击不到的地方,可由潜水员在水下用风镐破碎,减小沉井下沉端阻力。

d. 采用水下控制爆破,破碎胶结层。

（4）沉井突沉

① 现象

沉井下沉过程中,下沉速率突然急剧增大,严重时往往使沉井产生较大的倾斜或使周围河床面塌陷,这在沉井下沉初期常常遇到。

② 原因分析

a. 在沉井重量和配重没有发生较大改变的情况下,只能是沉井端承力和外侧摩阻力突然大幅度减小,使下沉系数在较短时间内大幅增加,从而造成沉井突沉。沉井突沉通常是由于沉井下沉到软弱地质层所造成。软弱地质层的摩阻力及承载力越低、层厚越大,其危害就越大。

b. 当沉井内挖土较深,或刃脚下土层掏空过多,沉井下砂层由于动水压力的作用,向井筒内大量涌砂,产生流砂现象,而造成急剧下沉。

③ 预防措施

a. 在沉井施工前,对沉井区域内进行详细的地质钻孔探测,充分掌握沉井区域内的详细地质情况,详细查看有无软弱地质层或流砂层,以便提前制定应对措施。

b. 根据地质钻孔勘探成果,在下沉至接近软弱地质层前,减少吸泥量,避免刃脚下土层掏空,降低下沉速度。

c. 如果软弱地质层较厚,在沉井施工前,可采取对该地质层进行适当的硬化处理,提高其承载能力。

d. 利用井壁连通孔向井内自然补水,保持井内水位不低于井外水位 1 m,以防向井内涌砂。必要时,还可用潜水泵向井内补水,维持沉井内外压力平衡。

(5)黏土层吸泥下沉

根据中塔墩地质钻探资料,在沉井吸泥下沉过程中,有可能遇到局部少量的黏土层或亚黏土层。主要应对措施如下:

a. 黏土层和亚黏土层的吸泥下沉,主要采取钻法空气吸泥下沉。采用无扭矩的双头潜水钻机将井格内黏土层钻成孔洞群,再用高压水枪破坏洞壁。

b. 利用井壁预埋的射水孔,冲射踏面下泥土,减少刃脚踏面处下沉阻力。局部部位采用潜水员水下辅助射水。

4. 沉井安全度汛措施

洪水期沉井下沉的安全度汛,是沉井施工安全控制的一个重点,针对不同的情况拟采取的预防及应对措施如下:

(1)汛期来临前,沉井刃脚下沉至−60 m

a. 由于工期紧,吸泥量大,在人工、材料、设备等方面必须充分保证沉井下沉施工,确保沉井下沉施工进度按计划完成。沉井 12 个井格配备 12 套吸泥设备,同时进行沉井吸泥下沉施工,用于频繁起吊、移动吸泥器的移动门架也配备 6 台,另配备 4 台动臂式塔吊。沉井吸泥下沉计划 24 小时不间断进行,实际有效作业时间按照 18 小时考虑,以尽可能加快施工进度。

b. 对影响沉井下沉安全的环境因素进行定期观测。观测内容包括:沉井附近河床的冲淤变化、流量和流速变化等,并绘制趋势曲线图,掌握河床冲淤、流量和流速等的变化规律及趋势,以便提前做好动态防护的施工准备。

c. 采取河床动态抛石防护。当流量达到 6 万 m³ 时,启动河床动态抛石防护预案,做好抛石动态防护的准备工作(抛石设备准备、块石储备等)。当流量达到 6.5 万 m³ 时,开始实施河床抛石防护,保证汛期平均最高 9 万 m³ 流量到来时,沉井处于安全稳定状态。

d. 抛石防护必须保证沉井入泥深度不小于沉井稳定深度。

e. 抛石采用单块重量 150 kg 以上的大块石。主要采用自航式抛石船抛石,局部漏抛和沉井旁边范围,采用抓斗补抛。

(2)汛期来临前,沉井刃脚未下沉至−60 m

a. 沉井着床后,应对影响沉井下沉安全的环境因素进行定期观测。掌握河床冲淤、流量和流速等的变化规律及趋势,以便提前做好动态防护的施工准备。

b. 根据河床冲淤、流量和流速等的变化规律及趋势,以及沉井实际下沉速度,如果推测出沉井在汛期来临前,无法下沉至－60 m 时,提前启动河床动态防护预案。

c. 河床抛石防护后继续保持定期观测、抛石防护,确保沉井入泥深度始终大于沉井稳定入泥深度,保证沉井下沉安全。

d. 抛石采用大块石,抛石方法同前。

(3) 汛期来临前,沉井刃脚下沉至－60 m,但河床冲刷超过预计深度

a. 沉井着床后,应对影响沉井下沉安全的环境因素进行定期观测。掌握河床冲淤、流量和流速等的变化规律及趋势,以便提前做好动态防护的施工准备。

b. 根据对河床面的冲淤变化趋势,以及沉井实际的下沉速度和深度,可以推算出未来时间段沉井的入泥深度,当沉井入泥深度可能无法满足沉井稳定入泥深度时,应提前进行动态抛石防护。

c. 河床抛石防护后继续保持定期观测、抛石防护,确保沉井入泥深度始终大于沉井稳定入泥深度,保证沉井下沉安全。

d. 抛石采用大块石,抛石方法同前。

10 中塔钢塔施工安全关键技术

泰州大桥中塔采用世界最高的纵向为人字形、横向门字形钢结构塔,高 192.0 m。中塔每个节段自重大,吊装及其附件的安全基本上都在高空和水上进行作业,采用浮吊、塔吊相结合的吊装工艺,难度大,危险程度高,需要有合理、可靠、安全的工艺作保障。泰州大桥钢塔吊装最终采用了纵向分块、小节段吊装方案,并通过采取一系列的安全控制措施,保障了钢塔吊装施工的顺利完成。

10.1 钢塔施工概述

10.1.1 工程概况

1. 钢塔结构

泰州长江大桥主桥为三塔两跨连续钢箱梁悬索桥,采用中、边塔不等高索塔,其中中索塔为钢结构,边索塔为混凝土结构。主缆跨度布置为 390 + 1 080 + 1 080 + 390(m) 对称结构。

塔柱纵向呈人字形结构,从下到上共分为 3 个区段,下部斜腿段、交点附近的曲线过渡段及上部直线段。斜腿段倾斜度为 1∶4,直线段与斜腿段按圆曲线过渡,曲线半径为 100 m,其中曲线过渡段的高度为 22.587 m,上部直线段坡度为 3.9∶192。钢塔柱横向为门式框架结构,沿高度方向共设置 2 道横梁。

2. 节段划分

钢塔柱共划分为 13 个节段,节段划分见图 10-1。节段长度除 D0 外其余为 10.775～20.0 m 不等。其中 D0 底节段为钢混结合段,通过 34 根预加拉力的锚拉杆固定在塔柱底部混凝土内预埋的锚固件上。D1～D3 位于斜腿段,D4～D5 位于曲线过渡段,其余节段均在直线段。钢塔柱 D4 与 D5 节段间采用焊接接头,其余节段间的连接均采用高强螺栓传力与端面金属接触相结合的方式。连接螺栓采用 M30 摩擦型高强度螺栓。

钢塔柱上设置了上下两道横梁,上横梁为横置的"K"形,通过 D12 节段的横梁接头与 D12 节段连接;下横梁位于塔柱曲线过渡段,亦通过 D4 节段上的横梁接头与 D4 连接。上下横梁均为单室箱型结构,与塔柱截面相协调。上横梁顶、底板及腹板均为 24 mm 厚,采用板式加劲肋,横梁内每隔 3.0 m 设置一道横隔板,横隔板厚度为 14 mm;下横梁高 5.0 m,顶面宽 13 014.4 mm,底面宽 14 851.8 mm,顶、底板及腹板厚度均为 32 mm,亦采用板式加劲肋。横梁内每隔 3.0 m 设置一道横隔板,横隔板厚度为 14 mm。

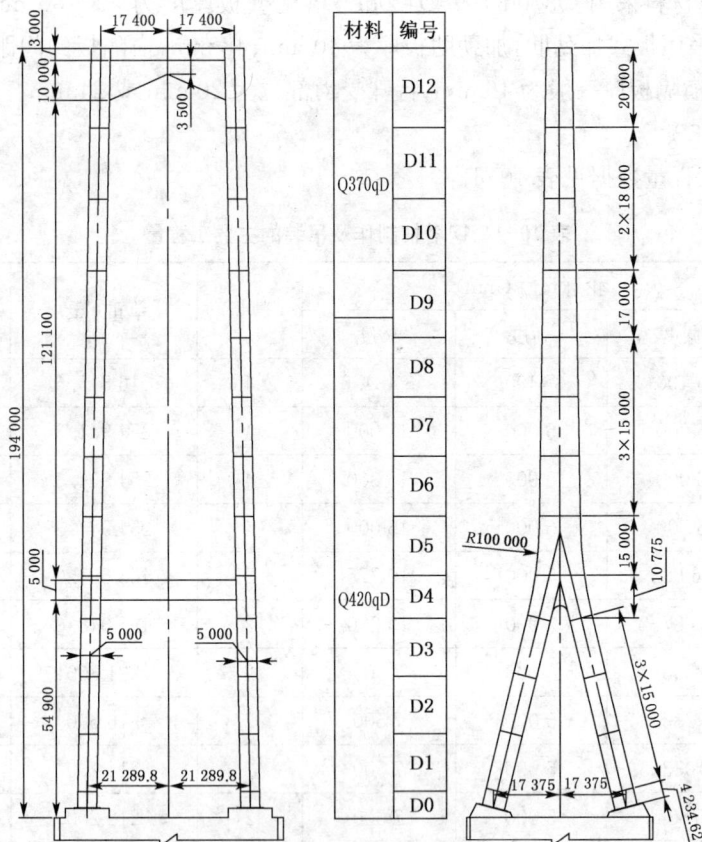

图 10-1　钢塔结构示意图

3. 箱体结构

钢塔柱为单箱多室切角矩形结构,塔柱横桥向尺寸:塔顶至塔底等宽为 5.0 m;纵桥向尺寸:直线段从塔顶的 6.6 m 变化到 10.6 m,曲线过渡段从 10.6 m 变化到 15.54 m;斜腿段(垂直塔柱)为 6.0 m。切角部位尺寸约为 600 mm×600 mm。钢塔柱截面形式见图 10-2。

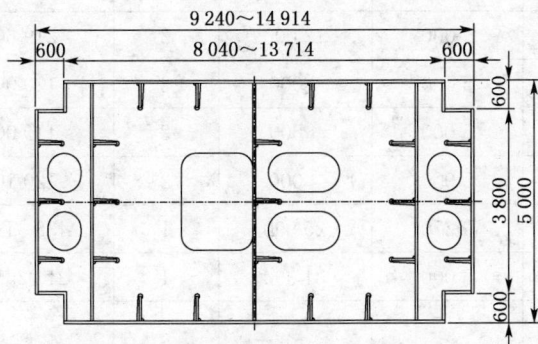

图 10-2　钢塔柱截面形式示意图

钢塔柱主要材料采用 Q370qD 及 Q420qD,塔柱壁板厚度为 $50\sim60$ mm,腹板厚度为 $44\sim60$ mm;均采用板式加劲肋,加劲肋板厚为 40 mm、48 mm;横隔板的间距主要为 2.5 m 与 3.0 m 两种,横隔板厚一般为 16 mm,特殊受力部位为 20 mm 或 24 mm。

4. 主要工程量

钢塔节段工程量数据见表 10-1。

表 10-1 钢塔柱制作及吊装的主要工程量

节段号	轮廓尺寸(mm)			数量	单重(kg)	总重(kg)
	宽度	高度	长度			
D0	6 400	7 400	3 484.6	4	216 545.6	866 182.4
D1	6 000	5 000	15 000	4	254 941.3	1 019 765.2
D2	6 000	5 000	15 000	4	254 941.3	1 019 765.2
D3	6 000	5 000	15 000	4	254 941.3	1 019 765.2
D4	16 688	5 000	10 775	2	463 501.0	927 002.0
D5	12 687.2	5 000	15 000	2	495 048.0	990 096.0
D6	10 533.3	5 000	7 500	2	221 800	443 600
D7	10 283.3	5 000	7 500	2	216 600	433 200
D8	10 033.3	5 000	7 500	2	214 200	428 400
D9	9 783.3	5 000	7 500	2	212 200	424 400
D10	9 533.3	5 000	7 500	2	209 600	419 200
D11	9 283.3	5 000	7 500	2	197 200	394 400
D12	9 033.3	5 000	8 000	2	196 400	392 800
D13	8 766.6	5 000	9 000	2	215 800	431 600
D14	8 466.6	5 000	9 000	2	212 200	424 400
D15	8 166.6	5 000	9 000	2	209 000	418 000
D16	7 866.6	5 000	12 000	2	227 000	454 000
D17	7 466.6	5 000	12 000	2	219 600	439 200
D18	7 066.6	5 000	6 000	2	120 000	240 000
D19	6 866.6	5 000	4 000	2	110 000	220 000
D20	6 733.3	5 000	4 000	2	120 100	240 200
下横梁	7 000.8	9 270	25 990	1	438 343.1	438 343.1
上横梁	14 851.8	5 000	31 390	1	213 256.9	213 256.9
拼接板						768 704.3
装饰板						86 533.7
合计				52		13 152 814.0

10.1.2 施工工艺

1. 工序流程

钢塔节段在厂内完成零部件制作、节段组焊、端面加工、水平预拼装、涂装等所有安装前的工序,然后下水运输至桥位。在桥位完成节段安装、高强螺栓的施拧、成塔检查、桥位最后一道面漆的涂装等作业。工序可分成场内预制及桥位吊装两个阶段。

(1) 场内预制

场内预制主要包括钢塔节段场内制造、节段预拼装、节段运输等工序。

钢塔节段场内制作分四步完成,即板块→板单元→块体→箱体,其中块体由侧壁板、边隔板、边腹板单元及角壁板组成。

预拼装主要为检查钢塔柱接口的匹配情况、金属接触情况、钢塔柱线形、配置节段间连接拼接板以及两节段的拼装长度;同时,预拼装还可以验证制造工艺的合理性、设计工装的可靠性等。钢塔节段水平预拼装,每次预拼两个节段,预拼完后留下一段参与下一次预拼。

按照制造工艺,钢塔节段制造场内运输包括零部件、块体、节段的吊运及转场,节段进出机加工车间、掉头,运至水平预拼装胎位、进出打砂涂装车间、运输至码头、节段装船作业等内容。采用的设备有天车、门吊、液压移梁平车及浮吊等移动设备。

(2) 桥位吊装

每节节段采用合适吊具进行吊装。其中,D4以下节段(含下横梁)采用 1 000 t 浮吊安装,每个节段重量控制在 500 t 以内;D5 采用浮吊吊装,将 D6~D18 沿横桥向再次划分为闭口段和开口段,重量满足 MD3600 塔吊能力要求。为提高桥塔的景观效果,沿高度方向拼缝经过结构处理后从景观角度来看可达到"无缝"连接效果。根据分段方案,拟采用 1 台 MD3600 塔吊进行吊装,塔吊布置于桥轴线上,距离桥墩横桥向轴线 12.0 m 的位置。

由于塔架高度超过 200 m,常规采用的陇线缆张紧提高塔吊稳定性的做法无法在水中承台上实现,因此需考虑逐段安装后附着于钢塔塔身上,并依次爬升、吊装的方法。根据工程特点,拟采用 4 腿塔架方式,并选择塔吊标准节作为塔腿。总体吊装工艺如图 10-3 所示。

2. 施工难点分析

(1) 节段几何尺寸精度要求高

该钢塔柱为大断面[断面尺寸:5 m×(6.0～15.54) m]切角矩形结构,一部分钢塔柱节段线型为圆曲线,且壁板、腹板及其纵肋均较厚,其中壁板、腹板厚度达 44～60 mm,加劲

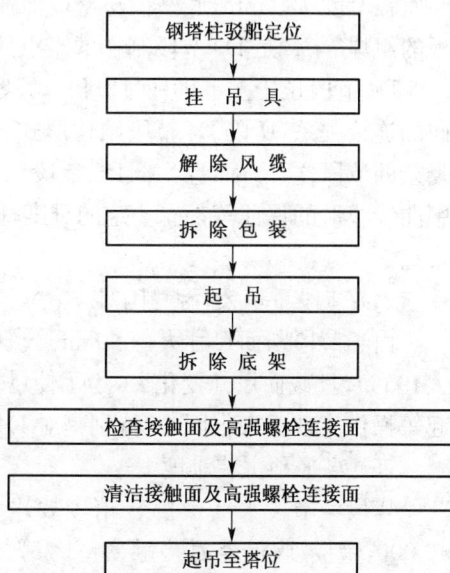

```
┌─────────────────┐
│ 钢塔柱驳船定位  │
└────────┬────────┘
         ↓
┌─────────────────┐
│    挂 吊 具     │
└────────┬────────┘
         ↓
┌─────────────────┐
│   解 除 风 缆   │
└────────┬────────┘
         ↓
┌─────────────────┐
│   拆 除 包 装   │
└────────┬────────┘
         ↓
┌─────────────────┐
│    起 吊       │
└────────┬────────┘
         ↓
┌─────────────────┐
│   拆 除 底 架   │
└────────┬────────┘
         ↓
┌──────────────────────┐
│检查接触面及高强螺栓连接面│
└──────────┬───────────┘
           ↓
┌──────────────────────┐
│清洁接触面及高强螺栓连接面│
└──────────┬───────────┘
           ↓
┌─────────────────┐
│   起 吊 至 塔 位 │
└─────────────────┘
```

图 10-3 吊装各节段总体工艺流程

肋厚度 40～48 mm,横隔板厚 16～24 mm。钢塔节段焊缝密集,焊接质量要求极高,其中腹板、壁板间主焊缝均为深坡口焊缝(坡口深度超过板厚的 2/3),纵肋为较深坡口角焊缝。而且塔柱节段几何精度要求高,箱口断面高度和宽度允许偏差均为±2 mm,对角线差及旁弯允许偏差为 3 mm,扭曲允许偏差为 3 mm。

由于钢塔柱节段结构形式复杂,断面大,几何精度要求高,组成零件多,需多次作业才能完成钢塔节段制作工作;而且钢塔节段上焊缝数量多,焊接工作量很大,焊接收缩量难以准确预留,局部可能还会由于焊缝焊接量大而出现死弯,难以矫正。故控制钢塔节段的箱口尺寸、连接部位板面平面度、扭曲变形等有一定的难度。

(2) 塔段端面机加工精度要求高

钢塔柱为以受压为主的构件,根据受力特点及线型要求,对钢塔节段端面加工要求很高,平面度要求 ≤0.08 mm/m,全端面平面度 ≤0.25 mm;切削面表面粗糙度 ≤12.5 μm;钢塔节段间壁板、腹板金属接触率 ≥75%,纵肋金属接触率 ≥60%。

这样高的精度要求,对断面尺寸如此大且结构形式复杂的钢塔节段加工来说,有相当大的难度,既要考虑铣削设备精度、刀具磨损的影响,又要考虑工件精度的影响,以及加工时工件震颤、内应力以及温度的影响等。即影响钢塔节段端面加工精度的因素较多,故保证钢塔节段的端面加工精度,也是钢塔柱节段制作的关键和难点所在。

(3) 特殊节段制作复杂

D0 节段为钢混结合段,结构形式与标准节段不同,采用特殊的立式组装工艺。D0 节段底座板厚度 150 mm,底座板与壁板加强板盖板上锚杆孔的同心度必须保证,以及壁板加劲板的组焊等,将是 D0 节段制作的难点所在。

D4 节段位于上下塔柱过渡段,节段与两个下塔柱、上塔柱、横梁分别连接,即有 4 个方向的连接关系,所以 D4 节段结构形式、连接关系较为复杂,是整个塔柱制作中制作工艺最复杂的节段之一。而且,D4、D5 节段为曲线段,零部件的下料、边缘及坡口加工、节段组装中曲线线形的保证等都有一定的难度,同时,D4 节段的端面加工、预拼装也是本工程的一大难点。

(4) 节段重量大,翻身困难

由于节段断面尺寸大 [5.0 mm×(6.0～16.69 m)]、长度大(最大 20.0 m)、重量大(最大495 t),且截面尺寸变化大,为了使塔段便于焊接,节段的翻身是必要的。大节段翻身、立起等操作实现起来很困难,特别是对 D4 这种特殊结构的节段翻身。

(5) 水平预拼装难度大

塔段两节段水平预拼装精度要求较高,预拼全长偏差±2.4 mm,轴线垂直度 1.5/10 000,壁板、腹板金属接触率 ≥75%,纵肋金属接触率 ≥60%,接口连接部位错边量 ≤1.0 mm。由于节段重量较大,对两节段水平预拼装中节段精密对位、环境温度的控制、支撑及移位、节段间金属接触率的保证(水平力施加)均提出了很高的要求,且施工时拼接板的配置、复位作业难度较大,需采取一定的措施。

(6) 下塔柱合龙闭合尺寸难控制

两条下塔柱分别安装在安装 D4 节段时合龙,如何保证下塔柱的安装精度,实现 D4 节段顺利安装,即实现下塔柱的顺利合龙,将是桥位安装的关键环节,也是保证后续节段安装精度的关键。

10.2 钢塔节段制造、预拼及运输

10.2.1 钢塔节段制造

根据钢塔柱的设计特点,以标准节段为例,每个节段由内外壁板单元、侧壁板单元、角部内外壁板、角部内外侧壁板、边腹板单元、中腹板单元、边隔板单元、中隔板单元组成。

考虑到钢板轧制宽度的限制,侧壁板、腹板单元分成两个板块制作,内外壁板单元分成3～5个板块制作,中隔板采用荒料对接后整体下料。

钢塔节段制作分为四步完成,即板块→板单元→块体→箱体,拟采用的分块方案如图10-4 所示,其中块体由侧壁板、边隔板、边腹板单元及角壁板组成。钢塔节段箱体形成工艺流程如图10-5 所示。

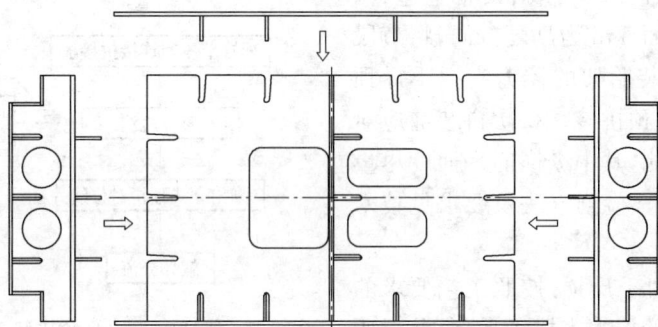

图 10-4 分块方案示意图

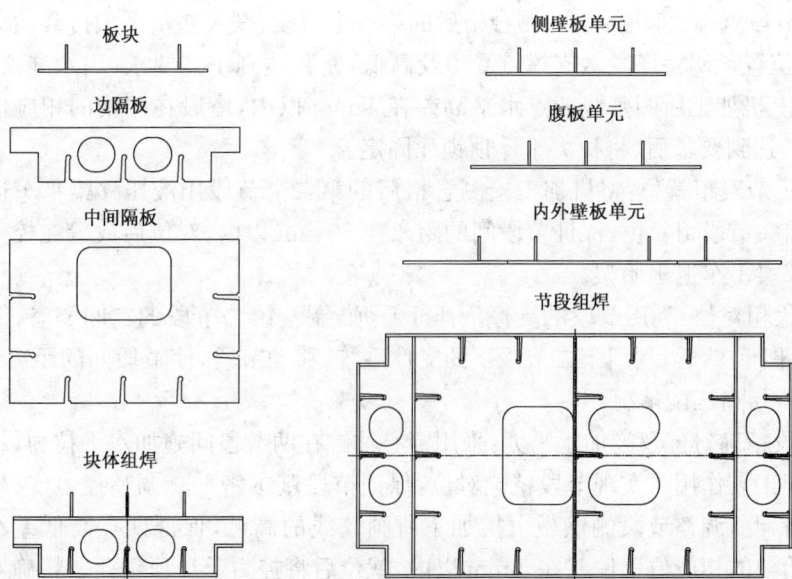

图 10-5 钢塔节段箱体形成工艺流程图

10.2.2 钢塔节段预拼

1. 预拼工艺

钢塔节段水平预拼装，每次预拼两个节段，预拼完后留下一段参与下一次预拼。即塔柱水平预拼装以 D0 节段为起点，在累积精度管理系统指导下，按照加工顺序依次进行塔柱的水平预拼装。将每次预拼装结果反馈给累积精度管理系统，累积精度管理系统在参照加工误差的情况下，给出预拼装扭转修正指令。预拼流程见图 10-6。

2. 预拼要求

水平预拼装在专用工装、设备上进行。即以钢塔节段断面 5 m 为高度方向，将节段水平放置在预拼装胎架的控力支撑千斤顶上，进行钢塔水平预拼装。每次拼装前应对支撑设施进行检测，其中纵横向平面度尽量控制在 1 mm 以内，检测方法及要求见技术规范相关要求。

（1）摆放控力千斤顶：按照工艺要求的位置摆放两节段的控力支撑千斤顶，并对所有千斤顶顶面的平面度进行测量，确保平面度在 1 mm 以内。

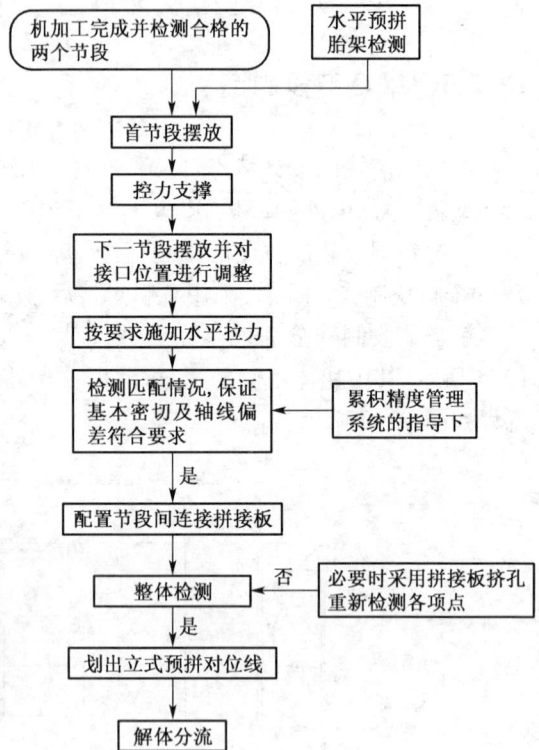

图 10-6 水平预拼装工艺流程图

（2）首节段就位：将机加工检测合格后的第一个节段，摆放在水平预拼装胎架控力千斤顶上的合理位置。调整塔段六支撑点受力及高低，使其达到工艺要求，用水准仪配合检测，确保侧壁板上机加工所画基线四点水平高差在 1 mm 以内，塔段在胎架的相应位置偏差在 5 mm 以内。达到要求后，将控力千斤顶锁死固定。

（3）下一节段粗就位：将机加工检测合格后的第二个节段用液压移梁平车运至预拼装胎架内，与前一节段粗对位，保证节段间的距离在 50 mm 以内，对位后放置在控力支撑千斤顶上，液压移梁平车退出胎架。

（4）节段粗对位：利用节段的支撑液压千斤顶，调整第二节段的空间姿态，保证两节段的对应接口平行；然后，利用第二节段下的支撑系统，移动节段，使节段间的距离调整到 3～5 mm，并检查接口匹配情况。

（5）节段精确对位及施加水平力：采用穿心油缸在两节段间施加水平拉力，将第二节段拉近，在匹配工装作用下实现节段精确对位，保证节段基本密贴。调整控力支撑千斤顶，用水准仪配合检测，调整节段侧壁板上机加工所画基线的高低，保证四点高低差在 1 mm 以内，塔段在胎架的相应位置偏差在 5 mm 以内，就位后将控力千斤顶锁死。精确对位时应考虑累积精度管理结果的指令，修整节段间的扭转，具体操作见累积精度管理部分。

（6）配制工艺拼接板：检查节段对位情况，达到密贴的金属接触率要求后，配置投孔用工艺拼接板。采用工艺拼接板的目的，主要是为了减少实物拼接板配孔的不便和繁重的搬运作业。

（7）整体检测：整体检测在环境温度稳定时段进行，主要检查节段箱口匹配、轴线偏差、金属接触率等情况，必要时增加水平拉力，以保证达到工艺要求（如果出现较大偏差，则应对节段端面进行修正加工）。

（8）画桥位安装对位线：各项点整体检测合格后，在节段壁板上画出桥位安装对位线，作为桥位节段定位的基准。

3. 预拼装控制措施

钢塔节段预拼装，是检查钢塔制作过程中各工序制作质量是否可靠的关键，两节段水平预拼装过程中要注意以下控制：

（1）温度控制。水平预拼装在厂房内完成，具体位置见工艺布局图。为了尽量避免温度对水平预拼的影响，首先，应采取措施防止阳光的照射及热风、冷风的侵入，减少外部气温变化对加工环境温度的影响；其次，在厂房内四周设置空气对流风机，保证预拼场内温度均衡；第三，全天24小时不间断地测量预拼场地的温度变化，并在温度稳定时段（凌晨3～5时）进行最终检测，在最终检测时，确保壁板和腹板温差在2℃以内。

（2）控力支撑。每次预拼装时在胎架的合理位置固定控力支撑千斤顶，严格控力支撑管理，保证节段在预拼装中完全恢复机加工时的支撑状态，防止支撑位置变化引起节段变形而影响预拼装结果。

（3）水平力施加。大多数节段重量400多吨，为了达到安装时自重对金属接触率的有利影响，采用穿心式液压油缸施加水平力，而水平力施加的大小、合理位置，将是关键因素。根据节段结构特点，在四个切角部位和内外壁板中间部位设置。穿心式液压油缸配制力传感器，水平力施加过程中可以通过显示屏查看施加力的大小。

（4）修正加工。节段预拼装中可能出现预拼结果不理想的情况，要根据实际情况分析原因，必要时将对节段进行修整加工，之后，再次进行水平预拼装直至检查合格为止。

10.2.3 钢塔节段运输

1. 场内运输

按照制造工艺，钢塔节段制造场内运输包括以下内容：

（1）节段零部件的制作在厂内钢结构车间完成，其吊运采用现有两台20 t天车完成。块体组装、翻身及出胎转场采用250 t门吊完成。

（2）节段出胎及翻身采用600 t门吊配合，设计专用的吊运及翻身胎具完成。

（3）节段转运，包括进出机加工车间、到水平预拼场地、到涂装厂房等，均采用两台300 t液压移梁平车完成。

（4）钢塔节段立身及装船采用800 t浮吊完成。

2. 水上运输

（1）运输方案

节段涂装完成后用液压移梁平车将节段运输至3 000 t级码头部位，用800 t浮吊吊至节段立身胎位处，进行立身作业。立起后，在码头安装工作平台等附属设施，进行端面保护，然后采用 800 t 浮吊吊至驳船上。为了确保水上运输安全，委托熟悉该水域且具有大型钢构件水上运输经验的专业运输单位完成该钢塔节段的装船及运输任务。

（2）装船及运输系统组成

钢塔节段下水装船系统由以下部分组成：

① 存储码头：节段立身后，在 3 000 t 级码头安装附属设施，进行端面保护作业等，然后在码头存放等待运输。码头宽度 25 m（两边设护栏），码头前部端头处河床标高低于 −5.0 m（枯水期保证有 5 m 以上的水深），可以满足大型浮吊的停靠。

② 装船运输：选用 800 t 浮吊完成节段的装船，采用驳船运输方案。

（3）运输路线

① 钢塔节段制作场地位于长江镇江和畅洲北汊，该水域水流平缓稳定，平均水深在 8 m 左右，符合钢塔节段吊装和运输作业要求。

② 钢塔位于长江 213 km 处航道中间，当塔柱承台施工完毕后，其附近会产生不正常的水流，将给靠、离泊作业带来一定的困难。

③ 拖带作业主要集中在 3～7 月份，属于长江中、枯水位期，流速较缓，镇江、扬州、泰州地区该时段出现大风的概率较小。气象预报对于冷空气过境的预报相对比较准确。从生产钢塔节段的厂区到大桥施工地点距离较短，只有 50 km 左右，拖带作业途中所需 4 小时左右。

④ 和畅洲北汊到港池需经过 3 km 引航道，深水区位于北侧，最枯水位时，水深 4 m 左右，航道宽度 50 m。水流平缓，该航段无航道部门设置的通航标志，宜在白天进行运输作业。

⑤ 和畅洲北汊航道至今未开通，需经尹公洲上洲头、尹公洲单向控制段、裕隆洲河口等重点航段通过。尹公洲上洲头受横流影响严重，并与顺航道行驶船交叉相遇。尹公洲单向控制段航道狭窄，弯曲通航船舶密度大。裕隆洲河口水花强度大、范围广。

⑥ 大港到太平洲捷水道上口，港区进出，穿越航道，掉头，靠离船舶较多，航道复杂，在北岸有 3 艘港口趸船，可作临时靠泊等待、避风之用。太平洲捷水道上口进出小型船多，但该水域可以避各种方向来风。

⑦ 太平洲捷水道上口到嘶马树，南岸是镇江港海轮锚地，东南、西南风对其影响小。北岸有三江营河口，避风；抛锚条件较好。嘶马树到桥址航道顺畅，主航道偏于左岸，北岸沿途有船厂码头 3 座，通用码头 5 座，南岸大面积浅滩，均可作临时抛锚用。

3. 运输安全控制措施

（1）一般要求

① 装船、运输、吊卸过程中采取保护钢塔节段及横梁结构和涂面的有效措施，钢塔节段及横梁等构件与舱面的接触处应垫置方木或橡皮。

② 为防止运输过程中受波浪颠簸和摇摆引起的位移而影响稳定性，装船后由专业人员采用合适的符合规范要求的方式进行绑扎固定。航行中，作业人员要经常检查钢塔节段的绑扎情况，如有松动要及时调整。

③ 钢塔节段及横梁运输船（驳）在桥址处的停靠泊方式应根据当时的现场环境和条件确定，在确保安全的前提下，最大限度地满足施工需求。

（2）航行要求

① 鉴于航道概况与通航环境，航行中应严格按规定线路行驶。航行中由于钢塔节段遮挡视线，应采取派驾引人员去驳首瞭望等方式以保持正规有效瞭望，加强与海事部门的联

系,听从海事部门的指令。

② 由于预制厂进出港水道狭窄弯曲,运输船队进出港前应加强与相关船舶的有效联系,采用适合的绑拖队形确保单向通过,并限白天与能见度等气象条件良好的情况下进出。航行尹公洲北汊下段时,注意避让捕鱼船与锚泊船。

③ 进出尹公洲北汊下口门时,应主动避让沿规定航路行驶的船舶,尹公洲北汊下行出口时应注意避开裕龙洲河口的水花,将其置于船队的左侧外分舵左转并注意减速,防止断缆及产生横倾;过裕龙洲河口后再纳入下行通航分道行驶,使用安全航速通过嘶马湾道,防止落湾,使整个过程处于安全受控的状态。

10.3 钢塔节段吊装安全技术

10.3.1 塔柱吊装方案

钢塔吊装施工涉及的主要工序有 D0 节段吊装施工、D0 节段锚杆张拉、下塔柱及下横梁施工上塔柱及上横梁施工。中塔吊装施工工序流程如图 10-7 所示。

根据钢塔结构特点、安装高度、单块最大起吊重量,在满足通航条件的前提下,选定 1 600 t 浮吊作为下塔柱(D0~D5 节段)以及下横梁吊装的起重设备。

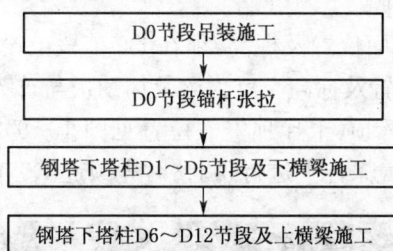

图 10-7 中塔吊装工艺流程图

钢塔上塔柱节段(D6~D20)及上横梁吊装采用一台 MD3600 塔吊,布置在桥轴线下横梁北侧位置。上横梁在高空支架上分四段吊装,安全风险大。吊装过程中不平衡力使钢塔柱横向产生弹性变形,影响其空间位置,给调位工作带来较大影响。

10.3.2 下塔柱及下横梁施工

1. D0 节段吊装施工

D0 节段安装工艺如图 10-8 所示。

(1) D0 节段安装定位方法

在安装时为了提高 D0 节段的安装精度,吊装过程中采用初定位和精确定位对塔柱进

行调整。初定位是在吊装时进行定位,精确定位是 D0
安装在塔座上再用千斤顶进行调位。

(2) D0 节段吊装及初定位

D0 节段吊装的过程中为了能够更准确地安装到设
计位置,吊装之前先在塔座顶面安装临时限位装置,在
D0 节段顶口和底口设置牵引绳。承台外圈和承台浇筑
时,在顶口埋设 16 块 16 mm(厚)× 400 mm(长)×
400 mm(宽) 钢板,在每一块预钢板上焊接好吊耳,并在
吊耳上挂好 5 t 的手拉葫芦,每个葫芦上配好相应的钢
丝绳,一端和葫芦相连,另一端系上卡环,便于和 D0 节
段上的吊环连接。选择阴天或凌晨气温变化不大的时
段测量放线,在塔座顶面混凝土上放出 D0 节段的边线
及中心线并用墨线画出轮廓线。在塔座顶面预埋钢板
时根据 D0 轮廓线焊接侧向限位。

当风速较小时,在吊耳上挂好手拉葫芦。起吊 D0
节段(带好缆风绳)缓慢下落,当 D0 节段下口距底座
60 cm 处,通过箱内葫芦的拉拽和人力调整塔柱的底口
平面位置,使塔 D0 节段缓慢下落进入导向限位,沿着限
位板下滑到底座承重钢板上,顶口平面位置通过下塔柱
支架进行调整。

(3) D0 节段精确调位、锚固

为便于调整 D0 节段的平面位置及标高,须在 D0 节段上设置调整反力梁及加劲板,通
过调整反力梁来调整 D0 节位置及标高。反力梁及加劲板与首节 D0 节段在工厂加工。

D0 节段采用三向调位千斤顶(千斤顶安放位置见图 10-9)精确调整平面位置和标高。
D0 节段精确调位在合适的环境条件下进行,调整时先顶起 D0 节段,在测量控制下,反复调

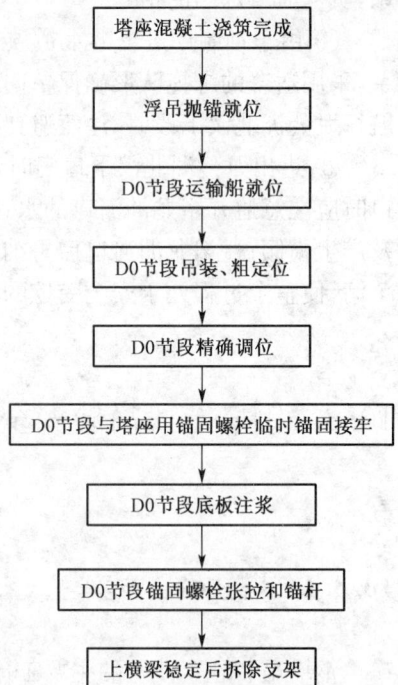

图 10-8 D0 节段安装工艺

图 10-9 千斤顶安放位置

332

整 D0 节段的平面位置及标高。当调位精度满足要求后,将 D0 节段底板与承重板用锚固螺栓固定。

（4）D0 节段锚固灌浆

D0 节段安装定位完成后,在 D0 节段底板四周安装灌浆挡板,用水泥砂浆把挡板和 D0 节段底板之间的缝隙填密实,防止在灌浆时漏浆。在灌浆前准备好堵漏的海绵或棉花,若有漏浆现象及时进行堵塞。灌浆是利用浆液自身压力作用将浆液灌入承压板高处。为了保证浆液的饱满,灌浆孔布置在承压板底处,因此必须适当接长灌浆管,才能保证浆液有足够的压力。每个塔座上安装 2 根灌浆管、6 根排气管和 2 个排水阀门。灌浆管及排气管用 $\phi10$ cm 钢管,每根管子上安装一个阀门,阀门上口安装便于安装和拆卸的加长钢管。在塔座下口安装 2 根排水管,便于排出塔座内的积水。

（5）D0 节段锚固螺栓张拉和注浆

D0 节段安装定位完成后,对 D0 底部进行灌浆,等浆液达到设计强度的 75% 时用液压千斤顶对其预埋锚固螺栓进行张拉,每根螺栓张拉 2 000 kN 的预拉力,张拉完成后对锚固螺栓套压浆。

① 锚固螺栓预张拉

D0 节段安装定位完成后,选择阴天或气温较低的时候对锚固螺栓张拉。为了防止 D0 节段在张拉过程中发生变形,采用 2 台 3 000 kN 液压千斤顶进行对称张拉。

② 锚固螺栓套管灌浆

锚固螺栓套管灌浆,每根套管设置一个灌浆管和一个排浆管,灌浆管管口在承台面上,排浆管管口在塔座顶面。

灌浆管安装:锚固螺栓预套管埋设时,在锚固螺栓套管根部割一个 $\phi40$ mm 的孔,在孔口上焊接一个 $\phi40$ mm 的 90°弯管,用 $\phi45$ mm 的塑料胶管和 90°弯管接在一起,并用铁丝绑扎牢固,胶管绑扎在锚固螺栓上,沿着螺栓伸到承台顶面。

排浆管安装:排浆孔埋在塔座内,塔座施工时进行埋设,在锚固螺栓套管顶部（沉压板底部）割一个 $\phi40$ mm 的孔,在孔口上焊接一个 $\phi40$ mm 的直管,用 $\phi45$ mm 的塑料胶管直管接在一起,用铁丝绑扎牢固,胶管绑扎在底座钢筋上,沿着钢筋伸到承重钢板外侧。

灌浆管安装完成,为了防止各种杂物掉入管内堵塞胶管,将胶管顶面掰弯,用铁丝和灌浆管绑在一起。混凝土浇筑时对灌浆管进行保护,混凝土振捣过程中振捣棒不能直接与胶管和 90°弯管接触,防止损坏灌浆管。

2. D1～D5 节段吊装

（1）吊装工艺

D1～D5 节段吊装工艺如图 10-10 所示。

（2）节段吊装步骤

第一步:① 浮吊横江向抛锚定位于沉井南侧。

　　　　② 先吊起下游南侧 D1 节段。

　　　　③ 通过第一道横撑调整横桥及顺桥向偏位,精确定位后,在 D1 节段与 D0 节段通过工艺拼接板连接固定后量配拼接板。

第二步:① 浮吊横江向抛锚定位于沉井南侧。

　　　　② 吊起下游北侧 D1 节段。

```
                        ┌─────────────────┐
                        │ 下塔柱定位支架施工 │
                        └─────────────────┘
                                 │
                 ┌───────────────┴───────────────┐
        ┌──────────────┐              ┌──────────────┐
        │  浮吊抛锚就位  │              │  运输船抛锚就位 │
        └──────────────┘              └──────────────┘
                 │                             │
        ┌──────────────┐  ──────▶  ┌──────────────────┐
        │  D1节段吊装   │           │  调位与D0节段锚固  │
        └──────────────┘           └──────────────────┘
                 │
        ┌──────────────┐  ──────▶  ┌──────────────────┐
        │  D2节段吊装   │           │  调位与D1节段锚固  │
        └──────────────┘           └──────────────────┘
                 │
        ┌──────────────┐  ──────▶  ┌──────────────────┐
        │  D3节段吊装   │           │  调位与D2节段锚固  │
        └──────────────┘           └──────────────────┘
                 │
        ┌──────────────┐  ──────▶  ┌──────────────────┐
        │  D4节段吊装   │           │  调位与D3节段锚固  │
        └──────────────┘           └──────────────────┘
                 │
        ┌──────────────┐  ──────▶  ┌──────────────────┐
        │   下横梁吊装   │           │  调位与D4节段锚固  │
        └──────────────┘           └──────────────────┘
                 │
  ┌─────────────────────┐  ──▶  ┌──────────────────┐
  │ D5节段吊装和锚杆注浆 │       │  调位与D4节段锚固  │
  └─────────────────────┘       └──────────────────┘
```

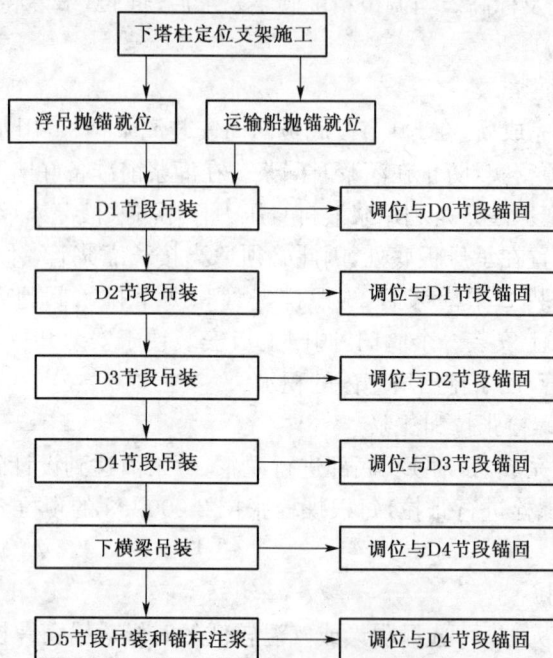

图 10-10 D1～D5 吊装工艺流程图

③ 通过第一道横撑调整横桥及顺桥向偏位，精确定位后，在 D1 节段与 D0 节段通过工艺拼接板连接固定后量配拼接板。

第三步：① 先吊起上游南侧 D1 节段，再吊起上游北侧 D1 节段。

② 吊装方法和第一步、第二步相同。

第四步：① 浮吊横江向抛锚定位于沉井南侧。

② 吊起下游南侧 D2 节段。

③ 通过第二道横撑调整横桥及顺桥向偏位，调位后 D2 与 D1 节段通过临时拼接板连接。

第五步：先吊起上游南侧 D2 节段，再吊起上游北侧 D2 节段，吊装方法和第三步、第四步相同。

第六步：① 浮吊横江向抛锚定位于沉井南侧。

② 先吊起下游南侧 D3 节段。

③ 通过第三道横撑调整横桥及顺桥向偏位，在 D3 节段与 D2 节段通过临时工艺拼接板连接固定。

第七步：① 浮吊横江向抛锚定位于沉井南侧。

② 先吊起下游北侧 D3 节段。

③ 通过第三道横撑调整横桥及顺桥向偏位，在 D3 节段与 D2 节段通过临时工艺拼接板连接固定。

第八步：先吊起上游南侧 D3 节段，再吊起上游北侧 D3 节段，吊装方法和第六步、第七步相同。

第九步：① 浮吊横江向抛锚定位于沉井南侧。

334

② 吊起下游 D4 节段,放置在下塔柱定位架上,用三向千斤顶调整平面置。

③ 用千斤顶顶起 D3 节段,通过第三道和第四道横撑调整 D3 偏位,调整之后精度达到设计要求,用拼接板将 D3 和 D4 连接成一个整体。松开 D4 节段下面的竖向千斤顶高,D3 和 D4 慢慢下降,用拼接板将 D2 和 D3 连接牢固。

第十步:① 浮吊横江向抛锚定位于沉井南侧。

② 先吊起上游 D4 节段,放置在下塔柱定位架上。

③ 用千斤顶顶起 D3 节段,通过第三道和第四道横撑调整 D3 偏位,调整之后精度达到设计要求,用拼接板将 D3 和 D4 连接成一个整体。松开 D4 节段下面的竖向千斤顶高,D3 和 D4 慢慢下降,用拼接板将 D2 和 D3 连接牢固。

3. 下横梁吊装

下横梁长 31.4 m,断面呈梯形,顶面宽 13.033 8 m,底板宽 14.877 4 m,设计重量 430.8 t,顶面安装标高+65.9 m,采用大型起重船在塔柱南侧锚泊吊装。

(1) 起重船的选择

根据下横梁的起吊重量、吊幅及吊高等要求,采用 1 600 t 起重船实施吊装作业。

(2) 吊索

吊索选用 φ92−8×61(1870 级)钢丝绳,最小破断拉力为 4 300 kN,绳长 14 m,两端采用压制方法制成绳套,成双使用。吊索两绳套与起重船大钩相连,下端通过 150 t 卸扣与下横梁上的吊耳连接,下横梁采用 4 点吊。

1 000 t 起重船最大吊高为 85.5 m(钩头至主甲板距离),吊重 600 t(吊臂倾角 65°)时,船首吃水约为 5 m,实际吊高为 80.5 m(钩头至主水面距离)。吊装时水位取 0 m,下横梁最大安装标高为+65.9 m(顶板处),吊索、卸扣及吊耳总高 7.8 m。经核算,起重船最大富余高度为 6.8 m,满足吊装要求。

(3) 下横梁支架安装

下横梁支架和下塔柱支架独立施工,下横梁支架主要承受下横梁的重量。在下塔柱支架顶面增设一道下横梁定位台车,定位台车下面安装有 4 台三向千斤顶,通过三向千斤顶调整定位台车来调整下横梁的平面位置及竖向标高。下横梁支架施工安装工艺如下:

步骤一:① 安装柱脚钢板,测量找平后与承台间留下的 2~4 cm 间隙等待灌浆。

② 柱脚钢板安装完成后进行柱脚钢板灌浆。

③ 在柱脚预埋板上放出柱脚安装定位线,焊好限位码板。

④ 柱脚安装前,利用塔吊竖直吊起,经纬仪测直后焊接。

⑤ 焊接完成后按图纸要求焊接筋板加固。

步骤二:① 安装挂篮脚手于柱斜撑和平联位置作为焊接平联的操作平台。

② 安装第一道、第二道斜撑和第一层、第二层平联。

③ 在平联两侧焊上栏杆,作为施工通道。

步骤三:① 斜撑和平联安装完成,用塔吊提升挂篮至立柱顶口位置作为立柱施工平台。

② 挂篮安装完成,用塔吊安装第二道立柱。

步骤四:① 用塔吊提升挂篮至平联位置作为平联施工平台。

② 安装第三道、第四道斜撑和第三层、第四层平联。

③ 安装第一道横桥向水平撑。

④ 在平联两侧焊上栏杆,作为施工通道。

步骤五:① 用塔吊提升挂篮至平联及斜撑位置作为施工平台。

② 安装第五道、第六道、第七道斜撑和第五层、第六层平联。

③ 安装下横梁支架顶面连系梁。

(4)下横梁吊装

下横梁与塔柱间采取异步安装,D4 节段安装完成后,在支架顶面安装下横梁定位台车。在定位台车上安装竖向千斤顶和三向千斤顶,用竖向千斤顶调整下横梁的高程,用三向千斤顶调整下横梁的横桥及顺桥向的轴线偏位。台车安装完成后,利用 D3 节段的主动横撑调整两塔肢之间的距离。为便于安装下横梁,使下横梁两端与塔柱 D4 节段间预留 20 mm 缝。然后吊装下横梁,其安装步骤为:

步骤一:① 塔柱 D4 安装完。

② 安装第四道横撑,顶撑塔肢,使塔肢间安装距离大于下横梁 40 mm。

步骤二:① 起重船在塔柱南侧抛锚定位。

② 运输下横梁驳船在沉井下游锚泊。

步骤三:① 浮吊大臂向右转,吊钩转到下横梁吊耳中心线上面。

② 起重船下放吊钩,挂吊索及卸扣与下横梁吊耳连接。

步骤四:浮吊吊起下横梁,大臂向左转并缓慢起吊。

步骤五:① 下横梁继续起吊,当下横梁提升到安装标高后,停止起吊。

② 浮吊缓慢下钩,用手拉葫芦牵引,通过下横梁及定位台车上已安装好的定位匹配件,当定位匹配件上下准确后浮吊下钩,下横梁沿定位装置下滑,下横梁放于定位台车上。

步骤六:① 通过定位台车上的竖向千斤顶和三向千斤顶,调整下横梁的高程及横桥和顺桥向的轴线偏位。

② 高程及轴线偏位调整完成,安装下横梁与塔柱间连接板。

图 10-11　下塔柱吊装现场图

10.3.3　上塔柱及上横梁施工

1. 上塔柱吊装

（1）上塔柱吊装工艺流程及主要参数

钢塔上塔柱节段(D6～D20)及上横梁吊装采用一台 MD3600 塔吊,布置在桥轴线下横梁北侧位置,其主要性能参数如下:

标准节尺寸:5.5 m×5.5 m×5.78 m;

最小工作半径:10 m;

最大工作力矩:36 000 kN·m;

最大起吊重:18.5 m 幅度内起吊 160 D(不含吊具);

最大工作幅度:36 m;

起升高度:210 m,37 个标准节;

起升机构:500 LCC 400;

电机功率:370 kW,直流,400 V/50 Hz,S1,工作制动器;

起升速度:160 t/h,0～10 m/min;120 t/h,0～13.25 m/min;80 t/h,0～20 m/min;

钢丝绳直径:34 mm,破断拉力 1 960 N/mm²,SDAR LIFD 产品;

非工作状态允许风速:60 m/s;

最大工作风速:20 m/s;

动力采用 630 匹马力柴油发动机;

标准节顶升速度:1.5～2.0 小时/节;

工作幅度:4.8～52.5 m。

图 10-12 为上塔柱吊装工艺流程图。

（2）上塔柱节段吊装前准备工作

① 浮吊例行检查调整,特别是制动系统调整。

② 气象情况的了解。由于风、雨、雾等恶劣天气影响吊装,必须随时掌握天气趋势和现状;吊装工作应选择作业点风速 10 m/s 以下,无雨雾天气,且温差变化较小的时段内进行。

③ 机具准备。主要是指用于定位调节的葫芦、千斤顶,以及冲钉、高强螺栓、高强螺栓施拧(检查)工具的校正等工作。

④ 检查和清洁塔座接触端面和锚固螺栓连接面,使之达到规定要求,作业时不得污染。

⑤ 检查工作面配备的照明设备、电源线及锚箱牵引绳、手拉葫芦是否到位。

⑥ 检查定位支架的焊接质量、几何平面位置,是否满足要求。

⑦ 检查侧向限位平面位置、调位装置安装情况及调位牛腿的焊接质量。

⑧ 工作平台的安装及检查。

（3）节段运输

钢塔 D6～D20 节段装船用 3 000 t 深舱驳船,运输采用拖轮将驳船拖运至施工现场。3 000 t 深舱驳船每次拖运两个节段,节段竖直存放,按货舱中心线布置,节段应放在枕木或

```
                    ┌─────────────────┐      ┌─────────────────┐
                    │  安装MD3600塔吊  │◀────│  D5节段安装完成  │
                    └────────┬────────┘      └─────────────────┘
                             ▼
                    ┌─────────────────┐      ┌─────────────────┐
                    │   D6节段吊装    │────▶│ 调位与D5节段锚固 │
                    └────────┬────────┘      └─────────────────┘
                             ▼
                    ┌─────────────────┐      ┌─────────────────┐      ┌─────────────────┐
                    │   D7节段吊装    │────▶│ 调位与D6节段锚固 │      │  上塔柱支架安装  │
                    └────────┬────────┘      └─────────────────┘      └────────┬────────┘
                             ▼                                                   ▼
                    ┌─────────────────┐      ┌─────────────────┐      ┌─────────────────┐
                    │   D8节段吊装    │────▶│ 调位与D7节段锚固 │────▶│  第一道水平撑安装 │
                    └────────┬────────┘      └─────────────────┘      └─────────────────┘
                             ▼
                    ┌─────────────────┐      ┌─────────────────┐
                    │   D9节段吊装    │────▶│ 调位与D8节段锚固 │
                    └────────┬────────┘      └─────────────────┘
                             ▼
                    ┌─────────────────┐      ┌─────────────────┐      ┌─────────────────┐
                    │  D10节段吊装    │────▶│ 调位与D9节段锚固 │      │  上塔柱支架安装  │
                    └────────┬────────┘      └─────────────────┘      └─────────────────┘
                             ▼
                    ┌─────────────────┐      ┌─────────────────┐
                    │  D11节段吊装    │────▶│ 调位与D10节段锚固│
                    └────────┬────────┘      └─────────────────┘
                             ▼
                    ┌─────────────────┐      ┌─────────────────┐      ┌─────────────────┐
                    │  D12节段吊装    │────▶│ 调位与D12节段锚固│      │  第二道水平撑安装 │
                    └────────┬────────┘      └─────────────────┘      └─────────────────┘
                             ▼
                    ┌─────────────────┐      ┌─────────────────┐      ┌─────────────────┐
                    │ MD3600塔吊顶升  │◀────│  第二层附墙安装  │────▶│  第二道水平撑安装 │
                    └────────┬────────┘      └─────────────────┘      └─────────────────┘
                             ▼
                    ┌─────────────────┐      ┌─────────────────┐
                    │  D13节段吊装    │────▶│ 调位与D12节段锚固│
                    └────────┬────────┘      └─────────────────┘
                             ▼
                    ┌─────────────────┐      ┌─────────────────┐      ┌─────────────────┐
                    │  D14节段吊装    │────▶│ 调位与D13节段锚固│      │  上塔柱支架安装  │
                    └────────┬────────┘      └─────────────────┘      └─────────────────┘
                             ▼
                    ┌─────────────────┐      ┌─────────────────┐      ┌─────────────────┐
                    │  D15节段吊装    │────▶│ 调位与D14节段锚固│      │  第三道水平撑安装 │
                    └────────┬────────┘      └─────────────────┘      └─────────────────┘
                             ▼
                    ┌─────────────────┐      ┌─────────────────┐      ┌─────────────────┐
                    │  D16节段吊装    │────▶│ 调位与D15节段锚固│      │  第三道附墙安装  │
                    └────────┬────────┘      └─────────────────┘      └─────────────────┘
                             ▼
                    ┌─────────────────┐      ┌─────────────────┐      ┌─────────────────┐
                    │ 调位与D16节段锚固│◀────│   D17节段吊装   │────▶│ MD3600塔吊顶升  │
                    └────────┬────────┘      └─────────────────┘      └─────────────────┘
                             ▼                                                   │
                    ┌─────────────────┐      ┌─────────────────┐      ┌─────────────────┐
                    │  D18节段吊装    │────▶│ 调位与D17节段锚固│─┬──▶│  上塔柱支架安装  │
                    └────────┬────────┘      └─────────────────┘ │    └─────────────────┘
                             ▼                                     │    ┌─────────────────┐
                    ┌─────────────────┐      ┌─────────────────┐ └──▶│  第四道水平撑安装 │
                    │  D19节段吊装    │────▶│ 调位与D18节段锚固│      └─────────────────┘
                    └────────┬────────┘      └─────────────────┘
                             ▼
                    ┌─────────────────┐      ┌─────────────────┐
                    │  D20节段吊装    │────▶│ 调位与D19节段锚固│
                    └────────┬────────┘      └─────────────────┘
                             ▼
                    ┌─────────────────┐      ┌─────────────────┐
                    │   上横梁吊装    │────▶│  上塔柱支架拆除  │
                    └─────────────────┘      └────────┬────────┘
                                                      ▼
                                             ┌─────────────────┐
                                             │  MD3600塔吊拆除  │
                                             └─────────────────┘
```

图 10-12　上塔柱吊装工艺流程图

胎架上,防止节段底口在运输过程中与船底接触变形。用拖轮和驳船将节段从厂家拖运至施工现场,拖运前应通知海事部门,拖运时应与海事部门保持密切联系,通知过往船减速行进,或请海事部门全程护航,保证钢塔节段安全拖运至施工现场。

(4) 上塔柱节段吊装

由于塔吊最大吊重为 160 t,钢塔 D6～D17 单节段重量在 190 t～230 t,因此 D6～D17 节段每个节段分为两块进行吊装后组拼为整体。D18～D20 节段重量在 83 t～145 t,采取节段整体吊装。上横梁重量为 255 t,因此吊装时按横桥向分为两块进行吊装。塔吊安装在承台北侧,钢塔节段运输船也停靠于承台北侧。钢塔 D6～D20 节段吊装施工步骤如下:

第一步:① 钢塔 D5 节段浮吊安装锚固完成后,利用 1 000 t 浮吊安装 MD3600 塔吊标准节及上部结构。

② 安装塔吊第一道附墙(第一道附墙与钢塔 D5 节段连接)。

③ 塔吊第一次自顶升,顶升至 23 个标准节。

第二步:① 利用 MD3600 塔吊依次吊装 D6~D12 节段,其中每个节段从横桥向(南北方向)分两个构件,先吊装南面构件(扬中侧),再吊装北面构件(泰州侧)。

② 将钢塔节段两个构件连接为整体节段。

③ 同时安装钢塔上塔柱支撑支架系统,并在 D7 节段吊装锚固完成后对上塔柱第一道水平施加支撑力,D12 节段安装完成后施加第二道水平顶撑力。

④ 安装塔吊第二道附墙(第二道附墙与钢塔 D12 节段连接)。

第三步:① D12 节段安装完成后,安装塔吊第二道附墙。

② 塔吊顶至第三道附墙高度,顶升至 30 个标准节。

第四步:① 利用 MD3600 塔吊依次吊装 D13~D16 节段,其中每个节段从横桥向(南北方向)分为两个构件,吊装时先吊装南面构件(扬中侧),再吊装北面构件(泰州侧)。

② 将钢塔节段两个构件连接为整体节段。

③ 同时继续安装接高钢塔上塔柱支撑支架系统,并在 D15 节段吊装锚固完成后对上塔柱第三道水平施加支撑力。

第五步:① D16 节段安装完成后,安装塔吊第三道附墙。

② 塔吊顶升至 34 个标准节,达到最高顶升高度。

2. 上横梁吊装

(1) 上横梁吊装工艺流程

上横梁外形为横置的 K 形,在桥中心线处的梁高为 3.588 m,近塔柱处的梁高为 10 m,长 25.99 m,顶面宽 6.698 4 m,底板宽 6.818~7.007 m,设计重量 255.2 t,顶面安装标高＋197.2 m。上横梁加工制作时横桥向分为两个块件进行加工,运输到现场。运梁船抛锚定位于沉井北侧,安装时分两次吊装(上游侧和下游侧),采用四点吊装,吊装时先吊装下游段,再吊装上游段。D20 安装完成后安装上横梁调位支架和调位系统,上横梁吊装前利用上塔柱第四道水平支撑将两塔柱之间距离顶开一定距离,然后用 MD3600 塔吊依次吊装上横梁,对位后卸载第三道水平撑顶升力,将上横梁分别与塔柱锚固。

上横梁吊装下落过程中,在预先安装的侧向限位装置和牵引装置的配合下,上横梁下落一端搁置到上横梁支撑系统的支撑垫块上,另一端搁置到 D20 顶面支撑垫块上,通过上横梁支撑系统上的千斤顶和 D20 顶面千斤顶上调整下横梁的平面位置和标高。下游段安装锚固完成后吊装上游段。

图 10-13 为上横梁吊装工艺流程图。

(2) 上横梁吊装施工

① 吊索选用

吊索选用 φ92－8×61(1870 级)钢丝绳,最小破断拉力为 4 300 kN,绳长 14 m,两端采用压制方法制成绳套,走双使用。吊

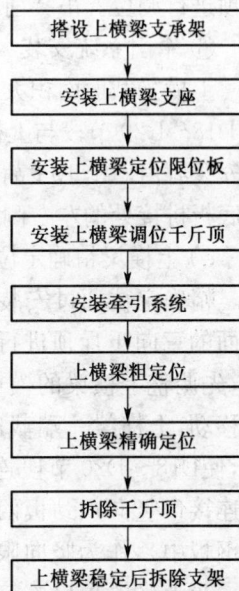

```
搭设上横梁支承架
      ↓
安装上横梁支座
      ↓
安装上横梁定位限位板
      ↓
安装上横梁调位千斤顶
      ↓
安装牵引系统
      ↓
上横梁粗定位
      ↓
上横梁精确定位
      ↓
拆除千斤顶
      ↓
上横梁稳定后拆除支架
```

图 10-13 上横梁吊装工艺流程图

索两绳套与 MD3600 塔吊钩相连,下端通过 80 t 卸扣与上横梁上的吊耳连接。

② 上横梁支撑系统施工

上横梁加工制作时,横桥向分为两个块件进行加工后运输到现场,分两次安装。在安装一侧后,上横梁处于单悬臂状态,可能使已安装的塔身线形变形,或对钢塔结构产生较大的应力,因此,在上横梁吊装前需要搭设支承上横梁的支承架。上横梁支承系统和上塔柱支架连成整体,第四道水平横撑安装完成进行上横梁支撑系统施工,上横梁支撑系统主要用于承受上横梁安装时悬臂的重量和下横梁精确调位。支撑系统主要由立柱、平联、斜撑和支架顶面的柱顶立柱组成,柱顶立柱顶面安装有 4 台三向千斤顶,通过三向千斤顶调整上横梁的平面位置及竖向标高。

③ 上横梁支座安装

上横梁外形为横置的 K 形,上横梁底部为 1∶2.332 9 坡度,上横梁粗定位和精确定位时调位千斤顶顶在上横梁底部。由于上横梁底部呈斜面,在千斤顶安装位置需安装一个支座,支座在钢塔加工厂内加工并安装在下横梁上,和下横梁一起运输到现场。在下横梁底部布置有 4 个支座,下横梁吊装下落时支座搁置在支撑垫块上,调位千斤顶直接顶在上横梁底部支座上对上横梁进行调位。

④ 上横梁定位限位板安装

在上横梁吊装下落过程中,需设置侧向限位装置,在牵引装置的配合下,使上横梁能顺利下落到上横梁支撑系统的支撑垫块上。限位板与节段之间预留 10 mm 左右的间隙,以便上横梁吊装过程能顺利下放。将限位板通过高强螺栓与已安装好的 D18 节段连接起来,保证限位板的垂直度。

⑤ 上横梁调位千斤顶安装

上横梁调位主要通过布置在 D20 顶面上的千斤顶和安在上横梁支撑系统立柱上的千斤顶进行调位。吊装前在上横梁支撑系统立柱顶面和 D20 顶面各安装 4 台千斤顶。

⑥ 牵引系统安装

上横梁截面面积大,在高空中受风的影响大,为了保证上横梁能顺序滑入限位板中,需在 D18～D20 节段与上横梁拼接处设置牵引系统,以帮助上横梁吊装下放。D18～D20 节段上安装有由 6 个 10 t 葫芦组成的牵引系统,单个节段上有 2 个葫芦,布置在每个节段与上横梁底板拼接处的左右侧。在吊装时,预先在上横梁上安装牵引系统。

⑦ 上横梁精确定位

精确定位通过安装在上横梁支架系统顶面立柱上的三向千斤顶和安装在 D20 节段顶面的三向千斤顶进行精确调位。精确调位时,同时启动支撑系统和 D20 顶面三向千斤顶,先调整上横梁的横桥向平面位置,启动三向千斤顶顶起上横梁,使上横梁向横桥向一侧移动,上横梁一端截口靠到节段连接口,再启动平面转动千斤顶,调整上横梁的平面位置,使 D18～D20 节段连接口竖向加劲板和上横梁截口加劲板对齐。在 D18～D20 节段的连接口竖向加劲板两侧安装连接板,用螺栓临时连接(即上横梁截口竖向加劲板夹在两钢板中),作为竖向限位,启动竖向千斤顶,上横梁沿着加劲板限位及两侧限位向上移动。当上横梁顶口连接板和 D20 节段连接板平齐,停止竖向千斤顶,用拼接板将 D18～D20 节段和上横梁一端进行连接。此时另一端处于悬臂状态,将柱支架系统顶面的支撑垫块和上横梁支座焊接在一起。所有拼接板安装及支架系统顶面的支撑垫块与上横梁支座焊接完成后,松开竖向千斤顶。

⑧ 上横梁吊装施工

上横梁分两次安装,先安装下游侧,后安装上游侧。上横梁安装之前,D20 节段安装完成后,在上塔柱支架顶面安装上横梁支架系统,支架系统安装完成复测顶面标高及平面位置。在上横梁支架系统顶面和 D20 节段顶面安装三向千斤顶,采用三向千斤顶调整上横梁的高程和横桥及顺桥向的轴线偏位。三向千斤顶完成后利用上塔柱第四道主动横撑,调整两塔肢之间的距离。

为便于安装上横梁,使上横梁两端与已安装塔柱节段间预留 20 mm 缝隙,然后用 MD3600 塔吊依次吊装下游侧和上游侧上横梁,对位后卸载第三道水平撑顶升力,将上横梁分别与塔柱锚固,步骤如下:

图 10-14　上塔柱吊装现场图

第一步:① 利用 MD3600 塔吊安装上横梁支架及上横梁调位系统。

② 上横梁加工制作时纵向分为两个块件进行加工后运输到现场。

③ 利用上塔柱第三道水平支撑将两塔柱之间距离顶开一定距离,然后用 MD3600 塔吊依次吊装上横梁两个块件。

④ 将上横梁两个块件连接为整体。

第二步:① 安装塔顶装饰块等钢塔附属设施。

② 拆除 MD3600 塔吊,拆除水平支撑等临时结构。

③ 钢塔施工完成。

10.3.4　钢塔施工安全控制措施

1. 钢塔吊装安全操作规定

(1) 制定安全操作规程,杜绝施工中的违章指挥和违章作业现象的发生。

(2) 加强安全教育,充分认识到钢塔吊装作业的高风险性,提高全体施工人员的安全意识,自觉遵守各项安全制度,对进入施工现场的施工人员进行专门的安全教育和安全操作的培训。

(3) 遵照国家的劳动保护法,配备劳动保护设施,根据工种发放相应的劳保用品,并且认真落实各级人员的安全责任制,把安全生产纳入统一规划和系统管理的轨道中。

(4) 针对本工程特点、施工外部和内部环境,制定各道工序具体的安全技术措施、操作规程、安全防护办法,向作业人员作书面安全技术交底,并履行签字手续。

(5) 施工现场设专职安全员,随时检查工地,发现问题、隐患及时纠正。

(6) 在施工区域内及工作通道上设置照明系统,保证夜间施工照明。

（7）加强施工现场的安全管理。按要求分别设置安全警示，制定现场安全防护的具体措施。

（8）搭设施工支撑按照设计严格执行并加挂检查验收合格牌，不合格的坚决不准使用。对于重要的承重型支撑结构要经设计验算后确定。

（9）注意现场设备、材料的防雨和防风，场地不留安全隐患。

（10）系统工作状态应全面检查，重点是吊点的连接处、卷扬机系统及吊具各部，确认无误后方可进行下一步提升。

（11）吊装施工前后，严禁焊接时电流通过起吊钢丝绳。

（12）吊装过程中，应安排人随时检查起吊设备，卷扬机、钢丝绳及塔柱等情况如有异常，报告主要负责人员采取相应措施。

2. 焊接安全操作要求

（1）必须遵守焊、割设备一般安全规定及电焊机安全操作规程。

（2）电焊机外壳必须接地良好，其电源的装拆应由电工进行。

（3）电焊机要设单独的开关，开关应放在防雨的闸箱内，拉合时应戴手套侧向操作。

（4）焊钳与把线必须绝缘良好，连接牢固，更换焊条戴手套，在潮湿地点工作，应站在绝缘胶板或木板上。

（5）严禁在带电和带压力的容器或导道上施焊，焊接带电的设备先切断电源。

（6）焊接贮存过易燃、易爆、有毒物品的容器或管道，将所有的孔口打开。

（7）在密闭金属器内施焊时，容器必须可靠接地，通风良好，并应有专人监护，严禁向容器内输入氧气。

（8）焊接预热工件时，应有石棉布或挡板等隔热措施。

（9）把线、地线禁止与钢丝绳接触，更不得用钢丝绳索或机电设备代替零线，所有地线接头必须连接牢固。

（10）更换场地移动把线时，应切断电源并不得手持把线爬梯登高。

（11）清理焊渣或采用电弧气刨清根时，应戴好防护眼镜或面罩，防止铁渣飞溅伤人。

（12）多台焊机在一起集中施工时，焊接平台或焊接件必须接地，并应有隔光板。

（13）钍钨板要放置在密闭的铅盒内，磨削钍钨时必须戴手套、口罩，将粉尘及时排除。

（14）三氧化碳气体预热器的外壳应绝缘，端电压不应大于 36 V。

（15）雷雨时，应停止露天焊接作业。

（16）施焊场地周围应清除易燃易爆物品，或进行覆盖、隔离。

（17）必须在易燃易爆气体或液体扩散区施焊时，应经检试许可后，方可施焊。

（18）工作结束应切断焊机电源，并检查工作地点，确认无起火危险后，方可离开。

3. 起重人员安全操作要求

（1）必须持证作业，熟知吊装方案、指挥信号、安全技术要求及起重机械操作方法。

（2）工作前检查起重所用的一切工具、设备是否良好，如不符合规定，必须修理或更换，不得凑合使用，机具设备在使用前必须试车，加润滑油。

（3）工作前应了解吊物尺寸、重量和起吊高度等，安全选用机械工具；不得冒险作业，不得超负荷操作。

（4）事先应看好起吊信号、吊运方向和地点，如有障碍必须清理。

（5）夜间作业应有足够的照明。

（6）起重作业应有专人指挥，指挥按规定的哨声和信号，必须清楚准确，指挥者站在所有施工人员都能看到的位置，同时指挥者本人应清楚地看到重物吊装的全部过程。

（7）作业前，应按规定穿戴好个人防护用品，如手套、安全帽、安全带等。

（8）禁止在风力达 6 级以上时吊装作业。

（9）吊物应按规定的方法和吊点进行绑扎起吊，当用一条绳扣绑扎吊物时，绑扣应在重心位置。用两条绳扣吊物时，绳扣与水平夹角应大于 45°。

（10）起吊前，先将吊绳拉紧，复查绳扣是否绑牢、位置是否正确。

（11）起吊时如发现吊物不平衡应放下重绑，不准在空中纠正。

（12）起吊时应徐徐起落，避免过急、过猛或突然急刹，回转时不能过速。

（13）起吊物及构件安装未稳前，不准放下吊钩。

（14）吊装时严禁任何人在重物下和吊臂下方及其移动方向通行或停留。

（15）在吊装过程中，如因故中断施工时，必须采取措施保护现场安全。如因故短期内难以解决时，必须另外采取措施，不得使重物悬空过夜。

（16）起吊前检查设备，确认设备，与一切都脱离成一单件时方可起吊。

（17）拆除或安装设备有其他工种配合时，要统一指挥，分工明确，规定好联络信号，以防发生事故。

（18）起重用的机具设备、吊具、索具要分工负责保管，并经常做好日常保养工作，以保证供给安全运行。

（19）起重区域必须设以明显标志，主要通道要派专人监护，缆风绳设于有人来往之地时，白天设安全旗，晚上设红灯。

（20）起吊前应将吊物上的工具和杂物清除，以免掉下伤人。

10.4　钢塔涂装安全技术

10.4.1　施工内容及涂装工艺

1. 涂装内容

钢塔柱节段及横梁的工地涂装，包括焊缝、拴接面涂装、修补涂装及全塔最后一道面漆涂装等范围内的施工，作业内容包括：

（1）吊点、吊篮等工装安装、使用、移动、拆卸。

（2）焊缝、拴接面及损伤处除油、打磨、清理、修补涂装。

（3）钢塔外表面除油、打磨、清理、最后一道面漆涂装。

2. 涂装工艺

（1）表面缺陷修复

对未损伤至底材的区域：去油后对周边涂层实施保护，对损坏区域采用打磨机打磨；周围涂层打磨成坡度,磨出不同漆层的层面,用刷涂方法补涂相应涂层的涂料。

对损伤至底材的部位:打磨至 St3 级,周围涂层打磨成坡度,磨出不同漆层的层面,用刷涂方法补涂环氧富锌漆 80 μm。在重涂间隔期内进行外表面相应涂层的涂装。修补涂装示意图如图 10-15 所示。

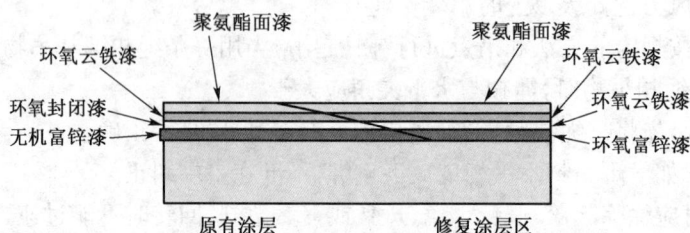

图 10-15　修补涂装示意图

(2) 表面面漆涂装

人工用砂纸(80 目)全面拉毛第一道聚氨酯面漆,不得遗漏。涂装面漆应做到:

① 根据工作量配置适量的油漆,严格按配比进行配漆,并根据气温等情况加入适量稀释剂,稀释剂含量不得超过油漆量的 15%,均匀搅拌后进行施工。

② 对边角处刷涂聚氨酯面漆,预涂结束后进行大面积的涂装,涂装过程中要确保第二道面漆的干膜厚度达到 40 μm,总厚度达到 320 μm,外观颜色均匀,美观大方。

③ 涂装施工过程中严格按油漆说明书及作业指导书进行;主塔高度较高,采用雾气喷涂时会产生大量的污染,漆雾飘散会很多,且飘散距离会很远,因此第二道面漆采用刷涂的方法进行。

④ 因无机富锌底漆具有不可重涂性,现场施工时,如有涂层损坏至底材时,可打磨至 St3.0 级后,用环氧富锌漆 80 μm + 环氧云铁中间漆 2×80 μm + 第一道聚氨酯面漆 40 μm 进行修补,面漆随钢塔最后一道面漆涂装。

钢塔柱外表面涂层体系见表 10-2。

表 10-2　钢塔表面涂层体系

结构部位	涂装体系	膜厚(μm)	涂装道数	备注
钢塔柱外表面	喷砂 Sa2.5、Rz = 40 ~ 80 μm			
	无机富锌底漆	1×80	1	
	环氧封闭漆	1×25	1	
	环氧云铁中间漆	2×80	2	
	聚氨酯面漆	2×40	2	第二度现场施工

(3) 损伤面修复涂装施工工艺流程

损伤面修复涂装施工工艺流程如图 10-16 所示。

```
                        ┌─────────────┐
                        │ 检查涂层局部损伤 │
                        └──────┬──────┘
              ┌────────────────┴────────────────┐
         ┌────┴─────┐                      ┌─────┴────┐
         │ 损伤至底材 │                      │ 未损伤至底材 │
         └────┬─────┘                      └─────┬────┘
              │                                  │
         ┌────┴─────┐                    ┌───────┴───────┐
         │  除锈    │                    │  打磨并将周边   │
         └────┬─────┘                    │  涂层打磨出坡度 │
              │                          └───────┬───────┘
         ┌────┴──────┐                           │
         │ 周边涂层打磨 │              N          ┌──┴────┐        N
         │   出坡度   │                          │ 检查报验 │
         └────┬──────┘                          └──┬────┘
              │                                    │
         ┌────┴─────┐                    ┌─────────┴────────┐
         │ 检查报验  │                    │ 按各部位涂装       │
         └────┬─────┘                    │ 方案进行各道       │
              │                          │ 涂层的涂装        │      N
         ┌────┴──────┐          N        └─────────┬────────┘
         │ 按各部位涂装 │                           │
         │ 方案进行各道 │                    ┌──────┴───┐
         │  涂层的涂装  │                    │ 检查报验  │
         └────┬──────┘                     └──────────┘
              │               N
         ┌────┴─────┐
         │ 检查报验  │
         └────┬─────┘
              │
         ┌────┴─────┐
         │ 资料归档  │                      注:N—不合格
         └──────────┘
```

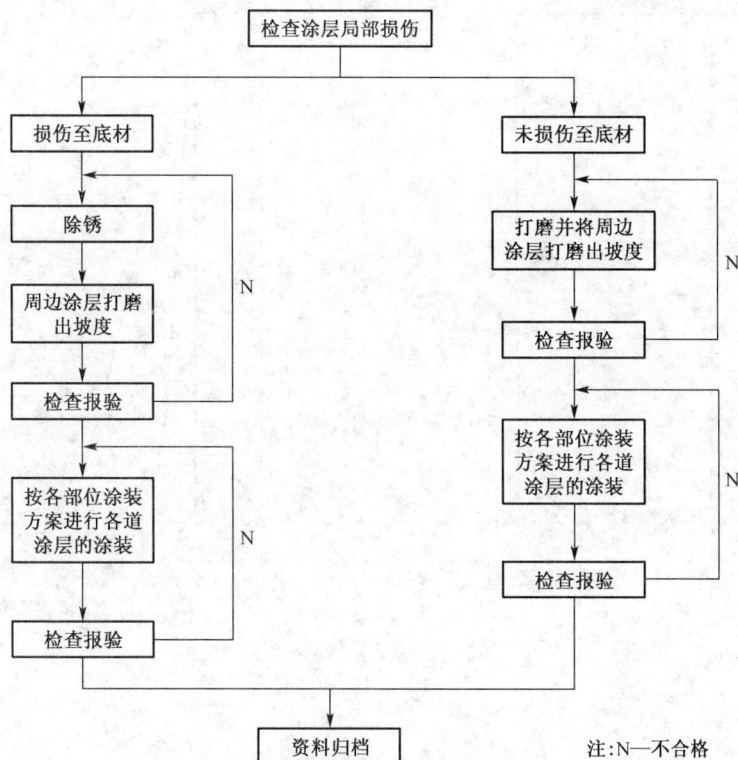

图 10-16　损伤面修复涂装施工工艺流程图

（4）全桥最后一度面漆涂装流程

全塔修补涂装结束后,对全桥外表面涂层进行拉毛处理,表面可见油污用清洗剂清洗干净。全桥最后一道面漆涂装工艺流程如图 10-17 所示。

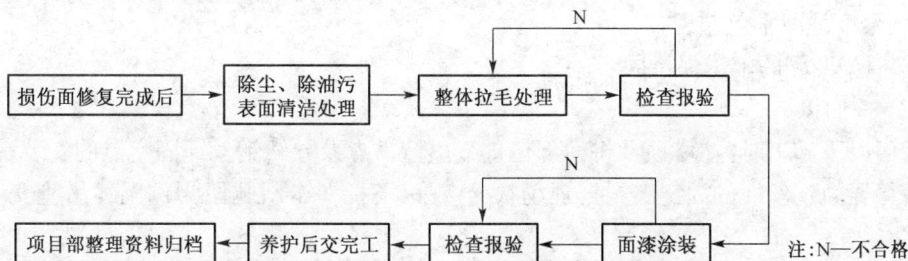

```
                          N
             ┌──────────────────────┐
┌──────────┐  ┌──────────┐  ┌──────┴───┐  ┌──────────┐
│ 损伤面修复 ├─→│ 除尘、除油污│─→│ 整体拉毛处理│─→│ 检查报验  │
│  完成后   │  │ 表面清洁处理│  └──────────┘  └────┬─────┘
└──────────┘  └──────────┘                      │
                                     N           │
                          ┌──────────────────────┤
┌──────────────┐ ┌──────────┐ ┌──────────┐ ┌────┴─────┐
│ 项目部整理资料归档 │←│ 养护后交完工 │←│ 检查报验  │←│ 面漆涂装  │←  注:N—不合格
└──────────────┘ └──────────┘ └──────────┘ └──────────┘
```

图 10-17　全桥最后一度面漆涂装工艺流程图

10.4.2　吊篮涂装安全技术

钢塔涂装时采用了吊篮进行施工,本节予以介绍。图 10-18 为吊篮布置示意图。

1. 吊篮布置

施工时分步进行,每个塔柱分成两部分:(1)从塔顶到桥面;(2)桥面以下。

每一部分按下述方案进行:

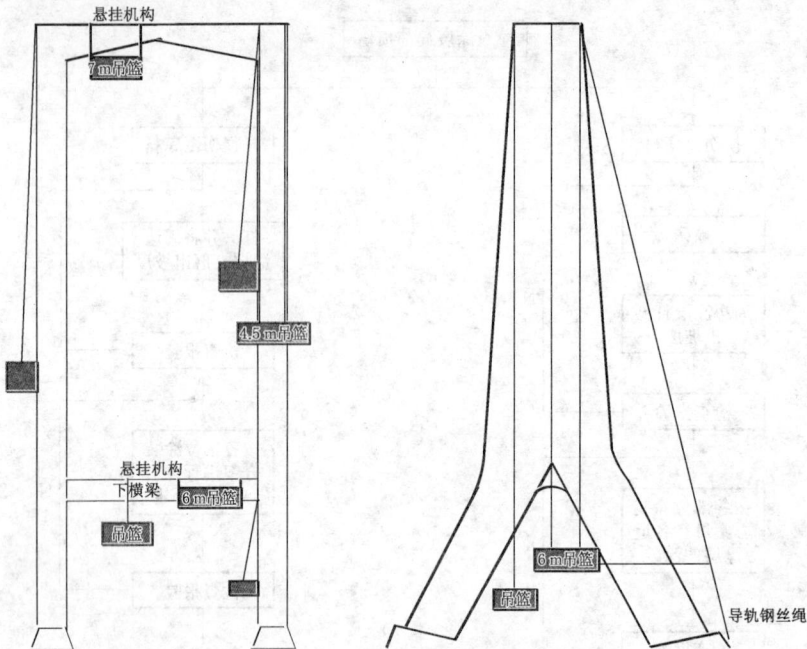

图 10-18　吊篮布置位置

（1）从塔顶到桥面

① 塔柱南北向（即迎桥面方向）采用 2 台 4.5 m 吊篮；吊点设于塔顶鞍罩平台。

② 上游或下游外侧面采用 10 m 吊篮进行施工，吊点设于塔顶鞍罩平台。

③ 上横梁及塔柱内侧面施工时采用悬挂机构布置吊点，用液压拖板车移动悬挂机构更换吊点以满足横梁底部、两侧以及塔柱内侧面的施工。

④ 内侧面、横梁底部的施工和塔柱扬中侧、泰州侧、上游或下游侧面部位的施工保持同步，最大限度地减小色差。

⑤ 横梁两侧的施工保持同步。

（2）桥面以下

桥面以下施工时，在塔顶及桥面部位进行吊篮吊点及导轨钢丝绳固定点的安装，在承台部位进行导轨钢丝绳的固定。根据现场状况，现以塔柱一个斜腿段为例阐述吊篮安装及作业方式。

① 斜腿内侧面（A 面）

A 面采用 5 m 吊篮施工。装好吊篮后，采用导轨钢丝绳将吊篮平移至工作面，如图 10-19 所示。

② 外侧面（B 面）

B 面采用 6 m 吊篮施工。吊点皆设于塔顶。装好吊篮后，采用导轨钢丝绳将吊篮平移至工作面。

③ 斜腿外侧面（C 面）

C 面采用 5 m 吊篮施工。吊点皆设于塔顶。吊篮组装前，在篮体靠墙侧面两端各装一靠墙轮，使吊篮能顺墙面移动，如图 10-20 所示。

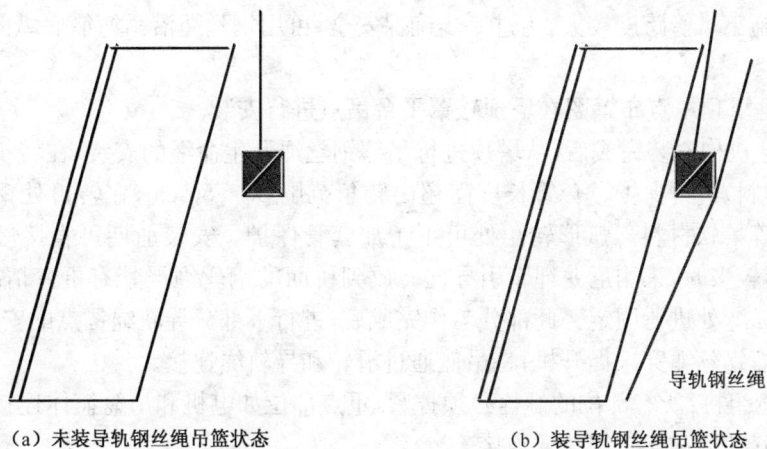

（a）未装导轨钢丝绳吊篮状态　　　　　（b）装导轨钢丝绳吊篮状态

图 10-19　A 面吊篮施工示意图

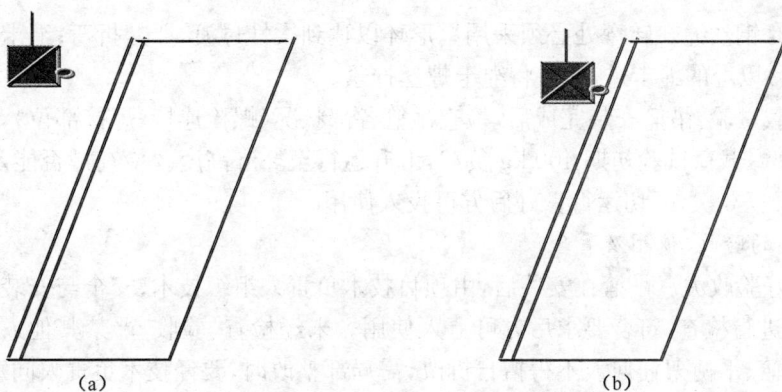

（a）　　　　　　　　　　　　（b）

图 10-20　C 面吊篮施工示意图

④ 内侧面（D 面）

D 面采用 6 m 吊篮施工。外侧吊点设于下横梁悬挂机构处,内侧吊点布置同 A 面内侧吊点布置。装好吊篮后,采用导轨钢丝绳将吊篮平移至工作面。

2. 下横梁

下横梁安装吊篮悬挂结构,用液压拖板车移动悬挂机构更换吊点以满足下横梁底部、两侧的施工,如图 10-21 所示。

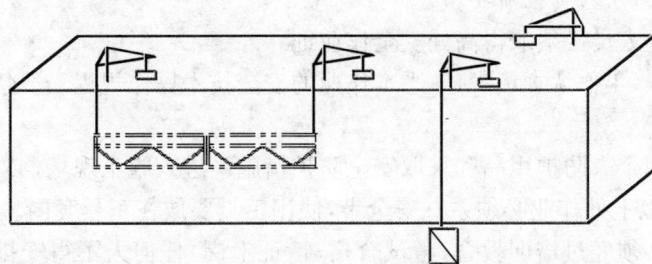

图 10-21　下横梁吊篮悬挂机构安装示意图

下表面施工吊篮跨度较大,为进一步确保安全,可用钢丝绳沿吊篮篮底纵向收紧加固。

3. 吊篮安装

(1)根据塔顶吊点布置图在塔顶鞍罩平台吊点进行安装。

(2)悬挂机构安装完成后,从塔顶进行吊篮钢丝绳及生命绳的安装,在转折处钢丝绳必须加套管(塑料)进行保护。套管长度需超出转角范围30～50 cm,在转折处钢丝绳底部再加垫橡胶板等柔软材料。弧形转角处可不予加套管保护。安装前期可直接慢慢放下钢丝绳,当钢丝绳较多时,采用尼龙绳牵引导向。放到桥面的钢丝绳严禁有折弯情况发生,在固定时选择有弧弯处进行固定。此部分工作完成后,进行下部分导轨绳锚点的安装工作;安装完成后将吊篮钢丝绳穿入提升机,将吊篮通过滑轮和导轨绳连接。

(3)吊篮组拼:所有部位的螺栓必须拧紧,重点部位如电机和吊篮篮体连接采用8.8级高强螺栓。安装后和导轨钢丝绳连接。

(4)所有连接部位根据需要选择相应的卸扣,主吊点选择3 T以上的卸扣,副吊点选择2 T的卸扣。

(5)所有钢丝绳在转弯处必须采用星形环以达到柔性过渡,严禁折弯;绳卡固定时采用3只(含3只)以上的绳卡进行,并将绳卡螺丝拧紧。

(6)荷载试验:吊篮安装完成后,检查吊篮各部状况(螺栓连接、焊接部位),确认良好后进行载荷试验,载荷试验初期400 kg负载,上升运行至2 m高度。检查是否能及时刹车,爬升不打滑,反复3次,一切运行良好后方可投入使用。

4. 吊篮的验收、使用及管理

(1)把好验收关。吊篮在安装后,由项目技术负责人组织技术、安全与安装班组和安全监理工程师进行检查,符合要求后方可上人使用。未经检查、验收,严禁其他人员攀登。验收合格的吊篮、平衡架任何人不得擅自拆改,需局部整改时,要经技术负责人同意,由安装工操作。

(2)工程施工负责人,必须按方案的要求,并拟定书面操作要求,向班组进行安全技术交底,班组必须严格按操作要求和安全技术交底施工。

(3)吊篮安全、技术、施工、使用等有关人员,按项目进行验收,并填写验收单,合格后方可使用。

(4)吊篮要派专人管理,并进行日常保养、日常检查、定期检修等工作。

(5)大风及雨后,及时检查吊篮情况,确认一切良好后方可进行施工。

(6)在六级以上大风、大雾和大雨天气下不得进行施工。

5. 吊篮安全对于人员素质要求

(1)高处作业人员必须取得高处安全作业证。

(2)责任心强,工作认真负责,熟悉本作业的安全技术操作规程。严禁酒后作业和作业中玩笑嬉闹。

(3)明确使用个人防护用品和采取安全防护措施。进入施工现场,必须戴好安全帽,在无可靠防护2 m以上处作业必须系好安全带,使用工具要放在工具套内。

(4)操作工必须经过培训教育,考试合格,持证上岗,任何人不得安排未经培训的无证人员上岗作业。

(5)作业所用材料放在专用工具桶内,所用工具要全部用铁丝等按序绑扎在一起,用时取出,用完回收,防止遗留在吊篮内掉落伤人。

10.4.3　涂装作业安全控制措施

1. 涂装作业职业健康防护

(1) 使用油漆稀释剂时,应使用防护用品。禁止吸烟。

(2) 沾染油漆或稀释油类的棉纱、破布等物,应全部收集存放在有盖的金属箱内,待不能使用时应集中销毁或用碱将油污洗净以备再用。

(3) 用钢丝刷、扳锉、气动或电动工具清除铁锈时,要戴上防护眼镜。

(4) 喷涂时,如发现喷枪出漆不匀,严禁对着喷嘴察看,可调整出气嘴和出漆嘴之间的距离来解决。最好在施工前用水代替喷漆进行试喷,无问题后再正式进行。

(5) 喷涂对人体有害的油漆涂料时,要戴防毒口罩,如对眼睛有害,必须戴上密闭式的眼镜进行防护。

(6) 喷涂作业人员进行施工时,感觉头痛、心悸和恶心时,应立即停止工作,远离工作地点,到通风处换气,如仍不缓解,应去医疗点治疗。

2. 预防火灾、爆炸事故安全控制措施

(1) 油漆和溶剂应贮存在干燥、阴凉、通风、隔热、无阳光直射的存放点。

(2) 贮存地点 30 m 内不许动用明火,不许吸烟,并应张贴"严禁烟火"的标志。

(3) 贮存区内必须搭设木架,漆桶放在木架上,保证稳固,严禁漆桶倒垛碰撞,产生火星引起火灾。

(4) 油漆存放时要轻搬轻放,人工堆码不宜超过 1.8 m,机械堆码可适当高一些,以免倒垛而发生事故。

(5) 油漆存放处门前不得堆放浸有油漆的棉纱、破布等可燃性物品,以免积压过久产生热度或遇电火、雷火等造成火灾。

(6) 调漆场所、存放处等,必须配置足够量的泡沫、干粉等灭火器、干沙及石棉板等。灭火器应本着分散与集中相结合的原则进行布点。管理人员应懂得防火常识、灭火知识,并能够熟练使用灭火器。灭火器要经常检查,定期换药。

(7) 涂装作业场所禁止吸烟,禁止进行电气焊等明火作业;掺兑稀释剂时,禁止使用铁棒搅拌,以防碰出火星。

(8) 涂装作业人员不得穿带铁钉的鞋和能产生静电的衣服;注意保持作业环境的通风换气,预防可燃气体聚集。

(9) 作业场所的照明灯具和电气设备应当具有防爆功能;进行此项作业时,应派专人进行安全监护,作业场所要准备相应的消防设备,做到有备无患。

(10) 每个涂装及使用气瓶施工人员,应牢记油漆易燃易爆的危险性,并具备一定的防火和灭火知识,会熟练使用灭火器和简易的消防器材。一旦发生火灾,应首先切断各种设备的电源,立即将火扑灭。必要时应先向有关部门报警,配合灭火。

11　猫道及主缆施工安全技术

泰州大桥主缆长 3 117 m，主缆成形后为 W 形，主缆架设长度世界第一。猫道分左、右两条，分别设于左、右主缆下方，设计宽度 4.0 m，全长逾 3 km。整个猫道和主缆施工过程在高空、水上进行，而且，泰州大桥采用主跨 2×1080 m 的"三塔两跨"新型悬索桥结构，中塔采用世界上高度第一的纵向人字形、横向门式框架形钢塔，这些都使得猫道及主缆施工成为一项危险性极高的作业。泰州通过采取一系列的安全控制技术，保障了猫道及主缆超高处施工的顺利完成。

11.1　工程概述

11.1.1　猫道及主缆施工简介

猫道作为悬索桥上部构造施工最重要的高空工作通道和临时作业场地，线形平行于主缆线形布置。在整个上部施工期间，猫道作为索股牵引、索股调整、主缆紧固、索夹及吊索安装、钢箱梁吊装、主缆缠丝防护等施工的作业平台。

1. 猫道简介

泰州大桥主桥桥型为三塔两跨悬索桥，主桥净宽 33 m，桥跨布置为 390 m＋1 080 m＋1 080＋390 m，主缆矢跨比为 1：9，两根主缆中心间距为 34.8 m。在左、右幅对应于主缆中心线下方各设一幅猫道，边跨猫道距主缆中心线铅垂方向初始控制距离 1.7 m，主跨猫道距主缆中心线初始控制距离 1.5 m，设计宽度 4.0 m。

猫道由猫道承重索、猫道门架承重索、扶手索、猫道面层、猫道门架、塔顶转索鞍及变位系统、横向通道、制振结构、锚固体系等组成。猫道结构总体布置见图 11-1。

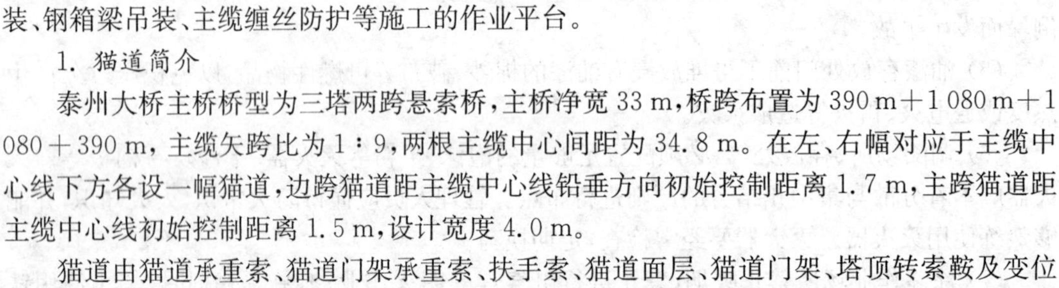

图 11-1　猫道结构总体布置图

（1）猫道承重索及扶手索

每条猫道设 10 根 φ54 mm（6×36SW＋IWR）钢芯镀锌钢丝绳猫道承重索，采用四跨连续的布置形式,在边塔顶、中塔顶设置支撑转索鞍,在边塔、中塔塔顶两侧附近设置变位刚架,并在塔顶主跨侧设置下压装置,使猫道线形与主缆线形保持一致,并满足主缆紧缆与缠丝的设备空间需要。猫道两侧每 6 m 设置一栏杆立柱,用以固定上下 3 根扶手索。扶手索上层采用 $\phi22$ mm 镀锌钢丝绳,下层采用 $2\times\phi16$ mm 镀锌钢丝绳。

(2) 猫道锚固体系

① 猫道承重索通过在锚碇散索鞍支墩上预埋型钢耳座锚固。每幅猫道在南北锚碇各设置 4 根大锚固拉杆,每根锚固杆通过销栓将猫道承重索力传递到锚碇散索鞍支墩。

② 猫道调整系统采用大小拉杆及锚梁组合结构。每幅猫道两岸各设置 4 根大锚固拉杆,用以猫道线形整体调整,并与锚固横梁相连。在锚固横梁上设置槽孔,承重索短拉杆穿过锚固横梁的槽孔后依靠锚固垫板进行锚固。锚固垫板采用球面结构,满足风力作用下猫道的横向摆动。

③ 大、小拉杆组合调整构造。小拉杆前期用于消除承重索制作误差,使猫道承重索垂度保持一致,后期猫道拆除时也可用于放松猫道。大拉杆用于猫道线形整体调整和猫道改吊期间的放松,总长 16 m 的调整量可满足施工要求。

(3) 塔顶转索鞍及变位系统

四跨连续式猫道,在边塔和中塔塔顶设置转索鞍,并通过在塔顶附近设置变位刚架及下压装置,使猫道线形与主缆线形保持一致。

(4) 猫道面层

猫道面层由 2 层镀锌钢丝网构成,其上每隔 0.5 m 绑扎一根防滑木条。在猫道面层网上每 3 m 交替设置面层小横梁(50 mm×50 mm×2.5 m 方钢管)和大横梁(80 mm×80 mm×4 m 方钢管)。

(5) 横向通道

根据猫道风洞模型试验及抗风稳定性非线性计算分析结果,同时考虑施工需要,猫道共设置 16 个横向通道,两主跨各设 7 个横向通道,边跨设 1 个横向通道,除满足左右幅猫道之间人员的通行外,还能提高猫道自身的整体稳定性,使猫道具备足够的抗风能力。

(6) 制振系统

为了改善猫道抗振力,提高人员施工操作时的舒适性,根据需要在相应的横向通道部位设置制振装置,支撑架上安装竖向制振索和水平制振索。

(7) 猫道门架承重索及猫道门架

猫道门架是门架拽拉式索股架设的关键构件,考虑猫道承重索与门架承重索的锚固点差异,线形不完全平行,猫道门架立柱设计为可调式。主塔每隔 45 m 设置一道猫道门架,边跨每隔 48 m 设置一道门架,猫道门架由 $2\times\phi54$ mm 门架承重索固定,并与猫道共同形成空间结构。

2. 主缆施工简介

主缆由 6 跨组成,由北向南依次为:北锚跨、北边跨、北主跨、南主跨、南边跨、南锚跨,主缆线形见图 11-2 所示。主缆矢跨比为 1:9,两根主缆横桥向间距为 34.8 m,主缆采用预制平行钢丝索股,每根主缆由 169 根索股组成,每股由 91 根直径为 5.2 mm 镀锌高强钢丝组成,单根索股无应力长约 3 100 m,重 47 t。

索股用定型捆扎带绑扎而成,两端设热铸锚头。热铸锚头由锚杯、盖板及分丝板组成,锚杯内浇铸锌铜合金。锚板是与锚杯合一的整体铸钢件结构,锚板通过锚固连接器与锚碇锚体连接。主缆索股经成型调整按一定的排列置入散索鞍、主索鞍鞍槽内固定。索股经过紧缆而形成主缆结构。

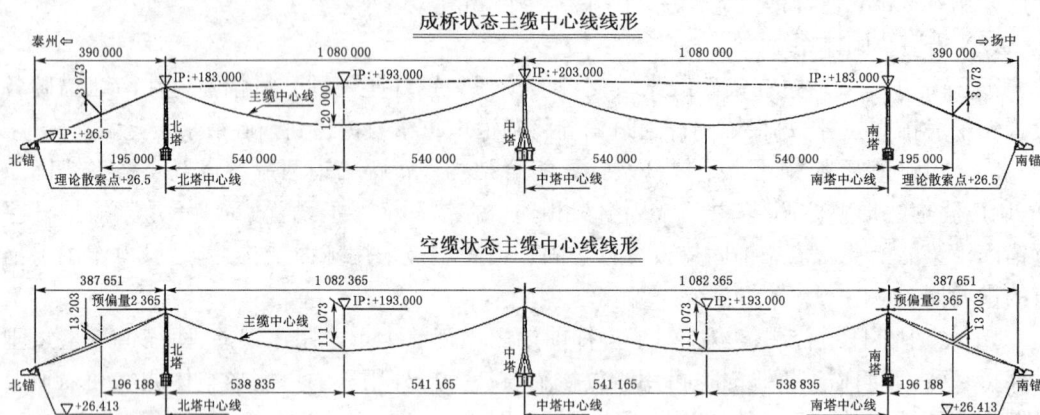

图 11-2　主缆中心线线形

11.1.2　猫道及主缆施工危险性分析

猫道及主缆施工是悬索桥上部施工的开始阶段,整个过程的施工在高空、水上进行,受到气候条件变化、江面封航时间长短、江面风力风向与浪高的影响及水流速度影响,是一项危险性较高的施工作业,非常容易发生施工人员落水、高处坠落、物体打击、起重伤害等事故。在猫道架设及主缆施工过程中,既要保障施工的顺利进行,同时也要保障施工作业人员的生命安全与财产安全。因此,必须考虑两岸牵引系统的布置,制定先导索过江施工与牵引系统过江施工方案,以及猫道架设及主缆施工方案。在猫道架设及主缆施工作业前做好全面调研,与相关部门进行有效沟通,对施工队、作业班组进行全面的、翔实的安全技术交底,认真检查施工设备、设施、机具的性能、安全状况以及施工人员的个体防护装备,保障施工的顺利进行。

猫道架设及主缆施工主要危险源有高处坠落、吊装作业、机电设备临时用电、交通运输等。

（1）高处坠落

可能的高处坠落事故主要包括如下类型:

① 人员坠落

猫道架设施工作业,需要安装塔吊、电梯、门架配合及搭设平台进行作业。施工人员在塔吊、电梯、门架、平台、横梁上方应防止坠落。塔吊、电梯、门架、平台、横梁上坠落事故的具体原因主要有:踩踏探头板;走动时踩空、绊、滑、跌;操作时弯腰、转身不慎碰撞杆件等身体失去平衡;坐在栏杆或无防护临边休息、打闹;站在栏杆上操作;脚手板未铺满或铺设不平稳;没有绑扎防护栏杆或防护栏杆损坏;操作层下没有铺设安全防护层;脚手板超载断裂等。

在塔吊、电梯、门架配合及搭设平台施工作业时,因高空作业立足面狭小,作业用力过猛,身体失控,重心超出立足面;脚底打滑或不慎踩空;随着重物坠落;身体不舒服,行动失控;没有系安全带或没有正确使用安全带,或在走动时取下;安全带挂钩不牢固或没有牢固的挂钩地方等。

② 物件坠落打击

无论是在塔吊、电梯、门架及平台、上横梁、散鞍支墩顶面上,除了防止人员坠落外还应防止作业工具及小型机具等物件的坠落,高处作业物件坠落的具体原因主要有:脚手板没铺满或铺设不平稳;没有绑扎防护栏杆或损坏;操作层下没有搭设安全防护层;脚手板超载断裂;小型机具(如电焊机等)没有固定连接或没有绑扎防护栏杆(或损坏),使其在人员操作时滑落;随身没有携带工具袋,将操作工具随手乱扔导致其坠落;工具没有用安全绳将其系在手腕上或腰间,使其在操作时从手中滑落等。

(2) 机电设备临时用电

本工程机电设备临时用电主要包括施工塔吊、电梯、电焊机、卷扬机、夜间照明设备等。施工时可能会因为设备超负荷使用、漏电、短路、刹车失灵、设备故障、操作不当等引起机电设备烧毁、坠落、损坏、人员触电、机械伤人事故等。

(3) 交通运输

① 道路运输

本工程因场地有限,道路狭窄,车辆较多,存在一定的安全隐患,场内运输车辆应经常检查车况是否良好、刹车是否灵活有效,以防发生翻车等交通安全事故。

② 水上运输

本工程中塔所处施工水域水面开阔,工程中使用船舶类型众多,特别是大型运输船、交通船等船舶作业任务繁重,加之水域航运繁忙,加强船舶安全管理极为重要,以防发生碰撞、搁浅、超载翻沉等事故。

(4) 吊装作业

本工程施工主要作业为大临设施和大型结构安装吊装作业,施工中使用吊装设备、索具、专用吊具等种类繁多,且存在相互配合作业情况,可能因以下原因造成吊装事故:①指挥信号不清楚,杂音干扰或指挥、操作失误;②钢丝绳打结、扭曲、与物体棱角直接接触、用绳卡固定连接及编结不规范、使用时夹角过大、有锈蚀、磨损或断丝等;③起重设备停放或安装不牢、超力矩吊装、带病作业、未经检验等;索具选型不当或存在缺陷等。

11.2 牵引系统架设及先导索过江安全控制技术

牵引系统是悬索桥上部结构施工的重要组成部分,主要用于猫道架设和主缆索股的架设。泰州大桥采用四跨连续猫道系统,跨数多,架设距离长。为了提高猫道承重索架设速度,猫道承重索在中塔变位架处分为两段,以中塔为界,南北猫道承重索由4套(单幅猫道2套)独立单线往复式牵引系统架设。猫道架设完成后,将单线往复式牵引系统进行转换,形成主缆索股架设用的双线往复式牵引系统。

11.2.1 牵引系统架设流程

牵引系统架设的施工工艺流程如图 11-3 所示,其中包含了先导索过江的工艺流程图。

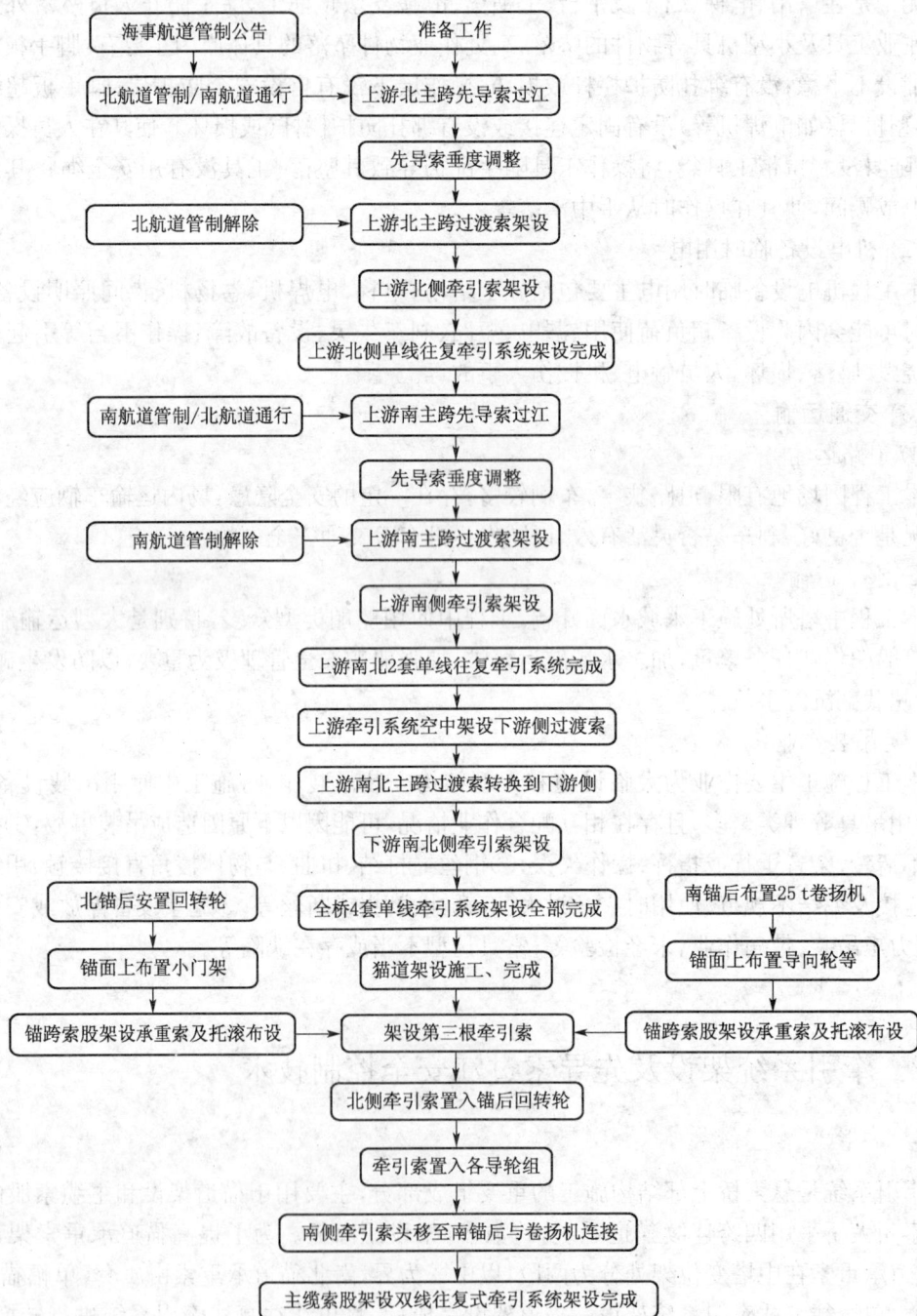

图 11-3 牵引系统架设(含先导索过江)施工工艺流程图

1. 猫道架设单线往复牵引系统

猫道架设单线往复牵引系统是用于猫道承重索、猫道门架承重索、托架承重索、托架定位索、猫道扶手索架设及猫道面网铺设下滑时的拽拉等。猫道架设牵引系统总体布置见图11-4所示。

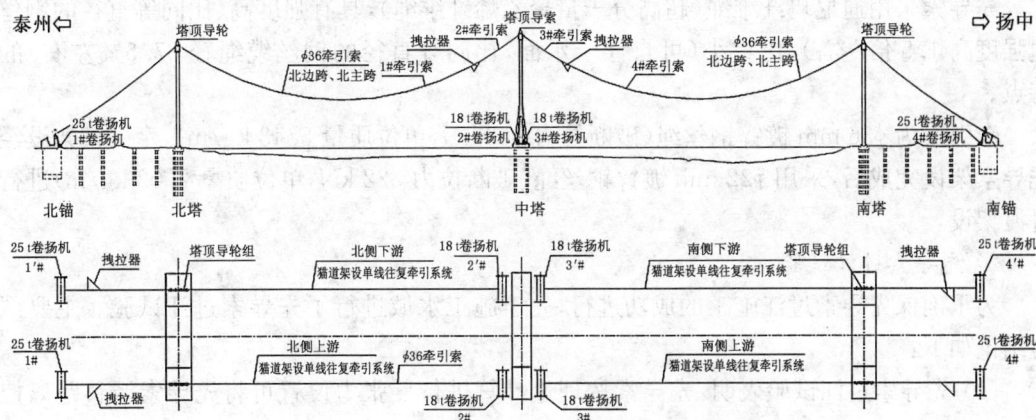

图 11-4　猫道架设牵引系统总体布置图

一套单线往复牵引系统由锚碇和中塔处的两台牵引卷扬机、转向导轮、鞍部的转向导轮、边塔顶导轮组、中塔顶导向轮、牵引索(1♯、2♯索)、拽拉器等组成。

2. 主缆索股架设双线往复牵引系统

双线往复牵引系统用于主缆索股架设牵引,它由双线往复式牵引系统及放索区辅助设施组成。主缆架设牵引系统总体布置见图11-5所示。

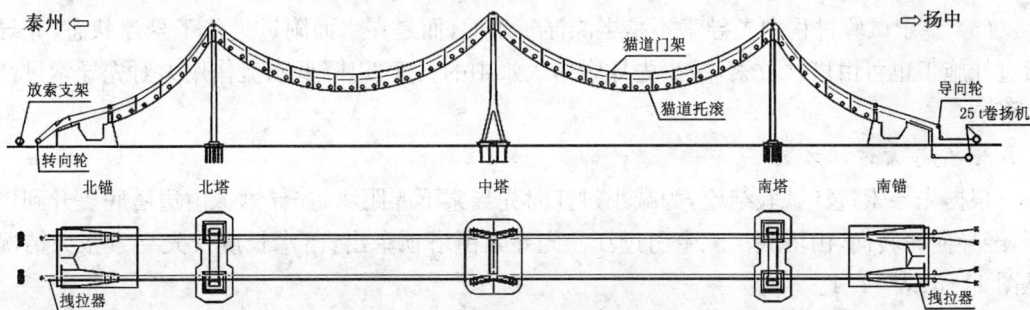

图 11-5　主缆架设牵引系统总体布置图

一套双线往复式牵引系统结构主要包括北锚块锚面小门架及锚后水平转向盘、锚碇鞍部转向导轮组、边塔和中塔顶导轮组、南锚块锚面导向轮及转向轮、南锚锚后2台卷扬机、3根牵引索、2个拽拉器、猫道门架、猫道门架导轮组、各部位托滚等。

在猫道架设完成后,利用单线往复式牵引系统在猫道托滚上牵引第三根牵引索,将北锚锚前牵引索置入锚后转向盘、南锚锚前牵引索移至锚后与主卷扬机连接,利用双拽拉器连接3根牵引索,并将牵引索置入各处导轮组,形成双线往复式牵引系统。

11.2.2　先导索过江方案

根据泰州大桥桥型及作业环境等综合因素,先导索过江采用轻质高强度纤维绳先导索水面牵引过江方案。两主跨先后进行，以中塔为界，先施工一跨，另一跨航道可以正常通行，不需要对整个航道封航。

1. 先导索材料、规格选择

先导索采用迪尼玛纤维绳（超高分子量聚乙烯纤维绳），具有强度高（比同等直径的钢丝绳强度高 1.5 倍左右）、比重小（可自浮于水面，比同等直径的钢丝缆绳轻 87.5% 左右）的特点。

牵引索为 ϕ36 mm 镀锌钢丝绳（破断拉力 863 kN，单位质量 5.43 kg/m），牵引索架设经先导索架设完成后，采用 ϕ22 mm 镀锌钢丝绳（破断拉力 322 kN，单位质量 2.02 kg/m）进行过渡架设。

2. 先导索过江试验

为了确保先导索过江施工的成功进行，先于施工水域进行了先导索过江试验。主要试验结论如下：

（1）先导索过江试验表明：先导索按理论计算进行反张力设置可将先导索漂移距离控制在设定尺寸以内。

（2）考虑到交通艇牵引先导索速度的影响，实际牵引力比理论计算先导索张力约大 50%，表现为牵引过程中牵引力大于反张力。

（3）先导索正式过江时选择近于平潮时间段，流速应小于涨潮初期水流速，这样先导索水中姿态更易于控制。

（4）根据试验理论假定先导索半漂浮于水面，试验前考虑到了先导索受到水流作用力，未发生持续扭转导致纤维绳捻松弛强度降低的现象，消除了对后期施工安全的担心。

（5）鉴于试验过程中先导索不是半漂浮于水面，而是在水面附近近似于悬浮状态，先导索过江施工也可由塔顶放索，减少先导索落入水中的长度，以降低水流作用力对先导索过江的影响。

3. 先导索过江方案

根据先导索过江试验结论，为减小过江时先导索下漂距离，先导索拟由边塔底提升到塔顶，经导向轮转向，由塔底江侧牵引过江。先导索由塔顶牵出，落水长度及先导索张力情况见图 11-6、表 11-1。

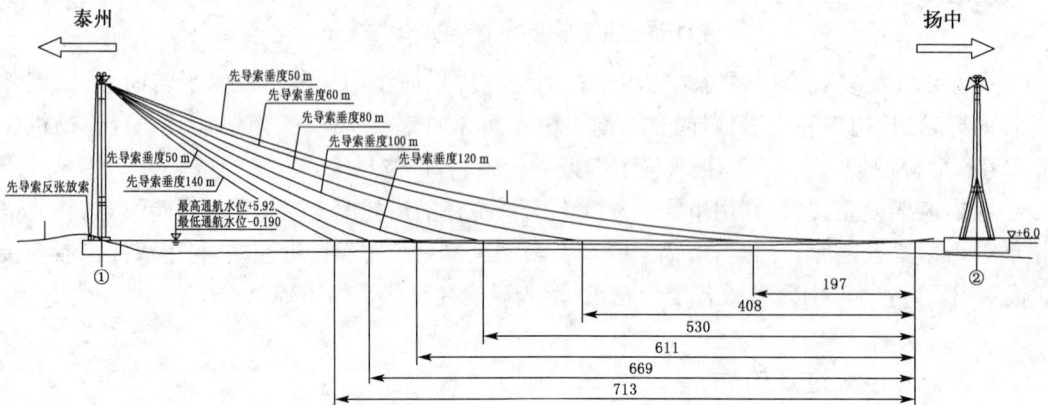

图 11-6　先导索由塔顶牵出不同垂度索的线形与落水长度图

表 11-1　先导索塔顶牵出不同垂度张力与落水长度表

垂度(m)	先导索张力(kN)	落水长度(m)	备注
50	3.5	0	
60	3.0	197	
80	2.3	408	暂按照先导索过江试验的 1.5 m 水位计算
100	1.9	530	
120	1.7	611	
140	1.5	669	
160	1.4	713	

根据图 11-6、表 11-1,先导索垂度 50 m 时先导索不落水,60 m 垂度时落水长度197 m,索张力 3.0 kN。考虑施工便利性,选择先导索垂度 120 m、落水长度 611 m、先导索张力 1.7 kN作为先导索过江控制线形。

4. 先导索过江时间确定

根据先导索过江试验情况,临近涨潮结束接近平潮时,长江水流流速较小,水流对先导索影响较小,适合先导索过江施工。

11.2.3　牵引系统架设及先导索过江前安全准备

1. 牵引系统架设施工准备工作

(1) 设备的准备及存放

所有施工设备应根据要求运抵施工现场,设备到场后先堆放在指定位置,对各主要设备逐一进行调试,直至满足使用要求。对调试好的设备进行表面清理、涂装、临时存放,并填写设备状态记录表,归档保存。在牵引系统架设施工前,按计划把各设备运至施工指定位置就位,并对主要设备搭棚保护。

(2) 材料的准备及存放

对于牵引索等专用材料,严格按照质量要求进行采购或转运。进场的新材料均应具备合格证书和出厂检验报告;转运的旧材料均应逐段进行外观检查,并做破断和张拉试验,必须满足质量要求方可投入使用。同时,对新、旧材料分别做好相应的质量性能参数记录文件,归档保存。在牵引系统架设施工前,按计划把各材料运至施工指定位置,准备就绪。

(3) 现场施工条件的确认

① 检查已建成的栈桥码头,确认能够满足施工驳船及拖轮的停靠。

② 检查所有卷扬机的底座固定情况,确认能够满足卷扬机正常运行。

③ 与航道管理相关部门联系,按照规定要求提前告示限航日期及时间。

④ 确认各操作平台已完善,门架上卷扬机、导轮组以及其他设备已准备就绪。

⑤ 检查所有施工使用船只已到位,各水上救生设备已布置。

⑥ 确认过渡索放索通道已畅通。

（4）其他施工辅助用品的准备

根据工程需要，按计划采购设备配件、劳保安全防护用品及水上救生用品等，保证工程正常施工。所有采购物资，均向合格供应商采购，并经质检部门检验合格，保管员验收入库。

2. 先导索过江安全准备

（1）航道限航警戒

先导索过江施工在泰州大桥大桥海事处协调限航情况下进行，因此过江作业一切工作准备就绪后，通知并协助海事处对北主跨航道进行限航，并在施工水域上下游 1.5 km 处设置警戒船，限航期间禁止其他船只进入施工水域。

（2）潮汐规律观测、流速测定

在施工前 2 周开始，根据潮汐表测量确认涨潮开始时间、涨潮持续时间、平潮时间，测量各时间段长江水流速，为准确确定过江时间、放索设备反张力设置提供精确的基础参数。

（3）先导索过江准备

① 在先导索施工前必须清理北塔主跨侧施工场地，清除露出水面的障碍物，确保先导索的施工。

② 中塔顶卷扬机布置：卷扬机卷入 1 200 m φ22 mm 过渡索，绳头下放到北侧沉井顶板，等待与先导索连接，另一卷扬机卷入标配钢丝绳。

③ 边塔顶卷扬机卷入标配钢丝绳，另一卷扬机卷筒不卷入钢绳。

④ 在北塔边跨侧承台上，上游主缆设计中心线投影位置处安置先导索放索装置，同时在边塔门架上安装导轮组。

⑤ 先导索经尼龙滑车绳头由塔吊提升到塔顶，置入塔顶导轮组后下放至主跨侧塔底，再通过人工牵拉先导索索头，途经栈桥，与停泊在码头旁边的先导索牵引交通船相连接，然后启动放索装置反张拉先导索，将散在水中松弛的先导索卷回放索装置，等待过江命令。

11.2.4　牵引系统架设及先导索过江安全技术要求

1. 牵引系统架设安全技术要求

（1）在整个牵引索架设过程中，始终贯彻"安全第一，预防为主"的方针，切实抓好施工中的安全工作。

（2）项目经理部由一位副经理分管安全，各作业队有一名副队长抓安全，施工班组设兼职安全员，齐抓共管。做好上岗前职工安全施工培训工作。

（3）特殊工种必须持安全考核证上岗，严禁无证操作及违章作业，违者重罚；进入施工现场的全体员工坚决做到"三不伤害"，施工人员上班时必须配备足够的安全防护用品。

（4）牵引系统架设工作机械设备较多，为了保证机械设备安全使用，所有操作人员都必须经过培训合格后上岗，定机、定人并进行安全及技术交底。

（5）高空作业时悬挂警示、警告标牌，所有的安全网、安全栏均按要求安装。

（6）防止高空坠物造成不必要的伤害或损失。

（7）水中作业人员全部要穿救生衣，拖轮牵拉过程中随时与指挥中心联系，协调操作，防止牵引力过大，出现危险。

（8）所有钢绳连接接头应严格检查，牵拉过程中随时观察接头状况，及时发现隐患。

（9）牵引过程中，派专人跟踪观察牵引索的运行状况，及时处理可能出现的意外情况。

（10）导轮组上要采用限位装置，防止牵引索从旁边滑落。

2. 先导索过江安全技术要求

（1）在先导索过江前，施工单位应与海事部门联系，明确是否控制了上下游的过往船只，江面上是否实行了交通封航管制。

（2）驳船上的制动索应设置制动拉销锁紧装置。

（3）为了防止突发事故发生，作业船只（包括交通船）必须配备足够的救生设备和消防器材。

（4）按照施工方案的要求，固定安置好安全警示标牌和警告牌，落实封航状况。

（5）卷扬机操作人员及在主塔瞭望与观察的人员，必须注意站立位置的安全及高处上下的安全。

（6）先导索拖拉至江中驳船上进行对接时，要求作业人员动作利索、配合协调、注意站立的位置以及对他人站立（工作）位置的影响情况。

（7）导索过江过程中，操作人员必须听从指挥员的指挥。拖船需根据拖拉绳索的状况及当时的江面状况，以合适的速度控制拖轮航行，并与卷扬机的放索速度保持一致，防止牵引过猛，且尽量控制导索不落水。

（8）索引过程中，派专人对塔顶支架、塔顶承台上的转向滑轮及先导索的运行情况进行观察，以便及时处理可能出现的意外情况。

（9）先导索、副先导索和制动索等的连接宜采用 U 形卡（卸扣）连接方式，利于快捷拆装。

（10）检查施工作业人员的精神状况是否良好，是否穿好救生衣、戴好安全帽、系好安全带、扎好安全绳、穿上轻便的防滑鞋，是否佩戴必要的通讯工具、作业工具等。

11.3 猫道施工安全技术

11.3.1 猫道施工工艺

猫道架设施工是在牵引系统架设完成后进行的，主要包括：猫道承重索架设，门架承重索架设，塔顶转索鞍、下压装置及变位刚架安装，猫道面层铺设，横向通道安装，制振结构安装，猫道门架安装及系统调整等工作。猫道架设施工工艺流程见图 11-7 所示。

1. 猫道承重索架设

（1）托架承重索架设

为了减小牵引索的直径和牵引力，防止垂度过大干扰通航，主跨猫道承重索采用托架法逐根架设。两个主跨每条猫道设置 2 根 ϕ36 mm 的托架承重索，长度约为 1 400 m，中塔端临时锚固在塔顶门架柱脚锚固梁上，边塔临时锚固在主跨侧塔壁预埋件上。两主跨托架承

重索独立架设,架设步骤如下:

① 首先将 1 400 m φ36 mm 钢绳绳盘放置在边塔底边跨侧的放索架上,用塔吊将托架承重索绳头提至塔顶上,并与牵引索拽拉器相连接(塔顶工作平台上相应位置安装滚轮)。启动牵引系统,放索架提供一定的反张力,将 φ36 mm 钢绳由边塔向中塔牵引。

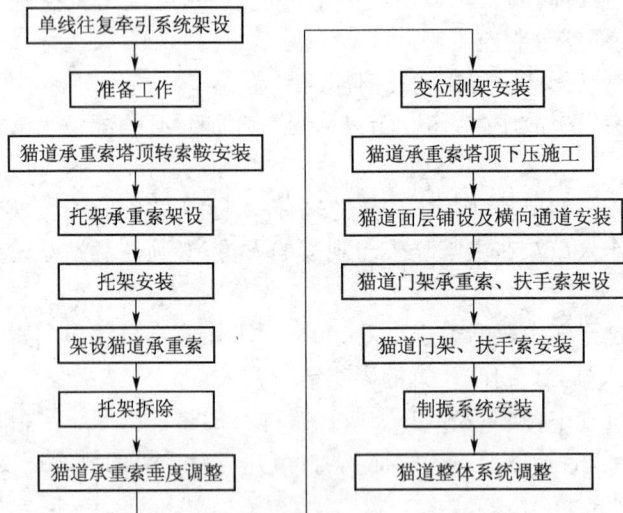

```
单线往复牵引系统架设 ─────────────┐
        │                        │
     准备工作              变位刚架安装
        │                        │
猫道承重索塔顶转索鞍安装    猫道承重索塔顶下压施工
        │                        │
  托架承重索架设         猫道面层铺设及横向通道安装
        │                        │
    托架安装          猫道门架承重索、扶手索架设
        │                        │
  架设猫道承重索         猫道门架、扶手索安装
        │                        │
    托架拆除              制振系统安装
        │                        │
猫道承重索垂度调整         猫道整体系统调整
```

图 11-7 猫道架设施工工艺流程图

② 在牵引过程中,为了减小 φ36 mm 托架承重索的垂度,每间隔 98 m 用双环式吊具悬挂于牵引索上。

③ φ36 mm 钢绳到达中塔顶后,将绳头锚固在中塔塔顶门架柱脚锚固梁上,边塔塔顶上用门架上 10 T 卷扬机倒 4 线与 φ36 mm 钢绳连接,然后回拉牵引索,在南塔顶上逐个取下双环式吊具,直至拽拉器到达边塔。

④ 利用南边塔门架上 10 T 卷扬机调整 φ36 mm 钢绳达到设计垂度,并与边塔塔顶预埋件连接件锚固,这样就完成一根托架承重索的架设。

⑤ 同样方法进行另一根托架承重索的架设。

在牵引过程中,为了防止托架承重索下坠影响通航,放索架始终提供一定的反向拉力,使托架承重索保持一定的垂度,维持在通航净空以上。

(2) 托架安装

① 猫道托架承重索架设完毕,即可进行托架安装。在主塔托架承重索上,用 φ22 mm 定位索按约 100 m 间距布设 10 个托架。

② 首先在边塔塔顶将 φ22 mm 定位索用牵引索拽拉器向中塔牵引拽拉,拽拉出 100 m 左右时,在边塔塔顶工作平台上组装托架,把托架扣挂在托架承重索上,与 φ22 mm 定位索固定连接。

③ 当第一个与定位索连接的托架被拽拉出 100 m 左右时,同样在塔顶把第二个托架与定位索相连。如此反复,直至把定位索拽拉至中塔,这时后端最后一个托架距边塔约 100 m,将定位索两端分别临时锚固在边塔和中塔上。

（3）猫道承重索架设

① 猫道承重索施工顺序

为使主塔承受较小的不平衡外力,猫道承重索应按照左右幅对称、两主跨对称进行的顺序依次架设。

② 猫道承重索架设

承重索由猫道架设单线往复牵引系统分别由南、北锚前向中塔牵引。放索架安置在锚碇前,索盘由吊车吊放在具有刹车系统的放索架上,承重索绳头先用塔顶 10 t 卷扬机将承重索锚头牵引至塔顶,再与牵引系统拽拉器连接,启动中塔承台上的 18 t 卷扬机将猫道承重索由锚碇向中塔方向牵引。

承重索在牵引过程中,利用放索架刹车控制放索,使猫道承重索保持一定的张力以减少垂度。牵引速度控制在 16 m/min,保持匀速牵引,当索盘剩余 3～5 圈钢绳时,暂时停止牵引,将承重索全部从索盘上放出。吊车将空索盘吊离放索架,然后将后续连接的承重索索盘放在放索架上,两根承重索的绳头通过浇筑锚头连接,启动中塔承台上的 18 t 卷扬机继续牵引承重索,直到边跨最后一根承重索在索盘上剩余 8～10 圈时,将承重索从绳盘上全部放出,承重索绳头与锚碇门架上的 10 t 卷扬机钢绳相接。

牵引系统继续向中塔方向牵引猫道承重索,同时锚碇门架上的 10 t 卷扬机提供一定的反力。当南北主跨的猫道承重索锚头牵引至中塔塔顶附近预定位置时,连接南北主跨的猫道承重索,锚碇门架上的 10 t 卷扬机收绳,将猫道承重索回拉,在锚碇处将猫道承重索锚头与锚固系统连接,利用塔顶卷扬机将承重索提离托架,然后置入塔顶转索鞍绳槽内,形成四跨连续体系。

由于猫道承重索接头较多,接头的冲击容易损坏托架。为降低承重索通过托架的难度,投入了新加工的刚度较大的托架,并在承重索接头通过托架时适当降低牵引速度,以降低承重索接头作用于托架的冲击力。承重索架设见图 11-8。

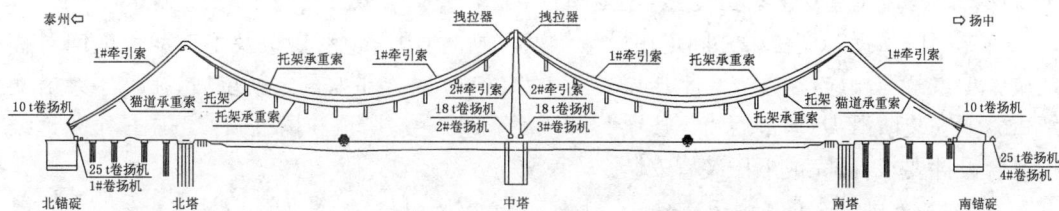

图 11-8 猫道承重索架设

（4）猫道承重索垂度调整

待猫道承重索全部架设连接就位后,根据监控单位计算出空缆阶段猫道承重索线性,进行垂度调整,调整过程如下:

① 猫道承重索在中塔顶标记点定位,并在中塔转索鞍处用压板固定。

② 全站仪实测主跨跨中点的垂度及主跨跨径,并实测温度,与监控单位计算值比较,利用边塔塔顶门架上的卷扬机及滑车组逐根调整直至满足垂度要求后,在边塔塔顶转索鞍处锚固好,并用油漆做好标志。调整计算标高过程中,计入主跨塔顶处变位刚架及下拉装置对垂度的影响。

③ 待主跨猫道承重索固定好后,即可进行边跨猫道承重索调整。全站仪实测边跨跨中点的垂度及边跨跨径,并实测温度,与监控单位计算值比较,利用猫道锚固调整系统小拉杆调节单根承重索消除制作精度误差,长拉杆系统整体调节猫道垂度,直至边跨垂度满足要求。

④ 为确保猫道面不倾斜,承重索标高调整偏差应控制在±3 cm 为宜。

2. 托架及托架承重索的上提

猫道承重索架设完毕后,进行托架拆除及托架承重索的上提。

托架及托架定位索的拆除是在边塔塔顶平台上进行,利用边塔塔顶门架卷扬机把托架定位索一端绳头缠绕在塔顶门架 10 t 卷扬机上,中塔塔顶另一端绳头从锚固点解除并与拽拉器连接。利用牵引系统与塔顶卷扬机,逐个回收托架及托架定位索。

托架及托架定位索拆除完毕后,先利用塔顶门架上的卷扬机和滑车组,解除托架承重索与主塔的临时锚固,将托架承重索临时锚固点转移到塔顶门架横系梁上,调整原托架承重索垂度小于牵引索垂度。

3. 猫道下拉装置及变位刚架的安装

对于四跨连续式猫道结构,为了确保猫道线形与主缆空缆线形一致、主缆中心与猫道承重索间距相同、猫道承重索连续穿越塔顶,需在塔顶两侧设置猫道承重索变位及下拉装置。

(1)中塔变位架施工

出于保护中塔钢结构的目的,中塔猫道变位架与作业工作台为一体化设计,先期铰接在门架牛腿并悬挂在门架上。

在工作平台上,通过手拉葫芦由内侧开始对称对拉猫道承重索,先逐根固定变位梁的猫道承重索夹板,再与变位梁连接。安装完成后解除与塔顶门架牛腿的销接和与门架的悬挂。中塔变位系统安装完成后,复测主跨猫道承重索垂度,并进行调整,满足要求后进行边塔变位系统施工。

(2)边塔处猫道变位架安装及下拉施工

首先用塔吊提升变位梁并固定在设计位置,然后利用塔顶卷扬机及手拉葫芦横向对称地调整承重索至相应位置,安装下压梁并与承重索固定,全部承重索就位后,在下压梁塔侧承重索上安装防滑夹具,最后将下压梁与下压滑车组连接,塔顶卷扬机调整下压量至猫道线形符合设计要求,即完成下压装置安装。

4. 猫道面层铺设和横向通道安装

猫道承重索架设及垂度初调完毕,开始铺设猫道面层和横向通道架设。猫道面层和横向通道架设主要采用下滑铺设法。

由于猫道承重索的接头位置均不在塔顶部位,因此猫道承重索接长锚头影响面网和横向通道下滑法安装,需要增设相应辅助设施。具体施工步骤如下:

(1)首先在地面将组成猫道面层的各种材料,如防滑木条、面层网、角钢等,按设计位置绑扎好,用塔吊将面层吊至塔顶工作平台上的面层临时存放台架上,再将面层铺设所用的型钢、U 形螺栓等吊放到塔顶工作平台上。

为保持主、边跨面网铺设相对平衡,应根据跨长比例控制各跨铺设速度,以减小铺设过程中的水平力差引起的索塔偏位。施工过程中,要求边跨铺设长度:主跨(半跨)铺设长度 ≈1:1.34,以此比例铺设进度差控制在 20 m 以内。铺设时定期观测主塔的扭转和偏位。

（2）从塔顶到猫道承重索接头位置内的面网采用下滑法铺设。

铺设时面网前端安装悬挂铺装工作台车，利用工作台车自重带动面网下滑，由塔顶工作平台一块地铺设面层网，并按设计要求铺设型钢。用 U 形螺栓将面网与型钢卡在猫道承重索上，螺栓不宜过紧，以确保面层能在承重索上自由滑动，并对 U 形螺栓螺母外侧销孔插上开口销，防止在面层滑动过程中螺母脱落。由于塔顶两侧坡度较陡，面网依靠自重便能下滑。为防止面网下滑速度太快，在塔顶门架上布设 10 t 卷扬机反拉，反拉卷扬机钢绳依次连接在面层网型钢上，控制整个面层下滑速度，直至面层滑到承重索接头处。

猫道面层下滑铺设时，同时装上栏杆、侧面网，并向内倒置在面层网上，同面层一起下滑，面网铺装到锚头处后，从塔顶往下紧固 U 形螺栓，固定面层，初步形成可行走的一段猫道。

（3）在承重索接长段处安装横向通道提升桁架，安装起吊系统与塔顶卷扬机连接。

（4）两主跨横向通道在中塔承台上及南北岸边拼装，主塔横向通道提升系统提升主跨横向通道。

（5）横向通道与塔顶卷扬机反拉钢丝绳连接，控制下滑速度。猫道横向通道片状面网塔吊提升到塔附近猫道上，人工搬运到工作台车处，横向通道下滑的同时铺装面网。铺装下滑方法同（2）。

（6）在面网铺设时，根据横向通道在猫道上的具体位置适时利用横向通道提升系统吊装横向通道。

（7）当面网下滑至坡度平缓地段，利用自重不能下滑时，利用拽拉器牵拉绳头对横向通道进行牵拉，直至跨中合龙。边跨当横向通道下滑到位后，由锚碇处人工向上逐片铺面网设，铺装时先底网后侧网，直至铺完整个边跨猫道。

（8）拆除横向通道提升桁架起吊系统及下放配重。

5. 门架承重索架设与垂度调整

猫道铺装完成后，将 4 段猫道门架承重索索盘置于南、北锚碇前，南、北锚各放置 2 段门架承重索，利用牵引系统拽拉器在猫道面层上分段牵引承重索，到位后在南主跨跨中将承重索锚头销接。

塔顶门架上的卷扬机滑车组提升主跨猫道门架承重索调整垂度，之后将猫道门架承重索置于塔顶门架上的门架承重索转索鞍鞍槽内。边跨锚头与猫道门架承重索锚固滑车组系统连接，卷扬机收紧滑车调整垂度至设计位置。

安装塔顶猫道门架承重索在转索鞍处的加紧装置，防止由于主跨边跨承重索索力不同的滑动；解除调整主跨猫道承重索垂度的塔顶卷扬机滑车组系统，即完成猫道门架承重索的架设。

同样方法将猫道扶手索牵引置于猫道面层上，然后手拉葫芦配合将扶手索调整垂度后锚固在塔顶门架、锚碇门架立柱上。

6. 猫道门架、猫道扶手安装

猫道扶手安装过程：先将扶手栏杆上翻，并紧固扶手栏杆与面层上型钢的螺栓，然后用 U 形螺栓连接扶手索与扶手栏杆，最后上翻猫道侧网与扶手索固定。

猫道扶手安装完成后，进行猫道门架的安装。先将猫道门架由塔吊提升至塔顶，置于猫道门架承重索上，安装夹紧装置，夹紧螺栓不能拧得太紧，以利于门架下滑，之后塔顶卷扬机反拉门架逐步下滑到位，与门架底梁销接的同时紧固与门架承重索夹紧装置螺栓。

7. 制振结构安装

制振结构下支架随同横向通道一并安装到位,待猫道门架安装完毕后,即安装转向导轮、直径为φ22 mm的水平制振索与竖向制振索、阻尼器,利用手拉葫芦将制振索调整至张紧状态,并固定好。

猫道构件全部安装完成后,安装猫道照明警示系统,张拉下拉系统到位,完成猫道架设。

11.3.2 猫道安装安全控制技术

1. 猫道安装人员组织及准备安全

(1) 人员组成

在施工过程中,加强现场管理与协调指挥将是施工顺利完成的关键,为此,专门成立现场指挥小组。总指挥负责现场施工全面工作,副总指挥具体负责工作的全面落实,下设多个专业职能工作小组,具体见图11-9所示。各组在总指挥领导下协同工作,共同确保施工的顺利进行。

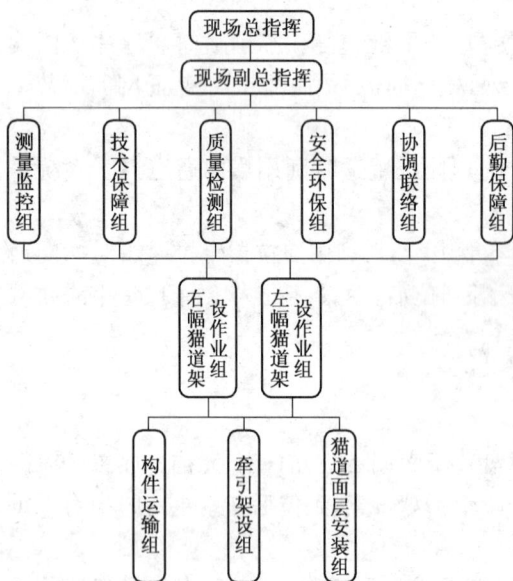

主跨猫道承重索采用空中托架法牵引架设,边跨承重索采用垂直上提法架设,两主跨猫道可以单独进行架设作业。为此,成立2个独立的施工作业队,分别承担2条猫道的架设任务,每个施工队下设3个班组:构件运输组、牵引架设组、面层安装组。

测量监控组:负责猫道承重索垂度调整的测量监控等。

技术保障组:由项目总工、土木结构技术人员、机械技术人员等组成,负责解决技术问题。

图 11-9　现场指挥小组人员组织框图

质量检测组:负责猫道组成构件验收、安装质量检测。

安全环保组:负责施工安全措施落实、安全隐患检查和环保措施落实。

协调联络组:负责协调联络材料转运、施工水域占用申请和气象信息落实。

后勤保障组:负责设备油料备件供应,通讯设备保障畅通,安全劳保用品采购。

左、右幅猫道架设作业组:各设1名组长,负责整体协调管理工作。3名副组长,分别负责北岸、中塔、南岸现场施工。包括:地面设备布置,施工条件确认,高空吊装条件确认,指挥、管理、协调工作。下设3个职能小组:

① 构件运输组负责猫道托架索盘、承重索盘、面层组装、构件的场内运输等工作。

② 牵引架设组负责猫道承重索、托架承重索、托架的架设安装,在塔顶的临时连接,在锚处预埋件连接、调整等工作。

③ 猫道面层安装组负责面层网的场内组装、面层构件与猫道承重索连接、面层铺设等工作。

（2）人员培训

操作人员由具有丰富悬索桥施工经验、优秀的施工人员组成。为了保证安全、优质施工，针对本工程特点将组织所有施工人员学习培训，并在工程施工的每个环节严格按照规范操作。

（3）设备准备

所有施工设备应根据合同要求按期运抵施工现场，设备到位后，对各主要设备逐一调试，直至满足使用要求。

其他材料主要有猫道门架、面网、扶手绳、横向通道等，根据猫道设计加工和检验后，存放在施工场地内，并做好防护工作。

2. 猫道安装安全技术要求

（1）猫道安装施工人员设定与组织要求

猫道架设大部分时间是在高空及临边环境下作业，存在相当的危险性，因此在猫道系统架设施工作业前，必须严格按照猫道的施工方案及施工安全技术要求，有效、合理地组织和编排合适的人员，这是猫道系统架设施工的组织保障。

（2）猫道安装架设的安全技术要求

① 施工作业前一天，施工队、作业班负责人要密切关注第二天的气候条件变化情况，关注天气预报中有无雨雪、雷雨、台风、飓风、大雾、阴霾、晴雨起伏变化的异常天气；严禁在恶劣的气候条件下进行猫道的架设作业。

② 在架设作业前，施工安全员应当检查作业人员的精神状态是否满足施工要求，在高空作业和临边作业的人员，根据个人的身体状况在随身的挎包里准备必要的（如防中暑、防突然头晕）医药用品。

③ 要求施工队、作业班准备好必要的施工安全防护装备，如安全绳、安全帽、安全带、防滑（轻便）鞋，并准备适当的警示牌、警告牌等。

④ 根据施工方案及安全技术要求，事先制定详细的施工操作细则。要求猫道系统架设施工队、作业班在每天作业前进行作业分工及安全技术交底，使每位施工人员明白施工操作规范，自觉实行安全防护。

⑤ 在架设作业前，要求作业班必须对本班所使用的牵引设备和吊具等进行认真、细致的检查，要求设备、机具必须具有完好性、安全性、可靠性，特别是要检查卷扬机的制动和滚筒受力部位，确保卷扬机及制动系统的安全与可靠。

⑥ 猫道架设过程中，牵引、反拉卷扬机操作者必须听从现场指挥员的指挥，卷扬机的操作要均速收放钢丝绳，不能出现对拉现象，以确保架设安全。

⑦ 根据施工作业要求，将必要的无线通讯设备（如对讲机）分发到适当的岗位，或告知对讲机或手机号码。

⑧ 在进行猫道层面铺设的作业班，必须控制上下游猫道面层同步滑移，防止面网卡死现象的发生。

⑨ 猫道承重索的预制安装应考虑底板索的加长，接头不能在同一断面，应错开一定距离。

⑩ 承重索的索夹安装应按规定设安全夹，用红漆打记号，并指定专人定期检查各连接受力部件是否有异常，若有应及时处理并通告技术安全部门。

⑪ 在架设猫道承重索、底板索时，要求作业班组必须严格控制工作承重索、猫道底板索

的施工垂度,避免影响通航安全。

⑫ 要求现场指挥员密切关注主副先导索的匹配情况,时刻关注主副先导索的速度匹配;要求主副卷扬机操作者操作稳妥、安全,稳中求快,切忌忙乱、冒险作业。

⑬ 作业班在安装底板索时应认真检验索股质量,避免质量不合格而影响施工安全。

（3）猫道安装架设施工作业安全技术控制

① 各个施工队、作业班应在每天作业前,有针对性的、定点定人的进行相关的安全技术交底,要求各个位置的人员必须清楚工作的要领及安全作业要求;有关人员必须进行安全技术交底,配备无线通讯设备,保证通讯的顺畅。

② 猫道系统架设施工作业使用较多的机械设备,同时人员与设备皆为水上、高空、地面联合作业,为了保证机械设备以及人员的安全,所有的机械设备必须指定专人负责。每天在作业前,负责的人员必须对定点的机械设备进行例行检查和专项点检（如卷扬机的制动系统、临时用电等）,发现问题及时检修或停机处理,不得强行作业。导索牵引前应对所有钢丝绳连接严格检查,牵引过程中随时观察接头情况,及时发现和消除隐患。

③ 在船上作业的施工人员应穿好救生衣,在塔上工作的人员应系好安全绳、安全带,临边作业的人员要密切留意下方有否作业人员,时刻防范高处坠物的发生;船上作业、塔顶作业的人员要密切关注天气条件的变化,发现有风力加速、大雨、台风来临征兆,作业班班长必须从安全出发,随时做好撤离安排。

④ 施工人员必须按规定正确使用安全防护用品,特种作业人员要有相应的操作证。

⑤ 猫道安装施工过程中,桥位上下游需布设警戒船、封航通告船,观察上下游可能出现的意外船只。

⑥ 塔吊、卷扬机等设备设施要按照相关规定,指定专人做好安全检查、安全防护、现场监督等管理。

⑦ 猫道安装过程中,作业班组必须安排专人时刻监视塔顶支架、支墩支架的滑轮及转向索鞍等运行情况,发现隐患或问题必须立即报告班长并及时作出有效的处理,防止意外事故的发生。

⑧ 滑轮组上要采用限位装置,防止先导索从旁边滑落。

⑨ 施工作业搭设的扶梯、工作平台、脚手架、护栏、安全网等安全设施必须符合《建筑工地高处作业安全技术规范》和《公路工程施工安全技术规程》的相关要求。猫道全程一般采用钢丝密网作底网、采用尼龙密网作两侧安全网,其高度应在1.2m以上;网块之间必须扎紧扎好。需要安装吊索时,在未安装吊索前应将剪裁的底网缺口用临时网块做临时封闭;在安装好吊索后,应用尼龙网或其他网块将吊索安装处不严密的底网缺口封堵。

11.3.3 猫道拆除安全控制技术

猫道拆除的工作内容包括:拆除猫道改吊索、侧网、扶手索、横梁立柱、猫道面网、变位刚架、下压装置、猫道承重索、门架承重索、锚固预埋件、猫道工作平台及其预埋件等。

1. 猫道拆除工艺流程

猫道拆除施工流程:边跨箱梁缺口处支撑梁设置→边跨猫道改吊索解除→侧网扶手索、侧网拆除→猫道面层拆除→猫道承重索拆除→猫道门架承重索拆除。工艺流程见图 11-10。

（1）引桥箱梁翼缘板缺口处支撑梁安装

在箱梁缺口位置顶面、猫道下方靠塔侧设置支撑梁，用于后续拆除，防止猫道在此位置倾斜。先利用箱梁竖向预应力 $\phi32$ mm 精轧螺纹钢将支撑梁采用 2 根 2H350×175 型钢（南侧）、2H600×300（北侧）型钢锚固在引桥箱梁缺口位置。

采用连接器将 1.2 m 长的精轧螺纹钢连接起来，用螺母通过压板压紧支撑梁。之后，用 12 m 长的 1 根 $\phi36$ mm 钢丝绳将支撑梁与主缆竖向悬挂。

为防止猫道承重索拆除放出时割伤猫道承重索，在型钢边缘用圆管包裹。

（2）北边跨猫道改吊索拆除施工

对于边跨首先进行拆除猫道改吊悬挂索，使猫道呈自由悬垂状态；中跨猫道面网拆除后中跨承重索会上升，面层拆除前不需要进行改吊悬挂索的拆除，在拆除面网系统的同时将原改吊索拆除即可。

北边跨猫道改吊解除方案如下：

① 在有门架横梁的位置大约每隔 45 m 设置 1 个改吊点（共 6 个），靠塔顶和锚碇处的吊点分别利用塔顶卷扬机和引桥桥面上的卷扬机钢丝绳穿过定滑车的方式，卷扬机绳头固定在边跨中间位置。

② 作业人员撤离猫道，塔顶、引桥桥面卷扬机收绳，使改吊点卷扬机钢丝绳受力，在塔顶和引桥桥面卷扬机出绳处锚固钢丝绳。

③ 利用 2 台 10 t 手拉葫芦辅助，将原猫道改吊索拆除。

④ 将猫道拉杆全部放出，减小拆除时猫道承重索的张力。

⑤ 作业人员撤离猫道后，同步启动卷扬机放绳，使边跨猫道在自重的作用下慢慢地达到自由状态，然后拆除滑车组连接。

（3）扶手索、侧网等拆除

做好拆除准备工作以后，即可正式进行猫道侧网的拆除。拆除顺序从塔顶向跨中和锚碇方向进行。侧网、扶手索的拆除和猫道面层的拆除同步进行。

① 中跨的侧网、扶手索的拆除

a. 将拆除的侧网堆放在尚未拆除的面网上。

b. 侧网人工搬运至跨中，用桥面上停放的吊车将其卸下，并用挂车运走。

c. 当拆除面层到立柱时，人工将扶手索反向拉至低处猫道上，再将扶手索与立柱的索卡拆除，解除该处约束，后方低处未拆除面层的立柱处保留索卡约束。依次拆除，直至拆除到跨中时，将扶手索回收并上盘存放，用拖挂车运走。

② 南边跨的侧网、扶手索拆除

边跨侧网、扶手索拆除与中跨拆除方法类似。人工拆除、搬运到引桥缺口处，25 t 汽车吊吊到引桥桥面上，用拖挂车运走。其拆除方法与南、北中跨类似。

（4）猫道面层的拆除

猫道面层的拆除主要包括拆除猫道粗细底网、大横梁、小横梁等。采用人工自高向低

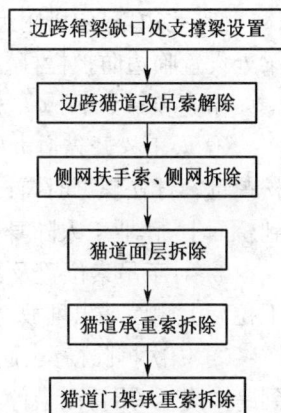

边跨箱梁缺口处支撑梁设置

↓

边跨猫道改吊索解除

↓

侧网扶手索、侧网拆除

↓

猫道面层拆除

↓

猫道承重索拆除

↓

猫道门架承重索拆除

图 11-10　猫道拆除工艺流程图

进行。

南、北边塔,中塔附近猫道面网,由上往下人工拆除,塔吊辅助调离,拆除前在变为下拉梁处设置临边防护栏杆。其余面层网主要采用人工拆除和搬运。

作业步骤如下:

① 人工松开猫道大横梁上固定猫道的 U 形螺栓。不便作业处用钢丝钳剪开面网,拧松螺母。拧松螺母时,首先用铁丝捆扎 U 形螺栓,同时在下方吊挂吊兜,防止 U 形螺栓坠落到桥面上;作业工人随身携带工具包,卸下的 U 形螺栓、螺母随身携带。

② 对于吊索位置及其前一段面网,从中间剪开,向下拉,然后移出;对于其他面层,面向下拉后由侧面移出堆放、搬运。作业始终在未拆除的面网上。

③ 依次拆除横梁、面网等。成堆后,索塔附近塔吊吊装下放到桥面;其余部位人工搬运到跨中附近,用桥面上停放的吊车将其卸下,放到挂车上运走。

④ 中跨猫道改吊索间距 9 m 左右,钢箱梁吊装过程中,改吊索竖向力约 2 t。面网拆除过程中,改吊索受力减小,当拆除到猫道改吊索部位,用 2 台 5 t 手拉葫芦辅助解除其与主缆的吊挂。

⑤ 中跨面层拆除过程中猫道会上升,施工过程中注意观察,避免猫道线形上升与主缆干涉,损坏主缆防护涂装漆膜或其他机电设备。如果猫道上升后影响主缆,便通过塔顶猫道小索鞍间的猫道放松装置,将边跨承重索部分牵拉到中跨。

(5) 猫道承重索的拆除

泰州大桥猫道为四跨连续体系,首先进行主缆内侧的猫道承重索拆除,然后进行主缆外侧的猫道承重索拆除。

① 拆除顺序

猫道承重索由桥轴线内侧开始依次向外侧推进,逐根拆除。

② 拆除原则

南、北边跨放松猫道承重索,解除塔顶压板固定,将塔顶附近锚头牵拉到塔顶,在猫道变位刚架平台上解除锚头销接,然后塔顶卷扬机在锚头两侧固定牵拉索,用滑车组将猫道承重索下放到桥面。

桥轴线内侧 4 根猫道承重索的拆除作业步骤如下:

a. 在支撑横梁靠塔侧猫道承重索卡一组 φ36 mm 的牵拉索(卡子不应少于 8 个),滑车组走四线与猫道承重索连接。启动卷扬机,将最内侧猫道承重索收紧。

b. 解除塔顶小索鞍的压板,猫道承重索可自由滑移。

c. 引桥桥面上卷扬机滑车组辅助将猫道承重索解除南、北锚猫道承重索锚固,下放到猫道承重索松弛,南北锚桥面上汽车吊,将锚头提升到桥面。

d. 引桥卷扬机放松猫道承重索,四跨猫道承重索松弛,张力减小。

e. 在边跨第一段锚头处用卷扬机滑车组走两线设置反拉索。

f. 拆除边跨第一段猫道承重索。

g. 北引桥反拉索、南引桥卷扬机,一收一放,将靠近塔部的锚头引到塔顶,南塔、中塔塔顶卷扬机、滑车组走二线,在塔顶锚头两侧分别用 φ32 mm 牵引千斤索卡固猫道承重索,解除销接。

h. 南塔边跨侧卷扬机放索,将南边跨两段 190 m、250 m 猫道承重索下放到南引桥桥面。

i. 北引桥反拉卷扬机放索,塔吊辅助,将北边跨锚头转移到塔顶,用塔吊由中跨下放。此时,中塔北侧卷扬机放索,北、中边跨 1 480 m 猫道承重索下放到北、中跨钢箱梁顶面。

j. 南、中跨两段 510 m 猫道承重索,由中塔、南塔跨中侧卷扬机滑车组下放到桥面。

至此,桥轴线内侧第一根猫道承重索拆除完成。同样步骤,拆除其余 3 根主缆内侧猫道承重索。

(6)猫道门架承重索拆除

① 主缆桥轴线侧猫道门架承重索拆除

a. 在南、北塔顶门架卷扬机滑车组 10 t 走四线,在锚头两侧用 $\phi36$ mm 牵引索卡固。

b. 利用原猫道小门架预埋件锚固滑车组,由引桥桥面 8 t 卷扬机滑车组走四线,通过牵引索、索卡卡固猫道门架承重索。卷扬机收紧,解除锚固。

c. 中塔处解除猫道门架承重索在门架处的夹紧,南、北塔顶卷扬机收紧滑车,锚头处松弛后解除销接。

d. 引桥桥面卷扬机以及南、北塔顶卷扬机放松滑车,主缆内侧猫道门架承重索下放到桥面上。

② 主缆外侧猫道门架承重索拆除

拆除方法与内侧类似,不同之处是边跨侧猫道门架承重索下放到地面,在南、北塔顶由塔吊将锚固侧索头,由地面提升到桥面进行回收卷盘。

外侧猫道门架承重索下放时,中跨在跨中设反拉保险索,防止钢丝索滑脱到检修道栏杆外侧,同时作业人员跟踪,将下降的猫道门架承重索勾入检修道内侧检修道上。

(7)承重索收盘

在承重索下放到桥面上后,卷上收索盘时,为了防止承重索牵拉磨损加劲梁,必须在加劲梁上每隔 30 m 布设一些滚筒,人工间隔支撑在猫道承重索下,使上盘回收时承重索完全在滚筒上滑引,承重索后锚头用小车在滚筒侧面托运,锚头到达滚筒位置时人工提出。

2. 猫道拆除安全技术要求及注意事项

在猫道拆除的整个过程中,现场各点均实行专职安全员盯点,各点专职技术员到位,在面层拆除、吊运等作业时根据各点实际情况,对主缆局部易碰擦处通过边操作、边监督等措施避免影响到主缆与吊索,现场保持通讯畅通,使各点作业处于受控状态,确保各点安全无事故。要求具体做到以下几点:

(1)主缆、吊索的保护

① 无论是拆除猫道面网还是承重索,都必须注意保护主缆涂装层、吊索及钢桥面涂层不被擦伤或破坏。

② 在面网拆除时,中跨面网未拆除的区段改吊索不能提前拆除,防止大风引起猫道横移碰伤吊索 PE 保护套。

③ 面网拆除完成后,注意收听天气预报,在 6 级以上大风来临之前,在跨中将主缆内侧猫道承重索斜拉在钢箱梁上,外侧猫道承重索用型钢外撑,防止钢丝索在风的作用下碰到吊索。

(2)检修道护栏的保护

外侧猫道承重索拆除时,猫道承重索可能会碰到检修道护栏,除了应及时将猫道承重索勾入检修道内外,还应在护栏上包裹麻袋或者帆布进行防护。

（3）航道安全保护

① 面网拆除时，首先清理面网上的铁丝头、螺栓等活动物件，置入工具箱，防止坠入航道造成安全隐患。

② 拆除面网时，作业下方挂吊兜，防止拆除的 U 形螺栓、螺母掉入施工水域。拆卸下来的 U 形螺栓、螺母及时收入工具袋。

（4）施工安全

① 猫道拆除过程中的松放、卷扬要匀速收、放钢丝索，不能出现对拉现象，以确保拆除安全。

② 检查牵引设备和吊具等安全性，特别是卷扬机的刹车和滚筒受边部位。猫道拆除工作属高空作业，难度较大，危险性也较高，在拆除过程中，严格按照设计规定的顺序和施工流程进行，加强工作人员的安全意识，杜绝高空坠物坠落等重大安全事故。

③ 制定详细的施工操作细则，施工人员规范作业，自觉保护自己。

④ 在拆除猫道的各项工作中，操作人员必须挂好安全带，穿好防滑胶鞋，戴好安全帽。

⑤ 严禁任何人从猫道上向下抛掷物体，在猫道投影桥面板上 10 m 及地面上 15 m 范围以内设置警戒区，并派专人把守、看护。

⑥ 拆除作业须按拆除作业方案规定的方法和顺序进行，不准擅自拆除；设置专人实地监控，如有坍塌、坠物的危险，立即停止作业，撤出人员。

⑦ 拆除主缆外侧猫道承重索时应加强观察，发现有特大船只通过时应停止操作。

⑧ 检查牵引设备和吊具安全性，特别是卷扬机的刹车和滚筒受边部位。

⑨ 由于猫道改吊索解除之后，猫道呈自由悬挂状态，中间横向约束较弱，摆动明显，风力超过 16 m/s 时严禁进行任何拆除作业。

11.4　主缆施工安全技术

主缆施工工艺主要包括主缆架设、紧缆、索夹及吊索安装、主缆缠丝等，下面将逐一阐述上述施工工艺的安全技术要求。

11.4.1　主缆架设施工工艺及安全技术要求

1. 主缆架设施工工艺

泰州大桥主缆架设采用：在南锚后设置 2 台 25 t 马鞍式卷扬机形成门架拽拉式双线往复牵引系统，北锚旋锚后存放索区的 60 t 龙门吊，将索盘安装在放索架上，从北岸向南岸进行牵引的施工工艺进行逐根索股拉设，经整形入鞍、张力垂度调整等完成主缆架设。主缆架设施工流程见图 11-11 所示。

（1）主缆索股架设

主缆索股架设采用门架拽拉式双线往复牵引系统从北岸向南岸进行牵引。索股架设主要包括索股牵引、索股横移、索股整形、索股入鞍、索股入锚等工序。

索股架设施工准备

塔、锚平面位置测量 | 安装索盘 | 牵引系统试运行

索股锚头引出并与拽拉器连接

索股牵引至南锚

索股横移

主、散索鞍处索股整形入鞍

南、北锚碇处索股锚头引入并临时锚固

确认索股向上抬高量

主边跨索股垂度测量调整,在各鞍座处固定

锚跨张力调整并锚固

架设后续索股

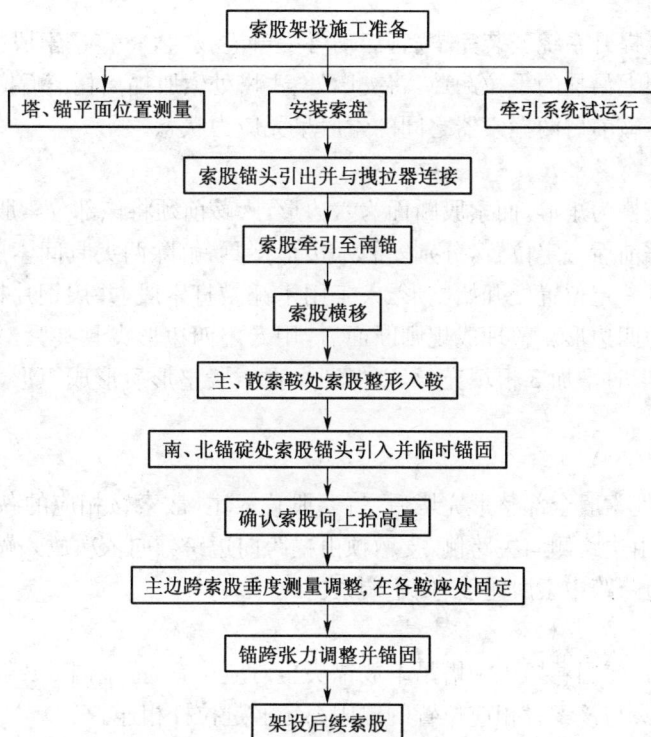

图 11-11　主缆架设施工工艺流程图

① 索股牵引

a. 利用布置在北锚碇锚后存放索区的 60 t 龙门吊,将索盘安装在放索架上,放索架前设置水平滚筒。

b. 放索装置放出索股前端锚头,牵引至北锚转向支架前端,小型机具配合人工提起锚头与牵引系统拽拉器连接。

c. 启动主牵引卷扬机进行索股牵引,牵引过程中两台牵引卷扬机保持同步进行,收、放速度一致,牵引被动卷扬机始终保持一定的反拉力。

d. 当索股前锚头接近南锚前锚室时,将已从放索装置索盘脱出的后锚头装上专用托板小车继续牵引,并在后锚端用卷扬机反拉,以保证牵引平稳。

e. 在南锚前锚室内,当前锚头到达预定位置后,利用塔吊辅助,解除索股前锚头与拽拉器的连接,并将前锚头徐徐放下。

f. 索股两端锚头均放入前锚室,待各索鞍处索股横移、整形、入鞍完成后,利用手拉葫芦配合,将索股两端的锚头通过拉杆与索股对应位置的锚固系统相连,临时进行锚固。

② 索股横移、整形入鞍

当索股牵拉到位后,利用支墩门架、塔顶门架卷扬机进行索股的上提、横移、整形入鞍工作。

a. 安装索股提升系统

在距离主、散索鞍前后一定位置处,将握索器安装在主缆索股上,塔顶门架、支墩门架的卷扬机与握索器相连组成提升系统。

b. 索股提升横移

待全部握索器提升系统安装完毕后,启动各提升卷扬机,将整条索股提离猫道面托滚,同时利用索鞍门架上吊挂的手拉葫芦,将支墩处、主塔处索股提离托滚后横移至对应鞍槽上方。此时,主、散索鞍前后两握索器之间的索股呈无应力状态。

c. 索股整形

由于索鞍的鞍槽为矩形,而索股断面为六边形,入鞍前须将该部分索股断面整形为矩形断面。在距离索鞍前后一定位置,分别安装六边形夹具,解除两夹具间索股的绑扎带,同时在距离六边形夹具一定位置处开始整形,人工用木锤敲打索股,并用钢片梳进行断面整理,使其由六边形变为四边形。整理成规则断面后,用专用四边形夹具夹紧,并用绑扎带绑扎。根据鞍槽长度,整形时增加 3 根填充丝,以保证每根索股整形后形成矩形,防止索股入鞍后掉丝。

d. 索股入鞍

待主、散索鞍处索股全部整形完毕后,将索股置入主、散索鞍相应的鞍槽内。索股入鞍的顺序为:边塔顶由边跨侧向主跨侧,支墩顶由锚跨向边跨方向依次放入鞍槽内。索股入鞍时,适当抬高主、边跨跨中索股垂度,便于调索。

e. 索股入锚

待索股入鞍后,使用卷扬机和塔吊下放锚头至对应位置,锚室内 8 t 卷扬机反拉索股锚头,将索股两端锚头与该索股相应位置的锚固系统通过拉杆相连。

(2) 索股垂度调整

主缆索股垂度调整分为基准索股垂度调整和一般索股垂度调整。

基准索股垂度调整方法是绝对高程法,一般索股垂度调整方法是相对基准索股进行垂度调整。

为保证一般索股调整时所用的基准索股始终处于自由漂浮状态,采用主缆各层外侧一根一般索股作为相对基准索股,其垂度依靠基准索股进行传递,然后利用各层相对基准索股调整同一层一般索股和上一层相对基准索股的垂度,以达到主缆线形调整的目的。

为了消除调整误差的积累,每根相对基准索股的调整误差均进行传递,即调整下一根相对基准索股时,它们之间的理论相对垂度值中要减去当前相对索股的调整误差值,以确保每一根索股相对于基准索的调整误差均为 0~5 mm。

① 基准索股垂度调整具体操作

a. 在索股跨中悬挂反光棱镜,采用两台全站仪分别从不同方向同时观测,进行三角高程测量。

b. 计算出索股跨中垂度,并与设计垂度进行比较,根据监控计算的垂度调整图表算出索股需移动调整的长度,并作跨度、温度修正。

c. 通过索鞍处索股放松或收紧,完成垂度调整目的,先调整主跨,后调整边跨垂度,直至符合设计要求。

d. 在索股绝对垂度符合要求后,同时进行上、下游两根基准索股相对垂度调整,其相对垂度差不大于 10 mm。

e. 基准索股垂度调整好后,须进行至少 3 天的稳定观测,确认索股线形完全符合稳定要求后,其中主跨绝对高程允许误差为(+40 mm,−40 mm),边跨为(+40 mm,−40 mm)。

如全部结果都未超过允许偏差的范围,第一根索股的垂度即调整完毕。将连续3天观测的数据经算术平均后作为基准索股最终线形。

② 一般索股垂度调整

基准索股以外的索股为一般索股,一般索股是依据相对于基准索股进行相对垂度调整。一般索股垂度调整采用相对基准索股方法进行。

a. 监控组计算出各相对基准索股间的理论垂度值。测定相对基准索股与待调索股的温度(索股断面上四个面温度平均值)并进行温度修正。

b. 采用卡尺测定索股垂度调整量。

c. 垂度调整手段仍是通过主、散索鞍处索股放松或收紧,达到调整线形的目的。

由于各索股之间距离较小,上下层索股应保持一种若即若离状态,方可保证垂度测量准确。综合考虑各种因素,确定索股层间距离为0~+5 mm,以便现场操作并保证测量精度。

(3) 锚跨索股张力调整

每根索股架设完成垂度调整好后,进行锚跨索股张力调整。锚跨张力调整采用两台专用千斤顶(拉伸器)调整松紧拉杆螺母,使锚跨索股张力达到设计要求。锚跨张力与设计值误差控制在±10 kN范围内。

在散索鞍自立前,锚跨张力对温度变化比较敏感,为避免因温度变化过大时索股在鞍槽中产生滑动,除应满足保证索股稳定为条件确定初调索股最优锚固张拉力以外,施工应采取以下有效的防滑措施:

① 在散索鞍出口处,调整好的索股用红油漆标记画线,观察索股是否发生滑移。

② 锚跨张力在温度比较稳定、温度场分布比较均匀的夜间进行调整。

③ 调整好的索股用木楔、千斤顶进行顶压,防止索股在散索鞍鞍槽中滑动。

2. 主缆架设安全技术要求

(1) 施工准备工作

① 设备的准备及存放

所有施工设备应根据要求运抵施工现场,设备到场后先堆放在指定位置,对各主要设备逐一进行调试,直至满足使用要求。对调试好的设备进行表面清理、涂装、临时存放,并填写设备状态记录表,归档保存。在索股架设施工前,按计划把各设备运至施工指定位置就位,并对主要设备搭棚保护。

② 材料的准备及存放

对于索股等专用材料,进场时均应具备合格证书和出厂检验报告,同时做好相应的验收记录文件,归档保存。在索股架设施工前,按计划把各材料运至施工指定位置,一切工作准备就绪。

③ 现场施工条件的确认

a. 检查双线往复式牵引系统,并进行试运行,确保能够正常运行。

b. 检查所有卷扬机的底座固定情况,确认能够满足卷扬机的正常运行。

c. 检查各操作平台是否完好,确认猫道门架导轮组、猫道面层托滚、上锚通道及各处滚筒、锚跨架设系统以及其他设备已准备就绪并运转良好。

d. 确认索股架设通道已畅通。

④ 其他施工辅助用品的准备

根据工程需要,按计划采购设备配件、劳保安全防护用品及水上救生用品等,保证工程正常施工。所有采购物资,均向合格供应商采购,并经质检部门检验合格,保管员验收入库。

（2）安全防护

① 地面安全防护

为确保地面作业人员安全,防止发生高处落物时造成打击伤害事故,对地面作业施工各区域场地进行警戒,设置地面安全通道、戒严护栏和临边护栏等安全防护设施,临边护栏设置高度不低于 1.2 m、上下横杆不少于 2 道并形成封闭,防护顶棚设置高度为 2.0～2.5 m,安全通道宽度为 1.0～1.5 m。

② 高处作业及临边防护

为确保高处作业人员安全,防止发生高处落物造成打击伤害事故,对高处作业施工各区域场地进行拓展,设置塔顶、散鞍支墩顶及门架顶工作平台,并在各平台临边和水上作业中塔承台等临边位置设置高度不低于 1.2 m、上下横杆不少于 2 道的封闭式护栏,同时在护栏底部安装高度不低于 18 cm 的踢脚挡板,拉设安全网或安装钢丝网。

（3）安全技术措施

在整个主缆架设过程中,始终贯彻"安全第一,预防为主"的方针,切实抓好施工中的安全工作。有关安全保证措施严格执行施工的安全管理制度。

① 建立健全安全组织机构,全面负责整个架设过程中的安全组织管理,在每一个工作小组内设置一名兼职安全员,负责本小组安全监督与管理,每个工作面设一专职安全员,负责整个工作面的安全管理工作。设安全领导小组对全桥安全统筹管理。

② 做好上岗前职工安全施工培训工作;特殊工种必须持安全考核证上岗,严禁无证操作及违章作业,违者重罚;进入施工现场的全体员工坚决做到"三不伤害",施工人员上班时必须配备足够的安全防护用品。

③ 整个主缆架设工作,大部分属于超高空作业,在施工过程中尤其要注意高空作业的安全保护工作。

④ 建立定期安全检查制度,尤其对特殊作业环境进行全面检查,及时发现安全隐患。

⑤ 对周围环境进行详细调查,并对存在安全隐患的地段制定防护措施。

⑥ 创造良好的工作空间,方便工人进行安全技术操作。

⑦ 在危险地段设置安全警示标牌,在容易引起高空坠落事故的作业周围设置安全护栏、安全网等安全防护设施。

⑧ 根据施工操作内容,配置相应的安全防护设施。

⑨ 主缆架设工作机械设备较多,为了保证机械设备安全使用,所有操作人员都必须经过培训合格后上岗,定机、定人并进行安全及技术交底。

⑩ 防止高空坠物造成不必要的伤害或损失。

⑪ 经常对猫道承重垂索的锚固进行检查,发现问题及时处理。

⑫ 牵引系统作为主缆架设的牵拉装置,定期进行各部位检查,牵引绳的磨损程度、拽拉器结构、门架导轮组结构等,确保各部件都处于安全工作状态。

⑬ 所有工作人员都在岗位上交接班。

⑭ 高度重视天气变化情况,及时与气象部门取得联系,并通过风速仪测定遇到六级以

上（$v \geqslant 10.8\,\text{m/s}$）大风时停止猫道上的一切操作，并做好已架主缆索股与猫道的固定。

11.4.2 紧缆施工工艺及安全技术要求

1. 紧缆施工工艺

构成主缆的全部索股垂度调整结束后，需对主缆索股进行预紧缆。由于各索股之间、索股内部都存在空隙，其表观直径比所要求的直径大得多。为了能够顺利地进行索夹安装及缠丝作业，需要使用高性能的紧缆机进行紧缆，把主缆截面紧固为圆形，并尽可能缩小内部空隙，使空隙率达到设计标准。

紧缆作业可分为预紧缆和正式紧缆作业。首先把架设完成的主缆六边形初步紧成近似圆形，空隙率控制在30%以内，便于紧缆机纵向移动。第二步进行正式紧缆作业，空隙率达到图纸施工要求。根据施工工艺要求，正式紧缆时，中跨由跨中向主索塔方向紧缆，边跨由锚碇向主索塔方向紧缆。紧缆施工工艺流程见图11-12。

（1）预紧缆

预紧缆一般称为初捆扎，在预紧缆前应先在边跨跨中及中跨、1/4跨、1/2跨、3/4跨等部位仔细检查各索股排列顺序与设计要求有无差异，如果与设计不符，应及时调整，直至全部按设计顺序排列方可开始预紧缆。为了减少主缆内外索股的温差影响，预紧缆作业选择在夜间温度稳定的时段进行。预紧缆必须按照一定的顺序、方向进行。

图 11-12 紧缆工艺流程图

① 预紧缆作业顺序采用二分法进行，将中跨主缆分为 n_0 段，每段长度约为 $L_0/n_0\,\text{m}$；边跨各分为 n_1 段，每段长度约为 $L_1/n_1\,\text{m}$，紧缆前测量队用全站仪划分紧缆位置。每段内再采用"二分法"分至 4.4～4.8 m 一小段。

② 预紧缆工艺。根据所划分的紧缆位置，首先解除主缆外层索股的缠包带，并在预紧处铺设麻袋片，利用手拉葫芦边收紧主缆，人工用大木锤边均匀敲打主缆四周，校正索股和钢丝的排列，避免出现绞丝、串丝和鼓丝现象，同时测量紧缆处主缆的周长，待主缆空隙率目标控制值满足目标值30%以内，用软钢带将主缆捆扎紧，使主缆截面接近圆形。

③ 在紧缆过程中需及时记录各种测量数据，以便控制预紧缆空隙率达到设计值。

（2）正式紧缆

预紧缆完成后，使用主缆紧缆机将主缆截面紧固成圆形，主缆空隙率 $\leqslant 18\% \pm 2\%$。每条主缆上安装 2 台主缆紧缆机，中跨紧缆从跨中向塔顶方向依次进行。中跨紧完之后，将紧缆机移至边跨，边跨从塔顶向锚碇方向进行。

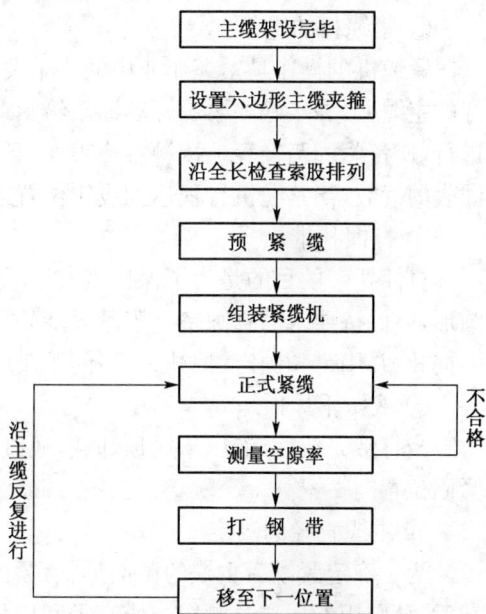

① 主缆回弹率的试验

正式紧缆前的现场紧缆试验在中跨跨中进行,以此掌握紧缆机的千斤顶行程、油表读数及主缆紧缆后的回弹率,用以指导后续施工。并根据试验情况对紧缆机进行调整和制定相应的紧缆工艺,然后转入正式紧缆工作。

② 正式紧缆

正式紧缆采用紧缆机完成。紧缆机由一个六边形的钢框架和 6 个液压千斤顶组成,每个千斤顶带有圆弧状靴块,圆弧内径等于主缆外径。正式紧缆也必须按照一定的顺序、方向进行,主跨从跨中向塔顶方向进行,边跨从桥塔向锚洞进行,两紧缆机分南北方向同时作业。正式紧缆空隙率控制目标值 18%±2%,每间隔 5 m 紧缆一次。

③ 紧缆机的操作

紧缆机的操作是紧缆作业中的一个关键工序。用索道将紧缆机的两端吊起安装在预紧好的主缆上,并接好油泵。开动油泵给紧缆机的 6 个千斤顶供油,在初期加压阶段,以低压进行,使各紧固蹄轻轻地接触主缆表面,且相互重叠,然后升高压力,加载(同步),随时观测油表的读数,当紧缆机行程达到设定位置或压力达到规定值时保压。

④ 打捆扎带

打捆扎带的目的是为了保证当液压千斤顶卸载后,紧固后的主缆截面形状仍保持近似圆形,并保持要求的空隙率。当紧固蹄处主缆直径经测量符合要求后,不锈钢钢带绕在主缆上捆扎,并用带扣固定,捆扎 2 道,间距 10 cm。

⑤ 液压千斤顶卸载

当打带完成后,液压千斤顶卸载,通过操作换向阀使紧固蹄回程,紧缆机则移向下一个紧固位置。

⑥ 主缆直径的测定

为了确定紧缆后主缆的截面形状,紧固蹄挤压结束(处于保压位置时)和液压千斤顶卸载后,分别用专用量具测定主缆直径和周长。为方便现场对紧缆空隙率的检查,提前作出主缆空隙率、直径、周长的对照表。主缆全部紧固完毕后,测定捆扎带旁边的主缆直径及周长,确认实际的空隙率。

2. 紧缆施工安全技术要求

(1) 在主缆紧缆施工前必须对相关的施工队、作业班及相关的作业人员进行全面的施工方案确认及施工安全技术交底。

(2) 在主缆紧缆过程中,对雷雨大风等灾害性天气进行严密的跟踪和监测,如出现突发异常天气状况时,应立即停止作业,并妥善处理好紧缆机以及主缆与猫道的临时固定后随即撤离猫道,以保证施工人员的人身安全。

(3) 高处固定点作业人员在作业前必须挂好安全带,严禁在猫道上奔跑和跳跃。

(4) 主缆紧缆施工所用的卷扬机、塔吊等起重机械,操作人员要有丰富的工作经验和良好的身体素质,现场的专职指挥员必须具有丰富的现场指挥经验。

(5) 紧缆机长时间运转,存在突发机械故障的危险,要求施工队、作业班对主缆紧缆机在每使用 4h 后,必须停机保养半小时,保证卷扬机的正常运转。

(6) 每次高空作业必须做到"工完场清",不得遗留杂物、材料及工具。

(7) 主缆预紧缆使用手拉葫芦较频繁,而且每个受力不一样,会因手拉葫芦受力过大而导致葫芦链断裂的危险,要求根据受力点的不同而采用不同吨位的手拉葫芦;同时,定时检查手拉葫芦的使用情况,如有损坏马上修理或更换,以保证手拉葫芦的使用安全。

(8)施工队、作业班应派出专人经常检查猫道承重索等钢丝绳的锚固情况,发现问题及时处理。在猫道上严禁电焊作业,防止猫道绳索受伤而影响猫道的使用安全。

(9)紧缆机液压绞车钢丝绳受力较大,而且使用时间较长容易因磨损过大而导致危险。要求紧缆机移动行走液压绞车使用全新钢丝绳,在进行紧缆的过程中定时对该钢丝绳进行全面检查,如发现磨损严重则全数更换。

(10)主缆紧缆施工现场应配备性能良好的通讯工具,以保障现场紧缆施工的指令通畅。

(11)猫道属于柔性结构的工作平台,受大风的影响会出现摆动,主缆紧缆过程中,人员在猫道上工作存在因站立不稳而引起高空坠落的危险,要求作业人员必须站立稳妥后方能进行作业。

11.4.3 索夹及吊索安装工艺及安全技术要求

1. 索夹及吊索安装工艺

吊索是悬索桥主缆与桥面系之间的重要连接件,是承担桥面系自重及活载的重要受力构件。索夹是主缆和吊索连接的关键部位,要求有足够的强度和刚度。

(1)索夹及吊索安装工艺流程图

索夹及吊索安装工艺流程如图 11-13 所示。

(2)索夹安装工艺

① 索夹加工、验收

铸件必须无夹砂、缩孔、裂纹等严重缺陷,机械加工必须画线确定加工量,以保证索夹壁厚和各部位尺寸的均匀性。索夹两瓣为一副,分别先加工合口平面及吊耳穿销的两个端面,加工索夹与主缆接触的内孔,要先加工螺栓孔,加垫片扭紧螺栓以控制索夹相关位置和孔的形位误差及尺寸公差。

验收依设计图纸、技术要求,对材料的化学成分和物理性能进行抽检,对尺寸精度、光洁度、公差进行检核。对不合格产品予以报废,不得用于桥上使用。

② 索夹安装位置的测量、画线

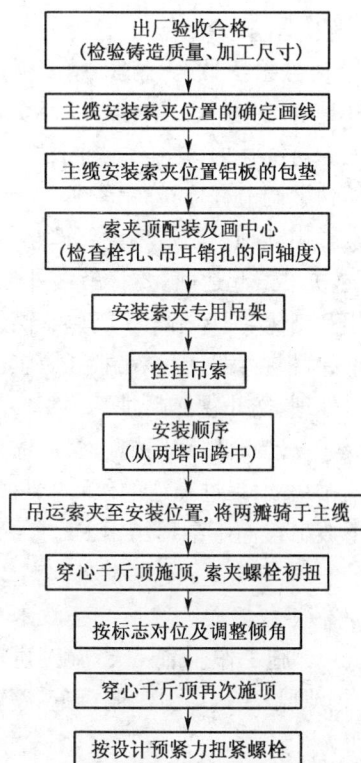

图 11-13　索夹及吊索安装工艺流程图

主缆架设完成时,主缆呈悬链线形,塔顶主索鞍有预偏量,成桥后主索鞍顶推至设计位置。主缆曲线呈二次抛物线,为准确定位各索夹的安装位置,建立直角坐标系,根据空载跨度、垂度、线形及各段(主缆)的弹性伸长量求出索夹间索长,将每段中心位置换算至主缆顶面,画线做出标志。

依据计算值,测量确定主缆中心线,用标定的钢卷尺分出各索夹在主缆上的中线位置,并标注出安装的控制范围。

对于空间线型主缆,还应考虑切曲差值和温度的影响,以便修正索夹间主缆长度,保证安装位置的精确性。

③ 索夹安装

a. 索夹在主缆上位置尺寸准确,标记明显。

b. 索夹在主缆上位置加垫铝皮,夹紧后铝皮对口处留有间隙,不得沓叠而影响与主缆的箍紧力。

c. 索夹由专用安装吊架吊运到位,骑装于主缆上,安装穿心千斤顶,施加顶力,调整位置及角度,初扭高强螺栓。

d. 二期恒载加设完毕,主缆受力直径缩小,空隙率减小,再次施加顶力,扭紧螺帽。

e. 索夹与主缆的密贴接触是依靠高强螺栓扭紧拉力产生的摩擦阻力来保证索夹位置的固定而不会产生向下滑移。

f. 索夹与主缆间空隙涂塞防护涂料。

g. 考虑主缆丝股镀锌挤压变形,竣工时再对高强螺栓终拧一次。

(3) 吊索安装

① 悬索桥吊索一般采用高强度镀锌钢丝制成,强度高,柔性好。少数小跨度悬索桥的吊杆是由圆钢制成,刚性好。吊索吊杆,为便于与索夹和加劲梁连接,将钢索两端丝股散开伸入套筒锥孔内,热铸合金固结成整体形成锚头。套筒设销孔,通过上端与索夹销接,下端与加劲梁调节杆连接;吊索长度受测长量具、拉力、温度、锚头制作等误差及索夹制造工艺等因素影响,因此,制造精度要严格控制,吊索钢丝外层加挤压PE塑料套防护。

② 吊索起运前,要将吊索外包PE用塑料(麻)布包装好,两端锚头套筒要特别包装,以防相互刻压,损坏吊索PE套及钢丝。将成品捆扎成卷,拴好标签,发运工地。验收时打开吊索卷,根据编号复核吊索长,确定安装位置,注意检查防护PE套有否损坏破皮,如有,要及时处理,防止裸露锈蚀。

③ 安装时用专用抱箍靠近锚头夹住吊索,由缆索吊机垂直提起吊索,不得扭坏PE套。

④ 吊索穿过猫道的位置,要将猫道面层开口,剪断铅丝,并将断头向剪口外弯曲,以保证下放吊索而不刮损吊索PE套。

⑤ 吊索边下放边拆除外包装,将上套筒销孔对正索夹吊耳销孔,穿销锁紧卡板或螺帽。

2. 索夹及吊索安装安全技术要求

(1) 施工作业前一天,施工班班长应了解第二天的气候变化情况,确认有无大雾、阴霾、雨雪、飓风、雷雨、台风、晴雨起伏等异常天气,严禁在恶劣的气候条件下进行索夹、吊索安装施工。

(2) 要求施工队、作业班组在施工作业前进行施工方案的全面交底和安全技术交底,要求施工人员清楚作业要求和安全操作要求。

(3) 要求施工队、作业班组内设置一名专职安全员,负责索夹、吊索施工的安全检查与监督管理工作。

(4) 在猫道上严禁电焊作业,防止猫道绳索受伤而影响猫道的使用安全。

(5) 施工过程中遇到恶劣天气以及六级或以上 ($v \geqslant 13\,\text{m/s}$) 大风时,必须停止索夹、吊索安装等一切工作,并做好临时的固定和妥善安排后立即停止作业,离开工作岗位。

(6) 吊索、索夹安装施工的危险地域设置安全警示标牌,在容易引起高空坠落的作业周边设置安全护栏、安全网等安全防护措施。

（7）在吊索堆放的场地必须做好防火工作，在整个施工过程中要求保护好吊索，不能损伤吊索。吊索的展开、下放过程中，必须按照施工要求，保证吊索及周围作业人员的安全。

（8）长吊索在展开时，如果吊索扭转比较严重，要根据吊索标记线理顺吊索。同时，为了防止吊索扭转，要综合考虑吊索的打盘及放盘方法，防止吊索在打盘或放盘时打伤作业人员。

（9）施工队、作业班组所有的施工人员均需在岗位上进行交接班，交接班完成后方能离开工作岗位，禁止离岗交接。

（10）索夹及吊索安装前，施工队、作业班组必须派出人员时刻观察和随时检查起吊系统的安全状况，加强对钢丝绳表面的完好情况、联结稳固性的安全检查，对钢丝绳的断丝数、腐蚀情况、磨损情况及变形量、固定状况等逐一进行细致的检查，发现不符合要求的立即更换，避免起吊安全事故的发生。

（11）要求作业人员在施工前必须配置安全防护用品，如安全帽、安全带、防滑轻便鞋，需要使用工具的作业人员必须携带工具包。

（12）吊索安装前，需要在猫道进行改吊时，必须对改吊猫道的缺口进行加装防护，如在吊索改吊的地方敷设好安全网，或采取其他方式进行有效的封堵。

（13）经常对猫道承重索等钢丝绳的锚固进行检查，发现问题立即进行处理。

（14）索夹及吊索安装过程中，要求施工人员必须携带工具包，在施工时必须注意匹配件的使用，以防止配件、工具掉落，造成下方作业人员的意外伤害或坠物砸伤船只、损坏设备机具。

（15）吊索安装完毕，吊索与猫道处的缺口应使用尼龙网等将其封严。

11.4.4　主缆缠丝安全技术要求

1. 主缆缠丝工艺

主缆缠丝是用专用的缠丝设备以一定的张力使镀锌软钢丝（圆形或特制的 S 形软钢丝）密匝牢固地缠绕在主缆上的作业。主缆缠丝的主要作用是保持主缆外形并与涂装材料共同组成主缆防护体系，尽可能延长主缆使用寿命。缠丝施工质量主要由缠丝导入拉力和缠丝密匝缠绕圈数两个指标控制。

（1）缠丝施工工艺流程图

泰州大桥主缆缠丝方向总体上按照从高到低的顺序，上下游同时进行。缠丝顺序为先边跨、后主跨，边跨从塔顶往锚碇处施工，主跨从主塔往跨中施工。一般主缆缠丝施工工艺流程如图 11-14 所示。

（2）缠丝施工准备

① 储丝轮绕丝

S 形钢丝按每个索夹间区间精确计算钢丝用量并以卷供应，缠丝前通过特制绕丝机以一定张力将 S 形钢丝卷转绕至储丝轮上，以供相应主缆索夹区间缠丝使用。

② 主缆表面清理及涂密封膏（防腐密封）

缠丝前用丙酮清理主缆表面污渍，待表面清洁并干燥后，在主缆表面涂抹专用防腐密封

```
┌──────────┐      ┌──────────────┐
│   绕丝   │─────→│   准备工作    │
└──────────┘      │  储丝轮配置    │
                  │  主缆表面清理   │
                  └──────────────┘
                         │
                         ↓
                  ┌──────────────┐
                  │   储丝轮安装   │
                  └──────────────┘
                         │
                         ↓
                  ┌──────────────┐
                  │   起始段缠丝   │
                  └──────────────┘
                         │
                         ↓
                  ┌──────────────┐
                  │   机械缠丝    │
                  └──────────────┘
                         │
                         ↓
┌──────────────┐  ┌──────────────┐
│  空储丝轮回收  │←─│   更换储丝轮   │
└──────────────┘  └──────────────┘
                         │
                         ↓
                  ┌──────────────┐
                  │   机械缠丝    │
                  └──────────────┘
                         │
                         ↓
                  ┌──────────────┐
                  │   尾端人工缠丝  │
                  └──────────────┘
                         │
                         ↓
                  ┌──────────────┐
                  │   跨越索夹    │
                  └──────────────┘
                         │
                         ↓
                  ┌──────────────┐
                  │   设备拆除    │
                  └──────────────┘
```

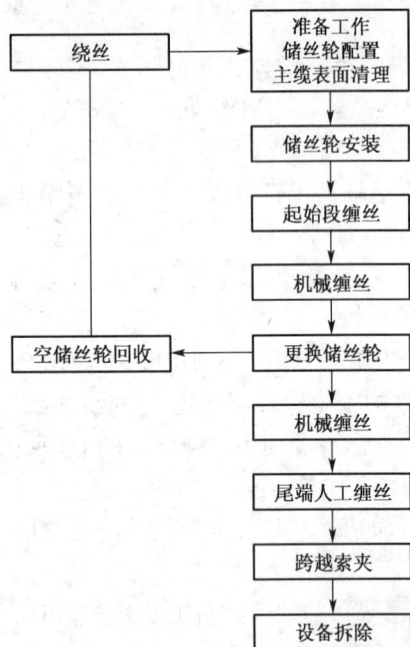

图 11-14　主缆缠丝施工流程图

膏,边缠边涂,对主缆进行密封防腐。

③ 缠丝张力确定

对于主缆张力未达到设计恒载张力前缠丝,随着荷载加入主缆张力变化会引起主缆伸长、缆径变化,要求缠丝张力保证在任何情况下缠绕在主缆上的钢丝对主缆表面压力大于 0,即主缆张力达到设计恒载时,缠绕钢丝残余张力大于 0。在考虑缠丝后主缆荷载增加量、温度变化等因素后,确定缠丝张力范围为 2.50～2.80 kN。一般情况下,缠丝张力由设计方给定,施工者根据设计张力要求对缠丝机进行调整和锁定。

（3）缠丝作业工序

主缆缠丝通过缠丝机进行,主要施工工艺包括索夹前起始段人工挤压缠丝、索夹间节段机械缠丝、缠丝机走行过索夹、缠丝焊接、尾端手动缠丝等操作。

① 缠丝机试运转

将缠丝机安装在塔顶边跨侧主缆上,进行安装保养调试工作。在各减速机、变速箱中加足润滑油,其他均按要求加注润滑油或润增脂。按要求进行空机试运转,做好缠丝试验前的一切准备工作。调整缠丝机齿圈转动及前移电机变频器,使齿圈在每转动 1 圈（即缠丝 1 圈）的同时沿机架行走 9 mm。

② 缠丝试验

缠丝前先进行缠丝试验,主要检验缠丝机性能及焊接强度,并确认达到以下标准:

a. 缠绕钢丝相互之间无间隙。

b. 无重叠缠绕、交叉缠绕（乱丝）。

c. 缠丝表面光滑。

d. 焊点焊接强度要确保剪切强度在缠绕钢丝的张力之上。

③ 索夹节段起始段缠丝

a. 储丝轮安装完毕,穿绕钢丝,使缠丝出丝轮端部距索夹端面间距为 20 mm。

b. 将缠丝机转速调整为最慢速。

c. 用钢丝钳将缠丝丝头扭挂在索夹螺杆上。

d. 缠丝机点动缠丝 3 圈后停机,端部缠丝焊点布置焊接并打磨。

e. 接着点动进行端部缠丝 3～4 圈后停机,切除多余钢丝,人工用木锤、尼龙棒将钢丝推入索夹端部,钢丝与索夹用尼龙楔固定。

f. 回退缠丝齿圈至出丝轮与缠绕钢丝平行,即可进行正常节段间机械缠丝。

④ 机械缠丝

主缆缠丝使用的缠丝机是可自行进行跨越索夹的全节段式施工。缠丝在 2 个索夹间节段进行,各节段重复相同的作业。索夹和索夹间 1 个周期的缠丝过程简述如下:

a. 缠丝机后端紧靠索夹下端面,前后行走架处于缠丝机前后端机架,缠丝机通过葫芦与猫道扶手索固定。安装储丝轮,后出丝轮出丝在索夹前端开始起始段缠丝。

b. 当缠绕钢丝长度达到 1 m 左右时,焊接钢丝并打磨,将钢丝由后出丝轮转至前出丝轮。

c. 松开前后端机架与主缆之间的夹紧装置,缠丝机处于行走模式,卷扬机牵引机架前移,缠丝齿圈相对主缆静止不动(行走齿条向后拨动),就位后固定机架。

d. 储丝轮剩余钢丝 6 圈左右并焊钢丝,剪断剩余钢丝,卸去空储丝轮。利用前行走架挂梁更换储丝轮。

e. 夹持架前行同 c。

f. 储丝轮由前缠丝轮出丝,钢丝接头与前段钢丝并焊后继续缠丝。

g. 松开夹持架与主缆夹紧机构,夹持架前行到上一索夹端部(缠丝齿圈相对主缆静止);前行走机构向下移动到夹持架中部,前机架顶升机构千斤顶回缩,夹持架前行跨越索夹;前机架顶升机构千斤顶顶升与主缆支撑,前行走机构顶升千斤顶回缩,前行走机构行走跨越索夹后千斤顶顶升与主缆支撑。

h. 缠丝机工作进行索夹区间尾端主缆缠丝、焊接。

⑤ 索夹节段尾端手动缠丝

在索夹间缠丝节段的尾端部位,缠丝机的回转系统如与索夹干涉,在靠近索夹端面的位置,停止机械缠丝,剩余部分以手动缠丝。使用紧线器和夹具等专用工具按以下步骤施工:

a. 用铝热焊剂焊接机械缠丝端部和手动缠丝节段的起始点。

b. 焊接后,用缠绕钢丝在主缆上缠绕 1 周,用紧线器收紧后焊接。

c. 多次重复以上作业,使钢丝紧密地缠绕至索夹端面。

2. 主缆缠丝安全技术要求

(1) 缠丝施工前要求施工队、作业班负责人必须密切关注天气状况的变化,在雨(雪)天大雾天气、潮湿天气不得进行缠丝作业,防止缠丝受潮和施工人员在湿滑的条件下造成意外事故。

(2) 施工人员在进行缠丝作业时,必须按照高空作业的基本要求,戴好安全帽、系好安全带、穿轻便的防滑鞋,并具有良好的精神状况,保障施工人员的人身安全与操作顺利。

(3) 缠丝作业必须按工艺要求定岗、定员、专人负责,不得随意更换;指定专人负责缠丝作业。

(4) 缠丝施工时派出专人对使用的施工机械进行检查、维修、保养,保证机械设备处于正常和安全的状态。

(5) 整个缠丝作业过程中一定要注意保护主缆钢丝,严禁明火,确保钢丝不受损伤。

(6) 使用铝热焊剂时,应严禁烟火,以避免不必要的损失。

(7) 缠丝施工时必须注意保持主缆及猫道的清洁,猫道上不能乱堆乱放杂物或材料,及时清理猫道的材料及杂物且不得随手乱丢,防止高空物体坠落伤人。

(8) 缠丝机越索夹时,施工人员应注意索夹下方猫道是否有物件坠落,以防高空坠落或物体打击事故的发生。

(9) 机器自动跨越索夹行走机构,过夹时施工人员必须观察行走机构的稳固情况,指定专人检查各机构的动作是否正常及复位情况是否完好。

(10) 缠丝机主机与夹持架安装就位后,施工人员不得同时松开夹持架,保证设备的稳固与施工人员的安全。

（11）缠丝机在索夹倾角大于 8°的主缆上施工时，要求施工人员必须遵守主机与夹持架均不能同时松开手拉葫芦保险的规定，防止缠丝机的滑移而导致人员与设备的损伤。

（12）机器装拆时，施工队、作业班必须做到统一指挥、协调分工、专人负责，保障施工人员装拆作业的人身安全。

（13）严禁随意拆除猫道反挂钢丝绳，缠丝经过猫道反挂钢丝绳后应立刻恢复，保持猫道反挂绳的间距为 12.5 m。除吊索处外，猫道上不允许出现孔洞，发现猫道有孔洞必须及时补好。

（14）缠丝机在非工作状态必须将主机与夹持架的全部夹紧机构夹紧并拉紧全部手拉葫芦，保障机器设备的安全稳固；下班时必须切断电源方能离开作业岗位。

（15）施工队、作业班组在缠丝施工前，必须对施工人员进行翔实的安全技术交底，指定专人负责机械设备操作，要求操作人员必须熟悉机械设备（特别是缠丝机）的正确使用方法和使用要求，保证机械设备在使用过程中达到质量、安全和环境保护要求。

（16）施工机械在维修保养过程中所产生的废水、废渣、废油要进行回收，集中处理，不能随意排放，造成环境污染，导致施工人员的意外伤害。

（17）缠丝施工时，必须在施工机械设备（设施）旁或其附近悬挂该机的"机械操作规程牌"，并要求操作人员严格按照操作规程进行操作。

12 钢箱梁施工安全技术

泰州大桥共划分 136 个制造梁段,其中标准梁段 128 个,特殊梁段 8 个,每节梁段约 250 t,全桥钢箱梁总重量有 3 万多吨。泰州大桥钢箱梁吊装因跨度大、水面宽、梁段自重大,工作面又是水中定位、陆上支架、空中猫道三者结合,安全风险很大。钢箱梁吊装采用了国内自主研发的 KLD370 型全液压跨缆吊机,吊装过程需占用航道,对过往船舶的通航安全造成影响,这些都是吊装安全控制的重点。

泰州大桥采用南北两侧同步对称吊装,实行了"非作业桥跨单向通航,作业桥跨内的吊装作业船舶的一侧通航、另一侧禁航"的管制方式,从整体上缩短了吊装作业和交通管制时间,从而基本上实现了钢箱梁水上吊装的"本质安全"。

12.1 工程概况

12.1.1 工程简介

泰州大桥采用"三塔两跨"新型悬索桥结构,由北锚锭、北塔、中塔、南塔、南锚锭组成,桥跨布置为 390 m+1 080 m+1 080 m+390 m,通航净高 50 m。

主桥净宽 33 m,两根主缆横向间距为 34.8 m,吊索顺桥向标准间距为 16 m,加劲梁为扁平钢箱梁结构。钢箱梁横断面采用单箱三室构造,两侧边室为风嘴兼检修道,宽 1.75 m,钢箱梁顶面宽为 36.7 m(含检修道),梁高 3.5 m。全桥共划分 136 个制造梁段,标准梁段 128 个,特殊梁段 8 个。

钢箱梁吊装采用小节段吊装方案,除每个主跨跨中 2 根吊索对应梁段整体作为一个吊装节段外,其余每个制造梁段为一个吊装节段,全桥共 134 个吊装节段,标准吊装节段长 16 m,永久吊点距离两侧梁端分别为 9.1 m 和 6.9 m,全桥钢箱梁总重量 33 426.142 t。泰州大桥钢箱梁桥面结构示意图及钢箱梁断面图分别如图 12-1 和图 12-2 所示。

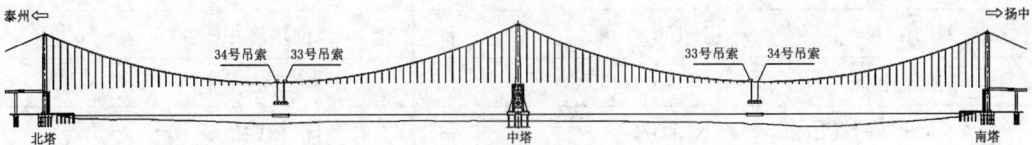

图 12-1 泰州大桥钢箱梁桥面结构示意图

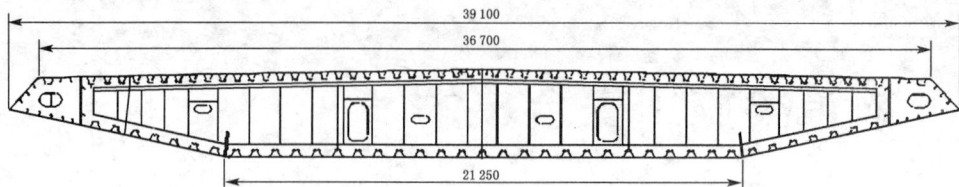

图 12-2　钢箱梁断面形式图

12.1.2　组织管理

1. 人员组织

桥钢箱梁吊装施工因桥梁跨度大、水面宽、吊装梁段自重大,施工工作面又是水中定位、陆上支架、空中猫道三者结合,多工作面、多种机具协调共同作业,在作业过程中,协调指挥将是作业完成的关键,为此,专门成立吊装协调现场指挥部。总指挥负责钢箱梁吊装全面工作,副总指挥负责具体吊装工作的全面落实,下设多个专业工作小组:吊装组、测量监控组、技术保障组、协调联络组、后勤保障组。各组各负其责在总指挥领导下协同工作,职责分工如图 12-3。

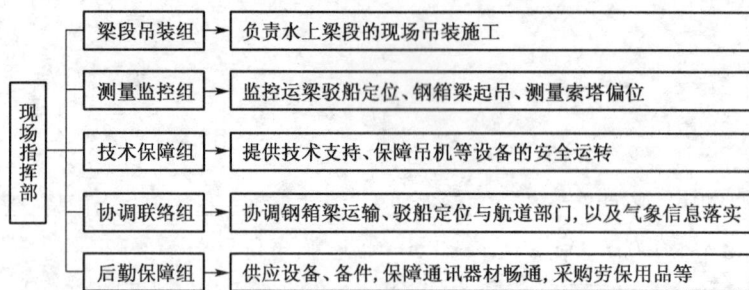

图 12-3　钢箱梁组织吊装分工图

2. 设备机具

为优质高效地完成工程施工,充分发挥悬索桥专用大型设备的优势,泰州大桥工程的主要设备如表 12-1 所示。

表 12-1　主要设备数量表

序号	设备名称	设备型号	单位	数量	备　注
1	塔吊	QTZ31	台	5	
2	塔吊	JL150	台		南塔座吊
3	施工电梯	SCD200/200VA	台	3	施工人员上塔
4	全液压跨缆吊机	KLD370	台	4	钢箱梁吊装
5	缆索吊		台	8	猫道上小型设备运输
6	卷扬机	10 t	台	12	牵引用

续表 12-1

序号	设备名称	设备型号	单位	数量	备　注
7	卷扬机	8 t	台	10	辅助施工
8	手拉葫芦	10 t	个	16	辅助用
9	手拉葫芦	5 t	个	20	辅助用
10	移位器	60 t	台	80	纵向移梁
11	滑车组	50 t	台	24	钢箱梁牵引荡移
12	滑车组	10 t	台	60	横向通道拆除、猫道改吊
13	大力钳		个	16	猫道改吊用
14	φ22 mm 钢丝绳		m	6 500	猫道改吊用
15	φ22 mm 绳卡		个	8 000	猫道改吊用
16	穿心千斤顶	250 t、80 t	台	16/40	猫道改吊用
17	平板车	10 t	台	2	材料设备运输
18	汽车吊	Q25(25 t)	台	2	
19	履带吊	QUY50(50 t)	台	2	
20	轮胎吊	TR-500EX(50 t)	台	1	
21	浮吊	100 t	艘	1	运、存梁栈桥施工
22	交通船	宁新 1/39 人	艘	1	运送作业人员
23	货船	鲁济南货 0320/140 t	艘	1	运送作业人员
24	千斤顶	100 t	台	8	中塔特殊梁段线型调整
25	千斤顶	500 t	台	8	边主索鞍顶推
26	穿心千斤顶	200 t	台	8	纵向弹性索张拉
27	变压器	1 000 kVA	台	3	供电
28	变压器	800 kVA	台	2	供电
29	全站仪	LEICA TC2003	套	1	测量
30	全站仪	LEICATCA2003	套	2	测量
31	自动安平水准仪	宾得 AP-128	套	1	测量
32	电子水准仪	ZEISS DINI12	套	60	测量
33	对讲机		台		通讯

12.1.3　工艺流程

　　总体吊装顺序是从南北两主跨跨中梁段开始,同时向索塔方向分 4 个工作面对称进行安装施工,在中塔两侧及边塔附近各设置合龙段,全桥共四个合龙段。合龙段采用预偏合龙方案安装,先安装中塔附近合龙段,后安装边塔附近合龙段。钢箱梁吊装施工工序流程如图12-4所示。

在钢箱梁安装开始阶段,每天完成一个标准梁段吊装,作业熟练后南北主跨隔日交叉进行,每天在一个主跨的航道完成两片钢箱梁吊装作业,两跨不等跨加载以不超过2个梁段控制。

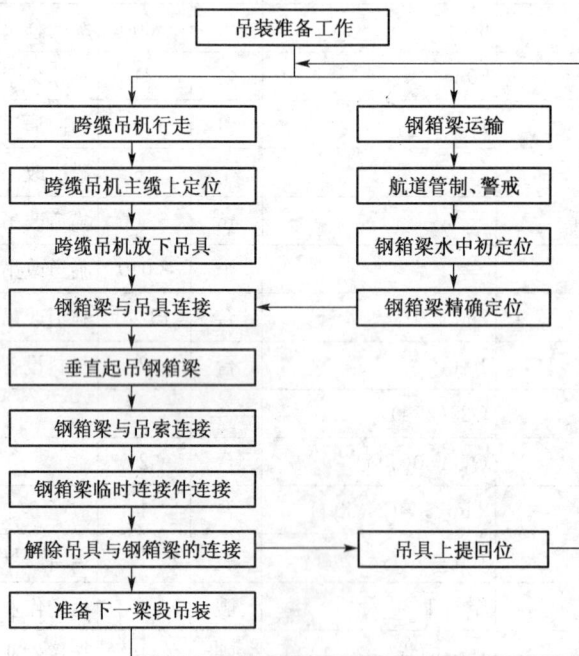

图 12-4　钢箱梁吊装工艺流程图

12.1.4　危险性分析

由于钢箱梁吊装施工涉及水中运输、水上定位、吊装、高空连接、荡移、牵引、提升等多种工序,其施工安全受多种因素的制约和影响。而且,施工中涉及超高处作业、水上作业、起重吊装、立体交叉作业等多种高危作业形式,施工难度极高,安全风险非常大。经辨识,钢箱梁吊装过程中存在的危险因素主要包括:

1. 高处坠落

泰州大桥采用了"三塔两跨"新型悬索桥结构,中塔采用了世界上高度第一(191.5 m)的纵向人字形、横向门字形框架形钢塔,属于超高处作业。钢箱梁吊装作业涉及大量的永久结构吊装及辅助设施设备、临时结构的安装拆除,施工人员在跨缆吊机、猫道、钢箱梁上行走,极有可能发生高处坠落事故。

(1) 人员坠落

钢箱梁吊装工程施工作业,绝大部分属高处临边、临水永久结构吊装作业及辅助施工设备、结构安装拆除作业。施工人员在跨缆吊机结构上和各平台、猫道、横梁、钢箱梁、运输船舶上施工作业中应防止高处坠落。

坠落事故的具体原因主要有：进行有关安装拆除高处作业时未按要求系用安全带；安全带拴挂结构本身不牢靠；移动过程中安全带无处拴挂或未拴挂；踩踏探头板；人员站立作业面溜滑；临时爬梯固定不牢；走动时踩空、绊、滑、跌；操作时弯腰、转身不慎碰撞杆件等身体失去平衡；坐在栏杆或无防护临边休息、打闹；站在栏杆上操作；脚手板未铺满或铺设不平稳；临边场所未设置防护栏杆或损坏；操作层下没有铺设安全防护层；脚手板、临时爬梯超载断裂等。同时，在进行钢箱梁吊装作业过程中还可能存在船舶靠帮过猛、船舶碰撞、船舶停靠未稳人员匆忙上下、作业人员未按要求穿着救生衣等人员坠落溺水事故。

（2）物件坠落打击

在跨缆吊机、移存梁支架、各施工平台、门架、猫道、横梁、钢箱梁顶面上和安装作业过程中，除了防止人员坠落外还应防止作业工具及小型机具等物件的坠落。

高处作业物件坠落的具体原因主要有：脚手板没铺满或铺设不平稳；临边防护不善或损坏；操作层下没有搭设安全防护层；脚手板超载断裂；小型机具（如链条葫芦等）、工具等没有固定连接或没有绑扎；防护栏杆（或损坏）在人员操作时滑落；随身没有携带工具袋，将操作工具随手乱扔导致坠落；工具没有用安全绳将其系在手腕上或腰间，使其在操作时从手中滑落等。

2. 物体打击

钢箱梁吊装涉及大量的立体交叉作业，在跨栏吊机、移存梁支架及各施工平台、门架、猫道、横梁、钢箱梁上安装作业过程中，除了防止人员坠落外，还应重点防止作业工具及小型机具等物件坠落，以免对下方作业人员及过往船舶人员造成伤害。

3. 机械伤害

钢箱梁吊装使用到大量的机械设备，如电焊机、卷扬机、塔吊及跨栏吊机等。施工时可能会因为设备超负荷使用、漏电、短路、刹车失灵、设备故障、操作不当等引起机械设备的烧毁、坠落损坏，从而导致人员触电、机械伤人等事故。

4. 水上安全

钢箱梁吊装占用航道，对过往船舶的通航安全造成严重影响。而且，泰州大桥所处施工水域为长江黄金水道，水域航运繁忙，再加上工程中使用船舶类型众多，特别是大型运输船、交通船等作业任务繁重，极易发生碰撞、搁浅、超载翻船等事故。

5. 吊装作业

本工程施工主要作业为大型临时设施和大型结构安装吊装作业，施工中使用吊装设备、索具、专用吊具等种类繁多，且存在相互配合作业情况，可能因指挥信号不清楚、杂音干扰或指挥、操作失误、钢丝绳打结、扭曲、与物体棱角直接接触、用绳卡固定连接及编结不规范、使用时夹角过大、有锈蚀、磨损或断丝等、起重设备停放或安装不牢、超力矩吊装、带病作业、未经检验等，索具选型不当或存在缺陷等，造成吊装事故。

运梁船装载 2 片梁时相邻安全距离偏小，跨缆吊机开始起吊时，可能造成起吊梁与另一片存梁相互碰撞等事故；在进行吊装作业过程中，还可能存在吊点不正、船舶走锚移位、船舶晃动以及就位安装时人员配合不当、没有相互照应等碰撞挤压伤害。

12.2　钢箱梁制造和运输

泰州大桥钢箱梁制造和运输分成两个标段来完成,即 E05 - A 标和 E05 - B 标,施工内容基本相同。本节以 E05 - A 标段为例进行阐述。

12.2.1　钢箱梁的制造

1. 制造方案

为控制箱体结构焊接变形,保证产品整体质量,加快制造进度,钢箱梁制造采用零件→板单元→两拼板单元→梁段→预拼装→桥位焊接方式生产,即在钢结构车间生产零件及板单元,在总拼场拼接两拼板单元、组焊梁段、多段连续匹配预拼装,最后进行桥位吊装、环缝焊接、涂装最后一道面漆。

先将钢板进行预处理,按箱梁板单元的划分情况进行零件的下料、矫正、加工,再进行部件的组焊,完成顶板单元、底板单元、斜底板单元、横隔板单元、锚箱风嘴单元、附属设施件等单元件的制作,运至总拼场参与整体组装。

在总拼场地,首先将两块板单元拼接成一个两拼板单元。梁段整体组装采用立体、阶梯方式生产,在总拼胎架上采取"正装法"依次焊接钢箱梁段。组装时以总拼胎架为外胎、横隔板为内胎,组焊后以修正后的纵、横基线为基准画线配切接口顶板,进行平位分段匹配预拼装,即调整线型、接口匹配、嵌补段量配、定位匹配件和附属件组焊。预拼结束后,保留一个节段参加下次预拼装,其余梁段运至涂装厂房进行除锈、涂装。该合同段共进行 9 次总拼。

2. 板单元件制作工艺

依据泰州大桥板单元划分的实际情况,E05 - A 合同段钢箱梁共有顶板单元 864 块,重量约 6 800 t;底板、斜底板单元 798 块,重量约 4 600 t;锚箱风嘴单元 144 块,重量约 2 870 t;横隔板单元 1 074 块,重量约 2 920 t;其他零部件重量约 500 t,板块单元统计见表 12-2。

表 12-2　E05 - A 合同段钢箱梁板单元统计表

梁段类型	梁段数量	顶板单元数量	底板单元数量	锚箱风嘴单元数量	横隔板单元数量	梁段长度(m)
A	63	756	693	126	945	16
A′	2	24	22	4	30	16
B	2	24	22	4	30	16
C	1	12	11	2	15	16
C′	1	12	11	2	15	16
D	1	12	13	2(无锚箱)	15	9.6
E	1	12	13	2(无锚箱)	15	16.6
F	1	12	13	2(无锚箱)	15	9.73
总数(块)		864	798	144	1 074	合计 3 018
重量(t)		7 200	4 600	2 870	2 920	合计 17 600

（1）钢板预处理

钢板进厂复验合格后，方可投入生产。下料前先对钢板的材质、炉批号进行移植（钢印），再经滚板机矫平后对钢板进行预处理，进行抛丸除锈、喷涂车间底漆、烘干，除锈等级为 GB 8923—88 标准规定的 Sa2.5 级，喷涂无机硅酸锌车间底漆一道（厚度 20～25 μm）。

（2）零件的下料加工

板件下料前，先将钢板滚平并经预处理后，再根据零件的具体形状和大小确定下料方法。对较长矩形板件采用多嘴头门式切割机精切下料，对如隔板等形状复杂的板件采用数控切割机精切下料，对较规则的薄板次要零件采用剪切下料，型钢采用剪切机或焰切下料，钢板对接坡口采用火焰精密切割、刨边机或铣边机加工，钢板的不等厚对接过渡斜坡采用斜面铣床加工或采用刨边机加工。

（3）U形肋的加工

泰州大桥有 4 种断面尺寸的 U 形肋（顶板 2 种，底板 2 种）。顶板 U 形肋全桥延长米约 64 500 m，板厚为 8 mm 的 U 肋重约 1 000 t；板厚为 6 mm 的 U 肋重约 1 300 t。底板 U 肋全桥延长米约 45 000 m，板厚为 8 mm 的 U 肋，重约 100 t；板厚为 6 mm 的 U 肋，重约 1 300 t。

（4）板单元的制作

顶板、底板、斜底板单元由钢板、U 形肋（或板条肋）组成（仅顶板含隔板连接板），宽度 2～3.4 m，长度与钢箱梁长度一致，在 9.6～16.6 m 之间，是组成钢箱梁的基本构件，本合同段共有板单元 1 662 块，重量约 11 800 t。

（5）横隔板单元的制作

钢箱梁采用整体式横隔板，由上、下板组成，与顶板连接设计为对接式接板，与底板连接设计为插入式，对其制造精度要求较高。另外，横隔板单元作为钢箱梁组装的内胎，它的精度直接影响钢箱梁的断面尺寸。由于钢箱梁断面尺寸较大，受钢板的轧制长度和运输的限制，每个横隔板按三块制作，对接缝位置设置在距离桥轴中心线 3 m 以外。横隔板单元由钢板、水平加劲板、竖向加劲板、人孔及管线孔和加强圈组成。本合同段钢箱梁横隔板单元共 1 074 块，重量约 2 920 t。

（6）锚箱风嘴单元的制作

锚箱风嘴单元由边顶板单元、斜顶板单元、斜底板单元、风嘴隔板单元、直腹板单元和吊索锚箱组成。本合同段共有 144 个锚箱风嘴单元，重约 2 870 t。吊索锚箱构造采用耳板形式，吊索与耳板销接，耳板插入箱体与其相垂直的三块承力板采用熔透焊接，通过承力板与直腹板焊接成整体。锚箱耳板位置、承力板的焊缝质量及直腹板的焊接质量是控制关键。

（7）合龙段板单元的制作

本合同段有 3 个合龙段（分别为 N63、N4、S4，其中 S4 梁段制造完成后交 E05-B 合同段），设在桥塔附近，合龙段与标准梁段制作的主要区别是它的长度需根据架设情况而定，所以在板块制作时两端需留有足够的现场配切量（拟定为 300 mm）。

3. 钢箱梁总拼

车间生产的零部件、板块单元等在钢箱梁总拼场进行板块单元的对接、钢箱梁整体组焊、预拼装、涂装，按序在存梁场地存放并通过船运运至桥位监理工程师指定的吊装位置。

（1）胎架设计

① 板单元拼焊胎架设计

为控制板单元的组装精度,设计两拼板单元拼接胎架 7 组。胎架采用型钢制作,由框架形式构成。为方便工人操作,顶板胎架高定为 1.7 m,底板胎架高为 1.35 m。胎架设计有较好的刚性,胎架上对接纵缝处预留加陶质衬垫的缺口,通过纵横基线定位板块,胎架周边设置控制变形用的卡槽,以控制板单元焊接时的变形。

② 锚箱风嘴单元组装胎架设计

为了确保锚箱风嘴单元焊缝的焊接质量及外形尺寸,减少总拼时的焊接工作量及焊接收缩,设计制作 2 组组装胎架,采用型钢制作,以框架形式构成,胎架设计有较好的刚性,通过纵横基线定位板块,根据需要可设置测量置镜点,用于控制各零部件的组装精度。组装完后可通过翻转,避免仰位焊接。

③ 钢箱梁总拼胎架设计

为保证钢箱梁的外轮廓尺寸及部件位置的准确,针对桥结构特征设计钢架式梁段总拼胎架一组。胎架总长 130 m,宽 42 m,胎架高为 1.3 m,可一次总拼 8～9 个标准梁段。以底板、斜底板外形为基准面确定胎架形状,并预留一定的反变形工艺量,利用型钢制作支承钢架与基础预埋件焊接,支承钢架分横向钢架和纵向连杆,每 3.2 m 设一横向钢架,用纵向连杆将横向钢架连接起来形成框架结构,使其具有足够的刚度,不会随使用时间的延续而发生变形。

（2）两拼板单元拼接

在两拼板单元拼接胎架上将两板单元拼接成两拼板单元,焊接时周边与胎架采用无马方式卡固。对焊缝两侧 50 mm 宽范围除锈,采用背面加陶质衬垫的单面焊双面成型工艺焊接,CO_2 气体保护半自动焊进行底层焊缝的焊接,共焊接 2 道,然后采用埋弧自动焊焊接其余焊缝,在焊缝检验合格后组焊焊缝处的隔板连接板,采用火焰修整。

（3）梁段整体组焊

① 标准梁段钢箱梁整体组焊

结合桥的特点,梁段整体组装采用立体、阶梯推进方式生产,在总拼胎架上采取"正装法"依次组焊 8～9 段钢箱梁,即以预拼装胎架为外胎,横隔板及直腹板为内胎,依次将各梁段的底板单元、斜底板单元、横隔板单元、锚箱风嘴单元、顶板单元及其他零部件在胎架上组焊成箱体梁段整体。

② 非标准梁段钢箱梁(D、E、F 梁段)整体组焊

根据非标准梁段钢箱梁(D、E、F 梁段)的结构特点,该类型梁段钢箱梁取消锚箱风嘴单元构造,此部位顶板单元、斜顶板单元、风嘴隔板单元、斜底板单元及腹板单元以单件形式直接参与钢箱梁整体组焊,其余构件组装工艺与标准梁段类似,同时组焊 E 梁段抗风支座支撑、E 梁段竖向限位及 F 梁段抗风支座箱内构件。

E 梁段位于中塔的中心位置,在 E 梁段上设置有抗风支座,支座反力较大,相应地在梁内设置了强大的加强构造。在箱梁预拼装完成后,通过测量塔及梁段横基线画出抗风支座位置线,在箱梁出胎后,将事先做好的抗风支座按线安装到位。

③ 合龙段的组装工艺

合龙段的组装工艺与标准段基本相同,只是在箱段组焊完成后,一端留有配切量暂不切

割,并将该端箱口拐点处的焊缝不焊段留量加大。由于该箱口不能参与预拼装,所以必须用三维激光跟踪仪(API)控制该箱口的几何尺寸,使之与相连接的另一梁段的箱口匹配,在配切后还需进行检测、调整,确保合龙时接口的顺利连接。

12.2.2 梁段存放与运输

1. 梁段现场运输

梁段在总拼场的运输分如下几个步骤进行:梁段出胎转临时存梁区;梁段进入打砂房;梁段转涂装房;梁段出涂装房转存梁区;梁段运至码头。

(1)运输设备

总拼场内钢箱梁运输采用德国 Goldofer(哥德浩夫)公司生产的大型液压平车一组(2台)和郑州大方生产的液压平车一组(2台),单车载重分别为 260 t 和 300 t。

(2)运输准备

检查整组液压平车的润滑油、发动机油及各运转机械是否处于正常工作状态,每辆平车上配备4道 200 mm×200 mm×3 000 mm 的垫木,每块垫木顶面上配备一块 5 mm×200 mm×3 000 mm 的橡胶垫。涂装厂房及存梁区均配备足够数量的钢支墩,每节标准钢箱梁设 4 点支承,其位置在落梁时做出标识,钢支墩尺寸为 1 000 mm×1 000 mm×1 200 mm,可承受 80 t 的压力,钢支墩下垫以 300 mm×1 700 mm×1 700 mm 的混凝土垫块。钢墩上布置 200 mm×200 mm×1 000 mm 的木垫、木锲及橡胶垫。具体形式见图 12-5。

(3)梁段出胎转临时堆场

梁段在预拼装胎架上预拼装结束后,将胎架上的活动横梁拆除,液压平车进入到待运梁段下

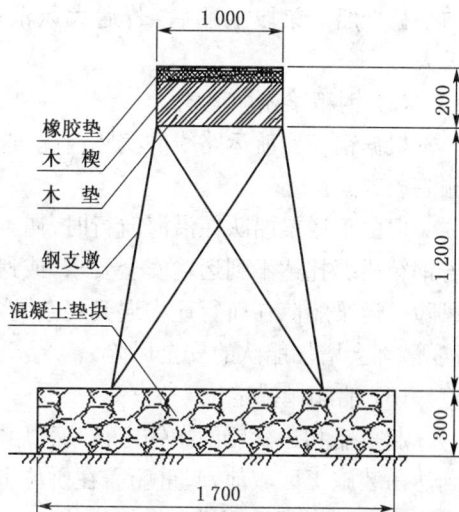

图 12-5 钢箱梁支撑构造示意图

方位置,调整好位置,使车上的木方处于梁段纵横隔板交错处附近的横隔板位置的下方,车向上顶升,将梁段托起,液压平车载着梁段退出胎架,将其送至临时堆场,放置于事先设置好的钢支墩上(每节标准梁段设 4 个支点)。放置前要查看钢支墩是否处于梁段纵横隔板交错位置,当确认后,用木锲将梁段调平,使各受力点受力均匀。

(4)梁段进入除锈厂房

液压平车进入到存梁区待除锈梁段下方,调整好位置,确认车上的木方处于梁段的纵横隔板交错处附近的横隔板位置下方后,车向上顶升,将梁段托起,液压平车载着梁段运送至除锈厂房,置于事先设置好的钢墩上。除锈厂房钢支墩的设置与堆场的钢支墩设置要求相同。

(5)梁段转涂装房

梁段除锈后,液压平车将梁段从除锈厂房运至涂装厂房内进行涂装。

（6）梁段出涂装房转存梁区

梁段涂装完成后，用泡沫塑料块和封箱胶带将 U 肋端口封闭，然后用 2 辆平车将梁段运至存梁区。运输涂装完工的梁段时，车上木方的上面必须置放橡胶板来保护油漆。梁段存放场地的钢墩上也必须垫放木垫保护油漆。

（7）梁段运至码头

根据监理工程师的指令，将合格的成品梁用运梁平车运至码头，用大型浮吊吊装到专用运输船上固定，运至指定吊装地点。

2. 梁段水上运输

根据钢箱梁运输、吊装施工节点，将整个工艺流程分为钢箱梁装船、船舶运输、船舶抛锚定位 3 个部分。

（1）钢箱梁装船

钢箱梁在厂内拼装完成后，用大型浮吊吊装到专用运输船上固定。码头潮高要达到一定高度时才能满足钢箱梁的装船要求，若涨潮时间和潮高达不到装船要求，将会影响钢箱梁的平稳上船。梁段上船后，若遇大风浪等极端天气，没有绑扎的大节段在船上倾倒风险极大。

（2）钢箱梁船舶运输

根据钢箱梁航运路线的实际情况，选用了专业的船舶运输公司，并制定了切实可行的运输装载方案。

但由于运梁船队在沿海航行时，遇到涌浪会使船舶发生剧烈偏荡，可能导致断缆事故。若钢箱梁绑扎达不到运输安全要求，或遇上恶劣天气使船舶摇摆剧烈，会导致梁移位倾倒的风险。运梁船队在航行途中遇到复杂的水域环境、驳船与拖轮是否能保持同步航速、恶劣气候等，都会增加船队的安全风险。

（3）船舶抛锚定位

起重船和运梁船的抛锚定位均采用"先抛后起，后抛先起"的方式进行。在运梁船队未到达吊装施工区域前，起重船需在桥位上游抛锚定位完毕，钢箱梁在吊装时运梁船与水流方向成 90°，运梁船采用横向抛锚定位。

在抛锚定位时，若起重船与垫档船连接不牢固使两者分离，会发生碰撞的危险。运梁船船体入档作业时与起重船锚缆接触，或者船体入档时晃动较大，可能会造成梁段坠江、运梁船体变形受损、人员落水等风险。船舶之间、船舶与桥墩之间也存在发生碰撞的危险，还可能有绞缆、断缆、走锚等风险。

在海驳运输途中，由于水的行波效应使得梁体始终处于摇摆不定的状态。梁体的摇摆造成约束梁体的拉杆也将发生内力变化。尽管梁体两侧斜腹板上的应力集中问题并不突出，但拉杆受力明显超出其容许值，拉杆将进入塑性变形。随着梁体的不断摇摆，拉杆在交变应力作用下很可能断裂，梁体失控而脱离船体；同时，即便拉杆不断裂，因拉杆的伸长使其对梁体的约束减弱，梁体将发生松动、错位，梁体碰撞将不可避免。

因此，为保证任务的顺利完成，必须采用更为有效的固定措施。

① 设法增加支撑块的数量，支撑块上下面铺垫橡胶块，或采用枕木代替，以增大各层梁体间支撑面的摩阻力。

② 提高拉杆的极限承载能力，采用 20 t 吨位拉杆代替 15 t 吨位拉杆，并且增加拉杆数

量,拉杆位置须作相应调整。

③ 采用海驳运输,在结构上须解决诸多力学问题,如拉杆的强度问题、拉杆与梁体间连接部位应力集中问题、梁体自身稳定性及变形问题等,而如何防止海水侵蚀梁体也有待克服,如采用仓体运输,可以避免这些问题。

总之,钢箱梁的运输不仅关系到梁体结构自身的安全,还将直接影响泰州大桥的如期建成。

3. 梁段运输安全技术

(1) 现场运输的安全技术

① 保证场地的平整并具有坚实的基础,存梁期间不会发生不均匀沉降,并达到、满足车辆运输的基本要求。场地上设置混凝土支墩,且具备通风、排水等条件,保证钢构件单元块体在存储期间的质量和安全,防止倾倒。

② 在工厂制造验收合格的成品,在厂内采用汽车装载钢结构构件并运输至存梁场地。运输时要捆扎牢固,在块体构件边缘加垫木块,严防损伤钢构件段边缘。

③ 构件的存放应保证构件不变形、不损坏、不散失,包装和存放应符合相关规定。

④ 构件存放场地应宽敞、坚实、平整,有排水设施。

⑤ 对于较大的构件采用裸装;细而长的构件采用框架捆装,构件之间应加垫;其他小件应按发送构件表规定装箱发送(装箱时板件之间应加垫,与箱内壁间应塞实,避免运输过程中颠簸而磨损),发送中保持通风干燥。分类装箱,每件质量不应超过 50 kg。质量超过 5 t 的构件应标出重心位置和质量。对包装有特殊要求时,应按技术文件进行。

⑥ 在构件公路运输过程中,为保证构件运输途中的安全,用钢丝绳将构件与汽车车体牢固地系结在一起,钢丝绳与构件接触处加入木垫块以防损伤构件边缘。对于装箱的小型成品件在装车时应保证箱子所放位置干燥、通风。同时,应保证装车的所有构件不能与对构件可能造成损坏的固体、液体或其他腐蚀性液体接触,必要时采用篷布进行遮挡。

⑦ 装船前悬挂慢车信号,保持高频值守,提醒过往船舶提前减速,防止船舶偏荡。

⑧ 装载前检查系缆、船舶吃水及与码头结合点安全度,装载过程中要确保船舶贴紧码头及保持相对船舶平浮。

⑨ 装船前绑扎加固件全部清点,按图纸技术要求进行施工验收,特别是梁段与支架固定焊接部分要做好记录。

⑩ 在装船过程中,汽修班、叉车、气压泵等工具准备到位,在平车运输区域随时待命。

⑪ 四点支撑支架选材规格、材质、外观质量符合要求,质保证书齐全,整体装配、焊接质量、安装精度验收合格。

⑫ 绑扎件全部运至船上,驳船移至码头顺水流方向进行绑扎,控制整个滚装作业时间。装载完毕后要认真检查货物绑扎情况。

⑬ 加强与海事部门的联系,申请海事特别维护,确保装载过程中的安全。

(2) 水上运输的安全控制技术

① 船舶装载航行

a. 装船、运输、吊装过程中采取保护钢箱梁节段和涂面的有效措施,钢箱梁与舱面的接触处应垫置方木和橡皮。

b. 为防止运输过程中受波浪颠簸和摇摆引起的位移而影响稳定性,装船后由专业人员采用符合规范要求的方式进行绑扎固定,航行中作业人员要经常检查钢箱梁节段的绑扎情况。

c. 航行路线的选择,严格执行《长江江苏段船舶定线制规定》的有关条款,在规定的通航分道或航路内行驶。

d. 随时与海事及航道部门联系,及时掌握航道的变异,增设气象部门一周天气趋势的业务预报和特异天气即时通报业务,以确保航行安全。

e. 为确保航行中的安全,任何时候均以安全航速行驶,并申请 VTS 的全程监护。

f. 钢箱梁节段运输船舶在桥址处的抛锚定位方式应根据现场监理指定的江面吊点位置确定,在确保安全的前提下满足钢箱梁吊装的要求。

g. 运输前,对运梁船队的航行路线进行调查,在航行路线图上注明可能经过的急流、险滩和临时停泊港口等,并制定紧急情况下的应急预案。

h. 将制定的运输方案报海事备案,在起运前提前发布航警,加强与海事交管部门的联系,定时向交管部门报告船舶动态,经复杂航段时申请海巡艇维护。

i. 选择良好的气象开航,航行中加强与过往船舶联系,航经复杂航段提前用高频告知船舶动态,提醒过往船舶加强联系,谨慎会让。

j. 为确保在运输途中和装卸过程中运梁船舶队的安全,需对运输过程中最不利情况下的横向稳定性进行验算。

② 防风措施

钢箱梁运输船舶在航行及相关作业中应严格执行《长江下游船舶防风防台规定》和《江苏海事局水上防风管理规定》等相关规定,及时收听气象等安全信息,在大风天气到来之前或航行中实际风力超过本船舶的抗风能力时,应及早选择适合锚地及停泊区,不得冒险航行。

③ 防雾措施

a. 航行中开启雷达、测深仪等助航设备。

b. 充分掌握雾情信息,白日视距必须在 1 500 m 以上方可开航。

c. 全锚位锚泊不得冒险航行,杜绝在浓雾已形成时才考虑选择锚位。

d. 雾中锚泊应严格按规定发出声响信号,适时的周期性的发布锚泊锚位信息,正确使用雷达、测深仪、电子海图等设备,正确判断船位,防止走锚,视距不能满足航行要求时不启航。

④ 防搁浅措施

a. 航行中开启测深仪、雷达、电子海图等助航设备,正确判定船位。

b. 按规定的航线行驶。

c. 在规定的锚地或者停泊区锚泊,不得超出锚地或停泊区范围。

d. 始终保持船舶处于受控状态,注意抑制风流压的影响,防止偏离航道。

e. 杜绝在能见度不能满足航行要求的情况下冒险航行。

f. 防止看错航标,正确判断航标漂流移位。

g. 一旦发生搁浅情况,根据当时当地的实际情况采取适合的脱浅措施。

⑤ 防止走锚措施

a. 锚泊时应谨慎选择锚位,必要时抛双锚并松足锚链,于转流前绞起一只锚,转流后再抛下该锚。

b. 锚泊值守中按章显示信号,加强值班。

c. 开启雷达、测深仪、电子海图等设备,协助判定船位,注意观察风流变化引起的船舶偏移情况。

⑥ 船舶抛锚定位安全控制

a. 根据船舶抛锚定位要求,对抛锚作业人员进行技术交底和培训,对现场作业过程严密监控,锚位严格按照施工方案中制定的锚位坐标执行,作业时采用 GPS 抛锚定位。

b. 在锚位设置安全警示标志,提醒过往船舶注意避让。

c. 起重船和运梁船抛锚定位必须严格按操作规程进行作业。

d. 加强对船上各类设备的维修保养,尤其是对缆车、电动锚绞车等装置的保养,避免锚缆磨损、断丝或起毛超标,禁止电动锚绞车带病作业。

12.3 钢箱梁吊装

12.3.1 跨缆吊机

跨缆吊机是悬索桥钢箱梁桥面单元提升安装的专用设备。泰州大桥钢箱梁吊装采用的是在润扬大桥自主研发的 KLD 370 全液压跨缆吊机。

1. 跨缆吊机性能及主要构成

(1) 跨缆吊机主要性能参数

该跨缆吊机采用智能化中央自动控制系统,可同步/非同步控制整个设备吊装、行走等全部作业。采用模块化设计使得吊机仅需更换少量的部件就可以适应不同跨径、不同缆径悬索桥钢箱梁的吊装工作。跨缆吊机主要技术参数见表 12-3。

表 12-3 单台跨缆吊机主要技术参数

项目名称	参 数
提升能力	370 t
提升用索股千斤顶	2 台 185 t
提升速度	36 m/h
放索速度	30 m/h
提升索股长度	250 m
总自重	110 t
作用与主缆上的最大压强	2.0 N/mm^2
最大主缆水平倾角	30°
缆上平均行走速度	10 m/h

续表 12-3

项目名称	参　数
吊机移动索股千斤顶	2 台 60 t SWL
动力供应	柴油液压动力模块
最低工作温度	−10℃
工作状态最大风速	25 m/s

（2）跨缆吊机主要构成

单台跨缆吊机主要由 1 个主横梁、2 个主缆行走模块、2 套提升索股千斤顶、液压驱动卷扬机、钢箱梁吊具、中央控制系统、动力模块、2 套吊机移动索股千斤顶等部分组成。

跨缆吊机整体结构见图 12-6。

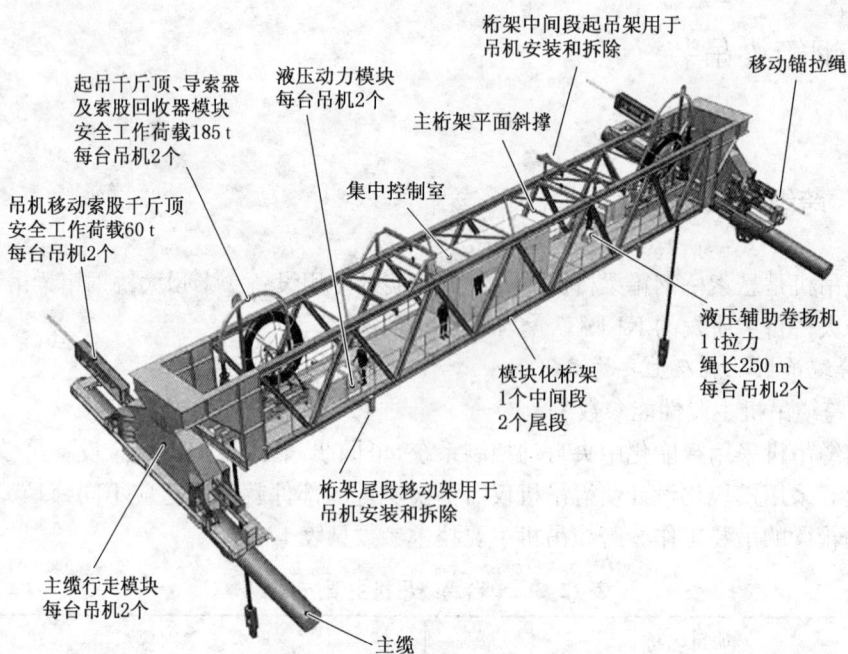

图 12-6　跨缆吊机整体效果图

2. 跨缆吊机试验

（1）试验目的

通过对每台跨缆吊机的安装质量检测、运行状况检验、加载试吊（对拉）试验及 100％持载观测等，全面检查跨缆吊机的设计、加工制造、改造及配套装置等是否达到设计技术性能及质量要求，是否满足实际施工的需求；全面检验跨缆吊机的整体可靠性、安全性。确保跨缆吊机在泰州大桥钢箱梁的吊装施工中，实现安全、高效施工的目的。

（2）试验内容

跨缆吊机试验分为空载试验和加载（对拉）试验两部分。试验在专门设计的模拟主缆试验架上进行。

空载试验包括检测整体结构主要几何尺寸、联结件关联状况、控制系统、液压系统、整机顶升与行走状况等。

加载(对拉)试验是两台185 t起重千斤顶按一定比例逐级加载到其最大工作荷载的125%进行试验,即加载到462.5 t,分级比例见表12-4。在各级载荷状态下,分别检测设定点的变形量和主要杆件的应力。

表 12-4 跨缆吊机试验荷载分级

加载比例(%)	0	60	80	90	100	110	125
总加载力(t)	0	222	296	333	370	407	462.5

跨缆吊机试验内容及检测项目见表12-5。

表 12-5 跨缆吊机试验内容及检测项目

试验内容	检测项目	设计或要求	检测结果
主体桁架结构	主桁两尾段销接板中心距(mm)	34 800	
	主桁与相关部件是否有干涉现象	无	
	螺栓连接是否可靠	可靠	
	加载变形量是否满足设计要求	满足	
	主桁横向是否倾斜	无	
行走机构	行走架前中支撑脚中心距离设计尺寸(mm)	5 476	
	行走架后中支撑脚中心距离设计尺寸(mm)	5 121	
	行走机构前后支撑脚外间距离(mm)	5 250	
	荷载转移千斤顶收回后,行走架底部距主缆中心距离(mm)	400(max)	
	荷载转移千斤顶顶出后,行走机构底部距主缆中心距离(mm)	400(max)	
	行走机构一次最大移动距离(mm)	3 000(max)	
	行走架一次最大移动距离(mm)	3 000(max)	
	行走机构与行走架交替移动是否有干涉现象	无	
	行走机构与行走架整体是否变形	无	
	螺栓、销连接是否可靠	可靠	
	液压系统是否渗漏	无	
起吊系统	185 t索股千斤顶中钢绞线是否滑移	无	
	扁担梁连接固定锚块中钢绞线是否滑移	无	
	液压系统是否渗漏	无	
	100%加载持载中,185 t索股千斤顶中钢绞线是否滑移	无	

3. 跨缆吊机安装

跨缆吊机在塔顶主要分四大模块7个节段进行起吊安装,各模块在起吊到位后采用拼接系杆和拼接板进行连接,四大模块分别为行走模块、尾端模块、插入段模块、中间段模块。根据塔吊起重能力,各模块可根据构件组成进行适当的分解安装。

跨缆吊机在塔顶安装方法见图 12-7～图 12-10 所示。在安装过程中需注意以下安全事项：

① 由于中塔塔顶门架悬臂长度不足，需在门架顶部设置贝雷梁，贝雷梁与门架顶部杆件采用 U 形螺栓紧固，贝雷之间设置横联以保证贝雷梁稳定。跨缆吊机模块吊装到位后，采用手拉葫芦悬挂于贝雷梁上。

② 吊装吊机模块时，模块组成构件之间需临时固定，防止在吊装过程中滑移。

③ 吊机模块分解安装应根据塔吊起吊能力确定分解方案及安装顺序。

④ 采用手拉葫芦吊挂时，每个手拉葫芦均需设置保险绳。

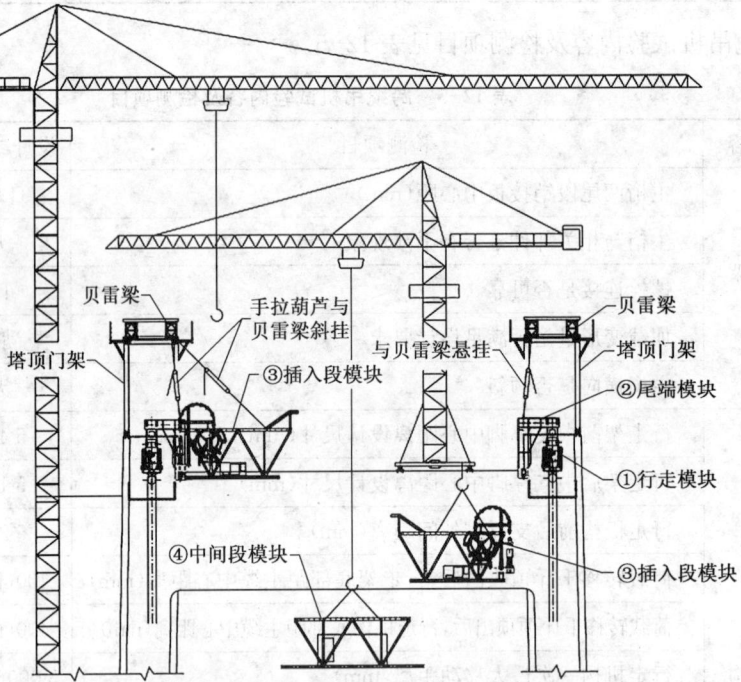

图 12-7　跨缆吊机在中塔塔顶安装示意图（横桥向）

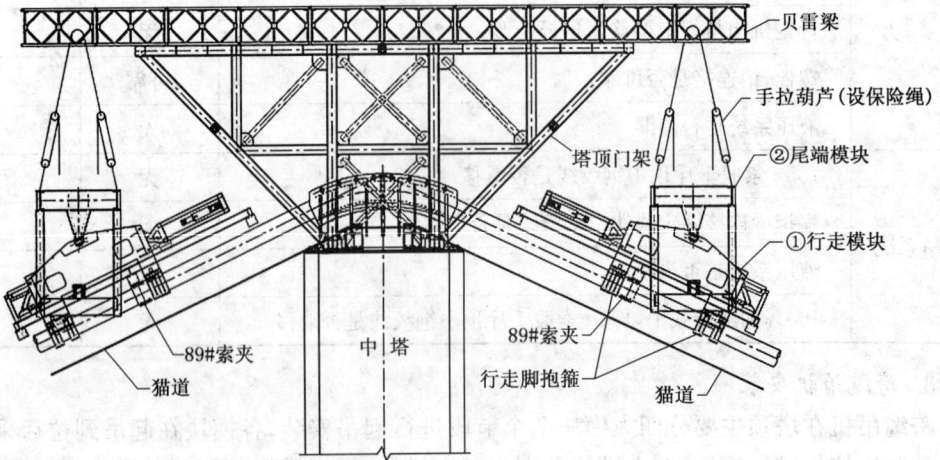

图 12-8　跨缆吊机在中塔塔顶安装示意图（纵桥向）

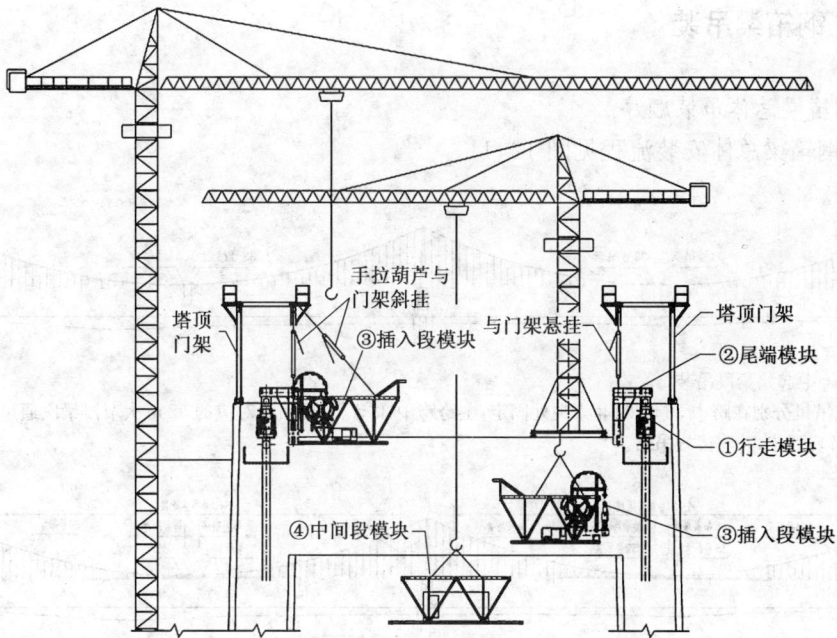

图 12-9 跨缆吊机在边塔塔顶安装示意图（横桥向）

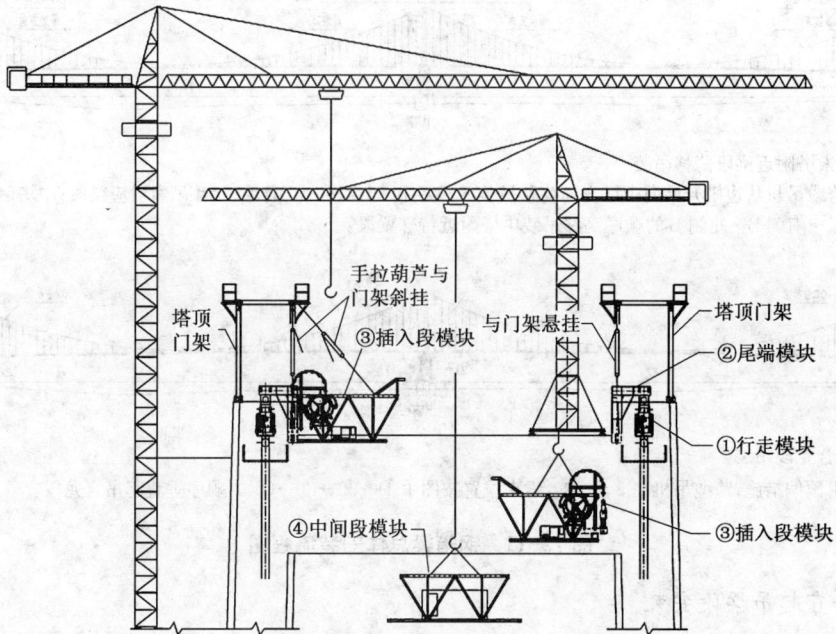

图 12-10 跨缆吊机在边塔塔顶安装示意图（纵桥向）

12.3.2 钢箱梁吊装

1. 钢箱梁总体吊装顺序

全桥钢箱梁总体安装流程见图12-11。

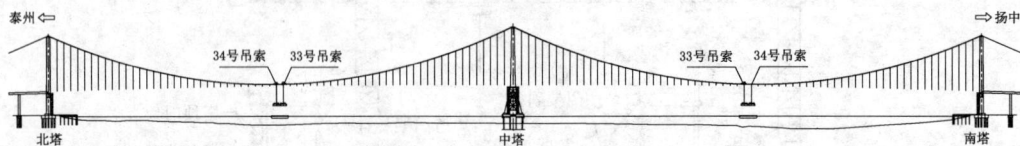

第一步:跨中起始梁段吊装

4台跨缆吊机分别在跨中33#、34#索夹处固定,主跨跨中33#、34#吊索对应的32 m大节段梁段通过2台跨缆吊机抬吊垂直吊装到位,并连接好吊索。

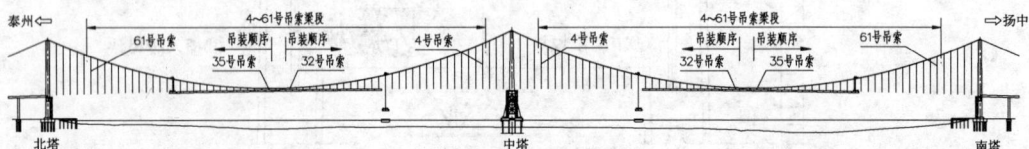

第二步:跨中一般梁段垂直吊装

4台跨缆吊机在两主跨分别从跨中32#、35#号吊索对应梁段开始向索塔方向逐段垂直吊装4#~32#,35#~61#吊索对应梁段,并连接好吊索,梁段间采用临时连接件连接。

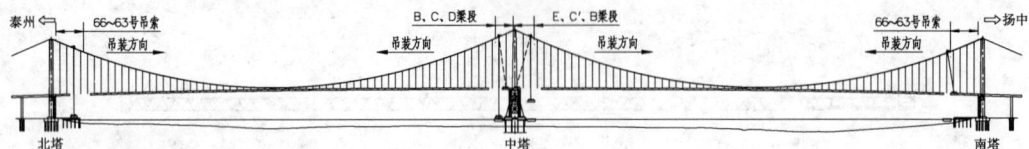

第三步:索塔附近梁段荡移吊装

边塔侧跨缆吊机从边塔开始向中塔方向荡移吊装F梁段和66#、65#、64#、63#吊索对应梁段;中塔侧跨缆吊机按E→D→C→C'→南侧B→北侧B的顺序荡移吊装中塔附近特殊梁段。

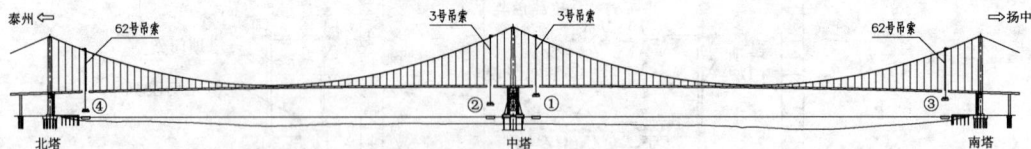

第四步:合龙段吊装

采用牵引预偏措施,跨缆吊机在3#、63#索夹位置按图中①→②→③→④ 的顺序垂直起吊合龙段。

图 12-11 钢箱梁总体安装流程图

2. 垂直起吊梁段安装

南北两跨的4#~61#吊索对应的A梁段为标准梁段,单个梁段宽16 m,重250 t。除跨中33#、34#吊索对应梁段采用大节段(32 m)、2台跨缆吊机垂直抬吊外,其余梁段均采用小节段单台跨缆吊机垂直起吊。4台跨缆吊机分别从两主跨32#、35#吊索对应梁段开始对称地向边塔和中塔方向进行钢箱梁垂直起吊安装。

跨缆吊机垂直吊装梁段示意图见图 12-12 所示。

4♯～61♯吊索对应梁段垂直起吊安装施工流程见图 12-13 所示。

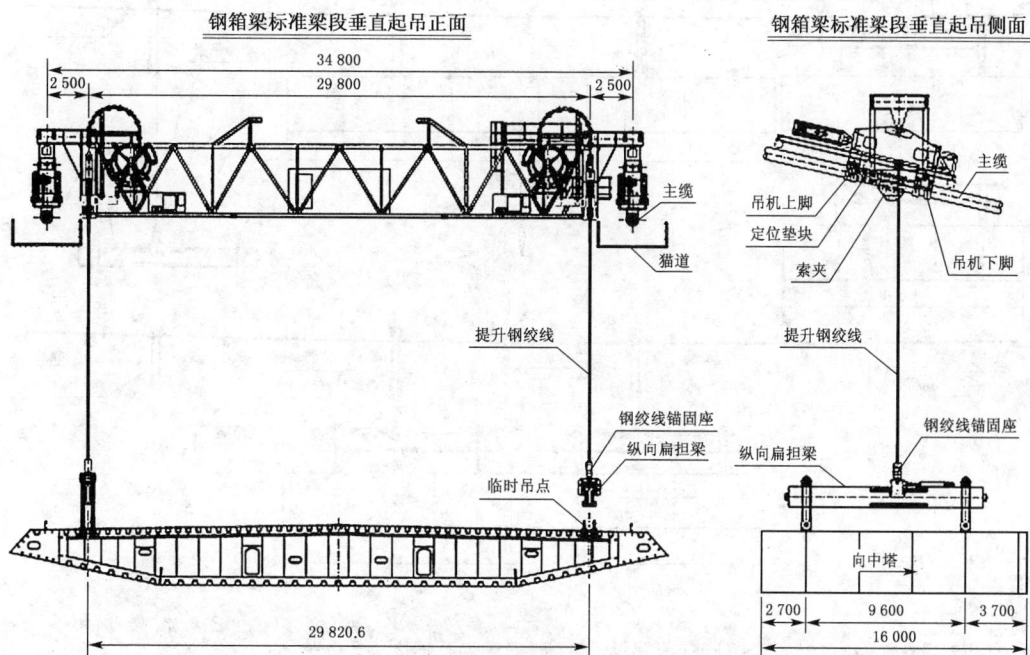

图 12-12 跨缆吊机垂直吊装钢箱梁示意图

步骤一：

① 跨缆吊机在 33♯、34♯ 索夹处定位。

② 驳船运输梁段和吊具在 33♯、34♯ 索夹处吊机正下方精确定位。

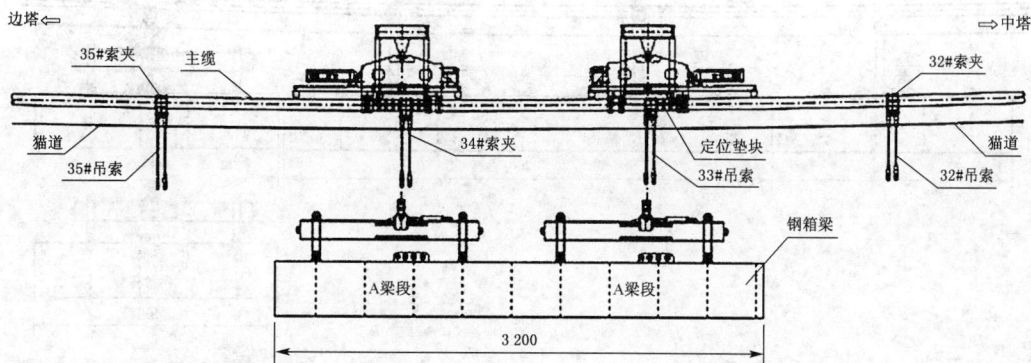

步骤二：

① 调整吊具使梁段平衡后，两台跨缆吊机同步垂直起吊梁段略高于安装高度，33♯、34♯ 吊索与梁段永久吊点销接。

② 2 台跨缆吊机同时同步慢速卸载，将梁段重量逐渐转移到吊索上。

③ 解除吊具与梁段临时吊点的连接，完成 33♯、34♯ 吊索梁段吊装。

④ 2 台跨缆吊机分别向索塔方向行走至 32♯、35♯ 索夹处定位。

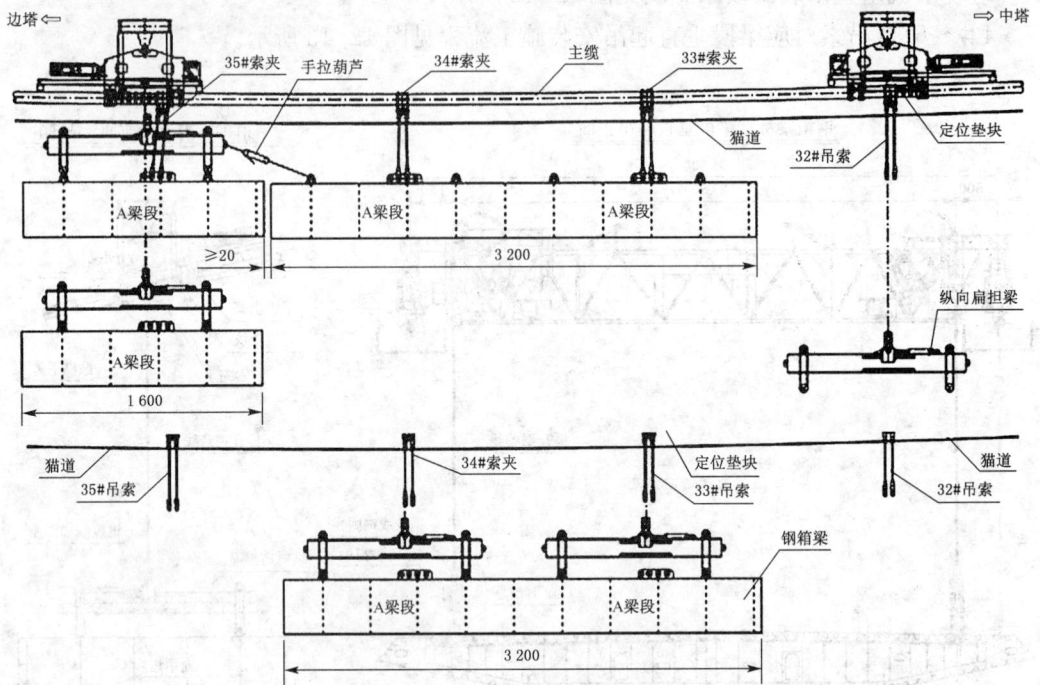

步骤三：
① 边塔侧跨缆吊机在35#索夹处垂直起吊梁段略高于安装高度,连接35#吊索。
② 跨缆吊机慢速卸载,同时手拉葫芦配合,水平牵拉梁段向34#吊索梁段靠拢。
③ 连接梁段间顶板临时连接件,解除吊具与梁段临时吊点的连接,完成35#吊索梁段吊装。
④ 跨缆吊机行走至36#索夹处定位准备吊装36#吊索梁段。

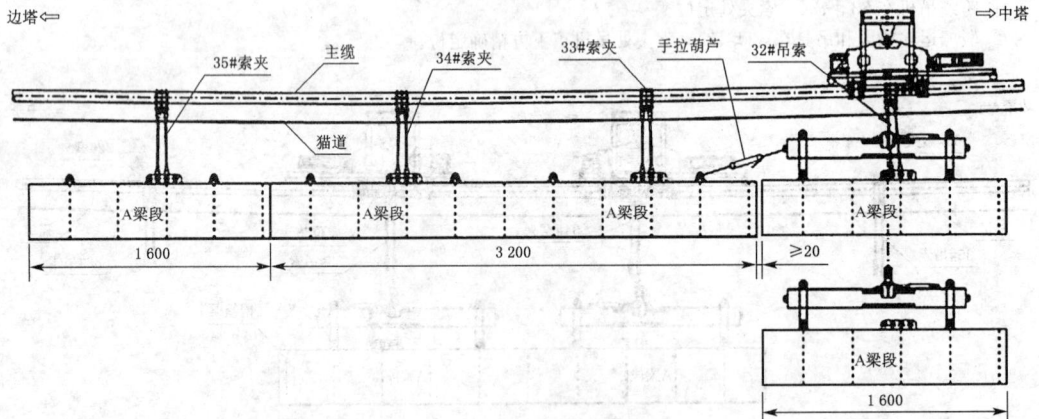

步骤四：
① 中塔侧跨缆吊机在32#索夹处垂直起吊梁段略高于安装高度,连接32#吊索。
② 跨缆吊机慢速卸载,同时手拉葫芦配合,水平牵拉梁段向33#吊索梁段靠拢。
③ 连接梁段间临时连接件,解除吊具与梁段临时吊点的连接,完成32#吊索梁段吊装。
④ 跨缆吊机行走至31#索夹处定位准备吊装31#吊索梁段。
⑤ 重复步骤三和步骤四,跨缆吊机向索塔方向行走进行4#～61#吊索梁段的吊装。

图 12-13　4♯～61♯垂直起吊梁段安装施工流程图

3. 边塔附近梁段安装

边塔附近 F 梁段及 63♯～66♯ 吊索对应的 4 个梁段,采用荡移＋支架安装方案。在 61♯ 吊索对应梁段吊装完成后,从边塔 F 梁段开始向中塔方向进行吊装。钢箱梁在水平牵引纵移过程中设专人进行指挥,使卷扬机牵引速度一致,同时用测量仪器对梁段的纵桥向轴线位置进行跟踪观测,发现偏移及时进行调整。

边塔附近梁段吊装施工流程见图 12-14 所示。

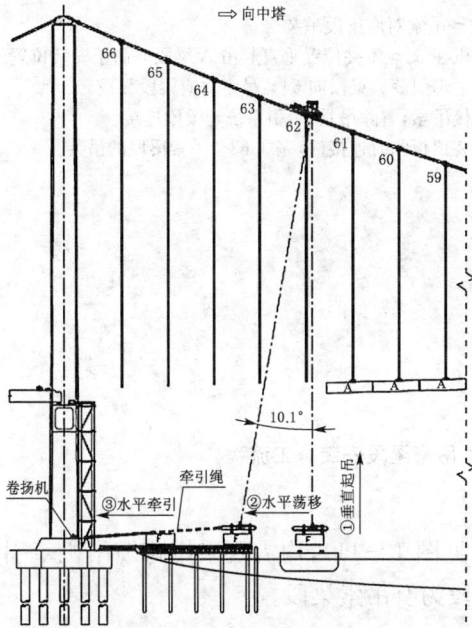

步骤一:荡移吊装梁段至运存梁栈桥上存放

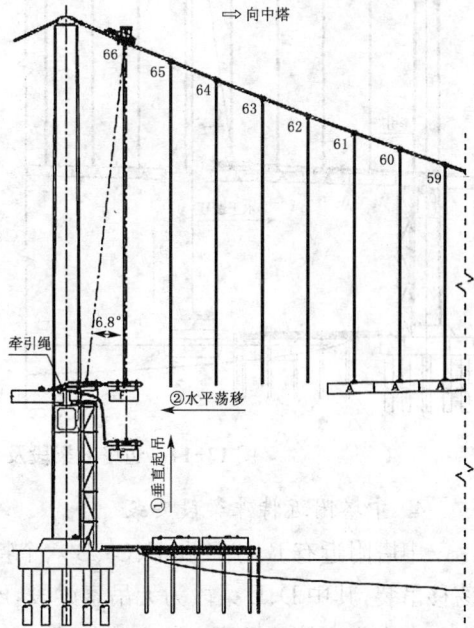

步骤二:F 梁段吊装

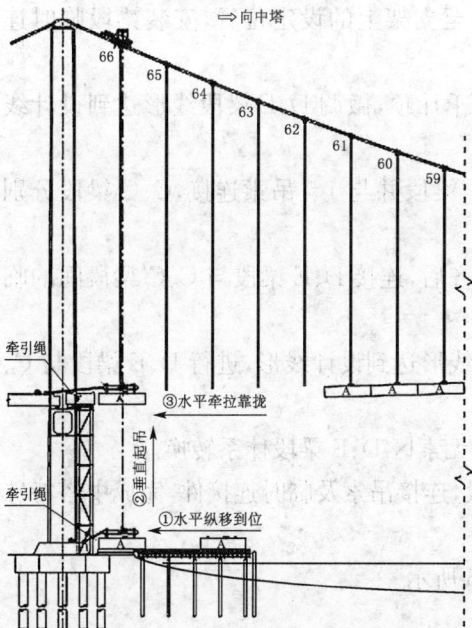

步骤三:66♯、65♯ 吊索对应梁段吊装

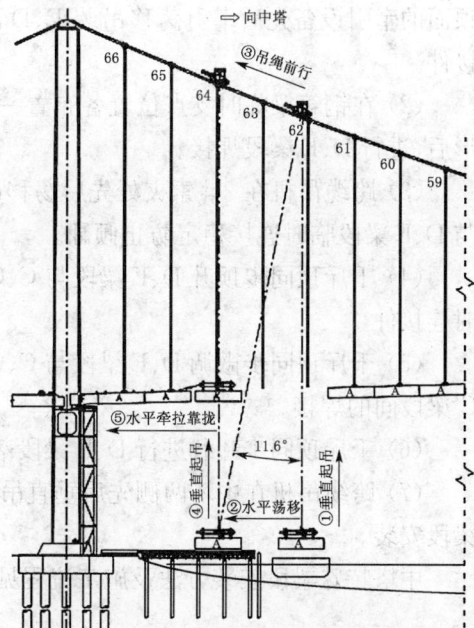

步骤四:64♯ 吊索对应梁段吊装

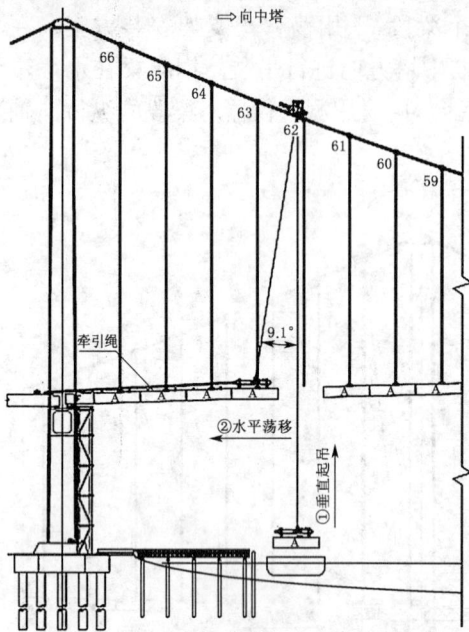

步骤五:63♯吊索对应梁段吊装
　　① 吊机在62♯索夹位置垂直起吊A梁段略高于安装位置。
　　② 水平牵引荡移梁段向64♯吊索对应梁段靠拢。
　　③ 连接吊索,解除吊具,牵引系统与梁段连接。
　　④ 安装顶板临时连接件,完成63♯吊索梁段的吊装。

图 12-14　边塔 F 梁段及 66♯～63♯吊索梁段安装施工流程

　　4. 中塔附近特殊梁段安装

　　中塔附近有 B、C、D 和 E、C′、B 六个特殊梁段(见图 12-11),均需要采用跨缆吊机牵引荡移吊装,其中 D、E 梁段为无吊索梁段,B、C、C′梁段为有吊索梁段。

　　中塔附近特殊梁段安装方法如下:

　　(1) 跨缆吊机分别在中塔两侧 2♯索夹处定位,利用布设在另一主跨 4♯吊索对应梁段顶面的牵引设备先后牵引荡移吊装 E、D 两个梁段至支架上的设定位置,安装梁段临时连接件。

　　(2) 在钢箱梁临时支点位置各布置一台 100 t 千斤顶,微调 D、E 梁段线形达到设计线形后,进行 D、E 梁段焊接。

　　(3) 跨缆吊机在 2♯索夹处先后荡移吊装 C、C′梁段并与 1♯吊索连接,C、C′梁段分别与 D、E 梁段临时连接稳定防止倾翻。

　　(4) 千斤顶同步顶升 D、E 梁段与 C、C′梁段平齐后,连接 D、E 梁段与 C、C′梁段间的临时连接件。

　　(5) 千斤顶同步微调 D、E 梁段与 C、C′梁段的线形达到设计线形,进行 D、E 梁段与 C、C′梁段间的焊接。

　　(6) 千斤顶同步卸载进行 D、E 梁段落架,完成无索区 D、E 梁段体系转换。

　　(7) 跨缆吊机在中塔两侧先后垂直吊装 B 梁段,连接吊索及临时连接件,完成中塔特殊梁段安装。

　　中塔特殊梁段安装方法及施工流程见图 12-15 所示。

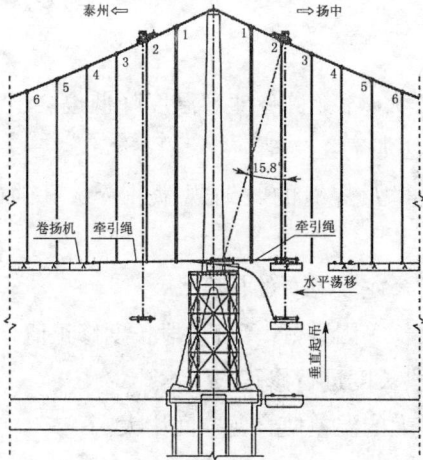

步骤一:E 梁段吊装

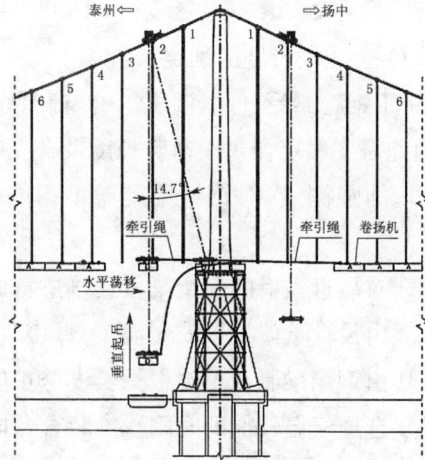

步骤二:D 梁段吊装及 D、E 梁段焊接

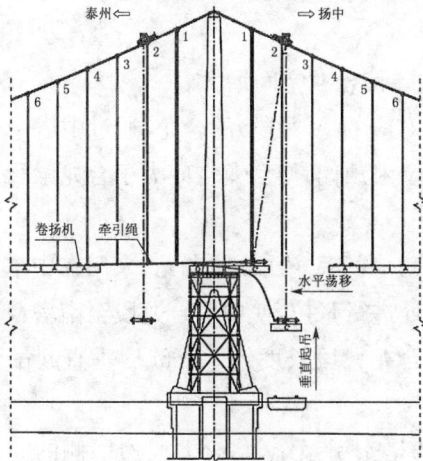

步骤三:C、C'梁段吊装

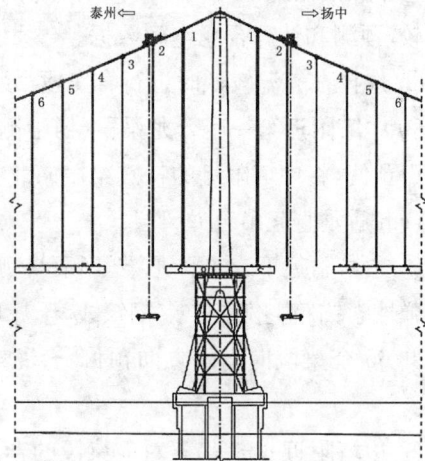

步骤四:D、E 梁段体系转换

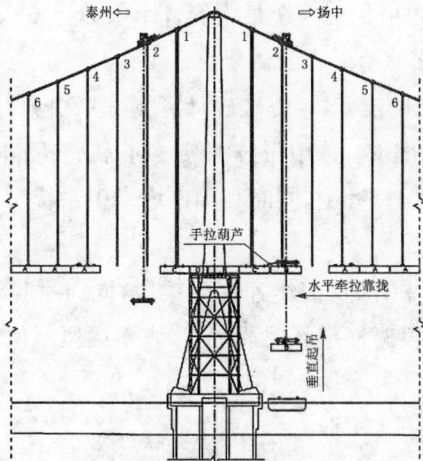

步骤五:扬中侧 B 梁段吊装

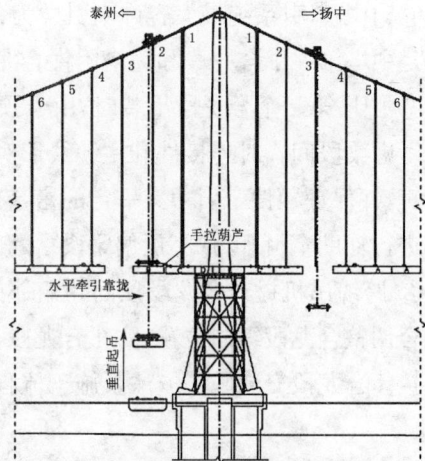

步骤六:泰州侧 B 梁段吊装

图 12-15 中塔附近特殊梁段安装施工流程图

5. 合龙段安装

(1) 合龙段长度的确定

由于钢箱梁受日照、温度影响,轴向伸缩变形较大,焊缝自身随着温度降低也会引起收缩,因此需要确定合龙段精确长度及合龙时间。方法如下:

① 加强测量,对钢箱梁受温度影响的变形规律及焊缝的收缩规律进行认真的研究分析。

② 对靠近索塔的几个梁段连接进行调整,测量合龙段应有的长度。

③ 由设计单位根据安装温度、焊接收缩量和梁长等因素,计算合龙段长度修正值。

④ 由钢箱梁制造单位根据长度修正值对合龙段长度进行修正。

⑤ 选择气温较低的时间段安装合龙段,利用较大的温差使合龙空间增大。

(2) 合龙段施工措施

① 钢箱梁吊装过程中测量已吊装梁段线形、长度等数据,与模拟施工过程计算结果进行比较,预测和计算合龙空间数据。

② 选择在气温较低时进行合龙段吊装,利用温差使合龙空间增大。

③ 中塔附近第一个合龙梁段(扬中侧 3♯ 吊索对应的 A′ 梁段)的合龙,通过中塔牵引系统牵引预偏,将中塔附近的特殊梁段向北主跨方向牵引预偏,使合龙空间大于合龙梁段长度约 30 cm 后垂直起吊合龙梁段。

④ 中塔附近第二个合龙梁段(泰州侧 3♯ 吊索对应的 A′ 梁段)的合龙,采用在中塔和 C 梁段弹性索锚箱上安装 4 束钢绞线,千斤顶在中塔处进行张拉,使中塔合龙段至南塔合龙段之间共 65 个梁段向南塔方向预偏,合龙空间大于合龙梁段长度约 30 cm 后垂直起吊合龙梁段。

⑤ 边塔附近 62♯ 吊索对应梁段的合龙,通过边塔牵引系统,将合龙段边塔侧的 5 个梁段向边塔方向牵引预偏,使合龙空间大于合龙梁段长度约 30 cm 后垂直起吊梁段进行合龙。

⑥ 中塔牵引系统最大容许牵引力为 $2×50$ t,边塔牵引系统最大容许牵引力为 $2×35$ t,能满足中塔第一个合龙段和边塔附件合龙段吊装预偏牵引力的需要。

⑦ 中塔第二个合龙段吊装时,由于预偏梁段数量较多,难以准确计算预偏牵引力,同时也要考虑梁段间临时连接件和主缆线形对预偏量的影响,选用张拉钢绞线时,需进行准确模拟计算,并保证预偏牵引力有一定的富余。张拉预偏过程中,同时利用南塔牵引系统对预偏梁段进行辅助牵引,以减小预偏梁段之间的挤压力。

⑧ 跨缆吊机提升合龙段顶面和相邻梁段底面平齐时,需慢速提升梁段,同时手拉葫芦等配合调整合龙段纵向位置,防止合龙段与相邻梁段碰撞损坏梁段端口,直至梁段就位与吊索连接。合龙段安装施工方法及施工流程见图 12-16～图 12-18。

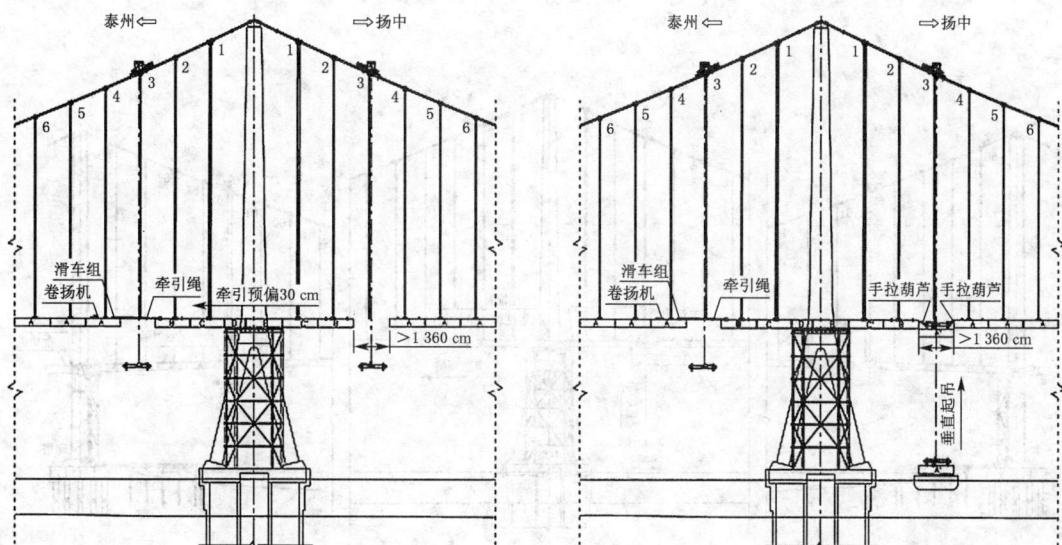

步骤一：
　①牵引系统与泰州侧 B 梁段临时吊点连接。
　②启动牵引系统牵拉中塔 6 个梁段向泰州侧水平纵移预偏，使合龙空间大于梁段长度 30 cm。

步骤二：
　①垂直起吊合龙梁段顶面与相邻梁段底面平齐。
　②手拉葫芦调整合龙段纵向位置配合吊机慢速提升梁段至安装高度，连接 3♯吊索。
　③吊机慢速卸载，将梁段重量转移至吊索受力，连接合龙段与扬中侧 4♯吊索对应梁段的临时连接件。

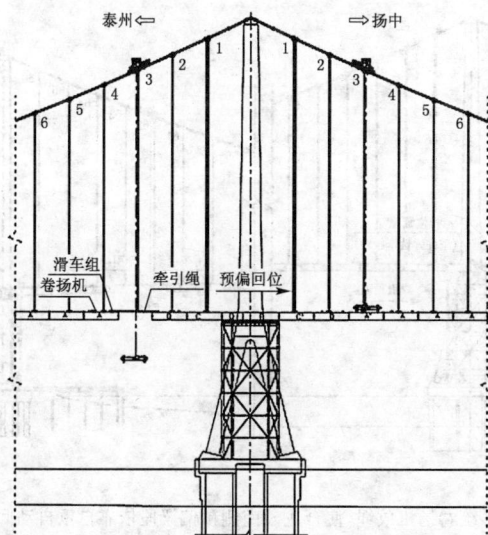

步骤三：
　①牵引系统卷扬机慢速放绳，使已预偏的中塔梁段逐渐退回原来位置。
　②连接合龙段与相邻 C′梁段的临时连接件，完成中塔附近第一个合龙段的吊装。

图 12-16　中塔第一合龙段安装施工流程图

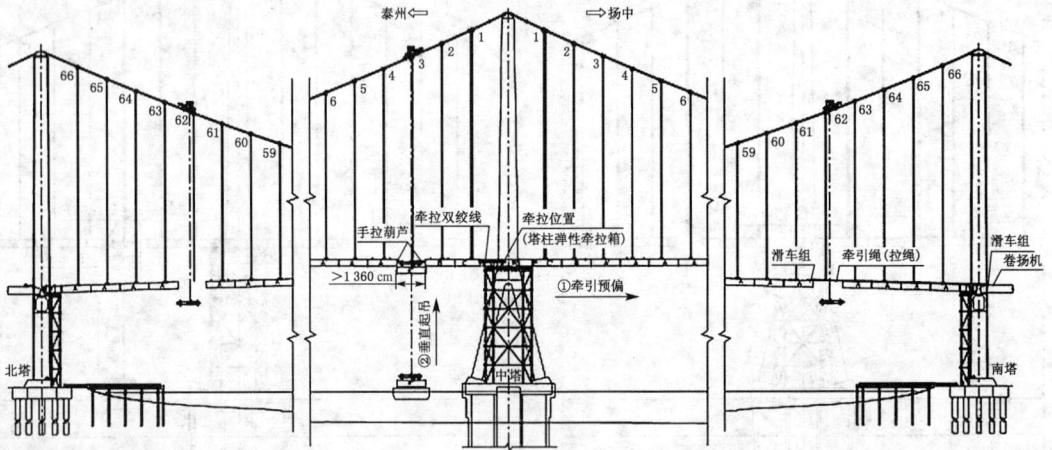

步骤一：

① 在 C 梁段和中塔泰州侧的纵向弹性索锚箱之间安装 4 束张拉钢绞线,千斤顶在中塔纵向弹性索锚箱处同步张拉钢绞线,同时南塔牵引系统辅助牵引,将合龙扬中侧梁段向南塔方向纵移预偏,使合龙空间大于梁段长度 30 cm。

② 垂直起吊合龙梁段顶面与相邻梁段底面平齐。

③ 手拉葫芦调整合龙段纵向位置,配合吊机慢速提升梁段至安装高度,连接 3# 吊索,安装合龙段与相邻 4# 吊索梁段间的临时连接件。

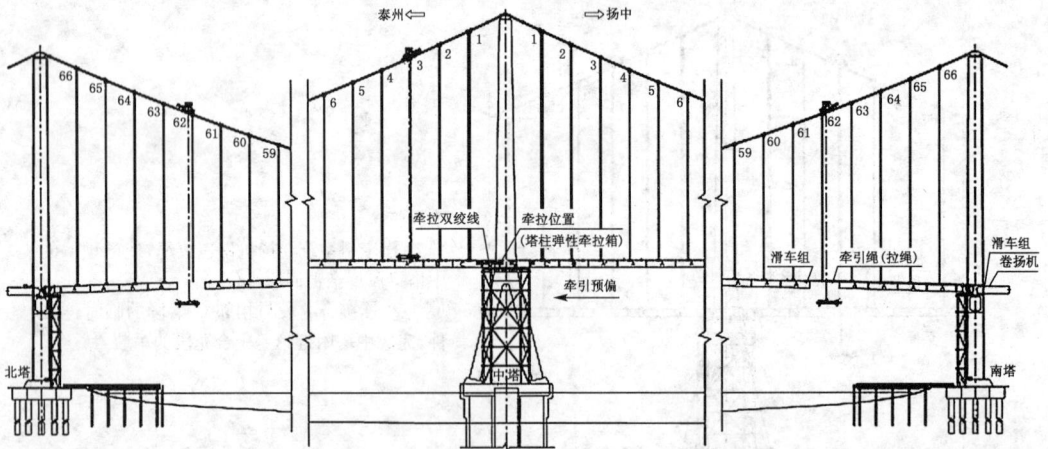

步骤二：

① 4 台千斤顶同步慢速释放钢绞线,同时南塔牵引系统卷扬机放绳,使合龙段南侧预偏梁段依靠自重自动回位。

② 安装合龙段与相邻 B 梁段的临时连接件,解除吊具与梁段的连接,完成中塔第二个合龙段的吊装。

图 12-17 中塔第二个合龙段安装施工流程图

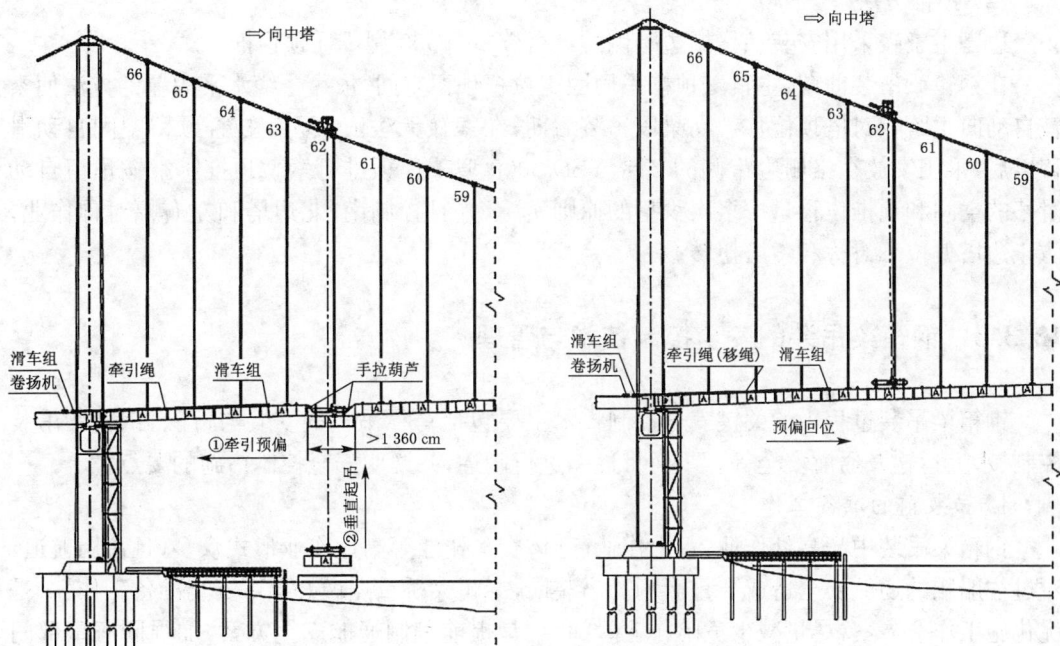

步骤一：

① 边塔牵引系统与 63♯吊索梁段临时吊点连接，将合龙段边塔侧的 5 个梁段向边塔方向牵引预偏，使合龙空间大于合龙梁段长度超过 30 cm。

② 垂直起吊合龙梁段顶面与相邻梁段底面平齐。

步骤二：

① 连接合龙段与相邻 61♯吊索梁段的临时连接件。

② 慢速释放牵引力，使已预偏的梁段逐渐退回原来位置，连接合龙段与相邻 63♯吊索梁段的临时连接件。

③ 手拉葫芦调整合龙段纵向位置，配合吊机慢速提升梁段至安装高度，连接吊索。

③ 解除吊具与梁段连接，完成边塔合龙段的吊装。

图 12-18　边塔附近合龙段安装施工流程图

6. 临时连接件安装

钢箱梁吊装就位后，梁段和梁段间通过临时连接件相连接。

（1）钢箱梁吊装就位后，先完成箱梁顶板 A 型、C 型临时连接件的螺栓连接，然后完成 B 型临时连接件的螺杆连接。

（2）在钢箱梁吊装初期，梁段下部呈开放状态。随着箱梁节段吊装的进行，相邻梁段的下部间隙开始闭合，E 型连接件的止顶板顶紧，即可开始梁段底板 D 型临时连接件的螺杆连接。

（3）随着梁段继续吊装，闭合梁段数量增加，钢箱梁线形基本形成，即可进行钢箱梁现场焊接作业。如不进行箱梁焊接则将临时连接件连接拉杆螺栓紧固。

（4）梁段吊装阶段，严禁紧固箱梁底板 D 型连接件的螺栓，使梁段下口闭合。

7. 索鞍顶推

（1）索鞍顶推依据及原则

边塔主索鞍顶推时间、次数和各次的顶推量，根据索塔塔顶偏位监测结果，并按照监控单位提出的参数实施。

（2）顶推方法

边塔主索鞍采用安装在格栅边跨侧的 2 台 YSD 5000 型千斤顶顶推。

在钢箱梁吊装前期，主索鞍顶推采用固定拉杆预留空间、依靠主缆水平力差的方法使索鞍自动向主跨相对塔顶位移。在梁段吊装后期，在索鞍无法依靠固定拉杆预留空间自动滑移以后，采用安放在格栅边跨侧的 2 台 YSD 5000 型千斤顶进行索鞍顶推。索鞍预留自动滑移的空间和顶推位移量按多次少量的原则实施，并且控制南、北边塔和左右幅对称作业，防止边塔偏位不对称和索塔扭转。

12.3.3　钢箱梁吊装的安全控制技术与管理

钢箱梁吊装过程中的关键安全控制技术主要包括跨栏吊机的安装与拆除、钢箱梁吊装控制、水上运输及通航安全等。下面将逐一进行阐述，并说明安全控制措施的要点。

1. 吊装前的准备工作

钢箱梁吊装中超高处作业、水上作业、立体交叉作业等高危作业形式众多，且占用航道，对过往船舶的通航安全造成严重影响。吊装前，泰州大桥重点做好以下安全准备工作：一是优化施工作业方案，尽量减少危险作业时间；二是提前编制通航安全方案，加强同海事部门的沟通，将对通航的影响降至最低；三是选用身体条件合格、有丰富经验的施工作业人员作业；四是做好安全技术交底，坚持班前例会制度；五是加强设备及现场检查，保证设备使用安全，防止人员坠落和高空坠物。

为确保地面作业人员安全，防止发生高处坠落及打击伤害，对地面作业施工区域进行警戒，设置安全通道、防护顶棚、戒严绳旗及临边护栏等。防护顶棚设置高度为 2.0～2.5 m，安全通道宽度为 1.0～1.5 m，临边护栏由上下两道横杆组成且高度不低于 1.2 m。对于塔顶、门架顶等高处作业平台，拓展施工站立区域，安装钢丝网及不低于 18 cm 的踢脚挡板。

2. 跨栏吊机安装与拆除

泰州大桥采用自主研发的 KLD 370 全液压跨缆吊机，其智能化中央自动控制系统、模块化设计、自提升安装方式都大大方便了吊装施工过程。但是跨缆吊机的安装与拆除仍是安全控制的重点。

（1）吊机安装

跨缆吊机先在地面拼装，经检测合格后解体，再利用塔吊将各模块起吊至塔顶后进行组装。安装前需制定详细的安装方案，根据塔吊特点和起吊能力确定模块分解方案、组拼顺序，拼装过程中应防止发生碰撞、倾斜、倾覆等意外事故。

吊机安装的安全技术要点包括：

① 吊装模块时，模块组成构件之间需临时固定，防止吊装过程中滑移。

② 吊索是跨缆吊机的主要受力部位，发现有损伤一律更换。

③ 保证紧固力矩，用专用填充抱箍将锚固索夹与结构索夹间间隙填满，以防止发生跨缆吊机滑移事故。

④ 用缆风绳将跨缆吊机锚固于主缆上，以防止恶劣天气的影响而引起事故。

（2）荷载试验

安装完成之后、使用之前需要进行荷载试验，对整套电气系统、液压系统进行试运行测试。试验首先对吊机进行预加载，回复到空载状态后逐级加载到额定荷载。在各级载荷状态下，分别检测设定点的变形和主要杆件的应力，确保在设计容许范围内。

（3）吊机拆除

当跨缆吊机完成所有的钢箱梁吊装工作后，将吊机进行临时锚固和悬挂，严格按照拼装反程序进行逐段、逐节拆除。各模块通过塔吊、电梯运输下放，禁止直接抛落。

3．钢箱梁吊装安全控制

（1）吊机行走

吊机到达起吊区域后，吊机行走脚除与主缆抱箍紧固外，还必须用合适的定位垫块与索夹顶紧，以抵抗主缆线型倾角变化引起的吊机向跨中滑移分力。在起吊位置行走时，除防止碰到横向通道外，还要保持不小于 50 m 的通航净空，征得海事部门同意后，方可把吊具放下。

（2）梁段吊装

梁段吊装时应设专人指挥，发现梁体偏移时应及时进行调整，确保钢箱梁平稳起吊。起吊完成后，还需设置平衡保险绳，防止梁段倾翻。此外，吊装过程中要定期检查吊机，加强对吊具、吊索的维修、保养，确保各部件处于安全可用状态。

（3）梁段安装

梁段起吊至指定高度，连接好吊索后才能慢慢卸载，并用手拉葫芦配合吊机牵拉该梁段向已安装好的梁段靠拢。安装好箱梁顶面临时连接件后，跨缆吊机才能全面卸载，解除吊具与梁体的连接。安装就位后，除把临时连接件连接好外，还应在梁段与索股上设置 4 根防倾斜保险钢丝绳。

4．水上运输及通航安全

泰州大桥采用南北两侧同步对称吊装。通过对泰州大桥所在航段通航环境、船舶交通流组成形式、桥区通航分道及其两侧可通航宽度、运梁船定位作业安全水域范围、钢箱梁吊装作业组织形式，以及吊装工艺、吊装顺序、吊装作业对通航的限制要求和气象条件等多方面综合分析，决定采用"非作业桥跨单向通航，作业桥跨内的吊装作业船舶的一侧通航、另一侧禁航"的管制方式。

钢箱梁吊装占用航道，对过往船舶的通航安全造成严重影响，再加上施工中使用了大量运料船、交通船等，水上运输繁忙，是安全控制的重点。

（1）驳船定位

根据长江潮汐情况合理组织钢箱梁装载，避免因桥区驳船定位困难而长时间占用航道。吊机垂直起吊要求驳船定位误差不大于 50 cm。运梁船舶进入桥区后，提请海事部门通知过往船舶减速慢行，控制波浪对起吊的影响，防止运梁船走锚及过往船舶失控航向。

（2）警戒护航

钢箱梁提升的过程中需进行警戒护航，从跨栏吊机下发吊具至钢箱梁吊装就位，每片梁护航时间不少于 6 小时，并做好以下工作：

① 通知海事部门向过往船只发布航行信息，提醒注意避让、安全通行。

② 吊具上设置环保、高效的太阳能蓄电爆闪红色警示灯,防止由于能见度降低造成过往船舶碰撞事故。

③ 施工作业带设置通航警示标识,避免船舶碰撞水中建筑物,且要注意避免强光直射江面,以防影响船舶驾驶人员的瞭望。

（3）通航管制

在吊装期间,需配合海事部门对长江航道实施管制,其要点包括:

① 交通船、运料船都必须办理航行签证,且需在船舶的前后方均设立警示标志。

② 施工过程严禁向长江水域乱抛、乱卸施工材料及其他杂物,散落水下且对通航造成影响时,应及时打捞、疏浚。

③ 及时掌握天气情况,选择在风浪较小的状态下进行吊装。

桥塔跨边吊装作业基本不占用通航分道,实施一般性作业警戒维护,海事部门对其警戒维护工作进行监管。遇有特殊情况,申请海巡艇现场临时交通管制,从整体上缩短了吊装作业和交通管制时间。

12.4 钢箱梁附属设施安装

钢箱梁附属设施包括边塔竖向支座构造、中塔抗风支座构造、边塔抗风支座构造、纵向弹性索构造、伸缩缝、维护检查车、箱内小车等。

12.4.1 附属设施

1. 竖向支座安装

钢箱梁竖向支座采用钢制拉压球形支座,在南北边塔各有 2 个,全桥共 4 个,分别安装在南、北边塔的下横梁上、F 梁段下。

按照设计要求,支座总成采用安装在 F 梁段上随同梁段吊装的方法安装就位。目前 F 梁段采用荡移、滑移吊装,支座随同梁段安装时,支座与预埋地脚螺栓对位安装需要精确调整整个梁段平面,使支座底板螺栓孔和预埋地脚螺栓完全对位,施工有一定困难。因此在 F 梁段吊装之前,先将支座安装在支座垫预埋钢板上,钢箱梁吊装就位后,在箱梁内部穿入支座与箱梁紧固的双头螺栓即可完成支座安装。

（1）检查

支座安装前,检查产品的规格、技术指标是否符合设计要求;边塔下横梁支座垫石预埋钢板顺桥向和横桥向水平度误差不大于 1∶1 000,整个平面的平面度误差不大于1 mm。

（2）调整

校核垫石预埋钢板至箱梁底板的距离,如果距离与支座安装高度不符合,通过增减支座总成底板的厚度进行调整,厚度调整范围±5 mm。

（3）支座安装

① 利用塔吊吊装支座总成安装在垫石预埋钢板上,上紧地脚螺栓螺母。

② F 梁段荡移吊装到支架上安装位置后，预抬高 5 cm。

③ F 梁段纵移到位后，调整梁段平面位置和支座滑移面以上组成，使底板上的支座定位孔与支座定位销竖向对位。

④ 通过千斤顶调整梁段高度，使支座定位销插入箱梁底板定位孔，并预留箱梁 1 cm 的预抬高量。

⑤ 转动支座滑移面以上组成，在箱梁内部穿入支座与箱梁紧固的双头螺栓。

⑥ 千斤顶卸载，完成竖向支座安装。

2. 横向抗风支座安装

钢箱梁横向抗风支座在边塔、中塔各有 2 个，全桥共 6 个。中塔横向抗风支座类型为盆式橡胶支座，支座固定在钢箱梁梁底牛腿上，滑动面固定在中塔下横梁的榫头侧面；边塔为钢制球形支座，支座固定在钢箱梁侧面，滑动面固定于索塔侧壁上。

（1）检查、调整

① 支座安装前，检查产品的规格指标、技术指标是否符合设计要求。

② 检查校核箱梁上支座的安装位置与边塔塔柱内侧上的滑动面的配合位置是否适当，如不适当，采用改变支座总成调整垫板厚度的方法进行调整；根据安装时的温度，确定塔柱内侧上的滑动面与支座总成调整垫板之间的安装间隙。

（2）支座安装

利用塔吊将支座预先吊放在索塔下横梁上，待支座对应的钢箱梁节段安装完成之后，利用千斤顶、手拉葫芦辅助，按设计要求将横向抗风支座总成安装在梁段的支座牛腿上。

3. 维护检查车及梁内小车安装

（1）梁外检查车安装

钢箱梁维护检查车采用悬挂吊车方案，全桥设有 4 台，2 个主跨各 2 台，单车重量约 28.5 t。

梁外检查车安装顺序：边塔端在 66♯ 吊索对应梁段吊装完成后安装，中塔端在 2♯ 吊索对应的 B 梁段吊装完成后安装。

为保证箱外检查车吊装时不变形损坏，检查车水运时置于专用刚性吊架之上；在对应安装梁段的主缆位置悬挂 2 个 20 t 滑车，利用塔顶门架上的 10 t 卷扬机提升检查车至安装高度，并水平牵拉套入梁段下方。

（2）梁内小车安装

梁内小车全桥共 1 台，待钢箱梁吊装一定数量后，将梁内小车安装固定在标准梁段内随梁段一起吊装。

4. 纵向弹性索安装

为提高主缆与中主索鞍座间抗滑移安全系数、改善中塔受力、减小钢箱梁纵向活载位移，中塔处设置了纵向弹性索约束，弹性索一端固定在钢箱梁 C（C′）梁段的直腹板上，另一端固定在中塔塔柱内侧的锚固座上。全桥共 8 对弹性索。

纵向弹性索在钢箱梁全部吊装完成、桥面系施工前进行安装，每根弹性索的初始张拉力均为 150 t。张拉时，全桥 8 根弹性索同步张拉，弹性索张拉端设在中塔侧。

纵向弹性索张拉设备选用 200 t 液压穿心千斤顶，采用同步液压顶升系统控制技术进行张拉。

纵向弹性索具体操作过程如下：

（1）检查8根弹性索的配件是否齐全，质量是否符合设计要求，合格后从中塔侧穿入弹性索锚箱安装到位。

（2）同步控制8台千斤顶张拉力到设定值后，检测弹性索的应力和拉伸量。

（3）拧紧球面锚圈，千斤顶缓慢卸载，检测千斤顶卸载后弹性索的应力和拉伸回弹量。

（4）根据检测的结果及试验成果，重新确定千斤顶张拉力，反复进行张拉，直到千斤顶卸载后，弹性索的张拉力满足设计要求，拉伸量误差在允许范围内。

5. 伸缩缝安装

伸缩缝安装前，仔细检查伸缩缝在结构物上的预埋和预焊件，伸缩缝由制造厂运到现场并派出技术人员现场指导安装。伸缩缝伸缩总量1 440 mm，采用吊车进行安装。

12.4.2 附属设施安装安全要求

1. 水上作业安全要求

（1）任何人员不得离船舶停靠位置水边太近，更不能在此区域玩水、洗涤，以防船只靠岸时发生挤碰。等船人员上船时必须遵循先下后上的原则，待船停靠稳妥后方可上、下。上、下时严禁集中行走单侧船舷，以防侧翻。

（2）乘船人员上船后必须及时穿好救生衣，并熟知救生圈的所在位置，以防急需时不知所措。如遇突发事件，一定要沉着冷静，三思而后行。

（3）乘船人员必须听从驾驶员的合理安排，严禁超载，严禁在船上嬉戏打闹。上船后必须到舱内坐好，严禁随意走动，严禁坐在船舷边缘，更不得戏水弄潮。

（4）驾驶员必须确保船只运行安全，严禁酒后驾船，严格遵守航运船安全管理规定。靠岸时严禁抢滩竞渡，宁慢3分，不抢1秒。

（5）驾驶员必须经常检查船舶机械性能的安全性，严禁驾驶带病船只出航。必须如实填写运转、检查、保养记录和航行日志。

（6）驾驶员应该礼貌对待每位乘客，遇事要耐心解释，要求每一位乘船人员必须遵守管理规定。

（7）所有上船作业人员禁止擅自触动船上设施、设备，防止造成船舶行驶故障。

（8）水上作业必须经常进行施工材料、物资清点、整理，确保施工现场整洁，防止材料、物资散落江中，禁止向江中倾倒建筑垃圾。

（9）驳船装载的材料、物资等应用撑木、垫木将其安放平稳，不许出现偏载和固定不牢现象。拖轮牵引驳船行进时速度要缓慢，不得急转弯。

（10）拖船拖运驳船时，应在了解航道的水深、流速等情况后制定拖船牵引方案。多只拖船牵引时应配备通信器材，并建立统一的指挥机构。

（11）当拖轮将浮运船拖至安装地点后，应交由安装负责人指挥，定位浮船就位锚固后方可开走拖轮。

2. 吊装作业安全要求

（1）运梁船进入施工水域后，加强航道交通警戒、管制，并在驳船抛锚位置水面上设置明显标志，以便提醒过往船只注意，吊梁期间配备大马力拖轮值守备用。

（2）及时与钢箱梁制造商沟通联系，参与其钢箱梁工厂厂内试拼装，详细了解钢箱梁临时连接件的连接情况。

（3）加强监控监测工作，复核钢箱梁吊索的长度，保证其吊点标高符合设计要求。

（4）加强操作人员培训，使其完全熟悉钢箱梁吊装的各个工序，并熟练地掌握跨缆吊机提升、行走系统的操作。

（5）钢箱梁节段在吊装前根据梁段自重及其他配载机具的重量、摆放位置，计算梁段起吊重心，并做好明显的标识。跨缆吊机下放吊具与钢箱梁连接后，根据梁段重心位置调整平衡吊点的位置，提升梁段离开驳船观测平稳后方可正式起吊。

（6）跨中首片梁段起吊后，依靠吊索和吊机承载受力不能保证平稳，必须设置平衡保险绳，防止梁段倾翻。

（7）跨缆吊机携带吊具行走或停止吊装作业时，吊具应提升至通航高度以上。

（8）钢箱梁安装施工期间，密切监控索塔偏位、扭转情况，严格按照监控结果控制两主跨梁段吊装数量差。

（9）密切与设计单位、监理单位及其他加工制作单位合作，确保施工过程中及时发现和解决相应的问题。

（10）协调统一指挥系统，确保钢箱梁段平稳起吊安装。

（11）密切注意气象预报，及时了解台风信息，当吊机处风速超过 25 m/s 时，停止吊装作业。

（12）对所有参加施工的人员进行培训，培训合格后方能上岗，上岗人员必须配备安全保护用品。

3. 高空作业安全要求

（1）进入施工区必须穿戴好劳动保护用品和安全带。

（2）施工平台上必须设置安全围栏，桥面上必须设置临时围栏。

（3）箱内作业必须有排烟措施。在进人孔处用 36 V 通风机引风，从后装钢箱梁段自由端口进风，形成对流，保持箱内气流畅通。

（4）箱内照明采用 36 V 低压防爆照明灯，并设置防护外罩。

（5）要经常检查通往桥上的临时走道的安全性，及时维护，并确保畅通。

（6）利用检查小车作为梁底部施工人员的作业通道，每个作业面至少 1 台小车。

（7）检查车应指定熟悉操作规程的专门人员进行操作。

（8）使用前必须检查各控制按钮的正确、灵敏，特别是制动要灵敏。

（9）检查车上人员一定要分散作业，切勿集中在一端，以免造成危险。

（10）检查车行至要求位置后，要及时用钢丝绳与轨道连接座拴固，行车时注意拆除。

（11）环缝焊接时必须有专人瞭望正下方的过往船只，特别是油轮的过往，当其通过时应通知焊工停止施焊，防止火花掉到船只上引起火灾。

（12）桥下设救护船只，并有人适时守护，发生意外，及时救护。

（13）作业场所料件摆放整齐，道路畅通。

参 考 文 献

[1] 刘小勇,王晓明.特大工程项目引入职业健康安全管理体系的研究与应用[J].中国安全科学学报,2009(5)

[2] 刘小勇,林海峰,阚有俊.泰州大桥工程项目建设单位安全管理模式探讨与创新[J].公路交通科技(应用技术版),2009(2)

[3] 刘小勇,韩辉.泰州大桥工程项目建设单位安全管理实践探讨[J].中国安全生产科学技术,2010(2)

[4] 刘小勇,蒋伟.液压爬模在泰州大桥南塔施工中的安全控制[J].中国安全生产科学技术,2011(1)

[5] 刘小勇,沈立,孙明义,柴干.桥梁工程规划设计阶段施工安全风险评估的研究[J].中国安全生产科学技术,2012(10)

[6] Liu Xiao-yong, Wang Xin, Chai Gan, Hu Yi-ming. Research and Application on OHSMS Establishment in a Large-scale Engineering Project. Proceedings of 2012 International Conference on Computer and Information Science, Safety Engineering

[7] Liu Xiao-yong, Sun Ming-yi, Shen Li, Chai Gan. Research on Construction Safety Risk Assessment in the Planning and Design Stages of Bridge Engineering. Proceedings of 2012 International Conference on Management Innovation and Business Management, Teaching Management and Curriculum Construction

[8] Liu Xiao-yong, Hu Yi-ming, Sun Ming-yi, Chen Dao-yang. Safety Control of Hydraulic Self-climbing Formwork in South Tower Contruction of Taizhou Bridge. Proceedings of 2012 International Symposium on Safety Science and Technology

[9] 刘小勇,余忠萍.基于泰州大桥工程实践的建设工程安全生产费用管理探讨[J].建筑经济,2010(10)

[10] 刘小勇,蒋波,阚有俊.交通工程建设单位安全责任及其履行的分析与实践[J].建筑经济,2011(3)

[11] 刘小勇,蒋伟.泰州大桥钢箱梁吊装施工安全控制及管理实践[J].建筑经济,2012(6)

[12] 韩辉,蒋德果,龙和芳.大节段钢箱梁水上运输吊装安全技术研究[J].建筑经济,2012(6,增刊)

[13] 韩辉,胡义铭,刘小勇.公路交通雨雪灾害危害及对策[J].建筑经济,2012(6,增刊)

[14] 阚有俊,刘小勇.泰州大桥工程项目建设单位安全管理模式[J].建筑经济,2011(4)

[15] 蒋波,刘小勇.泰州大桥项目猫道施工安全控制及管理实践[J].建筑经济,2011(12,增刊)

[16] 阚有俊,刘小勇.交通工程建设安全生产监管机制分析及对策[J].建筑经济,2011(12,增刊)

[17] 王晓明,刘小勇.重大交通建设工程的安全体系化管理与安全信息化管理.安全与环境工程,2011(2)

[18] 许丹枫,张礼敬,刘小勇.我国公路交通防抗极端天气灾害的研究[J].中国安全科学学报,2011(2)

[19] 李洪涛,王晓明,刘小勇.泰州大桥工程项目建立职业健康安全管理体系的探讨[J].公路交通科技(应用技术版),2009(2)

[20] 许丹枫,张礼敬,胡义铭,曾晓.跨江大桥建设安全管理系统综合评价[J].中国安全科学学报,2010(2)

[21] 韩辉,高明生,王跃洋,刘小勇.崇启大桥建设单位安全管理创新与实践探析[J].施工技术,2012(9)

[22] 蒋波,刘小勇,高亚琦.泰州大桥主缆施工安全技术[J].施工技术,2013(6)

[23] 泰州长江公路大桥安全管理体系文件(第一版)

[24] 泰州长江公路大桥安全管理文件汇编(第一版)

[25] 吴胜东,黄卫,钟建驰,吉林.润扬长江公路大桥建设·建设管理[M].北京:人民交通出版社,2006

[26] 王勇飞,王善舞.深溪沟水电站安全生产管理模式探讨[J].中国安全生产科学技术,2008,4(2)

[27] 许丽,李迁,姜天鹏.大型交通工程建设安全管理体系分析与实践[J].建筑安全,2006(11)

[28] 葛丽,李惠强,涂平晖.关于建设工程现代安全管理体系建立的思考[J].建筑经济,2007(12)

[29] 孟起然.建筑企业系统安全管理方法探讨[J].中国安全生产科学技术,2005,1(6)

[30] 刘景凯.基于管理实践的 HSE 管理体系建设研究[J].中国安全生产科学技术,2008,4(2)

[31] 王亚军,查麟.浅谈工程项目施工过程中的安全管理[J].中国安全生产科学技术,2008,4(2)

[32] 温向阳,陈瑶.公路工程安全生产专项经费的计量与管理[J].浙江交通职业技术学院学报,2007(12)

[33] 余炳.浅谈公路水运工程施工安全生产费用若干问题[J].建筑安全,2009(6)

[34] 温向阳,张胜军.交通建设工程各阶段安全生产经费研究与探索[J].浙江建筑,2008,25(7)

[35] 刘小勇,余忠萍.基于泰州大桥工程实践的安全生产费用管理探讨[J].建筑经济,2010(10)

[36] 刘小勇,许丹枫,胡义铭.交通工程建设安全生产监管机制分析及对策[J].南京工业大学安全科学及技术的创新与发展学术论坛论文集,2010

[37] 王晓明,刘小勇.交通建设工程的安全体系化管理与安全信息化管理.安全与环境工程,2011(2)

[38] 陈元桥.《职业健康安全管理体系规范》理解与实施(GB/T 28001)[M].北京:中国标准出版社,2001

[39] 杨胜来,刘铁民.新型安全管理模式——HSE管理体系的理念和模式研究[J].中国安全科学学报,2002,12(6)

[40] 董国永,刘景凯.中国石油集团公司HSE管理体系运行模式的研究[J].中国安全生产科学技术,2005,1(3)

[41] 程峰,李娜.浅议我国建筑业职业健康安全管理体系的建立和完善[J].建筑管理现代化,2007,94(3)

[42] 林立,吴华明.建立职业健康安全和环境管理体系管理模式的初探[J].四川冶金,2007,29(1)

[43] 樊晶光,王银生,刘铁民.职业安全健康管理体系对企业经济和社会效益影响研究[J].中国安全科学学报,2004,14(10)

[44] 孙泽新.建设单位在工程施工中的安全管理[J].建筑安全,2008(7)

[45] 万军,沈林.浅议监理在施工安全管理中的责任[J].建筑安全,2007(4)

[46] 李钢强,孙其珩,等.安全生产条件评价理论与实践[M].南京:东南大学出版社,2007

[47] 李钢强,孙其珩,等.建筑施工安全生产条件评价操作实务[M].北京:中国建筑工业出版社,2008

[48] 谢建民,贺赞.国内外建筑施工安全标准化管理[J].建筑安全,2008,15(4)

[49] 孙晓波,张敦武.浅谈施工现场标准化安全管理[J].建筑安全,2007,22(6)

[50] 温向阳,陈瑶.公路工程安全生产费用的计量与管理[J].浙江交通职业技术学院学报,2007,8(4)

[51] 国家财政部,国家安全生产监督管理总局.高危行业企业安全生产费用财务管理暂行办法[Z].财企〔2006〕478号

[52] 交通部.公路水运工程安全生产监督管理办法[Z].交通部2007年1号令

[53] 国家财政部,国家安全生产监督管理总局.企业安全生产费用提取和使用管理办法[Z].财企〔2012〕16号

[54] 阮欣,陈艾荣,石雪飞.桥梁工程风险评估.北京:人民交通出版社,2008

[55] 娄峰,何勇,邓良强.我国桥梁施工事故及发生规律研究.公路交通科技,2009,(17)

[56] 阮欣,陈艾荣,石雪飞.大型桥梁的风险评估方法及其应用.第十七届全国桥梁学术会议论文集.北京:人民交通出版社,2005

[57] 娄峰,何勇,刘恒权,等.公路桥梁施工总体风险评估方法研究.中国安全科学学报,2010,20(11)

[58] 刘冬瑛,谢文军.桥梁工程风险分析研究方法综述.城市道桥与防洪,2009(4)

[59] 徐春明,等.泰州大桥跨江大桥中塔墩基础选型分析.资源环境与工程,2009(23)

[60] 杨秀礼,彭晓鹏.泰州长江公路大桥钢塔塔柱吊装方案比选.建设机械技术与管理,2011(7)

[61] 沈刚,伏耀华,金允龙.泰州大桥中塔墩防船撞研究.中国工程科学,2010(4)

[62] 夏国星,杜洪池.超大型沉井降排水下沉施工[J].中国工程科学,2010,12(4)

[63] 邱琼海,林国雄.泰州长江公路大桥特大型钢沉井制造、拼装和混凝土沉井接高施工技术[J].桥梁建设,2009(9)

[64] 徐宝红.沉井的施工工艺及常见问题的预防措施[J].山西建筑,2007(22)

[65] 吉林,韩大章.泰州大桥设计[J].现代交通技术,2008,5(3)

[66] 钟建驰.泰州长江公路大桥的技术创新[J].现代交通技术,2010,7(1)

[67] 王卫忠.泰州长江公路大桥北锚大型沉井封底技术[J].交通科技,2010(1)

[68] 陶建山.泰州大桥南锚碇巨型沉井排水下沉施工技术[J].铁道工程学报,2009(1)

[69] 王卫忠.沉井下沉技术在泰州长江公路大桥北锚碇中的应用[J].交通科技,2009(2)

[70] 高则彦,张煜.泰州长江大桥南塔锁口钢管桩围堰施工技术.镇江公路交通科技论文选萃.2010

[71] 袁源,巩固国,李勇.泰州长江公路大桥南塔试桩施工工艺研究.镇江公路交通科技论文选萃.2010

[72] 高则彦,张煜.泰州大桥南塔钢筋笼加工及安装工艺优化.镇江公路交通科技论文选萃.2010

[73] 靳会武,周春华.泰州大桥南塔承台深基坑支护技术.中外公路,2009(6)

[74] 靳会武,庄磊.泰州大桥南塔下横梁施工技术.施工技术,2010(12)

[75] 黄龙华,周炜,刘涛.泰州长江公路大桥中塔墩沉井基础施工方案研究[J].桥梁建设,2008(2)

[76] 杨宁,肖文福,吉林.泰州长江公路大桥中塔沉井定位方案研究[J].桥梁建设,2009(4)

[77] 肖文福,傅琼阁,刘建波.泰州大桥中塔超大沉井下沉监控技术[J].现代交通技术,2009(2)

[78] 叶建良.泰州长江大桥中塔钢沉井的浮运、定位与着床[J].公路,2008(12)

[79] 杨进.泰州长江公路大桥主桥三塔悬索桥方案设计的技术理念[J].桥梁建设,2007(3)

[80] 韦世国,薛光雄,李海,等.润扬大桥悬索桥上部结构安装施工总体方案综述[J].桥梁建设,2004(4)

[81] 薛光雄,闫友联,沈良成,金仓,先正权.泰州长江公路大桥上部结构施工方案综述[J].桥梁建设,2009

[82] 韦世国,薛光雄,沈良成,李海,杜洪池.润扬大桥悬索桥猫道系统设计与施工[J].桥梁建设,2004(4)

[83] 薛光雄,金仓,杜洪池,等.润扬大桥悬索桥牵引系统设计与施工[J].桥梁建设,2004(4)

[84] 韦壮科,彭春阳,卢士鹏,陈翌鹏.自锚式悬索桥空间索面猫道架设与调整[J].桥梁建设,2008(5)

[85] 薛光雄,闫友联,沈良成,等.泰州长江公路大桥上部结构施工方案综述[J].桥梁建设,2009(4)

[86] 周畅,杜洪池. 三塔两跨悬索桥猫道设计与施工[J]. 中国工程科学,2010,12(4)

[87] 黄丽霞,刘卫来,冯炳生. 猫道架设与拆除安全技术探讨[J]. 中国安全生产科学技术,2010,6(4)

[88] 广东省长大公路工程有限公司. 悬索桥施工安全技术[M]. 北京:人民交通出版社,2011

[89] 喻胜刚,沈良成,牛亚洲,武召奇,张永福. 润扬大桥悬索桥索鞍吊装施工技术[J]. 桥梁建设,2004(4)

[90] 兰建雄. 自锚式悬索桥缆索体系施工技术[J]. 上海公路,2004(4)

[91] 薛光雄,牛亚洲,程建新,张永福,李冰. 润扬大桥悬索桥主缆架设施工技术[J]. 桥梁建设,2004(4)

[92] 叶觉明. 三塔悬索桥主缆系施工应用技术问题分析和探讨[J]. 桥梁建设,2008(1)

[93] 李海,先正权,沈良成,文武,董涛. 润扬大桥悬索桥主缆索股垂度调整方法[J]. 桥梁建设,2004(4)

[94] 阮静,冯兆祥. 三塔悬索桥中塔主缆与鞍座抗滑移安全稳定性研究. 公路交通科技(应用技术版),2007(11)

[95] 闫友联,喻胜刚,张永福,等. 润扬大桥悬索桥主缆紧缆施工[J]. 桥梁建设,2004(4)

[96] 吴聪. 广州珠江黄埔大桥南汊悬索桥主缆紧缆施工[J]. 中国新技术新产品,2009(13)

[97] 程建新,沈良成,金仓,于静,吴峰. 润扬大桥悬索桥 S 形钢丝缠丝技术[J]. 桥梁建设,2004(4)

[98] 闫友联,赵有明,金仓. 特大跨径悬索桥全液压跨缆吊机设计研究[J]. 桥梁建设,2004(4)

[99] 吴建强,彭武,何治学. KLD3700 型跨吊机在润扬大桥悬索桥钢箱梁吊装施工中的应用[J]. 筑路机械与施工机械化,2005,22(7)

[100] 韦世国,吴建强,文武. 润扬大桥悬索桥钢箱梁吊装技术[J]. 桥梁建设,2004(4)

[101] 黄丽霞,张东曾. 悬索桥钢箱梁的吊装施工安全技术研究[J]. 中国安全生产科学技术,2010(3)

[102] 阚有俊. 苏通大桥主跨钢箱梁水上吊装工艺及通航管理[J]. 船海工程,2007(6)

[103] 帅长斌,邹筱红. 西堠门大流速深水区钢箱梁运输船定位方案研究[J]. 世界桥梁,2006(1)